Horst Koehlers praktisches Gartenbuch

Neu bearbeitet und herausgegeben von Winfried zur Hausen

Mosaik Verlag

Zeichenerklärung

Symbol	Bedeutung	Symbol	Bedeutung
☼	Sonne	🐝	Bienenweide
◐	Halbschatten	⊗	triploid
●	Schatten	†	diploid
ww	trockenes Ufer	††	diploid, Pollenspender
≈	feuchtes Ufer	fl. pl.	flore pleno (gefüllt blühend)
⁓	rasenbildend	hybr.	Hybride (Kreuzung)
|:	heckenbildend	9/10	September/Oktober
✕	Schnittblume		(Reife- oder Blütemonat)
⬇	Immergrün	⊙	einjährige Pflanze
⬇	zierend durch Laub	⊙	zweijährige Pflanze,
❋	zierend durch Früchte	♃	ausdauernde Pflanze, Staude
⤳	für Einfassungen	♄	Halbstrauch
⋮	Staudenrabatte	♂	männlich
⊥	Einzelstellung	♀	weiblich
△	Steingarten	K+	kalkliebend
▨	Felsspalten	K−	kalkfeindlich
1 – 9	Pflanzen je qm	N+	stickstoffliebend
⟨	rauchhart	N−	stickstofffeindlich

Zeichnungen: Elise Steilberg, Darmstadt
Gartenpläne: Planungsbüro für Landschafts-
  und Gartengestaltung
  Horst Koehler, Krefeld
Titelfotos: Burda/Mein schöner Garten
Fotos: Bildarchiv Orbis Verlag, München;
  Winfried zur Hausen
Einbandgestaltung: Wilfried Becker
Redaktion: Dr. Ernö Zeltner
Layout: Paul Wollweber

© 1985 Mosaik Verlag GmbH, München 5 4 3 2 1
Satz: Filmsatz Schröter GmbH, München
Druck und Bindung: Mohndruck Graphische
  Betriebe GmbH, Gütersloh
Printed in Germany · ISBN 3-570-03734-7

Inhalt

Vorwort 8

Freizeit im Garten 9

Das Gartengrundstück 11

Lage und Form des Grundstücks 11
Wasserverhältnisse 11
   Der Grundwasserstand 11
   Künstliche Bewässerung 12
Die richtige Gartengröße 13
Der Grundstückserwerb 13
   Kauf, Pacht und Miete 13
   Gesetzliche Vorschriften 16
   Grenzabstand und verbaute Aussicht 17

Der Boden 19

Die Fruchtbarkeit des Bodens 19
Die wichtigsten Bodenarten 19
Die Bodenreaktion oder der Säuregehalt des Bodens 21
Anleitung zur Entnahme von Bodenproben 21
Die Bodengare 23
Der Boden ein lebender Organismus 24
Der Kreislauf von Stickstoff und Kohlenstoff 25

Bodenpflege 27

Die Gartengeräte 27
   Geräte zur Bodenbearbeitung 27
   Schneidewerkzeuge 29
   Sonstige Gartengeräte 29
   Motorbetriebene Geräte 30
   Gerätepflege 31
Ständig wiederkehrende Bodenarbeiten 31

Pflanzenernährung 35

Nährstoffe und Düngemittel 35
Die chemischen Grundstoffe der Pflanze 35
Wirkungsweise der Pflanzennährstoffe 36
   Stickstoff 36 – Phosphor 36 – Kali 37 – Kalzium (Kalk) 37 – Magnesium 37 – Schwefel 37 – Spurenelemente 37
Die organischen Dünger 37
   Kompostwirtschaft 38
   Torfmull und Torfkompost 40
   Laubkompost und Lauberde 41
   Stallmist 42
   Andere organische Dünger 42
   Gründüngung 44
Die mineralischen Dünger 45
   Die Stickstoffdüngemittel 45
   Ammoniakdünger 45 – Salpeterdünger 45 – Kalkstickstoff 46 – Amiddünger 46
   Phosphordünger 46
   Kalidünger 46
   Kalkdünger 46
   Magnesiumdünger 48
   Einzeldünger – Mischdünger 48
   Wirkung anorganischer Dünger auf den Boden 48
Die Düngung 49

Gartengestaltung 51

Planungsüberlegungen 51
Der Gartenplan 52
Der Vorgarten 53
Was können wir im Garten unterbringen? 53
Die Stellung des Hauses 55
Die Bodenbearbeitung 55
Haus und Garten 55
Die Gartenform 56
Die Raumwirkung 57
Farben 57

Die verschiedenen Gartentypen 58
   Der Einfamilienhaus-Garten 60
   Der Wassergarten 60 – Der Steingarten 69 – Der Heidegarten 74 – Naturnah gestaltete Gärten 77
   Der Reihenhausgarten 82
   Der Atriumgarten 84
   Dachgärten, Terrassenhausgärten 85
   Der Kleingarten 88
   Der Siedlergarten 90
Der Sitzplatz im Garten 92
Technische Einrichtungen 94
   Befestigte Flächen 94
   Das Gefälle 95 – Grundsätzliche Überlegungen 95 – Bodenbeläge 96 – Verlegen von Trittplatten 98 – Wassergebundene Decken 98
   Mauern, Trockenmauern 98
   Treppenanlagen 102
   Rankgerüst oder Pergola 105
   Licht im Garten 109
   Der Gartengrill 109
   Die Gartenlaube 111
   Spieleinrichtungen 112
   Bildwerke im Garten 113
Hecken und Zäune 116
   Die Hecke 117
   Heckentypen 117 – Pflanzung der Hecke 118 – Die Pflege der Hecke 120
   Der Zaun 120

Pflanzenvielfalt im Garten 127

Der botanische Name 127
Der Rasen 127
   Die Bodenvorbereitung 128 – Anlage 128 – Fertigrasen 129 – Rasenarten 129 – Schädlinge und Krankheiten des Rasens 129 – Rasenpflege 130 – Wohin mit dem Mähgut? 131 – Rasenersatz 132
Die Gartengehölze 133
   Pflanzzeit 134
   Laubbäume und baumartige Sträucher für den Garten 136
   Ziersträucher 142
   Schling- und Kletterpflanzen 160
   Rhododendren und andere immergrüne Laubgehölze 164
   Nadelgehölze für den Hausgarten 169
   Rosen 173
   Die wichtigsten Gartenschmuckstauden 183

Planung der Staudenpflanzung 184
   Verwendung der Stauden im Garten 184
   Hintergrund und Windschutz 185
   Staudenrabatten 185
   Vordergrundbepflanzung 186
   Bodenmüdigkeit 187
   Teilen und Umpflanzen 187
   Die Vermehrung 187 – Richtig teilen 187 – Hexenring 188 – Die Pflanzung 188 – Wurzelschnitt 189 – Stecklinge und Aussaat 189
   Auswahl der wichtigsten Zierstauden 189
   Wirkungsvolle Staudengemeinschaften 218
Blütenkalender für Gartengehölze 220
Gemeinschaften für Heidestandorte 223
   Bäume und Sträucher 223
   Stauden 224
   Gräser 224
   Ufer- und Teichstauden 224
   Die Sumpfpflanzen 224
   Auswahl von Ufer- und Teichstauden 225
   Kombination von Uferstauden und Gehölzen für Ufergestaltungen 229
Farne und Gräser für den Garten 230
   Ausdauernde Farne 230
   Ausdauernde Ziergräser 233
Zwiebel- und Knollengewächse 237
   Gladiolen, Dahlien, Lilien 238
   Die wichtigsten Blumenzwiebelarten 239
Die Sommerblumen 243
   Zweijahrsblumen 244
   Einjahrsblumen mit Freilandaussaat 246
   Einjahrsschlinger mit Freilandaussaat 249
   Einjahrsblumen mit Vorkultur 251
   Einjahrsschlinger mit Vorkultur 256
Was müssen wir beim Umgang mit Pflanzen beachten? 256

Obst im Garten 259

Obst gehört dazu 259
Auf die Lage kommt es an 259
Obstarten 260
Wohin mit den Obstgehölzen im Garten? 260
Allgemeines 260
Obstspalier 261

Obsthecke 262
Die Unterlagenfrage 263
Die Veredlung der Obstgehölze 263
   Ein gewaltsamer Eingriff 264
   Okulation 264
   Kopulation 265
   Pfropfen 265
   Geißfußpfropfen 265
Pollenspender und Bienen 266
Blütezeit 266
Pflanzung von Obstgehölzen und Beerenobst 266
   Bodenvorbereitung 267
   Behandlung einer Baumschulsendung 267
   Das Pflanzen 267
   Pflanzschnitt der Obstgehölze 268
   Freiwachsende Baumformen im Hausgarten 268
   Grundsätzliches zum Schnitt der Obstgehölze 269
Die Obstsorten und ihre Kulturansprüche 269
   Kernobst 269
   Der Apfel 269 — Die Birne 271 — Die Quitte 274 — Die Mispel 274
   Steinobst 275
   Die Kirsche 275 — Sauerkirschen 275 — Die Pflaume 276 — Pfirsiche und Aprikosen 277 — Die Aprikose 278 — Die Schlehe 279
   Schalenobst 279
   Walnüsse 279 — Haselnüsse 280 — Eßkastanien 280
   Beerenobst 281
   Beerenobst in Heckenform 283
Weinreben 289
Bodenpflege und Düngung bei Obstgehölzen 290
   Gründüngung und Mulchen 290
Schutz vor Schädlingen 291
   Förderung der Gartennützlinge 294
   Kriechtiere und Lurche 294 — Insekten 294 — Säugetiere 295
Krankheiten und Schädlinge von Obstgehölzen 295
   Schädlingsbekämpfung beim Beerenobst 296

Der Gemüsegarten 299

Die Anlage der Beete 300
Beete unter Glas 301
Das Früh- oder Mistbeet 302
Kleingewächshausbau 303
Die Tunnelkultur 305
Aussaat unter Glas und im Freien 305
   Saatgutbeizung 306
   Die Aussaat 306
   Schutz der Saatbeete 306
   Die Keimung 307
   Das Pikieren 307
   Die Pflanzung 307
   Gießen und Sprengen 307
   Richtige Gießzeit 308 — Regnersysteme 308 — Welches Wasser ist für den Garten geeignet? 309
Unkrautbekämpfung 309
Natürliche Bekämpfungsformen 309
Obst- und Gemüseanzucht in Containern 310
   Rund um das Hügelbeet 311
Pflanztabelle für den Gemüsegarten 312
Die wichtigsten Gemüsearten 314
   Tips für den Gemüseanbau 314
   Fruchtfolge 315
   Mischkultur 315
   Kohlgemüse 316 — Salatgemüse 319 — Wurzelgemüse 322 — Spinatgemüse 326 — Gurkengewächse 327 — Zwiebelgemüse 329 — Fruchtgemüse 332 — Blattstielgemüse 337 — Hülsenfrüchte 337 — Dauergemüse 341
Der Kräutergarten 344

Anhang
Untersuchungs-, Prüf- und Beratungsstellen 346
Register 347

Vorwort

Mehr als 30 Jahre ist es her, daß Horst Koehlers »Praktisches Gartenbuch« zum ersten Mal erschienen ist. Dieses Buch, von einem Praktiker für die Praxis geschrieben, hat im In- und Ausland ein millionenfaches Echo gefunden. Es wurde zu einem Standardwerk für den Gartenbesitzer und Freizeitgärtner und darüber hinaus ein interessantes Lehrbuch für junge Menschen, die sich dem Gärtnerberuf verschrieben haben. Horst Koehler war der erste Autor eines Gartenbuches, der nach den Verwüstungen des Zweiten Weltkrieges den Erholungswert und die Bedeutung des naturnahen Gärtnerns im eigenen Garten erkannte und seine Leser zukunftsweisend mit biologischen Kulturformen bekanntmachte, als Begriffe wie »Umweltschutz« und »Ökologie« dem allgemeinen Sprachgebrauch noch fremd waren.

Der große Praktiker und Gartengestalter, der das Gärtnern in all seiner Vielfalt »von der Pike auf« erlernte und im eigenen Garten praktizierte, hat in seinem umfassenden Gartenbuch alles zusammengetragen, was man über die Anlage von Gärten, ihre Erhaltung und Pflege, über die Technik, die zu verwendenden Baustoffe und die Pflanzen mit ihren vielfältigen Kulturformen wissen muß.

Seit Erscheinen der ersten Ausgabe hat das »Praktische Gartenbuch« einige Wandlungen erfahren, und es ist dem Verlag besonders zu danken, daß dieses meistgelesene Gartenbuch im Zuge neuer Auflagen immer wieder aktualisiert und reichhaltiger ausgestattet werden konnte, so daß mit dieser Jubiläumsausgabe heute ein zeitgemäßes praktisches Arbeitsbuch vorliegt, das dem Gartenbesitzer mit seinen vielfältigen Ratschlägen und Anleitungen zu einem unentbehrlichen Helfer wird in allen Fragen, die den eigenen Garten betreffen. »Nicht trockene Theorie, sondern alles, was der Gartenfreund an praktischem Wissen benötigt, lehrt dieses Gartenbuch, das in sorgfältiger Kleinarbeit von Praktikern zusammengetragen wurde und von begeisterndem Elan ist«, schrieb das Preiskuratorium der Deutschen Gartenbaugesellschaft bei der Verleihung des Buchpreises in die Laudatio. So möge auch diese Jubiläumsausgabe wieder viele Freunde finden, die im Garten Entspannung suchen und Kraftreserven für die vielfältigen Aufgaben des Alltags schöpfen wollen und dazu beitragen, daß unsere Umwelt grüner, schöner und lebenswerter wird.

Krefeld, Januar 1985
Winfried zur Hausen

Freizeit im Garten

Im Garten haben wir die Möglichkeit, uns mit einem Stückchen Natur zu umgeben, mit einem Raum, in dem wir den Wandel der Jahreszeiten Frühling, Sommer, Herbst und Winter als Lebensrhythmus verfolgen können. Es ist die einzige Möglichkeit, die uns noch geblieben ist, im Wohnbereich der Hektik des Alltags zu entfliehen und in unmittelbarem Kontakt mit dem Boden und der Pflanze wieder zur Natur zurückzufinden. Garten heißt in unserer Zeit nicht nur ein Stück Boden, das wir als Hobby bewirtschaften, auf dem wir uns erholen und entspannen, Garten ist gleichzeitig eine Verpflichtung gegenüber der Natur, die durch zunehmende Umweltbelastungen in ihrem ökologischen Gefüge empfindlich gestört und zum Teil schwer geschädigt wird.

Unser Hausgarten ist in erster Linie Wohngarten, aber gerade in den letzten Jahren können wir einen Trend zu verstärktem Anbau von Obst und Gemüse beobachten. Es wird daher in diesem Buch nicht einseitig auf Gestaltungsfragen, sondern auch auf Kultur- und Anbauformen der wichtigsten Obst- und Gemüsearten eingegangen. Wissenschaft und Forschung haben in den vergangenen Jahren gezeigt, daß durch eine bestimmte Pflanzenauswahl und durch den gezielten Einsatz von Düngemitteln und Schädlingsvernichtern bei bestimmten Kulturen bedeutend höhere Erträge erwirtschaftet werden können als das früher möglich war. Hierbei wurde allerdings nur allzuoft vergessen, daß großflächige Monokulturen und der einseitige Einsatz von Spritz- und Düngemitteln zu erheblichen Schädigungen des Naturhaushaltes führen können. Die Resistenz bestimmter Schädlinge gegenüber den Bekämpfungsmitteln machten den Einsatz immer stärkerer Mittel erforderlich und führten mit der Abtötung der Schädlinge gleichzeitig zum Verlust vieler Nützlinge, die in früheren Jahren für einen natürlichen Ausgleich sorgten. Übertriebene Düngemaßnahmen sind zum Beispiel Ursache dafür, daß Grundwasser und offene Gewässer stark mit überschüssigen Nährstoffen angereichert und damit für Mensch und Tier ungenießbar werden. Im Hausgarten stellen sich diese Probleme zwar etwas anders dar, doch es ist nicht zu übersehen, daß es höchste Zeit zur Umkehr ist, wenn sinnvoller Umweltschutz praktiziert werden soll und wenn wir nicht Gefahr laufen wollen, durch einseitige Bewirtschaftungsformen dem Naturhaushalt so schwere Schäden zuzufügen, daß eine Regenerierung unmöglich wird.

So ist denn auch neben vielen Anregungen zur Gestaltung und Bepflanzung unseres Gartens die naturnahe Pflege und Bewirtschaftung eines uns anvertrauten Fleckchens Erde ein Hauptanliegen dieses Buches. Das wird den Freizeitwert keineswegs mindern, den wir im Umgang mit einem Stückchen Natur erfahren, das wir nach eigenen Plänen und Bedürfnissen gestalten wollen, um uns tätig oder in Muße zu entspannen und zu einem natürlichen Leben zurückzufinden.

Betrachten wir vor allem unseren Garten – den Boden, die Pflanzen und die darin lebenden Tiere – als eine Leihgabe der Natur. Und mit Geliehenem geht man sorgsam um. Man muß es hegen und pflegen, damit es der Eigentümer dereinst in gutem Zustand zurückerhält. Wir müssen einmal diese Leihgabe an eine Folgegeneration weiterreichen, damit sie diese in gleicher Weise nutzen kann. Im kleinen Bereich unseres Gartens können wir »weltweite Dinge« erleben. Hier können wir aber auch für die Verbesserung unserer Umwelt einen wichtigen Beitrag leisten, und das sollte für uns bei allem Tun oberstes Gesetz sein, dann gehen Umweltschutz und Umweltnutzung eine ideale Verbindung ein.

Das Gartengrundstück

Lage und Form des Grundstücks

Selten ist man in der Lage, sich ein Grundstück aussuchen zu können, das der persönlichen Idealvorstellung ganz entspricht. Meist handelt es sich um ererbte oder übernommene Gärten mit einem gewissen Bestand an Bäumen, anderen Gehölzen und Einrichtungen, die einem von vornherein gewisse Einschränkungen auferlegen. Aber auch bei unbebautem Neuland wirken viele Faktoren auf kleinstem Raum zusammen und entscheiden über Wert und Unwert eines Grundstücks zur Anlage eines Gartens. Ein Stück Gartenland kann mit seinen Einrichtungen und Pflanzungen sehr unterschiedlich gestaltet werden, deshalb sollte bereits bei der Planung alles berücksichtigt werden, um sich späteren Ärger zu ersparen.

Der Flächenzuschnitt einer Parzelle ist für die Anlage eines Gartens entscheidend. Regelmäßige, rechtwinklige Gartengrundstücke sind leichter anzulegen als vieleckige oder spitz zulaufende Flächen. Breite, rechteckige oder quadratische Formen sind wiederum langgestreckten, schmalen Grundrissen überlegen. Auch die Lage zum Haus ist für die spätere Anlage wesentlich. Südlagen sind günstiger als nach Norden oder Osten orientierte Flächen. Westlagen kommen in den vollen Genuß der Mittags- und Nachmittagssonne und sind darum besonders wertvoll. Nach Norden und Osten geneigte Flächen engen den Gestaltungsspielraum wegen ihrer ungünstigen Ausrichtung zum Licht sehr stark ein. Hier kann man nur mit guten Kenntnissen und viel Fleiß etwas bewirken, wenn der Garten Freude machen soll. Liegt das Haus in der Mitte eines Grundstücks, gehen große Flächenbereiche für den Vorgarten verloren. Bei Gärten, die sich östlich und nördlich von Gebäuden erstrecken, muß man stark beschattete Flächen in Kauf nehmen, was sich bei der beschränkten Größe der heutigen Grundstücke nachteilig auswirken kann. Die beste Lage für freistehende Häuser und Reihenhäuser ist zweifellos ein Bereich im nördlichen oder östlichen Teil des Grundstücks.

Bei Stadtwohnungen ist man nur selten in der Lage, einen hausnahen Garten anzulegen. Man muß dann ein Stück Gartenland außerhalb der Bebauung pachten oder eine Parzelle in einer Dauerkleingartenanlage bewirtschaften. Die früher übliche »Kinderwagenentfernung« (2 km) ist heute zwar auch noch erstrebenswert, weil der Garten dann bequem zu Fuß erreicht werden kann, doch spielen im Zeitalter der Motorisierung größere Entfernungen vom Haus keine große Rolle mehr.

Eine reizvolle landschaftliche Umgebung kann den Wohnwert und damit auch den Wert des Gartens bedeutend steigern. Gartengrundstücke, die an eine unverbaubare Landschaft, an einen Wald, einen Park oder an ein größeres Gewässer, angrenzen, oder die es möglich machen, Berge oder markante Bäume der Umgebung in die Gestaltung einzubeziehen, sind besonders wertvoll.

Wasserverhältnisse

Der Grundwasserstand

Der Wasserversorgung aus dem Untergrund wird beim Erwerb oder bei der Anlage eines Gartens meist nicht genügend Beachtung geschenkt. So kommt es häufig zu Fehlschlägen, die vermeidbar gewesen wären, wenn man sich über diese Verhältnisse rechtzeitig Klarheit verschafft hätte. Je nach Höhe des Grundwasserspiegels sind Maßnahmen erforderlich, um für die Pflanzen optimale Wachstumsbedingungen zu schaffen. Ein hoher Grundwasserstand muß durch Entwässe-

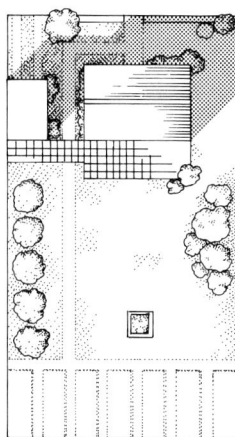

Die Stellung des Hauses ist für die Belichtung des Grundstücks wichtig. Süd- und Westlagen sind ideal.

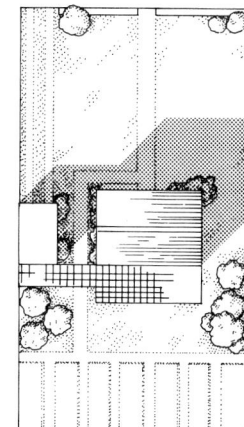

Liegt das Haus in der Mitte eines Grundstücks, gehen wertvolle Bereiche für den Vorgarten verloren.

Es kostet Zeit und viel Mühe, ehe aus einem Stück Land ein blühender Garten wird.

Wasserverhältnisse

Werden beim Grundwasserstand die erforderlichen Mindesttiefen über- oder unterschritten, so sind Dränagen oder künstliche Bewässerungsmaßnahmen erforderlich.

40–60 cm 60–80 cm 200–300 cm

rungsmaßnahmen (Dränung) abgesenkt werden. Ist diese Möglichkeit nicht gegeben, kann man das Grundstücksniveau anheben. Der erforderliche Boden läßt sich beispielsweise durch Aushub einer Teichfläche beschaffen. Vor solchen Arbeiten ist allerdings darauf zu achten, daß der anstehende Oberboden (Mutterboden) abgetragen und nach Beendigung der Erdarbeiten wieder aufgebracht wird. Dadurch erspart man sich viel Zeit und Mühe, die man sonst für die Kultivierung steriler Bodenmassen aufwenden müßte. Von allergrößter Bedeutung ist dabei das Lockern des Untergrundes, das Aufreißen des Unterbodens, um ihn durchlässig zu machen und eine gute Wasserführung zu erreichen.

Ein Grundwasserstand von 40–60 cm ist für Gartenkulturen ungeeignet. Stauden, Rasen und Gemüse gedeihen noch bei einem Grundwasserstand von 60–80 cm. Sträucher, Obstgehölze und viele andere tiefer wurzelnde Pflanzen benötigen schon einen wasserfreien Grund von mindestens 1,20–2,00 m, wenn nicht die in Trockenzeiten tiefer in den Boden eindringenden Wurzeln beim Steigen des Wassers faulen und die Pflanzen wieder eingehen sollen. Ist der Boden zu naß, hören Wurzelwachstum und Bodenleben auf, weil das Wasser aus den Bodenkrümeln die Luft verdrängt.

Die Höhe des Grundwasserstandes wird nicht nach dem höchsten Wasserstand auf der Parzelle gemessen, sondern sie bezieht sich auf den Durchschnittswert. Kurzfristiges Ansteigen des Wassers schädigt die Pflanzen noch nicht. Nur wenn sie ständig im Wasser stehen, beginnen sie zu kränkeln. Nützliche Hinweise auf die Boden-, Untergrund- und Wasserverhältnisse geben uns Gehölze und Kräuter, die in der näheren Umgebung des eigenen Gartens gedeihen. Auch der gute Rat von Gartennachbarn in bezug auf Sortenwahl und Besonderheiten aller Art kann wertvoll sein.

Ist der Grundwasserstand mehrere Meter tief, so kann sich das sehr nachteilig auswirken. Der Mangel muß dann durch zusätzliche Bewässerung ausgeglichen werden. Auch Bodenverbesserungsmittel mit wasserhaltenden Eigenschaften, wie Torf, Kompost, Dungerden und chemische Produkte (Hygromull), können eine gewisse Abhilfe schaffen. Wichtig ist auch die Bodenbedeckung durch geeigneten Bewuchs oder Mulchen. Hierdurch wird die ungehinderte Verdunstung gehemmt und der Wasserverlust klein gehalten. Eine gute Beschattung des Bodens ist anzustreben. Windschutzhecken zum Beispiel helfen gegen zu starke Austrocknung durch den Wind. Sie sorgen außerdem für reichliche Taubildung. Und Tau ergibt unter günstigen Verhältnissen bis zu 1 l Flüssigkeit je m^2. Da er außerdem Stickstoff aus der Luft in die Erde transportiert, erhöht sich sein Wert für den Garten noch. Die Anlage von Windschutzvorrichtungen im offenen Gelände ist deshalb sehr zu empfehlen.

Künstliche Bewässerung

Ganz gleich, wo sich ein Garten befindet und unter welchen Bedingungen er angelegt wird – Voraussetzung für erfolgreiches Gärtnern ist das Vorhandensein von Wasser. Wasser muß in ausreichender Menge verfügbar und bequem erreichbar sein. Das gilt vor allem für Gießwasser während der Trockenperioden. So ist zu prüfen, ob entsprechende Wasseranschlüsse im Bereich der Gartenanlage vorhanden sind oder installiert werden können. Eigene Brunnen mit Pumpenanlage sind zwar teuer, können aber bei hohem Wasserbedarf und ungünstigen Grundwasserverhältnissen unter Umständen preiswerter sein als das Wasser aus dem öffentlichen Leitungsnetz, bei dem meist auch noch teure Kanalbenutzungsgebühren mitabgeführt werden müssen. Vor der Anlage eines Brunnens sollte man sich jedoch beim zuständigen Bauordnungsamt erkundigen und ggf. um eine Genehmigung bemühen. Schöpfbecken und Teichanlagen liefern abgestandenes Gießwasser. Man kann sie eventuell auch an eine Dachentwässerung anschließen.

Die richtige Gartengröße

Beim Neuerwerb eines Grundstücks in Vororten oder ländlichen Gegenden läßt man sich leicht von Größenvorstellungen leiten, die über das Maß einer zumutbaren Pflege weit hinausgehen. Der Garten soll ja mehr auf Entspannung zugeschnitten sein als Arbeit machen, und das ist schon bei der Größe des Grundstücks zu bedenken. $300-400 \text{ m}^2$ gelten als günstigste Gartengröße, da sich solche Flächen bei guter Aufteilung und mit einigen Kenntnissen in der Freizeit ohne fremde Hilfe bequem nutzen lassen. Gartenbesitzer, die über viel freie Zeit verfügen und deren Familienmitglieder bei der Gartenarbeit helfen, können auch ein größeres Grundstück von ca. $400-800 \text{ m}^2$ gut bewältigen. Solche Gärten kann man vielfältig mit Stauden, Sommerblumen, Rasen, Ziergehölzen, mit Obstbäumen und Gemüsen bestellen. Bei größeren zusammenhängenden Rasenflächen sind noch größere Parzellen angebracht.

Die »ideale« Gartenbreite für freistehende Einfamilienhäuser und Einzelhäuser sind 16 m. Man bezeichnet diese Breite als »theoretische« Breite. Das Haus trennt bei einer solchen Breite den Vorgartenteil vom Wohngarten, und es verbleibt beiderseits des Hauses noch in den Abstandsflächen (Bauwich) die Möglichkeit zur Anlage von Wegen zur Erschließung des Wohngartens von der Straße. Bei Doppelhäusern rechnet man mit Parzellenbreiten von 24 m, wobei je 12 m auf das einzelne Grundstück entfallen. Reihenhäuser- und Wohnblockgärten sollten möglichst nicht unter 6–7 m Breite haben. Schmalere Parzellen sind nicht mehr als Garten zu bezeichnen. Die Gestaltung schmaler Parzellen verlangt sorgfältige Planung. Insbesondere die Pflanzung von Gehölzen, die Anordnung der Freisitze in den einzelnen Gärten, Sichtschutzwände und dergl. müssen aufeinander abgestimmt werden, da sonst die Nutzungsmöglichkeiten stark eingeschränkt sind.

Eckgrundstücke haben meist eine unregelmäßige oder spitzwinklige Form. Bei richtiger Aufteilung lassen sich auch solche Grundstücke vielseitig gestalten. Die Dreiecksform ist überhaupt die schwierigste, da eine Anzahl kleinerer und größerer Dreiecke bei der Aufteilung der Beete und Wege auf einer Seite immer wiederkehrt. Die in diesem Buch abgebildeten Gartenpläne beziehen sich nicht nur auf die Wiedergabe rechtwinkliger Idealgrundstücke, sondern bringen als Anregung auch einige unregelmäßige Grundstücke.

Der Grundstückserwerb

Unter einem Gartenbesitzer versteht man eine Person, die im Grundbuch als Eigentümer eingetragen ist oder die als Pächter, Unterpächter oder Erbpächter Gartenland betreut, sowie Personen, die als Mieter einen Garten besitzen, der mit der Wohnung gleichzeitig vermietet wird.

Kauf, Pacht und Miete

Wer durch Kauf ein Gartengrundstück erwerben will, kann dies nur auf dem Wege eines mit dem Verkäufer notariell abgeschlossenen Kaufvertrages mit der darin erklärten Auflassung und daraus erfolgender Eintragung in das Grundbuch bewerkstelligen und so zum rechtmäßigen Eigentümer werden. Er tritt durch den Kauf anstelle des bisherigen Eigentümers gesetzlich in alle Rechte und Pflichten, die auf diesem Grundstück ruhen. Bestehende Pachtverträge und ähnliche Abmachungen des bisherigen Eigentümers sind mit dem Verkauf nicht etwa aufgehoben, sondern laufen weiter nach dem Grundsatz, daß Kauf nicht Miete (Pacht) bricht.

Wer einen Garten pachtet, der soll erst dann mit der Gartenarbeit beginnen, wenn

Grundstückserwerb

ein klarer rechtsgültiger Vertrag vorliegt, der sämtliche Punkte genauestens regelt:
- Lage und Größe des Grundstücks
- Beginn und Ablauf der Pacht
- Pachtsumme
- Abmachungen über vorzeitige Kündigung bzw. Unterverpachtung
- Art der Grundstücksnutzung und Festlegung, in welchem Zustand das Land nach Ablauf der Pacht zurückgegeben werden muß
- Feststellung, was zum »wesentlichen Bestandteil« des Grundstücks gehört und nicht entfernt werden darf
- Feststellung, was als »Zubehör« zum Grundstück gehört und nicht entfernt werden darf
- Feststellung, welche Baulichkeiten errichtet werden dürfen und was mit ihnen nach Ablauf der Pachtzeit geschieht.

Es ist wichtig, jeden dieser Punkte zu regeln, auch wenn das beste Einvernehmen zwischen beiden Vertragspartnern herrscht. Aus jedem einzelnen dieser genannten Punkte, die außer acht gelassen wurden, kann sich später jahrelanger Ärger, ja sogar ein Rechtsstreit entwickeln.

Erst wenn der rechtsgültige Vertrag durch die Unterschriften der Parteien gezeichnet ist, soll der Pächter oder Mieter mit seiner Gartenarbeit beginnen.

Dieselbe Vorsicht ist bei Gärten geboten, die mit der Wohnung zugleich gemietet werden. Im Interesse beider Parteien ist auch hier eine genaue Klärung der Verhältnisse erforderlich. Über die Nutzung des Gartens und über Beginn und Beendigung des Gartenbesitzes muß Klarheit herrschen. Bei Beendigung des Mietverhältnisses sollte feststehen, in welcher Form der Garten dem Eigentümer zurückzugeben ist, entweder in seinem ursprünglichen Zustand oder so, daß der Eigentümer den Wertzuwachs (Baumpflanzungen, Umzäunung, Laube, Brunnen, Obstanpflanzungen und dgl.) seinem bisherigen Pächter oder Mieter ersetzt.

Grundsätzlich ist gesetzlich festgelegt, daß jede ausdauernde Pflanze, Baum, Strauch, Staude, im Augenblick des Pflanzens in das Eigentum – nicht des Pflanzenden, sondern des Bodeneigentümers übergeht. Der Pflanzende hat in diesem Augenblick das Eigentumsrecht an der Pflanze verloren. Ausgenommen sind solche Pflanzen, die nur vorübergehend bis zu ihrem Verkauf auf diesem Land gezogen werden. Als vorübergehend gepflanzt gelten u.a. Blumenzwiebeln und Knollen, die im Winter herausgenommen werden müssen, und über den Sommer ausgepflanzte Topfgewächse.

Kann der Pächter den Garten bei der Übergabe nicht in den ursprünglichen Stand versetzen, darf er die von ihm gepflanzten Bäume und andere Pflanzen nicht entfernen, egal ob über eine Vergütung des Wertzuwachses Einigung erzielt werden konnte oder nicht.

Jeder Pachtvertrag, der auf längere Dauer als für ein Jahr abgeschlossen wird, muß in schriftlicher Form abgefaßt sein. Ein mündlicher Vertrag, der zwar gültig ist, gilt vor dem Gesetz nur als »auf unbestimmte Zeit« abgeschlossen. § 595 des Bürgerlichen Gesetzbuches (BGB) besagt: Ist bei der Pacht eines Grundstückes die Pachtzeit nicht bestimmt, so ist die Kündigung nur für den Schluß eines Pachtjahres zulässig. Sie hat spätestens am ersten Werktag des halben Jahres zu erfolgen, mit dessen Ablauf die Pacht enden soll.

Mit einem Garten können wir uns ein Stück von dem verlorengegangenen Paradies in unsere Umwelt zurückholen.

Grundstückserwerb 15

Haus und Garten werden durch die Pflanzen zu einer festgefügten Einheit. Wie ein grüner Teppich beherrscht der Rasen den Raum, der aus Gebautem und Gewachsenem entstanden ist. Kräftige Blütenfarben setzen fröhlich-bunte Akzente.

Gärten brauchen Zeit zum Wachsen, und ein Garten ist niemals »fertig«. Spärlich nehmen sich die jungen Pflanzungen aus, wenn man künftiges Wachstum gebührend berücksichtigt. Hier kommt der Sommerblumenflor besonders gelegen. Die anspruchslosen Pflanzen lassen sich leicht kultivieren und sind willkommene »Lückenbüßer«.

Gesetzliche Vorschriften

Auch unter Gartenfreunden kann es Streitigkeiten geben. Häufig geht es dabei um Grenzfragen. Bisweilen entsteht ein Streit auch aus Unkenntnis der Gesetze. Zwischen Nachbarn, die lange Zeit harmonisch nebeneinander gärtnerten, kann sich eines Tages eine kleine Meinungsverschiedenheit über den reparaturbedürftigen gemeinsamen Zaun, eine gemeinsame Hecke, einen gemeinsamen Weg, eine gemeinsame Trennmauer zwischen den Grundstücken ergeben, der sich zum Streit auswächst. Im BGB finden wir Grundsätzliches zu diesen Fragen in den §§ 919–922. Da aber das Nachbarrecht in den einzelnen Ländern der Bundesrepublik verschieden gehandhabt wird, hat das BGB die Regelung im einzelnen weitgehend den Landesgesetzen überlassen. Hier findet man oft wichtige Vorschriften über einzuhaltende Grenzabstände bei der Pflanzung von Bäumen, Sträuchern, Hecken und dergleichen. Vorschriften über Einfriedungen sind meist den von den Gemeinden aufgestellten Bebauungsplänen zu entnehmen.

Darüber hinaus gibt es neuerdings in vielen Gemeinden eine *Baumschutzsatzung*, die gewisse Baumarten und Bäume ab einem bestimmten Stammdurchmesser schützt, d. h. sie dürfen nicht ohne Genehmigung gefällt werden. Eine Anfrage beim zuständigen Bauordnungsamt ist im Bedarfsfall anzuraten.

Der Gartenbesitzer hat auch die Pflicht, Dritte vor Schäden zu schützen, die sie auf seinem Grundstück erleiden können. Er muß mit Schadenersatzansprüchen rechnen, wenn sich beispielsweise schadhafte Stellen in der Garteneinfriedung befinden, an denen sich Passanten verletzen, wenn Wege und Treppen in mangelhaftem Zustand sind und als Unfallursache festgestellt werden oder wenn durch giftige Gewächse am Rande eines Gartengrundstücks Kindern und Tieren etwas passiert. Wer eine Gefahrenslage schafft, ist verpflichtet, die erforderlichen Vorkehrungen zu treffen, um Schädigungen anderer zu vermeiden. Daher hat der Eigentümer, aber auch der Besitzer oder Pächter, der eine Gartenfläche nutzt, die Verantwortung für die Sicherheit dieser Fläche. Das gilt besonders dann, wenn Verwandte und Bekannte zur Obsternte in den Garten eingeladen werden oder wenn eine Gartenparty stattfindet. Durch eine Haftpflichtversicherung kann man sich gegen die Inanspruchnahme auf Schadenersatz schützen. Der Eigentümer eines Grundstückes kann für solche Fälle eine Grundstückshaftpflichtversicherung abschließen. Für Mieter oder Pächter gibt es private Haftpflichtversicherungen.

Das BGB befaßt sich auch mit Einwirkungen aus dem Nachbargarten, z. B. Belästigung durch Lärm (andauerndes Hundegebell, brüllende Lautsprecher, nicht abgeschirmte Elektrogeräte, die den nachbarlichen Radioempfang stören und dergl.). Geräusche, Gerüche und Einwirkungen, die ortsüblich sind, z. B. durch Hausarbeit, Rasenmäher oder Düngen, müssen hingenommen werden.

Nach § 907 des BGB kann der Eigentümer eines Grundstückes auch verlangen, daß auf dem Nachbargrundstück keine Anlagen errichtet oder erhalten werden, von denen mit Sicherheit vorauszusehen ist, daß ihr Bestand oder Nutzung eine unzulässige Einwirkung auf sein Grundstück zur Folge haben. Im § 909 erfahren wir, daß z. B. Bodenbewegungen nicht in der Form erfolgen dürfen, daß der Boden des Nachbargrundstückes die erforderliche Stütze verliert, es sei denn, daß für eine genügende anderweitige Befestigung gesorgt ist.

Jeder Gartenbesitzer darf Erdbwegungen beliebiger Art auf seinem Grundstück durchführen, nur muß er vermeiden, daß durch Rutschgefahr, durch abgesenktes Grundwasser oder durch auf das Nachbargrundstück abfließendes Oberflächenwasser Schäden auf dem Nachbargrundstück entstehen. Desgleichen dürfen Aufschüttungen auf der gemeinsamen Grenze nicht erfolgen. Sie müssen nach dem allgemeinen Landesrecht von dieser Grenze einen bestimmten Abstand einhalten.

Wurzeln und überhängende Zweige aus dem Nachbargarten sind ein häufiges Ärgernis. Im § 910 BGB erfahren wir, daß der Eigentümer eines Gartens Wurzeln eines Baumes oder Strauches, die von einem Nachbargrundstück eingedrungen sind, abschneiden und behalten kann. Das gleiche gilt für herüberragende Zweige, wenn

Gesetzliche Vorschriften

der Eigentümer des Nachbargrundstücks eine angemessene Frist zur Beseitigung bestimmt hat und die Beseitigung nicht innerhalb der Frist erfolgt. Dem Eigentümer steht dieses Recht nicht zu, wenn die Wurzeln oder Zweige die Benutzung des Grundstücks nicht beeinträchtigen.

Wurzeln verursachen einen spürbaren Schaden, wenn sie über die Grenze in bearbeitetes oder zu bearbeitendes Land eindringen. Durchziehen sie einen Weg an der Grenze, dann ist von einer Schädigung nur zu sprechen, wenn sie den Weg oder dessen Belag anheben und damit unbrauchbar machen oder wenn Wurzelschosse aus ihnen zu sprießen beginnen. Das gleiche trifft zu, wenn durch Nahrungsentzug oder durch spürbaren Entzug von Licht und Sonne der Eigentümer durch Nachbarsbäume geschädigt wird. In solchen Fällen darf die fremde Wurzel direkt an der Grenze abgeschlagen und behalten werden, auch wenn der Baum durch das Entfernen der Wurzel Schaden nimmt. Gefährdet aber das Abschlagen der Wurzeln die Standfestigkeit der nachbarlichen Bäume, dann muß für Schaden gehaftet werden, der dem Nachbarn durch Umstürzen der Bäume entstehen kann. Es ist auch Rücksicht auf Bäume zu nehmen, die zu bestimmten Jahreszeiten bei Verletzungen stark »bluten«, wie z. B. Walnuß, Birke und Ahorn.

Überhängende und abgefallene Früchte sind ebenfalls ein häufiges Streitobjekt, obwohl die gesetzliche Vorschrift (BGB § 911) diese Frage eindeutig regelt. Solange die Früchte noch an den Zweigen hängen, sind sie Eigentum des Baumbesitzers, fallen sie aber auf den nachbarlichen Boden, so sind sie Eigentum des Nachbarn. Er darf aber dieses Abfallen nicht durch Schütteln oder sonstige Gewaltanwendung hervorrufen!

Landesrechtlich sind für die Erhaltung von Obstbäumen in strittigen Fragen besondere Gesetze und Verordnungen erlassen, die stark voneinander abweichen.

Grenzabstand und verbaute Aussicht

Hierzu gehören auch die immer wieder auftauchenden Fragen über Grenzabstände von Hecken und Bäumen. Oft gelten sogar eigene Gemeindevorschriften über die Pflanzabstände an Grenzen. Es ist wichtig, sich vor Anpflanzungen über diese Fragen am besten bei den örtlichen Bauordnungsämtern zu unterrichten.

Verbaute Aussicht und Fortnahme der Sonneneinstrahlung sind ebenfalls Fragen, um die viel Streit entbrennt. Das BGB hat diese heiklen Probleme den Landesgesetzen überlassen. Wo diese keine besonderen Vorschriften erlassen haben, ist es dem Gartenbesitzer erlaubt, Zäune, Hecken und Mauern zu errichten, um ungestört durch nachbarlichen Einblick in seinem Garten zu wirken, auch wenn er dem Nachbarn dadurch Aussicht und Licht versperrt.

Gute Nachbarschaft ist eminent wichtig, wenn das Gärtnern Spaß machen soll. Gartenfrieden ist so bedeutsam und wohltuend, daß es in den meisten Fällen lohnt, ein kleines Opfer zu bringen und hin und wieder etwas zu ertragen, was man sich gesetzlich gesehen nicht gefallen zu lassen brauchte. Bei etwas Toleranz und Hilfsbereitschaft muß man in den meisten Fällen das Gesetz nicht gegen den »bösen« Nachbarn bemühen.

Weitere gesetzliche Vorschriften, die jeder Gartenbesitzer beachten muß:
- *Bekämpfung von pilzlichen und tierischen Schädlingen und seuchenartigen Unkräutern.*
- *Störung der Sonn- und Feiertagsruhe durch bestimmte Gartenarbeiten.*
- *Anzünden von Reisig und dergl. in der Nähe von Gebäuden und zu bestimmten Zeiten.*
- *Sicherung von Gruben und Sickerschächten.*
- *Bekämpfung von Ratten, Mäusen und dergl. durch Giftköder unterliegt der Aufsicht der Ordnungsämter.*
- *Wer Steine, Scherben etc. in den Nachbargarten wirft, macht sich strafbar.*
- *Bei Schäden durch Haustiere ist der Eigentümer zu informieren. Sorgt er nicht für Abhilfe, kann zivilrechtlich geklagt werden.*
- *Für Wildschaden ist der Jagdpächter nicht schadenersatzpflichtig, da in Gärten nicht gejagt werden darf.*

Wurzeln und überhängende Zweige geben immer wieder Anlaß zu Streit. Das BGB regelt diese Fälle. Landesgesetze und Festsetzungen der Gemeinden bestimmen Grenzabstände von Bäumen und Anpflanzungen, Zaunsetzungen und dergl. Man erspart sich manchen Ärger, wenn man sich vor dem Bau oder Erwerb eines Hauses und Gartens beim zuständigen Ordnungsamt Auskunft einholt.

Der Boden

Die Fruchtbarkeit des Bodens

Die meisten Pflanzen wachsen im Boden. Sie beziehen daraus Feuchtigkeit und Nährstoffe, die sie für gutes Gedeihen benötigen. Aber der Boden ist kein totes Substrat, er ist ein lebender Organismus. Algen, Pilze, Bakterien, Würmer und viele andere Kleinlebewesen beleben diesen Organismus und sorgen für den Auf- und Abbau pflanzlicher und tierischer Produkte, für die Aufschließung von Mineralien, für die Atmung und Verbrennung und bewirken auf diese Weise seine Fruchtbarkeit. In der freien Natur werden dem Boden durch absterbende und verrottende Pflanzenteile organische Stoffe wieder zugefügt, die von den Bodenlebewesen aufgeschlossen und wieder zu Pflanzennahrung umgesetzt werden. Darüber hinaus liefern die im Boden befindlichen Mineralien und Gesteine lebenswichtige Nährstoffe durch ihre Zersetzung und Verwitterung. Viele Bodenlebewesen, wie zum Beispiel der Regenwurm, Springschwänze und Asseln, nehmen verrottende organische Stoffe und mineralische Verwitterungsprodukte auf und scheiden sie als Humusverbindungen wieder aus.

Im Garten wird die natürliche Vegetation durch Kulturen ersetzt. Wir möchten mehrere Ernten im Jahr erzielen und entziehen dadurch dem Boden viele Stoffe, die ihm in anderer Form zurückgegeben werden müssen, wenn seine Fruchtbarkeit erhalten bleiben soll. Es sind also Düngemaßnahmen erforderlich. Das Verbrennen von Pflanzen und Pflanzenteilen und die Untersuchung der Rückstände und andere Analysen machten es möglich, genauere Aussagen über den Nährstoffverbrauch unserer Kulturpflanzen zu machen.

Die Erkenntnis, daß man mit speziellen Mineraldüngern bei Kulturpflanzen erhebliche Ertragssteigerungen erreichen kann, führt jedoch vielfach dazu, daß man durch ständig steigende Dosierungen die Grenzen des Erreichbaren überschreitet. Der im Boden vorhandene Humus wird rapide abgebaut, die Böden hagern aus. Ohne grundlegende Kenntnisse von der Wirkung der Düngerarten ist der Umgang mit mineralischen Düngern im Garten ein gefährliches Spiel. Wie und wo aber sollen wir organische und mineralische Düngemittel im Garten einsetzen? Bevor wir uns mit dieser Frage näher beschäftigen, müssen wir etwas über die Bodenarten wissen.

Die wichtigsten Bodenarten

Es gibt eine ganze Anzahl verschiedener Bodenarten und Übergangsformen. Die wichtigsten Arten sollen hier kurz beschrieben werden. Man unterscheidet ganz allgemein »leichte« und »schwere« Böden – je nach ihrer Zusammensetzung. Diese Begriffe haben nichts mit dem Gewicht des Bodens zu tun, sondern sie sagen etwas darüber aus, ob sie leicht oder schwer zu bearbeiten sind und man kann daraus auch schließen, ob und wie sie zusätzlich bearbeitet und mit Nährstoffen versorgt werden müssen.

Unter *schweren Böden* verstehen wir Ton- und Lehmböden, die bei Feuchtigkeit quellen, bindig werden und das Wasser halten. Sie erwärmen sich nur sehr langsam und werden als kalte, dichte Böden mit dichtem Gefüge bezeichnet. Bei Regen verschlemmen sie leicht, bei größerer Trockenheit verkrusten sie und werden hart. Infolge des geringen Porenvolumens sind sie schlecht durchlüftet und erwärmen sich bei Sonneneinstrahlung nur sehr langsam. Man kann diese Böden durch Beigaben von Sand, Kompost, Basaltlava (Körnung 0/8 mm), durch Kunststoffprodukte wie z. B. Styromull, durch Beigaben von Kompost, Naturdüngern und Torf auflockern und damit zu guten Gartenböden

Fruchtbarer Boden ist die Lebensgrundlage für die Fülle der Gehölze und Stauden, mit denen wir unsere Gärten schmücken können. Das setzt voraus, daß wir uns mit den Bodenverhältnissen, dem Klima und den Standortbedingungen der Pflanzen gründlich vertraut machen. Dann bleibt auch der Erfolg nicht aus.

machen. Sandböden bezeichnet man im Gegensatz dazu als *leichte Böden*. Sie sind gut durchlüftet, erwärmen sich schnell, besitzen allerdings eine geringe Wasserhaltekraft und wenig Nährstoffe, da diese leicht ausgespült werden können. Um Sandböden kulturfähig zu machen, verbessert man sie durch Humusbeigaben, Torf, Naturdünger, Kompost und ähnliche wasserhaltende Stoffe. Hier haben sich auch Kunststoffe wie Hygromull und Hygropor bewährt. Wegen der guten Durchlüftung und raschen Erwärmung geht der Abbau der Humusstoffe im Sandboden ziemlich rasch vonstatten. Sandböden müssen daher häufig nachgedüngt werden.

Am weitesten verbreitet sind *sandige Lehmböden*, lehmige Sandböden und Übergangsformen. Es handelt sich um Bodengemische aus Ton und Sand in verschiedenartiger Zusammensetzung und Kornabstufung. Meist sind es nährstoffhaltige, fruchtbare Böden, deren Wasserhaltekraft als gut zu bezeichnen ist, und die sich schwer erwärmen. Sie sind ideale Gartenböden, wenn sie gut gepflegt und mit Humus verbessert werden. Bisweilen stellt man auf solchen Böden Kalkmangel fest. Dann muß mit kohlensaurem Kalk nachgeholfen werden.

Lehmige Sandböden besitzen meist nur einen geringen Humusanteil. Je nach ihrer Beschaffenheit kann man sie mit entsprechenden Gaben von Torf, Naturdünger, Kompost und Hygromull verbessern und bindiger machen.

Zu den guten Gartenböden zählt auch der *Lößboden*. Er gehört zu den fruchtbarsten Bodenarten, die es auf der Erde gibt, und besteht aus feinen Ton-, Sand- und Kalkteilchen, die staubfein zusammengesetzt sind. Typische Verbreitungsgebiete finden wir im Rhein- und Donautal. Lößböden trocknen leicht aus. Sie sind daher mit Torf, Hygromull oder Naturdüngern anzureichern.

Im norddeutschen Raum findet man eine eigentümliche Bodenart: den *Moorboden*. Hier handelt es sich um einen Boden, der auf Niederungsmoor entstanden ist. Bei geeigneter Bearbeitung wie Entwässerung, guter Lockerung und Durchlüftung können solche Humusböden, deren Anteil an organischer Substanz oft höher liegt als 50%, sehr ertragreich sein. Regelmäßige Kalkungen sind erforderlich, um den hohen Säuregrad dieser Böden zu verringern.

Daneben gibt es eine Reihe von Bodenarten, die seltener vorkommen. Unter ihnen sei der *Mergelboden* genannt, eine Bodenart, die je nach Sand oder Tongehalt sehr unterschiedlich ausgebildet sein kann. Es handelt sich dabei um eine Mischung von Sand bzw. Ton und organischem Kalk, die je nach ihrer Zusammensetzung als Gartenboden geeignet sind, wenn sie mit entsprechenden Bodenverbesserungsmitteln aufbereitet werden (Torf, Styromull). Auch der *Kalkboden* ist eine typische Bodenart, die sich auf Kalkgestein gebildet hat. Sie weist in den meisten Fällen nur eine dünne Humusschicht auf, die meist mit Gesteinsbrocken durchsetzt ist. Kalkböden besitzen eine geringe Wasserhaltekraft, die nur mit reichlichen Gaben organischer Substanz verbessert werden kann.

Die meisten Gartenböden bestehen also aus einer bestimmten Mischung von Ton, Sand und Humus. Dunklere Böden besitzen meist einen höheren Anteil organischer Substanzen (z. B. schwarzbraune Torfböden). Sie erwärmen sich infolge ihrer dunklen Farbe relativ rasch und werden allgemein als bessere Böden eingestuft. Die Entstehung der Böden ist jedoch sehr unterschiedlich. Sie hängt im wesentlichen von der Zusammensetzung des Ausgangsmaterials ab, das auch für den Anteil an mineralischen Nährstoffen und Spurenelementen, wie Kalzium, Phosphor, Kalium, Magnesium, Natrium und Eisen, verantwortlich ist.

Nicht nur die Zusammensetzung der Böden spielt für die Ertragsfähigkeit und Fruchtbarkeit eine bedeutsame Rolle. Porenvolumen, Wasserdurchlässigkeit und die Tiefgründigkeit sind Faktoren, die sich ebenfalls entscheidend auswirken und auf die man Einfluß nehmen muß, wenn sie nicht den Anforderungen für gutes Gedeihen unserer Pflanzen entsprechen. Fruchtbare Böden sind tiefgründige Böden. Das heißt, sie müssen auch im Untergrund so strukturiert sein, daß sie den Pflanzenwurzeln optimale Wachstumsbedingungen schaffen. Besonders Tiefwurzler wie Obstbäume, bestimmte Zier-

gehölzarten, aber auch Gemüsearten wie Möhren, Meerrettich, Schwarzwurzeln benötigen tiefgründige Böden.
Zur Untersuchung der Bodenbeschaffenheit auf dem eigenen Grundstück gräbt man am besten ein 80–100 cm tiefes Loch. So kann man leicht feststellen, wie die Schichtung des Bodens aussieht. Gerade bei Grundstücken von Neubauten ist immer wieder festzustellen, daß es durch das Baugeschehen zu starken Verdichtungen in bestimmten Bodenschichten gekommen ist. Oft wurde der Untergrund vor dem Oberboden- (Mutterboden-)auftrag nicht aufgerissen und liegt nun als verdichtete Schicht zwischen dem Oberboden und dem tieferen Untergrund. Je nach Verdichtung kann er stark wasserundurchlässig werden und eine allmähliche Versauerung des Oberbodens bewirken, die unter Umständen erst nach Jahren feststellbar ist und sich dann nur mit hohen Kosten beseitigen läßt.

Die Bodenreaktion oder der Säuregehalt des Bodens

Für das gute Gedeihen der Pflanzen ist der Säuregrad des Bodens von großer Bedeutung. Wir messen den Säuregehalt in Form des sogenannten pH-Wertes (Meßzahl für die Wasserstoffionen-Konzentration). Die genauen Bezeichnungen für den Säuregrad eines Bodens lauten für pH-Werte:

unter 3	extrem sauer
3–3,9	sehr stark sauer
4–4,9	stark sauer
5–5,9	mäßig sauer
6–6,9	schwach sauer
7	neutral
7,1–8	schwach alkalisch (oder basisch)
8,1–9	mäßig alkalisch (oder basisch)
9,1–10	stark alkalisch (oder basisch)
10,1–11	sehr stark alkalisch (oder basisch)
über 11	extrem alkalisch (oder basisch)

Der pH-Wert gibt uns wichtige Hinweise auf die chemischen, physikalischen und biologischen Eigenschaften eines Bodens. Bei Böden, die einen pH-Wert unter 6 aufweisen, sind nur säureliebende Pflanzen zu verwenden. Hierzu zählen zum Beispiel die sogenannten Moorbeetpflanzen (Eriken, Azaleen, Rhododendren, Kalmien, Skimmien u. a.). Das Optimum für Pflanzenkulturen im Garten liegt bei Sandböden zwischen 5,5 und 5,7, bei mittelschweren Böden zwischen 6 und 6,5. Alkalische Böden mit einem pH-Wert der über 8 liegt, sind für das Pflanzenwachstum weitgehend ungeeignet, da in ihnen die meisten Nährstoffe chemisch gebunden sind. Stickstoff, Phosphorsäure, Kalium, Kalzium und Magnesium sind bei pH-Werten um 6 gut pflanzenverfügbar. Für die meisten Spurenelemente (z. B. Bor, Kupfer) liegt das Optimum bei pH 6,5.

Es ist also wichtig, zunächst den Säuregrad des Bodens festzustellen, bevor man mit der Gartenarbeit beginnt. Saure Böden kann man mit Kalk neutralisieren, alkalische Böden werden durch Torf oder bestimmte Dünger (z. B. Ammoniumsulfat) erheblich verbessert, das heißt für das Pflanzenwachstum günstiger gestaltet.

Mutterboden oder, wie er neuerdings bezeichnet wird, »Oberboden« ist das Kostbarste, was wir im Garten besitzen. Der in unseren Breiten vorkommende Mutterboden benötigte Jahrtausende für seine Entwicklung. Daher ist besonders beim Neubau eines Hauses und eines Gartens darauf zu achten, daß der Kulturboden vorher abgeschoben und auf Mieten aufgesetzt wird, so daß er später ohne Schaden wiederverwendet werden kann. 20–30 cm Mutterboden sind erforderlich, um ein gutes Wachstum im Garten zu gewährleisten. Wenn es nötig ist, für die Anlage eines Gartens Mutterboden zu kaufen, so sollte man sich genau über die Beschaffenheit dieses Bodens informieren. Mutterboden soll frei sein von größeren Steinen, Krankheiten, Wurzelunkräutern und reichlich Humusbestandteile aufweisen. Zur Feststellung des Nährstoffgehaltes im Boden ist eine Bodenanalyse zu empfehlen. Sie kann bei den im Anhang des Buches angegebenen Instituten gegen ein geringes Entgelt durchgeführt werden.

Anleitung zur Entnahme von Bodenproben

Um die Nährstoffversorgung des Bodens zu erfahren, können wir bei einer der am Ende des Buches angegebenen Institutio-

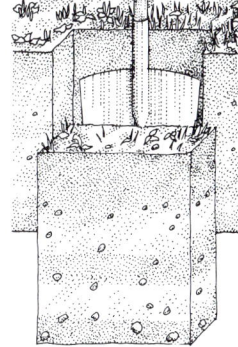

Bodenproben müssen sauber gestochen werden, um die gleiche Menge Boden aus unterschiedlichen oberflächennahen Schichten zu erhalten.

Entnahme von Bodenproben

Ratlos steht mancher Gartenneuling vor dem Problem, aus einem solchen Grundstück, das vom Baugeschehen stark beansprucht wurde, einen blühenden Garten zu machen. Aber bei sachkundiger Bearbeitung des Bodens läßt sich bald Abhilfe schaffen. Wichtig ist tiefgründiges Aufreißen der verdichteten Flächen bevor der Mutterboden aufgetragen wird.

Nicht immer ist es mit dem Oberboden (Mutterboden) gut bestellt. Mit reichlichen Humusgaben lassen sich solche Böden wirksam verbessern. Gute Durchlüftung ist notwendig, um bindige Böden für das Wurzelwachstum der Pflanzen aufzuschließen. Eine Bodenanalyse gibt Auskunft über die Nährstoffversorgung.

nen eine Bodenuntersuchung durchführen lassen. Dazu benötigen wir Bodenproben, die dem Durchschnitt der Bodenverhältnisse auf der betroffenen Fläche entsprechen.

Man sollte dafür mindestens an 5 Stellen je 200 m^2 des Gartens Proben des Oberbodens entnehmen, und zwar aus der 20–25 cm tiefen, bearbeiteten Mutterbodenschicht. Bei Rasenflächen genügt eine Tiefe bis zu 10 cm.

Will man den Boden für Obstpflanzungen untersuchen lassen, so empfiehlt sich, auch aus Tiefen zwischen 30 und 50 cm Boden zu entnehmen und untersuchen zu lassen.

Man sticht bei der Entnahme der Proben mit einem Spaten jeweils einen gleichmäßigen Längsstreifen des Bodens an der Probeentnahmestelle in der erforderlichen Tiefe so ab, daß ein 5–6 cm breiter Streifen entsteht, der in ein sauberes Gefäß (Eimer) gefüllt wird. Diesen Vorgang wiederholt man an allen Schürfpunkten und mischt den gewonnenen Boden gründlich durch. Dann füllt man etwa 400/500 g in einen Kunststoffbeutel, beschriftet ihn (Name, Anschrift, Grundstücksbezeichnung) und sendet ihn an die Untersuchungsanstalt. Im Begleitschreiben erteilt man den Untersuchungsauftrag und gibt gleichzeitig an, ob man eine Düngeempfehlung wünscht. Dabei sollte man darauf hinweisen, wie der betreffende Gartenboden genutzt werden soll (Gemüseland, Zierpflanzen, Obstanlage etc.).

Die Bodengare

Unser Gartenboden besteht im wesentlichen aus zwei Bestandteilen, den anorganischen oder mineralischen, die aus der Verwitterung von Gesteinen herrühren und das Mineralgerüst des Bodens bilden, und aus den organischen Bestandteilen. Hierunter verstehen wir im allgemeinen alles das, was mit der belebten oder belebt gewesenen Materie zusammenhängt, Kohlenstoffprodukte, die als Rückstände von Lebensvorgängen vorzufinden sind. Anorganische und organische Stoffe kommen im Boden in fester, gelöster und gasartiger Form (Kohlensäure bis zu 40%)

Auch auf steinigen Böden ist Pflanzenwachstum möglich. Die Natur hält für solche Standorte sogar besondere Kostbarkeiten mit reichem Blütenflor bereit.

vor. Dazu kommen noch die sogenannten Kolloide, leimartige Lösungen, die für die chemisch-physikalischen Vorgänge im Boden, für seine Struktur und die Bodengare von großer Bedeutung sind, wie z. B. pflanzliche und tierische Abfälle, Stalldünger, Gründünger, Kompost, Blutmehl, Hornmehl und dergl. Humus besteht aus organischen Bestandteilen, das heißt aus Stoffen pflanzlichen oder tierischen Ursprunges, die abgestorben oder in einer Umwandlung begriffen sind.

Frische organische Rückstände wie z. B. Küchenabfälle, Laub, Mähgut, Zweige und Wurzeln bezeichnet man als *Nährhumus*. Er wird von den im Boden lebenden Mikroorganismen und Bodentieren aufgeschlossen. Die bei diesem Prozeß freiwerdenden mineralischen Bestandteile stehen den Pflanzen dann wieder als Nährstoffe zur Verfügung. Daneben unterscheidet man den *Dauerhumus*, aus schwer zersetzlichen Stoffen wie Nadelstreu, Zellulose, die bei der Kompostierung von holzigen oder verholzten Pflanzenteilen abgebaut werden muß. Auch schwer zersetzliche tierische Bestandteile gehören in diese Kategorie. Es handelt sich also um stabilere Verbindungen, die sich nur langsam zersetzen und dabei die an sie gebundenen mineralischen Bestandteile wieder freigeben. Humus ist also der organische Bestandteil des Bodens, der durch die Tätigkeit einer unvorstellbar großen Anzahl von Bakterien, Würmern, Algen, Pilzen und anderen Lebewesen in dauernder Umwandlung der Stoffe begriffen ist und den Pflanzenwurzeln schließlich die für sie aufnehmbare Nahrung und Energie in der biologisch gesündesten Form zuführt. Zur Bildung von Humus sind Wasser, Luft und Wärme nötig, denn diese Faktoren beeinflussen das Gedeihen der Bodenlebewesen maßgeblich, wenn genügend organische Bestandteile im Boden vorhanden sind.

Unter günstigen Voraussetzungen kann man den Boden mit einem Hefeteig vergleichen, der locker, porös und von Kohlensäurebläschen durchsetzt ist. Die zwischen den einzelnen Bodenteilchen vorhandenen und sich bildenden Hohlräume bewirken eine gute Durchlüftung. Dunkle Humusstoffe speichern Wärme und ziehen das Wasser mit den darin gelösten Nährstoffen an sich. Organische Substanz kann bis zum fünffachen ihres Eigengewichtes an Wasser aufnehmen und ist daher zum Beispiel ein idealer Bodenverbesserer für leichte Böden. Sie erhöht die Wasserhaltekraft solcher Böden wesentlich.

Durch Humus, Bodenlebewesen und Nährsalzlösungen entstehen die sogenannten Bodenkolloide. Sie schaffen den für Pflanzen günstigen Nährboden und sind in ihrer physikalischen Struktur das, was man als Bodengare bezeichnet. Auf schweren Böden werden die feinen Lehm- und Tonbestandteile zu Tonhumuskomplexen zusammengekittet. Hierdurch entsteht eine lockere Krümelstruktur, die entscheidend zur Verbesserung der Luft- und Wasserdurchlässigkeit dieser Böden beiträgt.

Der Boden, ein lebender Organismus

Humus besteht hauptsächlich aus Kohlenstoff und stellt die Nahrungs- und Energiequelle für die Bodenlebewesen dar. Für den Abbau der organischen Stoffe ist Sauerstoff erforderlich. Durch häufige Bodenlockerung (hacken, fräsen) sorgen wir dafür, daß Sauerstoff in den Boden gelangt und den Umsetzungsprozeß der organischen Bestandteile begünstigt. Gleichzeitig aber bewirkt eine Bodenlockerung, daß auch eine gute Entlüftung der beim chemischen Prozeß freigesetzten Kohlensäure möglich wird. Das wiederum fördert die Vermehrung der Bodenlebewesen und beschleunigt den Umsatz der anorganischen Stoffe, setzt in vermehrtem Maße die für die Pflanzen wichtigen Nährstoffe frei und wirkt sich günstig auf die Bodengare aus. Feste, verkrustete Böden verhindern dagegen die Luft- und Kohlensäurezirkulation und begünstigen die Verdunstung des Bodenwassers, das durch die Bodenkapillaren, feinste Haarröhrchen, aufsteigt.

Die Umwandlung der organischen Bodenbestandteile wird von Bodenlebewesen bewerkstelligt, die man in ihrer Gesamtheit als »Edaphon« bezeichnet. In einem Fingerhut voll Gartenerde leben Millionen von Bakterien. Die Größenordnung des Edaphon, bezogen auf eine Fläche von beispielsweise 10 m^2 Gartenboden, läßt sich jedoch nur in Gewichten ausdrücken. Der Anteil beträgt etwa 2–3 kg, je nach Humusversorgung.

Die verschiedenen Bodenlebewesen erfüllen unterschiedliche Aufgaben. So können beispielsweise Regenwürmer auf 1 m^2 Gartenboden 5–6 kg Humuserde erzeugen. Bestimmte Bodenbakterien, die für die Krümelstruktur im Boden von Bedeutung sind, können das Kohlendioxid aus der Luft für ihren Stoffwechsel binden. Bekannt sind die Knöllchenbakterien an den Wurzeln der Schmetterlingsblütler (Leguminosen wie z.B. Bohnen, Erbsen, Lupinen, Klee), die eine Lebensgemeinschaft (Symbiose) mit diesen Pflanzen eingehen. Sie binden den Stickstoff aus der Luft und machen ihn pflanzenverfügbar. Als »Gegenleistung« erhalten sie von der Pflanze Kohlenhydrate (Stärke, Zucker). So kann man beispielsweise durch Gründüngung mit Lupinen auf 1 m^2 Boden bis zu 20 g reinen Stickstoff in pflanzenverwendbarer Form erzeugen. Die Humusanreicherung ist zusätzlicher Gewinn und besonders bei leichten Böden von unschätzbarem Vorteil.

Kalk ist für die Entwicklung der Stickstoffbakterien lebensnotwendig. Humusböden, Komposthaufen und alle sonstigen Böden, in denen Umsetzungsprozesse durch reichhaltiges Bakterienleben vonstatten gehen sollen, müssen daher zusätzlich und reichlich mit Kalk versorgt werden.

Der Boden ist als lebender Organismus zu betrachten und nicht als tote Materie, der man genau errechnete Portionen von Düngesalzen verabreichen kann, um Massenerträge damit herauszuholen. Leistungsfähiger Boden mit reichem Bodenleben und nachhaltiger Bodenfruchtbarkeit ist Humusboden, dem wir unsere besondere Pflege angedeihen lassen müssen, um Erträge von höchster Qualität zu ernten.

Der Kreislauf von Stickstoff und Kohlenstoff

Im Verlauf von 30 Jahren müßte sich der Kohlensäuregehalt der Luft (CO_2) erschöpft haben, wenn er nicht ständig durch die Lebensvorgänge in und auf der Erde erneuert würde. Von den Bodenlebewesen werden jährlich etwa 1 kg CO_2 pro m^2 aus den kohlenstoffhaltigen Bestandteilen des Bodens freigesetzt.

Die abgebildeten Kreisläufe sind unendlich. Die Komponenten sind voneinander abhängig. Die Pflanze spielt als wichtiges Bindeglied innerhalb dieser Vorgänge eine bedeutsame Rolle.

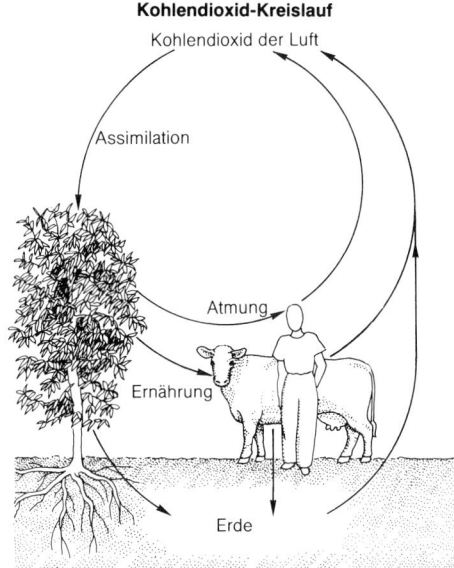

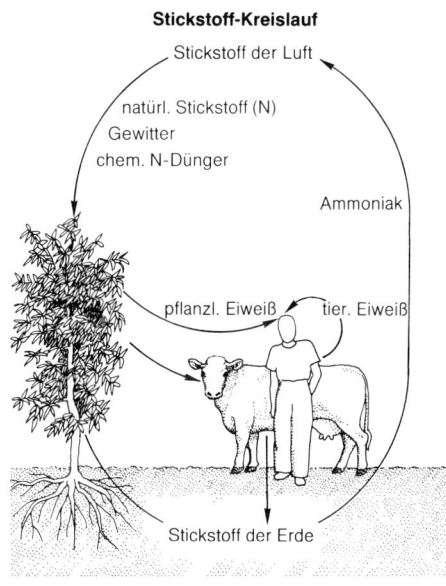

Bodenpflege

Die Gartengeräte

Gute Bodenpflege ist die halbe Ernte, denn die richtige Bodenbearbeitung ist Voraussetzung für eine gute Entwicklung der Pflanze, und nur voll entwickelte Pflanzen können gute Erträge liefern. Unter Bodenpflege verstehen wir die Bodenbearbeitung, die Nährstoffversorgung und die Wasserversorgung.

Geräte zur Bodenbearbeitung

Zur Bodenbearbeitung benötigt man Werkzeuge. Jeder erfahrene Gartenbesitzer weiß, welche Geräte er zu seiner Arbeit braucht. Er kennt ihre Funktion und hat sie erprobt. Neulinge aber, die ihr gerade erworbenes Gartenland bearbeiten möchten, stehen vor der Aufgabe, aus der Fülle der Angebote diejenigen Geräte auszuwählen, die für die Bearbeitung und Bestellung des Gartens wirklich nötig sind. Aus dem Grund sollen hier die Geräte, die als Grundausstattung für jeden Garten erforderlich sind, näher erläutert werden.

Zu den wichtigsten Gartenarbeiten gehört das Umgraben. Für leichte und mittelschwere Böden eignet sich dazu am besten der *Spaten*. Dieses Gerät, mit dem die schwerste Arbeit im Garten zu bewältigen ist, sollte von besonders guter Beschaffenheit, Festigkeit und Dauerhaftigkeit sein. Bewährt haben sich hier vorzüglich die neuen, nichtrostenden Edelstahlspaten (mit unterschiedlichen Breiten, auch schmalere sogenannte »Damenspaten«) mit »lebenslanger« Garantie. An ihnen bleiben feuchte Bodenteilchen nicht so leicht haften. Sie haben außerdem den Vorteil, daß man sie nach getaner Arbeit abspülen und weghängen kann. Einfetten ist überflüssig. Sie sind zwar schon auf Grund des verwendeten Materials teurer als herkömmliche Spaten, aber diese Anschaffung macht sich gegenüber billigeren Geräten rasch bezahlt. Spaten verwendet man zum Graben, zum Pflanzen von Gehölzen aller Art, zum Abstechen von Unkräutern auf Wegen oder zum Abstechen von Rasenkanten, zum grobschollligen Umgraben von Gemüsebeeten im Herbst und für viele ähnliche Arbeiten im Garten. Bei schweren lehmigen und tonigen Böden bedient man sich am besten der *Grabgabel*. Sie ist vielseitig verwendbar und darf bei der Grundausstattung nicht fehlen. Schwere Böden lassen sich mit dieser Gabel leichter umgraben, denn die spitz zulaufenden Zinken dringen müheloser in den Boden ein als ein Spatenblatt. Grobscholliges Grabeland läßt sich mit den Zinken leicht zerkleinern, besonders dann, wenn der Boden im Winter stark verschlemmt worden ist. Die Grabgabel eignet sich aber auch wirksam zur Entfernung von Wurzelunkräutern auf stark verkrauteten Flächen. Giersch, Winden und Quekken lassen sich mit ihr leicht freilegen und auslesen, wogegen man mit dem Spaten leicht die Wurzeln durchsticht und dadurch unfreiwillig zur Vermehrung der Unkräuter beiträgt. Bei Umsetzen von Komposthaufen, bei der Verarbeitung von Stalldung und Laub, beim Aufsetzen von Gartenabfällen und vielen anderen Tätigkeiten ist die Grabgabel ein gutes Hilfsmittel, das in manchen Fällen auch durch die Forke oder Mistgabel ersetzt werden kann, an deren schmalen, federnden Zinken nicht so leicht etwas haften bleibt.

Zum Laden und Bewegen von Erde und Kompost, für bestimmte Planierungs- und Auskofferungsarbeiten bei der Anlage von Wegen und ähnlichen Tätigkeiten ist die *Schaufel* ein sehr zweckmäßiges Werkzeug. Gute Schaufeln sind langgestielt. Zu schräge Blattstellung kann sich im Garten nachteilig auswirken.

Die *Harke* ist im Garten unentbehrlich. Sie dient zum Zerkleinern des umgegrabenen Bodens und macht die Oberfläche feinkrümelig. Auch zum Planieren und Herrichten

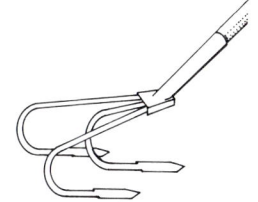

Kultivator mit 3 oder 5 Zinken. Ein praktisches Gerät zur Vorbereitung des Bodens im Frühjahr. Mit dem Gerät wird der Boden feinkrümelig zerkleinert, gelockert und planiert.

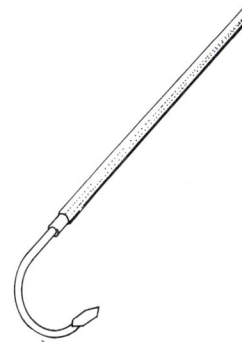

Der Sauzahn ist ein Spezialgerät zur Tiefenlockerung des Bodens im Wurzelbereich (z. B. für Beerenobst, Stauden), wo man durch Umgraben die Pflanzen schädigen würde. Auch zur Beseitigung tiefwurzelnder Unkräuter geeignet.

Je intensiver die Bearbeitung des Bodens vor der Pflanzung, desto besser das Wachstum. Auch auf mageren Böden lassen sich vielfältige Pflanzungen gestalten.

Gartengeräte

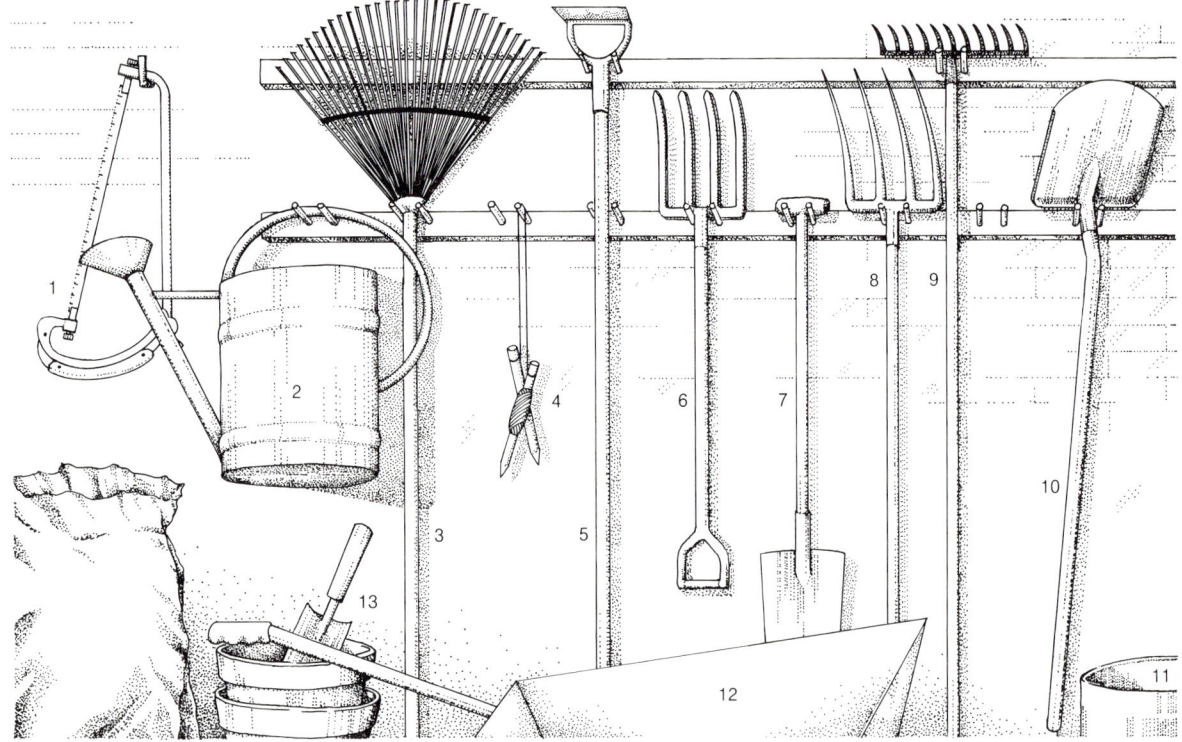

1 Handsäge
2 Gießkanne
3 Stahlbesen
4 Markierungsschnur, Absteckleine
5 Schuffel
6 Grabegabel
7 Spaten
8 Mistgabel
9 Harke
10 Schaufel
11 Regentonne
12 Schubkarre
13 Pflanzschüppe

von Saatbeeten können wir auf die Harke nicht verzichten. Es gibt Harken in unterschiedlichen Breiten. Mit schmalen Geräten kann man besser zwischen Pflanzreihen arbeiten. Breite Harken benutzt man zum Herrichten von Beetflächen und Grabeland. Sie sollten einen geraden Rücken (zum Abziehen der Fläche) haben und langstielig sein, damit man bei Arbeiten eine möglichst große Reichweite hat. Geräte aus Edelstahl sind auch hier wieder besonders praktisch, da sie wartungsfrei sind. Früher benutzte man zum Räumen des Mähgutes auf Rasenflächen zusätzlich Holzrechen. Rasenmäher sind aber heute meist mit Fangkörben ausgestattet. Sonst kann man auch einfache Kehrmaschinen mit Fangvorrichtungen benutzen. Für kleine Flächen reicht ein Gartenbesen mit Stahl- oder Bambuszinken.

Eines der wichtigsten Gartengeräte ist die *Hacke*. Die heutigen Hacken sind so gebaut, daß man beim Hacken rückwärts geht. So bleibt der Boden locker liegen und wird beim Darüberlaufen nicht wieder festgetreten. Hacken dient zum Lockern und Lüften des Bodens, aber auch zur Unkrautbekämpfung. Dabei ist darauf zu achten, daß nur die oberste Bodenschicht gelockert wird und man die Pflanzenwurzeln nicht beschädigt. Hacken ist besonders nach Niederschlägen und Beregnungen wichtig. Durch die Bodenbearbeitung mit der Hacke werden nämlich die feinen Haarröhrchen (Kapillaren) im Boden zerstört, so daß das Wasser nicht mehr an die Oberfläche gelangen kann und länger pflanzenverfügbar bleibt. Feinkrümeliger, gehackter Boden bildet eine Isolierschicht, die verdunstungshemmend wirkt. Je nach Zustand des Bodens sind Lockerungen und Zerkleinerungen unter Umständen auch mit dem Grubber, dem Krümmer oder dem Kultivator (auch mit verstellbaren Zinken) möglich. Haben die Kulturpflanzen erst den Boden zwischen den Pflanzreihen bedeckt, und damit die Gefahr des Austrocknens vermindert, so kann man das Hacken einstellen und sich mit dem Ausziehen der wenigen, dann noch durchwachsenden Unkräuter begnügen.

Ein wertvolles Gartengerät zur Tiefenlockerung des Bodens ist der *Sauzahn*. Er

besteht aus einem sichelförmig gebogenen Haken mit Stiel. Zum Jäten tiefwurzelnder Unkräuter hat sich dieses Gerät ebenfalls gut bewährt.
Wenn auch die im folgenden beschriebenen Gartengeräte weniger mit der Bodenbearbeitung zu tun haben, sollen sie doch der Vollständigkeit halber erwähnt werden.

Schneidewerkzeuge

Zum Schneiden der Obst- und Ziergehölze benötigt man verschiedene Schneidewerkzeuge. Nur gute Qualität garantiert hier einwandfreies Funktionieren und sauberen Schnitt. Daher ist das Beste gerade gut genug. Mehrkosten machen sich auch hier bezahlt.
Die *Hippe* ist ein vielfach bewährtes, mit einer krummen Klinge versehenes Gärtnermesser, das sich vorzüglich zum Schneiden verholzter Pflanzenteile und besonders zum Nachschneiden von rauhen Sägeschnitten eignet. Hippen müssen »in der Hand liegen«. Maßgerechtes Einkaufen ist daher erforderlich.
Okuliermesser ist ein Spezialmesser zum Veredeln von Obstgehölzen, Rosen und anderen Ziergehölzen. Es besitzt eine rasiermesserscharfe Klinge und am unteren Ende des Heftes einen Löser, mit dem beim Okulieren die Rinde vom Holz gelöst wird.
Die Gartenschere oder Rosenschere eignet sich in stabiler Ausführung zum Beschneiden von Obstgehölzen, Rosen und Ziersträuchern. Einschneidige Werkzeuge verursachen durch den nicht mitschneidenden Druckschenkel leicht Gewebequetschungen. Je schärfer die Schere und je schmaler der Druckschenkel, desto glatter der Schnitt und desto geringer die Quetschung. Scheren mit »ziehendem Schnitt« liefern glattere Schnitte als herkömmliche. Auf den Scherenverschluß ist bei der Anschaffung einer Gartenschere besonders zu achten. Er darf beim Schneiden nicht zu Verletzungen an der arbeitenden Hand führen.
Zum Rückschnitt von Hecken sind *Heckenscheren* ein unentbehrliches Requisit. Sie sind auch gut geeignet zum Stutzen von Ziergräsern (Lampenputzergras im Frühling) und abgetragenen Staudenstengeln, zum Einkürzen von bodendeckenden Rosen, Felsenmispeln, von Hecken-

spalieren (Feuerdorn, Zierquitten) und anderen. Für Gärten mit größeren Heckeneinfriedungen schafft man sich zweckmäßiger eine elektrische Heckenschneidemaschine an (es gibt auch Zusatzgeräte dieser Art, die man an Bohrmaschinen anschließen kann).
Für ältere, eingewachsene Gärten und für den Rückschnitt älterer Obstbäume ist die Anschaffung einer *Handsäge* zu empfehlen. Dabei ist darauf zu achten, daß das Sägeblatt verstellbar sein muß. Dicke Äste von Obstbäumen und vergreiste Äste von Ziergehölzen und kleinere Stämmchen, die von der Gartenschere nicht mehr gepackt werden, lassen sich hiermit mühelos entfernen.

Sonstige Gartengeräte

In jedem Garten sind Boden, Pflanzen, Laub und Kompost und viele andere Dinge zu transportieren. Um diese Arbeiten durchführen zu können und zu erleichtern, benötigt man eine *Schubkarre*. Sie sollte so konstruiert sein, daß die Last nicht auf den Holmen, sondern auf einem Gummirad liegt und sich bequem nach vorn überkippen läßt. Kugelgelagerte gummibereifte Räder sind heute selbstverständlich. Eine sorgfältige Pflege des Lagers und der Blechwanne garantiert lange Haltbarkeit. Für leichte Gartenarbeiten kann man zweirädrige Karren mit Kunststoffkorb und Gummireifen verwenden.
Zur Erleichterung des Säens kann man sich einer Hand-*Särolle* bedienen. Die einstellbaren Rollen ermöglichen gleichmäßiges Einbringen des Saatgutes und verringern den Samenverbrauch.
Um sich das zeitraubende Einmessen der Reihen für die Einsaat vor allem bei größeren Gemüsebeeten und Kartoffelflächen zu sparen, kann man sich einen Rillenzieher herstellen oder käuflich erwerben.
Als *Gartenschnur* verwendet man zweckmäßigerweise eine genügend lange Kunststoffschnur oder einen kunststoffbeschichteten Bindfaden, der an den Enden an angespitzten Holzpflöcken befestigt wird. Gartenschnüre mit automatischer Aufwickelvorrichtung in Kunststoffgehäusen sind zwar bequem, leider aber auch sehr störanfällig.
Trotz Gartenschlauch mit Pistolengriff und Gießbrause können wir im Garten auf die

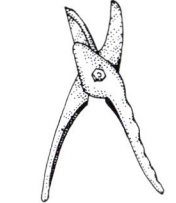

Zweischneidige Gartenschere.

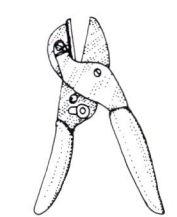

Einschneidige Gartenschere mit ziehendem Schnitt.

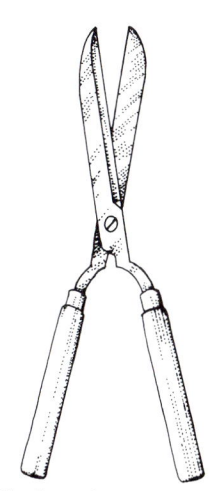

Heckenschere

Gartengeräte

Vernäßte und verdichtete Böden müssen aufgerissen und dräniert werden, bevor man mit den eigentlichen Kulturarbeiten und der Anlage eines Gartens beginnt.

Gießkanne nicht verzichten. An die Stelle der verzinkten Blechkannen sind heute die leichter zu handhabenden Kunststoffkannen getreten. Sie sind gegen Chemikalien unempfindlich, sollten aber trotzdem nach Gebrauch sorgfältig ausgespült werden, damit keine Unfälle durch Giftstoffe passieren können.

Herkömmliche Gärtnergießkannen fassen 10–12 Liter Flüssigkeit. Flachbrausen verteilen das Wasser feiner und milder als Rundbrausen. Gartenbesitzer, die selbst Aussaaten im Kasten oder Gewächshaus vornehmen, sollten sich kleinere Kannen, zum Beispiel die sogenannten Gewächshauskannen mit ca. 4 Liter Inhalt, anschaffen. Diese Kannen besitzen eine feinstrahlige Taschenbrause, die das Wasser so fein verteilt, daß Schäden durch Verschlemmen und Ausspülen nicht auftreten können. Nach dem Gebrauch hängt man Kannen mit der Öffnung nach unten auf, damit sie abtropfen und gut austrocknen können.

Auch bei den *Astscheren*, die zum Schneiden dickerer Äste dienen, unterscheidet man wie bei den Gartenscheren 2 Systeme, sogenannte Amboßscheren und die Schneidescheren. Beide Systeme sind gut geeignet, letztere wegen der geringeren Druckverletzungen an der Rinde besonders zu befürworten.

Motorbetriebene Geräte

Verbrennungsmotoren sind ortsungebunden und lassen sich vielseitig zum Fräsen, Mähen oder als Antrieb von Heckenscheren benützen. Sie machen allerdings auch Lärm und bringen giftige Auspuffgase in den Garten. In kleinen und mittleren Gärten sind geräuscharme und saubere Elektrogeräte eher zu empfehlen. Unabhängig vom Netzstrom lassen sich auch Akku-Geräte einsetzen. Das höhere Gewicht ist ein gewisser Nachteil. Trockenbatterien sind wegen der Kippsicherheit bei der Gerätereinigung gegenüber Naßbatterien im Vorteil.

Motorhacken zum Lockern und Krümeln des Bodens setzen sich auf dem Markt

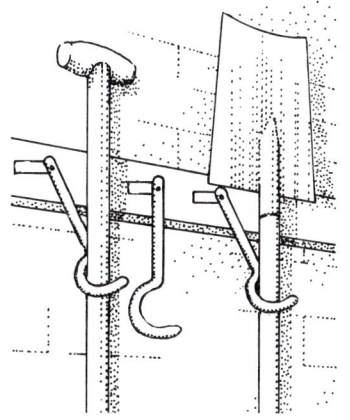

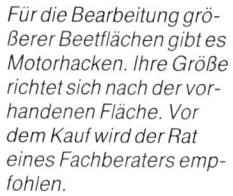

Für die Bearbeitung größerer Beetflächen gibt es Motorhacken. Ihre Größe richtet sich nach der vorhandenen Fläche. Vor dem Kauf wird der Rat eines Fachberaters empfohlen.

Übersichtlich angeordnete Geräte sind stets griffbereit. So spart man Platz und zeitraubendes Sortieren.

immer mehr durch. Ihre Verwendungsmöglichkeit ist vielfältig. Sie sind auch für kleinere Gärten mit Gemüseanbauflächen geeignet. Ihre Verwendung reicht von der feinkrümeligen Lockerung des Bodens und Vorbereitung von Saatbeeten bis zum Einarbeiten von Naturdünger, Gründünger, Torf und anderen Bodenverbesserungsmitteln. Auch zur Unkrautvernichtung zwischen den Reihen lassen sie sich einsetzen. Dabei sind Geräte mit höhen- und seitenverstellbarem Lenkholm besonders praktisch. Man führt die Geräte seitlich und braucht den gelockerten Boden nicht mehr zu betreten. Geräte mit Viertaktmotoren sind im allgemeinen geräuschärmer als Zweitakter. Da dem Kraftstoff zudem kein Öl zugesetzt wird, sind die Abgase verhältnismäßig »sauber«.

Gerätepflege

Eigentlich ist es eine selbstverständliche Sache, daß man seine Geräte nach Gebrauch wartet. Sie werden von anhaftender Erde gereinigt und am vorgesehenen Platz unter Dach und Fach gebracht. So hat man sie jederzeit für die Arbeit zur Verfügung. Neue Geräte mit Holzstielen sind bisweilen nicht griffig. Man schmirgelt dann die Stiele nach und reibt sie mit Firnis ein. Auf diese Weise erspart man sich manche Wasser- oder Blutblase. Werden Geräte längere Zeit nicht benutzt (Winter), fettet man die Metallteile mit Staufferfett ein. Das gilt auch für Rasenmäher, die auseinandergenommen, gründlich gereinigt und geschmiert werden. Auch die Messer erhalten Staufferfett.

Geräte sollen stets aufrecht gestellt werden, wobei Zinken und Schneiden gegen die Wand zu richten sind, um Unfälle zu vermeiden.

Ständig wiederkehrende Bodenarbeiten

Voraussetzung für erfolgreiches Gärtnern ist die Pflege und Bearbeitung des Bodens. Wie man den Boden bearbeitet, so gedeihen die Pflanzen, und entsprechend fällt auch die Ernte aus. Gesunde, wüchsige Pflanzen können nur auf gut gepflegten Böden gedeihen. Der Zustand des Bodens hängt von der Bodenbearbeitung, von der Humuszufuhr und Düngung sowie vom Wässern ab.

Das *Umgraben* gehört zu den wichtigsten Gartenarbeiten. Es ist die beste Methode, den Boden gründlich und tiefgründig zu lockern. Zwar gibt es für diese Arbeiten heute auch Maschinen, doch ihr Einsatz lohnt sich nur bei größeren Flächen. Im kleinen Garten können wir auf das Graben nicht verzichten.

Zum Umgraben benötigt man einen guten Spaten, bei schweren Böden eine Grabgabel. Die beste Zeit zum Umgraben ist der Herbst. Dann gräbt man die in Frage kommenden Beete grobschollig um. Dadurch erreicht man, daß die Winterfeuchte und der Frost tief in den Boden eindringen können. Besonders bei schweren Böden bewirkt der Frost eine gute Bodenlockerung. Die groben Schollen zerfallen im Frühjahr meist von selbst. Der Boden erhält eine feinkrümelige Struktur, Pflanzenwurzeln können leicht und gleichmäßig

Grobschollig umgegrabener Boden wird durch eindringende Winterfeuchte und Frost zerkrümelt.

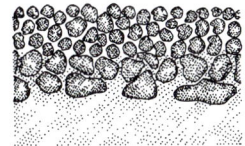

Solche Böden werden im Frühjahr nicht mehr umgegraben.

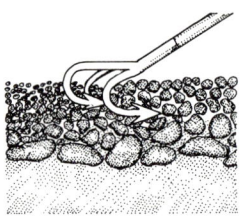

Man lockert den Boden im Frühjahr mit Hacke, Krail oder Kultivator und richtet ihn dadurch saat- oder pflanzfertig her.

eindringen und Nährstoffe aufnehmen. Lockerer, durchlässiger Boden ist die beste Voraussetzung für ein reiches Bakterienleben.

Abgesehen von sehr nassen Böden – sie sollten auch im Frühjahr tief umgegraben werden – gräbt man alle anderen Böden im Herbst um und lockert sie im Frühjahr durch leichtes Aufhacken, Harken, Fräsen oder Durchkrailen, um sie oberflächlich saat- und pflanzfertig zu machen.

Beim Umgraben ist darauf zu achten, daß Wurzelunkräuter, wie Quecken, Disteln, Giersch, Zaunwinde, Ampferarten und Brennesseln, ausgelesen und vernichtet werden. Der Boden soll beim Graben niemals so feucht sein, daß er noch am Spaten kleben bleibt. Bei schweren Böden sticht man zweckmäßigerweise kleinere Schollen ab, damit die Arbeit nicht zu schwer wird. Der Boden wird einen Spatenstich tief (25–30 cm) umgegraben. Nur bei besonders schweren, undurchlässigen Böden oder verdichtetem Untergrund kann es ratsam sein, zur besseren Dränung zwei Spatenstiche tief umzugraben. Hierbei ist darauf zu achten, daß Ober- und Unterboden getrennt umgegraben und nicht miteinander vermischt werden. Man hebt zunächst den Ober- oder Mutterboden ab, gräbt den darunterliegenden Boden um und trägt die nächste Schicht des Oberbodens wieder auf. Diese Art des Umgrabens bezeichnet man auch als rigolen. Es hat sich als sinnvoll erwiesen, die erste Reihe in der gesamten Breite des zu grabenden Beetes beim Umgraben einen Spatenstich tief auszuheben und nach hinten zu werfen oder mit der Schubkarre an das Ende des Beetes zu transportieren. So entsteht eine durchgehende Grabefurche, die in jedem Falle beim Graben erforderlich ist. Dann beginnt das eigentliche Graben. Der Boden wird spatenstich tief abgestochen und so umgedreht, daß die Erde umgekehrt, das heißt mit der Oberseite nach unten auf dem gegenüberliegenden Furchenhang zu liegen kommt. Dadurch gelangt die obere Erdschicht nach unten. Es ist günstiger, in der gesamten Breite der zu bearbeitenden Fläche umzugraben, statt schmale Streifen zu bearbeiten, bei denen besonders im Bereich der Anschlüsse Teile doppelt gegraben oder ausgelassen werden können.

Wurzelunkräuter, Steine über Faustgröße und sonstige bodenfremde Stoffe lesen wir beim Umgraben aus und werfen sie in einen Eimer, Korb oder direkt in die Schubkarre, um sie dann zu einer Müllkippe zu bringen. Sie gehören nicht über die Hecke in den Nachbargarten! Sollen Stalldünger oder Gründünger eingegraben werden, so darf dieser Dünger niemals in den Furchen festgetreten werden, da er sonst sehr ungleichmäßig verrottet.

Die Bodenlockerung im Frühjahr kann auch mit einer Grabegabel durchgeführt werden, besonders dann, wenn schwere Böden im Winter wieder verschlemmt worden sind. Für stark verunkrautete Flächen hat sich die Grabegabel besonders gut bewährt. Quecke, Giersch, Ackerwinde und viele andere Ackerunkräuter lassen sich mühelos damit ausstechen, wogegen diese Unkräuter beim Umgraben mit dem Spaten durch Teilung leicht vermehrt werden können.

Tiefes Umgraben im Frühjahr hat den Nachteil, daß der Boden in der gegrabenen Tiefe sehr früh austrocknet, weil das Grundwasser nicht mehr bis oben steigen kann.

Jedes umgegrabene Land, mit Ausnahme der Flächen, die im Herbst grobschollig liegenbleiben, ist nach dem Graben in seiner Oberfläche zu glätten. Man zieht die Oberfläche mit der Harke glatt. Dadurch erreicht man eine feinkrümelige Struktur, zerkleinert größere Erdbrocken und sorgt dafür, daß der Boden nicht weiter austrocknen kann. Einen ähnlichen Effekt erreicht man durch *Hacken,* das zum Lockern und Lüften des Bodens durchgeführt wird. Tiefgründige Lockerung läßt sich auch mit dem Sauzahn erreichen, der besonders bei mittelschweren und leichten Böden gute Dienste tun kann. Hierdurch erspart man sich auf diesen Böden das Graben. Zum Lockern und Lüften eignet sich außerdem der Kultivator und der Krail, der auch zum oberflächlichen Einarbeiten von Komposterde und Torf zu gebrauchen ist. Es sollte darauf geachtet werden, daß lediglich die obere Bodenschicht gelockert wird. Hacken ist besonders nach Regenfällen wichtig, denn dadurch werden die feinen, im Boden vorhandenen Haarröhrchen, die sogenannten Kapillaren, zerstört, so daß Wasser nicht mehr an die

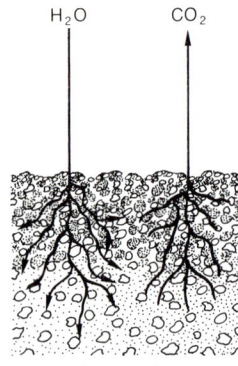

In gelockertem Boden bleibt Bodenwasser erhalten. Aufsteigende Kohlensäure begünstigt das Wachstum.

Oberfläche zurückgelangen und dort verdunsten kann. Feinkrümelig zerkleinerter Boden bildet eine Isolierschicht und sorgt dafür, daß die Bodenfeuchte erhalten bleibt und den Pflanzen länger zugute kommt. Hacken ist auch ein gutes Mittel zur Unkrautvernichtung, da wir chemische Mittel hierzu im Hausgarten nicht verwenden wollen. Durch das Abschneiden der oberirdischen Teile der Unkräuter werden sie geschwächt und in ihrer Entwicklung empfindlich gestört. Sie können sich nicht mehr entfalten und werden von den Kulturpflanzen leicht überwachsen. Boden mit guter Krümelstruktur ist gut durchlüftet. Der Sauerstoff kommt Wurzeln und Bodenlebewesen zugute. Bodenwasser bleibt erhalten, Kohlensäure (CO_2) kann leicht entweichen, und es entsteht eine üppige Bodengare. Solche Böden sind das beste Substrat für das Gedeihen der Pflanzen. Sie werden mit den Jahren bei guter Bearbeitung und Düngung zu mürben, feinen Gartenböden, die unter der Harke zu feinen Krümeln zerfallen. Schwere, tonige Böden, die sich mit der Harke nicht ohne weiteres glätten lassen, sollte man mit einer Schicht aus Komposterde überziehen, die dann eine glatte Oberfläche gewährleistet. So abgedeckte Böden verkrusten nicht, die Aussaaten keimen besser, Pflanzen wachsen leichter an, und die aufgebrachte Humusschicht bewirkt üppiges Wachstum.

Zu den wiederkehrenden Arbeiten im Garten zählt auch das Wässern des Bodens. Da es aber eng mit der Kultur der Pflanzen verbunden ist, wird es unter diesem Kapitel behandelt.

Eine Lockerung des Bodens erreicht man auch durch Anhäufeln bestimmter Pflanzen, die in Reihen kultiviert werden. Durch diese Maßnahme erhöht man die Standfestigkeit dieser Pflanzen (z. B. Buschbohnen) oder man regt die Wurzel- und Knollenbildung (Kartoffel) an und vernichtet das Unkraut durch das Abtrennen der oberirdischen Teile von den Wurzeln und das Überdecken mit Erde. Das Anhäufeln mit Blatthacken ist umständlich. Einfacher läßt es sich mit einem Handhäufler bewältigen.

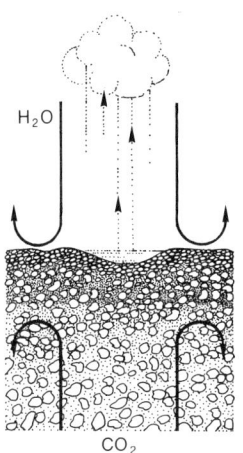

Bei verdichteten Böden verdunstet das Niederschlagswasser an der Oberfläche. Der Luftaustausch des Bodens wird verhindert. Kohlensäure kann nicht entweichen.

Pflanzenernährung

Nährstoffe und Düngemittel

Pflanzen benötigen zum Gedeihen Nährstoffe, die sie der Luft, dem Wasser und dem Boden entnehmen und für ihren Aufbau verwenden. Mit Hilfe dieser Nährstoffe, des Blattgrüns (Chlorophyll) und des Sonnenlichtes sind sie in der Lage, organische Substanz (z. B. Stärke, Zucker, Eiweiß, Fett) aufzubauen. Die dabei dem Boden entzogenen Nährstoffmengen sind je nach Kulturart unterschiedlich groß. Sie müssen dem Boden aber in Form von mineralischem oder organischem Dünger wieder zugefügt werden, wenn er fruchtbar bleiben soll. Bodenpflege und Düngung müssen dabei Hand in Hand gehen, denn nur ein feinkrümeliger, feuchter Boden ist in der Lage, die in den Düngemitteln enthaltenen Nährstoffe als Lösung aufzusaugen und festzuhalten, ihre Auswaschung zu verhindern und sie den Pflanzen verfügbar zu halten. Bei ungepflegten Sandböden werden zugefügte Nährstoffe durch Bewässerungsmaßnahmen und Regen leicht in den Untergrund ausgewaschen und gehen damit den Pflanzen verloren. Bei solchen Böden ist also eine Düngung nur dann sinnvoll, wenn sie gleichzeitig mit einer Verbesserung der wasserhaltenden Kraft, d. h. mit Humusanreicherung verbunden ist. Bei schweren Ton- und Lehmböden müssen wir besonders darauf achten, daß sie gut durchlüftet sind und sich erwärmen können, denn auch das sind wichtige Voraussetzungen dafür, daß zugefügte Düngestoffe wirksam werden. Richtiges Düngen setzt aber auch voraus, daß man die Hauptnährstoffe, die wichtigsten Düngemittel und ihre richtige Dosierung kennt. Durch Unterversorgung, aber auch durch Überversorgung mit mineralischen Nährstoffen können Pflanzen in ihrer Entwicklung gehemmt und krankheitsanfällig werden. Auch die Haltbarkeit geernteter Früchte hängt von der richtigen Ernährung der Pflanzen ab, und der Gehalt an Nährstoffen und Vitaminen unserer Obst- und Gemüsearten wird von der richtigen Ernährung und Entwicklung der Pflanzen bestimmt.

Wenn wir die Pflanzen richtig mit Nährstoffen versorgen wollen, müssen wir wissen, welche Nährstoffmengen dem Boden fehlen oder durch bestimmte Kulturen entzogen werden. Es ist daher zweckmäßig, vor der Bestellung des Gartens eine Bodenanalyse machen zu lassen, um den Gehalt an mineralischen Nährstoffen zu kennen. Darüber hinaus sollte man wissen, daß beispielsweise durch stark zehrende Gemüsesorten dem Gartenboden jährlich etwa 10–30 g Stickstoff, 10–20 g Phosphat (P_2O_5), 10–40 g Kali und etwa 10–30 g Kalk je m^2 entzogen werden. Daneben werden aber auch andere Elemente benötigt wie Magnesium, Eisen, Bor, Mangan, Kupfer und solche, die nur in geringen Mengen zur richtigen Ernährung der Pflanzen beitragen. Sie heißen daher auch Spurenelemente.

Die chemischen Grundstoffe der Pflanze

Schwierige Begriffe und chemische Formeln sollen in diesem Buch nach Möglichkeit vermieden werden, aber für das Verständnis der Wirkungsweise der chemischen Grundstoffe und der mineralischen Dünger lassen sich bestimmte Ausdrücke und Begriffe nicht umgehen. Sie gehören zum Rüstzeug, das heute jeder Gartenbesitzer haben muß, der erfolgreich gärtnern will.

Pflanzen bestehen zum großen Teil aus Kohlenstoff (C), der in der Luft als Kohlendioxid (CO_2) vorkommt. Er steht den Pflanzen zwar unbegrenzt, jedoch in der Luft in schwacher Konzentration zur Verfügung.

Bäume, Sträucher, Stauden, Sommerblumen und Gemüse brauchen die richtige Ernährung, wenn wir unsere Freude an ihnen haben wollen. Die meisten Gartenpflanzen kommen mit geringen Düngergaben aus.

Die Pflanze nimmt ihn durch ihre Atmungsorgane, die Blätter, zusammen mit dem Sauerstoff (O) auf und baut daraus mit Hilfe des Sonnenlichtes und des Blattgrüns (Chlorophyll) wertvolle Traubenzuckerverbindungen auf. Diesen Vorgang nennt man C-Assimilation oder Photosynthese. Je höher die CO_2-Konzentration ist, desto größer ist die Produktion von Kohlenstoffverbindungen, die in der Pflanze weiter zu Zucker, Stärke und anderen Verbindungen umgewandelt werden. Besonders wertvoll ist die »bodenbürtige Kohlensäure«, also das Kohlendioxid (CO_2), aus dem Boden, das z. B. aus gepackten Mistbeeten, Hügelbeeten oder gut mit Humus (Kompost) versorgten Gartenbeeten durch Umsetzungsvorgänge im Boden frei wird.

Die wichtigsten, für die Pflanze lebensnotwendigen chemischen Elemente sind neben dem Kohlenstoff (C) und dem Sauerstoff (O) der Wasserstoff (H), der Stickstoff (N), das Kalium (K), der Phosphor (P), das Kalzium (Ca), das Magnesium (Mg), der Schwefel (S), das Eisen (Fe), das Bor (B), das Mangan (Mn), das Kupfer (Cu), das Chlor (Cl), das Molybdän (Mo), das Zink (Zn), das Natrium (Na), das Silicium (Si) und das Kobalt (Co).

Wirkungsweise der Pflanzennährstoffe

Stickstoff, Phosphor, Kalium und Kalk bezeichnen wir als Hauptnährstoffe der Pflanze. Sie werden in größeren Mengen zum Wachstum benötigt und unterliegen je nach Humusgehalt in den Böden größeren oder geringeren Auswaschungen. Man muß sie also dem Boden wieder zuführen, denn wenn einer dieser Hauptnährstoffe fehlt, so ist Pflanzenleben nicht möglich. Ist er nur in geringer Menge vorhanden, so können auch nur geringe Mengen der drei anderen Nährstoffe wirksam werden, auch wenn sie im Überfluß vorhanden sein sollten. Eine Kette ist immer so stark, wie ihr schwächstes Glied, und so richtet sich auch das Pflanzenwachstum immer nach dem Hauptnährstoff, der in der geringsten Menge vorhanden ist.

Man bezeichnet dieses Verhalten als »Liebigsches Gesetz vom Minimum«. Die Pflanze kann zwar von sich aus ihr Verhalten etwas verändern, doch bleibt grundsätzlich die Tatsache bestehen, daß bei einer bestimmten Versorgung von einem Hauptnährstoff auch nur eine bestimmte Menge an Grünmasse erzeugt werden kann, egal wie groß die Menge der anderen verfügbaren Nährstoffe ist. Es ist daher wichtig, den Nährstoffbedarf und Nährstoffverbrauch der einzelnen Kulturpflanzen zu kennen, um mit entsprechenden Düngergaben hier den erforderlichen Ausgleich zu schaffen. Der Hinweis auf eine Bodenanalyse zur besseren Übersicht sei deshalb an dieser Stelle noch einmal wiederholt. Nur so können wir in Erfahrung bringen, was wir im Boden an Mineralien ersetzen müssen. Hierbei verhalten sich die verschiedenen Bodenarten sehr unterschiedlich. Lehm- und Tonböden besitzen einen anderen Gehalt an Mineralstoffen als Sandböden oder die humushaltigen Moorböden.

Stickstoff Die pflanzenverfügbare Stickstoffmenge bestimmt die Produktion an Grünmasse. Starke Stickstoffdüngung bewirkt starkes Wachstum, große Laubentwicklung, aber auch späten Abschluß des Wachstums bei Trieben an Gehölzen und damit verbunden mangelnde Frosthärte, und sie wirkt sich auf die Lagerfähigkeit z. B. bei Obst nachteilig aus. Mit Stickstoff überdüngte Pflanzen neigen leichter zu Krankheitsbefall und blühen wenig. Stickstoffmangel ruft Wachstumshemmungen hervor. Die Blätter färben sich hellgrün und können bei extremem Mangel sogar absterben. Stickstoff bestimmt aber auch die Erzeugung von Eiweißstoffen in der Pflanze. Bei geringem Stickstoffgehalt ist der Eiweißgehalt in der Pflanze sehr gering. Starke Stickstoffzehrer sind sämtliche Blattgemüse, wie Salat, Spinat, Kohlarten, Rhabarber und Gurken.

Phosphor Auch der Phosphor begünstigt die Eiweißbildung in der Pflanze. Er ist wesentlich an der Samen- und Fruchtbildung beteiligt. Er fördert die Holzreife und wirkt begünstigend auf die Fruchtbarkeit und die Produktion von Vitaminen in den Früchten. Auf die Wurzelbildung nimmt der Phosphor einen positiven Einfluß. Phosphormangel verzögert das Wachstum, die Blütezeit und die Reife der Früchte. Auch das Aufplatzen der Früchte, die Ausbildung schlechter Köpfe beim Kohl, Rosenkohl, zähes Gewebe, violette und rotbraune Verfärbungen der Blätter werden auf Phosphormangel zurückgeführt. Schlechtes Ausreifen holziger Triebe und dadurch bedingte mangelnde Winterhärte gelten ebenfalls als Mangelerscheinungen. Phosphorüberdüngung hemmt die Aufnahme von Metallen, wie Eisen, Kupfer, Zink. Wachstumsstörungen und Vergilben der Blätter (Chlorosen) sind die Folge. Jungpflanzen und Saaten benötigen im Frühjahr beim Austreiben sehr viel Phosphor. Zu diesem Zeitpunkt ist die Erzeugung von Phosphorsäuren durch Mikroorganismen noch sehr gering.

Kali Zur Festigung des Gewebes benötigen die Pflanzen Kali. Wichtige Stoffwechselvorgänge wie die Stärke- und Zuckerbildung in der Pflanze und eine günstige Beeinflussung des Blüten- und Fruchtansatzes sind bei guter Kaliversorgung gegeben. Pflanzen, die große Mengen an Stärke und Zucker produzieren, wie die Hackfrüchte (Kartoffeln, Zuckerrüben), benötigen daher große Mengen an Kali. Es wirkt sich aber auch auf die Haltbarkeit der Früchte und auf den Geschmack aus. Unterversorgte Pflanzen sind anfällig gegen Krankheiten – vor allem Pilzkrankheiten. Blattränder werden braun und sterben ab. Die Pflanzen welken leicht und weisen nur einen geringen Eiweiß- und Kohlenhydratgehalt auf. Wegen seiner bindenden Wirkung im Boden wird Kali gern auf sandigen Böden zur Verbesserung der wasserhaltenden Kraft angewendet.

Kalzium (Kalk) wirkt sich im Boden besonders auf die Humus- und Säurebildung aus. In der Pflanze ist es wichtiger Baustoff zur Festigung der Gewebe und bei der Bildung von Stärke und Zucker. Kalkmangel erkennt man unter anderem auch an der schlechten Haltbarkeit von Früchten und dem Stippigwerden bei Äpfeln. Kalk übt auch eine wichtige Funktion beim Nährstofftransport innerhalb der Pflanze aus. Kalkmangel führt leicht zu einem Absinken des pH-Wertes im Boden und zur Festlegung bestimmter Nährstoffe, die dann nicht mehr pflanzenverfügbar sind. Die gleiche Auswirkung kann sich aber auch bei Kalküberschuß durch Festlegung anderer Nährstoffe zeigen. Kalk ist im Boden ein wichtiger Regulator für den pH-Wert, dessen Optimum im Garten – je nach Bodenart – etwa zwischen 5,5 und 6,5 liegen soll.

Magnesium spielt eine große Rolle für die Entwicklung von Blattgrün (Chlorophyll), das für die Photosynthese und damit für das Pflanzenleben unerläßlich ist. Magnesiummangel erzeugt deutliche Aufhellungen in den Blättern (sogenannte Chlorosen). Sie beginnen zwischen den Blattnerven und führen bei extremem Mangel zum Absterben der Blätter. Magnesiummangel zeigt sich besonders stark bei Moorböden, kann aber auch durch Festlegungen bei Phosphorüberschuß entstehen. Zur Behebung von Magnesiummangel genügt meist eine Düngung mit Patentkali, Stickstoffmagnesia oder einer 2% Bittersalzlösung (Magnesiumsulfat).

Schwefel ist ein wichtiger Bestandteil der von der Pflanze aufgebauten Eiweißverbindungen.

Spurenelemente Bor, Mangan, Kupfer, Molybdän, Eisen, Zink und andere bezeichnet man als Spurenelemente. Sie sind für gutes Gedeihen der Pflanzen unentbehrlich, werden jedoch schon in kleinsten Mengen (Spuren) wirksam und von der Pflanze aufgenommen. Meist sind sie im Boden in ausreichender Menge verfügbar. Den mineralischen Volldüngern sind sie in den meisten Fällen beigemischt.

Die organischen Dünger

Durch die Verwendung organischer Düngemittel fügen wir dem Boden nicht nur die für das Pflanzenwachstum erforderlichen Nährstoffe zu, sondern wir verbessern gleichzeitig den Humusgehalt des Bodens und damit seine Struktur, die für eine nachhaltige Fruchtbarkeit von größter Bedeutung ist. Daher sollte jeder Gartenbesitzer über diese Substrate und ihre Wirkungsweise Bescheid wissen.

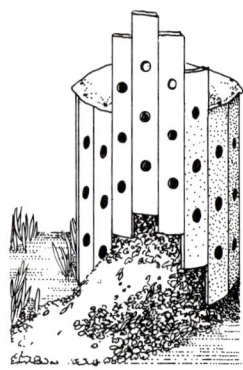

Praktischer Kompostbehälter: Oben füllt man den Abfall ein, unten entnimmt man den fertigen Kompost.

Vielfältiges Pflanzenleben kann sich auf nährstoffreichen, humosen Böden entwickeln. Staudenpflanzungen benötigen reichliche Kompostgaben.

Kompostwirtschaft

Unter Kompost versteht man nicht einen bestimmten Dünger, sondern ein Bodenverbesserungsmittel, das aus organischen Stoffen besteht, die durch einen Verrottungsprozeß zerfallen und damit für die Aufnahme durch Pflanzen wieder verfügbar gemacht worden sind – gewissermaßen also einen Recyclingprozeß. Bakterien und andere Lebewesen bewirken, wie wir bereits erfahren haben, den Abbau der organischen Stoffe. Es ist Sauerstoff, Feuchtigkeit und Wärme nötig, damit dieser Prozeß in Gang kommt. Unter Luftabschluß kann es zu Fäulnisprozessen kommen, das heißt: luftfeindliche, sogenannte »anaerobe«, Bakterien, die ihren Sauerstoffbedarf aus den Sauerstoffverbindungen der organischen Masse beziehen, bauen die Stoffe in der Form ab, daß viele wertvolle Verbindungen, wie z. B. der Stickstoff, zu Gasen umgeformt werden und verlorengehen. Darüber hinaus können viele Stoffe versauern oder sogar in pflanzenschädliche Verbindungen umgewandelt werden. Eine ausreichende Sauerstoffzufuhr ist also für jede Art Kompostierung von großer Bedeutung. Daher verwendet man Kompostgefäße, die über entsprechende Belüftungseinrichtungen verfügen oder man setzt den Komposthaufen im Zuge der Kompostierung wiederholt um. So kommen immer wieder alle Teile des Haufens mit Luft in Verbindung.

Zum Kompostieren eignen sich sämtliche gesunden pflanzlichen Abfallstoffe, Unkrautpflanzen, Gras, Laub, Gemüseabfälle, Schnittgut von Hecken und Obstgehölzen, dicke Pflanzenstengel (bis Daumenstärke), oberirdische Teile von Stauden, selbst Papier, das in Wasser eingeweicht wurde, geschredderte, d. h. kleingeschlagene, holzige Pflanzenbestandteile und jede Art tierischer Abfallstoffe (Blut, Horn, Haare, Eierschalen etc.). Kranke, von Schädlingen befallene Pflanzen, Wurzelstrünke, Glas, Steine, Metallteile und andere, dem Boden unzuträgliche Stoffe gehören natürlich nicht auf den Komposthaufen. Sägemehl, Hobelspäne und Nadeln von Koniferen (Nadelgehölzen) sollten nur in geringer Menge für den Komposthaufen verwendet werden, da sie Stoffe enthalten, die schwer abgebaut werden können. Der Zersetzungsvorgang im Komposthaufen wird durch mehrmaliges Umsetzen beschleunigt. Bei dieser Arbeit müssen wir dem Kompost reichlich Kalk zusetzen. Man rechnet ca. 1 kg kohlensauren Kalk je m³ Kompostmasse, die erst beim zweiten Umsetzen dem Komposthaufen zugesetzt werden. So entstehen feste Humusverbindungen, die einem evtl. Auswaschen größeren Widerstand entgegensetzen und dadurch zu einer dauerhaften Verbesserung des Bodens beitragen.

In großen Gärten kann man den Kompost in größeren Komposthaufen gewinnen. Für Kleingärten, bei denen jeder Quadratmeter gut genutzt werden muß, bedient man sich besser der praktischen Kompostsilos und Komposttonnen, die es in verschiedenen Ausführungen im Handel zu kaufen gibt, oder die man sich mit einigem Geschick leicht selbst bauen kann.

Für den Komposthaufen wählt man einen beschatteten Platz, der in Anlehnung an eine höhere Pflanzung, eine Hecke oder unter einem Baum liegen kann. Hier bleibt die zur Verrottung erforderliche gleichmäßige Feuchtigkeit erhalten. Ersatzweise kann man im Garten einen entsprechenden Schutz durch Umpflanzung mit Stangenbohnen oder durch Bepflanzung des Komposthaufens mit Kürbissen oder Zierkürbissen erreichen. Kleinere Kompostbehälter, die mit zahlreichen seitlichen Belüftungsvorrichtungen versehen sind, können auch, da sie weitgehend geschlossen und mit einem Deckel versehen sind, in voller Sonne aufgestellt werden. Durch die Sonnenwärme wird der Verrottungsvorgang beschleunigt, ohne daß die Gefahr des Austrocknens besteht. Komposthaufen sollten so angelegt sein, daß sie von allen Teilen des Gartens aus bequem erreicht werden können.

Frei aufgesetzte Komposthaufen sollen nicht breiter als 2,50 m und nicht über 1,20 m hoch angelegt werden. Bei der Anlage breitet man zunächst eine Schutzschicht aus 5–10 cm Torfmull aus, um das Sickerwasser des Haufens aufzufangen. Darüber schichtet man etwa 5 cm gute Gartenerde. Anschließend wird das zum Kompostieren bestimmte Material in Lagen von etwa 30 cm Höhe aufgebracht und jeweils mit einer 5–10 cm dicken Erdschicht abgedeckt. So setzt man Schicht auf Schicht, bis die Endhöhe von 100–

Wirkungsweise der Pflanzennährstoffe

Praktisches Baukastensystem: Die Boxen werden nacheinander gefüllt. So verfügt man stets über neuen Kompost.

120 cm erreicht ist. Dann versieht man den Haufen mit einem Deckmantel aus Gartenerde oder einer Packung aus Rasenmähgut, die mit einer Schaufel oder einem Spaten angeklopft wird. Für Gießwasser kann man in Längsrichtung über den gesamten Komposthaufen eine Gießrinne ziehen. Das Anfeuchten des Haufens beschleunigt das Umsetzen der Masse. Nach ca. 3 Monaten schaufelt man ihn um. Nach Ablauf von ca. 8–9 Monaten ist er fertig und kann verwendet werden.

Je unterschiedlicher die Mischung des verwendeten Abfalls ist, desto besser wird der daraus entstehende Kompost. Alles was im Garten anfällt, kann verwendet werden. Sperrige Teile zerkleinern wir mit der Gartenschere oder dem Schredder, was diese Geräte nicht schaffen, gehört auf den Brandhaufen oder in den Müll.

Da der Umsetzungsprozeß der verschiedenen Stoffe innerhalb einer Kompostanlage nur bei Feuchtigkeit vonstatten geht, muß der Haufen von Zeit zu Zeit angefeuchtet werden. Ist er zu trocken, kann es zu Schimmelbildung kommen, ist er zu naß, tritt Fäulnis ein und der Kompost fängt an zu stinken. Man ist hier ein wenig auf Fingerspitzengefühl angewiesen, um stets die richtige Feuchtigkeit im Komposthaufen zu halten. Liegen die mittleren Jahresniederschläge höher als 600–700 mm, sollte der Haufen mit einer Folie abgedeckt werden.

Kompost darf nur in reifem Zustand im Garten verwendet werden. Bringt man unreifen Kompost in den Boden, so erhält man anstatt Nitrat Ammoniak, statt Sulfat Sulfid, also Gifte, die dem Pflanzenwachstum nicht zuträglich sind. Es ist daher erforderlich solange zu warten, bis der Kompost voll ausgereift ist. Die entstehende schwarze, erdige, weiche Komposterde ist eines der besten Pflegemittel unserer Gartenböden. Sie bewirkt ein gesundes, kräftiges Wachstum aller Pflanzenarten.

Um stets fertigen Kompost zur Verfügung zu haben, legt man vorteilhaft nicht zu große, dafür aber mehrere Haufen an oder stellt mehrere Kompostbehälter auf. Besonders wichtig ist dies für den gärtnerischen Anfänger, da in den ersten Gartenjahren immer ein starker Mangel an guten Erden besteht. Die verfügbare Kompostmenge kann niemals groß genug sein.

Torfmull und Torfkompost

Bei vielen Gartenbesitzern herrscht die irrige Ansicht vor, daß Torf, der oft auch unter der Bezeichnung »Düngetorf« im Handel ist, gleichzeitig ein Gartendünger sei. Torfmull ist eigentlich ohne Nährwert. Sein großer Bestandteil an organischer Masse (75%) und seine große wasserhaltende Kraft (das 5–9fache seines Volumens), der Gehalt an Humussäure und die guten bodenverbessernden Eigenschaften machen ihn zu einem gern angewendeten Hilfsmittel bei der Bodenbearbeitung. Achten wir bei der Verwendung von Torf immer darauf, daß er nur in feuchtem Zustand in den Boden eingebracht wird.

Torf ist also kein Dünger. Wer jedoch schnell ein Düngemittel organischer Prägung zur Hand haben möchte, sollte sich der Herstellung von *Torfschnellkompost* bedienen. Einen solchen Kompost kann man nach dem unten angegebenen Rezept leicht herstellen und in kurzer Zeit (innerhalb von 8 Wochen) verwenden. Zur Gewinnung von Torfschnellkompost benötigt man etwa 4 Sack Torfmull (160 Liter/Sack), die man mit 5 kg Kalkstickstoff, 7 kg Thomasmehl, 5 kg Rhenaniaphosphat und 4 kg Kalimagnesia vermischt (beim Einbringen des Kalkstickstoff ist Atem- und Kleiderschutz angebracht!). Man kann statt Rhenaniaphosphat und Kalimagnesia auch 7 kg Patentkali verwenden. Die Mischung wird unter ständigem Umschaufeln mit etwa 300 l Wasser überbraust, bis das ganze gut durchtränkt ist. Es darf auf keinen Fall mehr Wasser gegeben werden, als die Torfmasse aufnehmen kann. Nun setzt man das so gewonnene Substrat zu einem 60 cm hohen Haufen auf und ummantelt ihn von außen mit einer 10 cm dicken Erdschicht. Nach Verlauf von etwa 4 Wochen wird die Kompostmiete umgesetzt und mit der Deckerde gut vermischt. Dann deckt man sie erneut mit einem Erdmantel von 5 cm locker zu. Gebrauchsfähigen Torfkompost erhält man dann nach ca. 3–4 Wochen. So gewinnt man eine Volldüngung für ca. 100 m² Gartenland.

Eine brauchbare Alternative zu den angegebenen Rezepten ist in dringenden Fällen eine Mischung aus Torf und Volldünger. Hierzu vermischt man 4 Sack Torfmull mit 10–12 kg Volldünger (Nitrophoska blau o. ä.) und durchfeuchtet ihn nach und nach gründlich. Das Substrat ist sofort verwendbar.

Es gibt aber auch eine Reihe von industriellen Torfmischungen und anderen organischen Fertigpräparaten wie Combihum, Huminal, TKS, Bihumin, Nettolin, Humusit u. a., die wir dem Garten als fertige Humuspräparate zuführen können.

Laubkompost und Lauberde

In älteren Gärten fallen im Herbst größere Mengen von Laub an. Aus diesem Herbstlaub kann man ausgezeichnete Komposterde gewinnen. Gut zubereiteter Laubkompost ist oft schon nach einem halben Jahr verwendungsfähig und eignet sich hervorragend zum Mulchen. Das Aufsetzen der Haufen geschieht in 30 cm hohen Laubschichten, die mit etwa 3 cm dicken Lagen von Pferdemist durchsetzt werden. Fehlt der Pferdemist, deckt man die Schichten mit Kompost- oder Gartenerde in gleicher Dicke ab, bis eine Höhe von etwa 100 cm erreicht ist. Dann umgibt man das Ganze mit einem 10 cm dicken Erdmantel. Der Haufen wird bis zum Frühjahr so gewässert, daß die Masse sich unter

Die Möglichkeiten der Kompostbereitung sind vielfältig. Für kleinere Gärten genügen Komposttonnen oder ähnliche Behälter, um die anfallenden Mengen an Küchen- und Gartenabfällen aufzunehmen und umzuwandeln.

größerer Wärmeentwicklung gleichmäßig zersetzen kann. Im Frühjahr setzt man den Haufen einmal um und deckt ihn abermals mit Komposterde ab. Durch regelmäßiges Anfeuchten gewinnt man aus den Laubmassen dann im Laufe des Jahres einen besonders feinen, mulligen, dunklen Humus für anspruchsvolle Topfpflanzen, der auch für Gartenböden von hohem Wert ist. Befindet sich viel Eichenlaub unter der Laubmasse, so sollte zusätzlich Branntkalk (Ätzkalk) eingestreut werden, um die Gerbsäure zu neutralisieren. Nach dem zweiten Umsetzen ist auch aus dieser Laubmasse wertvolle Humuserde geworden.

Stallmist
Organische Düngemittel sollen den Humusgehalt des Bodens, der durch die Bodenlebewesen und die ständige Mineralisierung im Boden abgebaut wird, immer wieder ergänzen. Unter den vielen im Handel befindlichen organischen Düngemitteln ist besonders der Stallmist zu erwähnen. Es wird heute zwar immer schwieriger, Stallmist in ausreichender Menge zu beschaffen, da landwirtschaftliche Betriebe mit Viehhaltung in Stadtnähe rar sind. Viele, in der Nähe der Städte errichtete Reitställe bieten jedoch wieder die Möglichkeit, Pferdemist zu beziehen. In ländlichen Gegenden sind verschiedene Stalldüngerarten erhältlich, auf die hier kurz eingegangen werden soll.
Man unterscheidet »kalte« und »warme« Mistarten nach der verschiedenartigen Verwesungswärme. »Kalt« sind Rinder-, Schweine- und Gänsemist. Diese Arten eignen sich besonders für leichte, sandige Böden. »Warme« Dünger wie Pferde-, Ziegen-, Schaf-, Hühner- und Taubenmist bringt man am besten auf schwere, kalte Böden und verwendet sie auch zum Wärmen von Mistbeeten. Bei allen Mistarten ist zu beachten, daß sie niemals in frischem Zustand, sondern stets gut abgelagert verwendet werden. Übersteigt nämlich die im frischen Dünger enthaltene Kohlenstoffmenge den Stickstoffanteil, so binden die sich rasch vermehrenden Bakterien sämtlichen im Boden befindlichen Stickstoff, den sie erst beim Absterben wieder freigeben. Dadurch kann es zeitweilig wegen des entstehenden Stickstoffmangels für die Pflanzen zu Wachstumsstockungen kommen.

Andere organische Dünger
Gute Düngeerfolge kann man auf leichten Böden mit aufbereitetem Klärschlamm und Müllkompost erzielen. Diese Dünger zeichnen sich durch hohen Gehalt an organischen Bestandteilen aus und sind hinsichtlich des Stickstoff-, Phosphat- und Kaligehaltes etwa mit einer gleichgroßen Stallmistgabe zu vergleichen. Der Kalkanteil ist allerdings meist um ein Vielfaches höher. Es muß aber darauf hingewiesen werden, daß gerade die Klärschlamm- und Müllkomposte bisweilen Schwermetalle wie Blei, Cadmium und Quecksilber enthalten, die sich bei wiederholten Gaben im Boden und in der Pflanze anreichern und damit zu einem Gesundheitsrisiko werden können. Bei Verwendung solcher Dünger ist daher unbedingt eine Analyse der Zusammensetzung erforderlich.
Die große Nachfrage nach Edelpilzen führte zu raschem Anwachsen der Kulturflächen und Zuchtbetriebe. Der aus solchen Kulturen stammende sogenannte »Champignonkompost« ist ein hochwertiger, keimfrei gemachter Humusdünger mit hohem Nährstoffgehalt. Bewährt haben sich auch Dünger aus pflanzlichen und tierischen Abfällen. Hierzu gehören in erster Linie Hornspäne und Hornmehl, die sich durch hohen Stickstoff- und Phosphorgehalt auszeichnen. Da sie sich sehr langsam umsetzen, hält auch die Düngewirkung länger an. Sie sind gut geeignet für Gemüse, Stauden und Balkonpflanzen.
Horn-, Blut- und Knochenmehl enthalten hauptsächlich Stickstoff, Phosphor, wenig Kali und Kalk. Diese organischen Volldünger mit Langzeitwirkung kann man ebenfalls gut für Gemüse-, Blumen- und Obstkulturen verwenden. Verbrennungsgefahr für Pflanzen durch Berührung mit diesen Düngern besteht im Gegensatz zu bestimmten mineralischen Düngern nicht.
Holzasche enthält hauptsächlich Phosphor, reichlich Kalium und Kalk. Auch bei ihrer Anwendung ist jedoch Vorsicht geboten, denn Holzasche kann stark cadmiumhaltig sein. Ansonsten ist sie eine wertvolle Ergänzung zu organischen Düngern, die wenig Kali enthalten. Ihre Anwendung ist besonders bei der Anzucht von Wurzelge-

Bei Dachgärten und Kübelpflanzen liefern Kultursubstrate mit hohem Anteil an organischer Substanz beste Voraussetzungen für gutes Gedeihen der Pflanzen.

müsen zu empfehlen. Andere organische Komponenten, wie Muschelmehl, zerriebene Eierschalen, Carbidschlamm, die sehr kalkhaltig sind, werden am besten über den Komposthaufen im Garten verwertet. Das gleiche gilt für Teich- und Grabenaushub, Schlachthofabfälle und Unkräuter, die sich zu wertvoller Komposterde aufbereiten lassen.

Eine gewisse Sonderstellung nehmen die Rindenprodukte ein. Aus ihnen können wertvolle Bodenverbesserungsmittel gewonnen werden. Meist ist jedoch nicht bekannt, welches Produkt sich für welchen Zweck wirklich eignet. So können sogar Pflanzenschädigungen durch unsachgemäße Anwendung entstehen.

Rindenmulch besteht aus zerkleinerter, »fraktionierter« Rinde, die keinem weiteren Prozeß unterworfen wurde und keinerlei Zusätze enthält. Sie eignet sich lediglich zur Bodenabdeckung, zum Beispiel bei Neupflanzungen, um den Unkrautwuchs zu reduzieren. Die Bodenbearbeitung wird erheblich vereinfacht, wenn man eine Mulchschicht von ca. 5–10 cm Höhe aufträgt. Empfindliche Pflanzen, besonders Stauden, können jedoch durch die herbiziden Inhaltsstoffe der Rinde geschädigt werden. Rindenmulch ist also in erster Linie unter Gehölzen anzuwenden. Unter »Rindenhumus« versteht man zerkleinerte, fraktionierte und fermentierte Rinde mit oder ohne Nährstoffzusatz. Hier tritt der Rindenhumus an die Stelle von Kompost oder Torf und dient zur Humusversorgung des Bodens, er besitzt außerdem wertvolle Mineralstoffe. Der Nährstoffgehalt im Rindenhumus beträgt ca. 10 mg Stickstoff, 120 mg Phosphorsäure und 420 mg Kali/Liter, dazu kommt ein hoher Gehalt an Mangan, der bei empfindlichen Pflanzen Eisenmangel bewirken kann. Die Fermentierung des Rindenhumus erfolgt, um pflanzenschädliche Stoffe, wie Gerbsäure, Harze, Zucker, Stärke und Eiweiße, abzubauen. Die bodenverbessernden Eigenschaften des Rindenkompostes bewähren sich besonders in feuchten Böden. Er ist im Gegensatz zum Torf nicht aus faserigen, quellenden Bestandteilen zusammengesetzt, daher erfolgt eine raschere Ableitung des Wassers. Unter »Rindenkultursubstraten« versteht man fermentierte Rinde, die mit anderen Bodenverbesserungsmitteln, meist Torf und Nährstoffen, insbesondere Stickstoff, verbessert worden ist. Diese Substrate besitzen den Vorteil, daß ihre Struktur über längere Zeit stabil bleibt, ihre Wasserkapazität ist jedoch relativ gering, da auch sie im Vergleich mit Torf das Wasser verhältnismäßig rasch wieder abgeben.

Gründüngung

Eine besondere Form der Humusgewinnung für den Garten, die leider viel zu wenig angewendet wird, ist die Gründüngung. Sie sollte vorzugsweise auf neuem Gartenland angewendet werden, um den rohen Boden möglichst rasch zu beleben und den natürlichen Stickstoffgehalt zu erhöhen. Unter Gründüngung versteht man den Anbau bestimmter Pflanzenarten, die nicht geerntet, sondern vor der Reife untergegraben werden. Hierzu eignen sich Kohlgewächse, wie Raps, Hederich, Ölrettich sowie *Phacelia,* Futterroggen und besonders gut die Schmetterlingsblütler: Lupinen, Erbsen, Bohnen, Wicken, Klee, die man als *Leguminosen* bezeichnet. Sie haben die Fähigkeit, mit stickstofferzeugenden Bakterien eine Lebensgemeinschaft einzugehen. Die Bakterien sind in der Lage, den Stickstoff aus der Luft aufzunehmen, zu Pflanzennährstoff zu verarbeiten und in Knöllchen zu speichern. Beim Umgraben bringen wir aber nicht nur den Stickstoff der Knöllchen zur Wirkung, sondern durch den Rotteprozeß der oberirdischen Pflanzenteile wird dem Boden auch Humus zugeführt. Auf diese Weise erzielt man einen doppelten Effekt. Eine der am meisten für die Gründüngung verwendeten Pflanzenarten ist die Lupine. Man benötigt ca. 20 g Saatgut für 1 m^2. Bevor die Pflanzen zu blühen beginnen, werden sie abgemäht und untergegraben. Dadurch wird auch der Stickstoff in den Knöllchen für andere Pflanzen wieder verfügbar. Gründüngung ist aber auch für ältere Gärten gut geeignet. Müde gewordene Böden werden neu belebt, ausgehagerte Bereiche – vor allem unter älteren Obstbäumen – regeneriert. Das Untergraben der Pflanzen in den Wurzelbereichen der Obstgehölze bereitet gewisse Schwierigkeiten. Hier ist größte Vorsicht geboten, um Beschädigungen an den Baumwurzeln zu vermeiden. Die Stickstoffmenge aus einer

Mineralische Dünger

Leguminosen-Gründüngung beträgt etwa 1 kg reinen Stickstoff auf 100 m², das entspricht etwa 8 kg Salpeterdünger. Bei der Lupine wird sogar die doppelte Stickstoffmenge produziert. Den geringen Kosten, die mit einer solchen doppelten Düngung (Humus und Stickstoff) verbunden sind, steht allerdings eine längere Wartezeit gegenüber, die man für die Entwicklung der Pflanzen in Kauf nehmen muß.

Die Aussaat von Pflanzen für die Gründüngung erfolgt zweckmäßigerweise erst dann, wenn bereits eine Ernte eingebracht worden ist, also etwa ab Ende Juli. So kann man die Pflanzen vor Frostbeginn im Herbst mähen oder walzen und dann untergraben. Futterroggen, der ebenfalls als Gründünger verwendet werden kann, wird erst im August/September ausgesät. Gründüngungspflanzen sind auch gut zur Kompostbereitung geeignet.

Die mineralischen Dünger

Als mineralische oder anorganische Dünger bezeichnet man synthetisch hergestellte oder bergmännisch gewonnene Salze aus natürlichen Lagerstätten. Sie dürfen nur mit größter Sorgfalt angewendet werden. Es handelt sich um hochprozentige Salze, welche teilweise mit Ballaststoffen behaftet sind, die sich ungünstig auf den Boden auswirken können. Unsachgemäßes Ausbringen mineralischer Dünger kann zu nachhaltigen Umweltschäden, zu Schäden des Bodens, des Grundwassers und nicht zuletzt der menschlichen Gesundheit führen. Die Wirkung des Salzes auf das natürliche Bodenleben ist bei sorgloser Anwendung schädlich. Auch dem nützlichen Regenwurm sagt die »künstliche« Düngung oft so schlecht zu, daß er die Scholle fluchtartig verläßt, um sich beim Nachbarn anzusiedeln. Die Wirkungsweise der einzelnen Dünger und ihre spezifischen Eigenschaften werden nachfolgend noch ausführlicher erläutert.

Die Stickstoffdüngemittel

Stickstoff (N) steht uns in vier verschiedenen Verbindungen zur Verfügung, nämlich als Ammoniak, Cyanamid, Salpeter (Nitrat) und Amid. Die Pflanze kann nur Salpeterstickstoff aufnehmen. Alle anderen Stickstofformen müssen erst durch die Tätigkeit der Bodenflora verändert und in aufnehmbaren Salpeter umgewandelt werden. Das erfordert Zeit. Daher ist es z. B. wichtig, Ammoniakdünger so zeitig in den Boden zu geben, daß er bei Stickstoffbedarf der Pflanze in Form von Salpeterverbindungen vorliegt. Man gibt ihn darum 2–3 Wochen vor der Aussaat, damit die jungen Pflanzen beim Aufgehen fertige Stickstoffnahrung in Form von Salpeter vorfinden und aufnehmen können. Cyanamide, die wir z. B. im Kalkstickstoff vorfinden, werden zunächst im Boden zu Ammoniak und dann weiter zu Salpeter umgewandelt. Daher wirkt Kalkstickstoff sehr langsam aber auch sehr nachhaltig. Bei der Anwendung von Kalkstickstoff treten bestimmte Nebenwirkungen auf. Es entwickeln sich Cyanogase (Blausäure), durch die Insekten und keimende Unkräuter getötet werden. Bei der Verarbeitung von Kalkstickstoff ist größte Vorsicht geboten, da Vergiftung und Schädigung der Kleidung möglich sind (Atemmasken und Schutzkleidung sind dringend zu empfehlen!).

Ammoniakdünger Schwefelsaures Ammoniak (Ammonsulfat), Reingehalt an N 21%, Nebenbestandteile Schwefel, guter Grunddünger, aber auch als Kopfdünger zu verwenden, besonders auf Böden mit pH-Werten über 7, auch bei Überkalkung geeignet. Langsame Wirkung.

Salpeterdünger Kalksalpeter (Calciumnitrat), Stickstoffgehalt 15,5%, Kalkgehalt 28%, wirkt rasch und eignet sich daher gut zur Kopfdüngung. Kalksalpeter wirkt basisch (alkalisch), das heißt, der pH-Wert wird durch Gabe dieses Düngers erhöht.

10 Jahre   20 Jahre   30 Jahre

Einseitiges Düngen mit mineralischen Düngern verändert die Bodenstruktur. Nährstoffe werden rascher ausgewaschen. Die Ernteerträge werden kleiner, trotz höherer Düngergaben. Nachhaltige Umweltschäden sind die Folge.

Mineralische Dünger

Kalkstickstoff Reingehalt an N 21%, Branntkalkgehalt 60%. Dieser kalkreiche Stickstoffdünger ist besonders für schwere Böden geeignet. Selbst bei »geöltem« Kalkstickstoff sind Schutzbrille und Schutzkleidung unbedingt notwendig. Außer der Düngerwirkung ist er ein wichtiges Mittel zur Bekämpfung von Kohlhernie, zur Vernichtung von Drahtwürmern und anderen tierischen und pflanzlichen Schädlingen im Boden. Keimende Unkräuter werden bei frühzeitiger Anwendung (Februar/März) im Boden vernichtet. Wegen der anhaltenden Giftwirkung mindestens 14 Tage vor Bestellung ausbringen. Im »Perlkalkstickstoff« sind bereits geringe Anteile an Salpeterstickstoff enthalten. In dieser Form ist die Anwendung von Kalkstickstoff am günstigsten.

Amiddünger Die Stickstoffdünger dieser Gruppe wirken sowohl durch ihren sofort aufnehmbaren Salpeteranteil als auch langfristig durch den Ammoniakanteil, der so beschaffen ist, daß eine ausreichende Nährstoffversorgung mit N »vom Sämling bis zur ausgewachsenen Pflanze« bei einmaliger Düngung gewährleistet ist.
Hierzu gehören Kalkammonsalpeter (Reingehalt an N 26%, 30–35% kohlensaurer Kalk), in dem Salpeter und Ammoniak zu gleichen Teilen enthalten sind, ferner der Ammonsulfatsalpeter (26% N), in dem N zu 25% als Salpeter und zu 75% als Ammoniak enthalten sind, und schließlich der Harnstoff (46% N), einer der stickstoffreichsten Dünger, mit dem man sehr behutsam umgehen muß, da leicht Überdüngung und Verbrennungen auftreten können.

Phosphordünger
Es gibt zitratlösliche und wasserlösliche Phosphordünger. Die zitratlöslichen werden durch die Säureausscheidungen der Pflanzenwurzeln erschlossen. Zu ihnen zählen Rhenaniaphosphat mit 29% Phosphor (P) und 40% Kalk (dieser Phosphordünger eignet sich besonders für Bohnen, Blumen und Beerenobst) und Thomasphosphat (Thomasmehl) aus staubfein gemahlener Industrieschlacke, P-Gehalt 16%, 50% Kalk. Thomasphosphat gehört zu den wirksamsten Vorratsdüngern, besonders auf leichten Böden. Gründliches Einharken ist erforderlich, um ihn in die Nähe der Wurzeln zu bringen.
Als wasserlöslicher Phosphordünger ist das Superphospat mit 18% P-Gehalt zu nennen. Wegen seiner raschen Wirkung läßt es sich besonders als Kopfdünger für fruchtende Pflanzen einsetzen. Es begünstigt die Fruchtbildung und beschleunigt die Reife. (Wichtiger Zusatz zu Jauche, die nur einen geringen P-Gehalt hat).

Kalidünger
Kalidünger sollen 14 Tage vor der Aussaat in den Boden gebracht werden, also bereits im März. Die Wirkung hält eine Vegetationsperiode hindurch an.
Zu den gebräuchlichsten Kalidüngemitteln zählt das Patentkali (Kalimagnesia, = 26% Kali und 24% schwefelsaure Magnesia). Wegen seiner Chlorfreiheit ist es für sämtliche Kulturen geeignet und kann auch als Kopfdünger verwendet werden. In Verbindung mit Thomasmehl bildet es die Grundlage für eine Kali-Phosphor-Grunddüngung.
Die 40-, 50- und 60%-Kalidüngesalze haben heute das früher übliche Kainit abgelöst. Sie sind chloridhaltig und können daher für chlorempfindliche Pflanzen nicht verwendet werden.

Kalkdünger
Im Grunde genommen ist Kalk eigentlich kein echtes Düngemittel. Er wirkt sich besonders auf die chemisch-physikalischen Vorgänge im Boden aus. »Kalk schließt den Boden auf«, sagten unsere Vorfahren, die damit ihre gute Kenntnis von den Vorgängen im Boden bewiesen, denn Kalk bewirkt eine starke Krümelung des Bodens, damit bessere Durchlüftung und besseren Umsatz der Stoffe. Säuren werden gebunden, und die salpeterschaffende Bakterienwelt kann voll in Aktion treten. Üppiges Pflanzenwachstum ist die Folge. Kalk begünstigt aber auch die Verwitterung der mineralischen Bestandteile des Bodens und kann dadurch im Laufe der Zeit zu starker Erschöpfung des Bodens führen. So sagt man nicht zu Unrecht »Kalk macht reiche Väter, aber arme Söhne«.
Zur Erhaltungskalkung von Ertragsflächen (Gemüsebau) genügt eine jährliche Kalkmenge von 5 g/m^2, um die durch die Pflan-

Kalkdünger

zen und durch Auswaschungen entzogenen Kalkmengen wieder zu ersetzen. Bei stark versauerten Böden ist eine Gesundungskalkung erforderlich. Bei leichten Böden arbeitet man dann etwa 15 g/m² kohlensauren Kalk ein. Schwere Böden erhalten zur Gesundungskalkung etwa 40 g/m² Branntkalk.

Kalk beschleunigt den Humusabbau (besonders bei Überdüngungen mit Brannt- oder Ätzkalk) und macht große Mengen an mineralischen Bestandteilen wasserlöslich, die, da sie nicht mehr durch Humus gebunden werden, in den Untergrund abgeführt werden.

Am besten verabreicht man seinem Gartenboden die erforderliche Kalkmenge auf dem Weg über die Kompostwirtschaft (ca. 1,5 kg Branntkalk/m³ Kompostmasse), durch Kompostieren aller Pflanzenteile und Unkräuter (feinverteilter Pflanzenkalk) und durch Gründüngung (Erschließung großer Kalk- und Nährstoffreserven aus Bodenschichten bis zu 2 m Tiefe). Auf 1 Sack Torfmull (160 l) rechnet man etwa 0,7 kg kohlensauren Kalk. Nur im Notfall und bei starker Versauerung des Bodens sollte eine direkte Behandlung mit Branntkalk oder kohlensaurem Kalk durchgeführt werden. Mergel ist zur Kalkdüngung leichter Böden hervorragend geeignet. Er erhält das Gleichgewicht zwischen Humusabbau und Humusaufbau und greift nicht zerstörend in ein intaktes Bodengefüge ein.

Branntkalk darf wegen seiner ätzenden Wirkung niemals als Kopfdünger verwendet werden!

Kalkdüngemittel sind:
Branntkalk (Ätzkalk), der als feines Pulver gemahlen im Handel angeboten wird. Er zählt mit Magnesiumbranntkalk zu den schnellwirkenden Kalkdüngern und enthält etwa doppelt soviel Kalzium wie kohlensaurer Kalk.

Kohlensaurer Kalk, Magnesiumkalk, Magnesiummergel, Hüttenkalk sind langsam wirkende Kalkdünger für leichte und mittelschwere Böden.

Nicht immer ist es ratsam, mit Kalk den Boden »aufzuschließen«. Rhododendronarten und andere immergrüne Pflanzen lieben saure Standorte und können in kalkhaltigen Böden nicht gedeihen.

Magnesiumdünger

Besonders auf Moor- und Geestböden tritt häufig Magnesiummangel auf. Zur Gesundung dieser Böden verwendet man das magnesiumhaltige Patentkali (Näheres siehe unter Kalidünger S. 46) und Bittersalz (10% Mg).

Einzeldünger – Mischdünger

Die oben genannten Dünger bezeichnet man auch als Einzelnährstoffdünger, da sie in der Hauptsache einen Nährstoff enthalten. Ihre chemische Zusammensetzung ist oft so beschaffen, daß sie untereinander nicht mischbar sind, weil sie sich dadurch chemisch verändern und damit die Düngewirkung herabgesetzt oder aufgehoben wird. Um Fehler beim Mischen auszuschließen, bietet die Industrie fertige Mischdünger an, die zwei oder mehrere Hauptnährstoffe enthalten, die in miteinander verträglicher Form und in ausgewogenem Verhältnis zusammengestellt sind. Unter diesen Mischdüngern spielen die Volldünger eine besondere Rolle, denn in diesen Düngern sind Stickstoff, Phosphor und Kali so verteilt, daß ihre Anwendung Düngefehler fast ganz ausschließt. Sie sind leicht wasserlöslich und wirken sehr schnell auf die Pflanzen ein. Sie können als Grunddüngung, aber vor allem auch als Kopfdüngung, zum Beispiel bei besonderem Nährstoffbedarf, angewendet werden. Die mit dem Zusatz »blau« gekennzeichneten Volldünger (z. B. Nitrophoska blau) sind chlorfrei.

Aus der Fülle der im Handel angebotenen Dünger seien hier nur einige Beispiele herausgegriffen, die nicht repräsentativ sind:
Hakaphos blau (perfekt) enthält 15% N, 11% P, 15% K, 1% Mg (P = P_2O_5, K = K_2O, Mg = MgO) – auf den Verpakkungen sind die Bezeichnungen der Nährstoffe stets in dieser Reihenfolge angegeben, wie z. B. Nitrophoska permanent 15 + 9 + 15 + 2, ein chloridfreier Volldünger mit Spurenelementen und Langzeitwirkung, gut geeignet für Intensivkulturen; Kaliumphosphat 34% (K_2O) + 52% (P_2O_5), ein Mischdünger, der auch als Zusatz bei Gründüngung verwendet werden kann; Volldünger (Blaukorn) 12 + 12 + 17 + 2; Volldünger (Gartendünger Blau) 8 + 8 + 8 und viele andere.

Wirkung anorganischer Dünger auf den Boden

Es gibt sauer, basisch (alkalisch) und neutral wirkende Düngemittel, die wir nach ihrer chemischen Reaktion so bezeichnen. Sobald sie sich im Boden befinden, kann sich ihre Wirkung jedoch stark verändern. Ein Düngemittel, das z. B. an Schwefelsäure gebunden ist, wird im Boden gelöst, sättigt sich mit Kalk im Boden ab und wird zu unlöslichem schwefelsaurem Kalk (Gips). Der Unwissende ahnt nicht, daß er durch fortgesetzte Düngung dieser Art seinen Boden immer stärker verkrustet und verdirbt. Daher muß man die chemische Einwirkung der wichtigsten Mineraldüngerarten auf den Boden kennen. Sauer wirkende Mineralien wendet man nur auf alkalischem, also kalkhaltigem Boden an. Neutral wirkende sind für alle Bodenarten geeignet.

Auf den Boden wirkt sauer
Leunasalpeter
Kainit
Patentkali, durch schwefelsaure Magnesia
schwefelsaures Ammoniak
40er Kali
Superphosphat

Auf den Boden wirkt basisch (alkalisch)
kohlensaurer Kalk
Mergel
Kalkharnstoff
Kalkammonsalpeter
Thomasmehl (Thomasphosphat)
Branntkalk (Ätzkalk)
Kalkstickstoff
Kalksalpeter
Natronsalpeter
Rhenaniaphosphat

Auf den Boden wirkt neutral
Harnstoff

Mischungen von Kalk und aller angeführten kalkhaltigen Handelsdünger mit organischen Düngern wie Mist, Jauche, Blutmehl sind unwirksam, weil der Kalk sofort kostbares Ammoniak in die Luft jagt. Organische und anorganische Düngemittel sind getrennt anzuwenden – dies sollte sich auch der Hobbygärtner einprägen.

Die Düngung

Düngung ist nicht nur bei Gemüse- und Obstkulturen erforderlich. Stauden, Sommerblumen und Ziergehölze verbrauchen beim Wachsen, Blühen und Gedeihen ebenfalls bestimmte Nährstoffmengen, die zu ersetzen sind, wenn sich die Pflanzen gut entwickeln sollen.

Es würde den Rahmen dieses Buches sprengen, wollte man die erforderlichen Düngermengen jeder Pflanze je Vegetationsperiode angeben. Hier müssen wir uns auf praktische Erfahrungswerte beziehen.

Gemüsearten teilt man beispielsweise je nach Stickstoffverbrauch, in Starkzehrer und Schwachzehrer ein. Im allgemeinen gehören die Starkzehrer zu den Pflanzen, die viel Blattmasse entwickeln, wie die Kohlarten, Neuseeländer Spinat, Mangold, Gurken, Kürbis, Rhabarber. Fruchtgemüse, wie Tomaten, Sellerie und Rote Rüben, gehören ebenfalls in diese Gruppe. Zu den Schwachzehrern rechnet man Pflanzen, die mit wenig Stickstoffdüngung auskommen, zum Beispiel die Leguminosen: Bohnen, Erbsen, die sich zum Teil durch Knöllchenbakterien den Stickstoff aus der Luft beschaffen. Auch Pflanzen mit geringer Blattmasse wie Möhren, Zwiebeln, Spinat, Salat und Feldsalat lassen sich hier einordnen. Sie benötigen etwa 30–80 g Volldünger je m^2. Diese Gaben sind bei guter Kompost- oder Stallmistversorgung etwa um die Hälfte zu reduzieren. Bei den Starkzehrern rechnet man dagegen mit 100–150 g Volldünger je m^2, wobei auch hier die Gaben bei Versorgung mit Kompost oder Stallmist entsprechend zu verringern sind. Die erforderlichen Düngermengen für Grund- und Kopfdüngung sind bei den jeweiligen Kulturen angegeben.

Die meisten unserer sogenannten Prachtstauden wie Rittersporn, Phlox, Sonnenbraut, Kornblume, Funkie, Taglilie verhalten sich ähnlich wie die starkzehrenden Gemüsearten. Halbhohe Arten wie Iris, Rudbeckia, Astern und ähnliche kann man in die Gruppe der Schwachzehrer einstufen. Mohn verträgt gar keinen Stickstoffdünger und kränkelt auch auf frisch gedüngten Beeten, die organisch gedüngt wurden. Steingartengewächse und Polsterstauden sollten – abgesehen von Gesteinsmehl – nicht mineralisch gedüngt werden. Sie stammen meist von extremen Standorten und haben sich daran gewöhnt, mit wenig Nährstoffen auszukommen. Einige Arten, wie z. B. das Edelweiß, schießen auf nährstoffreichen Böden ins Kraut und ihre Blühwilligkeit läßt nach. Ziergehölze sind für zweimalige Volldüngergaben pro Jahr von etwa 40 g/m^2 dankbar. Gehölze, die zu den Schmetterlingsblütlern zählen, wie der Ginster, Blasenstrauch, Erbsenstrauch, Goldregen und der Buschklee (*Lespedeza*), erhalten lediglich Kompostgaben als Kopfdüngung oder Gaben anderer organischer Dünger mit geringem Stickstoffgehalt.

Die angegebenen Düngermengen sind Maximalmengen. Geben wir mehr, so können die Pflanzen die dargebotenen Nährstoffe nicht mehr aufnehmen. Sie werden vom Niederschlagswasser in den Untergrund gespült und belasten das Grundwasser, oder sie wirken sich nachteilig auf die Bodenstruktur (Versalzung) aus. Als umweltbewußte Gartenbesitzer sind wir uns der hohen Verantwortung bewußt, die wir uns und den folgenden Generationen gegenüber haben.

Gartengestaltung

Planungsüberlegungen

Ein Garten sollte wie ein maßgeschneiderter Anzug »sitzen«. Er muß zum Haus passen, er muß aber vor allen Dingen auf die Bedürfnisse der Benutzer zugeschnitten sein. Schon allein daraus ergeben sich völlig unterschiedliche Anforderungen, die an das Grundstück gestellt werden. Außerdem sollen Gärten mit dem Haus und der näheren Umgebung im Einklang stehen. Exotische Gartenpartien passen ebensowenig in eine Heidelandschaft wie ein Jugendstilgarten zu einem Flachdachbungalow oder ein Garten mit chinesischer Pagodenlaterne zum Fachwerkhaus.

Es sind grundsätzliche Erwägungen anzustellen, wie der Garten zu gestalten ist: Soll es ein Wohngarten werden mit Spielbereichen für die Kinder, wollen wir vorwiegend Gemüse, Obst und Kräuter heranziehen, zwingt uns das Grundstück zu besonderen Terrassierungsformen, wünschen wir bestimmte Einrichtungen wie Gartengrill, Laube, Gartenhäuschen oder gar ein kleines Gewächshaus? Jeder Wunsch weckt neue Wünsche. Man greift unversehens zum Spaten, gräbt, harkt, pflanzt, pflastert und mauert und muß schon bald erkennen, daß Wege zu schmal oder zu breit geraten sind, daß Wasserleitungen umgelegt werden müssen oder daß Lauben und Sitzplätze sich an verkehrten Stellen befinden.

Pflanzungen werden häufig viel zu dicht gesetzt, da man den zunächst kleinen Bäumen und Sträuchern ihr späteres Volumen nicht ansieht und die richtigen Abstände nicht bekannt sind. Um sich vor solchen Mißerfolgen zu schützen, ist eine sorgfältige Planung nötig. Die Gestaltung eines Gartens ist in vielen Punkten sicherlich Geschmackssache, aber für die richtige Zuordnung der Dinge und ein einwandfreies Funktionieren gibt es bestimmte Grundsätze, die man beachten muß. Große Gartenanlagen läßt man sich am besten von einem Landschaftsarchitekten planen und anlegen. Das wäre sicherlich auch für kleinere Gärten zu empfehlen, doch spielt hier meist auch die Geldfrage eine Rolle. Viele Gartenbesitzer planen und gestalten ihren Garten also selbst. Sie sind sozusagen ihr eigener Architekt und Ausführungsbetrieb und erleben dadurch das Werden und Wachsen ihrer Anlage vom ersten Spatenstich an. Dieses Buch soll ihnen dabei helfen und viele nützliche Anregungen geben. So schaffen wir uns, die wir in einer technisierten und versteinerten Umwelt zu ersticken drohen, mit dem Garten ein Stückchen Natur, das wir nach

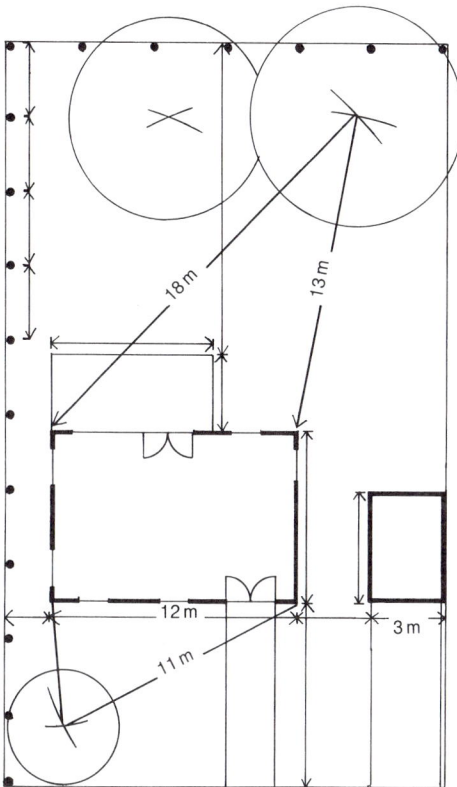

Die Planung wird erleichtert durch ein genaues Aufmaß der auf dem Grundstück vorhandenen Einrichtungen. So können wichtige Elemente berücksichtigt und in die Gestaltung einbezogen werden.

Künstlicher Wasserfall in einer größeren Gartenanlage. Eine Umwälzpumpe bewerkstelligt den Kreislauf des Wassers. Der Bachlauf ist mit Folie abgedichtet.

Gartengestaltung

unseren Maßstäben so gestalten, daß wir uns hier entspannen und schöpferisch tätig sein können.

Der Gartenplan

Zunächst fertigen wir einen Lageplan vom Grundstück unseres Gartens an, indem wir das Gelände in Länge und Breite aufmessen und maßstäblich genau im Maßstab 1:100 (d. h. 1 m in der Natur entspricht 1 cm auf dem Plan) aufzeichnen. Als Unterlage kann man der Einfachheit halber Millimeterpapier benutzen, weil die abgebildeten Maße und Quadrate die Vorstellung des Zeichnenden erleichtern. Zentimeterfelder des Millimeterpapiers entsprechen also Quadratmetern im Garten. Je genauer man die Maße einträgt, desto genauer wird auch der Plan. Roh skizzierte Pläne sind meist unbrauchbar. Den Grundriß des Hauses messen wir mit seinen Fenstern, Ausgängen, Kellerlichtschächten und Kellertreppen und sonstigen Bauteilen ein, damit wir bei der späteren Planung die erforderlichen Anschlüsse gebührend berücksichtigen können. Auch andere Einrichtungselemente auf dem Grundstück werden auf dem Plan lagegenau eingetragen, z. B. vorhandene Bäume, Großsträucher, die sich nicht mehr verpflanzen lassen, Mauern, Wege, Treppen, Gartenhäuschen und ähnliches, was bei der Planung Berücksichtigung finden soll. Die einfachste Methode, Bäume und andere Dinge des Gartens einzumessen, liefert uns die Dreieckmessung (Triangulation). Man mißt zum Beispiel den Stamm eines Baumes von zwei festliegenden Punkten (Grundstücksecken, Hausecken) an und trägt die Abstandsweiten analog mit einem Zirkel auf dem Plan ein. Der Schnittpunkt der beiden Kreise liefert uns dann die genaue Lage auf dem Plan (siehe Zeichnung S. 51). Rechtwinklige Grundstücke sind einfach aufzumessen. Hier genügen Länge und Breite. Schiefwinklige müssen entsprechend in geometrische Formen aufgeteilt werden (Rechtecke, Trapeze oder Dreiecke). Auch hier können wir mit der Dreiecksmessung befriedigende Resultate erzielen (siehe Skizze). Große Höhenunterschiede sind mit einem Nivellierinstrument zu messen. Man kann aber auch einfach mit Hilfe von Zollstock, Meßlatte und Wasserwaage die Unterschiede ermitteln, wie es auf der nebenstehenden Zeichnung dargestellt ist. Die Höhenunterschiede kennzeichnet man durch Höhenpunkte oder Höhenlinien auf dem Grundplan. Sie liefern uns für die Gestaltung der Flächen wichtige Hinweise. Ist alles richtig eingetragen, geht es ans eigentliche Planen.

Ehe wir jedoch zum Stift greifen, sollten wir uns über die Funktion unseres Gartens einige Gedanken machen. Der Garten soll unseren Bedürfnissen entsprechen, das heißt den unterschiedlichen Ansprüchen aller Familienangehörigen, die sich im Laufe der Jahre und mit zunehmendem Alter ändern. Kleinkinder kommen mit einer Spielecke und einem Sandkasten aus. Später wird das Ballspielen interessant, Tischtennis, Grillplatz und Terrasse zum Sonnenbaden, ein Unterstellplatz fürs Mofa, den Roller oder das Zweitauto. Obst- und Gemüseanbau sind bei den älteren wieder gefragt. Erholung und Entspannung findet man im Rentenalter immer noch in der Gartenarbeit, die durch die verschiedenartige Muskelbeanspruchung zudem dafür sorgt, daß die Glieder nicht einrosten.

Wo lassen wir Gartengeräte, Rasenmäher und Gartenmöbel bei Regen oder im Winter? Komposttonne, Mülltonne, Wäschespinne müssen auf bequemen, trockenen Wegen erreichbar sein. Frühbeet oder Kleingewächshaus verlangen eine sonnige Lage. Wo liegt ein Wasserbecken am günstigsten? Wo legen wir am besten eine Terrasse oder einen Sitzplatz an? Wie gestalten wir unsere Rasenfläche und wohin mit dem Obst und Gemüse, das unseren Speisezettel bereichern soll?

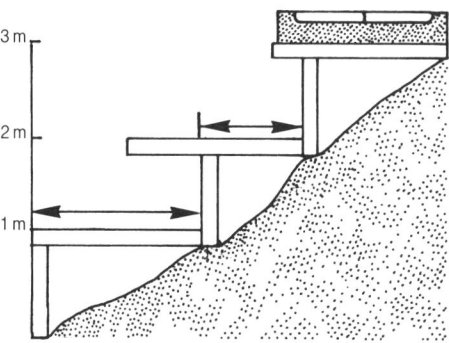

Höhenunterschiede kann man mit meterlangen Latten und einer Wasserwaage feststellen und als Höhenpunkte und Höhenlinien (Verbindung von Punkten gleicher Höhe) eintragen. So erhält man eine gute Übersicht über den Geländeverlauf und kann danach Böschungen, Mauern oder Treppen einplanen.

Der Vorgarten

Auch die Anlage des Vorgartens sollte uns einige Überlegungen wert sein. Seine Gestaltung hängt wesentlich von der Art des Hauses und besonders von der Gestaltung angrenzender Vorgärten ab. Hat der Nachbar einen offenen Vorgarten (Rasenfläche und Pflanzung), sollten wir ihn ebenfalls offen gestalten. Sind die Nachbarflächen mit niedrigen Hecken oder Zäunen eingefaßt, sollten wir das gleiche Material wählen, um ein einheitliches Straßenbild zu erhalten. Nichts ist häßlicher als wenn jeder nur seinen eigenen Vorgarten sieht und auf den Nachbarn keine Rücksicht nimmt. Und bedenken wir bei allen Anlagen grundsätzlich eines, wenn es um Kosten geht: Im Gegensatz zu Beton, Stein, Holz und Bitumen ist die Pflanze immer noch der billigste und – ökologisch gesehen – der wertvollste Baustoff. Alles, was wir mit Erde und Pflanze gestalten können lebt und stellt einen wichtigen Beitrag zur Erhaltung einer grünen Umwelt dar.

Vorgärten bringen ein Stück Landschaft und Leben mitten in unsere steinerstarrten Städte. Eine sorgfältige Pflanzenauswahl unter Berücksichtigung des Standortes ist geboten, denn Sonnenpflanzen gedeihen nun einmal nicht im Schatten oder Halbschatten und schattenliebende Pflanzen sind für sonnige Südlage ungeeignet. Niemals sollte man zu hoch werdende Gewächse pflanzen. Bäume sind nur dort sinnvoll, wo Straßenbäume fehlen und der Vorgarten über eine entsprechende Tiefe verfügt. Halbhohe und niedrige Gehölze im Anschluß an das Haus, bei breiteren Flächen auch ein offener Rasen oder ein Streifen aus Bodendeckern als Rasenersatz setzen die richtigen Maßstäbe. Flachwurzelnde, hochwüchsige Tannen, Fichten (Serbische Fichte, Blautanne, Stechfichten etc.) gehören nicht in den Vorgarten. Sie kränkeln leicht bei standortfremden Bodenverhältnissen, sind unverträglich gegenüber schwachwachsenden Begleitpflanzen und wirken fremdartig im Straßenbild. Laubgehölze sind abwechslungsreicher. Besonders schön sind Dornarten, wie der Hahnendorn (*Crataegus crus-gálli, C.* x *carrierei*), die Glanzmispel (*Photinia villosa*), der Feuerahorn (*Acer ginnala*) – ein wundervoll herbstgefärbter Ahorn von geringem Kronenumfang oder die verschiedenen Etagen- und Blumenhartriegel (*Cornus controversa, C. alternifolia, C. florida, C. kousa, C. nuttallii*) und ähnliche mit reichem Blütenflor oder interessantem Fruchtbehang.

Was können wir im Garten unterbringen?

Auch diese wichtige Frage müssen wir an den Anfang unserer Überlegungen stellen, damit wir eine genauere Vorstellung all der Möglichkeiten erhalten, wieviel ein Garten aufnehmen kann. Durch geschickte Anordnung läßt sich sicherlich das eine mit dem anderen verbinden (ein Sandkasten kann z. B. so angelegt werden, daß er später als Wasserbecken dient) und es kann hier und da etwas an Platz eingespart werden, doch bestimmte Einrichtungen und Dinge benötigen auch ganz bestimmte Platzflächen. Am besten schreibt man sich zunächst einmal alle Wünsche auf und berechnet danach die erforderliche Quadratmeterzahl. Das kann dann so aussehen:

1. Vorgarten 30 m^2
2. Terrasse 16 m^2
3. Rasenfläche 50 m^2
4. Hauptweg (1,20 m breit) 25 m^2
5. Nebenwege (0,60 m breit) 24 m^2
6. Kinderspielecke und Sandkasten 20 m^2
7. Ziergehölze (einschließlich Rosen) 60 m^2
8. Staudenrabatte, Sommerblumen 40 m^2
9. 3 Apfel- und Birnenbüsche je 25 m^2 = 75 m^2
10. 2 Schattenmorellenbüsche je 16 m^2 = 32 m^2
11. 4 Johannisbeersträucher je 2,25 m^2 = 9 m^2
12. 5 Stachelbeerbüsche je 1 m^2 = 5 m^2
13. Erdbeerbeet 30 m^2
14. Gemüsebeete 100 m^2
15. Kompostlager 30 m^2
16. Frühbeet 8 m^2
17. Wasserbecken (Fischteich) 10 m^2
18. Grillplatz 16 m^2

zusammen 570 m^2

Entspricht die Gesamtsumme nicht der

Gartengestaltung

Schmaler Vorgartenbereich
1 Wohnhaus
2 Garage
3 Hauszugang (Sechseckpflaster)
4 Garagenzufahrt
5 Garagenzugang
6 Bodendecker (immergrün)
7 Hecke (Feuerdorn)
8 Gehweg
9 Erhöhtes Beet mit Gehölzpflanzung

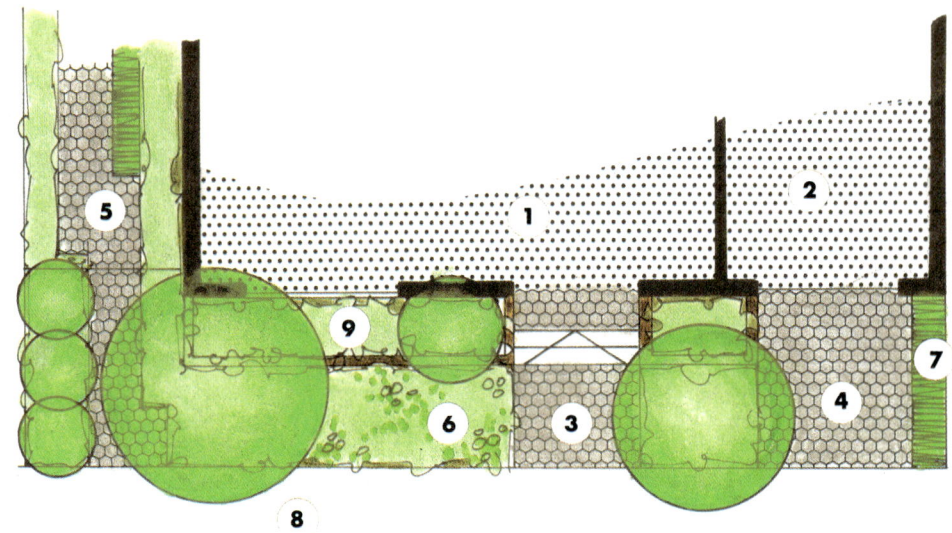

Tiefer Vorgartenbereich
1 Wohnhaus
2 Garage
3 Hauszuweg (Klinkerpflaster)
4 Garagenzufahrt
5 Garagenzugang
6 niedrige Bepflanzung und Solitärgehölze
7 Berberitzenhecke
8 Gehweg
9 Gehölzpflanzung (Scheinquitte, Mahonie, Heckenkirsche, Azaleen)
10 Rasen

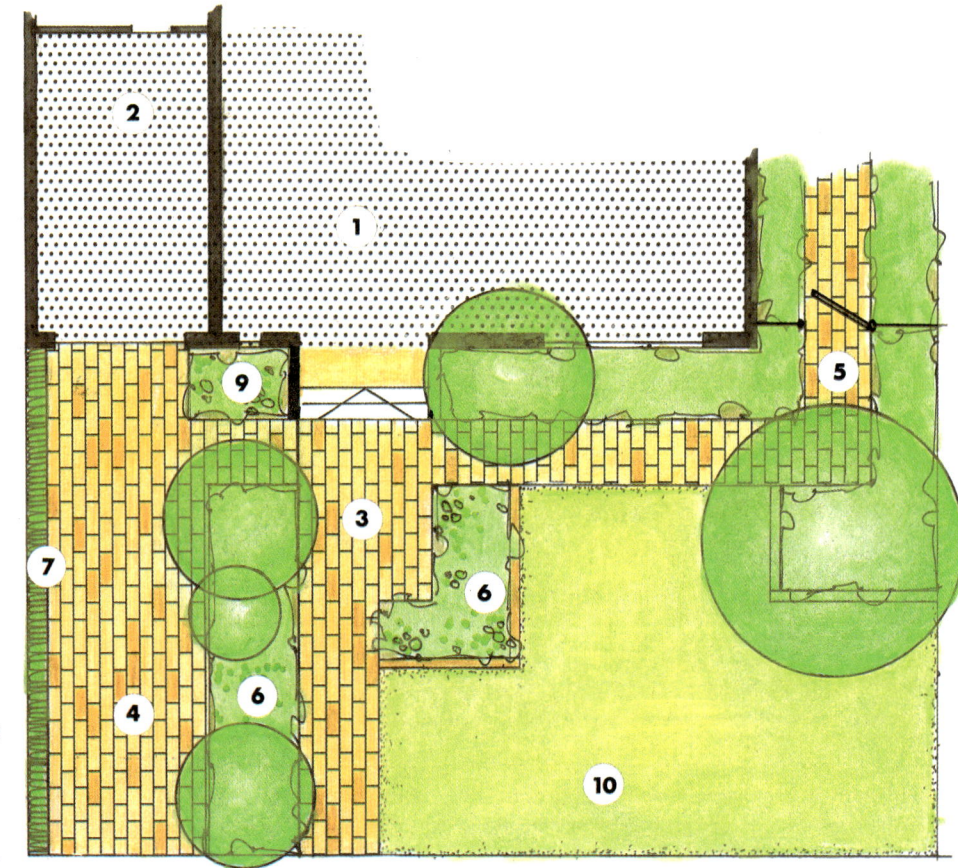

vorhandenen Grundstücksfläche, müssen wir entweder streichen oder wir können bestimmte Bereiche, wie die Rasen-, Pflanz- oder Terrassenflächen oder den Gemüsegarten, noch erweitern. So läßt sich leicht übersehen, was man alles auf der vorhandenen Fläche unterbringen kann.

Grundsätzliches zuerst Bereits beim Bau eines Hauses müssen verschiedene Punkte beachtet werden, die für die Anlage des Gartens von Bedeutung sind. Zunächst ist im gesamten Arbeitsbereich der Oberboden (Mutterboden) abzutragen und auf etwa 1 m hohe Mieten aufzusetzen. Je nach Dauer der Bauzeit sind diese Mieten vor einer Verkrautung durch Einsaat mit Lupine, Phacelia oder anderen Gründüngern zu schützen. Mutterboden gehört zum Wertvollsten, was wir im Garten besitzen und darf nicht in den Untergrund gebracht werden oder mit dem Unterboden vermischt werden. Sonst geht er als wertvolles Kultursubstrat, das in Jahrtausenden entstanden ist, verloren. Vor dem Bau eines Hauses ist zu prüfen, ob sich auf dem Grundstück erhaltenswerte Gehölze, z. B. wertvolle Einzelbäume – das kann auch ein Apfelbaum sein –, befinden. Oft kann eine geringfügige Änderung der Stellung eines geplanten Hauses einen solchen Baum schützen, der dann dem neuen Haus als Hausbaum dient. Es dauert nämlich länger als ein Menschenalter, bis ein Baum seinen ausgewachsenen Habitus erreicht.

Die Stellung des Hauses

Je kleiner der Vorgartenbereich ist und je größer die freie, besonnte Fläche für den Garten an der Süd- oder Westseite eines Hauses, desto günstiger ist sie für die Anlage. Häuser sollten nicht in die Mitte eines Grundstückes gebaut werden, sondern unter Einhaltung der erforderlichen Baufluent und des Bauwiches möglichst an die Nordostecke. So erhalten Wohnräume das beste Süd- und Westlicht. Wirtschaftsräume eines Hauses, Küche, Arbeitsräume, Hobbyräume sind für den Garten weniger bedeutsam und können nach Norden oder Osten ausgerichtet sein. Diese Ideallösung ist leider nicht immer möglich, denn oft muß sich der Besitzer des Hauses nach vorgegebenen Möglichkeiten (Straßenanschluß) richten, oder man erwirbt ein bereits vorhandenes Grundstück mit Haus, auf dem die Verhältnisse ganz anders sind, und ist dann gezwungen, daraus das Beste zu machen. Immer aber sollte der Garten zum Wohnraum hin erschlossen und auf diese Weise als »grünes Wohnzimmer« einbezogen werden.

Die Bodenbearbeitung

Bei der Anlage von Gärten wird immer wieder versäumt, den mit schweren Baumaschinen oder Lastkraftwagen verdichteten Boden tiefgründig bereits vor dem Mutterbodenauftrag aufzureißen. Schwere Böden sind zusätzlich mit Sand oder feinkörniger Lava (Körnung 0/8) zu überziehen und tiefgründig durchzureißen (Planierraupe mit Haken) oder zu fräsen. Auf diese Weise wird der Boden wieder luft- und wasserdurchlässig. Im Untergrund verdichtete Böden bewirken, daß sich im Laufe weniger Jahre Staunässe ansammelt, die höher und höher steigt und eine Versauerung des aufgetragenen Oberbodens erfolgt. Sie ist leicht an einer Vermoosung der Rasenflächen und Kümmerwuchs bei den Pflanzen zu erkennen. Gräbt man an irgendeiner Stelle ein Loch, so wird man bald feststellen, daß der Spaten nicht mehr ohne große Kraftanstrengung in den Boden eindringt. Die verdichtete Schicht reicht oft einen halben Meter tief oder sogar tiefer. Die Bodenvorarbeiten, die unter Umständen mit großem Kostenaufwand durchgeführt werden müssen, gehören zu den wichtigsten Arbeiten überhaupt, wenn man erfolgreich gärtnern und den Boden im Garten kulturfähig erhalten will.

Haus und Garten

Drinnen und Draußen sollen möglichst so miteinander verbunden werden, daß sie eine Einheit bilden. Das geschieht beispielsweise durch Verwendung gleichfarbiger oder gleicher Materialien in beiden

Gartengestaltung

Haus und Garten verschmelzen zu einer Einheit, wenn die Räume drinnen und draußen ineinander übergehen. Große Fenster und Zimmerpflanzen erzeugen diesen Effekt.

Bereichen, z. B. der Bodenbeläge. Große Fenster und Fenstertüren holen den Garten gleichsam ins Haus. Sie führen die Innenräume in ein großes, »grünes Wohnzimmer«. Platzflächen, Terrassen können Haus und Garten verbinden. Blumenbeete können in größeren Innenräumen fortgesetzt werden. Kübel und Pflanzgefäße im Zimmer lassen sich so anordnen, daß sie das Grün des Gartens aufnehmen und in den Innenraum hinein fortwirken. Sitzplätze, Gartenhäuschen und Lauben können durch Pergolen an das Haus angebunden werden. Rasenflächen weiten sich als grüner Teppich vor den Fenstern, werden von raumbildenden Bäumen und Sträuchern als grünen Wänden umschlossen und vergrößern auf diese Weise den Wohnbereich des Hauses. Hauswände werden durch Berankung besser mit dem Garten verbunden. Gartenbeleuchtung schafft völlig neue Wertigkeiten im Garten und verbindet den Freiraum abends optisch mit den Innenräumen. Dadurch wird nicht nur am Tage, sondern auch in der Dunkelheit der Außenraum als Blickfang einbezogen.

Selbst bei Kleinstgärten, Dachgärten und Atriumgärten ist eine Verbindung von Haus und Garten durch Anlage von Terrassenflächen, Aufstellung von Kübeln, Trögen, Bildwerken und nicht zuletzt durch die Anordnung und Auswahl der Pflanzen möglich.

Die Gartenform

Rund oder eckig, geschwungen oder geradlinig – welche Form soll ein Garten erhalten? Die Form ist weitgehend eine Geschmacksfrage, aber bevor man den Garten in seiner Linienführung und Gestalt festlegt, sollte man auch hier einige Überlegungen anstellen. Je kleiner das Gartengrundstück ist, desto sorgfältiger muß geplant werden, um es optimal zu nutzen. Größere Grundstücke erlauben großzügige Anordnungen und Aufteilungen der Freiflächen, Pflanzflächen und Einrichtungsgegenstände sonstiger Art. Je größer ein Garten ist, desto freier und naturnäher läßt er sich gestalten. Für kleine

Gärten ist dagegen eine geometrische Aufteilung (Rechteck, Vieleck, Kreisbogen) besser geeignet, als geschwungene Formen, die der freien Landschaft oder dem sogenannten Englischen Garten entlehnt sind und auf kleinem Raum sogar lächerlich wirken können. Weiträumige Rasenflächen auf größeren Arealen lassen sich analog in kleineren Gärten durch bodendeckende Bepflanzung mit blühenden Polsterstauden oder immergrünen Bodendeckern ersetzen. Sie ersparen uns dadurch das turnusmäßige Mähen winziger Rasenflächen und schaffen neue Erlebnismomente durch interessante Pflanzenanordnungen. Große Terrassenflächen und Freisitze größerer Gärten sind in kleinen Hausgärten meist nicht möglich. Hier muß man mit der Fläche geizen und den Sitzplatz auf ein Minimum beschränken. Die Auswahl der Materialien kann uns helfen, die Fläche optisch zu vergrößern (Verwendung von Kleinpflaster, Mittelpflaster, Klinker- und Holzpflaster etc.). Kleine Terrassenflächen sollten auch möglichst nicht durch Rasterung oder durch Verwendung unterschiedlicher Baustoffe gegliedert werden. Sie werden dadurch optisch verkleinert, unruhiger und man erreicht damit gerade das Gegenteil der beabsichtigten Wirkung. Größer wirken die Flächen durch Verwendung einheitlicher, kleinstrukturierter Beläge.

Eine größere Tiefenwirkung des Gartens erhält man dadurch, daß man die Linien des Gartens (Begrenzung von Rasenflächen, Staudenrabatten, Pflanzflächen) in Längsrichtung zum Betrachter verlaufen läßt. Rasenflächen, die sich auf der dem Betrachter gegenüberliegenden Seite verjüngen, wirken länger als Flächen, die im Hintergrund breiter werden. Quer verlaufende Gestaltungsformen geben der Gartenanlage eine gewisse Breite, können aber auch die vorhandene Fläche optisch stark verkürzen. Es ist zweckmäßig, die Linienführung eines Gartens auf einen bestimmten Blickfang zu orientieren oder auszurichten, beispielsweise durch Aufstellen einer Plastik, eines Wasserspeiers an einem Gartenteich, ja selbst durch Aufstellung starkfarbig bepflanzter Kübel, Gartenkeramiken oder durch die Pflanzung bemerkenswerter Solitärgehölze (Blumenhartriegel, Zaubernuß oder Aralie).

Die Raumwirkung

Ein Garten erhält seine Form nicht allein durch den Entwurf auf dem Papier, der bekanntlich die Proportionen in Länge und Breite wiedergibt und die Lage der Rasen-, Blumen- und Pflanzflächen, sondern im wesentlichen durch die 3. Dimension, die Höhe der Pflanzen und raumbildenden Elemente. Es ist fast schon eine Binsenweisheit, daß man in kleinen Gärten keine hochwachsenden Bäume pflanzen soll. Wald- und Straßenbäume und viele Koniferenarten wie bestimmte Fichten, Kiefern, Zedern und Scheinzypressen sind für kleine Gärten gefährlich und können jegliche Gestaltungsabsicht in wenigen Jahren zunichte machen, da sie schnell heranwachsen, die Proportionen des Raumes sprengen und die Belichtungsverhältnisse in einem kleinen Garten so nachteilig beeinflussen, daß die Kultur von Blumen, Begleitpflanzungen und selbst von Rasenflächen stark gefährdet, wenn nicht sogar unmöglich gemacht wird. Aber auch andere Elemente, wie Zäune (Flechtzäune, Plankenzäune), Wände, Mauern, Höhenvorsprünge in den Beeten, Rankgerüste, Hecken, wirken sich auf die Proportionen kleinerer Gärten stark aus.

Farben

Auch die Farbe spielt bei der Gartengestaltung eine bedeutsame Rolle. Die vorherrschende Farbe des Gartens ist Grün mit seinen vielfältigen Abstufungen. Schon hier lassen sich wirkungsvolle Kontraste durch Anordnung hell- und dunkellaubiger immergrüner und sommergrüner Pflanzen erreichen. Helle Grüntöne treten stärker hervor. Sie gehören mehr in den Vordergrund. Dunklere Farbschattierungen geben Abschluß und Tiefe. Grell gezeichnetes Blattwerk, wie die bunt panaschierten Hartriegel-, Ahorn-, Liguster und Rhododendronarten, lassen sich besonders schwierig mit anderen Gehölzen zusammenstellen, weil sie sich wegen ihrer auffälligen Zeichnung stets vordrängen. Das gleiche gilt für unnatürliche Blautöne, wie man sie von bestimmten Fichten, Zedern, Wacholdern und Scheinzypressen her kennt. Die richtige Anwendung von Ak-

*Einander gegenüberliegende Farben ergänzen sich – bilden jedoch starke Kontraste. Gelb, Rot und Blau lassen sich mit Violett, Grün und Orange verbinden. Bei benachbarten Farben ist Weiß eine wertvolle Ergänzung. Bei mehreren benachbarten Farben ist der Weißanteil zu erhöhen.
Farben, die sich »die Schau stehlen«, können in ihrer Wirkung durch Weiß gesteigert werden.*

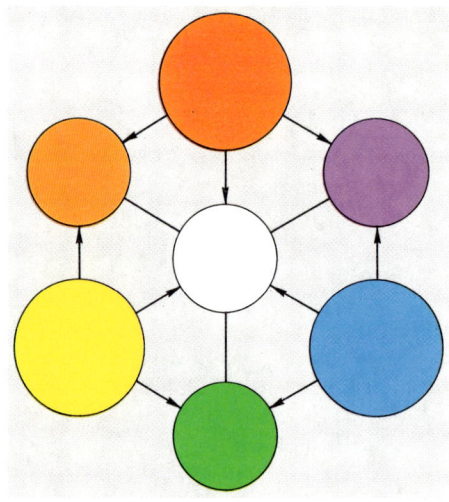

Die Herstellung eines Gartenteiches ist auf verschiedene Weise möglich. Folie, Dachpappe oder Lehm und Ton als natürliche Baustoffe machen teure Betonkonstruktionen überflüssig. Wasserflächen tragen zur Verbesserung des Kleinklimas bei. In seiner Nähe fühlen sich Lilien besonders wohl.

zenten, das Anordnen von Schwerpunkten und Gegenpolen, die richtige Verteilung der Kontraste sind hier das Geheimnis einer harmonischen Komposition.
Der gleiche Grundsatz ist auch bei der Anordnung der Blütengehölze zu beachten. Die meisten Ziergehölze blühen nur kurzzeitig zu einer bestimmten Jahreszeit. Hier kommt es auf geschickte Verteilung der Blütenfarben, auf die Auswahl der Blütezeit und auf die Verträglichkeit der Farben miteinander an. Starkfarbige Blütengehölze sollten nur dann benachbart werden, wenn sich ihre Farben ergänzen (z. B. zitronengelbe pontische Azaleen und violettblaue Rhododendronsorten, Goldregen, violetter und weißer Flieder). Weiß ist eine Farbe, die nur sehr sparsam verwendet werden sollte. Sie besitzt die stärkste Leuchtkraft und eignet sich vorzüglich zum Trennen anderer starker Farben, z. B. verschiedener Schattierungen von Rot oder roter und gelber Farbtöne auf einem Rosenbeet. Gärten in einer Farbe, z. B. rote Gärten, gelbe Gärten sind sehr effektvoll, lassen aber die Vielfältigkeit des Farbenspektrums im Jahreslauf vermissen und können auf Dauer langweilig werden.
Bei der Pflanzung von Sommerblumen und Stauden ist die Beachtung der Farbzusammenstellung noch wichtiger. Diese Pflanzen entfalten einen üppigen Blütenflor, der bisweilen – z. B. bei den Sommerblumen – mehrere Monate hindurch anhält und dadurch die Farbwirkung der Beete nachhaltig bestimmt, v. a. wenn mehrere Exemplare einer Sorte zusammengepflanzt werden. Bei den Stauden sprechen wir von »Hauptfarbenträgern«, wie dem Rittersporn mit vielfältig abgestuftem Blau, den Lupinen mit ihrem bunten Farbenspiel, dem knalligroten Mohn, dem leuchtendgelben Sonnenhut oder den kräftiggetönten blauen und rotblauen Astern.
Zu den Hauptfarben Rot, Gelb und Blau gesellen sich die aus ihnen entstandenen Mischtöne mit den Hauptvertretern Orange, Grün und Violett. Bei der Farbgebung von Rabatten und Blumenbeeten, die sich aus verschiedenen Pflanzen zusammensetzen, sollte man darauf achten, daß stets eine Hauptfarbe und die sich aus den beiden anderen Hauptfarben ergebende Nebenfarbe einander benachbart werden, so schützt man sich vor unliebsamen Farbwirkungen, die das harmonische Bild beeinträchtigen können. Vielfältiges Farbennebeneinander läßt sich leicht durch eingestreute weißblühende Pflanzen (Margeriten, Schleierkraut, Rosen) aber auch durch silberfarbenes oder weißliches Laub (Ziest, Beifuß, Königskerze u. a.) neutralisieren und zu einer Einheit verbinden. Helle, zarte Farbtöne eignen sich gut für Schattenlagen (weiße, rosa, amethystfarbene Astilben, rosa Fingerhut), kräftige Farben verlangen nach vollem Sonnenschein. Gegenlicht kann Farben zu unerhörter Leuchtkraft bringen, besonders vor dunklem Hintergrund.

Die verschiedenen Gartentypen

Im Rahmen dieses Buches ist es nicht möglich, auf alle Besonderheiten einzugehen, die bei der Anlage eines Gartens auftauchen können und dem Geschmack oder subjektiven Wünschen eines jeden Besitzers entsprechen. Aber es soll versucht werden, an Hand verschiedener, häufig vorkommender Gartentypen und Gartenpläne, Beispiele zu geben, die zur Anregung für den eigenen Garten dienen und Grundsätzliches ansprechen. Feste fertige Rezepte sind schon allein auf Grund der unterschiedlichen Voraussetzungen (Lage, Klima, Boden, sonstige örtliche Gegebenheiten, vorhandene Einrichtungen, Landschaft und die unter-

schiedlichsten persönlichen Wünsche) nicht möglich.

Der Einfamilienhaus-Garten
Sogenannte »repräsentative Wohngärten« sind selten geworden. Früher gehörten sie gewissermaßen zum guten Ton. Regelmäßige Aufteilung, Symmetrie und kalte Repräsentanz beherrschen das Bild solcher Gärten, die eine konsequente Fortführung herrschaftlicher Anlagen darstellen, allerdings auf relativ kleinem Raum.

Naturgemäßere Lebensformen, Ungezwungenheit, der Drang nach Betätigung und Bewegung in Licht, Luft, Sonne, aber auch der beruflich bedingte Alltagsstreß und das Bedürfnis nach entsprechender Entspannung und Erholung haben das Bild des heutigen Hausgartens grundlegend gewandelt. Aus abgezirkelten, geometrischen Gärten am Hause wurden mit dem Haus verbundene, frei gestaltete Wohngärten, die sich als echte Freizeiträume darstellen – für unterschiedliche Aktivitäten wie Sport und Spiel, aber auch zur Betätigung in und mit der Natur, wo man seinem Hobby nachgeht. Grillplätze für Partys, Spielecken für Kinder, ruhige Sitzplätze, zur Erledigung bestimmter Arbeiten für die Hausfrau oder der Schularbeiten bei schönem Wetter, zur Entspannung oder für ein Sonnenbad, Pflanzungen mit interessanten Blütengehölzen, Staudenbeet und Wasserbecken gehören heute ebenso in diesen Bereich wie Rasenflächen, naturnah gestaltete Pflanzungen, Biotopteich, Blumenwiese oder Gemüsegarten mit Hügelbeet für die Anzucht von Obst und Gemüse aus dem eigenen Garten, ein Kräutergärtchen oder sogar ein Kleingewächshaus.

Wir verstehen den Hausgarten heute als Erweiterung des Wohnraums, der unmittelbar an das Haus anschließt. Er dient dem Aufenthalt im Freien. Je nach Größe des Gartens besteht die Mitte meistens aus einem Rasen, der von bunten Sommerblumen-, Stauden- und Gehölzpflanzungen begrenzt wird, die den Garten gegen Außenwelt und Immissionen abschirmen.

Der Rasen mit seiner teppichartigen Wirkung und der wohltuenden grünen Farbe verbindet die Elemente im Garten. Er bringt die unterschiedlichen Gruppierungen und Einrichtungen zusammen, mildert die Härten zwischen den Dingen, schafft einen ruhigen Übergang und lädt zu Erholung und Entspannung ein. Ist die Gartenfläche für einen Rasen zu klein, begnügen wir uns mit niedriger, bodenbedeckender Bepflanzung oder mit interessant gestalteten Bodenbelägen, besonders dann, wenn er nur noch die Größe eines Wohnhofes besitzt.

Der Wassergarten Die Gestaltung des Hausgartens unter einem bestimmten Motto ist sehr beliebt. Man arbeitet ein bestimmtes Motiv als Schwerpunkt heraus, dem sich die übrigen Elemente des Gartens unterordnen müssen. Zu diesen speziellen Gartentypen gehört zum Beispiel der *Wassergarten*.

Ruhiges oder bewegtes Wasser übt auf den Menschen eine besondere Anziehungskraft aus. Das Wasser ist für uns der Quell des Lebens schlechthin. Wasser ist immer lebendig, immer in Bewegung. Schon der kleinste Lufthauch genügt, um das Licht des Tages in kleinen Wellen schimmernd zu brechen. Wasserpflanzen und Uferstauden bereichern Gärten um besonders reizvolle Pflanzenmotive. Vögel nutzen das Angebot als Tränke und zum Baden. Libellen schießen in atemberaubendem Zickzackflug über die glatte Fläche um plötzlich sekundenlang an derselben Stelle in der Luft zu verharren. Wasserläufer und Ruderfüßler setzen uns über die Vielfältigkeit der Natur auf kleinstem Raum in Erstaunen. Man wird nicht müde, das anmutige Spiel der Fische im Wasser mit den Augen zu verfolgen. Außerdem beschert uns ein Gartenteich abgestandenes, vorgewärmtes Gießwasser. Nicht selten hört man den Einwand, daß Wasserflächen in Pflege und Unterhaltung doch wohl sehr aufwendig seien. Das ist ein verbreiteter Irrtum. »Wasser ist das pflegeärmste Grün«, wenn eine Teichanlage richtig konstruiert und gebaut ist. Dann bereitet sie ihrem Besitzer das ganze Jahr hindurch Freude. Um Ärger mit Wasserbecken zu vermeiden, muß man einige Hinweise beachten.

1. Lage des Beckens: Vom Wasserbecken soll man auch bei schlechtem Wetter etwas haben, das heißt, es muß auch vom

Zimmer aus gesehen werden können. Je größer das Becken, desto größer kann auch der Abstand zum Betrachter sein.

2. Wasser gehört optisch an die tiefste Stelle des Gartens. Ein naturnaher Teich auf einem Hügel ist ein Widerspruch in sich.

3. Wasserbecken sollen eine Mindesttiefe von 80–90 cm besitzen, um im Winter in bestimmten Bereichen frostfrei zu bleiben.

4. Für die Beckenbepflanzung liefert die Natur die besten Beispiele. Die meisten Seerosenarten verlangen eine Wassertiefe von 80 cm. Pflanzen aus Flachwasserzonen setzt man in Kübel, die einen Unterbau aus lose gestapelten Ziegelsteinen erhalten, um die richtige Wassertiefe zu erzielen. Auch die Randpflanzung sollte dem natürlichen Standort eines Teiches ähneln. Wasserliebende Gräser, Bambusarten, Schwertlilien, Weiderich, Schilf, Binsen, großblättrige Stauden wie Löffelblatt (*Bergenie*) oder Funkie (*Hosta*) simulieren feuchte Teichufer. Über den Beckenrand wuchern Polsterpflanzen wie das Pfennigkraut (*Lysimachia nummularia*), die Gauklerblume (*Mimulus*) oder Ehrenpreis (*Veronica prostrata*) und verbinden Wasserfläche und Uferbewuchs, der von höheren Stauden und Gehölzen im Hintergrund ergänzt wird.

5. Schattige Uferpartien erhält man durch Pflanzung von Großstauden, wie Wildrhabarber (*Rheum palmatum*), Bärenklau (*Heracleum sp.*), Engelwurz (*Archangelica sp.*), Kunigundenkraut (*Eupatorium cannabium*) und anderen Stauden, Bambusarten oder immergrünen Laubgehölzen. Vorsicht ist bei der Nachbarschaft großer Bäume geboten! Durch das Wurzelwerk können Beckenbeschädigungen hervorgerufen werden. Bäume bewirken starke Beckenverunreinigungen durch Laubabwurf. Die Blätter sinken auf den Grund, faulen und zersetzen sich und machen eine Selbstreinigung auf biologische Weise nahezu unmöglich. Läßt sich die Lage eines Teiches nur in der Nähe größerer Bäume bewerkstelligen, ist es ratsam, im Herbst vor dem Laubfall Netze (z. B. Vogelschutznetze für Obstbäume) über die Wasserfläche zu spannen und damit das Fallaub aufzufangen.

6. In Gartenteichen bildet sich ein »biologisches Gleichgewicht«, wenn sie mit Pflanzen und Fischen in einem ausgewogenen Verhältnis bestückt sind. Die Oberfläche des Beckens sollte nicht mehr als zu 1/3 mit Pflanzen bedeckt sein. Je kleiner das Becken, desto weniger Pflanzen sollten auch ihren Schatten vom Ufer her auf die Wasserfläche werfen. Für den Fischbesatz gibt es keine Faustregeln. Im allgemeinen reguliert er sich je nach Beckengröße und Nahrungsangebot von selbst. Eine Fütterung kann grundsätzlich unterbleiben, da sich die Fische von den im Wasser vorhandenen Kleinlebewesen ernähren. Zusätzliche Fütterung kann dazu führen, daß die Fische das natürliche Nahrungsangebot nicht annehmen. Die Becken können dann leicht veralgen oder verkrauten. Eine Fütterung ist lediglich angebracht, wenn die natürliche Nahrung, z. B. im zeitigen Frühjahr, knapp ist. Wenn die Fische an warmen Tagen nach der Winterruhe nach oben kommen, sind sie hungrig. Beim Füttern darf niemals mehr Futter verabreicht werden, als die Fische innerhalb eines Tages aufnehmen können. Goldorphen, Goldfische und andere Karpfenarten nehmen statt speziellem Fischfutter auch gern Haferflocken an.

Die Herstellung eines Gartenteiches: Natürliche, unbefestigte Gartenteiche lassen sich auf kleineren Gartengrundstücken nur selten herstellen. Meist ist der Grundwasserstand so niedrig oder schwankend, daß die Teiche nicht immer genügend Wasser haben und der Gefahr völligen Austrocknens ausgesetzt sind. Geringe Wassertiefen begünstigen außerdem die Verkrautung und engen den Lebensraum der im Wasser lebenden Tiere stark ein.

Viele Wasserpflanzen, vor allem die Seerosenarten, benötigen eine gleichbleibende Wassertiefe, um sich voll zu entfalten. Solche Tiefen sind nur dann gewährleistet, wenn Sohle und Wandungen des Teiches dicht sind und das verdunstete Wasser, das nicht durch das anfallende Tagwasser (Regen) ersetzt wird, von Zeit zu Zeit künstlich ergänzt wird.

Das Folienbecken: Am einfachsten kann man sich einen Gartenteich mit Hilfe einer Folie herstellen. Früher verwendete man auch Dachpappen, heute bietet die Industrie viele dauerhafte und wurzelfeste Folien an, die sich mühelos miteinander verkleben oder verschweißen lassen und so

62 Gartentypen

ideale Dichtungen abgeben. Man hebt zunächst eine Mulde in der gewünschten Form und Größe aus. Wegen der Ausdehnung des Eises beim Gefrieren des Wassers im Winter wählt man zweckmäßigerweise Wandneigungen von 1 : 1 oder flacher d. h., wenn der Teich 80 cm tief wird, ist eine Böschung vom Rand bis zur Teichsohle von ebenfalls 0,80 m Breite zu wählen. Wichtig ist, daß es sich beim Untergrund um gewachsenen, nicht aber um aufgeschütteten Boden handelt. Letzterer kann durch unterschiedliche Setzungen zu Rissen in der Dichtungsbahn führen. Am besten überzieht man die ausgehobene Teichmulde zusätzlich mit ca. 5 cm Magerbeton, den man glattstreicht. Auf diese Weise erhält man eine ebenflächige Unterlage, auf der sich die Folienbahnen einfach ausrollen, zuschneiden und miteinander verbinden lassen.

Es ist eine große Hilfe, wenn man den oberen Rand des Beckens aus gerundeten Rasenrandsteinen herstellt, die in einen Betonstuhl mit Rückenstütze gesetzt werden. Über diese Kanten legt man dann die Folien mit einem Überstand von ca. 15 cm, so daß sie beim Füllen des Teiches noch nachgeben können. Als Dichtungsmaterial empfehle ich starke Kunststoff-

Hausgarten
1. gepflasterter Vorgartenbereich mit Pflanzbeeten
2. Wohnhaus
3. Garage
4. Gartengeräte
5. Terrasse
6. Gartenteich
7. Rasen mit Mähkante
8. vertiefter Grillplatz
9. Gehölzpflanzung aus Blütensträuchern, Solitärgehölzen und Bäumen

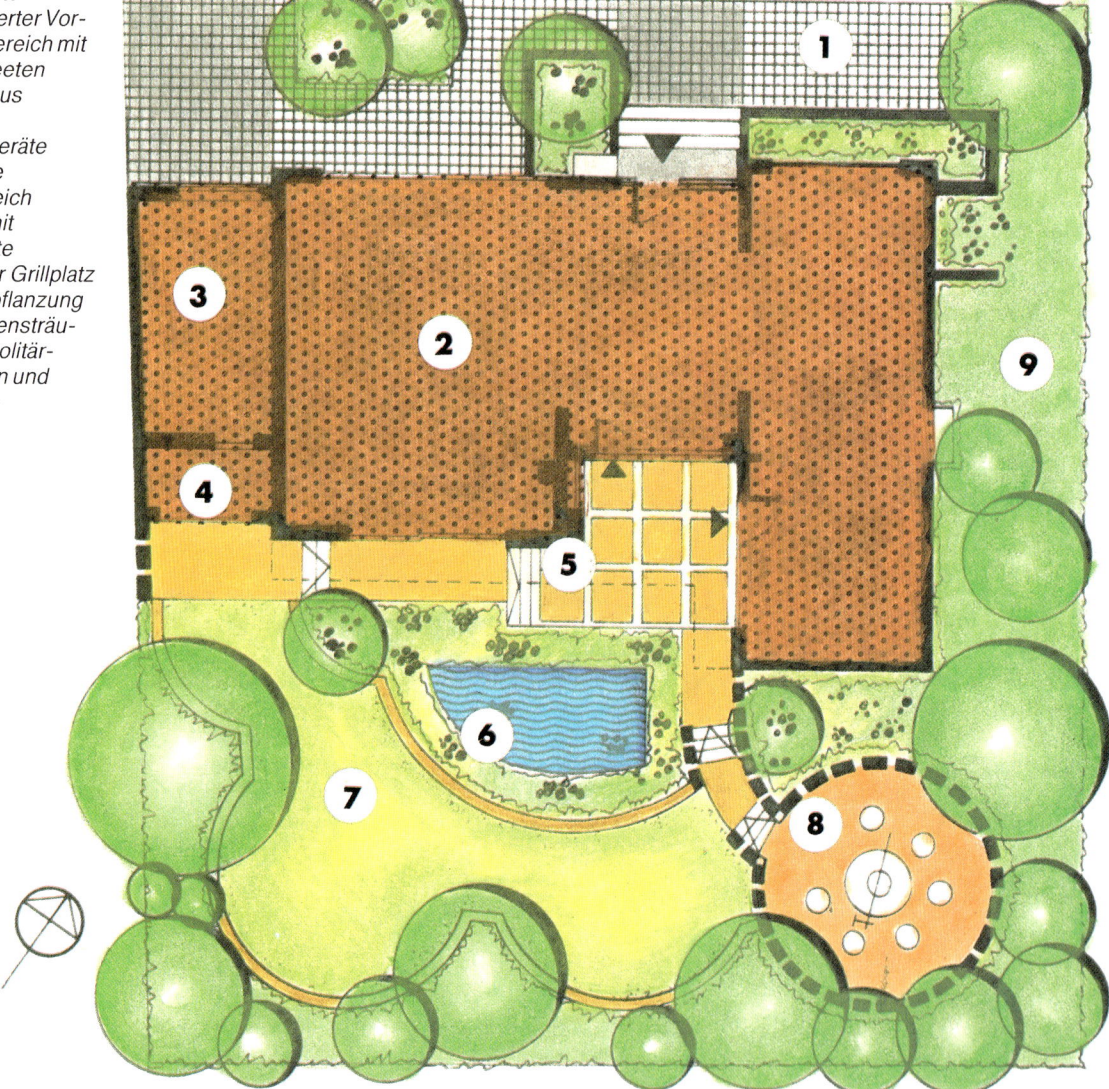

folien von ca. 2 mm Dicke (Carbofol-Folie, Mammuthaut, Trocal-Folie und ähnliche). Von der Verwendung dünner herkömmlicher Plastikfolien, die nicht UV-beständig sind, rate ich ab. Sie altern rasch und lassen sich leicht mit spitzen Gegenständen beschädigen.

Ein Teichüberlauf ist nicht unbedingt erforderlich, wenn man überschüssiges Regenwasser in angrenzende Pflanzflächen abfließen lassen kann. In Hausnähe sollte man allerdings nicht auf einen Überlauf verzichten. Die tiefste Stelle des Randes soll auf jeden Fall auf der vom Haus abgewandten Seite des Beckens liegen. Ein Teichabfluß kann eingespart werden, denn eine Reinigung des Beckens ist je nach Lage etwa alle 10–20 Jahre erforderlich. Dann kann man das Wasser mit einer Tauchpumpe abpumpen oder man hebert es mit einem Gartenschlauch, wenn eine tiefere Stelle im Garten oder ein Abfluß zur Verfügung steht. Eine Wasserzuleitung ist nicht unbedingt erforderlich. Zum gelegentlichen Ergänzen des verdunsteten Wassers reicht auch ein Gartenschlauch.

Die Gestaltung des Beckenabschlusses richtet sich nach den vorhandenen oder vorgesehenen Anschlußflächen. Wählt man einen Plattenrand, so sollten die Plat-

Hausgarten mit unregelmäßigem Grundriß
1 Rasen
2 Stauden- und Rosenbeet
3 Gartenteich
4 Quellstein und Kiesfläche
5 Terrasse, Freisitz
6 Ziergehölze
7 Bäume und Solitärgehölze
8 Eibe
9 Wohnhaus

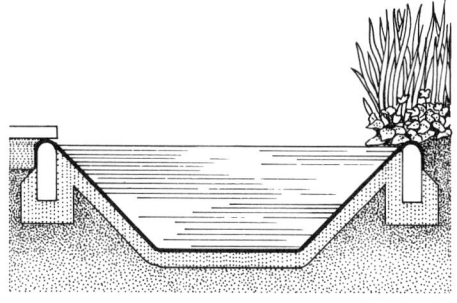

Schnitt durch ein Becken mit Foliendichtung. Eine Magerbetonschicht auf dem Beckenboden dient als Klebegrund. Kantensteine mit Rückenstütze bilden den Beckenrand, den die Folie gut überlappen muß.

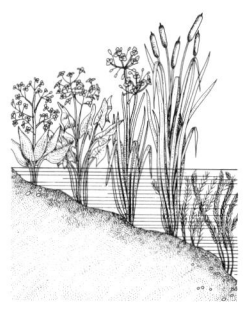

Wasserpflanzen benötigen zum Wachstum eine bestimmte Wassertiefe (siehe Sortenbeschreibung). In einem Sumpfbeet lassen sich die gewünschten Tiefen leicht herstellen.

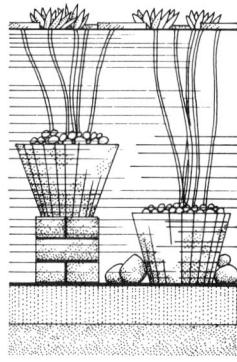

In Kübel gepflanzte Wasserpflanzen (z. B. Seerosen) oder Sumpfpflanzen kann man durch darunter geschichtete Steine auf die erforderliche Wassertiefe bringen.

ten einen leichten Überstand zum Wasser hin (ca. 1,5–2 cm) erhalten. Auf diese Weise wird der Anschluß der Folie verdeckt. Auf jeden Fall ist darauf zu achten, daß die Platten fest liegen (am besten in einem Mörtelbett), so daß man nicht mit der Platte ins Becken stürzen kann, wenn man sich über den Rand beugt. Die Fuge zwischen Folie und Platte wird mit Dauerelastischem Kitt oder Thiocol abgedichtet.

Bei der ersten Füllung des Beckens läßt man es zunächst einmal überlaufen, um sich lösende Verunreinigungen abzuschwemmen. Beim Nachfüllen sollte das Wasser aus größtmöglicher Höhe in das Becken plätschern (etwa indem man den Schlauch in eine umgekehrt in den Boden gesteckte Harke klemmt), da hierdurch gleichzeitig der Sauerstoffgehalt im Wasser erhöht wird.

Keine Angst vor den scheinbar so lästigen Algen. Sie treten zunächst vermehrt im Becken auf, sterben aber bald ab, wenn die überschüssigen Nährstoffe im Wasser abgebaut sind. Das trifft auch bei jeder Nachfüllung zu.

Wasserpflanzen setzt man in Kübel aus Holz, Ton, Kunststoff, die man durch darunter aufgeschichtete Ziegelsteine auf die für die Pflanzen erforderliche Wassertiefe bringt. Seerosen gedeihen gut in geflochtenen Weidenkörben. Man pflanzt sie in mittelschweren Lehmboden, den man mit Hornspänen aufbereiten kann. Eine Lage Kieselsteine sorgt dafür, daß die Pflanzen nicht durch den eigenen Auftrieb wieder hochsteigen.

Wird im Anschluß an das Wasserbecken ein Sumpfbeet gewünscht, das viele interessante Pflanzen, wie Sumpfvergißmeinnicht (*Myosotis palustris*), Sumpfehrenpreis (*Veronica beccabunga*), Blumenbinse (*Butomus umbellatus*), Fieberklee (*Menyanthes trifoliata*), Sumpfdotterblume (*Caltha palustris*) u. a. aufnehmen kann, verlängert man die Folie an der betreffenden Stelle in ca. 30 cm Tiefe und verfüllt diesen Bereich mit Oberboden, dem etwa 20 Vol.% Torf beigemischt sind. Der Boden soll etwa 5 cm über den höchsten Wasserstand herausragen. Damit er nicht ins Becken abrutscht, baut man eine Barriere aus geschichteten Steinen oder bildet den Beckenboden zwischen Teich und Sumpfzone als Wall aus, der fast bis zur Wasseroberfläche reicht.

Dichtung mit Ziegeln oder Ton: Wasserbecken können auch mit Hilfe von luftgetrockneten Ziegeln hergestellt werden. Man verlegt die ungebrannten Rohziegel auf der ausgehobenen Fläche im Fischgrätenverbund und stampft sie fest oder rüttelt sie mit einer Rüttelplatte ab. Darüber verlegt man eine zweite Schicht, die in gleicher Weise verdichtet wird. Statt der Ziegel kann man auch reinen Ton als 15 cm starke Schicht aufbringen und verdichten. Zum Schluß wird die Fläche mit scharfkörnigem Sand abgedeckt. Nach dem Einlassen des Wassers quillt der Ton auf und bildet eine natürliche, feste Dichtung. Starkwurzelnde Pflanzen können diese Schicht gelegentlich durchdringen, so daß es hin und wieder zu einem gewissen Wasserverlust kommen kann. Die undichten Stellen setzen sich aber meist schnell wieder von selbst zu.

Betonbecken: Die Herstellung von Betonbecken ist bedeutend aufwendiger und kann bei späteren Änderungen auch sehr hinderlich werden. Es gibt aber Situationen, wo aus bestimmten Gründen ein Folienbecken nicht möglich ist. Hier empfehle ich, den Rat eines Statikers einzuholen, denn bei größeren Becken benötigt man in unserem Klima Eisenarmierungen, damit sie nicht reißen. Frostfreie Gründung und wasserdichter Putz oder Anstrich sind ebenfalls zu beachten. Kleinere Becken kann man ggf. in einem Stück von einem Betonwerk anfertigen lassen. Sie sind bis zu einer bestimmten Größe transportabel und können fix und fertig an dem für sie bestimmten Platz im Garten aufgestellt werden. Bei Fischbesatz und Seerosen sollte die Tiefe nicht unter 80 cm liegen. Als Mindestbreite für Becken gelten 2 m. Ein dunkler Innenanstrich verstärkt die Spiegelung des Wassers. Knallige Farben in Türkis und Azurblau sind für Gartenteiche ungeeignet. Sie eignen sich eher für Schwimm- und Planschbecken.

Badebecken im Garten: Die Badesaison für unbeheizte Freibecken ist in unseren Breiten verhältnismäßig kurz. Überdachte Becken sind lohnender, bedeuten aber gleichzeitig wesentlich höheren Kostenaufwand. Für die Anlage von Badebecken steht eine große Auswahl vorgefertigter Produkte der Industrie zur Verfügung, einschließlich der erforderlichen Filter, Umwälz- und Reinigungsanlagen. Es wird jedoch angeraten, sich bei einer solchen Maßnahme von einem neutralen Fachmann, z. B. einem Landschaftsarchitekten, beraten zu lassen.

Springbrunnen: Plätscherndes, sprudelndes Wasser bringt Leben in den Garten. Wer für einen Gartenteich zu wenig Platz hat, braucht trotzdem auf sprudelndes Wasser nicht zu verzichten, wenn er über einen Stromanschluß im Garten verfügt. Einen Wassersprudel im Garten kann man nämlich nicht ständig mit Frischwasser speisen, das wäre eine Wasservergeudung und würde auf die Dauer teuer werden. Auch ist es in den seltensten Fällen möglich, das anfallende Wasser in einen Vorfluter abzuleiten. Stattdessen bedient man sich hier einer Umwälzpumpe. Sie fördert das Wasser aus einem Reservoir nach oben, wo es als Sprudel zu Tage tritt. Dann läuft es über eine Platte, einen Stein oder aus einer trichterförmigen Düse, fließt auf eine Kiespackung, um darunter wieder in einem unterirdischen Schacht zu verschwinden, aus dem es erneut an die Oberfläche befördert wird. Wenn solches Wasser auch keine Trinkwasserqualität besitzt, so handelt es sich doch um qualitativ einwandfreies Wasser, weil es sich beim Austritt aus der Düse oder dem Schlauch mit Sauerstoff anreichert und wieder in den Brunnenbehälter zurückfließt. Da es weder mit organischen Bestandteilen (z. B. Humus, Kompost etc.) noch mit anderen Substanzen in Berührung kommt, bleibt es jahrelang intakt.

Die Konstruktion eines Springbrunnens ist denkbar einfach. Man benötigt zunächst eine Grundplatte. Sie wird in einer Tiefe von ca. 1,60 m unter Fertighöhe (oberirdischer Flächenanschluß) aus Fundamentbeton hergestellt. Für diesen Zweck hebt man eine entsprechend große und tiefe Grube an der vorgesehenen Stelle aus (der Durchmesser sollte ca. 1,35–1,40 m betragen). Nun gießt man die Platte aus einem Beton B 10 (Mischungsverhältnis 1 : 4, d. h. 1 Teil Zement, 4 Teile gemischtkörniger Kies 0/32), den man sorgfältig anstampfen muß (mit Rundholz oder Ramme). Die Grundplatte soll ca. 20 cm dick sein. In den noch feuchten Beton setzt man vor dem Abbinden ein Betonrohr mit einem Durchmesser von 100 cm (lichte Weite). Man könnte Meterstücke verwenden, aber ich empfehle Ringe in 50 cm Höhe, weil sie wesentlich leichter zu handhaben sind. Man setzt zwei 50er Rohre übereinander und als Abschluß ein 25er Ringteil oder einige 10 cm hohe Ausgleichsringe. Damit ist die Hauptarbeit zur Errichtung des Pumpenschachtes bereits erledigt. Den Zwischenraum zwischen Grube und Schacht verfüllt man wieder sorgsam mit Füllboden und Kies, wobei darauf zu achten ist, daß der Boden in Lagen von etwa 30 cm gut angestampft wird. So können später keine Nachsackungen entstehen. Bei der Herstellung des äußeren Springbrunnenrandes verfährt man wie beim Folienbecken. Man verwendet abgerundete Rasenrandsteine in Längen von 50 oder 100 cm und setzt sie eckig oder kreisrund in geeigneter Höhe als Abschluß des Beckenrandes um den Brunnenschacht. Dann formt man den Untergrund trichterförmig zum Schacht

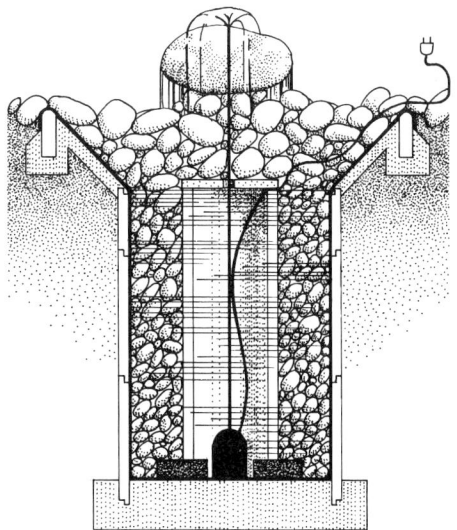

Querschnitt durch einen Sprudel- oder Quellstein. Statt einer Abklebung des Schachtes mit Folie kann man die Stöße der Betonringe auch mit Thiocol-Masse dichten und das Becken mit einem zweifachen Bitumenanstrich versehen.

aus Sand oder Magerbeton und schneidet aus einer geeigneten wasserdichten Folie entsprechende Stücke zurecht, mit denen man den Hohlkörper des Brunnenschachtes auskleidet. Die Stücke werden wasserdicht miteinander verklebt oder verschweißt. Überlappungen von 10 cm sollten beim Einkauf der Folie einkalkuliert werden. Man verlängert sie über den Schachtrand hinaus bis über den Randstein, wo sie zweckmäßigerweise noch ca. 15 cm überlappen soll, damit bei späteren Setzungen immer noch genügend Abdeckung vorhanden ist. So entsteht nun ein großes, flaches Becken um den Brunnen, das in der Lage ist, das Spritzwasser des Sprudels aufzunehmen und wieder in den Schacht zurückzuleiten. Diese Arbeiten sind sehr sorgfältig auszuführen, denn die kleinste Undichtigkeit im Schacht bedeutet ständigen Wasserverlust.

Nun legt man auf die Sohle des Pumpenschachtes ringförmig einige Ziegelsteine flach aus, so daß zwischen ihnen Abstände von 15–20 cm entstehen. Auf diese Ziegel setzt man die Betonrohre des Pumpenschachtes. Man wählt hierbei einen kleineren Rohrdurchmesser von 40–45 cm. Den Zwischenraum zwischen innerem und äußerem Rohr verfüllt man mit Grobkies oder deckt ihn oben mit einer Lochplatte ab. Als Grobkies eignet sich Vorsiebmaterial, Größen also, die über 35 mm liegen. Den inneren Schacht deckt man nach dem Einsetzen der Pumpe mit einer gelochten Betonplatte ab. Notfalls bohrt man selbst mit einer Bohrmaschine ein Loch in die Platte, das so groß sein muß, daß das Spritzrohr hindurch paßt. Die Kabelzuleitung für den Elektroanschluß führt man am besten unter dem Deckel durch. Das Spritzrohr kann aus Metall oder Kunststoff bestehen. Es endet in der gewünschten Höhe und kann mit einer Spritzdüse versehen werden. Den gesamten Bereich, der mit Folie eingedeckt ist, belegt man nun mit schönen großen Kieseln, die man entweder selbst gefunden hat oder die beim Baustoffhändler bezogen werden können. Es ist zweckmäßig, die untere Schicht zunächst aus Vorsiebmaterial herzustellen und darauf dann die größeren Steine einzeln zu placieren, so daß sie ein schönes Bild ergeben. Am besten verwendet man natürlich nur Steine einer Art, z. B. Granitfindlinge, Basalt oder Grauwacke. Man muß sich vor jedem Durcheinander hüten, denn nicht die Steine sind das Wichtigste, sondern der Sprudel. Glasknollen und Raritäten, die von Wanderungen mitgebracht wurden, gehören nicht zum Sprudelbecken. Sie sind besser in einer speziellen Sammlung aufgehoben. Man füllt die Anlage so hoch mit Wasser, daß es nicht sichtbar in der Kiesschicht steht und kontrolliert von Zeit zu Zeit, ob mit einem Schlauch oder Eimer gelegentlich etwas nachgefüllt werden muß. Im allgemeinen ist das nicht der Fall, denn das jährliche Niederschlagswasser reicht in unseren Breiten meist aus, um den durch Verdunstung entstehenden Wasserverlust wieder auszugleichen. Überschüssiges Wasser versickert in den Randbereichen der Sprudelanlage.

Es ist darauf zu achten, daß das Pumpenkabel lang genug ist, d. h. daß es bis zur nächsten Stromquelle reicht, sonst muß es mit einer Muffe verlängert werden, und hierzu empfehle ich dringend die Zuhilfenahme eines Elektrikers, damit eine einwandfrei funktionierende Anlage gewährleistet ist. Hat man alles richtig gemacht, muß die Anlage zur Freude der Familie und zur Bewunderung der Gäste funktionieren.

Solche Anlagen errichtet man am besten in der Nähe eines Sitzplatzes, vor einem Rasen oder frei in einer Plattenfläche, aber zum Wasser gehören auch Pflanzen, um die Anlage richtig zu präsentieren. In den Kies der Brunnenanlage kann man keine Pflanzen setzen, aber an den Rand, gewissermaßen als Überleitung zum Garten. Hier sollten doch ein paar Iris blühen, einige dekorative Gräser oder breitblättrige Pflanzen, wie Bergenie, Funkie oder das Tafelblatt oder ein dekoratives Greiskraut, den Eindruck von Üppigkeit und Feuchtigkeit vermitteln, der zu einer solchen Anlage einfach dazugehört.

Die Förderleistung der Pumpe darf nicht zu hoch sein, d. h. der Sprudel darf nicht als Fontäne zum Himmel schießen. Durch zusätzlichen Einbau eines Auslaßventils im Steigrohr, wodurch ein Teil des Wassers direkt wieder an den Pumpenschacht abgegeben werden kann, läßt sich die Höhe des Wasserstrahls regulieren. Die Leistung der Pumpe selbst sollte man niemals

Der Vorgarten ist die Visitenkarte des Hauses. Sind die Flächen schmal, sollten sie aus pflegetechnischen Gründen mit Bodendeckern und halbhohen Gehölzen zugepflanzt werden. Das erspart aufwendige Pflege. Ein Solitärgehölz kann niedrige Pflanzflächen wirkungsvoll unterbrechen.

Schnitt durch einen Wandbrunnen. Die Tauchpumpe drückt das Wasser in ein Verteilerrohr. Die Wasserzuleitungen zu den Speiern können mit Ventilen reguliert werden.

durch Ventile drosseln. Hierdurch verkürzt man meist auch ihre Lebenszeit. Achten Sie immer darauf, daß der Sprudel nur so hoch ist, daß das Wasser auch bei stärkerem Wind nicht weiter abdriftet als bis zum Beckenrand, denn sonst entsteht mit der Zeit ein so starker Wasserverlust, daß die Gefahr des Trockenlaufens für die Pumpe gegeben ist. Gelegentliche Kontrollen des Wasserstandes sind also in jedem Falle angeraten.

Es ist nicht erforderlich, die Pumpe über Winter auszubauen, da Kieseindeckung und Schachttiefe hinlänglichen Schutz vor Frost gewähren.

Zum Schluß noch einen Hinweis: Das Wasser des Brunnens muß stets algenfrei bleiben. Das schließt von vornherein einen Springbrunnen in einem Fischteich oder Pflanzenbecken aus. Algen können die Ansaugvorrichtung verstopfen. Bei Wasserveralgung hilft eine Chlorgabe oder eines der zahlreichen Algenmittel, die es im Handel gibt.

Wandbrunnen: Bei der Gestaltung alter und neuer Hausgärten steht man oft vor der Frage, wie man eine Anlage beleben, ihren Erlebniswert steigern, wie und wo man Akzente setzen könnte, die alt und jung gleichermaßen Freude bereiten. Man sollte sich daher nicht mit eintönigen Pflanzungen, Rasenflächen, einer Terrasse oder bestenfalls einem zusätzlichen Wasserbecken zufrieden geben. Das Spiel mit Wasser kann unendlich variiert und in vielfältiger Form gestaltet werden. Selbst kleinste Gartenräume lassen sich prächtig ausgestalten, besonders solche Bereiche, bei denen man mit jedem Quadratmeter geizen muß. Das gilt auch für Dachgärten. Es kommt nur auf die richtige Zuordnung und Größe der Wasseranlage an. Große Springbrunnen und Wasserspiele gehören in große Gärten oder Parkanlagen. Sprudel und Brunnen können dagegen in jedem Garten lebendiger Bestandteil »Point de Vue« werden. Wichtig ist, daß sie sich »wie selbstverständlich« in den Garten einfügen und nicht ihre Umgebung beherrschen. So werden sie zu einer Bereicherung, die uns durch Schönheit oder Skurrilität erfreut oder erheitert und uns in eine andere Welt führt, die den Alltagsstreß vergessen läßt. Mauern sind geradezu ideal für die Anlage von Wandbrunnen.

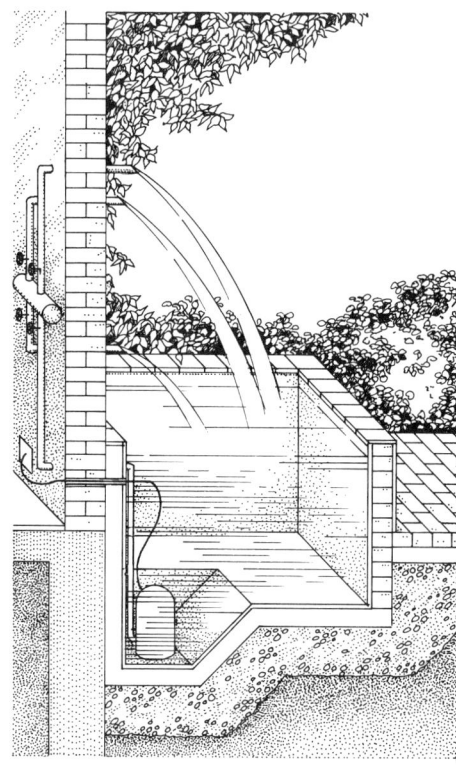

Oft läßt sich eine Gartenmauer, eine langweilige Garagenwand oder gar die unattraktive Wand des Nachbarhauses (Einwilligung des Nachbarn erforderlich!) durch einen Wandbrunnen in einen faszinierenden Blickfang verwandeln. Fehlt ein solcher Hintergrund, genügt eine Mauerscheibe oder eine Stele mit geschickt angeordneter Hinterpflanzung.

Die Konstruktion eines Wandbrunnens ist einfach. Mit wenigen Ziegeln kann man eine Säule aufmauern, in der die Installationsrohre (Zuleitungen zu den Speiern) geführt werden, oder man verlegt die Installation in einen hinter der Mauer befindlichen Raum (Garage, Abstellraum). Das Becken kann man fertig kaufen oder in einem Betonwerk maßgerecht anfertigen lassen. Es läßt sich leicht mit Klinkern, Fliesen oder Naturstein verkleiden und erhält als Rand eine entsprechende Abdeckung. Größere Becken mit Spannweiten von mehreren Metern müssen statisch berechnet und von Fachfirmen hergestellt werden. Hier sind möglicherweise Armierungen mit Baustahlgewebe erforderlich. Auf dem nebenstehenden Schema ist die

Installation eines Wandbrunnens übersichtlich dargestellt. Das Becken ist teilweise in den Boden eingelassen und ragt als Kante über den angrenzenden Pflasterbelag. So vermeidet man Verunreinigungen durch Oberflächenwasser. Die Sichtflächen sind mit rustikalen Keramikfliesen verkleidet. Eine Tauchpumpe im Becken saugt das Wasser an und drückt es über einen Druckverteiler in die Speier, die sich durch Regulierventile einstellen lassen.

Als Leitungen eignen sich Kupfer- oder Plastikrohre gleich gut. Die Regulierung des Wasserdruckes kann über ein zusätzliches Auslaßventil oder über einen Dimmer erfolgen. Die Dimensionierung der Pumpe hängt von der Anzahl der Speier und von der somit zu fördernden Wassermenge/Std. ab. Die Berechnung erstellt Ihnen gern der einschlägige Fachhandel. Für gelegentliches Reinigen des Beckens oder die Entleerung zur Winterzeit ist ein Abfluß vorzusehen. Man kann aber auch einen Speier mit einem Schlauch verbinden und auf diese Weise das Becken mit Hilfe der Umwälzpumpe entleeren. Durch Installation von Unterwasserscheinwerfern lassen sich bei Dunkelheit wirkungsvolle Effekte erzielen.

Die Gestaltungsmöglichkeiten einer Brunnenwand sind vielfältig. Sie reichen vom einfachen Rohr über kunstvolle Arbeiten aus Schmiedeeisen, Keramik oder Stein. In früheren Zeiten waren vor allem Tierköpfe, Wassergetier und Masken als Speier beliebt. Wer einmal selbst ein Stück Ton modelliert hat weiß, wie einfach und rasch eine Maske zu formen ist. Man kann sie glasieren und brennen und besitzt dann etwas Eigenes, Selbstgeschaffenes.

Ist der Brunnen montiert, darf man die Bepflanzung nicht vergessen, denn erst die Verbindung mit der Pflanze schafft gutes Zusammenspiel und harmonische Einbindung in die Umgebung. Großblättrige Stauden eignen sich zur Vorpflanzung oder seitlichen Anordnung. Gräser wie *Spartina, Stipa, Pennisetum, Panicum, Miscanthus* können zauberhafte Wirkungen hervorbringen.

Kletterpflanzen leisten Erstaunliches, wenn sie Brunnen und Wand überziehen und zu einer festen Einheit verbinden. In schattiger Lage gibt es für die verschiedenen selbstkletternden Efeuarten keinen Ersatz. Sie können sogar in Verbindung mit Wildem Wein zusammengepflanzt werden und bedecken noch das Mauerwerk mit ihrem immergrünen Blattmosaik, wenn der Farbenrausch des Kletterweins im Herbst verglüht und seine Ranken kahl geworden sind. Die Kletterhortensie, *Hydrangea anomala petiolaris*, mit ihren aparten Blütenständen und dem freundlichgrünen Laub sollte in diesem Zusammenhang besonders hervorgehoben werden.

Der Steingarten Wer die herrliche Bergflora im Sommer in den Alpen erlebt hat, der möchte sich gern ein solches Fleckchen Natur im Kleinen im eigenen Garten schaffen. In der Ebene können wir

Im Steingarten sollen die Steine möglichst in einer Richtung gesetzt werden. Der Stein darf niemals zur Hauptsache werden. Er übernimmt hier nur eine dienende Rolle als Träger einer besonderen Pflanzengesellschaft.

allerdings selten die gleichen Standortverhältnisse für die Pflanzen schaffen, die für gutes Gedeihen und die prächtige Farbgebung eine große Rolle spielen, aber durch geschickte Anordnung der Pflanzen auf nach Süden geneigten Flächen läßt sich auch der größte Teil der heimischen Bergflora zufriedenstellend ansiedeln. Wir verwenden zwar viele Pflanzen der Geröllflora, aber ein Haufen Steine, der irgendwo aufgeschüttet wurde, und aus dem da und dort ein Pflänzchen hervorsprießt, ist noch lange kein Steingarten. Zunächst muß ein Gerüst, der Untergrund, gebaut werden, auf dem die Pflanzen ihren Lebensraum finden. Das Setzen der Steine gehört zu den wichtigsten Arbeiten. Senkrecht in die Erde gesteckte Steine und Platten machen ein natürliches Zusammenspiel von Pflanze und Stein unmöglich. Steine müssen immer mit ihrer flachen, lagerhaften Seite auf dem Erdboden aufliegen und so in das Erdreich eingebettet werden, daß sie wie gewachsen daraus hervorschauen. Man legt die Steine möglichst waagerecht oder bettet sie in gleichmäßiger Schräge in einen Hang ein. Dabei ist darauf zu achten, daß die Steine nie regelmäßig oder in gleichen Abständen voneinander oder in Form von gleichgroßen Exemplaren eingebaut werden. Hier gilt das Gestaltungsprinzip, das man sich auch für das Pflanzen im Garten zu eigen machen sollte: Akzente setzen, Schwerpunkte schaffen durch entsprechende Gruppierung. Man kann sehr schön die Flächen terrassieren, horizontal liegende Steine als Trittsteine verwenden, um näher an die Pflanzen heranzukommen, Steine neben- und übereinander setzen und größeren Solitärsteinen aufgrund ihrer Form und Ausbildung einen besonderen Platz geben. Niemals ein Sammelsurium verschiedener Gesteinsarten (Kalkstein, Basalt, Granit, Sandstein etc.) zusammenstellen, sondern bei einer Gesteinsart bleiben. Da die meisten alpinen Pflanzen auf kalkhaltigem Gestein gedeihen, füllen wir die Zwischenräume zwischen den Steinen zweckmäßigerweise mit einem Gemisch aus Kalksteinsplitt und Humusboden. Die Wasserdurchlässigkeit kann durch Sandbeigaben erhöht werden. Dieses Gemisch wird gut eingestampft, damit es fest liegt und auch durch Regen nicht so leicht ausgewaschen werden kann. Ein Steingarten sollte auf keinen Fall zu klein sein. Je größer der Bereich, desto besser läßt er sich in der Höhe staffeln, desto mehr Pflanzen lassen sich darstellen. Die Flächen zwischen den Steinen nehmen die flachwachsenden Polsterstauden und Gehölze auf. Die meisten von ihnen stammen aus dem Bereich der Geröllflora. Hierzu gehören das Seifenkraut, die vielen Mauerpfefferarten, Alpenedelweiß und Hauswurz, Kartäusernelke, Thymian, Zwergginster, Bartfaden, Silberwurz und Sonnenröschen, um nur einige zu nennen. Dabei ist zu beachten, daß höher wachsende Pflanzen, wie Bergkiefer, Wacholder, Yucca, größere Horstgräser und dergl., einzeln gepflanzt werden können. Im allgemeinen pflanzt man dann die Polsterstauden in größeren Gruppen dazwischen. Schleifenblume, Steinbrecharten, Steinkraut, Blaukissen, Polsterphlox und viele andere sorgen für ständigen Blütenflor. Auch kleinere Gehölze wie Seidelbast, Zwergweiden etc. vertragen es gut, wenn sie dichter zusammenstehen. In jedem Fall ist eine harmonische Verbindung von Stein und Pflanze anzustreben. Es kann sehr dekorativ aussehen, wenn größere Kalksteinbrocken von der Silberwurz oder den merkwürdigen kleinen Rosetten des Hauslauchs übersponnen werden. Zwergginster und Zwergglockenblumen setzt man am besten zwischen die Fugen zweier oder mehrerer Steine. Hier finden auch die hübschen Rosetten der Steinbrecharten ihren idealen Standort. Steinkraut und Blaukissen können meterlange Polsterfahnen ausbilden, die malerisch über die Steine herabwachsen, ohne daß es menschlicher Hilfe bedarf. Vor empfindlichen Arten, die ein bestimmtes Verbreitungsgebiet in größeren Höhen haben, rate ich ab. Auch bei den Enzianarten sollte man sich nur auf wenige beschränken, die ein großes Anpassungsvermögen besitzen. Hierher gehören der Schwalbenwurzenzian *(Gentiana asclepiadea)* und der bekannte *G. septemfida lagodechiana* (als Ersatz für die stengellosen Glockenenziane, die meist nicht recht gedeihen wollen). Natürlich hat es wenig Zweck, die Pflanzen in den Bergen auszugraben und mit nach Hause in den Steingarten zu nehmen. Es ist aus gutem Grund verboten, denn die

Pflanzen würden wegen der veränderten Standortverhältnisse kümmerlich eingehen. Aus den Staudengärtnereien vorgezogene Pflanzen bieten dagegen Gewähr für gutes Gedeihen. Die sehr empfindlichen seltenen Alpenrosen *Rhododendron hirsutum* und *Rh. ferrugineum* ersetzt man besser durch kleinblumige japanische Azaleen wie *Rh. japonicum* Hino Mayo, Hinodegiri, Hatsugiri. Als Unterpflanzung für diese Arten eignet sich besonders der Schattensteinbrech *(Saxifraga umbrosa)*, der mit seinen weißen Porzellanblümchen gleichzeitig blüht.

Blumenzwiebeln sollten nicht vergessen werden. Hier sind die vielen botanischen Zwergtulpen wie *Tulipa praestans, T. kaufmanniana, T. fosteriana*, Alliumarten und Herbstzeitlosen, Türkenbundlilien und Wildnarzissen, Blausternchen und Traubenhyazinthen, die schier endlose Reihe der botanischen Krokusse, der Milchstern, die kleinen Winterlinge und viele andere genau am richtigen Platz. Absonnig geneigte Flächen bepflanzen wir mit Stauden und Zwerggehölzen, die mit weniger Licht zufrieden sind. Hierher gehören Leberblümchen und Lungenkraut, Waldsteinie und Scheinerdbeere *(Duchesnea)*, einige Storchschnabelarten, Geum und der kleine kanadische Blumenhartriegel *(Cornus canadensis)*, um nur einige zu nennen.

Bizarr gewachsene Zwergahorne *(Acer japonicum Aconitifolium, A. palmatum)* oder

Vorbildlich eingegrünte Gartentreppe in hängigem Gelände. Polsterpflanzen binden die Stufen in die blühende Umgebung ein.

Gartentypen

Steine sollen stets auf ihrer »faulen« Seite, der breitesten Auflagefläche, verlegt werden. Die Fugen zwischen den Blöcken und Steinen füllt man mit Erde auf und bepflanzt sie. Schwere Böden dräniert man am besten durch eine Lava- oder Kies-, Splitt- oder Kalksteinschotterschicht auf der Hügelseite. Die Steine sollten in einer Richtung verlegt werden, um eine Schichtung darzustellen.

ein Blumenhartriegel *(Cornus nuttallii)*, Solitär in die Anlage gesetzt oder sie am Rand begleitend können der Anlage dann eine gewisse Vollendung verleihen.

Wie bei allen Anlagen kann auch im Steingarten übertriebene Pflege von Übel sein. Polsterpflanzen müssen sich in aller Ruhe ausbreiten und entwickeln und so miteinander verwachsen können, daß sie dichte Rasenpolster bilden. Wer ständig hackt und lockert, beschädigt die feinen Faserwurzeln der Pflanzen und erhält niemals ein geschlossenes Vegetationsbild. Man sollte sich also nach der Anlage des Steingartens oder eines Steinbeetes im wesentlichen auf das Unkrautjäten beschränken. Trocknet der Boden an sonnigen Tagen stark aus, sorgen wir am Nachmittag für entsprechende Auffrischung durch Wässern. Ein einmaliges gründliches Wässern ist weitaus wirksamer und vorteilhafter als häufiges, oberflächliches Besprengen, bei dem das Wasser nicht tief genug in den Boden eindringen kann und viel zu rasch an der Oberfläche wieder verdunstet.

Pflanzenauswahl für Steingartenbeete

Botanischer Name	Deutscher Name	Höhe in cm	Standort	Anmerkungen
Acaena buchanani	Stachelnüßchen	10	sonnig, leichter Boden	wirkt durch bräunlich graue Belaubung
Alyssum-Arten	Steinbrech	bis 25	sonnig	gut für Trockenmauern und Flächenbepflanzung
Arabis-Arten u. Sorten	Gänsekresse	bis 20	sonnig	gut für Trockenmauern und Flächenbepflanzung
Armeria	Grasnelke	15–20	sonnig	bildet Polsterrasen, mit zierlichen Blüten
Arnika	Arnika, Wohlverleih	30–40	sonnig, kalkfeindlich	alle Arten außer *A. montana* wuchern sehr
Asphodeline	Junkerlilie	50–80	sonnig	Einzelstellung, gut mit Yucca, Gräsern
Aster-Arten	Astern	30–50	sonnig	geeignete Arten sind *A. alpinus, A. alpellus, A. amellus* und *A. dumosus*
Astilbe sin. pumila	Prachtspiere	30	halbsch./schattig	
Aubrieta-Arten	Blaukissen	10	sonnig, kalkliebend	gut für Trockenmauern und Flächenbepflanzung
Campanula-Arten	Glockenblumen	10–20	sonnig	geeignete Arten sind: *C. carpatica, C. portenschlagiana, C. poscharskyana, C. pusilla, C. glomerata* (30–40) wuchert
Carlina acaulis	Silberdistel	20	sonnig, kalkliebend	
Cerastium tomentosum	Hornkraut	10	sonnig	alle Arten wuchern sehr, zierende silberweiße Belaubung
Coreopsis verticillata	Mädchenauge	50–60	sonnig	

Pflanzen für Steingartenbeete

Botanischer Name	Deutscher Name	Höhe in cm	Standort	Anmerkungen
Cornus canadensis	Hartriegel	5–15	halbschattig/schattig, kalkfeindlich	
Dianthus-Arten	Nelken	10–30	sonnig	besonders geeignet sind *D. gratianopolitanus, D. plumarius, D. carthusianorum*
Dicentra	Tränendes Herz	30–50	sonnig und halbschattig	
Doronicum	Gemswurz	20–30	sonnig/halbschattig	
Draba-Arten	Hungerblümchen	10–15	sonnig, sandig	Schutz vor Nässe erforderlich
Dryas-Arten	Silberwurz	10–20	sonnig, kalkhold	
Duchesnea indica	Trugerdbeere	10–20	sonnig/halbschattig	zierende Blüten u. Früchte, wuchert sehr
Euphorbia myrsinites	Wolfsmilch	10	sonnig, leichter Boden	aparte, grauschuppige Blattwalzen
Gentiana-Arten	Enzian	10–40	sonnig, lehmiger Boden	*G. asclepiadea, G. septemfida lagodechiana* sind am leichtesten zu kultivieren
Geranium dalmaticum	Storchschnabel	10–12	sonnig/halbschattig	williger Blüher, schöne Herbstfärbung
Geum coccineum »Borisii«	Nelkenwurz	30–50	sonnig, humos	
Globularia-Arten	Kugelblume	10–25	sonnig, kalkhold	*G. cordifolia* und *G. merdionalis* sind am leichtesten zu halten
Gypsophila repens-Sorten	Schleierkraut	30	sonnig, kalkhold	
Helleborus-Arten	Schneerose	20–40	halbsch., kalkliebend	gut zusammen mit Bergkiefern, Seidelbast, Schneeheide *H. niger* und *H. macranthus*
Hepatica nobilis	Leberblümchen	10	halbsch./schatt., kalkverträglich	
Heuchera	Purpurglöckchen	40–60	sonnig/halbschattig	rotblühende Sorten sehr wirkungsvoll
Iris-Arten	Schwertlilien	10–30	sonnig	geeignete Arten sind: *I. pumila, I. reticulata, I. danfordiae*
Iberis-Arten	Schleifenblume	20–30	sonnig	gut für Trockenmauern und Beetpflanzung, immergrün
Leontopodium alpinum	Edelweiß	20	sonnig, kalkliebend	vergrünt in nährstoffreichen Böden
Linaria-Arten	Leinkraut	10	sonnig	*L. cymbalaria* für Trockenmauern, wuchert leicht
Lychnis-Arten	Lichtnelke	20	sonnig	*L. viscaria* und *L. alpina* sind am besten geeignet
Nepeta faassenii	Katzenminze	30	sonnig	blaugrauer unermüdlicher Sommerblüher, anspruchslos
Oenothera-Arten	Nachtkerzen	20–40	sonnig/halbschattig	*O. missouriensis* braucht viel Platz. *O. tetragona* und *O. glauca* sind sehr wertvolle Blüher

74 *Gartentypen*

Botanischer Name	Deutscher Name	Höhe in cm	Standort	Anmerkungen
Papaver-Arten	Mohn	20	sonnig, kalkliebend	P. nudicaule und montanum sind zierliche Vertreter, die sich gut für Steinbeete eignen
Pentstemon-Arten	Bartfaden	20–50	sonnig, kalkfeindlich	P. alpinus und P. caespitosus sind gut geeignet
Phlox subulata	Polsterphlox	10	sonnig/halbschattig	viele herrliche Sorten von weiß bis rot und violett
Polygonum affine	Knöterich	20	sonnig/halbschattig	dichte Teppiche mit rosa Blütenähren, wuchert leicht
Potentilla-Arten	Fingerkraut	10–40	sonnig	dankbare gelb- u. weißblühende Steingartenstauden
Primula-Arten	Primeln	10–30	humos, feucht, halbschattig	P. auricula kalkliebend, P. acaulis, P. juliae, P. pruhoniciana, P. denticulata und viele andere gute Arten
Pulsatilla-Arten	Küchenschelle	20–30	durchlässiger Kalkboden	P. vulgaris mit vielen Spielarten, gut für Einzelstellung u. kleinere Gruppen
Saponaria ocymoides	Seifenkraut	20	sonnig	sät sich leicht selbst aus, gut für Trockenmauern
Saxifraga-Arten	Steinbrech	10–30	sonnig, kalkliebend	viele herrliche Arten. S. oppositifolia, S. lingulata, S. longifolia sehr leicht zu kultivieren
Sedum-Arten	Mauerpfeffer	10–40	sonnig, anspruchslos	viele Arten als Bodendecker. S. album, S. murale, S. acre, S. spurium, S. reflexum
Sempervivum-Arten	Hauslauch, Dachwurz	1–15	sonnig	viele dekorative Arten und Sorten, teils mit interessanten Blüten. Anspruchslos, gedeihen selbst auf Steinen und in Mauerfugen.
Silene	Leimkraut	10	sonnig, kalkverträgl.	besonders geeignet ist S. shafta, S. acaulis ist nur kurzlebig
Thymus serpyllum	Thymian	10	sonnig, durchlässiger Boden	bekannte Polsterpflanze mit lila-rosaroten Blüten
Veronica	Ehrenpreis	20–30	sonnig, humoser Boden, kalkverträglich	V. prostrata, V. teucrium, V. repens gehören zu den besten Vertretern für das Steinbeet
Waldsteinia	Waldsteinie	10–20	halbsch./schattig	W. sibirica (ternata) und geoides erinnern mit ihrem Laub an Walderdbeeren, gute Bodendecker.

Bei dieser Liste handelt es sich um bewährte Stauden für das Steinbeet oder den Steingarten. Sie stellt nur eine Auswahl aus einer Vielzahl schöner Polsterpflanzen dar.

Der Heidegarten ist ein sehr beliebter und verbreiteter Gartentyp, der nicht nur im Frühjahr und Herbst, wenn die Heide blüht, sondern auch während der übrigen Zeit des Jahres viel Freude bereiten kann. Bei der Anlage müssen wir behutsam vorgehen, denn im Gegensatz zu den fröhlich-bunten Staudenrabatten spielen hier die zarten Töne die Hauptrolle. Vergleicht man die Staudenrabatte mit einer lauten Symphonie mit Paukenschlag, so gleicht die Heidegartenpartie eher einem leisen Streichquartett. Hier kommt es also besonders auf Feinheiten und Einfühlungsvermögen an. Eintönigkeit und Gleichförmigkeit der natürlichen Heidelandschaft sollen im Garten nicht nachgeahmt werden. Dazu ist die verfügbare Fläche zu

Heidegarten

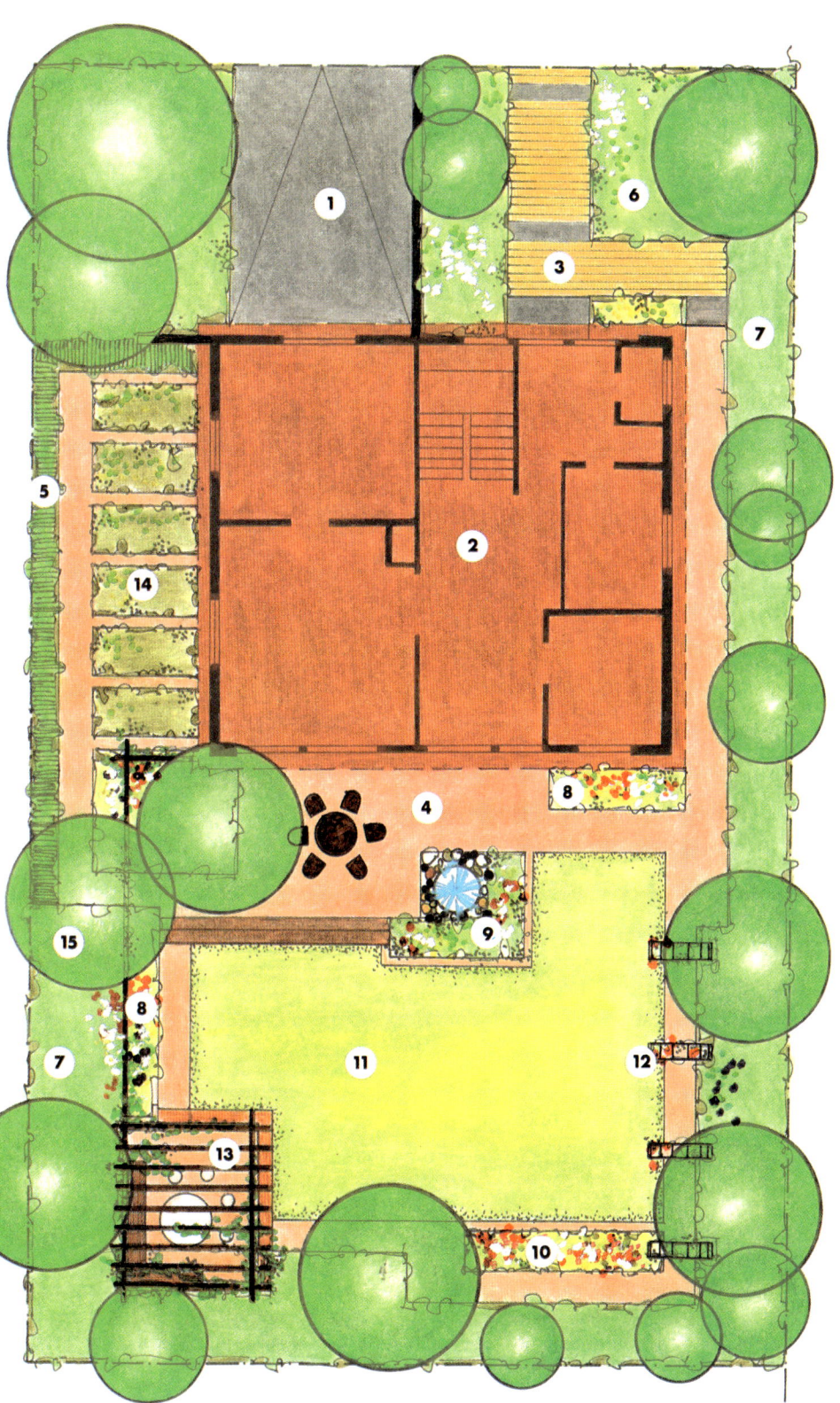

Einfamilienhaus mit Garten
1 Garagenzufahrt (Betonpflaster)
2 Wohnhaus
3 Hauszugang (Natursteinpflaster, Klinker)
4 Freisitz
5 Ligusterhecke
6 Bodendecker, Solitärgehölze
7 freiwachsende Hecke
8 Stauden und Sommerblumen
9 Quellstein und Staudenbeet
10 Rosenbeet
11 Rasen
12 Rosenbögen
13 Sitzplatz mit Pergola
14 Gemüsebeete, Küchenkräuter
15 Bäume

76 *Gartentypen*

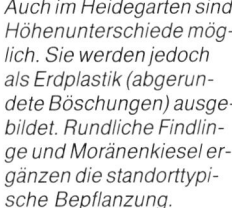

Auch im Heidegarten sind Höhenunterschiede möglich. Sie werden jedoch als Erdplastik (abgerundete Böschungen) ausgebildet. Rundliche Findlinge und Moränenkiesel ergänzen die standorttypische Bepflanzung.

klein. Hier geht es eher um typische Pflanzengesellschaften und ihre Anordnung auf begrenztem Raum.

Gute Modellierung in Form von leichten Aufhügelungen kommen uns dabei sehr zustatten, denn man kann in den oberen Bereichen trockenheitliebende und in tiefer gelegenen Teilen die feuchtigkeitsliebenden Pflanzen zusammenstellen. Für den Heidegarten benötigen wir durchlässigen, sandig-humosen Boden. Bei schweren Böden fräsen wir Sand oder Lava (0/8 mm) und Torf ein, um eine bessere Dränung und Durchlüftung zu erreichen. Im Gegensatz zum Steingarten gehören in den Heidegarten eher runde Steine, abgeschliffene Findlinge und große Kiesel. Sie können einzeln und in Gruppen im Zusammenspiel mit den ausgewählten Pflanzen eine großartige Wirkung ergeben.

Kuppenartige Anschüttungen kann man durch Pflanzung einer Gruppe von Säulenwacholdern oder einer Birke betonen. Heidegarten bedeutet nicht, daß ein solcher Garten ausschließlich mit Heidekraut bepflanzt werden muß. Sicherlich bilden Heidekrautgewächse Grundlage und Rahmen für die Anlage, aber hierher gehören außer den Heidearten *Erica* und *Calluna* auch *Pieris, Leucothoe*, Preißel- und Blaubeere, sämtliche Azaleen- und Rhododendronarten, Kalmien und Enkianthus als wichtige Vertreter. Dazu passen vorzüglich silbergraue Stauden wie der Beifuß *(Artemisia)*, die Katzenminze *(Nepeta faassenii)*, der blaue Lavendel, der rosafarbene Ehrenpreis *(Veronica spicata »Erica«)* und die Prairiemalve *(Sidalcea)*. Stahlblaue, graue und grüne Horstgräser wie der Blauschwingel *(Festuca glauca)*, der Blaustrahlhafer *(Avena glauca)*, das Lampenputzergras *(Penisetum compressum)*, die Schmiele *(Deschampsia caespitosa)* und die sich rötlich färbende Hirse *(Panicum virgatum)* können die breitflächigen Pflanzungen wirkungsvoll unterstreichen und hervorheben. Von den Zwerggehölzen sind vor allem die Kiefern wie *Pinus pumila* 'Glauca', *P. parviflora* 'Glauca', *P. strobus* 'Radiata' und *P. mugo* 'Mughus' zu nennen. Aber auch die Zwergwacholder können hier zu ihrem Recht kommen: *Juniperus communis* 'Hornibrookii', *J. communis* 'Repanda', *J. horizontalis* 'Glauca', *J. squamata* 'Blue Carpet' oder *J. sabina* 'Tamariscifolia'. Ginsterarten bringen Farbe in der blütenarmen Zeit. Hier sind es vor allem *Genista lydia, G. pilosa, G. tinctoria, G. sagittalis* sowie *Cytisus praecox, C. purpureus, C. kewensis*. Bei den Berberitzen eignet sich vornehmlich *Berberis stenophylla*, eine locker wachsende Art mit schmalen Blättchen, die sich gut zu den vorgenannten einordnen läßt. An Feuchtstellen fühlt sich das Wollgras heimisch *(Eriophorum)*. Krähenbeere *(Empetrum nigrum)*, Preiselbeere *(Vaccinium vits ideae)* und andere können etwas höher angesiedelt werden. Auch die Gartenheidelbeere paßt gut in diesen Rahmen. Höher wachsende Wacholderarten und Kiefern bilden den Abschluß zur Gartengrenze und einen wirkungsvollen Hintergrund, der sogar durch einige dunkellaubige Eiben ergänzt werden kann. Im Sommer können Fingersträucher Farbe ins Geschehen bringen. Der sommerliche Blütenflor wird durch bodendeckende Rosen wie 'Max Graf' oder die bekannten Zwergbengalrosen ergänzt. Hier sollte man sich jedoch möglichst auf eine Farbe beschränken und nur solche Sorten wählen, die Wildwuchscharakter zeigen (ungefüllte Blüten) und pflegearm sind. Die Stacheldrahtrose *(Rosa omeiensis* 'Pteracantha') eignet sich mit ihrer bizarren, dunkelrot durchscheinenden Bestachelung an einjährigen Trieben zur Einzelstellung.

Führung und Befestigung der Wege im Heidegarten sind sorgfältig zu überlegen. Einfache Sandwege und Wege mit Rindenkomposteindeckung passen am besten ins Bild. Auch dunkle Klinker, dunkelrotbraunes Porphyrpflaster, Grauwackepflaster und Natursteinplatten, Basalt, anthrazitfarbene Platten oder Pflaster ordnen sich unauffällig in den Heidegarten ein. Auf grellfarbige und helle Materialien sollte man verzichten. Sie übertönen die zurückhaltenden Farben des Heidegartens und werden zu dominant. Ein Heidegarten ist landschaftlich orientiert. Daher legt man die Wege am besten frei ins Gelände. Auch bei Terrassen und Sitzplätzen eignet sich eine freie Linienführung besser als geometrische Formen.

Naturnah gestaltete Gärten Wachsendes Umweltbewußtsein und zunehmende Kenntnis von unseren Wildpflanzen mögen der Grund dafür sein, daß der Kreis der Bewunderer der Schönheit unserer heimischen Flora zunehmend größer wird und der Wunsch nach einem naturnahen Garten, in dem viele heimische Wildpflanzen ihren Lebensraum finden, immer öfter in die Tat umgesetzt wird. In diesen Gärten wird eine Zusammenstellung aus heimischen Pflanzen angestrebt, die bestimmten Standorten in der freien Natur entsprechen. Die Pflanzung ist gewissermaßen nur als Initialzündung zu verstehen, denn die Pflanzen sollen sich nach der Pflanzung selbst durch Ausläufer und Aussaat weitervermehren und entwickeln. Man kann unter naturnah gestalteten Gärten allerdings auch Anlagen verstehen, in denen solche Pflanzen in natürlicher Weise gruppiert werden, die seit vielen Jahren in unseren Gärten heimisch geworden sind. Wie dem auch sei, diese Gartenform ist keinesfalls mit einem verwahrlosten Garten gleichzusetzen, denn auch hier ist die ordnende Hand des Gartenfreundes erforderlich, damit sich stark wuchernde Kräuter nicht ungehindert vermehren und ausbreiten können. Der Arbeitsaufwand in einem Wildpflanzen-Garten ist also nicht wesentlich geringer, als in einem Ziergarten. Naturnahe Gärten, die mit Wildpflanzen bestückt sind, orientieren sich an pflanzensoziologischen Gesichtspunkten, d. h. es werden Pflanzengesellschaften zusammengestellt, die für den jeweiligen Standort auch in der freien Natur typisch sind. Das setzt gewisse Kenntnisse voraus. Es gibt zum Beispiel zahlreiche Pflanzenarten der heimischen Flora, die nur auf bestimmtem Standort in sonniger oder halbschattiger Lage, auf feuchten oder trockenen, leichten, schweren oder kalkhaltigen Böden anzutreffen sind. Sie haben sich auf diesen Standort spezialisiert. Im Garten kann man solche Standorte nachbauen, indem man den Boden entsprechend aufbereitet. Durch Einbringen von Kalksteinschotter und Sand und Aufhügelungen des Terrains kann man zum Beispiel aus einem lehmigen Gartenboden einen Standort für einen Kalktrockenrasen herstellen. Lehmdichtungen und Abdichtungen mit Folie geben uns die Möglichkeit, Feuchtgebiete, Sumpfregionen oder Tümpel nachzubauen, auf denen sich die entsprechenden Biotope (Standorte für Lebensgemeinschaften von bestimmten Pflanzen und Tieren) entwickeln können. Die Bepflanzung muß selbstverständlich immer dem natürlichen Standort entsprechen. Hierbei ist zu beachten, daß solche Pflanzen selten im Handel erhältlich sind. Das Saatgut muß meist in der freien Natur gesammelt werden. Es muß an dieser Stelle auch besonders darauf hingewiesen werden, daß bei aller Liebe zur Natur seltene und geschützte Pflanzen und solche Pflanzen, die auf der sogenannten »Roten Liste« stehen, auf keinen Fall ausgegraben und in den eigenen Garten verpflanzt werden dürfen. Gerade dadurch kann man nämlich Pflanzen vernichten, die in der freien Natur geschützt und erhalten werden sollen.

Die Pflege eines Wildpflanzengartens beschränkt sich auf das Jäten. Umgraben und Hacken und die Bearbeitung mit sonstigen Gartengeräten entfällt mehr oder weniger, weil dadurch die natürliche Ausbreitung der Wildpflanzen mit Hilfe von Ausläufern und Sämlingen gestört oder verhindert würde. Die Natur soll sich ja in gewissen Grenzen selbst überlassen bleiben und darf nur durch gelegentliche Eingriffe bei stark wuchernden Pflanzen reguliert werden.

Vor der Anlage solcher Gärten sind sorgfältige Überlegungen anzustellen. Und die Frage ist, welcher Zweck mit dem Garten verfolgt werden soll. Möchte man Singvogelarten im Garten ansiedeln, so ist die Anpflanzung von Nistgehölzen und fruchtenden Pflanzen erforderlich, die von solchen Vogelarten besonders bevorzugt werden. Außerdem sollte man Katzen von solchen Anlagen fernhalten, was nicht immer ganz einfach ist. Feuchte Standorte,

Naturnah gestaltete Gärten 79

*Linke Seite:
Wasser bringt Leben in den Garten. Darum kommt dem feuchten Element eine besondere Bedeutung bei der Anlage selbst kleinster Gärten zu.*

Für die Uferbepflanzung sind Gräser, Bambus, Iris, Zwergahorne und breitblättrige Stauden (Funkien, Bergenien, Ligularia) besonders geeignet.

Die Trockenmauer ist ein wichtiges Gestaltungselement, wenn es darum geht, Höhenunterschiede zu überbrücken. Polsterstauden kommen hier vorzüglich zur Geltung.

Sumpfbeete, kleine Tümpel sind besonders als Lebensraum für Amphibien (Frösche, Kröten, Unken, Molche, Salamander) und allerlei Wassergetier und wasserliebende Insekten (Libellen) geeignet. Möchte man die Verbreitung von Falterarten fördern, sind Pflanzen zu verwenden, die von Schmetterlingen besonders gern angeflogen werden (z. B. Sommerflieder, Sedumarten, Distelarten, *Eryngium*), Nachtfalter schätzen die Geißblattgewächse *(Lonicera)*. Eine große Anzahl der heimischen Pflanzen eignet sich vorzüglich als Bienenweide.

In der nachfolgenden Liste ist eine Anzahl ausdauernder Wildstauden zusammengestellt, die sich für naturnahe Gärten besonders eignen.

Pflanzenauswahl für Wildstauden

Botanischer Name	Deutscher Name	Höhe in cm	Standort	Anmerkungen
Achillea millefolium	Schafgarbe	40– 60	trocken, sonnig	leicht durch Aussat zu vermehren
Aconitum napellus	Eisenhut	60–120	feucht	Vermehrung durch Teilung u. Aussaat
Adonis vernalis	Adonisröschen	10– 40	trocken	liebt sonnige Hänge, leichten Boden
Ajuga reptans	Günsel	10– 40	feucht	Bodendecker, Ausläufer
Aquilegia	Akelei	15– 40	Gesteinschutt	liebt Halbschatten, Selbstaussaat
Alchemilla mollis	Frauenmantel	10– 40	sonnig/halbschatt.	liebt feuchten Standort
Allium	Laucharten	10– 80	sonnig/halbschatt.	A. ursinum besitzt starken Knoblauchgeruch, Selbstaussaat
Anchusa	Ochsenzunge	30– 80	sonnig/halbsch. Gesteinschutt	Vermehrung durch Teilung
Anemone	Windröschen	10– 70	feucht, halbschatt.	A. nemorosa, A. silvestris, A. narcissiflorus sind leicht zu kultivieren
Arabis	Gänsekresse	10– 70	sonnig, trocken	kalkliebend
Artemisia	Wermut, Beifuß	10–100	sonnig	viele dekorative Arten
Arum maculatum	Aronstab	30– 50	feucht, halbschatt.	prächtiger Beerenschmuck, stark giftig!
Aster	Aster	15– 70	trocken/feucht sonnig/halbschatt.	zahlr. Arten wie A. amellus, A. novi-belgii, A. trifolium
Borago	Borretsch	15– 60	trocken, sonnig	
Butomus umbellatus	Blumenbinse	30– 60	feucht, moorig	für Feuchtbiotop
Campanula	Glockenblume	10– 80	trocken/feucht	viele Arten für untersch. Standort
Carex	Segge	10– 80	feucht/trocken	viele Arten für untersch. Standort
Carlina acaulis	Silberdistel	15– 40	trocken	kalkliebend
Chrysanthemum leucanthemum	Margerite	30– 50	sonnig	Selbstaussaat
Convallaria majalis	Maiglöckchen	25	halbschatt., feucht	
Corydalis	Lerchensporn	20– 30	halbsch., feucht	C. lutea, C. cava
Dianthus	Nelkenarten	15– 40	trocken	D. deltoides, D. carthusianorum, D. plumarius, D. caesius
Dictamnus	Diptam	60–120	sonnig	kalkliebend, im Handel erhältl.
Digitalis purpurea	Fingerhut	80–200	sonnig/schattig	Selbstaussaat
Dipsacus (zweijährig)	Karde	50–120	sonnig	gute Bienenweide
Erica	Frühlingsheidearten	20– 50	sonnig/feucht	viele Kulturvarietäten

Botanischer Name	Deutscher Name	Höhe in cm	Standort	Anmerkungen
Eriophorum	Wollgrasarten	20– 50	sonnig, Moorboden	für Feuchtbiotop
Filipendula ulmaria	Mädesüß	80–150	feucht, sonnig	für Feuchtbiotop
Gentiana	Enzianarten	10– 60	kalkliebend sonnig, feucht	G. asclepiadea, G. septemfida
Glechoma hederacea	Gundermann	10– 30	sonnig/halbsch.	kriechender Bodendecker, wuchert
Helianthemum	Sonnenröschenarten	20– 40	sonnig, kalkliebd.	viele Arten im Handel
Hieracium	Habichtskrautarten	10– 50	sonnig, trocken	H. glaucum, H. pratense, Aussaat
Holcus lanatus	Honiggras	30– 50	sonnig/halbsch.	keine besonderen Ansprüche
Iberis sempervirens	Schleifenblume	20– 40	sonnig/halbsch.	im Handel erhältlich
Iris pseudacorus	Sumpfschwertlilie	60–150	feucht	am besten für Uferbereiche im Feuchtbiotop
Juncus	Binse	20–100	feucht	für Feuchtbiotope
Lamium galeobdolon	Goldnessel	30– 50	schattig	guter Bodendecker f. Gehölzfläch.
Luzula	Simse	10– 50	schattig/halbsch.	L. sylvatica, L. nivea
Lythrum salicaria	Blutweiderich	80–130	feucht	für Uferzonen und Feuchtgebiete
Malva sylvestris	Malve	50	sonnig/halbsch.	anspruchslos, Selbstaussaat
Mentha	Minzenarten	30–100	feucht/naß	starkwüchsige Arten
Oenothera	Nachtkerzenarten	25– 70	sonnig/halbsch.	versch. Arten im Handel
Paeonia	Pfingstrose	50– 90	sonnig/halbsch.	ungefüllte Arten im Handel
Petasites officinalis	Pestwurz	40–100	halbsch./feucht	Uferränder, wuchert
Phragmites communis	Schilf	100–300	Wasser/Sumpf	
Polemonium	Himmelsleiter	30– 80	feucht/sumpfig	P. caeruleum, P. grandiflorum
Polygonatum	Salomonssiegel	40–120	schattig, feucht	versch. Arten im Handel
Primula	Primel, Schlüsselblume	10– 60	feucht	P. elatior, P. veris, P. auricula und andere
Pulmonaria officinalis	Lungenkraut	20– 40	halbsch./schattig	guter Bodendecker unter Gehölzen
Pulsatilla vulgaris	Küchenschelle	30– 40	sonnig/trocken	liebt leichte Böden
Rheum palmatum	Wildrhabarber	100–300	sonnig/halbsch. feucht	gut für Einzelstellung am Wasser
Salvia pratensis	Wiesensalbei	30– 60	sonnig, feucht	gute Bienenweide, kalkliebend
Sedum	Mauerpfefferarten	10– 50	sonnig, trocken	S. acre, S. album murale, S. spectabilis und andere
Solidago	Goldrute	60–180	sonnig, trocken	anspruchslos, viele Arten, Selbstaussaat u. Ausläufer
Symphytum officinalis	Beinwell	80–150	halbsch., feucht	dekorativ als Einzelstaude
Thalictrum	Wiesenraute	60–120	sonnig, feucht	für Einzelstellung geeignet, T. flavum, T. aquilegifolium
Trifolium	Kleearten	10– 30	sonnig, trocken/feucht	viele Arten als Rasenersatz geeignet
Trollius europaeus	Trollblume	30– 60	sonnig, feucht	für Uferbereiche u. Feuchtbiotope

Gartentypen

Botanischer Name	Deutscher Name	Höhe in cm	Standort	Anmerkungen
Typha	Rohrkolben	60–170	Sumpf, Wasser, Uferbereiche	*T. latifolia, T. angustifolia, T. minima*
Urtica dioica	Brennessel	50–150	keine bes. Anspr.	liebt nährstoffreiche Böden, Brennesselbrühe für biologischen Gartenbau
Vaccinium	Heidebeeren Blau- und Preiselbeeren	15–30	sonnig/halbsch. feucht	für Heidepartien geeignet
Veronica	Ehrenpreis	10–70	sonnig, trocken/feucht	viele Arten für unterschiedl. Standorte
Viola	Veilchen	10–30	halbschattig	*V. alba, V. odorata, V. canina* ist kalkempfindlich

Der Reihenhausgarten

Wegen der hohen Grundstücks- und Baukosten ist mancher, der gern ein Eigenheim besäße, gezwungen, ein Reihenhaus zu erwerben. Der Nachteil der Reihenhausgärten besteht darin, daß es sich hierbei meist um viel zu schmale, langgestreckte Parzellen handelt, die sehr schwierig zu gestalten sind. Daher ist es zweckmäßig, sich bei der Anlage eines Reihenhausgartens von einem Landschaftsarchitekten beraten zu lassen, um zu einer einigermaßen befriedigenden Lösung zu kommen. Da nicht jeder in der Lage ist, sich eines Fachmanns zu bedienen, sollen hier einige Tips für die Anlage und Gestaltung gegeben werden. Wenn es möglich ist, mit dem angrenzenden Nachbarn die Grundstücke gemeinsam zu gestalten, sollte man diesen Vorteil nutzen, denn beide Parteien profitieren dann von einem größeren Grundstück. Das darf allerdings nicht soweit gehen, daß ein bestimmter privater Bereich in Hausnähe ebenfalls für die gemeinsame Anlage zur Verfügung gestellt wird, sonst ergeben sich daraus Probleme, die zu keiner befriedigenden gemeinsamen Nutzung führen. Auch die Abstimmung über die Pflege muß sorgfältig getroffen werden, wenn man Unstimmigkeiten vermeiden will.

Sitzplätze, die sich zwischen Haus und Garten befinden und bei sehr schmalen Grundstücken aneinandergrenzen, sollten stets gegeneinander gut abgeschirmt werden. Das kann durch Holzwände, Flechtzäune, Palisadenwände, Mauerwerke, senkrecht in den Boden gestellte Bahnschwellen, berankte Gitter und andere Schutzwände geschehen. Die übrigen Einfriedungen der Gärten sollten aber möglichst niedrig gehalten werden, um eine bessere Raumwirkung zu erzielen. Das gilt auch für die Pflanzungen. Hohe Bäume können wir im Reihenhausgarten nicht gebrauchen. Sie beschatten und entwerten einen viel zu großen Bereich der kostbaren Fläche. Stattdessen wählt man lichtkronige, halbhohe Gehölze, die einen interessanten Blickfang abgeben können. Ich denke da zum Beispiel an Aralien, schmalwüchsige Kirschen wie *Prunus amanogawa*, Blumenhartriegel *(Cornus florida)*, japanische Fächerahorne *(Acer japonicum aconitifolium, A. palmatum)* und ähnliche. Auch die Strauchpflanzung sollte nicht zu hoch werden und die ohnehin schmalen Grundstücke noch weiter einengen. Rosen, Johanniskraut, Fingerstrauch, niedrig bleibende Spiraeen, Kerrien und Azaleen gehören in diese Kategorie. Bei den Immergrünen gibt es schmalwüchsige und Säulenformen, die diese Pflanzung wirkungsvoll ergänzen können, wie der Säulentaxus oder die schmalwüchsige Form von *Taxus media* Hicksii, Säulenwacholder und ähnliche. Die unvorteilhafte Länge kann man überspielen durch Hintereinanderschalten mehrerer kleinerer Gartenräume, die dann eine bessere Proportion erhalten. So könnte zum Beispiel der hausnahe Teil als kleiner Wohnhof gestaltet werden, mit Sitzplatz, Wassersprudel oder kleinem Fischbecken und Blumenbeeten. Auf Rasen sollte weitgehend verzichtet werden. Hier bieten sich zahlreiche Polsterstauden und Bodendecker an, die den gleichen Zweck erfüllen und nicht allwöchentlich auch noch gemäht werden müssen. Interessante Pflasterflä-

Reihenhausgarten

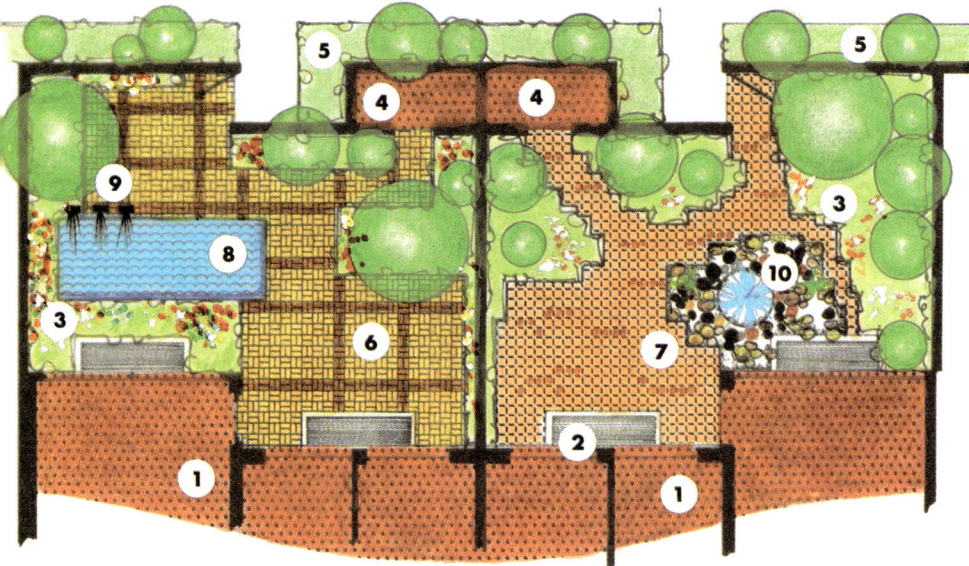

Wohnhöfe
1. Wohnhaus
2. Lichtschachtrost
3. Blumenbeete
4. Geräteraum
5. Gehölzpflanzung
6. Klinkerpflaster mit Rasterung
7. Kleinpflaster (Porphyr und Basalt)
8. Wasserbecken
9. Wasserspeier
10. Kiesbeet mit Sprudel

Atriumgarten
1. Hauszugang (Klinker)
2. Wirtschaftshof (Klinker)
3. Wohnhaus
4. Kellertreppe
5. Lichtschachtrost
6. Staudenbeete
7. Wandbrunnen
8. gepflasterter Hof (Grauwackeraster und Klinkerfelder)
9. Abpflanzung aus Bodendeckern und Ziergehölzen
10. kleinkronige Bäume und Solitärgehölze

Reihenhausgärten sind meist lang und schmal ausgebildet. Solche Gärten unterteilt man am besten in mehrere Abschnitte, denen man bestimmte Funktionen zuordnet (Sitzplatz mit Wasserbecken und Blumenbeeten, Spielbereich für die Kinder, Gemüsegartenteil).

chen können einen kleinen Garten sinnvoll unterteilen und wesentlich zu einer guten Gestaltung beitragen. Sitzmauern werden gleichzeitig zu Begrenzungen.

An den Wohnteil könnte sich ein höhenabgestufter Spielbereich für Kinder anschließen. Die Fläche unter den Spielgeräten läßt sich mit Elastikplatten belegen. Sandkasten, Spielgerät, Schaukel oder Spielhäuschen mögen genügen. Später wird die Spielmulde mit einer Pergola überspannt und dient vielleicht den Heranwachsenden als »Partymulde«. Abgetrennt durch eine Reihe Beerensträucher könnte sich dahinter ein Kräutergärtchen oder ein Nutzgartenteil anschließen. Je kleiner die Fläche, desto intensiver die Gestaltung. Mit jedem vorhandenen Quadratmeter müssen wir geizen und nur die Mindestgrößen wählen. So sollten Wegeflächen nicht zu breit angelegt werden. Hier genügen 60 cm als Platten- oder Pflasterweg. Je kleiner das verwendete Baumaterial strukturiert ist, desto größer wirkt die Fläche. Klinkerpflaster und Kleinpflaster wirken optisch breiter als 60 cm breite Platten. Vielleicht bietet die Aufteilung der Flächen sogar die Möglichkeit, auf Wege ganz zu verzichten und die verschiedenen Flächen mit befestigten Zwischenräumen ineinander übergehen zu lassen. Den Abschluß des Gartens kann dann eine Hecke aus schmalwüchsigen freiwachsenden Gehölzen, eine geschnittene Hecke, ein Obstspalier oder eine Himbeerhecke bilden.

Bei der Gestaltung des Vorgartenbereiches sollte man unbedingt eine einheitliche Form im Bereich der Reihenhäuser wählen. Nichts sieht häßlicher aus, als wenn winzige Vorgartenparzellen unterschiedlich gestaltet sind. Verschiedene Einfriedungen, unterschiedliche Wegebaumaterialien, Pflanzungen, die nicht in Einklang miteinander stehen, lassen sich nie zu einem optisch befriedigenden Straßenbild vereinigen. Hier profitiert der Einzelne von der Gesamtanlage nur dann, wenn er sich in den Gesamtrahmen des Wohngebietes einordnet.

Der Atriumgarten

Beim Atriumhaus handelt es sich um eine besondere Wohnform. Der Garten ist

allseits umschlossen von Mauern oder Wohnräumen, so daß ein Innenhof, ein Atrium entsteht. Bei solchen kleinen Gartenbereichen, die als zusätzlicher Wohnraum im Freien anzusehen sind, muß die Gestaltung sehr sorgfältig bedacht werden. Innen und Außen müssen miteinander harmonieren, sollen nahtlos ineinander übergehen. Man kann das Wechselspiel des Jahres an der Pflanzung miterleben. Auf Rasenflächen sollte man schon aus Platzmangel verzichten. Hier verwendet man als Ersatz besser Polsterstauden, Gräser und kleine Solitärgehölze. Höhenstaffelungen können besondere Akzente setzen: Terrassierte Beete, Kübel, Tröge. Auch Bodenplastik ist möglich (Böschungen zu angrenzendem Mauerwerk) oder Terrassenbeete. Die kahle Wand der Umfriedung oder eines Nachbarhauses kann man mit Kletterpflanzen oder durch ein künstlerisch gestaltetes Relief beleben. Besonders hübsch ist ein Wandbrunnen, denn plätscherndes Wasser vermittelt den Eindruck erfrischender Kühle, was in schlecht belüfteten Freiräumen von großer Bedeutung ist. Wasser in jeder Form ist hier ein willkommenes Erlebnismoment, sei es als Fischteich oder Seerosenbekken (Mindestgröße 3 m^2), als Zierbecken mit Springbrunnen oder als Sprudel, der aus einem Kiesbeet, Findling, Mühlstein oder einer Säule hervorbricht, um gleich wieder zwischen den Steinen zu verschwinden.

Für die erforderliche Beschattung im Atrium kann ein kleiner Bereich mit einer lichten Pergola überspannt werden. Schattenspendende Gehölze bringen Kühle ohne zuviel Dunkelheit zu verbreiten, etwa eine Aralie, ein Essigbaum (langsamwachsende Form *Rhus typhina Laciniata*), eine Photinie oder ein japanischer Ahorn.

Auch beim Atrium gilt das Prinzip: Je kleiner die Fläche, desto intensiver die Gestaltung und Nutzung. Für die Befestigung des Atriumhofes wählt man am besten kleinformatige Baustoffe: Mosaikpflaster, Kleinpflaster, Klinker oder Kieselpflaster. Auch Verbundpflastersteine (z. B. Sechseckpflaster) sind geeignet. Je kleiner das Muster, desto größer die Flächenwirkung. Helle Baustoffe schaffen Weite. Sie reflektieren das Sonnenlicht. Dunkelheit schafft Enge. Dunkelfarbige Beläge speichern die Wärme an windstillen Tagen oft bis zur Unerträglichkeit. Leichte, bequeme Gartenmöbel aus dauerhaftem Material, die nicht vor jedem Regen untergestellt werden müssen, bunte Kissen und Sonnenschirm sind bei der Gestaltung solcher Räume eher zu empfehlen.

Auch die Technik muß in einem Atrium zu ihrem Recht kommen. Wasseranschluß und Stromanschluß sind für die Nutzung als erweiterter Wohnraum und für die Pflege der Pflanzflächen ebenso wichtig wie geeignete Wasserabflußmöglichkeiten bei Regengüssen. Gefälleflächen sollten niemals zum Haus ausgerichtet sein.

Dachgärten, Terrassenhausgärten
Mit zunehmender Verdichtung der Bebauung in den Städten löst sich der Mensch, der hier wohnen und arbeiten muß, immer mehr vom Boden und einer natürlichen Umwelt. Da gewinnen auch kleinste Flächen als Nutzung für einen Garten immer mehr an Bedeutung. So entstehen vielerorts – besonders auf Hochhäusern – Dachgärten. Bisweilen sind sie bei der Errichtung des Hauses gleich mitberücksichtigt. Pflanzbeete oder Tröge stehen bereits an Ort und Stelle und warten auf Bepflanzung. In vielen Fällen aber ist man gezwungen zu improvisieren, um sich ein kleines grünes Reich in luftiger Höhe zu schaffen.

Hier einige Tips für die Anlage eines Dachgartens:
Zunächst muß die Statik überprüft werden. Plattenbeläge, Kübel, Tröge und Pflanzbeete bringen zusätzliche Belastungen für darunterliegende Deckenflächen, besonders wenn nasser Boden, Schneelast und das Gewicht von Pflanzen hinzukommen. Hier muß sichergestellt sein, daß der vorhandene Unterbau diese Lasten und das Gewicht der sich darauf befindlichen Menschen aufnehmen kann. Außerdem muß sichergestellt sein, daß der vorgesehene Bereich so eingefriedet ist, daß keine Unfallgefahr besteht (Mauern, Gitter, Geländer).

Durch Verwendung leichter Baustoffe lassen sich die Lasten verringern. So kann man zum Beispiel statt eines Bodenbelages aus Klinker, Platten oder Fliesen Holzpaneele verwenden, die in kesseldruckim-

Bei Dachgärten spielt in vielen Fällen das Gewicht eine große Rolle. Hier kann man als Bodenbelag Holzpaneele verwenden. Sie lassen sich leicht verlegen und können sogar zu Mustern zusammengefügt werden.

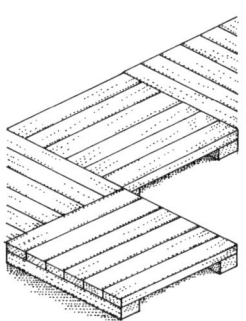

Die Paneele sind in verschiedenen Größen (40 × 40 cm oder 50 × 50 cm) im Holzhandel erhältlich.

Sitzterrasse vor einem Einfamilienhaus. Die vorgezogene Pergola filtert das Sonnenlicht. Der Blütenschmuck des Blauregens (Wisteria), Waldrebe (Clematis montana 'Rubens') und Wilder Wein verbinden die Architektur wirkungsvoll mit dem Garten.

prägnierter Form im Handel sind und eine lange Haltbarkeit gewährleisten. Beetumgrenzungen kann man ebenfalls aus Holz (aufeinandermontierte Vierkanthölzer) herstellen. Die Innenseite wird mit einer wasserdichten Folie ausgekleidet. Selbst Wasserbecken lassen sich in dieser Form herstellen. Bei der Anlage von Beeten müssen wir vermeiden, daß Staunässe entstehen kann, andererseits muß die Möglichkeit bestehen, daß auch dann genügend Feuchtigkeit aus dem Untergrund nachgeführt wird, wenn wir 'mal für eine gewisse Zeit verreisen. Aus diesem Grunde kleidet man die vorgesehenen Beete mit einer wasserdichten Folie aus. Dann baut man eine Lage Blähton, Eifellava (Körnung 8/16) oder Lavadur ein und installiert in der Höhe der Oberfläche dieser Schicht (10–15 cm) einen oder mehrere Überläufe, je nach Größe des Beetes. So kann überschüssiges Tagwasser (Regenwasser) abgeführt werden und Staunässe in den darüberliegenden Schichten wird vermieden. Auf die wasserführende Schicht breitet man ein Vlies (Glasvlies oder ähnl. ca. 200 g/m^2). Überlappungen sollen ca. 10 cm breit sein. Zuletzt wird das Kultursubstrat in Form von aufbereitetem Mutterboden (Verbesserung mit Torf, Hornspänen und anderen Naturdüngern, je nach Nährstoffgehalt des Bodens), gut abgelagerter Komposterde, Einheitserde oder TKS I, die im Handel erhältlich sind, eingefüllt. Die Schichtstärke soll mindestens 25 cm betragen. Je höher, desto besser. Die letztgenannten Böden enthalten bereits die wichtigsten Nährstoffe, die unsere Pflanzen benötigen. Durch Beimischen von 40–50% Hygromull erhält man ein leichteres Bodengemisch, in dem sogar größere Sträucher gut gedeihen können. Da die Wurzeln bestimmter Gehölze besonders aggressiv sind, ist es wichtig, eine wurzelfeste Folie bei der Auskleidung der Beete zu verwenden.

Pflanzbeete, Kästen und Kübel auf dem Dach benötigen viel Wasser. Sie sind nicht mit dem Erdboden verbunden und können keinen Wasservorrat aus dem Untergrund anzapfen. Die rege Luftbewegung in der Höhe sorgt überdies für eine stärkere Verdunstung. Es hat sich als zweckmäßig erwiesen, eine Wasserzapfstelle in der Nähe der Beete anzulegen. Das erspart mühsames Kannenschleppen oder umständliches Hantieren mit dem Gartenschlauch. Zur Pflanzung verwendet man Gehölze, Stauden, Sommerblumen, die viel Sonne und wenig Wasser benötigen und Zugluft vertragen. Die Endgröße der Pflanzen sollte bei der Auswahl bedacht werden. Sämtliche Baumarten sind ungeeignet. Selbst bei guter Versorgung und Verankerung der Ballen mit Platten können größere Gehölze bei Sturm vom Dach geweht werden. Gut bewährt für die Bepflanzung von Dachgärten haben sich viele Cotoneasterarten, die es als größere Solitärgehölze, aber auch als Bodendecker gibt. Lavendel, Berberitzen, Fingersträucher, Spiraeen, Rosen, japanische Quitten, zahlreiche Zwergkiefern- und Wacholderarten können ohne Bedenken zur Begrünung verwendet werden. Bewährt haben sich Stauden aus dem Steingartenbereich, die an den Beeten herunterwachsen können und die harten Linien der gebauten Einfriedungen brechen. *Alyssum* und Aubrietien, *Cerastium* und Glockenblumen *(Campanula portenschlagiana, C. poscharskyana)*, Nelken und Schleifenblumen, Gänsekresse und verschiedene ausdauernde Geranienarten können hier wahre Wunder vollbringen.

Als Kletterpflanzen eignen sich für Nord- und Ostlagen zahlreiche Efeuarten. Wilder Wein liebt West- und Südlagen, ebenso auch der edle Wein. Diese Ranker können an Drähten oder über ein Rankgerüst (Pergola) geführt werden und umrahmen den grünen Bereich in luftiger Höhe. An-

Dachgärten, Terrassenhausgärten

spruchslos ist auch die Kletterhortensie (*Hydrangea anomala* Petiolaris), die zwar eine gewisse Zeit braucht, um anzuwachsen, dann aber bald ihr sattgrünes Blattmosaik über das trostlose Mauerwerk ausbreitet. Clematis vertragen nur windgeschützte Lagen, die vor starker Sonneneinstrahlung geschützt sind. Hier hat sich die Sorte *Clematis montana* Rubens gut bewährt.

Ohne zusätzliche Düngung kommt man auf einem Dachgarten nicht aus. Am besten setzt man dem Gießwasser während der Vegetationszeit alle 2 Monate einen Volldünger zu (ca. 40 g/m^2 Fläche). Es ist darauf zu achten, daß diese Düngung nur bei feuchter Witterung erfolgt. Bei Sonnenschein und Trockenheit können auf übersprühten Blättern leicht Verbrennungsschäden auftreten.

Aber nicht nur Zierpflanzen gedeihen auf Dachgärten. Stangenbohnen an Rankgerüsten, Tomaten, Salat und Gurken lassen sich ebenso kultivieren wie dauertragende Erdbeeren oder die bunte Palette der Küchenkräuter, vom Schnittlauch bis zum Salbei. So gesehen beschert uns das Gärtnern auf dem Dach eine Fülle von Möglichkeiten, die eigentlich nur durch den zur Verfügung stehenden Raum begrenzt wird.

Der Kleingarten
Kleingartengrundstücke sind heute so knapp bemessen, daß sie – bei praktischer Gestaltung – leicht als Freizeitbeschäftigung bewältigt werden können. Entscheidend ist die Flächengröße, wenn es gilt, sowenig Arbeit wie nötig und soviel Nutzen und Erholungswerte wie möglich aus dem Garten herauszuholen. 250–350 m^2 sind nicht eben viel für einen Garten, der gleichzeitig Wohngarten (Ziergarten) und Nutzgarten sein soll. Sinn und Zweck der Kleingärten hat sich im Laufe der letzten Jahrzehnte stark gewandelt. Waren sie früher ausschließlich Anzuchtflächen für das im Haushalt benötigte Obst und Gemüse, so sind sie heute in erster Linie Freizeitbeschäftigung mit hohem Erholungswert, die v. a. als Ausgleich für Streß und Alltagseinerlei gesehen werden muß. Erholung steht also im Vordergrund, ohne daß auf den praktischen Nutzen, auf Säen und Ernten verzichtet werden soll. Das wirft die Frage nach Gestalt und Aufteilung eines Kleingartens auf.

Die Gestalt ist meist vorgegeben, da man auf die Einteilung der Gesamtanlage keinen Einfluß hat. Auch die Art der Einfassung, Zaun oder Hecke, ist nicht Anliegen dieses Buches. Die innere Aufteilung ist viel wichtiger. Wie teilt man das Grundstück am zweckmäßigsten auf und welche Grundüberlegungen sind anzustellen, um nicht im nachhinein Zeit und Kosten aufzuwenden und Fehlplanungen wieder gut zu machen? Jeder Garten sollte auf die persönlichen Wünsche und Neigungen des Besitzers zugeschnitten sein. Also muß man zunächst überlegen, welche Funktionen wichtig sind: Erholung, Ausruhen, Beschäftigung mit Pflanzen, Wohngarten oder die reiche Ernte frischer selbstgezogener Gemüse und Obstarten, oder beides, soweit man Zier- und Nutzgarten miteinander verbinden kann oder ineinander übergehen läßt. Folgt man dem allgemeinen Trend, so kann man sagen, daß ca. 60–70% der Gartenfläche als Erholungsanlage und als *Ziergarten* beansprucht werden. Der Rest bleibt dem Nutzgarten vorbehalten. Den Ziergarten ordnet man zweckmäßigerweise in der Umgebung der Laube an. Hierher gehört ein Sitzplatz, der Spielbereich für die Kinder, Pflanzkübel, Rankgerüste (die immer eine Anbindung an die Laube haben sollten), Wasserbecken und verschiedene andere Einrichtungen, die das Wohnen im Freien angenehm machen.

Den reinen Nutzgarten trennt man mit einer Obsthecke, einer Himbeerpflanzung oder durch einige schönblühende Ziergehölze vom Wohnteil. Möglichst jedes Fleckchen soll ausgenutzt werden. Flächenaufwendige Kulturen, die Pflanzung großkroniger Bäume oder die Anlage von Rasenflächen sind in meinen Augen Platzverschwendung. Für Rasenflächen gibt es Rasenersatz in Form von prächtig blühenden Polsterpflanzen und duftenden Würzkräutern, so daß man allein dieser Erlebniswerte wegen auf die aufwendig zu pflegenden »Briefmarkenrasen« verzichten sollte. Man erspart sich darüber hinaus die vielen Gerätschaften und Mittel, die zur Anlage und Pflege kleiner Rasenflächen vom Mäher bis zum Spezialdünger erforderlich sind und die in dem begrenzten

Raum der Laube noch unterzubringen wären.

Beim *Nutzgarten* ermitteln wir den Flächenbedarf, wie es im Absatz über den Wohngarten geschildert wurde. Daraus ergibt sich eine bestimmte Quadratmeterzahl. Entspricht sie nicht der zur Verfügung stehenden Fläche, muß man streichen oder ergänzen (z. B. Gemüsebeete erweitern). So läßt sich am schnellsten feststellen, was auf der vorhandenen Fläche untergebracht werden kann. Ein Tip für die Anlage der Beete: Beetbreiten sollten nur 100–120 cm betragen. Dieses Maß ist uns sozusagen »auf den Leib« geschrieben, denn Beete dieser Breite können bequem von beiden Seiten gejätet und gepflanzt werden.

Vor Beginn der Gartengestaltung empfehle ich ein kleines Planspiel: Man zeichnet den Grundriß des Gartens in einem leicht meßbaren Maßstab 1:100 oder 1:50 auf ein Blatt Papier, trägt die festen Bestandteile wie Zaun, Tor, Laube ein und schneidet die gewünschten Bäume, Sträucher und Beete als Kreise oder Vierecke aus farbigem Karton aus. Dann schiebt man sie solange auf der Zeichnung hin und her, bis alles seinen richtigen Platz gefunden hat. Dabei sollte man folgende Maße und Größen beachten: Wege zwischen Blumenbeeten und Gemüsebeeten (Trampelpfade) 30 cm, Hauptwege – etwa der Weg von der Laube in den Nutzgartenteil und zum Kompostplatz – mindestens 80 cm. Hier empfiehlt sich eine solide Befestigung (Platten oder Pflaster), wie sie im Kapitel über den Wegebau näher erläutert ist. Auf diesem Wege spielt sich der Hauptverkehr im Garten ab. Hier wird Torf und Dünger zu den Bedarfsstellen transportiert, die Ernte (Früchte und Gemüse) auf Schubkarren verfrachtet. Die Fläche des Kompostplatzes sollte möglichst von einem Baum beschattet werden, auch dann, wenn der Kompost nicht mehr auf Haufen gesetzt wird, sondern in einem der zweckmäßigen Behältnisse oder Silos heranreift, die es in verschiedenen Formen im Handel gibt oder die man leicht selbst bauen kann. Die Himmelsrichtung spielt neben den Bodenverhältnissen für die Pflanzung eine bedeutsame Rolle. Um eine günstige Belichtung für alle Nutzpflanzen zu erreichen, sollte man die Nord-Südrichtung anstreben. Niedrig bleibende Pflanzen gehören nach Süden und Westen, höher werdende nach Norden und Osten.

Eingang und Laube sind in den meisten Fällen vorgegeben. Ist das nicht der Fall, so sollte man einen Platz in der Nordostekke des Grundstückes wählen. Auf diese Weise hält man den Flächenverlust, der durch das Bauwerk und seine Nebenwirkungen (Beschattung angrenzender Flächen) verursacht wird, besonders gering. Es ist jedoch immer davon auszugehen, daß sich dann auch der Gartenzugang an dieser Stelle befindet. Erfolgt die Erschließung beispielsweise von Süden, so wird zweckmäßigerweise auch der Laubenstandort dorthin verlegt, denn in der Laube birgt man Gerät, Dünger und dergl. und man erspart sich weite Transportwege, wenn Eingang und Laube nahe beieinanderliegen.

Den Gartenzugang pflanzt man so ab, daß man vom Erschließungsweg der Kleingartenanlage aus nicht direkt den ganzen Garten überschauen kann. Der Überraschungseffekt ist größer, wenn man in den Garten kommt und erst dann die blühende Fülle und schön gestalteten Bereiche vor sich hat.

Die meisten Kleingärten liegen in stadtnahem Bereich in flachem Gelände. Sie sind eben, von einem zum anderen Ende überschaubar und entbehren häufig einer räumlichen Wirkung. Gerade der Ziergartenteil sollte aber ein in sich geschlossener Bereich sein, gewissermaßen der Wohnbereich, in dem wir das vielfältige Leben und Weben der Natur hautnah mitbekommen. Zur räumlichen Begrenzung kann man eine entsprechende Bepflanzung vornehmen oder aber – was leider zu selten genutzt wird – mit unterschiedlichen Höhen arbeiten. Man schafft sich neue Ebenen, neue Erlebnismöglichkeiten, indem man die Pflanzen näher an das Auge heranführt. Es lassen sich also auch hier neue Gestaltungsmomente einbeziehen. Bereits die Wirkung einer 45 cm hohen Mauer ist beachtenswert, über die Seifenkraut, Hornkraut, Nelken oder Steinkraut herunterranken und auf diese Weise die unterschiedlichen Ebenen miteinander verbinden. 45 cm beträgt aber auch gerade die Sitzhöhe. Wenn man einen Sitzplatz mit einem solchen Mäuer-

Kleingarten
1 Laube
2 Pflasterfläche
3 Pergola
4 Gehölzpflanzung
5 Sitzmauer
6 Staudenbeete (Polsterstauden)
7 Rosenbeet
8 Wasserbecken mit Seerose
9 Himbeerhecke
10 Kernobstbüsche
11 Frühbeet
12 Beerenobst
13 Hauszwetsche
14 Kompostlager
15 Gemüsebeete

chen umgibt, schafft man zusätzliche Sitzmöglichkeiten für die Gartenparty. Einfache Gestaltungselemente für solche Mauern sind Eisenbahnschwellen oder Karlsruher Gartensteine (siehe S. 100).

Der Siedlergarten
Ähnliche Verhältnisse wie bei einem Kleingarten findet man auch beim Siedlergarten. Die Grundstücke in Kleinsiedlungen werden genau wie beim Kleingarten in Wohn- und Nutzgarten unterteilt, da auch in der Kleinsiedlung ein großes Interesse an der Anzucht von Obst und Gemüse im eigenen Garten besteht. Der Siedlergarten ist größer als eine Kleingartenparzelle und hat zudem den Vorteil, daß sich das Haus auf dem gleichen Grundstück befindet. So entfällt die räumliche Distanz zwischen Wohnung und Garten. Der Bereich, der dem Haus am nächsten liegt, wird zweckmäßigerweise als Wohngarten oder Ziergarten gestaltet. Hier können wir nach Feierabend ausruhen, hier können die Kinder spielen, hier kann die Hausfrau viele Arbeiten im Freien verrichten, hier kann man an Schönwettertagen im Freien die Mahlzeiten einnehmen oder ein Gartenfest feiern. Da der Siedlergarten genügend Platz bietet, kann dieser Wohngartenteil auch mit einer Rasenfläche, mit Blumenbeeten und Wasserbecken, mit Pergola und Rosenbögen und sonstigen Einrichtungen versehen werden, die das Leben im Freien angenehm machen.

Sorgfältige Überlegungen sind auch bei der Anlage eines Siedlergartens anzustellen, bevor der erste Spatenstich gemacht wird. Eine wohlüberlegte Zuordnung der Einrichtungen, ihre Lage zueinander, die Erschließung durch Wege, die Lage der Beete und der Kompostanlage, die Aufteilung der Flächen, der Standort für ein Frühbeet oder für eine Hügelbeetanlage sind für eine gut gestaltete und funktionierende Gartenanlage nämlich Voraussetzung. Für die Vorüberlegungen möchte ich an dieser Stelle auf das gleiche Planspiel verweisen, das ich im Kapitel über den Kleingarten angeregt habe.

Die Gestaltung der Vorgartenflächen ist ähnlich wie bei den Reihenhäusern vorzunehmen. Gemeinsam geplante, einheitliche Vorgärten ergeben einladende, harmonisch gestaltete Wohnstraßenbilder. Nichts ist schlimmer, als wenn jeder seinen kleinen Vorgartenbereich nach eigenem Gutdünken gestaltet und mit unterschiedlichen Einfriedungen umgibt. Am besten stellt man die einheitlichen Zäune erst in der Flucht der Häuser und Nebengebäude auf. So bleiben die Vorgärten als freie Anlage für die gesamte Siedlung offen. Mit Rasen eingesät, hier und da einzelne Bäume und Baumgruppen und eine Abpflanzung vor dem Haus mit standortgerechten Ziergehölzen bieten solche Anlagen ein großzügiges, wohltuendes Straßenbild.

An dieser Stelle sollte besonders auf die Unsitte der Fichtenbepflanzungen hingewiesen werden, die in den letzten Jahren mehr und mehr um sich greift. Fichten sind Waldbäume. Auch die Serbische Fichte oder Omorika gehört zu den raschwüchsigen Fichten. Als Abgrenzung von Grundstücken oder zur Verschönerung von Vorgartenbereichen liefern sie zwar rasch immergrüne, dekorative »Tannenbäume« und Sichtschutz an der Grundstücksgrenze, aber Fichten sind Flachwurzler. Sie vertragen sich nicht mit benachbarten Laubgehölzen und Stauden, liefern mit der Zeit Rohhumuslagen, die sich nur schwer zersetzen und anderes Leben unterdrücken. Sie haben auch noch die fatale Eigenschaft, daß sie ab einem bestimmten Alter oder wenn sich der Bestand schließt, an den unbelichteten Stellen verkahlen und dort niemals wieder austreiben, da sie keine »Beiaugen« entwickeln. Ihre besondere Anfälligkeit gegenüber pilzlichen und tierischen Schädlingen und Umwelteinflüssen machen sie obendrein nicht gerade zu pflegearmen Gehölzen. Als Waldbäume liefern auf geeignetem Standort Omorikafichten guten Zuwachs. So sollte man sich nicht wundern, wenn Abpflanzungen, die zunächst nur mannshoch als Sichtschutz gedacht waren, nach einigen

Siedlergarten
1 Rasen (offener Vorgarten ohne Einzäunung)
2 Haus- und Garagenzufahrt
3 Ziergehölze
4 Wohnhaus
5 Garage
6 Freisitz und Blumenbeete
7 Kernobst
8 Frühbeet
9 Pflaumenbaum und Kompostplatz
10 Johannisbeersträucher
11 Gemüsebeete
12 Stachelbeerstämmchen

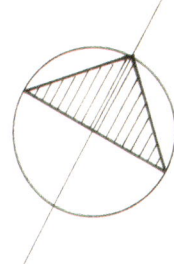

Jahren die Höhe von mehreren Metern erreichen und das eigene Grundstück durch den dichten Schattenwurf stark beeinträchtigen. Als Heckenpflanze ist sie ebenfalls ungeeignet, denn sie läßt sich nicht wie eine Laubhecke (Liguster, Hainbuche) oder eine Eibenhecke (*Taxus*) schneiden. Kleinwüchsige Formen eignen sich besser zur Einzelstellung im Garten für denjenigen, der auf den beliebten »Weihnachtsbaum« im Freien nicht verzichten möchte.

Der Sitzplatz im Garten

Im Garten braucht man eine gemütliche Sitzecke oder eine kleine Terrasse, um für schöne Tage des Sommers gerüstet zu sein. Natürlich sollte man vorher einige Überlegungen über das Wo, Wie, Womit anstellen, um sich späteren Ärger zu ersparen. Dazu ein paar nützliche Hinweise: Eine windgeschützte Lage gehört zu den Vorbedingungen für die Anlage eines Platzes im Freien. Zugige Ecken sind ungemütlich und ungesund. Sie beeinträchtigen unser Wohlbefinden in hohem Maße. Daher wählt man am besten einen Platz, der gegen Wind abgeschirmt ist oder man baut sich einen geeigneten Windschutz. Hier gibt es gleich mehrere Möglichkeiten, die davon abhängen, wieviel Platz zur Verfügung steht. Ist der Randbereich breit genug, wählen wir eine freiwachsende Pflanzung aus dichten Gehölzen, die auch einen Rückschnitt vertragen können, wie Hainbuchen, Feldahorn, Japanische Quitten (*Chaenomeles lagenaria*), Feuerdorn, Berberitzen, Liguster und andere, um nur einige zu nennen. Bei geringer Breite müssen wir uns mit einer geschnittenen Hecke begnügen – Eiben (*Taxus*) lassen sich gut schneiden und werden sehr dicht. Sie sind ideale Windschutzgehölze. Wer keine Hecke liebt und die Arbeit des Schneidens meiden will, kann sich einen guten Windschutz aus dicht nebeneinander in den Boden geschlagenen Palisadenrundhölzern schaffen. Selbstverständlich verwenden wir in diesem Falle kesseldruckimprägnierte, geschälte Rundhölzer, die eine lange Haltbarkeit gewährleisten. Die Höhe der Hölzer sollte über dem Boden nicht mehr als 120 cm betragen, sonst engen sie kleine Sitzplätze zu sehr ein, auch wenn der Windschutz nur auf einer Seite gesetzt wird. Eine grüne Schutzwand erhält man auch aus Maschendrahtgeflecht oder Baustahlgewebe zwischen eingeschlagenen Pfosten. Das Geflecht wird mit großblättrigem Efeu (*Hedera colchica*), kriechendem Pfaffenhütchen (*Euonymus radicans*) oder der Pfeifenwinde (*Aristolochia*) berankt und bildet bald einen schmalen, aber sehr wirksamen Schutz. Wer zwei Fliegen mit einer Klappe schlagen will, kann auch Feuerbohnen oder Stangenbohnen an entsprechenden Gerüsten ziehen. Sie bringen zusätzlich reichen Ertrag. Starke Kletterer wie Wilder Wein, Glycinien, Knöterich und ähnliche sind ungeeignet. Sie werden schnell sehr hoch und überwuchern – wenn sie die Höhe des Gerüstes erreicht haben – die benachbarten Bereiche und Pflanzen und lassen sich nur schwer bändigen.

Wer es rustikal liebt, kann Eisenbahnschwellen senkrecht so aufstellen, daß dahinter ein geschützter Raum entsteht. Die Schwellen müssen etwa 60 cm tief in den Boden eingelassen werden und sollen natürlich auch nicht höher als 120 cm über dem Boden stehen. Praktisch sind auch die im Handel erhältlichen Holzflechtzäune (Bongossi und andere, kesseldruckimprägnierte Hölzer). Man hängt sie zwischen Pfosten auf und kann sie wirkungsvoll mit Clematis oder anderen schönblühenden Rankern bewachsen lassen. Verlängert man die Stützpfosten nach oben auf eine Höhe von 220–250 cm, so erhält man die Tragkonstruktion für eine Pergola (hier ist allerdings ein richtiges Fundament beim Setzen der Pfosten erforderlich, siehe Pergola S. 105), die in die Berankung einbezogen werden kann und eine lichte Überdachung des Sitzplatzes ermöglicht.

Ob ein Sitzplatz in der Sonne oder im Schatten liegen soll, ist Auffassungssache. Der eine liebt mehr die Sonne, der andere den Halbschatten. Volle Sonne ist für ein Sonnenbad auf der Terrasse ideal, wird aber für denjenigen am Tisch unangenehm, der dauernd ins Licht schauen muß. Ein fröhlichbunter Sonnenschirm schafft da leicht Abhilfe. Ein aufgespanntes Sonnensegel leistet die gleichen Dienste und trägt dazu bei, daß man sich geborgen fühlt. Tiefer Schatten unter großen Bäumen kommt selten in Betracht, da großkronige Bäume viel zu viel Platz in einem kleinparzellierten Garten beanspruchen. Eine leichte Beschattung durch ein lichtkroniges Gehölz, wie eine Aralie, eine Vogelbeere *(Sorbus)* oder eine Glanzmispel *(Photinie),* scheint mir noch die angenehmste Belichtung für einen Sitzplatz abzugeben. Man sitzt nicht direkt in der prallen Sonne und erfreut sich am leichten Schatten, wenn man den Baum so setzt, daß er zumindest während der heißesten Zeit des Tages den Sitzplatz gegen die Sonneneinstrahlung abschirmt.

Schier endlos ist die Fülle der heute angebotenen Baustoffe, die wir als Bodenbelag verwenden können. Sie reichen vom Kunststein über Holzpflaster, Klinker, bis zum Naturstein in Platten- und Pflasterform –, je nachdem wie viel man für den Bodenbelag ausgeben möchte oder welche Art einem am meisten zusagt. Es ist sicher nicht falsch, wenn man den Belag eines Sitzplatzes oder einer Terrasse mit dem gleichen Material gestaltet, das man sonst im Garten zur Befestigung der Wege verwendet. Auf diese Weise erhält man eine Einheitlichkeit, die sich gut in das Gesamtbild einfügt. Man kann aber auch bewußt einen Sitzplatz mit anderem Material gestalten, das sich auch farblich von den übrigen befestigten Flächen abhebt, um damit den besonderen Charakter dieser Fläche zu unterstreichen. Bezüglich der Farbgebung empfehle ich größte Zurückhaltung. Starkfarbige und grelle Flächen fallen sehr auf. Sie dominieren im Garten und führen ein gewisses Eigenleben, das sich mit der Pflanzung, den Farben der Blüten und sonstigen Einrichtungsgegenständen nur schwer in Einklang bringen läßt. Angenehm werden Brauntöne, Grautöne und anthrazitfarbene Beläge empfunden. Sie lassen sich mit vielen Farben – ich denke da besonders an Gartenmöbel, bunte Kissen und Sonnenschirme, blühende Rankwände, Kübel etc. – leicht kombinieren und fügen sich unauffällig in das Gesamtbild. Hierher gehören z. B. manganbraune (dunkelbraune) Klinker, dunkelbraunes Holzpflaster aus Bongossiholz, graue Betonwerksteinplatten, anthrazitfarbenes Betonpflaster oder Platten, Waschbeton aus Basaltsplitt oder Flußkies, Platten und Pflaster aus Grauwacke, Porphyr, Granit und andere ähnliche Materialien. Rote Farbtöne (rotes Betonpflaster, wie z. B. das gefürchtete »Heiderot«) können viel verderben. Sie vertragen sich mit den meisten Rottönen nicht und dulden allenfalls Grün, Weiß und Violett um sich. Größere befestigte Flächen kann man durch Rasterung auflockern. Bei kleinen Flächen schafft ein Raster zuviel Unruhe. Die Möblierung eines Sitzplatzes bringt soviel Leben und Bewegung auf die Fläche, daß man bei der Gestaltung des Untergrundes zurückhaltender sein sollte. Bei den Gartenmöbeln bevorzuge ich wetterfeste Fabrikate, d. h. solche, die man nicht vor jedem Regenschauer unterzustellen braucht. Hierzu gehören die kunststoffbeschichteten Metallstühle und -liegen, die von den Gartenschauen her bekannt sind. Sie sind körpergerecht gearbeitet, stapelbar und können manchen Stoß aushalten, ohne zu rosten. Weiße, grüne und dunkelbraune Farbtöne stehen zur Auswahl. So ist es nicht schwer, Tischdecken, Geschirr und anderes Zubehör passend dazu auszuwählen.

Egal wo ein Sitzplatz liegt und wie er befestigt ist, er sollte sich immer zum Garten hin öffnen. Ein Stückchen Rasen oder eine mit Bodendeckern bepflanzte Fläche sollte sich zum Garten hin anschließen und den Blick freigeben auf unser kleines Besitztum, damit wir uns so richtig daran freuen können. Grenzt der Platz an einen Rasen, fehlen uns Blumen in der Nähe, so stellen wir Pflanzkübel auf, die wir mit dauerblühenden Sommerblumen (Geranien, Petunien, Pantoffelblumen, Topfmargeriten, Fuchsien u. a.) individuell bepflanzen und auf das Farbenspiel im Garten abstimmen können. Je nach Größe des Pflanzgefäßes lassen sich auch Solitärgehölze, z. B. eine Korkenzieherhasel, kleinbleibende Kiefern, Japanische Quitten oder eine Scheinhasel, zur Auflockerung mitverwenden. Kübel benötigen dann jedoch eine Mindestgröße von 60/60/40 cm. Jährlicher Bodenaustausch und die Verwendung guter Komposterde halten die Pflanzen wüchsig, blühwillig und gesund.

Den ausgewählten Platz steckt man mit einer Schnur ab, hebt bzw. koffert den Boden profilgerecht so tief aus, daß eine Lage von 20 cm Kies und Splitt und 5 cm

Pflastersand und die Höhe des ausgewählten Belages (z. B. 6 cm hohes Pflaster) so eingebracht werden können, daß die Oberfläche des Belages bündig mit den angrenzenden Flächen abschließt. Wasserwaage und Zollstock helfen das richtige Gefälle einzuhalten, das man zuvor mit einer Schnur markiert. Die Neigung der Sitzplatzfläche sollte mindestens 1,5% betragen, d. h. 1,5 cm auf 1 m, damit Regenwasser abziehen kann. Flächen über 2,5% Neigung lassen sich schlecht möblieren. Tische stehen dann schief. Ein Hinweis noch zum Abschluß: Niemals das Gefälle zum Haus, sondern stets vom Bauwerk weg in eine Rasen- oder Pflanzfläche legen, damit das anfallende Tagwasser leicht versickern kann. Kies und Pflastersand müssen gut verdichtet (angestampft oder abgerüttelt) werden, damit es nicht zu Nachsackungen kommt. Auf aufwendigen Betonunterbau oder eine Vermörtelung der Fugen kann man in den meisten Fällen verzichten. Es genügt, die Fugen mit Pflastersand einzufegen und mit Wasser einzuschlemmen.

Technische Einrichtungen

Befestigte Flächen

Für die Erschließung eines Gartengrundstückes, den Zugang von der Straße zum Haus, die Garageneinfahrt und Stellplätze, für Terrassen und Gartenwege benötigt man dauerhaft befestigte Flächen. Sie können auf unterschiedliche Weise hergestellt werden. Sie müssen technisch einwandfrei und verkehrssicher sein, sind aber gleichzeitig auch wesentliches Gestaltungselement, denn sie bestimmen durch die Auswahl des Materials das Bild der Vorgarten- und Gartenanlage mit. Wegebreiten im Vorgartenbereich orien-

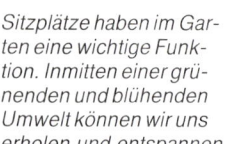

Sitzplätze haben im Garten eine wichtige Funktion. Inmitten einer grünenden und blühenden Umwelt können wir uns erholen und entspannen.

Sitzplatz am Haus für Partyfreunde. Die Sitzgruppe im Hintergrund dient als Eßplatz für die Mahlzeiten im Freien. Das vorgezogene Dach bietet sicheren Regenschutz.

tieren sich am besten an der Breite des Hauseinganges, der vorgelagerten Podestflächen oder Stufenanlagen, deren Breite aufgenommen und bis zur Straße weitergeführt werden sollte. Der Einfahrtsbereich zur Garage ist durch die Breite des Garagentores ebenfalls vorgegeben. Wegebreiten im Garten hängen von der Größe des Gartens und der Benutzung der Wege ab. Je Person rechnet man eine Breite von 0,60–0,75 m. Auf den Hauptwegen sollten mindestens 2 Personen nebeneinander Platz haben, also errechnet sich daraus eine Breite von 1,20–1,50 m. Bei kleinen Gärten (Reihengärten, Kleingärten) sind auch schmalere Wege möglich.

Das Gefälle Befestigte Flächen benötigen zur Entwässerung ein Seiten- oder Längsgefälle. Im ebenen Gelände kann man das Gefälle von schmalen Wegeflächen einseitig zu angrenzenden Rasen- oder Pflanzflächen führen. Bei breiteren Wegen kann das Gefälle auch dachartig ausgebildet werden, d. h. die Wegemitte liegt erhöht und erhält nach beiden Seiten ein Gefälle von 1,5–3%, d. h. 1,5–3 cm je Meter. In der Nähe von Gebäuden sollte das Gefälle stets einseitig vom Bau wegführen. In Hanglagen verläuft es am besten einseitig zum Berg, wo es in Kiesrinnen oder Einläufen aufgefangen und abgeführt wird. Dadurch vermeidet man Auswaschungen und Abschwemmungen. Das Längsgefälle bei Wegen mit wassergebundener Decke sollte etwa 0,5–1 cm je Meter betragen. An den tiefsten Stellen wird das Wasser durch Einläufe aufgefangen und ins Gelände, in einen Sickerschacht oder in einen öffentlichen Vorfluter (Kanal) abgeführt. Ein Sickerschacht besteht aus einer ca. 80 × 80 × 120 cm tiefen Grube, die mit grobem Steinmaterial (Schotter oder Kies) bis 30 cm tief unter der Oberfläche aufgefüllt wird. Darüber deckt man eine Lage Dachpappe oder Folie und füllt die letzten 30 cm mit Oberboden (Mutterboden) auf. Die Wegeabflüsse leitet man unter der Abdeckung (von der Seite her) ein. Das Wasser kann so durch die Steinpackung in den Untergrund versickern.

Grundsätzliche Überlegungen Wege und Plätze lassen sich mit einigem Geschick selbst befestigen. Es gibt im Handel eine reiche Auswahl an Platten, Pflaster, Klinkern und sonstigen Materialien, mit denen man sich je nach Wunsch und Geldbeutel solide, pflegearme und dekorative Beläge im Garten herstellen kann. Durch die Verwendung zweier oder mehrerer unterschiedlicher Materialien lassen sich interessante Rasterungen und Flächenornamente herstellen. Grundsätzlich sollte man aber bedenken, daß je kleiner die Fläche desto weniger verschiedene Materialien verwendet werden sollten, denn der Zierwert einer Platz- oder Wegefläche spielt nur eine untergeordnete Rolle. Muster sollten stets zurückhaltend sein (auch Ton-in-Ton), damit sich diese Flächen nicht aufdringlich in den Vordergrund spielen. Bei Terrassen sorgt bereits die Möblierung für entsprechende optische Wirkung. Größere eintönige Flächen kann man in Form von Streifen, Karos oder verschiedenartigen regelmäßigen oder unregelmäßigen Mustern auflockern.

Bei der Herstellung eines Weges berechnen wir zunächst die Tiefe der erforderlichen Auskofferung. Die Höhe des Abschlußbelages und der Unterbau ergeben die Gesamttiefe etwa so:

   5 cm Plattenbelag
   5 cm Pflastersand
 15 cm Kies oder Splittunterbau
 25 cm Auskofferungstiefe

Die zu befestigende Fläche wird in ihrer Begrenzung abgesteckt und nach der Schnur senkrecht abgestochen und ausgekoffert. Den Aushub planiert man gleichmäßig im angrenzenden Gelände ein oder bringt ihn an andere Bedarfsstellen im Garten. Dann glättet man die Sohle sorgfältig und verdichtet sie durch Anstampfen oder mit Hilfe einer Rüttelplatte. Nun wird der Unterbau eingebracht (gemischtkörniger Kies, Splitt oder Lava). Verwendet man »Mineralbeton« (Hochofenschlacke), so darf kein schwefelhaltiges Material eingebaut werden. Es führt nämlich zu Schädigungen an Wurzeln benachbarter Pflanzen und kann sie zum Absterben bringen. Der Unterbau wird verdichtet (Rüttelplatte, Stampfer) und soll bereits das gleiche Gefälle aufweisen wie der Abschlußbelag. Dann trägt man gleichmäßig eine Schicht von 5 cm Pflastersand auf als Unterbau für das gewählte Platten- oder Pflastermaterial. Stark beanspruchte und belastete Flächen, wie z. B. eine Garageneinfahrt, müssen stärker befestigt werden. Die Auskofferungstiefe beträgt hier ca. 45 cm. Als Unterbau wählt man dann zunächst eine Packlage aus Grobschotter oder ähnlichem in Höhe von 20 cm, die wie zuvor verdichtet wird. Dann folgen Kies- oder Splittschicht von 10 cm Höhe, die ebenfalls so stark verdichtet wird, daß keine Nachsackungen entstehen können. Erst dann verlegt man die Abschlußsteine oder Platten in Pflastersand, der durch Zementbeimischung zusätzlich stabilisiert werden kann. Die Fugen werden mit Sand oder einem Zement-Sand-Gemisch eingekehrt. Feuchtigkeit aus dem Untergrund sorgt dann für das Abbinden dieser Mischung.

Bodenbeläge Der am häufigsten im Garten verwendete Bodenbelag ist die Betonwerksteinplatte. Davon steht uns eine große Auswahl unterschiedlicher Muster zur Verfügung, die von der einfachen grauen Betonplatte über gefärbte und mit Basalt veredelte Oberflächen bis zu genoppten, strukturierten, gewaschenen Kiesplatten und Travertinimitaten reicht. Diese Platten sind genormt. Sie sind in den Maßen 20/40, 40/40 und 40/60 cm, seltener in den Maßen 25/50, 50/50 und 50/75 cm erhältlich. Ihre Dicke beträgt meist 5 cm. Hiermit lassen sich die Flächen leicht nach bestimmten Verlegemustern befestigen. Auch Rasterungen bei Verwendung verschiedenartiger Materialien sind möglich. Beim Verlegen ist darauf zu achten, daß die Platten satt verlegt sind (nicht hohl liegen). Zwischenräume verfüllt man durch seitliches Anstampfen mit dem Stiel des Gummihammers, den man zum Anklopfen benutzen kann.

Neben den Betonplatten gibt es Betonpflaster. Hierbei handelt es sich um teils formschönes, dauerhaftes Material, mit dem sich auch kleinere Flächen leicht befestigen lassen. Ausführungen und Stärken sind sehr unterschiedlich. Für einfache Fußwege im Garten genügt 6 cm starkes Pflaster, Zufahrten zu Garagen und Abstellplätze für Pkw kann man besser mit 8 oder 10 cm starkem Pflaster befestigen.

Hübsche Muster erzielt man durch Verwendung von Sechseckpflaster, das in den letzten Jahren an Beliebtheit gewonnen hat. Dieses Betonpflaster gibt es in verschiedenen Farben (Grau, Anthrazit, Rot). Es läßt sich wie ein Verbundsteinpflaster fest und dauerhaft verlegen. Verbundpflaster erinnert an Straßenbeläge. Es läßt sich leicht verlegen, ist aber wohl für Zu-

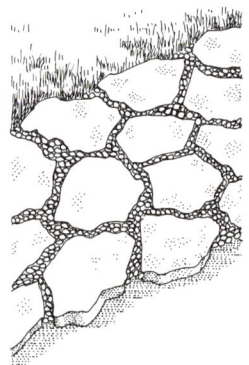

Natursteinplatten sind im Garten selten geworden. Gesägte Platten verlegt man wie Betonplatten. Bei dünnem Material ist ein Betonunterbau angebracht.

Unregelmäßige Platten, »Polygonplatten«, lassen sich zu Mustern zusammensetzen. Die Fugen zwischen den Platten sollen knirsch, d. h. sehr eng, oder bewußt breit gestaltet werden, indem man sie mit Kiesel- oder Mosaikpflaster auspflastert.

Bodenbeläge 97

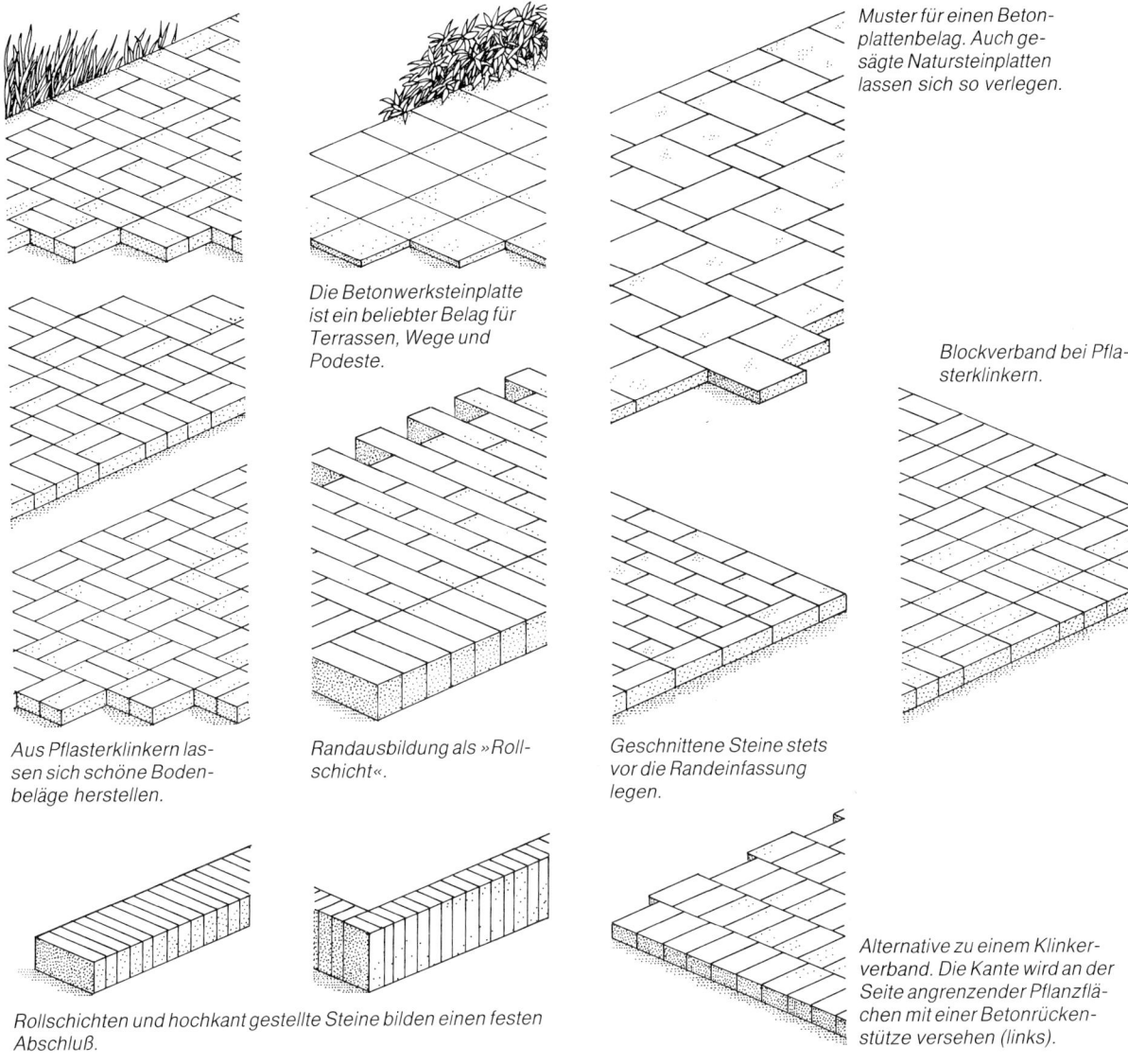

Muster für einen Betonplattenbelag. Auch gesägte Natursteinplatten lassen sich so verlegen.

Die Betonwerksteinplatte ist ein beliebter Belag für Terrassen, Wege und Podeste.

Blockverband bei Pflasterklinkern.

Aus Pflasterklinkern lassen sich schöne Bodenbeläge herstellen.

Randausbildung als »Rollschicht«.

Geschnittene Steine stets vor die Randeinfassung legen.

Rollschichten und hochkant gestellte Steine bilden einen festen Abschluß.

Alternative zu einem Klinkerverband. Die Kante wird an der Seite angrenzender Pflanzflächen mit einer Betonrückenstütze versehen (links).

fahrten von Garagen besser geeignet, als für die Pflasterung von Terrassen und Gartenwegen. Kleinteiliges Pflastermaterial wie Klinker, Beton- und Natursteinpflaster erleichtert die Gestaltung runder und komplizierter Formen im Garten und bewirkt eine stärkere Gliederung der Oberfläche. Preisunterschiede spielen bei der Anschaffung sicherlich eine wesentliche Rolle. Natursteinpflaster, Klinker und spezielle Betonpflaster wie das bekannte »Classico« oder das »Nostalit-Pflaster« kosten ihren Preis im Vergleich zu einfachen Betonplatten.

Pflasterklinker liefern schöne, dauerhafte Bodenbeläge. Hierbei ist zu beachten, daß die Randbereiche der befestigten Flächen (Anschluß an Beete oder Rasen) durch eine Rückenstütze aus Beton (10/10 cm), die zu den Vegetationsflächen hin abgeschrägt wird, oder durch senkrecht gestellte Klinker besonders befestigt werden, damit die Beläge nicht bei starker Beanspruchung oder Bearbeitung der angrenzenden Beete »aus den Fugen geraten«. Als Klinkerbelag eignen sich hervorragend dunkle Klinker (manganbraunbunt) und Klinker mit gedeckten Farben, die bei der Möblierung von Terrassen und bei begleitenden starkfarbigen Blumenbeeten keine Mißklänge hervorrufen. Dunkle Beläge wärmen sich tagsüber stärker auf als helle und geben die Wärme an kühlen Sommerabenden länger wieder ab.

Die Verwendung von Holzpflaster kann in unserem Klima nur bedingt empfohlen werden. Kesseldruckimprägniertes Holz hält länger, ausschlaggebend jedoch ist die Holzart. Bongossi- und Kambalapflaster sind recht dauerhaft, aber auch teuer. Wer statt einer befestigten Pflasterfläche lieber einen grünen Abstellplatz oder eine grüne Garagenzufahrt haben möchte, kann diesen Bereich mit Rasengittersteinen befestigen. Das Gras wächst durch das Betongitter hindurch und bildet einen Rasen, der sich ebensogut pflegen läßt wie ein normaler Gartenrasen. Rasengittersteine verlegt man auf den gleichen Unterbau wie Platten- und Pflasterflächen. Als Vegetationsschicht fegt man nach dem Verlegen der Platten ein Gemisch aus gesiebter Komposterde und Grassamen ein, so daß sich der Boden ca. 1 cm unter den oberen Nocken oder des Randes der Gittersteine befindet.

Verlegen von Trittplatten Für Trittplatten empfiehlt sich eine Plattenstärke von 5 cm. Die Größe sollte 40/40 cm nicht unterschreiten, das gilt auch als Durchmesser für runde Trittplatten. Die Schrittlänge von 62–65 cm ist maßgebend für den Abstand der Platten voneinander. Schrittplatten erhalten ein 5 cm dickes Sandbett, damit sie im Winter nicht hochfrieren können. Diese Gefahr besteht besonders bei schweren Böden.

Die Platten werden mit Hilfe einer Wasserwaage ebenflächig verlegt. In Rasenflächen liegen sie bündig mit dem Rasen, damit man ungehindert mit dem Mäher darüberfahren kann. In Beetflächen liegen Trittplatten besser etwas höher, um einen besseren Wasserabfluß zu erhalten. Zum Verlegen benötigt man eine Maurerkelle zum Unterfüllen mit Sand, einen Schlegel, ein festes Holzstück zum Rammen und eine Wasserwaage. Beim Festklopfen der Platten sollte stets ein festes Holzstück zwischen Schlegel und Platte liegen, sonst können die Platten brechen.

Wassergebundene Decken Wem Platten- oder Pflasterbeläge zu teuer sind, der kann sich auch mit einer wassergebundenen Wegedecke helfen. Diese Art der Wegebefestigung läßt sich auch leicht selbst herstellen. Auf dem bereits beschriebenen Unterbau bringt man dann eine Abschlußschicht aus Dolomitsplitt (Körnung 0/6 mm) in 3–5 cm Dicke auf und walzt, rammt oder rüttelt sie bis zur Standfestigkeit ab. Es können auch andere Materialien als Eindeckung verwendet werden, wie Eisensand, Haldenmineral, Grauwackesplitt, Lava und dergl. Wichtig ist, daß sich in der obersten Schicht stets ein gewisser Null-Anteil befindet, d. h. besonders feinkörniges Material, um die Hohlräume auszufüllen und einen glatten Oberflächenabschluß zu bilden. Bei der Anlage wassergebundener Decken sollten Wege und Terrassenflächen immer mit einem versenkten Kantenstein, der bündig mit den angrenzenden Flächen abschließt, begrenzt werden (Betonkantensteine 6/20/100 cm oder 6/20/50 cm). Dann können die Flächen bei Gartenarbeiten auf angrenzenden Beeten oder im Rasen nicht beschädigt werden. Statt des Kantensteines eignet sich genausogut eine einbahnige oder zweibahnige Pflasterreihe als Begrenzung. Sie dient bei angrenzenden Rasenflächen gleichzeitig als sogenannte Mähkante und erleichtert die Rasenpflege. Ein großer Nachteil wassergebundener Decken soll nicht verschwiegen werden: Sie sind im zeitigen Frühjahr bei aufgetauter Oberfläche und Frost im Untergrund schlecht zu begehen, da das Wasser dann nicht in den Untergrund abziehen kann.

Mauern, Trockenmauern

Mauern dienen zum Abfangen von Höhenunterschieden oder zur Realisierung besonderer Gestaltungsabsichten (Sitzmauer für vertieften Sitzplatz oder ähnliches) und für Bereiche, in denen man nicht mit bepflanzten Böschungen weiterkommen kann. Soweit sie als Ziegelmauerwerk oder als Betonmauern erstellt werden müssen, die ein regelrechtes Fundament benötigen und die Arbeit eines Fachmannes erfordern, läßt man sie am besten von einem einschlägigen Unternehmen bauen. Es gibt jedoch auch Materialien, mit deren Hilfe man selbst Mauern errichten kann. Hierunter ist zunächst die »Stuttgarter Mauerscheibe« oder die Winkelstützmauer zu nennen. Es handelt sich um winkelförmige Betonfertigteile, die vorgefertigt in verschiedenen Höhen und Breiten im Handel erhältlich sind. Gängige Höhen sind 50, 60, 70, 80 cm. Es gibt auch Fertigteile bis 2,00 m und darüber. Wir sollten aber bei höheren Mauern – besonders in hängigem Gelände – darauf achten, daß die Absturzhöhe, d. h. die Mauerhöhe, nicht über 90 cm reicht, da man sonst zur Absicherung ein Geländer benötigt. Man kann aber auch Mauern in mehreren Schichten errichten, d. h. man setzt zum Beispiel statt einer 100 cm hohen Mauer zwei 50 cm hohe Mauern so hintereinander auf, daß zwischen diesen beiden Mauerteilen ein Pflanzstreifen von mindestens 50 cm Breite (je nach Möglichkeit auch breiter) übrigbleibt. Diesen Streifen bepflanzt man dann mit geeigneten Gehölzen oder Polsterstauden, so daß eine dauerhafte Begrünung stattfindet. Auf diese Weise erhalten wir schnell ein schön begrüntes Mauerwerk, das mit relativ einfachen Mitteln errichtet wurde. Die Stuttgar-

Auch für den Atriumgarten gibt es eine Fülle von Gestaltungsmöglichkeiten. Mauerwerk und Pflanzen verbinden sich hier harmonisch zu einem Wohnbereich im Freien.

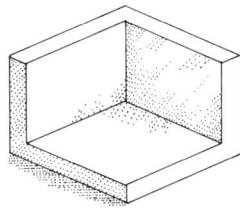

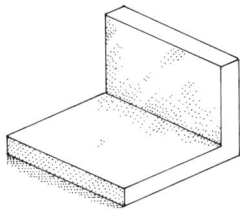

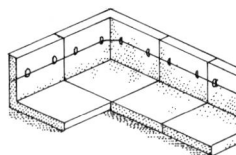

Winkelstützmauern, sog. Stuttgarter Mauerscheiben, lassen sich leicht errichten. Sie benötigen kein Betonfundament. Als Unterbau genügt eine Kies- oder Splittpackung von 30 cm. Die Auflast des Bodens sorgt für sicheren Stand. Auf der Rückseite kann man die Fertigteile mit einem Rundeisen, das durch die Ösen gesteckt wird, dauerhaft verbinden.

Ein häufig verwendetes Betonfertigteil ist der sog. Karlsruher Gartenstein. Er läßt sich vielfältig für Stützmauern, Treppen, Sitzmauern, Einfassungen und dergl. verwenden.
Dieser Gartenstein ist leicht zu handhaben und daher für den Eigenbau besonders zu empfehlen.

ter Mauerscheiben können auf der Ansichtsseite eine verschiedenartige Ausprägung haben. Es gibt sie in einfachem Sichtbeton, Waschbeton, Brettschalung, Reliefstrukturen verschiedenster Art, wobei die senkrechten Strukturen wegen des besseren Wasserablaufes und der damit verbundenen Frostsicherheit natürlich günstiger sind als querstrukturierte Teile. Auf der Rückseite der Winkelsteine sind Ösen angebracht, durch die man ein Rundeisen schieben kann. Man klopft dann die Ösen um und erhält so eine feste, unverrückbare Verbindung der Winkelteile miteinander. Fundamente sind für diese Art Mauerwerk nicht erforderlich, allenfalls eine gut dränierende Kies-, Aschen- oder Schlackenschicht, welche die erforderliche Frostsicherheit gewährt. Die Mauerfugen, die durch das Aneinanderreihen der Elemente entstehen, kann man zweckmäßigerweise durch Pappstreifen oder Folienstreifen so überdecken, daß Erdreich und abfließendes Wasser nicht durch diese Fugen gelangen können.

Zu den beliebtesten Fertigteilen, mit denen Mauern erstellt werden können, zählt der sogenannte »Karlsruher Gartenstein«. Dieser Stein ist U-förmig und in den Abmessungen 50/40 cm erhältlich. Man kann den Stein in verschiedener Weise aufstellen, zum Beispiel so, daß die Ansichtsflächen ein geschlossenes 50 oder 40 cm hohes Mauerwerk darstellen, oder man kann die Mauer so errichten, daß die U-form zur Hangseite zeigt, so daß sie mit Boden verfüllt und außerdem bepflanzt werden kann. Besonders die Eckausbildung ist bei diesem Beispiel gut gelungen. In die Abschluß- oder Ecksteine lassen sich ebenfalls noch niedrige Gehölze oder Ranker setzen, z. B. Efeu, Fingerstrauch *(Potentilla)* oder kriechende Felsenmispel *(Cotoneaster dammeri)*. Karlsruher Gartensteine eignen sich auch gut zur Anlage von Treppen im Garten (siehe Abb. links unten).

Beton im Garten ist natürlich nicht jedermanns Sache. Ein sehr gartenfreundliches Material ist und bleibt natürlich das Holz. Mit Eisenbahnschwellen in neuer oder gebrauchter Form und mit Rundhölzern (Palisaden) lassen sich gute Höhenüberbrückungen schaffen. Am besten verwendet man bei allen Holzarten kesseldruckimprägniertes Material. Senkrecht gesetzte Palisaden oder Schwellen stellt man in einen ca. 60–70 cm tief ausgehobenen Graben dicht an dicht. Man kann den Graben im unteren Teil (40 cm) mit Fundamentbeton oder auch mit gut angestampftem Füllbeton so verfüllen, daß die Schwellen oder Pfähle fest und unverrückbar stehen. Zur weiteren Absicherung werden sie auf der Rückseite mit Krampen an Spanndrähten fest verbunden. Vor dem Hinterfüllen mit Boden decken wir die Rückseite zweckmäßigerweise mit einer Plastikfolie oder mit Dachpappe ab, damit es nicht zu einer Beeinträchtigung der Pfähle durch Feuchtigkeit oder des Bodens durch gelöste Imprägniermittel kommt.

Bahnschwellen lassen sich gut horizontal verlegen. Als Unterbau genügt auch hier eine Dränschicht aus 10–20 cm Kies, Sand, Asche oder Splitt. Die Schwellen werden auf der Rückseite mit Bauklammern fest miteinander verbunden und nach der Art von Quadermauerwerk aufgesetzt. Vor dem Hinterfüllen mit Boden empfiehlt sich auch hier eine Abdeckung

Mauern, Trockenmauern

mit Dachpappe oder Folie. Die Industrie hat in den letzten Jahren sogar Betonpalisaden entwickelt, die mit vorgefertigter Nut so ineinander verkeilt werden können, daß ein zusätzliches Befestigen der einzelnen Palisaden nicht mehr erforderlich ist.

Bei steilen Schräglagen ist jedoch nicht immer unbedingt eine Mauer erforderlich. Man kann Steilhänge auch mit Gittersteinen befestigen und dadurch rutschfest machen. Bei letzterer Methode werden sogenannte Rasengittersteine, die es in verschiedenen Systemen – rautiert und in rechteckiger Aufteilung – gibt, unmittelbar in den Hang in der erforderlichen Schräglage verlegt. Hiermit können Winkel bis zu 70° überwunden werden. Die Hohlräume werden am besten mit einer gesiebten Komposterde verfüllt und mit Polsterpflanzen, wie Glockenblumen, Steinkraut, Steinbrech, Schleifenblume, Gänsekresse, Hornkraut, oder kriechenden Gehölzen, wie der Kriechweide, der flachwachsenden Felsenmispel *(Cotoneaster dammeri)*, dem Efeu, dem Sonnenröschen, dem Immergrün oder der kriechenden Schneebeere und anderen, bepflanzt. So entsteht ein gut begrünter Hang, der zudem den Vorteil hat, daß er durch seine Blütenfülle im Frühjahr oder zur Sommerzeit besonders attraktiv zur Geltung kommt.

Auch die Anlage von Trockenmauern ist ein beliebtes Mittel, um Höhenunterschiede zu überbrücken. Trockenmauern bestehen aus Schichtmauerwerk, das trocken aufgesetzt wird. Hierzu verwendet man am besten Natursteine, aber es gibt auch Kunststeine, Pflastersteine und speziell gefertigte Löffelsteine, die man hierzu verwenden kann. Bei Pflastersteinen sollte jedenfalls eine ausreichende Einbindetiefe gegeben sein (15 cm). Man schichtet die Steine lagenweise auf und hinterfüllt sie mit Boden. Dabei läßt man stellenweise Fugen frei, um sie später mit Polsterpflanzen zu besetzen. Die Trockenmauer kann bereits während des Aufsetzens bepflanzt werden, weil man so am besten an die Fugen herankommt. Trockenmauern aus Naturstein sind zweifellos am schönsten. Man verwendet hierzu Natursteinmaterial wie Sandstein, Grauwacke, Gneis, Schiefer u. ä.. Sie dürfen nicht zu hoch aufgesetzt werden, denn bei Höhen über 50 cm muß man der Mauer eine sogenannte »Dossierung«, ein Gefälle von 10–15% nach hinten, geben, um auf diese Weise ein Gegengewicht gegen den Bodendruck herzustellen. Man setzt die Steine in entsprechender Schräglage unten auf. Wichtig ist, daß derartige Trockenmauern eine entsprechende Dränung auf der Rückseite

Bahnschwellen als Stützmauern horizontal verlegt. Die Schwellen werden auf der Rückseite mit Bauklammern fest verbunden und mit Folie gegen Erdfeuchte geschützt. Mit Teerstoffen imprägnierte Hölzer erhalten einen Schutzanstrich.

Größere Höhenunterschiede kann man durch Mauern mit dazwischengeschalteten Podesten überbrücken, die bepflanzt werden. So läßt sich eine Mauer wirkungsvoll begrünen (links).

Palisaden aus Vierkant- oder Rundhölzern mit Kesseldruckimprägnierung lassen sich als Sichtschutzwand aufstellen und beranken (oben).

Erhöhte Beete (Bankbeete) kann man auch in herkömmlicher Weise aus Ziegelsteinmauerwerk errichten. Dabei ist darauf zu achten, daß die Rückseite gut gegen Feuchtigkeit isoliert wird, sonst entstehen auf der Vorderseite Ausblühungen.

Höhenunterschiede lassen sich wirkungsvoll durch Trockenmauern überbrücken, die man als Schichtmauerwerk aufsetzen kann. In den Fugen fühlen sich bald viele Polsterpflanzenarten heimisch. Wichtig ist, daß die Mauern auf der Rückseite mit einer Dränschicht oder mit Dränschlitzen versehen werden, damit das Hangwasser abziehen kann.

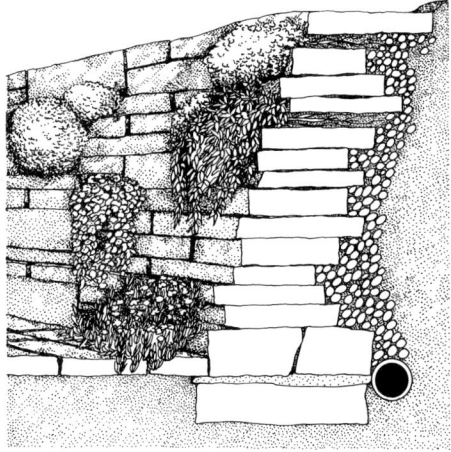

erhalten (siehe Abb.), damit eindringendes Hangwasser leicht und rasch abgeführt werden kann. Sonst sind Auswaschungen oder Frostaufbrüche die Folge.

Treppenanlagen
Zur Überbrückung von Höhenunterschieden in den Wegen sind wir gelegentlich gezwungen, hier und da einige Stufen einzubauen. Stufen müssen in ihren Maßverhältnissen von Höhe zu Auftrittbreite genau berechnet werden, weil sie sonst nicht dem Schrittmaß entsprechen und zu Stolperstufen werden können. Den Treppenmaßen liegt eine durchschnittliche Schrittlänge von 64 cm zugrunde. Gartentreppen sollen möglichst flach angelegt werden. Breite Auftrittsflächen sind bequemer begehbar. Die Breite der Stufe ergibt sich aus der Schrittlänge minus der doppelten Höhe: $64 - 2 \times h$. Wäre die geplante Höhe 10 cm, so wäre die daraus abzuleitende Breite des Auftritts $64 - 2 \times 10 = 44$ cm. Bei 14 cm Stufenhöhe beträgt die Auftrittsbreite $64 - 2 \times 14 = 36$ cm.

Treppen lassen sich aus verschiedenen Materialien herstellen. Einfache Anlagen kann man zum Beispiel aus Blockstufen (Betonblockstufen) herstellen, die man in Meterstücken auf Kies oder Sand versetzt. Bei geringen Stufenfolgen (bis zu 3 Stufen) kann man auf ein Betonfundament verzichten. Größere Höhenunterschiede lassen sich nur dann mit geringen Stufenfolgen überbrücken, wenn Zwischenpodeste eingeschaltet werden können. Den baupolizeilichen Vorschriften zufolge benötigt man ab einer Stufenfolge von 4 Stufen ein Geländer.

Für Platten- und Klinkerwege empfehle ich Stufen aus andersfarbigem Material, zum Beispiel anthrazitfarbene Blockstufen oder Schwellenstufen, um den Benutzer des Weges indirekt auf den Höhenunterschied aufmerksam zu machen. Aus Bahn-

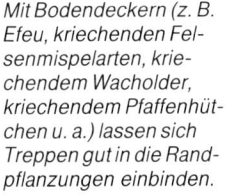

Mit Bodendeckern (z. B. Efeu, kriechenden Felsenmispelarten, kriechendem Wacholder, kriechendem Pfaffenhütchen u. a.) lassen sich Treppen gut in die Randpflanzungen einbinden.

Treppenanlagen 103

Landhausgarten
1 Wohnhaus
2 Hauszugang (Natursteinpflaster)
3 Garage
4 Garagenzufahrt (Betonpflaster)
5 Geräteraum
6 niedrige Pflanzung
7 gepflasterter Terrassenbereich
8 Blumenbeete
9 Rosen
10 Sumpfstauden
11 Gartenteich mit Wasserpflanzen
12 Rasen
13 Rankgerüste mit Kletterpflanzen
14 Freisitz mit Pergola
15 Blütensträucher
16 Solitärgehölze und Bäume

104 Technische Einrichtungen

Treppenanlage aus Bahnschwellen. Durch eine zusätzliche Reihe aus Ziegelsteinen erreicht man die erforderliche Auftrittbreite (links).

Treppe aus Legestufen. Kantensteine oder Platten bilden den Gegentritt. Den Auftritt stellt man aus Platten her (Mitte).

Treppe aus kesseldruckimprägnierten Holzscheiben (Stammabschnitte – rechts).

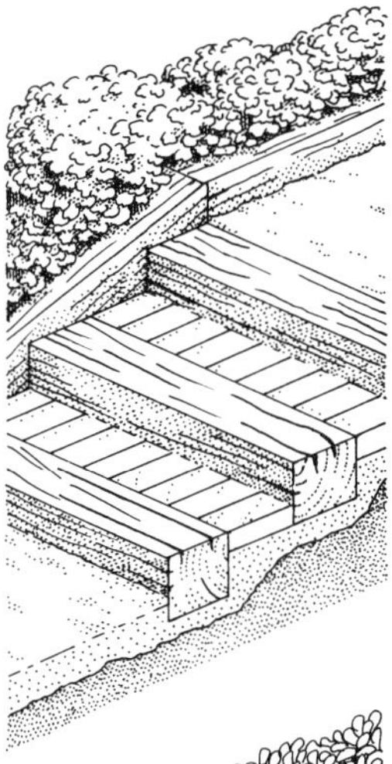

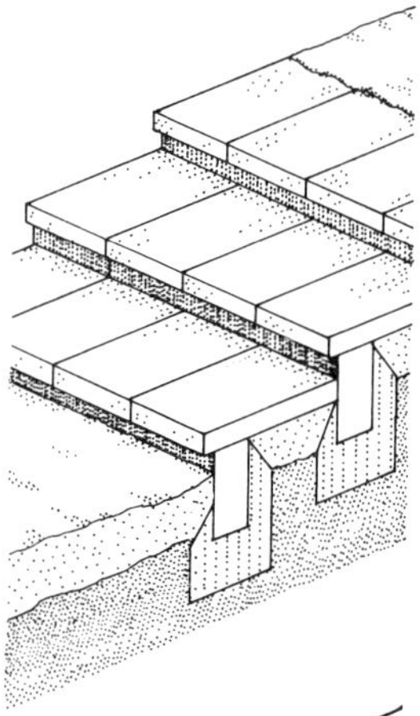

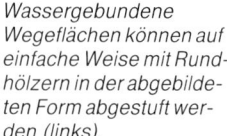

Wassergebundene Wegeflächen können auf einfache Weise mit Rundhölzern in der abgebildeten Form abgestuft werden (links).

Ziegelsteine lassen sich in mannigfaltiger Form gut zu Treppenstufen verarbeiten (Mitte und rechts).

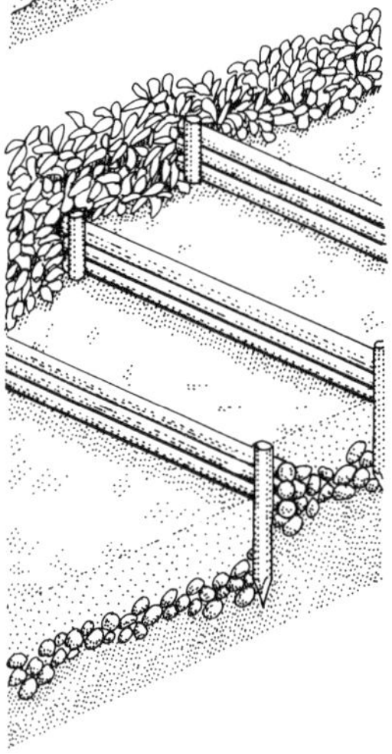

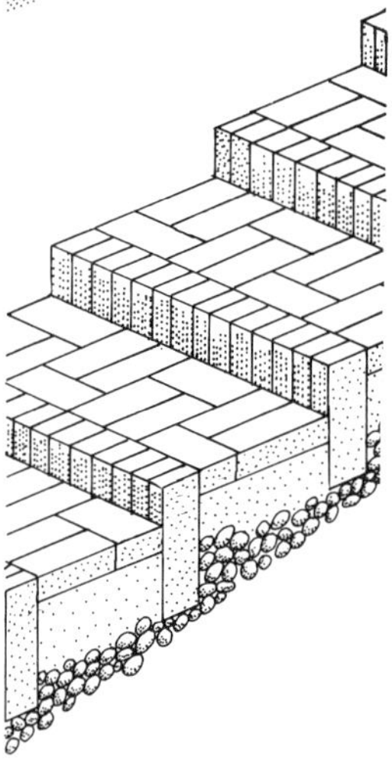

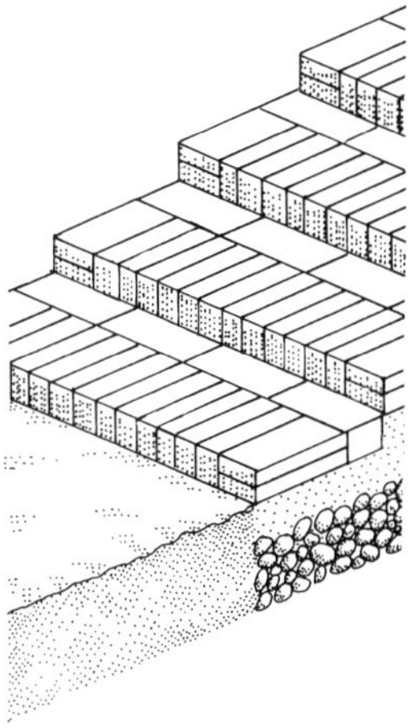

schwellen lassen sich ebenfalls mühelos Stufenanlagen herstellen. Die Maße der Schwellen entsprechen jedoch nicht der menschlichen Schrittlänge. Daher ist es erforderlich, zwei Schwellen nebeneinander einzubauen und die darauf folgende Stufe soweit überkragen zu lassen, bis das Schrittmaß nach der Formel wieder erreicht ist, oder man schaltet hinter jede Schwelle zusätzlich eine Klinkerreihe, um die erforderliche Auftrittsbreite zu erreichen.

Bei breiteren Treppenanlagen ist darauf zu achten, daß die Stoßfugen zwischen den Stufenteilen versetzt angelegt werden, z. B. durch Einbau eines 50 cm langen Stufenteiles in jeder 2. Stufe. Die einfachste Art einer Treppenanlage für wassergebundene Wege sind Stufen aus Fichtenrundhölzern. Man verwendet hierzu imprägnierte Fichtenrundhölzer mit einem Durchmesser von 4–8 cm. 2 oder 3 gleichmäßig starke, gerade Hölzer werden waagerecht verlegt und durch zwei senkrecht eingerammte, bündig mit der Oberkante abgeschnittene Pflöcke befestigt. Die Füllung der Auftrittsfläche erfolgt dann aus dem gleichen Material, mit dem der übrige Weg befestigt ist.

Hochkant gestellte Platten oder Ziegel können ebenfalls als Stufenkante verwendet werden (siehe Abb.). Zur besseren Befestigung versieht man sie mit einer Betonrückenstütze.

Stufen lassen sich auch als Legestufen aus Platten herstellen. Die Auftrittsplatten sollten dabei einen Überstand von 1,5–2 cm erhalten (Wassernase). Die Stufen erhalten zur besseren Entwässerung ein Quergefälle von 0,5–1 cm. Zwar können solche Treppenanlagen trocken versetzt werden, es ist aber sicherer, die Platten in

Beton oder in ein Mörtelbett zu versetzen, um unerwünschte Hinterspülungen zu vermeiden und den Stufen eine größere Festigkeit zu verleihen.

Wer gern »im Material« bleiben möchte, kann Stufen auch aus Pflastersteinen oder Klinkern herstellen (siehe Abb. S. 104).

Die Stufenzahl soll möglichst ungerade sein (3 oder 5). Mehr als 5 Stufen hintereinander sollten im Garten nicht ohne Unterbrechung durch einen Treppenabsatz aufeinander folgen.

Rankgerüst oder Pergola

Rankgerüste oder Pergolen lassen Erinnerungen an südliche Gefilde in uns wach werden. Wir denken an verträumte Laubengänge mit bunten Lampions, an Wilden Wein und Glyzinien, die ihre blauen Trauben in verschwenderischer Fülle herabfließen lassen, an Weintrauben, die an einfachen, zusammengezimmerten Balken im Schatten ihres üppigen Blattwerks heranreifen, an den Duft des Geißblattes, das sich in milden Sommernächten mit köstlichem Blütenduft umgibt. Azurblaue, weiße und dunkelsamtene Clematis wetteifern im Blühen mit dunkelroten oder gelben Kletterrosen, und die riesigen dunkelgrünen Blätter der Pfeifenwinde stehen als dekorativer Hintergrund für einjährige Gewächse, wie die blaue Trichterwinde, die Duftwicken, die an eingespannten Baustahlgeweben oder Drahtgeflecht meterhoch emporranken können. Auch nützliche Gewächse gedeihen gut an solchen Kletterhilfen. Ich denke hier besonders an Stangenbohnen oder die dekorativen Feuerbohnen, die mit ihren leuchtendroten Blüten eine willkommene Zierde sind und Massen riesiger Bohnenschwerter liefern, die ein wohlschmeckendes Gemüse abgeben. Es ist viel zu wenig bekannt, daß man auch Gurken, Kürbisse, Zierkürbisse und Kalebassen an Rankgerüsten emporklettern lassen kann. Sie sind sehr zierend und originell und versetzen oft sogar den erfahrenen Praktiker durch Wuchshöhe und Ertrag in Erstaunen. Aber bevor man ein Rankgerüst errichtet, sind einige

Ein Rankgerüst oder eine Pergola stellt man niemals nur aus architektonischen Gründen im Garten auf. Sie übernehmen die Stützfunktion für Kletterpflanzen, die auf diese Weise gut zur Geltung gebracht werden können.

106 Technische Einrichtungen

Rechte Seite:
Rustikale Pergola aus geschälten, imprägnierten Rundhölzern. Die oberseits mit einer Kerbe versehenen Stützen bestehen aus Maggia – Granit (Monolithe). Bald wird der echte Wein sein schattenspendendes Blätterdach über den Sitzplatz breiten.

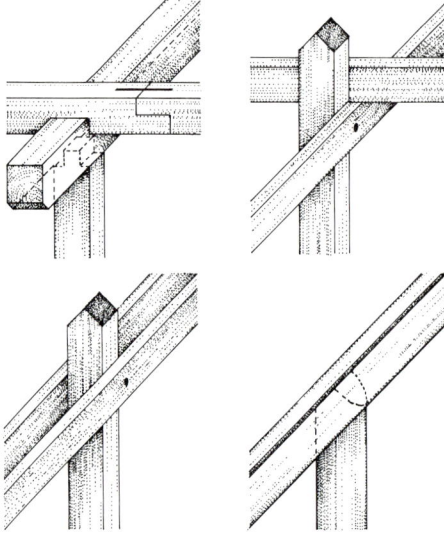

Verschiedenartige Ausbildungen von Rankgerüsten aus Vierkanthölzern und halbrunden Hölzern.

Es gibt viele Möglichkeiten, Sitzplätze mit einer Pergola und Kletterpflanzen zu verschönern – auch in Eigenbauweise.

planerische Überlegungen anzustellen. Pergolen oder Rankgerüste sollten niemals frei stehen. Sie benötigen immer eine Anbindung an eine Architektur, wenn es sich nicht um ein freistehendes Laubengerüst handelt. Wohnhaus, Garage, Carport, Gartenhäuschen oder Laube bieten sich als Anbindungspunkt an. Von hier aus kann man das Gerüst über einen Sitzplatz, einen Weg oder durch eine Pflanzung führen. Zur Konstruktion eines Rankgerüstes einige Beispiele (Abb.).

Beim Bau einer Holzpergola sollte man grundsätzlich nur kesseldruckimprägniertes Holz verwenden. Das hat den Vorteil, daß dieses Holz nicht jedes Jahr neu imprägniert oder gestrichen werden muß. Anstrich ist immer mit Umstand verbunden, da die Pflanzen von den Gerüsten gelöst und hinterher wieder befestigt werden müssen, was nicht immer ohne Schaden für die Pflanzen abgeht. Selbstverständlich kann man Pfosten und Balken mit Imprägnierungsmitteln verschiedenster Art (auf Pflanzenverträglichkeit achten!) farbig streichen. Steht uns kein kesseldruckimprägniertes Holz zur Verfügung, so benötigen wir mindestens 2 gut deckende Anstriche oder man muß das Holz einige Tage in ein Imprägnierungsmittel tauchen. Als Farbton wählt man am besten eine Holzfarbe, d. h. ein helleres oder dunkleres Braun. Blaue, grüne und rote Farbtöne können zusammen mit blühenden Pflanzen sehr störende Effekte hervorrufen.

Die Lebensdauer einer Pergola hängt selbstverständlich entscheidend von der Pflege ab, aber hier spielt auch die verwendete Holzart eine bedeutsame Rolle. Bongossiholz ist nahezu unbegrenzt haltbar und benötigt keinen Schutzanstrich. Eiche ist dauerhaft, allerdings auch sehr teuer. Kiefer und Lärche sind gut geeignet. Auch das billige Fichtenholz ist willkommener Baustoff, wenn es entsprechend imprägniert ist, aber gerade bei den Nadelhölzern sollte man mindestens alle 2–3 Jahre einen Anstrich vornehmen.

Als Pfosten (Stützen) kann man Rundhölzer oder Vierkanthölzer verwenden. Wichtig ist, daß die Kopfstücke der Pfosten so ausgebildet werden, daß Regenwasser nicht in das Hirnholz eindringen kann. Bei Vierkantholz haben wir es leicht, denn man kann durch eine darübergelegte Pfette (Unterzug oder Oberzug) die gefährdete Stelle leicht überdecken. Das setzt allerdings voraus, daß die Stärke der Pfette dem Querschnitt des Pfostens entspricht. Rundhölzer machen da größere Schwierigkeiten. Hier können wir uns mit einem kleinen Trick helfen, indem wir das Kopfende des Rundholzes dachartig abschrägen, d. h. mit zwei Schrägen versehen, die in der Mitte zu einem Grat zusammenlaufen. Die Montage der Querbalken erfolgt dann mit halbierten Rundhölzern, die an den Schrägen der Kopfenden der Stützen (siehe Abb.) so befestigt werden, daß eine

Rankgerüst oder Pergola 107

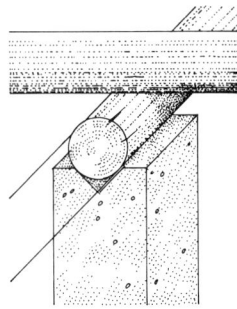

Bei Natursteinsäulen (Monolithen) verwendet man für Unter- und Oberzüge am besten imprägnierte, geschälte Rundhölzer.

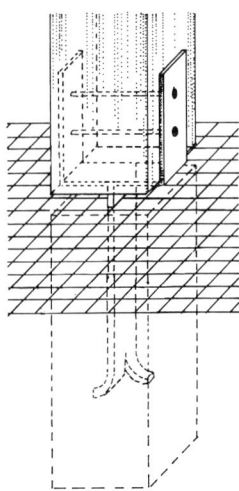

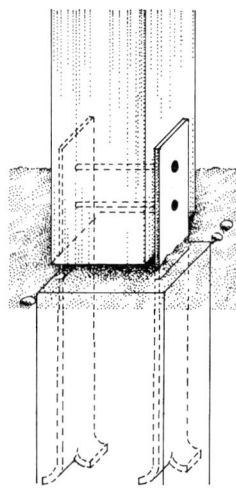

*Beispiele für die Aufstellung von Pergolenpfosten. Zwischen Pfosten und Erdanschluß schützt ein Luftraum von ca. 2 cm gegen Fäulnis.
Stein- und Betonpfosten werden auf einer Stützmauer verdübelt.*

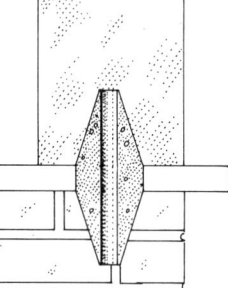

doppelholmige Konstruktion entsteht. Bei Vierkanthölzern haben wir ebenfalls die Möglichkeit, doppelholmige Konstruktionen zu errichten, indem wir die Pfetten beiderseits der Stützen anschrauben (siehe Abb.). In diesem Falle sollte jedoch das Kopfende ebenfalls dachartig ausgebildet werden, damit Niederschlagswasser rasch abfließen kann. Will man Metallstützen verwenden, kann man sogenannte Gasrohre ($\varnothing$ ca. 6–8 cm) auf Länge schneiden und einbauen. Wegen des Rostschutzes sind feuerverzinkte Rohre zu empfehlen. Auf der Kopfseite werden Laschen angeschweißt, die beidseitig ca. 8 cm über das Rohr hinausragen und mit je 2 Bohrlöchern zu versehen sind, um von der Unterseite her das Auflageholz (Pfette) anschrauben zu können. Solche Gasrohre erhalten am besten nach einiger Zeit einen mattfarbenen dunkelbraunen oder schwarzen Schutzanstrich.

Auch Betonpfosten sind möglich. Hierbei sollte man darauf achten, daß die Stützen nicht zu dick werden. Der Querschnitt sollte nicht größer als 20/20 cm sein, sonst wirken sie plump und klobig. Es ist darauf zu achten, daß die Pfosten eisenarmiert sind, damit sie bei Belastung nicht auseinanderbrechen können. Das Kopfstück versieht man am besten mit einem Kerbschnitt (siehe Abb.), um ein Rund- oder Vierkantholz als Balken auflegen zu können.

Pergolenstützen sind sorgfältig im Boden zu verankern, d. h. sie benötigen ein Fundament. Bei Gasrohren oder Betonstützen ist das relativ einfach. Man hebt ein Loch in der Größe des Fundamentes (30 × 30 × 80 cm oder 40 × 40 × 80 cm) aus und setzt die Stützen hinein. Die Hohlräume werden dann mit Fundamentbeton (B 10), der sorgfältig anzustampfen ist, verfüllt. Das Fundament lassen wir 5–10 cm unter der Oberfläche des Erd- oder Plattenanschlusses enden, damit es nicht störend in Erscheinung treten kann. Es ist besonders darauf zu achten, daß die Pfosten senkrecht stehen. Die Flucht markieren wir am besten mit einer Schnur, um Abweichungen zu vermeiden. Ohne Wasserwaage sollte nicht gearbeitet werden!

Bei Holzkonstruktionen ist das direkte Einbinden der Pfosten in Fundamente nicht zu empfehlen, da sie an den Nahtstellen leicht faulen können. Hier verwendet man zweckmäßigerweise zwei gelochte Eisen, die im Abstand der Pfostenbreite in das Fundament eingelassen werden. Die Pfosten befestigt man mittels Schloßschrauben an diesen Eisen so, daß unter den Pfosten ein Luftraum von 1–2 cm frei bleibt. Hierdurch wird Fäulnisbildung verhütet. Größere Abstände vom Boden sollte man vermeiden, um den statischen Eindruck nicht aufzuheben. Man kann auch sogenannte Pfostenschuhe, U-förmig gebogene Eisen (siehe Abb.), herstellen und in die Fundamente einlassen. Wichtig ist, daß alle Eisenteile stabil genug (4 mm dick) und feuerverzinkt sind, damit sie nicht durchrosten können und die Belastung einer vollbewachsenen Pergola aushalten. Durch den Bewuchs entstehen oft zentnerschwere Lasten. Aus diesem Grunde sollten auch – je nach Berankung – die Pfosten nicht zu schwach ausgebildet sein. Ich schlage Mindestdicken von 10–12 cm bei Vierkantpfosten, 12–15 cm $\varnothing$ bei Rundhölzern vor. Die Querverbindungen in Form von Ober- und Unterzügen können schwächer ausfallen. Hier genügen hochkant gestellte Hölzer von 6–10 cm Breite und 10–12 cm Höhe. Bei den halbrunden Hölzern wählt man $\varnothing$ von 12–15 cm.

Der Abstand der Pfosten voneinander darf nicht beliebig gewählt werden. Aus statischen Gründen gibt es bestimmte Maximalwerte, die nicht überschritten werden sollen. Stehen die Pfosten weiter als 3 m auseinander, so müssen stärkere Profile verwendet werden. Grundsätzlich sollte man nicht über 3,50 m Pfostenabstand hinausgehen, da sonst die Verbindungsbalken leicht durchhängen können, was der ganzen Konstruktion ein unschönes Aussehen geben würde. An den Endpunkten lassen wir die Querhölzer mit 30–50 cm Überstand über die Pfosten hinausragen. So werden die Zugkräfte besser verteilt und das Rankgerüst bekommt ein stabiles Aussehen.

Mit zwischengespannten, kunststoffbeschichteten Baustahlgeweben oder Drahtgitternetzen schafft man zusätzliche Berankungsmöglichkeiten insbesondere für Sommerblumen wie Wicken, Winden, Prachtglocken und Kapuzinerkresse. Die Höhe eines Rankgerüstes wird zunächst einmal durch den Baukörper bestimmt, an den es anschließt (Dachtraufe, Attika). Sie soll jedoch nicht höher als 2,30–2,50 m über dem Boden liegen. Das gilt auch für freistehende Laubengerüste oder sogenannte Rosenbögen. Hier muß gewährleistet sein, daß man auch dann ungehindert unter ihnen hindurchgehen kann, wenn sie sich im vollen Schmuck der Berankung präsentieren.

Licht im Garten

Viel zu wenig Beachtung findet die Beleuchtung in unseren Gärten. Im Frühjahr, Herbst und Winter, wenn die Tage kürzer, die Stunden der Dämmerung und Dunkelheit länger sind, können wir unserem Garten durch geschickte Anordnung von Gartenleuchten und -strahlern völlig neue Reize abgewinnen. Auch für ein abendliches Gartenfest schafft eine raffinierte Ausleuchtung der Pflanzung, der Blumenrabatten oder einzelner besonders schön gewachsener Gräser und Büsche die stimulierende Kulisse, die nun einmal zu solchen Veranstaltungen gehört.

Es kommt nicht darauf an, den gesamten Gartenraum voll auszuleuchten. Meist genügt es, mit Hilfe einiger Punktstrahler oder mobiler Scheinwerfer die gewünschten Effekte zu erzielen, und man ist selbst überrascht über die großartige Wirkung und völlig neuen Wertigkeiten, die durch angestrahlte Pflanzen vor nächtlich dunklem Hintergrund entstehen. Licht reizt zum Experimentieren!

Bereits bei der Anlage eines Gartens sollte man Möglichkeiten zur Aufstellung von Leuchten in ausreichender Menge vorsehen und – wenn möglich – diese gleich mitinstallieren. Besonders bewährt haben sich Außensteckdosen, an die man nach Belieben mit Hilfe von Verlängerungskabeln mobile Scheinwerfer anschließen kann, denn der Garten wandelt sich im Laufe des Jahres. Bald blüht es hier, bald dort, und der Reiz des Wechsels vergrößert den Erlebnisspielraum in unserer grünen Umwelt.

Wichtigster Grundsatz bei allen Arten von Beleuchtungen im Freien: Niemals Lampen so aufstellen, daß direktes Licht in das Auge des Betrachters eindringen kann. Direktes Licht wirkt störend, vor allem in der Dunkelheit, wenn sich die Pupille des menschlichen Auges weitet und dadurch umso reizempfindlicher wird.

Für die Beleuchtung von Sitzplätzen und Terrassen sollte man sich ohnehin mit mildem und gedämpftem Licht zufrieden geben. Durch den Einbau eines Dimmers kann man gegebenenfalls vom Haus aus die Lichtstärke regeln. Die Industrie bietet heute eine schier unerschöpfliche Auswahl von Leuchten an, die ihr Licht nur nach unten, nach oben oder in eine ganz bestimmte Richtung abgeben, so daß es leicht ist, für jeden Zweck das Gewünschte herauszufinden – auch die Unterwasserbeleuchtung für den Springbrunnen oder das Gartenschwimmbad.

Die Installation sollte man allerdings in jedem Falle dem Fachmann überlassen.

Der Gartengrill

Keine Gartenparty ohne Gartengrill! Was früher die Tafelrunde und die Kaminrunde waren, scheint heute die Grillrunde zu sein. Kaum eine andere Einrichtung hat in den letzten Jahren so großen Zuspruch in unseren Gärten gefunden wie der Gartengrill, der bei den Amerikanern bereits seit Jahrzehnten als sogenannter »Barbecue« in Mode ist. Viele Formen und Fabrikate sind heute im Handel. Sie sind aus Beton, Naturstein, Keramik, Blech, ortsfest oder transportabel, in Pfannen- oder Kaminform, mit und ohne Rauchabzug – kurzum in schier jeder gewünschten Form erhältlich. Der Gartengrill ist aber auch leicht selbst aus Ziegeln, Naturstein, Betonrohren oder anderen feuerfesten Baustoffen mit und ohne Schamotte-Auskleidung zu bauen. Wichtiges Zubehör sind ein feuerfester Rost in geeigneter Größe und ein Geschränk, das uns in die Lage versetzt, in

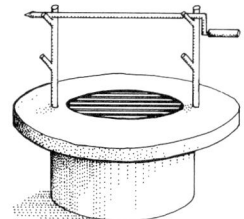

Der Gartengrill ist zu einem beliebten Einrichtungselement des Gartens geworden. Im Handel wird ein reichhaltiges Sortiment angeboten, das von der Handbedienung bis zum vollautomatischen Gerät reicht.

110 Technische Einrichtungen

Sitzplätze im Garten lassen sich wirkungsvoll mit einem Grill bereichern. Hier kann man in gemütlicher Runde am knisternden Holzkohlenfeuer beisammensitzen und den Garten aus einer ganz anderen Perspektive erleben.

Grillfeuerstellen lassen sich aus vielerlei Baustoffen herstellen. Die Feuerstelle verkleidet man mit Schamotte. Eine Abzugshaube schützt die Partygäste vor Rauchbelästigung.

abgestuften Höhen Hähnchen, Braten oder gar ein ganzes Spanferkel über der Glut der Holzkohle knusprig zu rösten.
Wer sich das Drehen von Hand ersparen will, muß für einen Elektroanschluß sorgen. Motor und Gangschaltung besorgen dann das gleichmäßige Wenden. Da das Genießen von Gegrilltem nur ein relativ kurzer, profaner Vorgang ist, muß man umso größeren Wert auf die Zubereitung legen. Grillen bedeutet nicht nur einfach über dem offenen Feuer rösten, »grillen« zelebriert man wie eine heilige Handlung, die je nach Umfang und Größe des Bratens länger oder kürzer dauert. Um Gäste nicht zu lange auf die Folter zu spannen, kann man den Braten auch im Bratofen des ordinären Küchenherdes bereits vorbereiten.
Der Grillplatz sollte weit genug vom Haus entfernt liegen. Je nach Windrichtung und Rauchentwicklung – besonders beim Anheizen – kann es sonst zu unliebsamen Geruchsbelästigungen in der Wohnung kommen. Der Platz um den Grill muß so beschaffen sein, daß man dort geschützt, in gemütlicher Runde sitzen kann. Eine Grillmulde, die etwa 40–45 cm tiefer als der übrige Gartenbereich liegen sollte, ist hier sehr nützlich. Die niedrigen Stützmauern können bei größerem Andrang gleichzeitig die Funktion von Sitzmauern übernehmen. Für die kleinere Runde genügen wetterfeste Hocker oder Gestühl.
Rauchabzüge über der Grillstelle sind besonders zweckmäßig. Sie verhindern eine Belästigung der auf der Leeseite der Feuerstelle sitzenden Gäste.

Die Gartenlaube

Eigentlich war sie fast schon vergessen, doch sie kommt neuerdings wieder zu Ehren und hält ihren Einzug in unsere Gärten. Gartenlauben sind nicht nur kostengünstiger herzustellen als ein Gartenhäuschen, sie sind auch ökologisch höher zu bewerten – je nach Berankung, denn die dichten Laubdächer werden von vielen heimischen Singvogelarten gern als Nistplatz gewählt. Singvögel wiederum sind die einfachste und billigste Art der Schädlingsbekämpfung in unseren Gärten. Kaffeetrinken in der Laube erinnert uns an Urgroßmutters Zeiten, als »Die Gartenlaube« noch den Vorreiter für viele Illustrierte unserer Zeit machte.
Gartenlauben von heute unterscheiden sich nicht wesentlich von denen früherer Zeiten. Das Konstruktionsprinzip ist geblieben. Es besteht aus einem stabilen Rahmen in verschiedenartiger Form, der mit einem Gitter für die Berankung ausgefacht ist oder bei dem ein Stangengerüst als Kletterhilfe dient.
Statt der vielen möglichen Holzkonstruktionen, die mit wenigen Ausnahmen hohe Ansprüche an die Pflege stellen, sollte man es einmal mit feuerverzinkten, kunststoffbeschichteten Rohr- oder Metallstab-

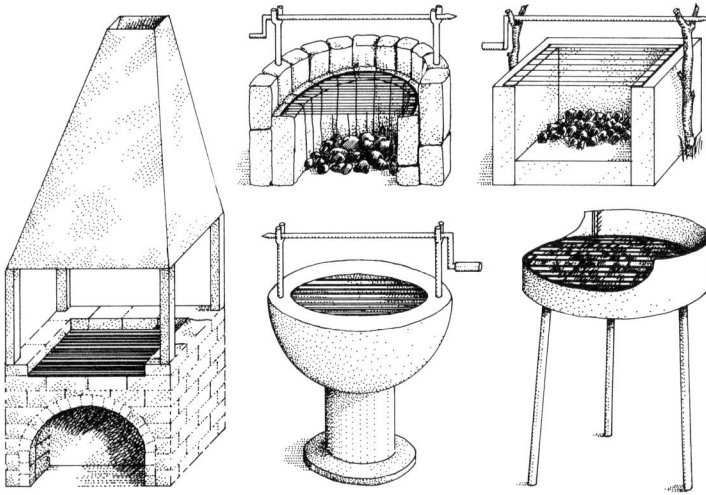

gerüsten versuchen. Sie lassen sich leicht montieren und erfreuen uns viele Jahre hindurch als dauerhafte, pflegeleichte Einrichtung. Da das Gerüst selbst nicht als Konstruktion in Erscheinung treten soll, wählt man am besten eine dunkle Farbgebung: Schwarz, Braun oder Dunkelgrün. Kunststoffbeschichtetes Baustahlgewebe oder Drahtgeflecht kann die Zwischenräume zwischen den Stützen ausfachen, so daß nur auf der Eingangsseite eine torbogenähnliche Öffnung verbleibt.

Lauben sind schattig und kühl. An heißen Sommertagen ist der Aufenthalt zwischen dem sauerstoffspendenden Grün besonders angenehm und erholsam. Als Fußboden wählen wir eine wassergebundene Decke oder einen festen Belag aus Platten, Klinker oder Pflaster. Sitzmauern ermöglichen die Unterbringung vieler Perso-

Die Staudenpflanzung ist ein Blickfang in jedem Garten. Solitärstauden wie der Acanthus schaffen Schwerpunkte und bringen den Zauber des Südens in unsere Umgebung. Staudenpflanzungen belohnen ein bißchen Pflege mit großer Farben- und Formenpracht.

Spieleinrichtungen

In kleineren Gärten bleibt wenig Platz für Spieleinrichtungen. Die ideale Fläche zum Spielen ist wohl der Rasen. Steht ein größerer Gartenbereich zur Verfügung, kann man für die Kinder einen gesonderten Spielbereich planen, auf dem sich ein Sandkasten, eine Schaukel, ein Turn- oder Klettergerät oder ein kleines Kinderhäuschen aufstellen lassen.

Ein *Sandkasten* ist leicht zusammengebaut. Über seine Größe entscheidet die Anzahl der Kinder. Aus glatt gehobelten Brettern (ca. 25–30 cm breit), die an 4 eingerammten Pfählen mit nichtrostenden Versenkkopfschrauben befestigt werden, stellt man zunächst die quadratische Kastenform her. Der Boden des Sandkastens wird noch 20 cm tiefer ausgekoffert und in dieser Höhe mit grobem Kies- oder Splittmaterial aufgefüllt. Darauf verlegt man lose Platten oder Ziegelsteine mit breiten Fugen. So kann das Wasser nach einem Regen abziehen und der Sand trocknet schnell. Durch die Platten oder Ziegel kommt der Sand nicht mit dem Untergrund in Berührung und kann nicht damit vermischt werden. Die Bretter der Seitenwandungen erhalten Sitzbretter, die man mit verzinkten Winkeln und Versenkkopfschrauben befestigt. Diese Bretter können gleichzeitig als Spieltisch zum »Kuchenbacken« verwendet werden. Als Sand wählen wir gewaschenen Flußsand oder ähnliches Material, das nicht zu feinkörnig ist. Grenzt der Sandkasten an eine Rasen- oder Pflanzfläche, sollte man ihn mit einer 1 m breiten Platten-, Ziegel- oder Kiesfläche umgeben, da beim Spielen häufig Sand nach außen verfrachtet wird. Gibt es Katzen in der Nähe, so ist es zweckmäßig, eine geeignete Abdeckung für den Sandkasten (Plastikplane in Holzrahmen) herzustellen, um die Fläche bzw. den Sand sauber zu halten.

Sandkästen können auch massiv in Platten- oder Ziegelbauweise hergestellt werden, aber der Aufwand lohnt meist nicht, denn Kinder wachsen schnell heran, und dann liegt die Fläche ungenutzt. Manchmal genügt bereits ein vorgefertigter Plastiksandkasten oder man benutzt die ausbetonierte Vertiefung eines für später geplanten Wasserbeckens als Sandspielfläche (Wasserabzug beachten).

Gartenlaube aus Rundeisenstäben. Durch horizontale Drahtverspannungen erhält man ein dauerhaftes Rankgerüst. Kunststoffbeschichtung macht die Konstruktion wartungsfrei. Gute Verankerung im Boden ist wichtig.

nen, sollten aber zur angenehmeren Benutzung eine Holzauflage aus dauerhaftem Hartholz (Bongossi, Kambala) erhalten. Wetterfestes Mobiliar erspart uns den Hin- und Hertransport bei Sonnenschein und Regen.

Die Stützen werden wie bei einer Pergola in Fundamenten verankert. Auf die Stabilität ist besonderer Wert zu legen, denn berankte Gerüste haben schwere Lasten zu tragen und sind an stürmischen Tagen starker Belastung durch Winddruck ausgesetzt.

Berankung siehe beim Abschnitt Kletterpflanzen für Wände, Pergolen und Lauben (S. 160).

Auch Baustahlgewebe kann als Rankgerüst dienen – hier mit halbkreisförmigem Abschluß. Dauerhafter Anstrich, Kunststoffbeschichtung oder Feuerverzinkung halten jeder Art von Berankung stand.

Eines der beliebtesten *Spielgeräte* im Garten ist die Schaukel. Sind größere Bäume vorhanden, kann man sich einen waagerechten Ast zunutze machen und gelegentlich eine Schaukel daran befestigen. Bei höherer Beanspruchung sollte man eine Schaukel errichten. Sie besteht aus zwei Pfosten und einem Querbalken. Wegen der starken Beanspruchung ist eine sichere Verbindung der Balken mittels Winkel und Schrauben, aber auch eine gute Verankerung im Boden wichtig. Es ist daher zweckmäßig, die Pfosten wie bei einer Pergola in Fundamenten zu verankern und mit je 2 Schrägbalken in der Schwingrichtung der Schaukel zusätzlich abzustützen. Der Querbalken erhält dann die Aufhängeösen für die Schaukel und das Gerät kann in Betrieb genommen werden. Die Balkenköpfe sind gut mit einem geeigneten Holzschutzmittel zu imprägnieren. Rasen ist ein schlechter Untergrund für Schaukeln und Spielgeräte. Er wird durch das häufige Betreten und Bremsen beim Schaukeln rasch abgenutzt. An seiner Stelle verlegt man besser dauerelastische Platten, die es im Baustoffhandel gibt.

Ältere Kinder beschäftigen sich nicht mehr mit dem Sandkasten. Für sie ist ein Rollenspiel (Vater und Mutter, Schule, Räuberspiele, Pippi Langstrumpf etc.) wichtiger. Es findet sich sicherlich auch im kleinsten Garten ein Fleckchen, auf dem ein kleines Kinderhäuschen errichtet werden kann. Bei einigem Geschick kann man ein solches Haus selbst bauen. Es gibt aber auch verschiedene Typen und Bausätze in einschlägigen Geschäften.

Bildwerke im Garten

Gärten sind etwas Veränderliches. Sie wandeln sich im Laufe der Tages- und Jahreszeiten und lassen sich nicht in einem bestimmten Zustand erhalten. Wir können nur dann ihr eigentliches Wesen erfassen, wenn wir ihren vielfältigen Wandlungsformen im Rhythmus der Tages- und Jahreszeiten nachspüren und sie an Dingen messen und vergleichen, die in ihrer scheinbaren Unwandelbarkeit bleibende Maßstäbe setzen.

Das beherrschende Element des Gartens ist die Pflanze, doch die mittlerweile recht klein parzellierten Hausgärten werden auch mit unbelebten Elementen gestaltet. Erst die Gegensätzlichkeit zwischen Gewachsenem und Gebautem schafft Span-

Kinder brauchen eine Ecke im Garten, die ihnen allein gehört. Wenige Einrichtungen (Sandkasten, Spielhäuschen, Schaukel) genügen für phantasiereiches Spiel. Auch sollte sich ein Plätzchen finden, auf dem Kinder selbst gärtnern können (Aussaat von Blumen und einigen Gemüsearten).

Technische Einrichtungen

Frei in den Garten gestellte Bildwerke beherrschen den Raum. Hier wird der Garten zur Staffage.

Eingebunden in die Randpflanzung lenkt ein Bildwerk den Blick in die Tiefe des Gartens.

Als Vordergrund bildet eine Skulptur den Rahmen für den Garten und steigert die Tiefenwirkung.

Bildwerke können die Wirkung von Pflanzungen unterstreichen. Ihre Aufstellung am Wasser ist besonders reizvoll. Die Spiegelung bringt einen interessanten Effekt. Hier bieten sich vielfältige Gestaltungsmöglichkeiten.

nungsverhältnisse im Garten. Begriffe wie Fläche, Form und Zeit bestimmen das Gestalten im Garten. Es ist schwierig, allein durch Fläche, Form und Raum die Harmonie des Gegensatzes spürbar zu machen, erst unter Einbezug der Zeit, der Veränderlichkeit, geben wir dem Garten die Vollendung.

Was wäre für die Sichtbarmachung eines solchen Gegensatzes besser geeignet als das Bildwerk, das einen bestimmten Maßstab in der Vielfalt der umgebenden Pflanzenwelt setzt? Bildwerke können mit Bäumen, Sträuchern und Blumen bei aller Gegensätzlichkeit im Garten sehr wirkungsvolle Verbindungen eingehen.

In vergangenen Jahrhunderten waren es immer wieder Bildwerke, die in den Gärten als Blickfang und Höhepunkt besondere Aufgaben erfüllten. Auf Sockeln, Balustraden, Brunnen, an Gewässerrändern und Sitzplätzen waren sie ein beliebter und begehrter Gartenschmuck. Während des Zweiten Weltkriegs und in der Nachkriegszeit hatte man wenig Sinn für künstlerische Dinge im Garten. Die Gärten wurden zu reinen Anzuchtflächen für die tägliche Nahrung. Doch allmählich kehren die Zier- und Bauelemente vergangener Zeiten wieder zurück. Das Wohnen im Garten, das Leben mit Blumen, Bäumen und Sträuchern, der erweiterte Wohnraum im Freien ist wieder das Ziel der Anlage der meisten Gärten geworden. Pergolen, Terrassen, Brunnen, Quellsteine und Grillplätze und nicht zuletzt auch Bildwerke finden in vielfältigen Formen unzählige Verwendungsmöglichkeiten. Die Beton- und Keramikindustrie bietet große Sortimente von Abgüssen, Verkleinerungen, Nachbildungen und Neuschöpfungen zu erstaunlich günstigen Preisen an. Terrakotten aus südlichen Ländern können meist wegen ihrer Frostempfindlichkeit nicht im Freien verwendet werden, aber es gibt auch hochgebranntes Steinzeug, das jeder Witterung widersteht.

Zahlreiche Künstler, die sich der »Plastik im Freien« verschrieben haben, gestalten in gegenständlicher, abstrakter, surrealer Form Bildwerke aus unterschiedlichen Materialien, die von der klassischen Bronze bis zum Polyester reichen. Volkshochschulen und Künstlerwerkstätten bieten Kurse und Lehrgänge an, bei denen man selbst zum Töpfern und Modellieren angeleitet wird. Unter kundiger Anleitung entsteht hier so manches individuelle Stück für den eigenen Garten.

Wenn man Bildwerke im Garten aufstellen will, sollte man einige Regeln beachten:

1. Die Form des Bildwerks

Ein Bildwerk soll sich harmonisch in den Garten einfügen. Geradlinige, strenge Gärten verlangen nach klaren, einfachen Formen, ganz gleich ob es sich um klassische oder abstrakte Darstellungen handelt. Verspielte, feingliedrige und skurrile oder surrealistische Formen gehören in bewegte, gegliederte oder naturnahe Gärten, wo sie sich nicht gegen abgezirkelte, geradlinige Flächen behaupten müssen, sondern auf kleinstem Raum wirksam werden können.

2. Größe

Der Standort einer Skulptur wird durch die Größe bestimmt. Kleine Skulpturen müssen aus der Nähe betrachtet werden

können, zum Beispiel an einem Sitzplatz, auf einer Konsole oder einem Sockel. Meist handelt es sich um kleinere Tierplastiken, Krüge, Vasen, Büsten und dergleichen. Menschliche Figuren sollten stets menschliches Maß als Mindestgröße besitzen. Die sogenannte »Affengröße« (2/3 der Höhe eines Menschen) verzerrt die Maßstäbe und wirkt leicht lächerlich. Verniedlichungen haben oft einen kitschigen Beigeschmack.

3. Überraschungseffekt
Drastische surrealistische oder skurrile Bildwerke sollte man so aufstellen, daß man die Skulpturen erst bemerkt, wenn man mit ihnen auf gleicher Höhe ist, beispielsweise an Wegebiegungen oder umrahmt von dichtem Buschwerk. So kann ihre Wirkung durch einen gewissen Überraschungseffekt noch gesteigert werden.

4. Freie Aufstellung im Garten
Bedeutende künstlerische Arbeiten kann man frei in den Raum stellen. Sie können achsial, d. h. in der Hauptblickrichtung vom Haus, frei auf dem Rasen stehen oder durch eine Verschiebung aus der Hauptachse in Verbindung mit einem Baum als Kontrapunkt besondere Spannungsmomente erzielen. Immer ist aber der Garten für solche Bildwerke nur ein Hintergrund, der durch die jahreszeitlichen Veränderungen stets neue Wechselwirkungen mit der Plastik erzeugt. Auch bewegliche Bildwerke (Mobiles) gehören in den freien Raum, wo der Wind mit ihnen sein wechselvolles Spiel treiben kann. Starkfarbige Blütenpflanzen lenken die Aufmerksamkeit des Betrachters vom Bildwerk ab.

5. Aufstellung in Beeten
Man kann Bildwerke auch in einheitlich bepflanzten Beeten, z. B. in einer Rosenrabatte oder in einem mit Bodendeckern bepflanzten Beet aufstellen. Doch sollte man dann Skulpturen wählen, die in Farbe oder Patina gut in die Umgebung passen. Starkfarbige grelle oder weiße Bildwerke können die Harmonie der Gesamtanlage empfindlich stören.

6. Aufstellung am Wasser
Die Aufstellung von Bildwerken im oder am Wasser ist besonders reizvoll. Durch die Spiegelung wird ein zusätzlicher Effekt erreicht. Es ist darauf zu achten, daß die Größe der Bildwerke im richtigen Verhältnis zur Wasserfläche steht. Dunkle Becken spiegeln besser als hellgrundige; dies sollte man bereits bei der Anlage des Beckens bedenken und unter Umständen eine dunkle Folie oder dunklen Anstrich wählen.

7. Plastik als Vordergrund
Bildwerke können auch selbst den Rahmen für einen Garten bilden, wenn sie im Vordergrund aufgestellt werden. Hierzu sollte man allerdings nur solche Figuren verwenden, die von allen Seiten des Gartens aus betrachtet werden können.

8. Aufstellung in Gehölzpflanzungen
Gehölzpflanzungen sind für die Aufstellung von Bildwerken besonders günstig. Interessante Lichteffekte können entstehen, wenn der Wind das Blattmosaik durcheinanderwirbelt und Kunst und Natur im Gartengeschehen fest miteinander verbindet. Auch das Schattenraster kahler Winterzweige kann interessante Wirkungen auf Bildwerken hervorbringen. Nebel- und regentrübe Tage mit ihren Grautönen wiederum verschleiern Pflanzen und Bildwerke oder lassen sie unvermutet hervortreten. So entstehen Wirkungen, die den Garten auch an kalten und verregneten Tagen reizvoll machen.

Hecken und Zäune

Jedes Gartengrundstück ist begrenzt. Wer sich räumlich abgrenzen will, kann entlang dieser Grenze eine Einfriedung errichten. Hier gibt es die Wahl zwischen vielen Möglichkeiten: Hecke, Holzzaun, Maschendrahtzaun, Mauer, Erdwall, bepflanzte Formsteinwand und andere. Jede dieser Umzäunungsarten birgt wiederum eine Fülle von Gestaltungsmöglichkeiten in sich. Bei den Hecken unterscheidet man freiwachsende und geschnittene Formen. Besonders viele Variationsmöglichkeiten ergeben sich bei den Holzzäunen. Vom Scherengitterzaun bis zum Plankenzaun, vom Bahnschwellenzaun bis zum Flechtzaun gibt es eine Fülle von Möglichkeiten, die hier nur angedeutet werden können.

Maschendraht- und Drahtgitterzäune bieten sicheren Schutz vor dem Eindringen von Wild in den Garten, besonders wenn sie mit feinmaschigem Drahtgeflecht im unteren Bereich gegen Kaninchen abgesichert werden. Sie benötigen aber auch eine Kaschierung mit Pflanzen, wenn sie Sichtschutz oder Immissionsschutz gewähren sollen. Mauern bieten dauerhaften Schutz in jeglicher Hinsicht. Sie können verschieden hoch und aus verschiedenen Materialien hergestellt werden (Naturstein, Ziegelmauerwerk, verputztes Mauerwerk, Formsteinmauern etc.). Ob und in welcher Form und Höhe Einfriedungen mit Mauern gestattet sind, ist in den jeweiligen Bebauungsplänen festgelegt. Vor der Errichtung einer Einfriedung um das eigene Grundstück ist es ratsam, sich beim zuständigen Bauordnungsamt nach den hier gültigen Bestimmungen zu erkundigen.

Die Hecke

Einfriedungen aus Pflanzen bezeichnet man als Hecke. Sie bieten dem Garten viele Vorteile: Windschutz, Sichtschutz, Immissionsschutz, Niststätte für Vögel und Zuflucht von Kleintieren, die für den Garten nützlich sind, Humusanreicherung bei Laubfall, reiche Taubildung, Erhaltung bodenbürtiger Kohlensäure durch Verringerung der Luftbewegung. Sie schließen den Gartenraum nach außen ab, schaffen einen geschlossenen, behüteten Gartenbereich und können auch zur Gliederung eines Grundstückes gepflanzt werden.
Dem stehen aber auch einige Nachteile gegenüber: Größerer Platzbedarf als z. B. bei Zäunen, Nahrungsentzug und Verbrauch von Wasser aus dem Gartenbo-

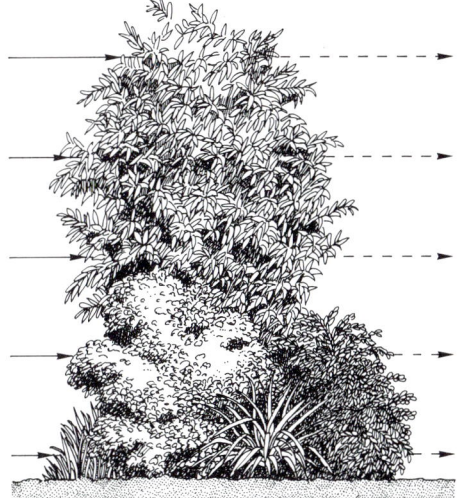

Schnitt durch eine frei wachsende Hecke. Starke Luftströmungen werden durch die Hecke in ihrer Wirkung gebremst, »ausgekämmt«. Hinter einer solchen Hecke entwickelt sich ein gutes Kleinklima für den Gartenbereich. Frei wachsende Hecken sollen vielstufig aufgebaut sein, d. h., sich aus unterschiedlich hohen und dichten Gehölzen zusammensetzen.

den, potentielle Brutstätte für schädliche Insekten und ein gewisser Pflegeaufwand. Ist das Gartengrundstück groß genug, das Gelände nicht zu teuer, ein rauhes und windiges Kleinklima vorhanden oder besteht im Garten Nachtfrostgefahr durch fließende Kaltluft, so ist eine Hecke allen anderen Einfriedungsarten vorzuziehen, weil dann ihre Vorzüge die geringen Nachteile bei weitem überwiegen.

Geschnittene Hecken erfordern jährlich einen hohen Pflegeaufwand. Stattdessen sollte man, wenn es der Flächenzuschnitt erlaubt, frei wachsende Hecken aus dichten Gehölzen wählen, bei denen man etwa alle 3 Jahre ⅓ des Volumens entfernt, d. h. daß das alte Holz etwa 10–15 cm über dem Boden abgeschnitten wird. Durch neuen Austrieb erfolgt auf diese Weise rasch eine natürliche Verjüngung.

Heckentypen Je nach Art und Zusammensetzung unterscheidet man folgende Heckentypen:

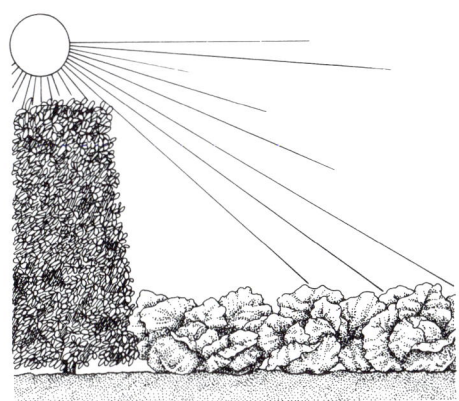

1. Schnitthecken oder Schneidehecken
Dort, wo wenig Platz zur Verfügung steht, auf eine Hecke aber nicht verzichtet werden kann, sollte man eine Schneidehecke pflanzen. Hierzu eignen sich am besten die Hainbuche (*Carpinus betulus*), der Weißdorn (*Crataegus* sp.), der Liguster (*Ligustrum vulgare* und *L. vulgare* 'Atrovirens'), der Feldahorn (*Acer campestre*), die Buche (*Fagus sylvatica*), der Feuerdorn (*Pyracantha* sp.). Diese Pflanzen sind

Hecken bieten für den Garten viele Vorteile. Bei der Anlage von Gemüse- und Blumenbeeten ist darauf zu achten, daß die Pflanzen in unmittelbarer Nähe einer Hecke unter Licht- und Nährstoffmangel zu leiden haben. Daher legt man am besten die Erschließungswege zwischen Hecke und Beet. Das hat auch Vorteile für die Pflege der Hecke.

wegen ihres unterschiedlichen Wuchses nicht untereinander mischbar. Sie müssen als Reinkultur in Reihen gepflanzt und durch Schnitt formiert werden.

2. Nadelholzhecken
Fichten, Tannen, Kiefern, Lärchen eignen sich nicht als Heckengehölze. Das einzige Nadelholz, das sich hier gut bewährt, ist die Eibe *(Taxus baccata)*. Sie verjüngt sich leicht und ergibt dichte, undurchdringliche Hecken, die vor allem gegen Schädlingsbefall resistent sind und stets einen gepflegten Eindruck machen. Für buntfarbige Pflanzungen aller Art stellen sie darüber hinaus einen idealen Hintergrund dar. Hecken aus Lebensbaum *(Thuja)* und Scheinzypressen *(Chamaecyparis)* sind landschaftsfremd und sollten schon aus diesem Grunde möglichst nicht gepflanzt werden.

3. Blütenhecken
Hierunter versteht man Abpflanzungen aus Ziergehölzen wie: Flieder, Kornelkirsche *(Cornus mas)*, Hartriegel *(Cornus sp.)*, Forsythien *(Forsythia intermedia u. a.)*, Schlehen *(Prunus spinosa)*, Spieraeen *(Spiraea van houttei, Sp. arcuata)*, Japanische Quitte *(Chaenomeles lagenaria)* und bestimmten Rosenarten. Sie werden je nach Gehölzart nach der Blüte geschnitten, da sie am vorjährigen Holz blühen! Solche Hecken erfordern allerdings ziemlich viel Platz, weil sie sich freier entfalten sollen als streng geschnittene Formen.

4. Immergrüne Hecken
Zu den freiwachsenden Gehölzen, die sich für immergrüne Hecken eignen, zählen: Feuerdorn *(Pyracantha sp.)*, Rhododendron, Hülse oder Stechpalme *(Ilex sp.)*, Kirschlorbeer *(Prunus laurocerasus)* Osmanthus *(Osmanthus ilicifolius)* und die Mahonie *(Mahonia aquifolium)*. Solche Hecken brauchen nicht geschnitten zu werden.

5. Obsthecken
Bestimmte Obstarten lassen sich als Hecken pflanzen oder formieren. Auch sie können einen gewissen Abschluß oder Windschutz bilden. Unter diese Gehölze fallen: Himbeeren, aufrechtwachsende oder am Spalier gezogene rankende Brombeeren, Sauerkirschen (Schattenmorellen), die durch den jährlichen Schnitt einen besseren Durchtrieb und Resistenz gegen Monilia, die gefürchtete Zweig- und Fruchtfäule, entwickeln. Auch die Kartoffelrose *(Rosa rugosa)* bildet dichte Schutzhecken, da sie sich durch Ausläufer immer wieder dicht von unten bestockt. Ihr reicher Blütenschmuck im Sommer und der starke Fruchtbehang mit den bekannten Hagebutten machen sie zu einem wertvollen Heckengehölz.

6. Niedrigbleibende Hecken
Eine Reihe von Ziergehölzen wird im allgemeinen nicht höher als 1 Meter. Hierzu gehören die Japanischen Quitten *(Chaenomeles japonica)*, die sich durch reichen Blütenschmuck und Fruchtbehang auszeichnen, der Fingerstrauch *(Potentilla fruticosa sp.)*, der Buchsbaum *(Buxus sempervirens)*, verschiedene Berberitzenarten *(Berberis sp.)*, auch bestimmte Parkrosenarten und Wildrosen können zu niedrigen Hecken zusammengepflanzt werden, die durch ihren Blütenschmuck einen besonders hohen Zierwert erhalten.

7. Knick- und Wallhecken
Sie seien nur der Vollständigkeit halber erwähnt, da sie für Hausgärten kaum in Betracht kommen. Ihr Wert liegt in ihrer Eigenschaft als wirksamer Windschutz in der Landschaft, als Holz- und Fruchtlieferant und als Biotop für viele Vogelarten und Kleintiere.

Pflanzung der Hecke Im allgemeinen werden Heckenpflanzen zu dicht gesetzt. Sie können sich dann nach kurzer Zeit nicht weiter entwickeln und beginnen leicht an der Unterseite zu verkahlen. Es lohnt sich aber in jedem Falle, etwas länger Geduld zu haben und die Pflanzen mit größeren Abständen zu setzen, damit sie sich dicht bestocken und frohwüchsig bleiben. Der Boden muß bei einer Heckenpflanzung mindestens 50 cm breit und 60 cm tief gründlich bearbeitet, gedüngt und mit Bodenverbesserungsmitteln – je nach Zustand – verbessert werden. Es ist auch besonders auf Dauerunkräuter zu achten (Giersch, Brennessel, Adlerfarn, Ampferarten). Stehen sie erst einmal in

---

Steingartenpartien gehören zu den schönsten Erlebnisbereichen im Garten. Unzählige prächtige Polsterpflanzen und Zwerggehölze stehen uns für die abwechslungsreiche Bepflanzung solcher Flächen zur Verfügung.

Pflanzung der Hecke

Eine richtig geschnittene Hecke sollte eine konische Form besitzen. So werden die Zweige allseits gut belichtet. Konisch geschnittene Hecken verkahlen seltener an der Unterseite als senkrecht geschnittene oder solche, die oben breiter werden.

Die meisten Laubholzhecken kann man, wenn sie unten kahl werden, »auf den Stock setzen«, d. h. auf etwa 10–20 cm kurze Stümpfe über dem Boden zurücknehmen.

der Hecke, sind sie nur mit größten Schwierigkeiten zu bekämpfen.

Bei größeren Heckenpflanzen rechnet man nicht mehr als 4 Pflanzen pro Meter in der Reihe. Bei 2–3jährigen Jungpflanzen kann die Stückzahl je m bis auf 7 erhöht werden. Hierdurch erhält man bei bestimmten Gehölzen besonders dichte Hecken (Weißdorn).

Nach der Bearbeitung des Bodens wirft man einen genügend breiten Graben nach beiden Seiten aus, in den wir die Pflanzen nach der Schnur setzen. Nach der Pflanzung tritt man die Gehölze fest an und wässert durchdringend. Dann kürzt man die Pflanzen (Laubhecken um ca. 1/3 ihrer Höhe) und bringt sie auf gleiche Höhe und Breite, um dadurch einen kräftigen, gleichmäßigen Austrieb zu erhalten.

Die Pflege der Hecke Eine dichtgeschlossene Hecke erhält man durch regelmäßigen Schnitt, am besten zweimal jährlich (Juni und Winter). Dabei ist zu beachten, daß die Hecke konisch geschnitten wird: unten breiter als oben (siehe Abb.). Die Hecke soll zum Beispiel im unteren Bereich 40–50 cm breit sein und oben mit 25–30 cm Breite abschließen. Das entspricht dem natürlichen Wuchs der Gehölze, sorgt für eine bessere Belichtung und verringert die Gefahr der Verkahlung. Wird eine Hecke dennoch in unteren Teilen kahl oder übernimmt man mit dem Gartengrundstück eine alte, unansehnlich gewordene Hecke, so hilft nur rücksichtsloser Rückschnitt bis auf 10–20 cm über dem Boden. Die Jungtriebe behandelt man dann genauso wie eine neu gepflanzte Hecke.

Kahlstellen in Hecken kann man nicht durch einfache Nachpflanzung mit kleinen Pflanzen heilen. Hier müssen die abgestorbenen Pflanzen aus der Hecke entfernt und durch entsprechend große Pflanzen aus der Baumschule ersetzt werden. Dabei ist der Boden sorgfältig auszustechen und mit Naturdünger oder Komposterde aufzubereiten, damit die neuen Pflanzen genügend Nährstoffe vorfinden und sich rasch einwurzeln können (keine mineralischen Dünger mit der Pflanzung in den Boden geben!). Je besser der Boden durch Tiefenlockerung erschlossen und durch Verbesserung mit Kompost das Wachstum begünstigt wird, umso geringer ist der Ausfall an Pflanzen.

Um besonders dichte Hecken zu erhalten, werden gelegentlich doppelreihige Hecken empfohlen. Hiervon ist jedoch abzuraten. Hecken pflanzt man am besten einreihig und bereitet an Stelle von zwei Reihen den Boden besser und gründlicher vor. Mit einer zügig wachsenden einreihigen Hecke erzielt man auf die Dauer wesentlich bessere Resultate.

Hecken sind Intensivkulturen! Sie müssen genau wie ein Rasen ständig Blattmasse produzieren, um dicht und geschlossen zu bleiben. Aus diesem Grunde benötigen sie auch eine ständige Nährstoffzufuhr. Als Dünger eignet sich z. B. ein Volldünger mit Langzeitwirkung (z. B. Nitrophoska Permanent), den man einmal im Jahr, Ende März, verabreicht (ca. 50 g auf den laufenden Meter Hecke).

Wenn man nicht sofort auf eine ausgewachsene Hecke angewiesen ist (Sichtschutz, Windschutz etc.), sollte man nur junge Heckengehölze pflanzen. Sie passen sich am besten dem Ortsklima und allen Umweltbedingungen an und gedeihen ohne große Wachstumsstockungen. Als Resultat ergeben sie die geschlossenste Hecke.

Auch die Schädlingsbekämpfung spielt bei den Heckengehölzen eine Rolle, besonders bei denjenigen, die zu den Rosengewächsen gehören (Weißdorn, Japanische Quitte, Wildrosen). Sie werden von den gleichen Schädlingen und Krankheiten heimgesucht wie unsere Obstgehölze. Diese Hecken sollten daher bei Obstbaumspritzungen mitgespritzt werden, um ein Übergreifen der Schädlinge von der Hecke auf das Obst zu verhindern.

Der Zaun

Zäune erfüllen mehrere Funktionen. Einmal markieren sie die Grenze eines Grundstückes, zum anderen verhindern sie das Eindringen unerwünschter Gäste, seien es Menschen oder Tiere, und darüber hinaus können sie Sichtschutz- und Immissionsschutzaufgaben erfüllen und als Kletterhilfe für allerlei Pflanzen dienen. Transparente Zäune (Stabgitterzäune, Maschendrahtzäune) fügen sich besonders im ländlichen Bereich unauffällig in die Umgebung ein und erleichtern die Ver-

Bei geplanten hohen Einfriedungen sollte man sich beim zuständigen Ordnungsamt erkundigen, ob bestimmte Auflagen hinsichtlich Art und Höhe der Einfriedungen bestehen.

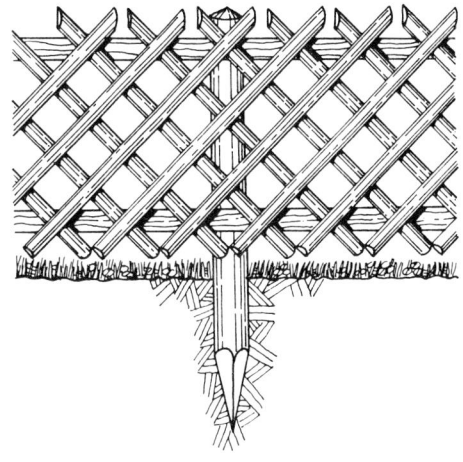

Der Spriegel- oder Polygonzaun gehört zu den bekanntesten Einfriedungen. Die Zäune sind 60 bis 80 cm hoch. Die Lattung besteht aus imprägnierten halbrunden und geschälten Fichten- oder Kiefernlatten.

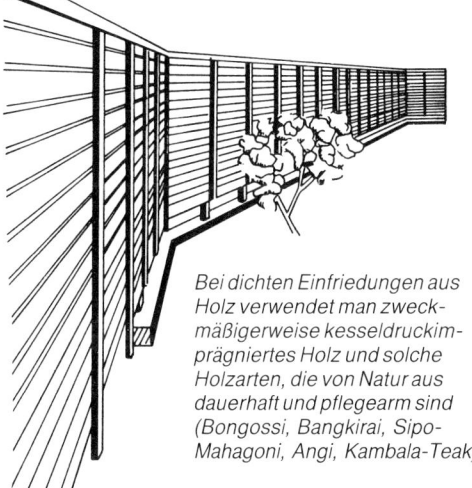

Bei dichten Einfriedungen aus Holz verwendet man zweckmäßigerweise kesseldruckimprägniertes Holz und solche Holzarten, die von Natur aus dauerhaft und pflegearm sind (Bongossi, Bangkirai, Sipo-Mahagoni, Angi, Kambala-Teak).

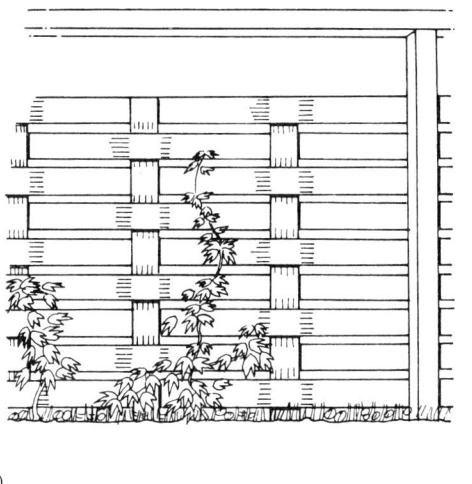

Aus Bongossiholz lassen sich langlebige Flechtmattenzäune herstellen. Sie eignen sich zur Berankung und leisten gute Dienste als Sicht- und Windschutz.

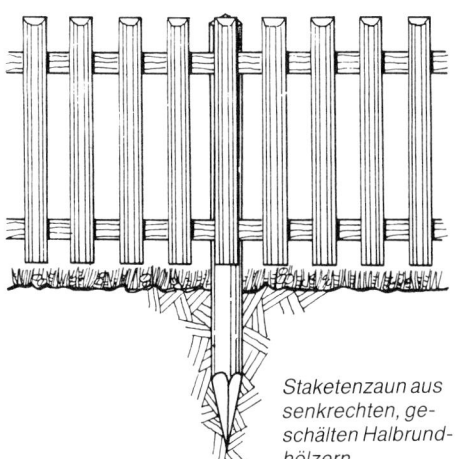

Staketenzaun aus senkrechten, geschälten Halbrundhölzern.

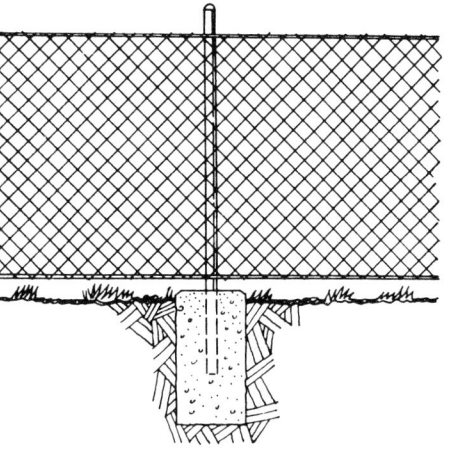

Drahtmaschenzaun aus kunststoffbeschichtetem Maschendrahtgeflecht und kunststoffbeschichteten Pfosten. Diese Zäune gehören zu den preiswertesten und dauerhaftesten Einfriedungen für den Hausgarten.

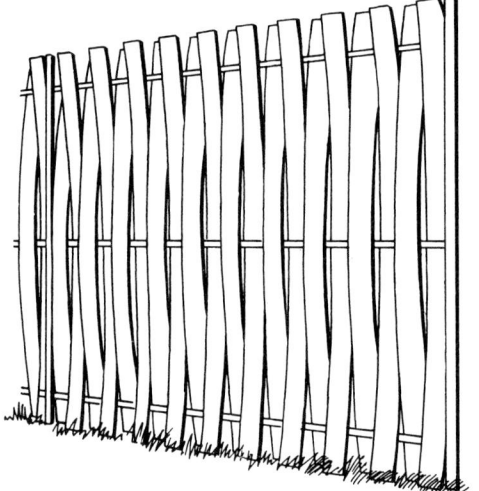
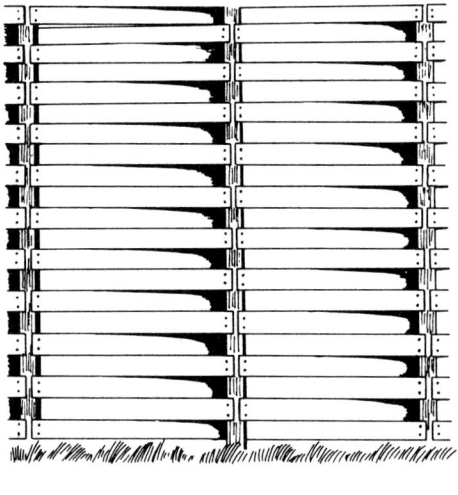

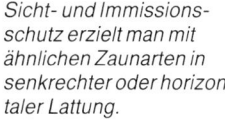
Sicht- und Immissionsschutz erzielt man mit ähnlichen Zaunarten in senkrechter oder horizontaler Lattung.

bindung des Gartens mit der umgebenden Natur.
Eine Kette ist nicht stärker als ihr schwächstes Glied. Dieser Grundsatz gilt auch für die Errichtung von Zäunen, denn eine dauerhafte, solide Einfriedung muß in allen Teilen stabil und sorgfältig ausgeführt sein. Das gilt für Stützen und Riegel, für Zaunfelder und Verstrebungen, für die Verankerung im Boden und die Imprägnierung.

Holzzäune. Hier stehen die unterschiedlichsten Typen und die verschiedenartigsten Materialien zur Auswahl. In erster Linie werden Weichholzarten wie Fichte, Tanne, Kiefer, Lärche zum Bau von Zäunen verwendet. Aufwendigere Holzzäune (Lattenzäune, Holzflechtmatten) werden auch aus Harthölzern oder dem dauerhaften Bongossiholz hergestellt. Es ist ratsam, sämtliche zu verwendenden Holzteile vor der Verarbeitung mindestens 2 × gut deckend mit einem Imprägniermittel zu streichen, die Hölzer in eine Schutzlösung zu tauchen oder im Kesseldruckverfahren imprägnierte Hölzer zu verwenden. Letztere sind am besten gegen das Eindringen von Schädlingen geschützt und garantieren lange Haltbarkeit.
– Staketenzäune bestehen aus Vierkant- oder Rundholzpfosten, oder aus Betonpfosten mit eingelegtem Eisen zur Montage der hölzernen Riegel und Türen. Die Pfostenstärke beträgt bei Rundhölzern ca. 12–14 cm $\varnothing$, bei Kanthölzern $14/14$ cm. Die Riegelstärke sollte nicht unter $6/8$ cm liegen und die Lattenstärke beträgt etwa 4–6 cm. Die Pfosten werden in der Regel auf der Innenseite des Grundstückes gesetzt, die Lattung nach außen. Der Zwischenraum zwischen den aufgenagelten Latten soll geringer sein als die Lattenbreite.
– Spriegel- oder Polygonzäune werden in gleicher Art, nur mit senkrechten oder überkreuz genagelten Latten errichtet, die sich wegen ihrer lebendigen Wirkung großer Beliebtheit erfreuen. Wichtig ist, daß alle Hölzer vor der Verwendung entrindet und dauerhaft imprägniert sind. Bei der Verwendung von Holzpfosten müssen die Stirnseiten der Pfosten zum Schutz vor eindringendem Wasser mit Brettchen oder Metallkappen versehen werden. Türen und Tore erhalten eine Z-förmige Verstrebung, damit sie nicht nach unten durchhängen.
– Sehr dauerhafte Zäune lassen sich als Flechtmattenzäune aus Bongossiholz herstellen. Man schlägt Pfosten von $8/8$ cm Querschnitt im Abstand von 1 m in den Boden und verflechtet sie mit Latten von 8–10 cm Breite und ca. 4 mm Stärke. Solche Zäune erfordern keine spätere Wartung und erreichen eine hohe Lebensdauer (über 50 Jahre). Die Anschaffungskosten liegen allerdings verhältnismäßig hoch. Es gibt auch Bongossizäune aus vorgefertigten Elementen. Die vorgefertigten Felder werden mit Winkeleisen an die Pfosten geschraubt. Bongossizäune eignen sich gut zur Berankung mit lockeren Rankern wie Clematis, Echtem Jasmin und

Zaun 123

dergl. Sie sind überdies ein vorzüglicher Windschutz, da sie den Wind nicht hemmen, sondern nur auskämmen.

– Palisadenzäune, Schwellenzäune. Aus Rundholzpalisaden, die im Kesseldruckverfahren imprägniert sind, lassen sich sehr stabile Sichtschutzzäune herstellen. Die Palisaden müssen tief genug in den Boden gesetzt werden (60 cm) und erhalten zusätzlich eine Befestigung durch einen Fundamentbeton, wenn ihre Höhe über 1,50 m liegt. Auch senkrecht gestellte oder waagerecht mit Zwischenräumen verlegte Bahnschwellen lassen sich gut als dekorative Einfriedung verwenden (siehe Abb.).

Drahtzäune. Maschendrahtzäune nehmen im Vergleich zur Hecke nur einen geringen Platz in Anspruch. Sie sind licht- und luftdurchlässig, nicht teuer in der Anschaffung und leicht zu montieren. Um sie in ihrer Nüchternheit abzumildern, kann man sie auch beranken. Einjährige Schlinger wie Wicken, Kapuzinerkresse und Glockenrebe bewältigen das Maschengeflecht in kurzer Zeit. Wo eine dauerhafte Berankung angebracht erscheint, sollte man Kletterrosen, Waldrebe oder im Schatten das Geißblatt und verschiedene Efeuarten zur Begrünung wählen. Heute verwendet man fast nur noch kunststoffbeschichtetes Material, das eine lange Lebensdauer auch ohne Pflege garantiert. Graue, schwarze und dunkelgrüne Farbtöne ordnen sich den kräftigen Farbtönen im Garten unter und treten weniger in Erscheinung als grellfarbene (gelbe, weiße, hellgrüne) Beschichtungen.

Stabgitterzäune. Eine Variante der Drahtzäune sind die Stabgitterzäune. Sie sind besonders stabil, da sie aus Stabgittern gefertigt sind. Die Pfosten bestehen aus gleichem Material. Auch sie sind transparent und lassen sich leicht beranken. Die Zäune sind in unterschiedlichen Höhen (bis zu 3 m) lieferbar.

Kunststoffzäune. Im Handel gibt es ver-

Aus Eisenbahnschwellen lassen sich rustikale, dauerhafte Einfriedungen herstellen, die sich besonders für freistehende Einfamilienhäuser in ländlicher Umgebung eignen. Die Schwellen werden an den Enden durchbohrt und mit Gewindestäben zusammengehalten, die mit Betonfundamenten im Boden verankert sind.

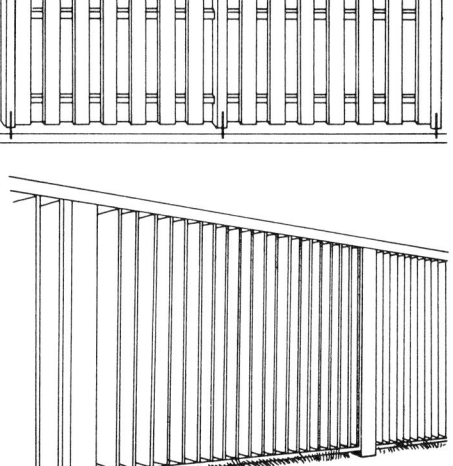

Lattenzäune sind jederzeit ein guter Windschutz, sie lassen sich durch Berankung mit verschiedenen Kletterpflanzen gut in den Garten einbinden.

schiedene Fabrikate aus Kunststoff. Diese Zäune sind zwar sehr wetterfest, bieten aber einer mechanischen Beanspruchung meist weniger Widerstand als ein einfacher Maschendrahtzaun. Sie fallen wegen ihrer bisweilen lebhaften Farbgebung sehr stark auf und vertragen sich dadurch weniger mit den umgebenden Pflanzen und den natürlichen Farbtönen eines Gartens. Letztendlich ist die Aufstellung solcher Zäune natürlich eine Geschmacksfrage.

Schilf- oder Strohmatten. Schilf- oder Strohmatten sollten nur im Notfall verwendet werden, wenn kurzzeitiger Wind- oder Sichtschutz erforderlich sind. Diese Matten sind nur sehr kurzlebig und rechtfertigen selten die Anschaffungskosten. Haltbarer sind Sichtschutzmatten aus Kunststoff. Von starkfarbigen Matten dieser Art wird jedoch auch hier dringend abgeraten. Natürliche Farbtöne harmonieren am besten mit der Umgebung.

Andere Arten von Einfriedungen

Wer sein Grundstück dauerhaft und pflegearm einfrieden möchte und keine massive Mauer wünscht, der kann sich der Formsteine bedienen, die in verschiedenartiger Ausprägung im Handel angeboten werden und sich zu interessanten Mustern zusammensetzen lassen. Sie bestehen aus Beton oder gebranntem Ton und können auf mannigfaltige Weise – auch in Verbindung mit herkömmlichem Ziegelmauerwerk – vermauert werden. Es gibt Elemente, die den Blick nur in einer bestimmten Richtung durchlassen und für die Seiten Sichtschutz gewähren. Solche durchbrochenen Mauern lassen sich mit Kletterpflanzen interessant gestalten.

Erdwälle bieten guten Immissionsschutz

Die Notwendigkeit ist besonders in stark verlärmten Bereichen gegeben, etwa in der Nähe vielbefahrener Autostraßen oder Bahnstrecken. Es ist zweckmäßig, den Kern der Wälle aus standfestem Material herzustellen und nur die oberen 30–40 cm als Oberbodenschicht (Mutterboden) auszubilden. Man kann Wälle mit verschiedenen dichtlaubigen Gehölzen wie Hasel, Wolliger Schneeball, Heckenkirsche, Schlehe, Felsenmispelarten, Feuerdorn, Liguster und anderen so bepflanzen, daß sie als Anschüttung nicht mehr in Erscheinung treten. Das Böschungsverhältnis sollte nicht unter 1:2 liegen, d. h. einem Meter Höhe entsprechen auf jeder Seite 2 m Breite. Die Wallkrone ist mindestens 1 m breit auszubilden. Das bedeutet je nach Länge der Anlage einen beträchtlichen Flächenverlust für die gärtnerische Nutzung. Man kann einen Wall aber auch bewußt in die Gartengestaltung einbeziehen, indem man ihn auf der Gartenseite mit Schwellen, Winkelsteinen oder Trockenmauern terrassiert oder durch eine Sitzmauer am Böschungsfuß abstützt, die gleichzeitig für einen Sitz- oder Grillplatz genutzt wird. Auch als Hintergrund für die Aufstellung von Bildwerken kann ein Lärmschutzwall »zweckentfremdet« werden.

Auf steilen Erdanschüttungen besteht erhöhte Erosionsgefahr durch Abschwemmung des Bodens bei starken Regenfällen. Nach der Fertigstellung der Anschüttung sollte man daher unverzüglich die Bepflanzung durchführen. Bodendeckende, starkwachsende, tiefwurzelnde Gehölze eignen sich besonders gut. Müssen die Arbeiten zur Sommerzeit durchgeführt werden, kann man durch Aussaat tiefwurzelnder Pflanzen wie Lupine, Roggen, Phacelia oder Steinklee stärkere Erosionen verhindern.

Steht ohnehin nicht viel Gelände für einen Lärmschutzwall zur Verfügung, muß man sich anderer Hilfsmittel bedienen. So ist es durchaus möglich, Lärmschutzwälle aus vorgefertigten Betonelementen wie Löffelsteinen, Hohlblocksteinen, Muldensteinen und dergl. zu errichten, die im Baukastensystem errichtet und fest miteinander verzahnt werden können. Die Hohlräume füllt man mit einem bindigen Kultursubstrat (lehm- oder tonhaltigen Bodengemisch, Zusatz von Hygromull zur Wasserhaltung) und bepflanzt das Bauwerk mit anspruchslosen Pflanzen wie Heckenkirschen, Kriechenden Felsenmispeln und Schneebeeren, Kriechenden Pfaffenhütchen und ähnlichen Gehölzen. Auch Steingartenstauden sind als Bodendecker geeignet. Bei trockener Witterung ist zusätzliches Wässern erforderlich, da kein direkter Bodenschluß besteht. Eine große Arbeitserleichterung sind Berieselungsanlagen (Tröpfchenberieselung) oder poröse Schläuche, die man auf der Wallkrone verlegt und an eine Wasserleitung anschließt.

Pflanzenvielfalt im Garten

Die Pflanzenwelt bietet uns große Möglichkeiten, lebendige, abwechslungsreiche Schönheit aus allen Teilen der Welt dauerhaft in unserer unmittelbaren Umgebung anzusiedeln. Was wären unsere Gärten ohne Blumen, ohne Rosen, ohne blühende Ziersträucher, ohne die verschiedenartigsten wandlungsfreudigen Begleiter, die das Leben mitten in einem kleinen Stückchen Natur so faszinierend machen! Die Beschäftigung mit den Pflanzen bringt uns immer wieder neue Erkenntnisse, neue Rätsel, immer wieder Überraschungen, die uns den Garten stets in einem neuen Licht erscheinen lassen. Früher waren Haus und Garten zwei Dinge, die sich bisweilen sogar fremd gegenüberstanden. Heute erlebt man den Garten aus der Wohnung heraus über die Wohnterrasse als Einheit, in der eine Vielfalt von Blüten und Farben, von hellen und dunklen Räumen und ihren Wandlungen im Wechselspiel der Tages- und Jahreszeiten miteinander verbunden sind. Erst durch die Pflanzen wird ein Garten zum richtigen Garten, und durch die Pflanzen können wir die Schönheit der Natur in ihrer unendlichen Vielfalt erleben.

Der botanische Name

Bevor wir über die Pflanzen des Gartens sprechen, muß man einiges zu den botanischen Namen sagen. Man wird häufig gefragt, warum man nicht die deutschen Namen für die Bezeichnung der Pflanzen verwendet. Sie sind dem Laien verständlicher und machen es ihm leichter, Pflanzennamen zu behalten. Leider gibt es für die meisten Pflanzen keine einheitlichen deutschen Bezeichnungen (Marienblümchen, Gänseblümchen, Maßliebchen für ein und dieselbe Pflanze). Sie werden regional verschieden benannt, was bei der Beschreibung zu mancher Verwechslung führen könnte. Darum muß die botanische Bezeichnung herangezogen werden, um Pflanzen nach Gattung, Art, Unterart und schließlich mit dem Sortennamen so genau zu benennen, daß Irrtümer ausgeschlossen sind. Unter einer Pflanzengattung versteht man zum Beispiel die Gattung *Campanula* (Glockenblume). Diese Gattung unterteilt man in viele Arten »Spezies« (sp.), z. B. *persicifolia*, *carpatica* oder *pusilla*. Handelt es sich um züchterisch bearbeitete Kulturformen, so erhalten sie meist einen Sortennamen wie 'Blaue Clips', 'Finsteraarhorn', 'Schneewittchen', 'Gloria Dei' etc. Mehrere Arten, die viele gemeinsame Merkmale oder die gleiche Abstammung aufweisen, wie z. B. die Erdbeeren, Apfel und Birne, Fingersträucher und Rosen, faßt man zu Familien zusammen, in diesem Falle zu der Familie der Rosengewächse (Rosaceae). Viele Angehörige einer solchen Pflanzenfamilie haben gleiche Standortansprüche, aus denen man Rückschlüsse auf Bodenverhältnisse und klimatische Ansprüche gewinnen kann. Das läßt sich allerdings nicht verallgemeinern.

Der Rasen

Rasen besteht aus Gräsern. Er ist der grüne Teppich unseres Freiraumes. Er hat die Aufgabe, alle Teile des Gartens zu einer großen Einheit zusammenzufassen, Haus und Wege, Blumen und Gehölze. Er schafft eine farbig neutrale Fläche. Auf seinem grünen Grundton kommen die bunten, leuchtenden Farben von Sommerblumen und Stauden und die feinen Blütenwirkungen der Ziersträucher und Bäume erst richtig zur Geltung. Rund oder eckig, freie Form oder regelmäßig, immer führt uns der Rasen vom Haus über seine möglichst weite Fläche zu den Einzelheiten des Gartens. Rasenflächen sollen natürlich nicht bloßes Schaugrün sein. Wir können ihn zum Ruhen und Lagern benutzen, wir können darauf spielen und ihn betreten, ohne daß seine Grasnarbe darunter leidet.

Die große Zahl der Pflanzen, die uns zur Gestaltung unseres Gartens zur Verfügung steht, besonders die Stauden und Blütengehölze, bringt die Natur in ihrer Vielfalt und Schönheit in unseren unmittelbaren Lebensbereich.

Gartenräume wirken ruhig und wohltuend, wenn sie eine möglichst große Rasenfläche besitzen.

Die Bodenvorbereitung Die Anlage eines dichten, saftiggrünen Rasens ist einfacher, als man schlechthin vermutet. Bodenbearbeitung, Auswahl des Saatgutes, Düngung und Pflege sind das ganze Geheimnis eines strapazierfähigen Rasens und bestimmen sein Aussehen. Eine gründliche Bodenvorbereitung ist schon der halbe Rasen, könnte man sagen. Die Anlage eines dauerhaften Rasens soll für viele Jahre Bestand haben, und hier darf man nicht am verkehrten Ende sparen. Die Bodenstruktur spielt eine sehr bedeutsame Rolle. Es hätte keinen Zweck, festgefahrenen Boden mit Mutterboden zu überdecken und einzusäen. So erhalten wir niemals einen Rasen, der uns Freude macht. Versauerung und Vermoosung sind die Folge. Der Untergrund muß tiefgründig (mindestens 40 cm) gelockert werden, bevor der Mutterboden aufgetragen wird. Ein nochmaliges Aufreißen oder tiefgründiges Fräsen besorgt dann eine gute Verbindung der Schichten miteinander und macht sie durchlässig. Torfmull und Humusdünger auf leichten Böden, Sand, Lava (⅝ mm), in Extremfällen sogar Styromull und Kompostgaben auf schweren Böden – das sind die wichtigsten Komponenten, die wir nach gründlicher Entfernung eventuell vorhandener Wurzelunkräuter reichlich dazugeben müssen. Je besser die Bodenstruktur, je größer der Nährstoffvorrat, desto strapazierfähiger wird ein Rasen. Besteht die Möglichkeit, gut verrotteten Stallmist einzubringen, so ist darauf zu achten, daß er in der obersten Schicht verarbeitet wird.

Anlage Die erwähnten Bodenverbesserungen sollten bereits im Herbst vorgenommen werden. Im Frühjahr zieht man die Fläche glatt ab (mit der Rückseite einer Harke oder eines Holzrechens) und bringt in der Zeit von Mitte April bis Mitte Mai das Saatgut aus. Das ist besonders bei schweren Böden angebracht. Herbsteinsaat, die von Ende August bis Mitte Oktober vorgenommen werden kann, kommt uns vor allem auf leichten, rasch austrocknenden Böden zustatten. Die eingesäten Flächen kommen dann noch in den Genuß der Herbst- und Winterniederschläge und können sich kräftig bestocken. Die Ansicht, daß ein Rasen umso schöner wird, je dichter man das Saatgut ausbringt, ist falsch. Zu dicht gesäter Rasen unterdrückt die feinen Untergräser, die den geschlossenen, dichten Bewuchs ausmachen. Auf leichten Böden genügen meist 5–10 g/m², um eine dichte Grasnarbe zu erhalten. Auf schwereren Böden sollten nicht mehr als 30 g/m² ausgebracht werden.

Das Saatgut ist gleichmäßig zu verteilen. Da Grassamen sehr feinkörnig ist, kann man ihn mit Sägemehl oder trockenem Sand mischen, wenn man ihn von Hand aussäen will. Es gibt aber auch Sämaschinen, die sich mengengenau einstellen lassen. Sie dienen nicht nur zur Raseneinsaat, sondern können später auch als Düngerstreuer weiterbenutzt werden. Mit einer Harke wird das Saatgut anschließend flach eingearbeitet. Bei größeren Flächen verwendet man dazu einen »Igel«. Danach bearbeitet man die Flächen mit einer Walze oder Tretbrettern, um der Saat den erforderlichen Bodenschluß zu geben. Es ist darauf zu achten, daß die verdichtete Fläche ebenflächig ausgebildet ist. Kleinere Unebenheiten lassen sich durch ein Gemisch von feingesiebter Komposterde und Grassamen ausgleichen. Grassamen sind ein beliebtes Futter für die Körnerfresser unter den heimischen Singvögeln. Man schützt sich dagegen durch quergespannte, schwarze Fäden oder leichte Kunststoffnetze. Ist das Saatgut aufgekeimt, so ist auch die Gefahr gebannt.

Meist zeigt sich das erste Grün schon nach 14 Tagen. Der erste Schnitt erfolgt, wenn die Halmlänge etwa 8–10 cm beträgt. Zum Schneiden verwendet man zweckmäßigerweise einen Sichelmäher. Walzenmäher können die jungen, schwach bewurzelten Pflänzchen leicht aus dem Boden reißen. Die Schnitthöhe darf nicht zu tief eingestellt werden. Sie sollte etwa bei 4 cm liegen. Zweiter und dritter Rasenschnitt folgen dann jeweils nach 8 bis 10 Tagen. Es ist zweckmäßig, jeweils nach den Schnitten die Flächen erneut zu walzen oder festzutreten. Und noch einige grundsätzliche Ratschläge für die Rasenpflege: Niemals bei Sonne und Trockenheit mähen! Je feiner der Rasen sein soll, desto häufiger mäht man ihn. Gründliches Wässern nach dem Schnitt begünstigt das Wachstum.

Für den Rasenschnitt benötigt man einen Mäher. Handmäher kommen auch dem Kreislauf des Gartenfreundes zugute. Sie eignen sich für kleinere Flächen. Bei größeren Rasenflächen wird ein Motormäher empfohlen. Elektromäher sind geräuschärmer als Mäher mit Verbrennungsmotoren. Über die richtige Wahl eines Mähers für die Rasengröße im eigenen Garten informiert man sich am besten im einschlägigen Fachhandel. Die gebräuchlichen Systeme sind stets vorrätig.

Fertigrasen Wer es mit der Rasenfläche besonders eilig hat, der kann sich mit Hilfe des Fertigrasens eine Rasenfläche anlegen, die sofort benutzbar ist. Fertigrasen oder »Rollrasen« ist teurer, als eine Raseneinsaat. Die Soden liefern auch einen weniger gleichmäßigen Rasen, der allerdings im Laufe der Zeit durch entsprechende Pflegemaßnahmen (Abziehen mit Sand/Kompostmischung) in einen ebenflächigen grünen Teppich verwandelt werden kann. Beim Verlegen der Soden auf der vorgesehenen Fläche, die wie zu einer Raseneinsaat vorbereitet wird, ist darauf zu achten, daß keine Kreuzfugen entstehen. Nach dem Auslegen walzt man den Rasen ab. In den ersten 3 Wochen sollte man den Rasen wegen der Ausbildung neuer Wurzeln nicht strapazieren. Bei trockenem Wetter ist nachhaltig zu wässern, um die Wurzelbildung zu unterstützen. Der erste Schnitt erfolgt bei einer Halmlänge von 8–10 cm. Die weitere Behandlung entspricht der üblichen Pflege. Rollrasensoden, die auf steilen Böschungen verlegt werden, befestigt man zweckmäßigerweise mit ca. 20 cm langen Holzstiften.

Rasenarten Nicht jede Rasenmischung eignet sich gleich gut für jeden Boden und für jede Lage. Schatten und Sonne, schwere und leichte Böden und die Art der Nutzung spielen bei der Zusammensetzung der Gräserarten eine wichtige Rolle. Daher müssen wir bei der Bestellung des Samens in einer Samenhandlung Zweck und Standortverhältnisse angeben, um eine gut abgestimmte Mischung zu erhalten. Wenig benutzte Flächen können mit »Teppichrasen« eingesät werden. Sollen die Flächen stärker beansprucht und bespielt werden, so eignen sich Spiel- und Sportrasen. Für schattige Lagen unter Bäumen gibt es bestimmte Zusammensetzungen, die unter der Rubrik »Schattenrasen« im Handel sind. Auch leichte Böden erfordern besondere Mischungen. Da es für jeden Zweck eine fertige Mischung gibt, erübrigt es sich, Grasarten und Spezialmischungen an dieser Stelle genauer zu beschreiben. Weißklee kann zum Verstärken der Grasnarbe zusätzlich eingebracht werden. Er bestockt sich dicht am Boden und schafft mit seinen kriechenden Stengeln eine dichte, feste Decke.

Das Thema Rasen wird heute oft allzu ernst in allerlei Schriften und Beiträgen abgehandelt. Da ist von genau einzuhaltendem pH-Wert (Optimum zwischen 6 und 7), vom »Liften« und »Cutten«, vom »Verticutieren«, von »Top-Dressing« und »Clippings« und hunderterlei Gerät und Spezialdüngern die Rede. Lassen Sie sich dadurch nicht verwirren und werden Sie nicht zum Sklaven Ihres Rasens! Der Rasen ist nur ein Teil des Gartens. Es ist verständlich, daß festgetretener, stark strapazierter Rasen von Zeit zu Zeit einmal gelüftet werden muß, damit er wieder wuchsfreudiger wird. Im allgemeinen verhält es sich jedoch so, daß diejenigen Gräser im Rasen am besten gedeihen, die unter den jeweiligen örtlichen Bedingungen von Natur aus ihr bestes Fortkommen finden. So wird sich ohnehin nach und nach ein Rasen ausbilden, der für die jeweiligen Bodenverhältnisse und die Beanspruchung »der richtige« ist.

Wer keine Gänseblümchen u. ä. im Rasen haben will, für den gibt es heute zahlreiche Unkrautvertilgungsmittel (z. B. Rasenrein, Rasen-Anicon, Rasen-Hedomat u. a.). Auch Kombinationen von Düngern und Unkrautvernichtern sowie Spezialdünger mit Langzeitwirkung durch besondere chemische Bindung des Stickstoffs bietet der Handel an.

Schädlinge und Krankheiten des Rasens Wie alle Intensivkulturen so kann auch der Rasen von allerlei Schädlingen und Krankheiten befallen werden, insbesondere wenn die verschiedenen Standortansprüche der unterschiedlichen Rasenarten den örtlichen Gegebenheiten nicht entsprechen. Gut gepflegter Rasen wird weniger von Krankheiten und Schädlingen heimgesucht und macht daher auch nur selten Pflanzenschutzmaßnahmen erforderlich. Meist sind es die Larven bestimmter Insekten, die, im Boden versteckt, den Wurzeln der Gräser zu schaffen machen. Hierunter fallen z. B. die Larven des Junikäfers, des Maikäfers (Engerlinge), der Wiesenschnaken und des Schnellkäfers (Drahtwürmer) sowie die derbhäutigen grauen Wiesenwürmer. Der Rasen wird bei Befall meist großflächig gelb bis braun und löst sich leicht vom Boden ab, da die Wurzeln abgefressen werden. Bisweilen entstehen auch horstartige Kahlstellen. Die natürlichen Feinde dieser Schädlinge sind der Igel, der Maulwurf, die Spitzmaus und die Amsel. Sie können aber allein nicht gegen diese Schädlinge ankommen. Hier ist die Anwendung eines chemischen Präparates (Lindan-Mittel) erforderlich, das die vorgenannten Nützlinge nicht schädigt – wohl aber den nützlichen Regenwurm. Das Mittel wird mit der Gießkanne ausgebracht. Zweckmäßigerweise sollte man den Rasen vorher lüften, um den Wirkstoff auch bis in den Lebensbereich der Schädiger gelangen zu lassen. Es ist zweckmäßig, nach der Bekämpfung eine zusätzliche Beregnung durchzuführen. Maulwürfe sind keine Rasenschädlinge. Die Erdhaufen sind sehr lästig, aber Maulwürfe sind große Schädlingsvertilger. Sie stehen nach der neuen Artenschutzverordnung unter besonderem Schutz und dürfen weder verfolgt noch getötet werden. Man kann sich also nur durch Vertreibungsmittel helfen oder seinen Garten durch tiefes Eingraben feinmaschigen Drahtgeflechts an den Grenzen schützen.

Auch Pilze können dem Rasen zu schaffen machen. Sie scheiden Stoffe aus, die die Grasnarbe flächig absterben lassen. Die Pilzfäden sitzen bisweilen metertief im Boden, wodurch die Bekämpfung erschwert wird. Bestimmte Fungizide wie Calirus und Saprol haben sich hier bewährt. Eine wichtige Vorbeugungsmaßnahme ist gleichmäßiges Düngen und gute Pflege des Rasens.

Besonders im Frühjahr zeigen sich mancherorts auf der Rasenfläche nestartig ausgebildete hellgrüne bis bräunliche Flecken. Man kann auch auf den Halmen und Blättern einen deutlichen Pilzbelag erkennen. Es handelt sich um den sogenannten Schneeschimmel. Die Ausbreitung dieses Pilzes kann sehr rasch erfolgen, vor allem, wenn der Rasen längere Zeit unter einer Schneedecke zu leiden hatte. Durch intensive Rasenpflege kann man dem Übel am besten zu Leibe rücken. In schwereren Fällen eignet sich ein Fungizid (Confuval), das den Pilz nachhaltig bekämpft.

Moos ist ein besonders hartnäckiger Rasenschädling und trotzt vielen Mitteln. Meist ist es ein Anzeichen schlechter Rasenpflege. Die Ursache liegt in vielen Fällen in stark verdichtetem Untergrund und Staunässe. Eine bessere Durchlüftung schafft wirksame Abhilfe. Die zur Direktbekämpfung von der Industrie entwickelten Vernichter packen das Übel nicht an der Wurzel. Um den Gräsern ausreichende Konkurrenzkraft gegenüber dem Moos zu sichern, sollte man den Rasen nicht zu kurz halten (Mindestlänge 4 cm, gut lüften und kräftig düngen). Bisweilen liegt das Übel der Vermoosung auch in einem viel zu kurz geschnittenen Rasen, dessen stark geschwächte Gräser vom Moos leicht überwuchert werden können.

Erdhäufchen im Rasen sind keine »Befallserscheinung«. Sie zeigen lediglich eine starke Regenwurmtätigkeit an und bedeuten, daß der Boden von diesen Nützlingen in gutem Zustand gehalten wird.

Rasenpflege Ein Rasen muß häufig geschnitten werden. Mit dem Schnitt zerstören wir die Assimilationsorgane der Gräser, mit denen sie wichtige Reservestoffe aufbauen. Sie müssen also neu gebildet werden, und hierzu sind wiederum Nährstoffe aus dem Boden erforderlich, die allerdings nicht in unbegrenzter Menge zur Verfügung stehen. Wir sind also gezwungen, nachzudüngen. Das kann mit organischen oder mineralischen Düngern erfolgen. Meist genügen 2 Volldüngergaben und zwar im April/Mai und August/September (40 g/m^2), um die erforderlichen Nährstoffe einzubringen. Hier haben sich besonders Dünger mit Langzeitwirkung bewährt. Stärkeres Düngen ist nicht unbedingt von Vorteil, denn es bewirkt ein stärkeres Wachstum, und das wiederum hat zur Folge, daß der Rasen häufiger geschnitten werden muß, wenn er ordentlich aussehen soll. Das Wachstum des Rasens hängt aber auch von der Grasart, der Bodenart, der Feuchtigkeit des Bodens, dem Standort und anderen Bedingungen ab, welche die Schnitthäufigkeit mitbestimmen. Im allgemeinen lassen wir den Rasen nicht länger als 4–6 cm lang werden. Schnittgut kann man nur dann liegenlassen, wenn der Rasen 2 × wöchentlich gemäht wird. Die abgeschnittenen Halme sind dann kurz genug, um rasch genug abgebaut zu werden. Auf diese Weise führen sie dem Boden gewissermaßen die entzogenen Nährstoffe wieder zu. Stark strapazierte Rasenflächen müssen kurz gehalten werden, damit die feinen Untergräser voll zur Entfaltung kommen. Ist der Rasen infolge anhaltender feuchter Witterung oder aus anderen Gründen länger geworden, muß man das Schnittgut räumen. Bei den meisten Rasenmähern gibt es Kombinationen von Mäher und Fangkorb. Es gibt auch spezielle Kehrmaschinen, die man auch zum Räumen von Herbstlaub verwenden kann.

Wohin mit dem Mähgut? Niemals in die Mülltonne, denn damit gehen wertvolle Nährstoffe dem Garten für immer verloren. Der Komposthaufen ist gut geeignet, um das Mähgut in nährstoffreichen Humus umzuwandeln. Eine andere, sehr zweckmäßige Verwendungsart ist das Mulchen. Hierbei wird das Schnittgut ca. 10 cm dick unter Bäumen, Sträuchern und auf unbewachsenen Flächen des Gartens ausgebreitet. Hierdurch wird der Boden vor schädlichem Austrocknen bewahrt, das Aufkommen lästiger Unkräuter verhindert und durch das Verrotten des Mähgutes gelangen die Nährstoffe wieder in den Boden und stehen den Pflanzen zur Verfügung.

Und noch ein wichtiger Hinweis zur Erleichterung der Rasenpflege: die Mähkante. Sie erspart uns lästiges Regulieren, Kantenstechen und -nachschneiden, denn sie bildet einen festen Rand um den Rasen, auf dem man mit einem Rad des

Durch geschickte Führung des Rasens kann man die Tiefenwirkung der Fläche steigern.

Mähers fahren kann, und verhindert, daß beim Umgraben angrenzende Pflanzflächen oder Ränder des Rasens beschädigt oder verändert werden. Mähkanten benötigen eine relativ geringe Breite. Es genügen 15 bis 25 cm. Als Material kann man z. B. in Längsrichtung verlegte Betonplatten (20/40 cm), Klinker als Rollschicht oder Flachschicht oder Betonpflastersteine (10 × 20 cm) in 20 cm Breite verlegen oder selbst Natursteinplatten von unregelmäßigem Format, wenn die Kanten an den Stößen entsprechend zugeschnitten werden. Einfassungen aus Flaschen und hochkantgestellten Steinen behindern das Mähen und sollten schon aus praktischen Erwägungen nicht gesetzt werden. Die beschriebenen Kanten können in 5 cm Sandbettung verlegt werden. Bei leichtem Boden kann man selbst diesen Unterbau sparen und die Mähkante direkt in den Boden verlegen. Wichtig ist, daß die angrenzenden Flächen (Rasen, Wege, Platten etc.) bündig, d. h. in gleicher Höhe, anschließen.

Rasenersatz Ökologiebewußte Hobbygärtner, die einmal blühende Wiesen in den Bergen als Trockenrasen erlebt haben, wünschen sich häufig eine *Blumenwiese* an Stelle eines Rasens. Abgesehen von der geringeren Pflege, die eine Blumenwiese erfordert, ist die Vielfalt in einer solchen Pflanzengemeinschaft erheblich größer, als in einem Rasen, der verglichen damit nur eine sterile Monokultur darstellt. Der Fachhandel bietet seit einiger Zeit Extensivrasen oder Blumenwiesenmischungen an, die durch einen bestimmten Gehalt von Wundklee, Hornklee, Schneckenklee, Esparsette, Schafgarbe, Akelei, Gänseblümchen, Glockenblume, Kümmel, Kornblume, Margerite, Möhre, Johanniskraut, Lein, Kuckuckslichtnelke, Salbei und vielen anderen ein blühendes Wunder zu werden versprechen. Der Umstand, daß diese Wiesen nur ein- oder zweimal im Jahr gemäht werden müssen, verleitet dazu, diese Mischungen einzusäen, zumal damit die lästige Pflege vermeintlich eingespart wird. Hierbei wird leider nur allzuoft vergessen, daß sich für eine Blumenwiese nicht immer der geeignete Standort im eigenen Garten findet. Gartenland ist meist gut gedüngter Boden und begünstigt die starkwachsenden Gräser und Kräuter, die sehr bald die Oberhand über die niedrigbleibenden gewinnen, so daß die ökologische Vielfalt eigentlich nur kurz nach der Aussaat voll in Erscheinung tritt. Die nährstoffreichen Wiesen müssen mindestens zweimal jährlich geschnitten werden. Herkömmliche Rasenmäher sind dazu ungeeignet. Spezialmessermäher müssen her oder Sense, Sichel. Sensenschnitt ist auch nicht so einfach, wie man denkt. Das Mähgut ist zu räumen, wohin mit dem langen Gras? Ist der Kompostplatz groß genug, kann man das Mähgut hier aufsetzen und verrotten lassen. Erst im Laufe vieler Jahre und Jahrzehnte kann man den Boden soweit aushagern, daß Magerwiesen entstehen, die einen größeren Artenreichtum begünstigen. Es werden sich aber in jedem Falle diejenigen Arten durchsetzen, die für den jeweiligen Standort typisch sind, und das muß nicht immer eine bunte Blumenwiese sein – besonders nicht in Niederungen mit Kalkarmut. Blumenwiesen, die betreten oder bespielt werden, bieten schnell einen traurigen Anblick. Über diese Tatsache muß man sich im klaren sein, ehe man sich für die Blumenwiese entscheidet.

Als Rasenersatz oder *Bodendecker* bezeichnen wir diejenigen Pflanzen, mit denen wir dank ihres polsterförmigen oder kriechenden Wuchses größere Flächen des Bodens bedecken können. Zur Begrünung schmaler Vorgärten, kleiner Streifen an der Nordseite von Gebäuden und Gehölzpflanzungen sind sie ein unentbehrliches Requisit geworden.

Natur und Züchtung haben uns eine Anzahl Pflanzen beschert, die auf unterschiedlichen Böden in tiefem Schatten oder in brennender Sonne eine geeignete Bodendecke ausbilden, wogegen Rasen an solchen Stellen nur Kümmerwuchs zeigen würde.

Als kriechendes Gehölz ist da zunächst die Allerweltspflanze *Cotoneaster* (Felsenmispel) zu nennen. Diese Arten nehmen mit vielen Bodenarten vorlieb, d. h. sie sind für sonnige bis halbschattige Lagen geeignet. Sie sorgen rasch für eine immergrüne Bodendecke. Einige Arten können durch Wuchern lästig werden. Sie verlangen gelegentlichen Schnitt wie z. B. die Art *C. dammeri*. Schwächer wächst

C. dammeri 'Radicans'. *C. horizontalis* ist der bekannte flachwachsende Korallenstrauch, der sich im Herbst mit einer Unzahl von Beeren schmückt. Er eignet sich auch zur Mauerbekleidung, wo er seine fächerförmigen Zweige ausbreitet. *C. salicifolius*-Arten sind feuerbrandgefährdet und sollten nicht verwendet werden. Die *Cotoneaster*-Arten sind eine gute Bienenweide.

Anstelle von *Cotoneaster* gedeihen in schattigen Lagen gut die Pfaffenhütchenarten (kriechende Formen: *Euonymus radicans*, *E. radicans* 'Vegetus', *E. fortunei* 'Coloratus', *E. fortunei* 'Minimus' und andere). Einige Arten eignen sich auch zur Berankung von Mauern und fruchten sehr dekorativ. Der Fingerstrauch (*Potentilla fruticosa* 'Arbuscula') ist ein sommergrüner Bodendecker für sonnige bis halbschattige Lagen. Auch das Johanniskraut (*Hypericum calycinum*) ist hier zu nennen. Für extreme, windexponierte Lagen ist dieser immergrüne Bodendecker jedoch nicht geeignet.

Pflanzen für trockenen Standort: Auf trockenen Sandflächen gedeihen alle als Polsterstauden, vom Steingarten her bekannten Pflanzen, die nicht gerade ausgesprochene Kalkliebhaber sind. Besonders die grau- und silberblättrigen Arten zeigen durch ihre dichte Behaarung schon an, daß sie mit Wasser gut haushalten können. Sie stammen meist aus wasserarmen Gebieten. Mauerpfefferarten (*Sedum*), die auch als Fetthenne bekannt sind, gehören zu dieser Gruppe. Der heimische Mauerpfeffer (*Sedum acre*) ist für solche Flächen besonders gut geeignet. Er kann in Horsten angesiedelt werden oder man zerkrümelt ihn auf einer mit feuchtem Torfmull aufbereiteten Fläche und sät ihn wie Samen breitwürfig aus, harkt ihn ein und walzt ihn an. Jedes Blättchen und jeder Stengelteil bewurzelt sich und bald entsteht eine gleichmäßig dicht begrünte Fläche wie ein Rasen, der dazu den Vorteil hat, daß er zur Sommerzeit herrlich goldgelb blüht. Solche Flächen sind gleichzeitig eine gute Bienenweide.

Andere geeignete Bodendecker sind: Gänsekresse (*Arabis*), Hornkraut (*Cerastium*), Katzenpfötchen (*Antennaria*), Thymian (*Thymus serpyllum*, *Th. serpyllum* 'Coccineus', *Th. serpyllum* 'Lanuginosus'), Stachelnüßchen (*Acaena*). Unter solchen Bodendeckern sind besonders Blumenzwiebelarten gut unterzubringen.

Pflanzen für schattigen Standort: Für schattige, humose, feuchte Stellen im Schattenbereich großer Bäume gibt es ebenfalls eine Auswahl. Auch schmale Beete an der Nordseite hoher Gebäude, auf der oft nur ein kümmerlicher Rasen sein Dasein fristet, können mit Pflanzen dieser Art wesentlich schöner gestaltet werden.

Empfehlenswerte Schattenpflanzen als Bodendecker:

Immergrünes Schaumkraut (*Cardamine trifolia*), Ysander (*Pachysandra terminalis*), besonders unter Gebüsch zur Bodenbegrünung, Waldmeister (*Asperula odorata*), Immergrün (*Vinca minor*, *V. major*) eignen sich auch für schattige, trockenere Flächen. Maiglöckchen (*Convallaria majalis*), Kanadischer Blumenhartriegel (*Cornus canadensis*), Efeu (*Hedera helix*, *H. colchica*, *H. helix* 'Hibernica' u. a.) kommen auch an schattigen Stellen gut fort und liefern dauerhafte Begrünung. Haselwurz (*Asarum europaeum*) liebt lehmigen Untergrund. Schaumblüte (*Tiarella cordifolia*), ein sommergrüner Bodendecker mit weißen, kätzchenähnlichen Blütenständen und Waldsteinie (*Waldsteinia ternata*, *W. geoides*), liefern blühenden Bodenschmuck. Die Goldnessel (*Lamium galeobdolon*) ist auf humosem Boden ein guter Bodendecker, neigt aber zum Wuchern.

Die Gartengehölze

Ein Garten ohne Gehölze ist kein Garten. Die Gartengehölze bilden das Grundgerüst des Gartens. Mit ihnen sind wir in der Lage, den Garten in einen grünen Mantel zu hüllen, unseren Freiraum nach ganz bestimmten Gestaltungsvorstellungen zu ordnen und mit den Gewächsen auszustatten, die wir besonders schätzen und die wir in unserer nächsten Umgebung bei uns haben möchten. Durch Gehölze sind wir in der Lage, dem Garten Gestalt und Tiefe – besonders in der dritten Dimension zu geben. Bei aller Gestaltung müssen wir jedoch eines bedenken: Die Pflanze ist kein totes Material, das einmal hingestellt wird und dann in seiner Farbe, Form und Größe verharrt. Pflanzen sind Lebewesen, sie verändern sich ständig sowohl in ihrer Farbe als auch in ihrer Form und können im Laufe mehrerer Jahre einen Gartenraum entscheidend verändern. Die wichtigste Funktion der Gehölze des Gartens ist die Schutz- und Schmuckfunktion. Wir schützen uns mit Gehölzen vor Wind und Immissionen und vor neugierigen Blicken.

Die Pflanzenauswahl muß sehr sorgfältig getroffen werden. Hochwachsende Bäume wie Buchen, Eichen und Pappeln sind zur Umfriedung und Gestaltung eines kleinen Hausgartens untauglich. Das gilt auch für die hochwerdenden Fichtenarten wie Douglasfichten, Stechfichten, Rotfichten, ja selbst für die vielgeliebten Omoriken oder Serbischen Fichten, die bisweilen in engen Abständen um einen kleinflächigen Garten gepflanzt werden und nach wenigen Jahren die kleine Fläche mit ihrem Schatten so beeinträchtigen, daß alles andere unterdrückt und im Fortkommen behindert wird. Solche Bäume kommen für einen kleinen Garten nicht einmal als Einzelgehölz in Betracht.

Ein besonderer Hinweis sollte aber der ungeschnittenen Blütenhecke gelten. Viele schönblühende Ziersträucher in unterschiedlichen Wuchsformen und Größen lassen sich gut für große und kleine Gärten als Einfriedung verwenden. Sie schützen in richtiger Anordnung vor Sicht und Wind und ersparen das Schneiden einer Hecke. Blütezeit und Fruchtbehang bescheren herrlichen Gartenschmuck und Schnittmaterial für die Vasen.

Die Blütezeit spielt bei der Pflanzenauswahl eine große Rolle. Wir wünschen uns möglichst zu jeder Jahreszeit interessanten Blüten-, Laub- oder Beerenschmuck und sollten unsere Pflanzenzusammenstellung danach ausrichten. Ebenso sollten wir auch die Farben sehr sorgfältig aufeinander abstimmen. So läßt sich zum Beispiel blauer und weißer Flieder mit dem satten Goldgelb des Goldregens, die kräftiggelbe Forsythie mit dem Zartviolett des Frühlingsrhododendrons und dem leuchtenden Weißrosa der rotblättrigen Zierpflaumen verbinden. Die weißen Blütensträußchen des Weißdorns erscheinen zur gleichen Zeit wie die dekorativen Blütenbüschel der großblumigen Rhododendronarten und können zwischen dem Farbenvielerlei gut vermitteln. Die Farbenvielfalt der Rhododendren und Azaleen gibt uns ohnehin hochinteressante Möglichkeiten für die Farbgestaltung im Frühlingsgarten. Mit fortschreitender Jahreszeit tendieren die Blütenfarben unserer Gehölze mehr zum Weiß, wenn wir einmal die bunte Farbenpracht der Rosen und einiger anderer Gehölze ausschließen wollen, die uns bis zum Frostbeginn in Atem halten können. Dann sind die leuchtenden Herbstfarben zu bedenken. Mit breitem Pinsel malt die Natur ungeahnte Farbkombinationen auf die Vegetation, wenn z. B. Pfaffenhütchen, Fothergilla oder Amberbaum ihre leuchtenden Farben erglühen lassen. Auch Beerenschmuck kann Überraschungen auslösen. Weithin leuchten die orangefarbenen oder roten Beeren des Feuerdorns aus der immergrünen Belaubung. Felsenmispeln, Schneebeeren und viele andere wollen da nicht nachstehen und selbst in Reif und Schnee erglänzen die glasig durchscheinenden, leuchtendroten Beeren des Wasserschneeballs an den kahlen Zweigen.

Pflanzzeit Am besten pflanzt man Gehölze während der Wachstumsruhezeit, d. h. während des Winterhalbjahres bei offenem Wetter. Nach dem Laubfall (etwa Anfang November) ist das Holz unserer Laubgehölze ausgereift. Sie können dann unbesorgt aus dem Boden herausgenommen und verpflanzt werden. Bei gefrorenem Boden schlägt man sie nur ein und pflanzt sie bei frostoffenem Wetter zu einem späteren Zeitpunkt. Nur wenige Gehölzarten sollen während des Austriebs gepflanzt werden. Zu ihnen gehört die Birke, die trotz ihrer Schönheit im Frühjahr als schnellwüchsiger Flachwurzler für den kleineren Hausgarten ein weniger gut geeignetes Gehölz ist. Azaleen, Rhododendren und andere immergrüne Ballenpflanzen können noch meist bis in den Juni hinein gepflanzt werden – je nach Landschaft, Höhenlage und Entwicklungszustand der Vegetation. Man sollte jedoch generell im Frühjahr etwa Ende April/Anfang Mai mit dem Pflanzen handelsüblicher Baumschulware Schluß machen, wenn man Mißerfolge vermeiden will. Eine Ausnahme stellen die Containerpflanzen

Eine Gruppierung verschiedener Rhododendronarten (Rh. repens, Rh. williamsianum) mit der Felsenbirne (Amelanchier).

dar. Sie sind in Kübeln, Plastikgefäßen oder Folien mit Ballen gezogen und können nahezu unbegrenzt zu jeder Jahreszeit beliebig an Ort und Stelle ausgepflanzt werden. Wenn auch diese Methode einen größeren Kostenaufwand erforderlich macht, so gibt sie uns doch die Möglichkeit, auch im Sommer sofort unseren Garten ganz oder teilweise mit den Pflanzen auszustatten, auf die wir wegen des Verlustes einer Vegetationsperiode nicht bis zum Herbst oder Frühjahr warten wollen.

Wenn man sich über die spätere Größe der zu pflanzenden Gehölze nicht im klaren ist, kann es passieren, daß man die Pflanzen zu dicht setzt. Pflanzt man sie enger zusammen, um schneller ein fertiges Gartenbild zu erhalten, so darf man nicht vergessen, den Bestand nach und nach auszulichten und für die wertvolleren Gehölze Raum zu schaffen. In diesem Falle müssen die Füllsträucher herausgenommen werden.

Beim Umgang mit Pflanzen im Garten sollte man den Grundsatz beherzigen:
Große Gärten – große Bäume – große Räume.
Kleine Gärten – kleine Bäume – kleine Räume.

Die spätere Höhe der Gehölze in unseren Gärten spielt eine sehr bedeutsame Rolle. In der nachfolgenden Pflanzenaufstellung sind die ungefähren Endhöhen der Gehölze angegeben, damit man rechtzeitig die Gehölze ausschließt, die für kleine Gärten zu hoch und zu breit werden.

In der nachfolgenden Auflistung von Gehölzen ist in der ersten Zeile jeweils halbfett der botanische Name angegeben. Die zweite Zeile enthält den oder die deutschen Namen und die Familie. Von Fall zu Fall gibt ein Kurzhinweis Auskunft darüber, ob die Pflanze Stickstoff (N+) oder Kalk (K+) liebt oder in großen Mengen benötigt (++). Bei Unverträglichkeit ist ein Minuszeichen eingesetzt (N–, K–). Die dritte Zeile weist in Symbolen auf Besonderheiten hin (Erläuterung siehe S. 4).

Laubbäume und baumartige Sträucher für den Garten

Acer
Ahorn (Ahorngewächse) K+

Hochwachsende Ahornarten wie *Acer platanoides*, der Spitzahorn, *A. pseudoplatanus*, der Bergahorn, *A. saccharinum*, der Silberahorn sind für kleinere Gärten nicht geeignet. Hier verwendet man besser *A. campestre*, Feldahorn, ein ausgezeichneter Deckstrauch, der sich auch als Heckengehölz verwenden läßt. Er verträgt bis zu einem gewissen Grade Schatten, Trockenheit und liebt kalkhaltige, durchlässige Böden. Ein besonders schöner, mittelhochwachsender Ahorn (5–9 m) aus Japan ist *A. capillipes*, ein Schlangenhautahorn. Er eignet sich zur Einzelstellung im Garten. Im Winter kommt die apart gestreifte Rinde besonders zur Geltung. *A. griseum* ist ein graugrüner, schwachwüchsiger Ahorn mit glatter Rinde, der sich ebenfalls gut zur Einzelstellung eignet. *A. negundo*, der Eschenahorn, gehört wie *A. pensylvanicum* und *A. rufinerve* zu den mittelstark wachsenden Bäumen mit dekorativem Wuchs und prächtigem Laubschmuck im Herbst. Eine kleinbleibende Baumform findet man in *A. platanoides* 'Globosum', der als Hochstamm veredelt, regelmäßige, flachkugelige Kronen ausbildet. Er verträgt extremes Stadtklima und bietet Singvögeln gute Nistgelegenheit.

A. saccharinum, der Silberahorn, ist in den Formen *A. saccharinum* 'Borns Graciosa' und 'Wierii' mit malerischen Formen vertreten, die jedoch mehr für größere Gärten geeignet sind, da sie Höhen bis zu 30 m erreichen können.

Aesculus
Roßkastanie (Roßkastaniengewächse)
Aesculus hippocastanum, die Roßkastanie, ist als starkwüchsiger Baum für kleine Gärten nicht geeignet.

Ailanthus
Götterbaum (Simarubagewächse)

Ailanthus altissima ist ein prächtiger Baum mit großen, gefiederten Blättern und kann Höhen bis zu 25 m erreichen. Er sollte daher nur für große Gärten verwendet werden, wo er als Solitärgehölz einen prächtigen Blickfang darstellt.

Alnus
Erle (Birkengewächse) K–

Alnus glutinosa, die Rot- oder Schwarzerle, liebt feuchte bis sumpfige Böden. Sie ist gut als Windschutzpflanzung zu gebrauchen. *A. inca-*

Laubbäume und baumartige Sträucher 137

na, die Grau- oder Weißerle, steht besser auf trockeneren Böden. *A. incana* 'Aurea', die Golderle, mit gelblichem Austrieb und Blattschmuck ist eine auffallende Erscheinung. Erlen sind Pioniergehölze und dienen zur Aufforstung verwüsteter Böden. Auch als Amme (Sonnenschutz) für empfindlichere Gehölze geeignet.

Amelanchier
Felsenbirne (Rosengewächse)

Amelanchier lamarkii (= *A. canadensis*) wächst zu einem strauchartigen Baum heran, der bis zu 8 m Höhe erreichen kann. Im Frühjahr sehr zierend durch Austrieb und weiße Blütentrauben. Eßbare Früchte und eine schöne gelbe Herbstfärbung. Keine besonderen Standortansprüche an Boden und Lichtverhältnisse. Gedeiht auch noch in schattigeren Lagen.

Aralia
Aralie (Araliengewächse)

Aralia chinensis (*A. mandshurica*) ist ein bizarr geformter, aus Nordostasien stammender dichtbestachelter Strauch oder Baum (Teufelskrückstock), der bis zu 5 m hoch werden kann. Die gefiederten Blätter erreichen nicht selten Längen bis zu 1 m. Die Blüten stehen in Trugdolden zusammen. Hervorragend für Einzelstellung oder in Gruppen, auch zur Kübelpflanzung geeignet. Besonders für kleine Gärten und Terrassen zu empfehlen. Aralien lieben frischen, nährstoffreichen Boden mit guter Wasserführung und sonnigem Stand.

Betula
Birke (Birkengewächse)
Birken eignen sich hervorragend für weitläufige Heidepartien und parkähnliche Grundstücke. In kleinen Hausgärten beanspruchen sie zuviel Platz. Unter den schönsten Arten sind zu nennen:
Betula ermanii, die Goldbirke aus NO-Asien, die etwa 15 m hoch wird, *B. maximowicziana* mit ca. 10 cm großen, herzförmigen Blättern und goldgelber Herbstfärbung, *B. papyrifera*, die Papierbirke, die über 25 m hoch werden kann. Birken sind Flachwurzler. Sie lassen in ihrer Nähe kein anderes Wachstum aufkommen. Die häufig gepflanzte Kombination von Rhododendron und Birken ist nur auf moorigen Böden möglich. Im mittelschweren Gartenboden verkümmern die Rhododendronpflanzen unter den Bäumen und gehen zugrunde.

Carpinus
Hain- oder Weißbuche (Birkengewächse)

Carpinus betulus ist ein schöner, anspruchsloser, ca. 20 m hoch wachsender Baum, der auch in schattiger Lage und auf trockenem Standort gedeiht. Hainbuchen sind gute Heckenpflanzen. Sie behalten teilweise über Winter das Laub.

Castanea
Eßkastanie (Buchengewächse) K+

Castanea sativa, die Marone, wächst zu einem stattlichen, sehr wirkungsvollen Solitärbaum heran. In wärmeren Gegenden und günstigen Klimabereichen setzt er reichlich Früchte an. Besonders zierend ist die goldbraune Herbstfärbung. Eßkastanien können im Alter bis zu 20 m hohe, mächtige Bäume werden. Sie lieben sonnigen Standort und durchlässigen Boden.

Cercidiphyllum
Katsurabaum (Katsurabaumgewächse)

Der pyramidenförmig wachsende, elegante Zierbaum (*Cercidiphyllum japonicum*) eignet sich hervorragend zur Einzelstellung in mittelgroßen und größeren Gärten. Er nimmt mit jedem guten Gartenboden vorlieb. Der Austrieb setzt allerdings bereits im zeitigen Frühjahr ein und ist nachtfrostgefährdet, daher für Frostlagen ungeeignet. Auffallend ist die leuchtendgelbe Herbstfärbung. Endhöhe ca. 10–12 m.

Crataegus
Dorn (Rosengewächse) K+

Die Familie der Rosengewächse beschert uns eine Reihe von ausgezeichneten kleineren Bäumen und baumartigen Sträuchern, die für Einzelstellung und als Sicht- und Windschutzpflanzungen für Hausgärten gut geeignet sind. Zu ihnen gehören *Crataegus carrierei* (ca. 7 m hoch werdend), *C. crus-galli*, der Hahnendorn (ca. 5–6 m hoch werdend), *C. monogyna*, der Weißdorn (6–8 m hoch) und *C. prunifolia*, der pflaumenblättrige Dorn. Sämtliche *Crataegus*-Arten zeichnen sich durch malerische Herbstfärbung, dichten Wuchs und guten Beerenschmuck aus. *C. monogyna* ist feuerbrandgefährdet.

Fagus
Buche (Buchengewächse) K++

Fagus silvatica, die Rotbuche, eignet sich in unseren Gärten lediglich als Heckenpflanze. Freiwachsende Buchen können Höhen bis zu 50 m erreichen. Buchen sind Flachwurzler!

Fraxinus
Esche (Ölbaumgewächse)
Von den Eschen eignet sich lediglich *Fraxinus ornus*, die Blumenesche oder Mannaesche, für

kleinere Gärten. Sie liebt feuchten, nährstoffreichen Boden, sonnigen bis halbschattigen Standort und Wärme.

Gleditsia
Christusdorn (Schmetterlingsblütler) K+
☼ ◐ ❋ ⁑ ⫿

Die kleinkronige Sorte *Gleditsia triacanthos* 'Sunburst' mit breitpyramidaler, locker verzweigter Krone ist eine der wenigen Formen, die im Hausgarten Verwendung finden kann. Ihre Endhöhe beträgt ca. 10 m. Besonders zierend sind die doppelt gefiederten, bis 20 cm langen Blätter. Die weißen Blüten sind eine gute Bienenweide. Sie ist hitze-, trockenheit- und kalkverträglich und liebt nahrhaften Boden. Für Einzelstellung gut geeignet. Gedeiht auch in Kübeln.

Gymnocladus
Geweihbaum (Schmetterlingsblütler) K+ N−
◐ ⬇ ⊥

Gymnocladus dioicus. Dieser aus Nordamerika stammende Baum wächst unregelmäßig zu einer knorrigen, bizarren Form heran. Er wird bis 15 m hoch, liebt sonnigen, geschützten Standort. Für Frostlagen ungeeignet. Die langen, schmalen, weißen Blütentrauben erscheinen im Juni. Die doppelt gefiederten Blätter sind im Austrieb rötlich, später dunkelgrün, im Herbst dunkelgelb. Eignet sich besonders gut zur Einzelstellung oder als Solitärgehölz über kleineren Gehölzgruppen.

Hibiscus
Eibisch (Malvengewächse)
☼−◐ ⊥

Hibiscus syriacus wächst eigentlich strauchartig, kann aber auf sandig-humosen, gut durchlässigen Böden Höhen bis zu 5 m erreichen. Dieses anspruchslose Gehölz blüht von Juli bis zum Herbst mit einer Fülle von großen, meist lebhaft gefärbten Blüten an sonnigem Standort und eignet sich gut zur Gruppenpflanzung, für Einzelstellung und selbst zur Kübelpflanzung. Gute Blütenfarben besitzen die Sorten *H. syriacus* 'Ardens' (rosalila), *H. syriacus* 'Speciosus' (weiß mit rotem Schlund) sowie die ungefüllten Sorten 'Coelestis' (blau mit rotem Schlund), 'Totus Albus' (weiß), 'Woodbridge' (rotlila).

Ilex
Hülse, Stechpalme (Stechpalmengewächse) K+ ◐ ❋ ⬇ 🏠 ⁑

Die bekannten immergrünen Stechpalmen wachsen in der Jugend sehr gedrungen, können daher gut als Heckenpflanze und als Deckstrauch verwendet werden. Mit zunehmendem Alter erreichen sie jedoch Höhen bis zu 10 m. Besonders zierend ist der rote Fruchtbehang bei bestimmten Arten im Winter. *Ilex* liebt Halbschatten und verträgt sich ausgezeichnet mit hohen, lichten, tiefwurzelnden Bäumen. Gute Sorten sind *I. aquifolium* 'Alaska', und *I. aquifolium* 'I. C. van Tol'. Die meisten Arten sind zweihäusig. Beerenschmuck nur bei Pflanzung männlicher und weiblicher Exemplare.

Juglans
Walnuß (Walnußgewächse) K+
⊥ ❋ ⬇

Juglans regia, *J. cordiformis*, *J. nigra* bilden große, breitkronige Bäume aus und sollten nur in größeren Gärten gepflanzt werden. Sie erreichen bis zu 20 m Höhe und Breite und eignen sich besonders zum Beschatten großer Terrassen, Schulhöfe oder größerer Gehöfte in der Landschaft. Schwere, kalkhaltige, nährstoffreiche Böden und sonniger Standort sind beste Voraussetzung für gutes Gedeihen. Sie dürfen nur im Sommer, einige Wochen nach dem Laubaustrieb geschnitten werden.

Laburnum
Goldregen (Schmetterlingsblütler) K+

Als Hochstamm gezogen wird *Laburnum anagyroides* und *L. x watereri* 'Vossii' 8−10 m hoch. Der Blütenbaum mit den massenhaft erscheinenden, goldgelben Blütentrauben ist anspruchslos und kommt selbst auf trockenem Sandboden noch gut zurecht. *L. anagyroides* besitzt kürzere Blütentrauben. Goldregen eignet sich hervorragend zur Einzelstellung, aber auch zur Gruppierung mit anderen passenden Gehölzen mit gleicher Blütezeit, z. B. Flieder.

Liquidambar
Amberbaum (Hamamelisgewächse) K−
⬇ ⊥ ⁑ ☼−◐

Liquidambar styraciflua wächst zu einem mittelhohen Baum heran, der allerdings nur einen geringen Jahreszuwachs von ca. 10 cm aufzuweisen hat. Die Endhöhe beträgt ca. 15−20 m. Interessant ist seine an Ahornblätter erinnernde, handförmig gelappte, dunkelgrüne Belaubung, die im Herbst ein prächtiges Farbenspiel entfaltet (gelb, rot, violett). Gut in Abpflanzungen (Sichtschutz, Immissionsschutz) oder als Solitärgehölz. Auch zur Hintergrundpflanzung in größeren Gärten geeignet.

Liriodendron
Tulpenbaum (Magnoliengewächse) K−
⊥ ⬇ 🏠 ⁑

Liriodendron tulipifera ist ein schöner Parkbaum, für Hausgärten und kleine Wohngärten allerdings ungeeignet. Höhe bis zu 50 m!

Magnolia
Magnolie (Magnoliengewächse) K−
⊥ ⬇ ✕ ⁑

Dieser begehrte Blütenbaum oder Blüten-

Laubbäume und baumartige Sträucher

strauch eignet sich besonders zur Einzelstellung im Rasen. Zu den baumartigen Formen gehören *Magnolia kobus*, *M. loebneri* (breitwüchsig) und *M. soulangiana* mit ihren weißen, rosagezeichneten Blüten. Magnolien lieben saure, nährstoffreiche Böden und sonnigen bis halbschattigen windgeschützten Standort.

Malus
Apfel (Rosengewächse) K+
⊥ ❋ 🏠

Bei den Zier- oder Wildäpfeln gibt es eine Reihe von prächtigen, bis zu 10 m hoch werdenden dekorativen Sorten, die als Einzelgehölze, aber auch in der Abpflanzung gut zu verwenden sind. Besonders hervorzuheben ist der starke Blüten- und Fruchtbehang. Die Früchte vieler Arten lassen sich zu Apfelgelee verarbeiten. Zieräpfel sind wie Obstbäume zu behandeln und zu pflegen. Zu den bekanntesten gehört *Malus floribunda*, *M.* 'Hillieri', eine besonders reich blühende, oft halbgefüllte rosafarbene Form, *M. moerlandsii*, meist rotblühend und *M. purpurea* 'Eleyi', ein bis 6 m hoher, dicht

Zieräpfel zeichnen sich durch überreiche Blütenfülle und gute Wuchsformen aus. Im Herbst erfreuen uns die kleinen, lebhaft gefärbten Früchte. Gut geeignet zur Einzelstellung.

verzweigter Baum mit glänzend dunkelpurpurroter Belaubung, die sich im Herbst bronzerot färbt. Erwähnenswert ist auch *M. sieboldii* 'Wintergold', ein bis 4 m hoher, breitkronig wachsender Strauchbaum mit schönen weißen Blüten und zahlreichen, goldgelben Früchten im Herbst. Sie haften oft bis in den Dezember hinein. Sämtliche Äpfel lieben nährstoffreiche, gut durchlässige Böden und sonnigen Standort.

Nothofagus
Scheinbuche (Buchengewächse)

⊥ ⬇ ⁞ △ ☼ – ◐

Nothofagus antarctica ist eine bis ca. 7 m hoch werdende Art mit zierlicher Verzweigung und kleinen sommergrünen Blättchen mit gekraustem Rand, die sich im Herbst leuchtendgelb färben. Als dekoratives Gehölz eignet es sich besonders zur Einzelstellung. Auch für kleinere Gärten gut verwendbar. Am besten gedeiht der Baum auf sonnigem Standort. Die Bodenansprüche sind gering.

Nothofagus

Paulownia
Blauglockenbaum (Rauhblattgewächse) K+

⊥ ⬇ ⁞ ☼ – ◐

Paulownia tomentosa wächst zu einem ca. 15 m hohen Baum heran. Die Krone besteht aus wenigen, sparrig aufrechten Trieben mit großen, herzförmigen Blättern, die 20–30 cm groß werden. Die Blüten sind hellblau und stehen im April/Mai auf den kahlen Zweigen. Nachtfrostgefährdet. *Paulownia* liebt sonnigen, geschützten Standort und eignet sich hervorragend zur Einzelstellung in größeren Gärten. Keine besonderen Bodenansprüche.

Photinia
Glanzmispel (Rosengewächse) K–

⊥ ⬇ ⁞ ☼ – ●

Photinia villosa stammt aus Japan. Der Kleinbaum wird ca. 5 m hoch. Seine eiförmig/lanzettlichen, dunkelgrünen Blätter färben sich im Herbst leuchtendgelb bis scharlachrot. Die Blüten stehen in Ebensträußchen zusammen und erscheinen im Mai/Juni. Die orangeroten Früchte erinnern an Vogelbeeren und werden von Singvögeln gern angenommen. *Photinia* liebt nahrhaften, humosen, sonnigen bis halbschattigen Standort. Kein Schädlingsbefall. Sie eignet sich hervorragend zur Pflanzung in Gruppen und zur Einzelstellung, auch für kleinere Gärten.

Prunus
Zierkirschen und Zierpflaumen (Rosengewächse) K+

⁞⁞ ✽ 🏛

Aus der Reihe der Zierkirschen gibt es eine Anzahl interessanter Gehölze für den Gartenbereich. Da ist zunächst *Prunus cerasifera* 'Nigra' zu nennen, ein dunkelrot austreibender, aufrechtwachsender Baum, der etwa 5 bis 7 m hoch wird. Im April bedeckt er sich üppig mit ungefüllten rosa-weißen Blüten. Im Spätsommer reifen gelegentlich schmackhafte, runde Pflaumen an den Zweigen. Der Baum kommt – wie die meisten Kirscharten – mit jedem guten Gartenboden zurecht. Er liebt durchlässige Böden, einen sonnigen Standort und eignet sich gut zur Hintergrundpflanzung. Trockenheitsresistent. *P. padus*, die Traubenkirsche, und *P. serotina*, die Nordamerikanische Traubenkirsche, können bis zu 12 m hoch werden. Ihre weißen Blütentrauben erscheinen im April/Mai. Ansprüche an den Boden wie oben beschrieben, auch halbschattenverträglich. Gute Gehölze für Randpflanzungen von Grundstücken und größeren Gärten.

Auch *P. sargentii* ist eine wüchsige Art, die bis zu 15 m hoch und breit werden kann. Diese Art fällt besonders durch ihre rote Herbstfärbung auf. Die einfachen reinrosa Blüten erscheinen Ende April und stehen in kleinen Büscheln zusammen. *P. serrulata* 'Amanogawa' fällt mit ihrer pyramidalen Wuchsform aus dem Rahmen der Kirschen. Sie ist reichblühend und wegen ihres Habitus besonders für kleine Gärten, Atriumhöfe, größere Kübel und dergl. geeignet. Überreich blühend und mit duftenden, hellrosafarbenen Blütenbüscheln Ende April/Anfang Mai. *P. shidara* 'Sakura' wird als Trauerbaum gezogen. Die Zweige wachsen bogenförmig wie eine Schleppe nach unten. Ihre kräftigrosafarbenen Blüten erscheinen bereits Mitte April. Sie stehen in dichten Büscheln zusammen und erscheinen schon vor dem Laubaustrieb. Der Trauerbaum ist besonders zur Einzelstellung geeignet.

P. subhirtella 'Accolade' ist eine zierliche Baumform, die besonders für kleinere Gärten zu empfehlen ist. Er wird etwa 5 m hoch. Die einfachen bis halbgefüllten rosa Blüten erscheinen zeitig im April in kleinen Büscheln vor dem Laubaustrieb. Gut für Einzelstellung und Kübel. *P. subhirtella* 'Autumnalis' wird bis 6 m hoch. Er blüht bereits ab Mitte Oktober und den ganzen Winter hindurch bei milder Witterung. Die Hauptblüte fällt in den April. Die weiß-rosa, halbgefüllten Blüten erscheinen bereits an jungen Pflanzen. Standort und Verwendung wie oben beschrieben. Gute Treibsorte (Barbarazweige). *P. subhirtella* 'Plena' wird ebenfalls etwa 6 m hoch und ist für Hausgärten bestens geeignet. Die in Massen erscheinenden weißlichrosa Blüten überziehen Anfang April den ganzen Baum. Die Zweige hängen leicht über und verleihen dem Baum ein malerisches Aussehen, weshalb man ihn ebenfalls für Einzelstellung vorsehen sollte. Auch für kleinere Gärten und Innenhöfe ist er gut geeignet. Eine der schönsten Subhirtella-Formen.

Pyrus
Birne (Rosengewächse) K+

⊥ ❋ 🏠

Pyrus calleryana 'Shanticleer'. Bei diesem kleinen Baum mit der schmalen, spitzkegeligen Krone handelt es sich um eine Form, die sich auch gut im Hausgarten verwenden läßt. Die Höhe beträgt bis zu 10 m, jedoch ist der Jahreszuwachs relativ gering. Die 8–12 cm langen Blättchen sind dunkelgrün glänzend, der Austrieb zeitig. Bereits im April erscheinen die in weißen Dolden zusammenstehenden Blüten. Die Pflanze liebt tiefgründigen, nahrhaften Boden und einen sonnigen bis halbschattigen Stand. Zur Abpflanzung und für Einzelstellung geeignet. Industriefest.

Robinie
Falsche Akazie (Schmetterlingsblütler)

☼ ⚡ 🏠

Robinia pseudoacacia 'Umbraculifera' ist eine sehr langsam wachsende, etwa 5 m hoch wachsende Robinienart, die, als Hochstamm veredelt, dichttriebige, kugelige Kronen ausbildet. Das gefiederte Laub mit den paarig gefiederten Blättchen ist besonders dekorativ. Die Pflanze stellt keine besonderen Ansprüche an den Boden und gedeiht selbst auf trockenen Sandböden in voller Sonne noch sehr gut. Blüten- und Fruchtbehang nicht vorhanden. Besonders für architektonische Anlagen und für Kübelpflanzung geeignet. Der Baum ist winterhart und industriefest. *R. neomexicana* aus Neumexiko besitzt eine schmale, kegelförmige, locker verzweigte Krone. Sie wird ca. 8 m hoch und zeichnet sich durch eigentümliche, bis 20 cm lange, gefiederte Blätter aus. Die purpurrosafarbenen Blütentrauben erscheinen zwischen Juni und August. Die Einzelblüten sind relativ groß. Die Pflanze stellt keine besonderen Bodenansprüche und ist auch für trockene Lagen geeignet. Sie liebt sonnigen Standort, ist industriefest und läßt sich gut als Solitärgehölz verwenden.

Salix
Weide (Weidengewächse) K–

🏠 ≈ ☼-◐

Diese Gattung umfaßt eine große Anzahl von Arten, vom hohen Baum bis zum niedrigen Bodendecker wie die rasenbildenden Zwergweiden. Weiden sind gute Bienenweiden und daher von besonderer Bedeutung, zumal ihre Blütezeit bereits in die Monate März/April fällt. Für den Hausgarten kommt in erster Linie *Salix caprea mas* in Betracht, die große Kätzchenweide, die eine Höhe von 6 m erreichen kann. Die goldgelben Kätzchen sind bis zu 5 cm lang und stehen dicht an den Zweigen. Diese Weide stellt keine besonderen Ansprüche an den Boden und kommt mit jedem sonnigen Standort zurecht. *S. alba* 'Tristis', die Trauerweide, ist ein begehrtes Gehölz, eignet sich aber für kleine und mittlere Hausgärten gar nicht, da der ausgewachsene Baum mehr als 20 m Höhe und Durchmesser erreichen kann. Sie bildet überdies zahlreiche oberflächennahe Wurzeln aus und läßt kaum andere Gehölze in ihrem Wurzelbereich aufkommen. Sie sollte daher als Solitärgehölz größeren Parkanlagen an Gewässerrändern vorbehalten bleiben.

Sorbus
Vogelbeere (Rosengewächse)

❋ 🏠 ⬇

Aus dieser Gattung stammt eine Anzahl interessanter Bäume für den Hausgarten, wie z. B. die Eberesche, *Sorbus aucuparia*, mit den leuchtendroten Fruchtdolden, die als begehrtes Vogelfutter bekannt sind. *S. aucuparia moravica* 'Zengerl' (s. a. 'Edulis') heißt die Eberesche mit den eßbaren Früchten. *S. americana* bildet kleine, oft mehrstämmige breitkronige Bäume aus, die bis zu 9 m hoch werden können. Die weißen, im Mai/Juni erscheinenden Blüten stehen in dichten, bis 14 cm breiten Doldentrauben zusammen. Die scharlachroten Früchte sind besonders dekorativ. *S. aria* ist ein kleiner, aus Europa stammender Baum mit breitkegelförmiger Krone. Dieser Baum erreicht Höhen von ca. 10 m. Die orangeroten, mehligen, über 1 cm dicken Früchte haften auch noch im Winter lange an den Zweigen. Besonderen Zierwert besitzt auch *S. vilmorinii*, eine lichtkronige Spielart dieser Gattung. Sie färbt sich im Herbst goldbraun. Auch die sogenannten Lombardts-Hybriden ('Golden Wonder', 'Kirsten Pink', 'Red Tip') verdienen wegen ihres Schmuckwertes hervorgehoben zu werden. Fast sämtliche *Sorbus*-Arten sind sehr genügsam. Sie stellen keine hohen Anforderungen an Boden und Standort und können im sauren wie im alkalischen Bereich gut fortkommen, sind aber empfindlich gegenüber Bodenverdichtungen. Es gibt darüber hinaus noch eine Anzahl von Gehölzen, die sich für den Hausgarten und auch für größere Gartengrundstücke nur bedingt eignen. Gemeint sind die Eichen *(Quercus)*, die Flügelnuß *(Pterocarya fraxinifolia)*, die Blutbuche *(Fagus sylvatica* 'Atropunicea'), die Platane *(Platanus acerifolia)*, die Ulme *(Ulmus)* und die Linde *(Tilia)*. Sie gehören in größere Parkanlagen, auf öffentliche Plätze, an exponierte Stellen in Städten und Gemeinden, als Alleebäume an Straßen und Wege. Ihre mächtigen Kronen werfen tiefe Schatten und nehmen darunter wachsenden Pflanzen Licht und Wasser. Wenn es auch möglich ist, diese Pflanzen aus Samen selbst heranzuziehen, und man zunächst stolz ist auf dieses Ereignis, so zeigt es sich doch bald, daß sie schneller und kräftiger gedeihen als die übrigen Ziergehölze, und bald haben sie die Oberherrschaft errungen

Salix daphnoides

Gartengehölze

und behindern ihre Nachbarn. Dasselbe ist bei zahlreichen Nadelgehölzen, den hochwuchtigen Fichten, Tannen, Lärchen, Baumwacholdern, Zedern, Lebensbäumen und Scheinzypressen der Fall. Solche Gehölze sind für den Hausgarten nicht empfehlenswert. Sorgfältige Auswahl unter den zahlreichen oben aufgeführten Arten und Sorten hilft uns, manchen Ärger zu ersparen.

Ziersträucher

Jahrelange Züchterarbeit, Selektionen, Kreuzungen, Neueinführungen aus vielen Ländern der Erde haben uns ein großartiges Angebot prächtiger Ziergehölze geschaffen, das uns für die Gestaltung unseres Gartens unendliche Möglichkeiten eröffnet. Einzeln, in Gruppen, in der Abpflanzung oder als besonderer Blickfang lassen sich diese Gehölze zu vielfältigen Kombinationen zusammenstellen und überraschen uns immer wieder durch Wuchsform und Blüte – wenn wir den richtigen Standort wählen und dafür Sorge tragen, daß sich die Pflanzen wohlfühlen. Sie danken es uns mit gutem Gedeihen. Blüten-, Blatt- und Beerenschmuck lassen sie zu jeder Jahreszeit interessant erscheinen: im Winter, wenn der Reif sein eigenwilliges Spiel mit Ästen und Zweigen treibt, wenn der Schnee seine weißen Daunen über den Garten breitet; im Spätherbst, wenn der Nebel die kahlen Gehölze in fahlem Licht erscheinen läßt und manchen Strauch besonders hervorhebt, der im sommerlichen Grün der Laubmassen unterging; bei Sturm und Regen oder im schimmernden Licht eines Frühlingsmorgens, der taufeuchtes Geäst in neuem Glanz erstrahlen läßt.

Die folgende Liste bewährter Ziergehölze kann bei dem großen Umfang des Sortiments nicht vollständig sein. Sie ließe sich noch durch zahlreiche Sorten ergänzen. (Zeichenerklärung wie unter Laubbäume S. 136)

Der Sommerflieder (Buddleia) erfreut uns ab Juni mit langanhaltendem Blütenflor. Die schmalen, stark duftenden Blütenrispen werden gern von Bienen und Schmetterlingen besucht (Schmetterlingsstrauch).

Acer
Ahorn (Ahorngewächse) K+

Acer ginnala, der Feuerahorn, stammt aus Ostasien. Der malerische Strauch kann Höhen bis zu 6 m erreichen. Guter Deckstrauch mit lebhafter gelb bis roter Herbstfärbung. Kommt mit jedem Standort zurecht, ausgenommen tiefe Schattenlagen. Seine Trockenheitsresistenz, Industriefestigkeit und Salzverträglichkeit sind besonders hervorzuheben. *A. japonicum* 'Aconitifolium', der Schierlingsahorn, ist universell verwendbar, besonders in kleinen Gärten. Er steht am besten solitär am Wasserbecken oder in der niedrigen Staudenrabatte, im Heidegarten oder in größeren Pflanzkübeln. Im Mai erscheinen die lebhaft gefärbten Blüten in kleinen Trauben. Besonders zierend ist das buchtig aufgeschlitzte Laub, das sich im Herbst leuchtendrot färbt. Der bizarre Wuchs macht ihn zu einem Gewächs mit hohem, architektonischem Wert. Höhe ca. 3–4 m.

A. palmatum 'Atropurpureum' und *A. palmatum* 'Dissectum' sind besonders gut für den Hausgarten geeignet. Sie werden nur 2–3 m hoch und zeichnen sich durch interessante Wuchsform, aparte Belaubung und lebhafte Herbstfärbung aus. Beide lieben eine geschützte Lage, vertragen sonnigen bis halbschattigen Standort und bevorzugen saure aber durchlässige Böden. Sie lassen sich besonders gut zur Einzelstellung ähnlich wie *A. japonicum* 'Aconitifolium' verwenden.

Aesculus parviflora
Strauchkastanie (Kastaniengewächse)
Diese Kastanienart, die aus Nordamerika zu uns gefunden hat, ist ein ausläufertreibender Großstrauch, der ca. 3 m hoch werden kann. Die sommergrünen Blätter ähneln denen ihrer großwüchsigen Verwandten. Sie färben sich im Herbst goldbraun. Die gelblichweißen Blüten erscheinen in endständigen, aufrechten Rispen. Der Strauch eignet sich gut zur Vorpflanzung von Gehölzgruppen und Abpflanzungen, wo er mit seinem interessanten Blattwerk gute Gestaltungsmöglichkeiten bietet. An sonnigem bis halbschattigem Standort fühlt er sich besonders wohl. Außerdem liebt er frischen, gut durchlässigen Boden.

Amelanchier
Felsenbirne (Rosengewächse)
Amelanchier canadensis (= *A. lamarckii*): siehe unter Baumgehölze S. 137.

A. laevis, die kahle Felsenbirne, wird bei uns nur etwa 5–7 m hoch. Sie bildet eine breiteiförmige Krone mit abstehender Verzweigung aus. Der bronzerote Austrieb erfolgt im April nach der Blüte. Die orange/scharlachfarbene Laubfärbung im Herbst ist eine besondere Überraschung. Die weißen Blüten sind etwas größer als bei *A. canadensis*. Die Früchte sind eßbar (Korinthenstrauch). Stellt keine großen Ansprüche an den Standort. Felsenbirnen wachsen in sonniger wie in halbschattiger Lage gut. Sie gedeihen auf feuchten, sauren wie auch auf kalkhaltigen Böden und finden selbst auf sandigen, humosen Böden noch ihr Auskommen. Zur Einzelstellung wie für Abpflanzungen verwendbar. Sehr winterhart und industriefest.

Ziersträucher 143

Berberis

Berberitze, Sauerdorn (Sauerdorngewächse)

Man unterscheidet immergrüne und laubabwerfende sommergrüne Berberitzenarten. Sie sind im Garten vielseitig verwendbar. Zu den immergrünen Berberitzen rechnen wir Arten wie *Berberis hybr. Barbarossa, B. buxifolia, B. candidula, B. gagnepainii, B. hookeri, B. julianae, B. klugowskiana, B. stenophylla* und *B. verruculosa*. Es handelt sich um dornige niedrige und halbhohe Sträucher mit mehr oder minder schmalen, gezahnten Blättern, die hübsche, meist gelbe Blüten im Juni hervorbringen. Auch der Beerenschmuck kann sich bei vielen Sorten sehen lassen. *B. gagnepainii* und *B. julianae* werden bis 2 m hoch und höher. *B. stenophylla* wird ca. 1 m hoch und eignet sich besonders für Heidegartenpartien. Der überhängende Strauch ist reichlich mit goldgelben Blüten bestückt. In frostgefährdeten Lagen ist Winterschutz angebracht. *B. verruculosa* erreicht eine Höhe von 2 m. Sie besitzt kleine, hellgrüne Blättchen und wächst kugelig. Die goldgelben Blüten erscheinen Anfang Juni. *B. buxifolia* 'Nana' ist die kleinste der immergrünen Formen. Gut für Wegeinfassungen geeignet. Auch hier ist bei spätfrostgefährdeten Lagen Winterschutz angebracht. Die meisten Berberitzen vertragen sowohl sonnigen als auch schattigen Stand. Sie lieben leichte, humose Böden und gute Wasserführung. Berberitzen sind auch für Tröge, Kübel und Steingartenanlagen gut geeignet.

Zu den sommergrünen Berberitzen gehört *B. thunbergii*, ein dicht verzweigter, kompakter Strauch von ca. 150 cm Höhe. Hier sind es weniger die Blüten, als vielmehr die länglich-ovalen, lackroten Beeren, die dem Strauch den hohen Schmuckwert verleihen. Die Herbstfärbung reicht von Orange bis Karminrot. Sommergrüne Berberitzen lieben sonnigen bis halbschattigen Standort und stellen keine besonderen Ansprüche an den Boden. Sie sind auch als Heckenpflanzung für geschnittene oder ungeschnittene Hecken gut geeignet. In der Form *B. thunbergii* 'Atropurpurea' existiert auch eine Varietät mit dunkelrot gefärbtem Laub.

Buddleia

Sommerflieder, Schmetterlingsstrauch (Sommerfliedergewächse)

Buddleia alternifolia gehört zu den schönsten Sommerfliederarten, die wir im Hausgarten kultivieren können. Dieser bis 2,5 m hohe, breitwüchsige Strauch mit den bogig überhängenden Zweigen schmückt sich am vorjährigen Holz im Juni mit zahlreichen helllilafarbenen Blütenbüscheln, die wie auf einer Perlenschnur aufgereiht an den Zweigen sitzen. Die stark duftenden Blüten werden besonders gern von Schmetterlingen besucht. Sämtliche Buddleien lieben leichte bis mittelschwere Böden und vertragen keine Staunässe. Auch auf Schotterböden noch möglich. An sonnigem Stand blühen sie besonders stark. In frostgefährdeten Lagen ist Winterschutz erforderlich. Bekannt sind auch die Züchtungen von *B. davidii*, wie 'Cardinal', 'Ile de France', 'Peace', 'Royal Red'. Sie haben ihren festen Platz unter den Blütensträuchern des Hausgartens seit Jahren gefunden. Die kräftig gefärbten, bis zu 50 cm langen Blütenrispen werden stark von Schmetterlingen frequentiert. Standort wie *B. alternifolia*. Sämtliche Buddleien dieser Art sind im Frühjahr stark zurückzuschneiden, da sie am Jungholz blühen. Ungeschnittene Exemplare wachsen sich zu sparrigen, unansehnlichen Sträuchern aus.

Buxus

Buchsbaum (Buchsbaumgewächse) K+

Wir unterscheiden verschiedene Buchsbaumarten. Unter ihnen ist *Buxus sempervirens* 'Arborescens' und *B. sempervirens* 'Rotundifolius' zu erwähnen. Es handelt sich um Sträucher oder strauchartige Bäume, die bis zu 5 m hoch werden können. Die immergrüne, glänzend dunkelgrüne Belaubung macht die Pflanze zu einem beliebten Gehölz für Abpflanzungen und zur Einfassung. Sowohl sonniger als auch schattiger Standort ist möglich. Keine großen Bodenansprüche. Buchsbaum wurde besonders zur Einfassung von Park und Gartenbeeten in Bauerngärten benutzt, kann aber durchaus auch zu größeren Hecken heranwachsen. Sehr schnittverträglich und trockenheitsresistent.

Calycanthus floridus

Gewürzstrauch, Erdbeerstrauch (Gewürzstrauchgewächse)

Dieser mahagonirot blühende, etwas sparrige Strauch mit dem Muskatgeruch eignet sich sowohl für Einzelstellung an sonnigem Platz als auch zur Abpflanzung und Vorpflanzung von größeren Gehölzgruppen. Die rötlichen Blüten erscheinen etwas versteckt unter den mattgrünen Blättern. Leichter, durchlässiger, humoser Boden sagt ihm am besten zu.

Callicarpa

C. bodnieri 'Giraldii', Schönfrucht, Liebesperlenstrauch (Eisenkrautgewächse)

Die Heimat dieses Strauches ist in Mittelamerika und Asien zu suchen. Er erreicht bei uns ca. 3 m Höhe und besitzt eine stumpfgrüne Blattfärbung, die sich wirkungsvoll vom Laub ande-

Berberis

rer Gehölze abhebt. Die Herbstfärbung reicht von gelb bis orange. Im August erscheinen die langhaftenden, lilafarbenen Früchte in dichten Trugdolden. Sie besitzen einen hohen Schmuckwert. *Callicarpa* verlangt humosen Gartenboden und eine sonnige, geschützte Lage. Sowohl zur Einzelstellung als auch zur Gruppenpflanzung und Vorpflanzung von größeren Gehölzgruppen geeignet. Auch Kübelpflanzung ist möglich.

Caragana arborescens
Erbsenstrauch (Schmetterlingsblütler)

Dieser locker wachsende Strauch, der in sonniger bis halbschattiger Lage selbst noch auf den ärmsten Böden gedeiht, stammt aus Innerasien. Er wird bei uns ca. 5 m hoch und gehört damit zu den starkwüchsigen Gehölzen. Die Zweige stehen straff aufrecht. Gelbe Schmetterlingsblüten erscheinen in kleinen Büscheln im Mai. Das Gehölz ist industriefest und trockenheitsresistent. Es eignet sich besonders zur Begrünung armer Böden. In Abpflanzungen findet es den besten Platz. Für Einzelstellung nicht gut geeignet.

Carpinus betulus
Siehe unter Baumgehölze S. 136.

Caryopteris incana
Bartfaden (Eisenkrautgewächse)

Caryopteris incana 'Heavenly Blue' ist eine bekannte, kräftig blau blühende Strauchart, die am jungen Holz von August bis September blüht. Die Pflanze verlangt sonnigen, frostgeschützten Standort und Winterschutz. Als Boden bevorzugt sie leichte, durchlässige Böden mit guter Wasserführung. Die späte Blütezeit macht den Strauch zu einem wertvollen Gehölz für Solitärstellung. Auch als Kübelpflanze empfehlenswert, zumal wenn Überwinterungsmöglichkeiten im Kalthaus oder in einer Garage gegeben sind. Scharfer Rückschnitt im Frühjahr fördert den Austrieb. Die Blüten erscheinen nur am jungen Holz.

Cercis siliquastrum
Judasbaum (Schmetterlingsblütler)

Der Judasbaum ist für sonnigen Standort und leichte, humose Böden geeignet, gedeiht aber auch auf kalkhaltigen Böden. Er ist die einzige stammblütige Form, die wir als Ziergehölz kennen und zeichnet sich durch die massenhaft im Frühjahr aus den Ästen und Zweigen, ja selbst aus dem Stamm hervorbrechenden rosafarbenen Schmetterlingsblüten aus, die im April vor dem Laubaustrieb erscheinen. Der breitwüchsige Strauch erreicht bei uns eine Höhe bis zu 4 m. Auffällig sind die rundlichen, nierenförmigen Blätter. *Cercis* verlangt geschützten Standort. Er ist vor allem für Gebiete mit Weinklima, aber auch in milden Flachlandlagen (z. B. Niederrhein), ohne Winterschutz leicht zu kultivieren. Der Strauch eignet sich gut zur Einzelstellung.

Chaenomeles
Scheinquitte, Rosenquitte, Japanische Quitte (Rosengewächse)

Kaum ein anderer Zierstrauch besitzt soviel Verwendungsmöglichkeiten wie die Japanische Quitte mit ihren vielen Arten und Sorten. Der schönblühende Strauch mit den duftenden Früchten stammt aus dem fernen Osten. Es gibt sowohl niedrige, breitwüchsige Formen als auch hochwerdende, die Höhen bis zu 2 m erreichen können. Die Blüte der Scheinquitte erscheint im April/Mai in dichten Büscheln meist vor dem Blattaustrieb. Im Herbst leuchten die eßbaren mittelgroßen Früchte, die einen aromatischen Duft besitzen. Ihr Zierwert zeigt sich besonders im kahlen Wintergeäst. Scheinquitten eignen sich als Blütenhecke, zur Begrünung von Wänden als Spaliergehölz, aber auch als Solitärgehölz für niedrige Staudenpflanzungen, Heide- und Steingartenpartien sowie für Kübelpflanzung. Sie stellt keine besonderen Ansprüche an Boden und Standort, blüht allerdings am besten in vollsonniger Lage. *Chaenomeles japonica* wird ca. 1 m hoch. Die orangeroten Blüten erscheinen meist vor dem Laub. *Ch. lagenaria* kann über 2 m hoch werden. Die karminroten Blüten sind sehr zierend. Der Strauch ist gut für freiwachsende wie für geschnittene Hecken zu verwenden. Zahlreiche Züchtungen liefern wertvollen Gartenschmuck. Es sind Sorten wie: 'Andenken an Karl Ramcke', 'Generaldirektor Finken', 'Crimson and Gold', 'Etna', 'Elly Mossel', 'Nicoline', 'Pink Lady', 'Nivalis'. Letztere als reinweiße, niedrig bleibende Form.

Clethra alnifolia
Scheineller (Scheinellergewächse)

Dieser aus Nordamerika stammende mittelhohe (ca. 3 m) Strauch mit den straff aufrechtwachsenden Zweigen verdient wesentlich stärkere Beachtung in unseren Gärten. Von Juni bis September erscheinen die ca. 12 cm langen, weißen Traubenrispen, die angenehm duften. Sie stehen an den Enden der Zweige. Die Pflanze gedeiht selbst in schattigen Lagen, wenn sie humosen, durchlässigen, schwach sauren Boden vorfindet. *Clethra alnifolia* ist sowohl für Einzelstellung als auch zur Gruppenpflanzung und zur Unterpflanzung höherer Gehölze geeignet.

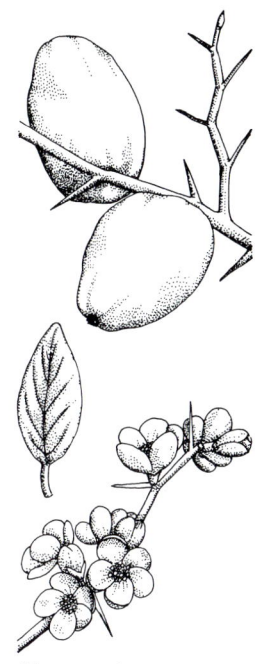

Chaenomeles

Colutea
Blasenstrauch (Schmetterlingsblütler) N−

Der Blasenstrauch fällt besonders durch seine aufgeblasenen hellbraunen Früchte auf, die im Herbst ca. 9 cm lang an der Pflanze hängen. Die gelben Schmetterlingsblüten erscheinen im Juni/Juli und stehen in kleinen Trauben zusammen. Der fiederblättrige Strauch ist sommergrün. Er stellt keine besonderen Ansprüche an den Boden und findet auch auf trockenem Standort noch ein Auskommen. Er liebt sonnigen bis halbschattigen Standort und eignet sich gut für Abpflanzungen oder als Solitärgehölz für größere Gärten. Höhe ca. 4 m.

Cornus
Hartriegel (Hartriegelgewächse)

Die Hartriegelgewächse gehören zu den interessantesten Pflanzen für den Hausgarten. Sie liefern uns sowohl wertvolle Decksträucher als auch Pflanzen für Sicht-, Wind- und Immissionsschutz. Als Solitärgehölze besitzen einige Arten höchsten Zierwert. Die meisten stellen keine besonderen Ansprüche an den Boden. Sie lieben feuchte, durchlässige Böden, sind schattenverträglich, kommen aber auch gut auf sonnigem Standort zurecht. Als Decksträucher sind besonders zu nennen: *C. alba* (bis 3 m hoch werdender, breitwüchsiger Strauch) mit braunroter Rinde und frischgrüner Belaubung. Die im Mai/Juni kommenden weißen Blüten erscheinen in kleinen Dolden. *C. alba* 'Sibirica' besitzt eine leuchtendgrüne Belaubung und leuchtendrot gefärbte Zweige, die im Winter, in unbelaubtem Zustand besonders stark zur Geltung kommen. *C. mas*, die bekannte Kornelkirsche wird bis 7 m hoch und blüht bereits im März/April. Sie ist eine wichtige Bienenweide. Die glänzendroten Früchte sind sehr schmackhaft. Zu den dekorativen *Cornus*-Arten, die sich besonders zur Freistellung eignen, gehört *C. controversa*, der Etagenhartriegel, der bis 12 m hoch werden kann. Sein interessanter, etagenförmiger Wuchs macht ihn zu einem wertvollen Solitärgehölz auf großen Rasenflächen. Die Standortansprüche sind ähnlich wie die der bisher genannten Arten. *C. florida* und *C. florida* 'Rubra' sind besonders wegen des herrlichen Blütenschmucks gefragt. Die bis zu 4 cm großen Blüten erscheinen zeitig im Frühjahr. Aber auch die prachtvolle Herbstfärbung macht den Strauch zu einem begehrten Farbenträger (gelb bis dunkelrot). Die maximale Höhe beträgt ca. 8 m. *C. kousa* und *C. kousa* 'Chinensis' aus Japan bzw. China sind ebenfalls wertvolle Blumenhartriegel. Sie haben die gleichen Standortansprüche wie *C. florida*. Die großen, weißen, vierzipfeligen Blüten erscheinen im Juni. Viel zu wenig bekannt ist *C. nuttallii*, der schönste unter den Blumenhartriegeln. Er besitzt nicht nur die größten Blüten, sondern auch eine prachtvolle dunkelrote Herbstfärbung. Der locker aufgebaute Strauch ist für Solitärstellung geradezu prädestiniert. Maximalhöhe ca. 6 m. Die Blüten erscheinen bereits im zeitigen Frühjahr, entfalten sich aber erst Anfang Mai und haften noch lange in den Juni hinein. Sie können bis zu 10 cm groß werden. Die Blüten der Blumenhartriegel sind keine echten Blüten. Es handelt sich vielmehr bei den prächtig geformten Blumenblättern um sogenannte Hochblätter.

Corylopsis
Scheinhasel (Zaubernußgewächse)

Aus dieser Gattung gibt es zwei wichtige Arten für den Garten, *Corylopsis pauciflora* und *C. spicata*. *C. pauciflora* wird ca. 1,5 m hoch. Die grünlichgelben Blüten erscheinen im März in kurzen Trauben. *C. spicata* kann bis zu 3 m hoch werden und bringt Blüten in längeren Trauben, die an Kätzchen erinnern. Beide Arten sind sommergrün. Die Blüten erscheinen bereits im März. Als Vertreter der Zaubernußgewächse lieben sie frischen, humusreichen Bo-

Cornus florida gehört zu den Solitärgehölzen des Gartens. Nur so kommt dieser Blumenhartriegel voll zur Geltung.

den, vertragen Sonne und Halbschatten und können sogar zur Unterpflanzung hoher, lichtkroniger Gehölze verwendet werden. Die Scheinhaselarten eignen sich besonders für Solitärstellung im Stein- und Heidegarten, zwischen Gräsern und Azaleen oder als Kübelpflanzen.

Corylus avellana
Hasel (Birkengewächse)

Dieser bekannte Großstrauch kann bis 7 m hoch werden. Die langen, goldgelben Blütenkätzchen erscheinen an warmen Tagen bereits im Januar/Februar. Außer Staunässe verträgt die Hasel so ziemlich jeden Standort. Auch sehr schattenverträglich. Gut zur Unterpflanzung von Baumgruppen in größeren Gartenanlagen, aber auch ein wertvoller Strauch zur Abpflanzung von Gärten gegen Sicht, Windeinwirkungen und Immissionen. Die rauhbehaarten Blätter sind gute Staubfilter. Im Handel gibt es viele großfrüchtige Sorten wie: 'Zellers Riesen', 'Webbs Preisnuß', 'Wunder von Bollweiler', die etwas schwachwüchsiger sind als die Wildform. Sie bringen dafür aber auch eine Fülle großfrüchtiger Nüsse. *Corylus maxima* 'Atropurpurea', die Bluthasel, besitzt rotes Laub und rote Früchte. *C. avellana* 'Contorta' ist besonders für Einzelstellung z. B. in Steingärten oder an Stellen im Garten, die man betonen möchte, geeignet. Auch als Kübelpflanze läßt sie sich verwenden. Die verschnörkelten Zweige kommen besonders in unbelaubtem Zustand zur Geltung.

Cotinus coggygria
Perückenstrauch (Sumachgewächse) K+

Dieser Strauch stammt aus den Mittelmeerländern und findet sein Verbreitungsgebiet bis nach Innerasien hinein. Maximale Höhe ca. 5 m. Die grünblättrigen Arten färben sich im Herbst lebhaft orangerot. Die Form 'Royal Purple' ist schwarzrot belaubt. Im Juni/Juli erscheinen die langbehaarten, fedrigen, etwa 20 cm langen Rispen, von denen der Name herrührt. Beide Arten lieben sonnigen Stand und kalkhaltige Böden.

Cotoneaster
Felsenmispel (Rosengewächse)

Diese blüten- und beerentragenden Gehölze

Der Korallenstrauch (Cotoneaster horizontalis) eignet sich als Bodendecker und zur Begrünung von Mauerwerk.

scheinen ausschließlich für den Gartengebrauch erschaffen zu sein. Das Laub, zum Teil immergrün, der Blütenreichtum und vor allem die bis in den Winter hinein dicht mit leuchtendroten oder schwarzen Beeren besetzten Zweige sind ein beliebter Garten- und Vasenschmuck. Niedrige Arten für Steingärten, Böschungen etc.: *Cotoneaster adpressus*, großblättrig, kriechend, schwachwüchsig und reichfruchtend, *C. dammeri* 'Radicans' *(C. humifusus)* überspinnt Boden und Gestein und trägt scharlachrote Früchte bis in den Winter. *C. dammeri* 'Skogsholmen', sehr wüchsige Sorte, bis 80 cm hoch wachsend, dicht, auch zur Bepflanzung von Mauerkronen und zur Befestigung von Böschungen geeignet. Ähnlich *C. dammeri* 'Andenken an Ulrich Wolf', stärker fruchtend und *C. dammeri* 'Coral Beauty', eine niedrigbleibende Form, ca. 25/30 cm hoch werdend, sehr stark fruchtend und besonders für Steingärten, auf Trockenmauern und zur Kübel- und Trogbepflanzung geeignet. Wertvoll für solche Partien ist auch *C. microphyllus* 'Melanotrichus' (= *C. microphyllus* 'Cochleatus'). Dieser niederliegende Strauch wird bis zu 40 cm hoch und besitzt nach unten gekrümmte Triebe mit kleinblättriger, glänzendgrüner Belaubung. Sämtliche Cotoneasterarten sind eine gute Bienenweide. *C. horizontalis* ist der bekannte »Korallenstrauch«, der als flachwachsender Vertreter zur Flächen- und Mauerbegrünung gern verwendet wird, wo er seine fächerförmigen, mit Früchten übersäten Zweige besonders gut zur Geltung bringen kann. Höher werdende Arten: *C. hybridus* ('Cornubia', 'Pendulus' u. a.). Meist 3–5 m hoch wachsende Sorten mit starkem Fruchtbehang. Belaubung teils immergrün. *C. salicifolius* 'Floccosus' gehört zu den immergrünen Arten, die bis zu 3 m hoch werden, überreich blühen und im Herbst eine Fülle roter Fruchtdolden hervorbringen. Diese Sorte ist jedoch stark feuerbrandgefährdet. Von der Anpflanzung muß daher abgeraten werden. *C. dielsianus* ist ein guter Deckstrauch, der ca. 2 m hoch wird. Die Zweige hängen elegant nach außen. Die rotglänzenden Früchte erscheinen im September. *C. acutifolius* wächst breit und wird ca. 3 m hoch. Die braunrote, leuchtende Herbstfärbung ist an diesem Gehölz besonders auffällig. Als Zier- und Heckenstrauch ist er ebensogut geeignet wie der etwas höher wachsende *C. bullatus* mit größeren Blättern und hellroten Früchten.

Die *Cotoneaster*-Arten stellen nur geringe Ansprüche an den Boden. Sie kommen sowohl auf Kalkböden als auch im schwachsauren Bereich mit allen Bodenverhältnissen gut zurecht, lieben allerdings keine Staunässe. Der Standort kann sonnig bis halbschattig sein. Einige bodendeckende Arten können auch dichteren Schatten vertragen. Zu den immergrünen Arten gehören *C. hybr.* 'Cornubia', *C. franchettii*, *C. hybr.* 'Pendulus', *C. salicifolius*, *C. hybr.* 'Sternianus', *C. watereri*, *C. conspicuus decorus*. Flachwachsende Arten: *C. dammeri, C. microphyllus, C. salilicifolius* 'Parkteppich'. Sommergrün sind *C. bullatus, C. dielsianus, C. multiflorus* sowie die flachwachsenden Arten *C. adpressus, C. horizontalis* und *C. praecox*.

Crataegus
Dorn (Rosengewächse) K+
☼–● ｜ ✳ ⚃ 🏠

Die *Crataegus*-Arten werden ohne Schnitt meist baumartig oder wachsen zu großen Sträuchern heran. Wegen seiner Eigenschaft als Zwischenwirt und Überträger von Feuerbrandrost wird *C. monogyna*, der Weißdorn, der als Heckenstrauch weit verbreitet ist, heute in den Baumschulen kaum noch herangezogen. *C. crus-galli*, der Hahnendorn, *C. coccinea*, der Scharlachdorn, und *C. prunifolia*, der pflaumenblättrige Dorn, *C. oxyacantha* 'Pauls Scarlet', der echte Rotdorn, sind die bedeutsamsten Sorten und Arten für den Garten. Fast alle sind wegen ihrer prachtvollen Herbstfärbung und des reichen Beerenschmuckes in jedem Garten hochwillkommen. Sie werden gern als Nistgelegenheit von Singvögeln benutzt, sind hart und industriefest und lieben leichte bis mittelschwere, kalkhaltige Böden in sonniger bis halbschattiger Lage.

Cytisus
Ginster (Schmetterlingsblütler) N–
⊥ △ 🏠 🌿

Die Ginsterarten dürfen eigentlich in keinem Garten fehlen. *Cytisus praecox* heißt der bekannte Elfenbeinginster, der sich besonders für Heide- und Naturgartenpartien auf trockenen Böden eignet. Vollerblüht sind die Sträucher eine gute Bienen- und Augenweide. Als Solitärgehölz wirken sie besonders schön, man sollte ohnehin sparsam damit umgehen. Der Duft von *C. praecox* kann in Schlafzimmernähe bei empfindlichen Menschen Kopfschmerzen hervorrufen. *C. praecox* 'Albus' ist eine weißblühende, etwas gedrungenere Form. *C. purpureus* ist ausgezeichnet für Steingärten, zur Kübel- und Trogbepflanzung und für Dachgärten geeignet. Es handelt sich um einen niederliegenden Kleinstrauch mit großen, purpurfarbenen Blüten. Auch *C. kewensis* ist empfehlenswert. Diese viel zu wenig bekannte Art ist ein überreich blühender Felsenstrauch, der nur 30–40 cm hoch wird, und an dessen zierlich überhängenden Zweigen im Mai die leuchtendgelben Blüten erscheinen. *C. scoparius (Sarothamnus scoparius)*, der Besenginster, blüht im Mai und Juni, in höheren Lagen auch im Juli, goldgelb. Er eignet sich nur für größere Gartenpartien und läßt sich zusammen mit Wildstau-

Cytisus

den und Kiefern gut im Naturgarten verwenden. Als Begleiter wählt man *Nepta, Campanula, Calluna, Erica,* aber auch *Chrysanthemum leucanthemum,* die Margerite und *Epilobium,* das Weidenröschen. Alle *Cytisus*-Arten lieben leichte, durchlässige, sandige Böden in sonniger Lage. In kalkluftgefährdeten Lagen ist Schutz angebracht! Die meisten Ginsterarten können zur Bepflanzung von Dachgärten verwendet werden.

Daphne
Seidelbast (Seidelbastgewächse) K—

Der aus Europa stammende Seidelbast *Daphne mezereum* ist ein kleiner Halbschattenstrauch, der ca. 1,5 m hoch werden kann und im Frühling vor dem Laubaustrieb seine starkduftenden, rotvioletten oder weißen Blüten entfaltet. Im Spätsommer erscheinen die leuchtendroten Beeren. Sämtliche Teile des Strauches sind stark giftig! *D. blagayana,* die starkduftende Königsblume, blüht im April/Mai mit rahmweißen Blüten. Sie steht am besten im Steingarten mit Frühjahrsheide zusammen. Blumenzwiebeln vervollständigen den Blütenreigen. *D. cneorum,* das Steinrösel oder der Rosmarinseidelbast, ist ein Juwel im Steingarten. Er blüht überreich im Mai/Juni, wenn er als einzige kalkliebende Art den richtigen Boden vorfindet. Sonst lieben Seidelbastarten feuchten, kühlen Standort, humose, durchlässige Böden und Halbschatten.

Davidia involucrata
Taubenbaum, Taschentuchbaum (Taubenbaumgewächse)

Dieser Strauch oder kleine Baum aus Westchina mit der breiteiförmigen Krone und dem regelmäßigen Wuchs kann bis 8 m Höhe erreichen. Der Jahreszuwachs ist jedoch verhältnismäßig gering. Im Sommer zieren die glänzenden, bläulichgrünen Blätter dieses dekorative Gehölz mit seinen interessanten, hängenden, rahmweißen Blüten, die aus Hochblättern gebildet werden und bis zu 15 cm lang werden können. Es liebt nahrhaften, schwach sauren bis alkalischen Boden und sonnigen bis halbschattigen Standort. In der Jugend ist die Pflanze zu schützen. Hervorragend zur Einzelstellung in größeren Gärten geeignet.

Decaisnea fargesii
Blauschotenbaum (Lardizabalagewächse)

Viel zu wenig bekannt ist dieser merkwürdig wachsende, aufrechte, mehrtriebige Strauch mit straffen Grundtrieben, der ca. 4 m hoch werden kann. Die gelblichgrünen Blüten stehen im Juni in Trauben zusammen. Im Spätsommer zieren lange, walzenförmige, blaue Fruchthülsen das Gehölz. Die unpaarig gefiederten Blätter sind eine besondere Zierde. Sie können bis zu 80 cm lang werden. Solitärgehölz für geschützte Lagen. Winterschutz in spätfrostgefährdeten Lagen erforderlich. Bester Standort auf neutralem bis schwach alkalischem, feuchtem, nahrhaftem Boden.

Deutzia
Deutzie (Steinbrechgewächse)

Die Gattung der Deutzien umfaßt eine große Anzahl von Arten und Sorten, die mehr oder minder für den Hausgarten gut geeignet sind, besonders die schwach und mittelstark wachsenden Arten, die einen großen Blütenreichtum hervorbringen. Die meisten Deutzien sind gute Decksträucher und eignen sich hervorragend als Sicht- und Immissionsschutz. Gute Sorten sind die hochwachsenden *Deutzia hybr.* 'Mont Rose' (ca. 250 cm) rosafarben, *D. magnifica,* reinweiß, *D. scabra* in Sorten wie 'Candidissima', reinweiß, 'Pride of Rochester', weißgefüllt, 'Rosea Plena', rosa gefüllt.
Unter den schwächer wachsenden Sorten sind besonders die Sorte 'Boule de Neige' (150 cm), *D. gracilis* (70 cm), *D. rosea* (110 cm) und *D. lemoinei* 'Compacta Avalanche', reinweiß, hervorzuheben. Die Deutzienarten stellen keine besonderen Ansprüche an den Standort. Sie wachsen auf sauren, wie alkalischen, feuchten, nahrhaften Böden und lieben sonnigen bis halbschattigen Standort.

Elaeagnus
Ölweide (Ölweidengewächse)

Die bei uns kultivierten Ölweiden stammen aus dem Mittelmeerraum und Mittelasien. Es handelt sich um Sträucher wie *Elaeagnus angustifolia,* die zum Teil bis zu 7 m hoch werden können. Der Jahreszuwachs beträgt etwa 20–30 cm. Besonders hübsch ist die silbriggraue Farbe der lanzettlichen, weidenähnlichen Blätter. Ölweiden stellen keine besonderen Bodenansprüche, kommen auf neutralem wie alkalischem, feuchtem wie trockenem Standort gut voran und sind sogar salzverträglich. Sie lieben sonnige bis halbschattige Lagen und liefern interessante Gruppen- und Decksträucher. In Abpflanzungen sind sie wirksamer Sicht- und Immissionsschutz. Ihre Anspruchslosigkeit macht sie auch interessant für die Bepflanzung von Dachgärten und Kübeln. Ölweiden sind gute Bienenweide. *E.* x 'Ebbingei' ist eine wintergrüne Form. Der etwa 3 m hohe Strauch ist besonders dekorativ. Die glänzend dunkelgrünen, elliptischen, ca. 6 cm langen Blättchen sind auf der Unterseite dunkelgrau.

Daphne

Bodenansprüche wie oben. Ölweiden sind im Winter vor Kaninchenverbiß zu schützen! *E. pungens* 'Maculata' ist eine buntlaubige, etwa 1 m hoch wachsende Form.

Enkianthus
Prachtglocke (Heidekrautgewächse) K–
⊥ 🏠 ⬇ ☼-◐

Enkianthus campanulatus ist ein Strauch, der ca. 4 m hoch werden kann. Der Jahreszuwachs ist allerdings sehr gering. Der bizarre Strauch mit den straff aufrechten Mitteltrieben blüht im Mai/Juni mit gelblich-rötlichen Blüten, die in Doldentrauben zusammenstehen. Die eigenwillige, architektonische Form macht die Pflanze zu einem beliebten Solitärgehölz in Heide-, Steingärten, in Kübeln und größeren Trögen.

Erica
Siehe Rhododendrongewächse S. 164.

Euonymus
Pfaffenhütchen (Baumwürgergewächse)
⊥ ✽ ⬇ ⬇ ◐-● 🏠

Euonymus alatus, das geflügelte Pfaffenhütchen, erreicht selten Höhen über 3 m. Es handelt sich um ein wirkungsvolles Solitärgehölz mit breiten Korkleisten und prachtvoller, leuchtendkarminroter Herbstfärbung. *E. europaeus*, das heimische Pfaffenhütchen, verwenden wir zur Abpflanzung im Halbschatten. Der Fruchtbehang mit den zierenden Kapseln und Früchten ist besonders dekorativ. *E. planipes* (= *E. sachalinensis*) bildet besonders große Früchte aus und wächst straff aufrecht. Die Herbstfärbung reicht von orange bis violett. Die Früchte hängen an langen Stielen herab. Der Strauch ist besonders zur Einzelstellung auf Rasenflächen oder an Terrassen geeignet. Für den Hausgarten sind auch die kleinwüchsigen Formen zu nennen, wie *E. fortunei* 'Coloratus', eine Art, die mit Haftwurzeln an Mauern und Bäumen emporklettern kann. Dieses immergrüne Pfaffenhütchen mit der dunkelgrünen, im Herbst purpurfarbenen Belaubung ist aber auch ein ausgezeichneter Bodendecker, der gut als Rasenersatz und zur Begrünung von Böschungen zu verwenden ist. Das gilt auch für *E. fortunei* 'Radicans' mit der stumpfgrünen Belaubung und für *E. fortunei* 'Vegetus', das frischgrüne kriechende Pfaffenhütchen mit den rundlich-eiförmigen Blättchen (immergrün). Die Pfaffenhütchen stellen geringe Bodenansprüche. Sie kommen auf schwachsauren wie alkalischen, feuchten, nahrhaften Böden gut zurecht und lieben sonnige wie halbschattige Lagen. Selbst Schattenlagen sind möglich. Gute Bienenweide. Besonders für Flächen geeignet, die sonst schwer zu begrünen sind (absonnige Standorte von Vorgärten, in Nachbarschaft von Nordwänden, als Bodendecker etc.).

Forsythia
Forsythie, Goldglöckchen (Ölbaumgewächse)
⋮ ✂

Dieser Strauch zählt zu den beliebtesten und bekanntesten Frühjahrsblühern. Er kommt besonders vor dunklerem Gehölz (z.B *Taxus*) oder als Gruppenpflanze zur Geltung. Die Zweige eignen sich bereits ab Dezember zum Treiben und liefern während des Winters schönen Vasenschmuck. Forsythien können bis zu 3 m hoch werden. *Forsythia intermedia* 'Spectabilis' ist eine der bekannten, dunkelgoldgelben Sorten. Stärkste Blüher sind *F. intermedia* 'Lynwood Gold', *F. ovata*, das kleinblumige Goldglöckchen, es blüht etwa 3 Wochen früher, wird aber nur ca. 1,5 m hoch. *F. suspensa* 'Fortunei' ist eine schöne Art mit überhängenden Zweigen. Auch für ungeschnittene Blütenhecken und an Böschungen gut geeignet. Forsythien können auch als geschnittene Hecke verwendet werden, da sie dichte Hecken bilden. Allerdings werden Forsythien häufig durch den Frühjahrsrückschnitt der Ziersträucher, der von Unerfahrenen meist im Februar durchgeführt wird, sehr in Mitleidenschaft gezogen, da die langen Blütentriebe mit den bereits im Herbst fertig entwickelten Blütenknospen dieser Schur zum Opfer fallen. Forsythien schneidet man erst nach der Blüte, niemals vorher. Die Forsythie ist für nahrhaften, feuchten, sauer bis alkalischen Boden dankbar. Sie liebt sonnigen Standort, wenn sie reichlich blühen soll.

Fothergilla
Federbuschstrauch (Zaubernußgewächse) K–
⊥ 🏠 ⬇

Fothergilla gardenii, ein Zwergstrauch, der etwa 1 m hoch wird, ist viel zu wenig bekannt. Er ist ein wahres Gartenjuwel. Die cremeweißen, aufrecht stehenden, bis zu 3 cm langen Blütenähren erscheinen im Mai vor dem Austrieb. Besonders hervorzuheben ist die wundervolle Herbstfärbung, die von Gelborange bis Karminrot reicht. Die großen, 3–5 cm langen, breitrunden, dunkelgrünen Blätter zieren den Strauch im Sommer. *F. major* wird etwa 1,5 m hoch. Die reinweißen Blüten stehen an bis zu 8 cm langen Ähren auf den Zweigen. *F. monticola* ist ein ca. 1,5 m hoher Strauch mit kleineren Blüten. Beide Arten besitzen eine prachtvolle Herbstfärbung und eignen sich zur Einzelstellung in Steingärten, Heidegärten, zur Bepflanzung von Dachgärten. Federbuschsträucher lieben keinen Kalk. Sie schätzen sauer bis neutrale Böden und sonnigen bis halbschattigen Standort.

Genista
Ginster (Schmetterlingsblütler) – siehe auch *Cytisus*.
⬇ △ 🏠

Die Bodenansprüche der Ginsterarten sind so

gering wie die der *Cytisus*-Arten. Auch unter der Gattung *Genista* gibt es wertvolle Arten für den Garten, z. B. *G. hispanica*, ein anspruchsloser Strauch für den Stein- und Heidegarten. Er wird ca. 1 m hoch und kann große Flächen bedecken. Er blüht im Mai/Juni mit einer Fülle kleiner, gelber Blüten. *G. sagittalis*, der Pfeilginster, ist ein besonders interessanter Vertreter für den Steingarten. Er bildet Polster, aus denen an aufrechtstehenden Blütentrauben die leuchtendgelben Blüten erscheinen. *G. lydia* wird ca. 50 cm hoch, sommergrün und bringt an dünnen, fadenförmigen Trieben im Mai/Juni große Einzelblüten hervor. Auch er ist gut für Steingärten, Kübelbepflanzung und Dachgärten geeignet. Alle Ginsterarten gedeihen auf schwach sauren bis alkalischen Böden, lieben trockene und sonnige Lage. *G. radiata* ist ein Zwergstrauch von ca. 50 cm Höhe, der nur einen sehr geringen Jahreszuwachs aufweist. Im Mai/Juni erscheinen die gelben, endständigen Blütenköpfchen. *G. tinctoria*, der Färberginster, ist sommergrün. Er wird ca. 1,2 m hoch. Die Pflanze wächst straff aufrecht. Die Blüten erscheinen von Juni bis August und machen ihn dadurch besonders für Heide und Steingärten wertvoll. Auch *G. tinctoria* 'Plena', der gefüllte, ca. 50 cm hohe Färberginster ist empfehlenswert.

Mit Elfenbeinginster (Cytisus praecox) und Flieder erreicht das Blühen im Frühling einen Höhepunkt.

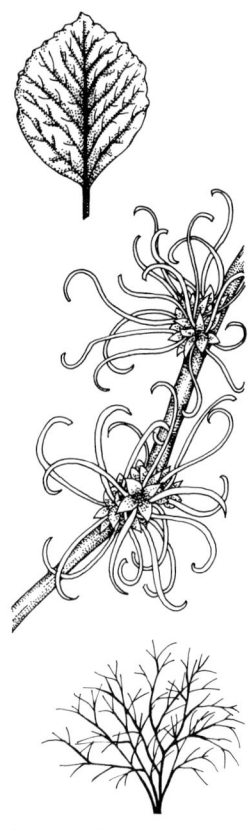

Hamamelis

Hamamelis
Zaubernuß, Hexenhasel (Zaubernußgewächse) K−

⊥ ✕ ✱ ⬇ ⸬

Die außergewöhnliche Blütezeit der Zaubernüsse macht sie für den Hausgarten so wertvoll. *Hamamelis virginiana*, die herbstblühende Zaubernuß aus Nordamerika, blüht bereits im Oktober/November, bisweilen auch noch im Frühjahr. Sie kann eine Höhe bis zu 6 m erreichen. Die Blüte besteht aus länglichen, hellgelben Petalen. *H. japonica*, die kleinblütige Zaubernuß, erreicht eine Höhe bis 4 m. Sie blüht von Januar bis März mit bis zu 2 cm breiten Blütenköpfchen. *H. mollis*, die Lichtmeßzaubernuß, erreicht Höhen bis zu 4 m. Ihre goldgelben Blütenköpfchen erscheinen meist im Februar/März – je nach Witterung. Sie können bis zu 4 cm groß werden und sind sehr wirkungsvoll, besonders im Schnee. Unter den Zaubernüssen gibt es eine Reihe von Hybriden, Kreuzungen wie 'Feuerzahn', intensiv rot, 'Jelena', gelb bis kupferorange, 'Pallida', hellgelb, 'Westerstede', hellgelb, 'Ruby Glow', dunkelrot. Zaubernüsse bevorzugen neutrale, mittelschwere bis schwere Böden mit guter Wasserführung, können aber auch auf Sandböden noch einigermaßen gedeihen. Der Standort soll sonnig bis halbschattig sein.

Hibiscus
Eibisch (Malvengewächse), siehe unter Baumartige Gehölze S. 136.

Hippophae rhamnoides
Sanddorn (Ölweidengewächse)

✱ ǀ: ⬇ ✂

Der Sanddorn ist sozusagen eine Allerweltspflanze. Sie gedeiht selbst auf trockensten Sandböden und Hängen, ist unempfindlich gegen Salz, findet aber auch in schweren, lehmigen Tonböden noch ihr Fortkommen. Die langen Ausläufer sind für Sanddünen eine wertvolle natürliche Befestigung. Das silbergraue Laub an den dornigen Zweigen und der sparrige Wuchs machen den Sanddorn zu einer interessanten Erscheinung. Es müssen männliche und weibliche Exemplare zusammengepflanzt werden, wenn sie fruchten sollen. Die orangegelben Beeren erscheinen im Herbst. Sie weisen einen hohen Vitamin-C-Gehalt auf. Die Ausläufer der Pflanze können im Garten lästig werden, daher für freie Landschaft besser geeignet.

Hydrangea
Hortensie (Steinbrechgewächse) K−

Unter den Hortensien gibt es wertvolle Arten für den Hausgarten, zumal sie in den Monaten Juli bis September blühen, zu einer im Garten relativ blütenarmen Zeit. *Hydrangea arborescens* 'Grandiflorus' ist ein breit und aufrecht wachsender, verzweigter Strauch, der bis zu 3 m Höhe erreichen kann. Die grünlichweißen Blüten erscheinen von Juli bis September in 15 cm breiten Dolden. Dieser feine, industriefeste Strauch eignet sich besonders zur Vorpflanzung von Gehölzgruppen. *H. paniculata* 'Grandiflora', ca. 2,5 m hoch, eine Hortensienart mit bis zu 25 cm langen, kegelförmigen Rispen, die sich von grün über weiß nach rosa färben, ist es wert, stärker beachtet zu werden. Hortensien lieben feuchte, humusreiche, durchlässige Böden, Halbschatten oder sonnigen Standort. *H. paniculata* 'Grandiflora' eignet sich gut zur Einzelstellung auf Rasenflächen. *H. aspera Aspera* (= *H. aspera* 'Villosa') ist für den Hausgarten besonders wertvoll. Die bis zu 3 m hoch wachsende Pflanze mit geringem Jahreszuwachs und großen, bis zu 30 cm langen, dunkelgrünen behaarten Blättern zeigt im Juli/August ihre flachen, bis 25 cm breiten lilafarbenen Blütendolden, die von einem Kranz weißer Randblüten umgeben sind. *H. sargentiana* (= *H. aspera* 'Sargentiana'), die Samthortensie, ist ebenso wertvoll. Die bis zu 35 cm langen dunkelgrünen, samtigen unterseits wollig behaarten Blätter und die violettbläulichen Blüten mit den großen, weißen Randblüten, die im Juli/August erscheinen, machen sie zu einem aparten Gehölz für Einzelstellung.

Hypericum
Johanniskraut (Hartheugewächse)

☼−◐ 🏠 ⸬ ⬇ ⬇ ✂

Diese teilweise immergrünen, bodendeckenden oder strauchig wachsenden, meist etwas frostempfindlichen, aber immer wieder willig austreibenden Blütensträucher überraschen uns alljährlich aufs neue mit ihren großartigen Blüten. *Hypericum calycinum* ist wohl die bekannteste bodendeckende Art mit leuchtendgelben Strahlenblüten. Sie liebt wie ihre übrigen Artgenossen den Halbschatten und gedeiht am besten unter lichten Gehölzen. Die ausläufertreibende Art ist ein guter Bodendecker. Die Sorte 'Hidcote' wird etwa 1,2 m hoch und besitzt 5–7 cm große, schalenförmige Blüten, die zu mehreren in endständigen Trugdolden zusammenstehen. *H. moserianum* wird ca. 60 cm hoch. Diese immergrüne Art mit den goldgelben, 5–6 cm breiten, strahlenförmigen Blüten, die ebenfalls in endständigen Trugdolden zusammenstehen, gehört wie *H. patulum* 'Henryi' zu den höher wachsenden, blühwilligen Arten, die sich gut zur Vorpflanzung von Gehölzgruppen, in Staudenrabatten und besonders zur Vorgartenbepflanzung eignen. Auch als Solitär in Steingärten möglich.
Johanniskräuter gedeihen auf schwachsauren bis alkalischen Böden, vertragen Trockenheit und stellen keine weiteren Ansprüche, wenn sie in sonniger bis halbschattiger Lage stehen.

Ilex
Stechpalme, Hülse (Stechpalmengewächse)
K+ 🌿 ❋ 🏠 ⊥ ◐-●
Siehe auch unter Baumartige Gehölze S. 136.
An dieser Stelle soll nur *Ilex crenata*, die strauchartig wachsende Form, erwähnt werden. Sie wird ca. 2 m hoch, die rundlichen, kleinen Blättchen erinnern an Buchsbaum. Gut für Abpflanzungen. Standort und Bodenverhältnisse siehe unter Baumartige. Gedeiht am besten im Halbschatten bis Schatten.

Jasminum nudiflorum
Siehe unter Kletterpflanzen S. 160.

Kalmia
Siehe unter Rhododendrongewächse S. 164.

Kerria japonica
Kerrie, Ranunkelstrauch (Rosengewächse) K−
✂ ◐ ⊥ |⋮ 🌿
Der Ranunkelstrauch wird etwa 2 m hoch. Er besitzt lebhaft hellgrüne, 3–5 cm lange, spitzzipfelige Blätter, die früh austreiben. Die goldgelben Blüten erscheinen im April/Mai. Sie sind ca. 3 cm groß und erinnern an Hahnenfußblüten. Bei *K. japonica* 'Pleniflora' sind sie gefüllt. Der Ranunkelstrauch nimmt mit jedem kulturfähigen Gartenboden vorlieb. Er gedeiht am besten auf sonnigem Standort, wächst aber auch noch im Schatten. Sowohl Einzelstellung als auch Gruppenpflanzung sind möglich. Auf leichten Böden können die Ausläufer lästig werden.

Kolkwitzia amabilis
Kolkwitzie (Geißblattgewächse)
⊥ ✂
Dieser schöne Zierstrauch kann bis zu 4 m hoch werden. Der Jahreszuwachs ist allerdings gering. Unübertrefflich sind die zartrosa Blüten, die im Mai/Juni dicht in endständigen, großen Doldentrauben an den Sträuchern erscheinen. Für kleine wie große Gärten geeignet. Trockenheitsresistent. Liebt sonnigen bis halbschattigen Standort und ist industriefest. Einzelstellung und Gruppenpflanzung bringen sie gleichgut zur Geltung. Auch für Dachgärten geeignet.

Laburnum
Siehe unter Baumartige Gehölze S. 136.

Ligustrum
Liguster, Rainweide (Ölweidengewächse)
☼-● |⋮ 🌿-🌿 ❋ 🏠
In den meisten Fällen ist der Liguster nur als Heckenstrauch bekannt. Freiwachsend entwickelt er sich jedoch zu einem sehr schönen Zierstrauch, der lange grün bleibt und mit weißen, duftenden Blütenrispen an seinen Verwandten, den Flieder erinnert. Die blauschwarzen Beeren werden von den Vögeln gern genommen. Sie sind jedoch für Menschen giftig. Er stellt keine Ansprüche an Boden und Standort. Einige Arten sind nicht ganz winterhart. *L. lodense* ist besonders für niedrige Hecken zu empfehlen, *L. vulgare*, der gewöhnliche Liguster, ist winterhart, *L. vulgare* 'Atrovirens', der immergrüne Liguster, ist eine gute Heckenpflanze. *L. lodense* und *L. vulgare* 'Atrovirens' leiden in Ostlagen unter Kälteeinwirkungen, treiben aber immer wieder willig von unten aus. In ländlichen Gebieten sollte man sie wegen ihrer fremdartigen Erscheinung nicht pflanzen. Hier passen bodenständige Gehölze wie Feldahorn, Hainbuche oder Wildrosen besser ins Bild.

Lonicera
Heckenkirsche (Geißblattgewächse)
❋ 🏠
Eine der schönsten ist *Lonicera maackii*, die aus dem fernen Osten zu uns gefunden hat. Der breitwüchsige Strauch kann bis zu 5 m hoch werden. An den sommergrünen Zweigen erscheinen im Juni die gelblichweißen, duftenden Blüten. Die leuchtendorangeroten Beeren zeigen sich im Herbst. Sämtliche *Lonicera*-Beeren sind giftig. Wie alle Geißblattsträucher ist auch *L. maackii* sehr anspruchslos. Er verträgt Sonne und Schatten und ist gut als Deckstrauch in Abpflanzungen geeignet. Der starke Fruchtbehang macht ihn auch für Solitärstellung empfehlenswert. Er wächst sich dann zu einem mächtigen Strauch aus. *L. pileata* ist der bekannte myrthenblättrige Geißblattstrauch, der etwa 50–70 cm hoch wird. Dieser immergrüne Strauch eignet sich gut für Gruppenpflanzungen in Vorgärten, zur Vorpflanzung von Gehölzgruppen und als Bodendecker für halbschattige Lagen. Für Frostlagen ungeeignet. *L. pileata* 'Yunnanensis' wächst stärker als *L. pileata*. Er wird ca. 1 m hoch. *L. tatarica*, die rosablühende tatarische Heckenkirsche, eignet sich als Deckstrauch. Er wird ca. 3 m hoch und verträgt selbst dichte Schattenlagen. *L. xylosteum*, die gemeine Heckenkirsche ist ebenfalls ein Strauch für Schutzpflanzungen in Schattenlagen. Als Immissionsschutzpflanze ist besonders *L. ledebourii* zu empfehlen. Er besitzt dichtes Blattwerk. Die gelblichrötlichen Blüten sind unscheinbar. Die Pflanze wird bis zu 4 m hoch.

Magnolia stellata
Sternmagnolie (Magnoliengewächse)
⊥ ✂ △ ❋
Diese kleinbleibende Form ist besonders als Solitär für Heidegärten und für kleine Hausgärten geeignet. Die unzähligen weißen Blüten erscheinen schon an jungen Pflanzen im März/April vor dem Austrieb. Die Pflanze liebt nahrhaften, schwach sauren bis alkalischen, feuch-

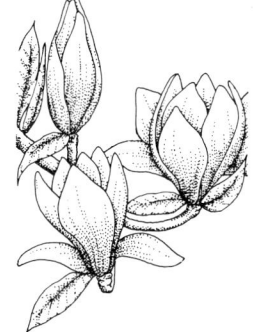

Magnolis

ten Boden und sonnigen, geschützten Standort. Sie kann auch zur Bepflanzung von Dachgärten und zur Begrünung von Kübeln verwendet werden.

Mahonia
Mahonie, Fiederberberitze (Sauerdorngewächse)
☼–● |: ❊ △ 🏠 ♨

Mahonia aquifolium ist sozusagen Mädchen für alles unter den immergrünen Gehölzen. Sie gedeiht in vollem Schatten an der Nordseite von Gebäuden ebensogut wie auf magerem Standort. Als Unterholz, als Vorpflanzung, Steingartenpflanze und als »Lückenbüßer« an Kahlstellen – überall läßt sich die Mahonie wirkungsvoll einsetzen, selbst als geschnittene, immergrüne Hecke. Sie wird ca. 1 m hoch, entwickelt im April/Mai goldgelbe Blüten und später blaubereifte, schwarze Früchte. *M. aquifolium* 'Atropurpurea' besitzt dunkelgrünes, mattglänzendes Laub, das sich im Herbst dunkelrötlich färbt. *M. bealii* wird ca. 2,2 m hoch. Diese interessante Pflanze mit den großen, bis zu 40 cm langen, dornig-gezähnten blaugrünen Fiederblättern und der gelb/orangefarbenen Herbstfärbung ist eine auffallende Erscheinung. Sie eignet sich daher besonders zur Solitärstellung auch an halbschattigem Standort.

Pachysandra terminalis, Ysander
Siehe unter Stauden S. 189 ff.

Paeonia suffruticosa
Strauchpaeonie, Pfingstrose (Hahnenfußgewächse)
☼ ▣ ⊥ △

Liebhaberpflanze mit riesigen, weißen, rosa oder roten Blüten, die sich im April/Mai entfalten. Besonders für Gegenden mit mildem Klima geeignet. In frostgefährdeten Lagen ist Winterschutz vonnöten. Paeonien können sich zu 1,5 m hohen Sträuchern auswachsen und uns mit überreichem Blütenflor überraschen. Auch das Blatt ist sehr zierend. Sie lieben durchlässigen, humosen, mittelschweren Boden und sonnigen bis halbschattigen Standort.

Parrotia
Parrotie (Zaubernußgewächse)
⊥ ⬇ ♨

Parrotia persica, dieser beachtliche, hohe, meist mehrtriebige Strauch mit dem breitausladenden Wuchs und der trichterförmigen Krone wird etwa 7 m hoch und besitzt einen relativ geringen Jahreszuwachs (ca. 20 cm). Auffällig an der Parrotie sind die wunderschönen sommergrünen, bis zu 10 cm langen, verkehrteiförmigen Blätter, die sich im Herbst leuchtendgelb/orangerot färben. Die Blüten sind unscheinbar. Die roten Büschelchen erscheinen bereits im März. Der gutgeformte Strauch eignet sich hervorragend zur Freistellung, ist aber auch für Gruppenpflanzungen zu empfehlen. Parrotien gedeihen am besten in schwachsauren bis alkalischen, feuchten, nahrhaften Böden und lieben sonnigen bis halbschattigen Stand.

Philadelphus
Pfeifenstrauch, Falscher Jasmin (Steinbrechgewächse)
|: ♨ ✂ 🏠

Aus der Gattung *Philadelphus* gibt es eine Anzahl von Sträuchern, die einen hohen Zierwert besitzen. *P. coronarius* heißt der gewöhnliche Pfeifenstrauch, der bis zu 4 m hoch werden kann. Die Ende Mai/Juni erscheinenden einfachen, duftenden Blüten stehen seitlich an überhängenden Zweigen. Der Strauch eignet sich wie die anderen, hochwachsenden Arten gut zur Gruppenpflanzung und Freistellung in größeren Gärten. *P. inodorus* 'Grandiflorus' wird ca. 5 m hoch. Die Blüten erscheinen an diesem Strauch ca. im Juni. *P.* × *lemoinei* 'Dame Blanche' ist gedrungen. Er wird nur ca. 2 m hoch. Die Blüten erscheinen im Juni/Juli. Sie sind einfach bis halbgefüllt und duften stark. Diese Art eignet sich besonders für freiwachsende Hecken und Gruppen. Auch die Sorte *P.* × *lemoinei* 'Erectus', die ca. 2,5 m hoch wird und straff aufrecht wächst, ist ein wertvolles Gehölz für den Hausgarten. Beliebt sind die gefüllt blühenden Sorten wie *P.* × *virginalis*. Die Blüten stehen in dichten Trauben zusammen und verbreiten einen betäubenden Duft. Diese Züchtung kann auch solitär gepflanzt werden. Eine Verbesserung stellt *P.* × *virginalis* 'Schneesturm' dar. Die Zweige hängen leicht über. Die gefüllten, stark duftenden Blüten sind mittelgroß. Falscher Jasmin gedeiht in jedem kulturfähigen Gartenboden in sonniger bis schattiger Lage. Die Sorte 'Manteau d'Hermine' gehört zu den kleinsten Pfeifensträuchern. Sie wird nur ca. 1,5 m hoch und kann sogar im Steingarten verwendet werden. Fehlerhafter Schnitt beträgt so manchen Gartenfreund um die Jasminblüte. Der Schnitt beschränkt sich nur auf das Auslichten alten Holzes oder auf einen Verjüngungsschnitt unmittelbar nach der Blüte.

Photinia
Siehe unter Baumartige Gehölze S. 136.

Physocarpus opulifolius
Blasenspiere (Rosengewächse)
● 〰

Dieser etwa 5 m hohe Strauch ist lediglich für Abpflanzungen, als Windschutz und für freiwachsende Hecken von Bedeutung. Die weißrosa Blüten, die im Juni erscheinen, sind ohne großen Zierwert. Standort: Sonnig bis schattig, nimmt mit jedem kulturfähigen Boden vorlieb.

Der Feuerdorn (Pyracantha) gehört zu den dankbarsten Immergrünen im Garten. Weißer Blütenschmuck und starker Fruchtbehang machen ihn zu einem wertvollen Strauch für Hecken, Abpflanzungen und als Wandspalier.

Ziersträucher 155

Potentilla
Fingerstrauch (Rosengewächse) K+

Für kleine Gärten, Steingärten, aber auch für niedrige geschnittene und ungeschnittene Hecken, besonders in Vorgärten kleinerer Häuser, ist der Fingerstrauch ein beliebter Blütenstrauch. Es gibt eine Reihe von Arten und Züchtungen mit unterschiedlichen Eigenschaften. Die meisten von ihnen blühen überreich. Besonders hervorzuheben sind P. fruticosa 'Farreri', die von Mai bis September blüht, P. fruticosa 'Arbuscula', ein Zwergstrauch mit breit niederliegenden Trieben, ca. 50 cm hoch, der von Mai bis Oktober seine bis zu 4 cm breiten Blüten entfaltet. Diese Sorte ist besonders für Kübelpflanzungen und in Steingärten zu verwenden. Auch Flächenbegrünung ist möglich. P. fruticosa 'Farreri' wird ca. 1 m hoch und blüht von Juni bis Oktober. Zu den Zwergsträuchern gehören die Sorten 'Goldstar' und 'Goldteppich', die nicht über 50 cm hoch werden und von Juni bis Oktober blühen. Die Blüten von 'Goldstar' können einen Durchmesser von 8 cm erreichen. Erwähnenswert ist auch die 80 cm hoch wachsende, reichblühende Sorte 'Hachmanns Gigant', die von Juni bis Oktober blüht. Eine neue Sorte ist 'Red Ace', ein etwa 80 cm hoher Strauch mit roten, etwas verblassenden Blüten, die von Juni bis Oktober erscheinen. Die Fingersträucher sind mit jedem kulturfähigen Boden zufrieden. Sie gedeihen am besten in sonniger bis halbschattiger Lage. Beste Blütenentwicklung an sonnigem Standort.

Potentilla

Prunus
Kirsche (Rosengewächse) K+

Als Kleinstrauch sei hier nur die Art P. cistena erwähnt, eine bis etwa 2 m hoch wachsende strauchartige Kirsche mit dunkelroten, metallisch glänzenden Blättern. Die rosaweißen Blüten erscheinen im Mai bereits an sehr jungen Pflanzen. P. cistena ist als Solitärgehölz für Steingärten zu empfehlen. Das dunkle Laub nimmt sich gut in Kübelpflanzungen aus. P. triloba ist das bekannte Mandelröschen. Interessant sind die durch Ausläufer vermehrten Pflanzen, die strauchartig wachsen und etwa 2 m hoch werden. Die dichtgefüllten rosafarbenen Blüten erscheinen im März/April an den buschigen Zweigen aufgereiht. Immergrüne Prunus-Arten eignen sich gut zur Abpflanzung, als Sicht- und Immissionsschutz. Zu dieser Gruppe gehören die Kirschlorbeer, P. laurocerasus. Sie lieben nährstoffreichen, humosen Boden, können in schattiger Lage, aber auch auf Sandboden noch gut gedeihen. Je besser der Boden, desto üppiger entwickeln sich Laub und Blütenrispen im Frühjahr. P. laurocerasus 'Herbergii' wird ca. 3 m hoch. Der Wuchs ist aufrecht und dicht. Guter Deckstrauch. P. laurocerasus 'Otto Luyken' wächst breitbuschig. Die schmalelliptischen, bis 10 cm langen, lederartigen, dunkelgrünen Blätter sind besonders charakteristisch für dieses Gehölz. P. laurocerasus shipkaensis 'Macrophylla' ist mit 4 m der größte unter den Kirschlorbeerarten. Die Blätter werden bis zu 12 cm lang. Die weißen Blütenkerzen erscheinen im Mai. Diese Art hat sich besonders für freiwachsende, aber auch für geschnittene Hecken bewährt. Sie ist etwas frostempfindlich, kann aber jeden Rückschnitt vertragen. P. laurocerasus 'Zabeliana' ist klein, flachwachsend und liegt teilweise mit den Zweigen auf dem Boden auf. Er wird ca. 1,80 m hoch, hat aber nur einen geringen Jahreszuwachs. P. spinosa, die Schlehe, gehört zu den langblühenden Prunus-Gewächsen. Sie ist im Frühling als erstes Kirschgehölz mit weißen Blüten übersät. Die blaubereiften Früchte sind im Herbst eine besondere Zierde. Erstklassiges Vogelschutzgehölz. Gutes Unterholz für Knicks, aber auch für Windschutzpflanzungen und Gruppenstellung. Kann sich in freiem Stand auch baumartig entwickeln. Guter Pollenspender für Pflaumensorten.

Pyracantha
Feuerdorn (Rosengewächse) K+

Eines der dankbarsten immergrünen Gehölze sowohl für Einzelstellung als auch für Abpflanzungen mit überreichem Blüten- und Beerenschmuck ist der Feuerdorn. Als Wind- und Sichtschutzpflanzung, als Wandspalier am Haus und zur Verwendung in Gruppenpflanzungen ist er gleichgut geeignet. Darüber hinaus ist er von Bedeutung als Vogelschutzgehölz. Die leuchtenden orangefarbenen, gelben oder roten Früchte werden gern von Vögeln angenommen. Feuerdorn nimmt mit jedem kulturfähigen Gartenboden vorlieb, sollte aber möglichst als junge Pflanze mit Ballen gesetzt werden, sonst gibt es Wachstumsprobleme. P. coccinea 'Kasan' ist eine starkwüchsige, aufrechte, überreich fruchtende Sorte, die bis zu 4 m hoch wird. Sie gehört zu den besten rotfruchtenden Sorten. P. praecox eignet sich als feinästige Form gut für Steingärten. Er wird nur etwa 1,50 m hoch. P. crenatosserrata 'Orange Glow' zählt zu den besten orangefruchtenden Sorten. Sie bringt neben dem reichen Blütenschmuck Massen von orangefarbenen Beeren hervor. Höhe ca. 3 m. Einige Arten leiden unter Obstschorf. Hier sind Spritzungen mit einem geeigneten Fungizid angebracht (siehe auch unter Apfelkultur S. 291).

Rhus typhina
Essigbaum, Hirschkolbensumach (Sumachgewächse)

Dieser mehrstämmige, kleine, baumartige

Ziersträucher

Strauch mit der sparrigen Verzweigung ist ein beliebtes Gehölz zur Einzelstellung. Die großen, ca. 30 cm langen Blätter sind unpaarig gefiedert und färben sich im Herbst leuchtendgelb bis purpurrot. Die Blüte erscheint in endständigen, purpurfarbenen Kolben. Sie haften bis zum Winter auch nach dem Laubabfall. Der Essigbaum liebt leichten Boden ohne Staunässe und vollsonnigen Standort. Er kann durch Ausläufer sehr lästig werden. Besonders schön ist die Sorte R. typhina 'Dissecta' mit stark gefiederten Blättern und besonders intensiver Herbstfärbung.

Ribes
Stachelbeere, Johannisbeere (Steinbrechgewächse) K+

Zierjohannisbeeren werden gern als Blütensträucher gepflanzt. R. alpinum, die Alpenjohannisbeere, wirkt allerdings mehr durch das frischgrüne Laub, das sehr zeitig im Frühjahr erscheint und keine Herbstfärbung aufweist. Sie eignet sich vor allem für freiwachsende aber auch für geschnittene Hecken. R. sanguineum pflanzt man am besten in den Sorten 'Atrorubens', dunkelrot, oder 'King Edward VII', tiefdunkelrot, die gleichzeitig mit den Forsythien blühen. Sie gedeihen noch im Halbschatten und Schatten und eignen sich daher auch als Unterwuchs unter höheren Bäumen. Höhe ca. 2,5 m.

Rosa
Siehe unter Rosen S. 173.

Rubus odoratus
Zimthimbeere (Rosengewächse) K+

Dieser mittelhohe Strauch mit den aufrechten Grundtrieben ist wenig verzweigt, bringt aber interessante sommergrüne, bis 25 cm große drei- bis fünflappige, samtig behaarte, dunkelgrüne Blätter hervor, die sehr dekorativ sind. Die roten, etwa 5 cm großen Blüten erscheinen von Juni bis August in vielblütigen Rispen. Die Pflanze treibt Ausläufer. Sie eignet sich besonders zur Gruppenpflanzung, zur Unterpflanzung von Gehölzen und als Immissionsschutz. Sowohl in sonniger als auch in schattiger Lage fühlt sie sich wohl und stellt keine besonderen Ansprüche an den Boden, wenn er ausreichend feucht ist.

Sambucus
Holunder (Geißblattgewächse) N+

Dieser anspruchslose Strauch ist zur Abpflanzung von Gebäuden wie geschaffen, kann aber auch frei in großen Rasenflächen oder vor Baumpflanzungen, als Unterholz im Laubwald und für naturnahe Pflanzungen verwendet werden. Im Juni und Juli erscheinen die großen weißen Blütenteller von S. nigra, dem schwarzen Holunder, die sogenannten Fliederbeerdolden. Blüten und Beeren sind von jeher als Hausmittel zum Schweißtreiben und bei Erkältungskrankheiten bekannt. S. nigra 'Macrocarpa' entwickelt riesige Blüten- und Fruchtdolden, die 30 cm breit sein können. Große Einzelfrüchte. S. racemosus, der rotfrüchtige Traubenholunder, gedeiht sowohl im Waldschatten als auch auf trockenem Standort gut. S. racemosus liebt keinen Kalk.

Skimmia
Skimmie (Rautengewächse) K−

Skimmia foremanii ist ein immergrüner, niedriger Halbschattenstrauch, der etwa 1 m hoch wird. Er besitzt nur einen geringen Jahreszuwachs. Interessant sind die glänzenden grünen, lederartigen Blätter. Die weißrosa Blüten erscheinen von April bis Mai. Sie duften stark. Die endständigen Rispen sind etwa 10 cm lang. Die kugeligen Früchte werden scharlachrot. Skimmien lieben nahrhaften, humosen, sauer bis alkalischen, feuchten Boden und vertragen keine Staunässe. Sie gedeihen sowohl an sonnigen als auch an schattigem Standort. Einzelstellung auf kleineren Beeten in Verbindung mit Polsterstauden, in Gruppen und zur Vorpflanzung von Gehölzpartien, gut in absonnigen Vorgärten zu verwenden. Auch Kübelpflanzung möglich. S. japonica ist ein breitbuschiger Zwergstrauch, der ca. 1 m hoch wird. Die gelblichweißen Blüten erscheinen im Mai in 5 bis 8 cm langen Rispen. Bei den Skimmien gibt es männliche und weibliche Pflanzen. Daher sind stets mehrere zusammenzupflanzen, sonst bilden sie keine Früchte aus.

Sorbaria
Fiederspiere (Rosengewächse)

Sorbaria sorbifolia ist ein mittelhoher Strauch mit straff aufrecht wachsenden Grundtrieben, die bis zu 25 cm lange, gefiederte, sommergrüne Blätter hervorbringen. Im Juni/Juli erscheinen die cremeweißen Blüten in endständigen Rispen. Die Pflanze eignet sich hauptsächlich zur Unterpflanzung und zur Verwendung in Gruppen. Sie liebt halbschattigen Standort und feuchten Boden, der sauer bis alkalisch sein kann. Ausläufertreibend. Höhe ca. 1,50 m.

Spiraea
Spierstrauch (Rosengewächse) K+

Bekannte Gartengehölze, die als anspruchslose Massenblüher beliebt und vielseitig verwendbar sind. Zu den Frühjahrsblühern gehören Sp. arguta, die Silberspiere, mit überhängenden, feinen Zweigen, die im April/Mai mit vielblütigen weißen Doldentrauben übersät sind. Sie erscheinen an vorjährigen Zweigen. *Sp. bumalda* 'Anthoni Waterer' ist eine rotblühende Sommerspiere, die nicht über 1 m hoch wird. Die karminrote Blüte erscheint von Juli bis Oktober in endständigen, flachen, bis 12 cm breiten Doldentrauben. Für den Gartenfreund ist die Sorte 'Grefsheim' von Interesse, ein mittelhoher Strauch, ca. 2 m hoch, mit geringem Jahreszuwachs. Im April/Mai erscheinen die weißen, in bis zu 60 cm langen Doldentrauben zusammenstehenden Blüten an den überhängenden, dichtstehenden, dünnen Zweigen. 'Little Princess' ist ein Zwergstrauch mit breitem, aufrechtem, dichtbuschigem Wuchs. Die Pflanze wird ca. 80 cm hoch. Im Juni/Juli erscheinen die rosaroten Blüten in ca. 3 cm breiten, flachen Dolden. *Sp. nipponica* (= *Sp. arcuata*) aus Japan entwickelt sich zu einem Strauch von ca. 3 m Höhe, der eine leuchtendgelbe Herbstfärbung bekommt. Die weißen Blüten erscheinen im Juni/Juli und stehen in vielen halbkugeligen Doldentrauben an den Zweigen entlang. *Sp. thunbergii* ist ca. 1 m hoch. Sie eignet sich auch für Steingarten und Dachgarten. Die weißen Blüten erscheinen im April/Mai in ca. 10 cm breiten Doldenrispen. Die dünntriebigen überhängenden Zweige stehen dichtbuschig zusammen. *Sp.* × *vanhouttei* wird ca. 3 m hoch. Sie besitzt einen straff aufrechten Wuchs, der sich buschig verzweigt. Die weißen Blüten erscheinen im Mai/Juni in flachen, bis zu 5 cm breiten Doldentrauben. Spiraeen gedeihen auf jedem guten Gartenboden, lieben Bodenfeuchtigkeit und sonnige bis halbschattige Lage. Die meisten eignen sich zur Einzelstellung. Gruppenpflanzung und Pflanzung in freiwachsenden Hecken zum Sicht- und Windschutz werden den höher wachsenden Sorten gerecht.

Staphylea
Pimpernuß (Pimpernußgewächse)

Staphylea colchica ist ein interessanter Strauch mit straff aufrechten Grundtrieben, die breit ausladend im Mai bis zu 10 cm lange aufrechtstehende weiße Rispen hervorbringen. Die Früchte sind blasig aufgetrieben und hängen an langen Stielen von den Zweigen. Die gefiederten Blätter können bis zu 50 cm lang werden. Die Pflanze liebt guten, nahrhaften Boden im sauren bis alkalischen Bereich und einen sonnigen bis halbschattigen Standort. Sie eignet sich hervorragend zur Einzelstellung.

Stephanandra
Kranzspiere (Rosengewächse) K−

Stephanandra incisa, die Kranzspiere aus Japan und Korea, wächst zu einem Strauch von ca. 2 m Höhe heran. Die hellgrüne, eiförmige, gelappte und gesägte Belaubung färbt sich im Herbst braunrot. Grünlichweiß sind die Blüten, die im Juni/Juli in endständigen lockeren, bis 6 cm langen Rispen erscheinen. *St. incisa* 'Crispa' wird nur 50 cm hoch. Die scharfgesägten, dreieckig-ovalen Blätter sind besonders zierend. Im Juni-Juli erscheinen die bis zu 5 cm langen Blütenrispen. Beide Arten lieben nahrhaften Gartenboden im sauren bis neutralen Bereich, der genügend feucht sein muß. Sie vertragen keinen Kalk und sind empfindlich gegen jede Art von Oberflächenverdichtung. Der Standort kann sonnig oder halbschattig sein. Kranzspieren eignen sich gut zu Unterpflanzungen, zur Gruppenpflanzung, aber auch zur Flächenbegrünung und für absonnige Vorgärtenflächen.

Stranvaesia
Stranvaesie (Rosengewächse)

Stranvaesie davidiana wächst zu einem ca. 3 m hohen immergrünen Strauch heran. Dieses Gehölz aus China, mit den etwa 10 cm langen, lanzettlichen, glänzendgrünen Blättern entfaltet im Juni die bis zu 8 cm breiten, flachen, weißen Doldentrauben und schmückt sich im Herbst mit scharlachroten Früchten. Der Standort soll schattig bis halbschattig sein. Feuchte, nahrhafte Böden, die sauer bis alkalisch sein können, sagen ihr am besten zu. Einzelstellung und Gruppenpflanzung, Unterpflanzung von Gehölzen und Kübelbepflanzung sind die wichtigsten Verwendungsarten.

Symphoricarpos
Schneebeere (Geißblattgewächse)

Diese Pflanze gehört zu den anspruchslosesten Ziergehölzen. Die allbekannten Schneebeeren, *S. racemosus*, gedeihen sowohl in voller Sonne als auch in dichtem Schatten auf allen Bodenarten bis hin zu trockenen Böschungen und Hängen. Hier erobern sie sich ihren Lebensraum durch Ausläufer oder herabhängende, sich bewurzelnde Zweige. *S. racemosus* bringt die weißen Beeren hervor, die weit in den Winter hinein haften. Verwandte Arten sind *S.* × *chenaultii*, ein dichtbuschiger, aufrechtwachsender, locker verzweigter Strauch, der ca. 2 m hoch werden kann. Die unscheinbaren, rosafarbenen Blüten erscheinen im Juni/Juli. Die Früchte sind kugelig, ca. 0,5 cm dick, rotviolett. *S.* × *chenaultii* 'Hancock' ist ein interessanter Zwergstrauch mit niederliegenden Trieben, der auch zur Flächenbegrünung, zur Begrünung von Böschungen und von Maschendrahtzäunen geeignet ist. Die Sorte 'Magic Berry' wächst breit aufrecht, gedrungen, wird ca. 1 m

Symphoricarpos

hoch und entwickelt zahlreiche, längliche, lilarote Früchte, die im Herbst in dichten Büscheln zusammenstehen.
S. orbiculatus wird etwa 2 m hoch. Die 0,5 cm großen, purpurroten Früchte haften lange an dem Strauch. Er eignet sich besonders für Abpflanzungen und in freiwachsenden Hecken. Auch zur Unterpflanzung von Bäumen geeignet.

Syringa
Flieder (Ölbaumgewächse)
⊥ ╎ ✕ ⸸ 🏠
Dieser bekannte Strauch fehlt wohl in keinem Garten. Er ist ein unverwüstliches, dankbares Gehölz, wie sich aus einer Unzahl schöner Sorten erkennen läßt. Sowohl als Einzelstrauch als auch als Gruppe in Farben, als Pflanzung für ruhige Sitzplätze im Garten oder als freiwachsende Hecke, in der Schutzpflanzung gegen Wind und Sicht und als Lieferant herrlicher, duftender Blütensträuße, erfüllt der Flieder in jedem Falle seine Aufgabe. Man unterscheidet Wildformen und veredelte Sorten. Zu den Wildformen gehören zum Beispiel *Syringa chinensis*, der chinesische Flieder, mit den zierlich überhängenden Zweigen, an denen im Mai die lila bis lilarosa Blüten in großen, lockeren, hängenden Rispen erscheinen. *S. josikaea*, der ungarische Flieder, wird ca. 4 m hoch. Die lilafarbenen Blüten erscheinen im Mai/Juni an schmalen, bis 20 cm langen, aufrechten oder auch leicht geneigten Rispen. Auch hierbei handelt es sich um eine starkduftende Sorte. *S. microphylla* 'Superba' ist ein interessanter Flieder, der nicht über 1,20 m hoch wird. Dieser kleine, breitbuschige Strauch mit den dünnen Trieben und bis zu 7 cm langen, schmalen, aufrechten Blütenrispen, die von Juni bis Oktober erscheinen, ist besonders für Steingärten, zur Einzelstellung in niedrigen Stauden- und Polsterpflanzrabatten und in Pflanzkübeln zu verwenden.
S. reflexa, *S. swegiflexa* und *S. sweginzowii* sind Bogenfliederarten, deren hell- bis dunkelrosafarbene Blüten in bis zu 20 cm langen, schmalen, überhängenden starkduftenden Rispen im Juni erscheinen. *S. saugeana* ist der rote Königsflieder. Er wird ca. 3 m hoch. Die roten Blüten erscheinen in lockeren, hängenden Rispen im Mai an den Zweigenden. Stark duftend. Der gemeine Flieder, *S. vulgaris*, bringt im Mai die bekannten lilafarbenen, einfachen, aufrechten, duftenden Rispen hervor. Er eignet sich besonders zur Abpflanzung in halbschattiger bis schattiger Lage, als Hecken- und Windschutzgehölz. Bemerkenswert sind die Vulgaris-Hybriden, Sträucher, die bis zu 5 m hoch werden können und große, starkduftende, kräftig gefärbte Blütenrispen hervorbringen. Unter ihnen sind zu nennen:

'Andenken an Ludwig Späth', eine dunkelpurpurfarbene Sorte, 'Charles Joly', purpurrot, 'Marie Legraye', reinweiß, 'Michel Buchner', blaulila gefüllt, 'Mme. Lemoine', reinweiß, 'Primerose', hellgelb.

Tamarix
Tamariske (Tamariskengewächse)
⊥ ╎ ✕
Tamarisken erinnern an meterhohe Heidekrautsträucher, sowohl durch ihr feingefiedertes Laub als auch durch die Blütenstände. Sie lieben sonnigen Standort und trockenen, sandig-humosen Gartenboden. Man kann sie als Einzelstrauch gut mit Wildrosen zusammenpflanzen. *Tamarix odessana* besitzt graugrüne, nadelartige Belaubung und zart-erikafarbene Blütenrispen, die von Juli bis September erscheinen. Die Art wird ca. 2 m hoch. *T. parviflora* (= *T. tetrandra* 'Purpurea') ist winterhart und salzverträglich. *T. pentandra*, die Heide-Tamariske aus Asien, wird bis 4 m hoch. Die bläulichgrünen, schuppenförmigen, lanzettlichen Blätter und die rosaroten Blüten von Juli bis September, die in Form von dichten, endständigen Rispen erscheinen, machen diesen Strauch auch zu einem interessanten Gehölz für Einzelstellung. Tamarisken können zur Bepflanzung von Dachgärten und Kübeln verwendet werden.

Ulex europaeus
Stechginster (Schmetterlingsblütler)
☼–◐ △ 🖼 ⸸
Dieses eigenartige Heidegewächs sollte man vor allem in naturnahen Gärten verwenden. In der Heidegemeinschaft hat es einen besonderen Platz. Ulex steht gut zusammen mit Ginsterarten, Wacholdern, Kiefern, Gräsern. Die überreich gelblich blühende Pflanze ist sehr kompakt und vermehrt sich leicht durch Selbstaussaat. Auch für größere Steingartenpflanzungen empfehlenswert. Sie liebt sandigen, durchlässigen Boden und sonnigen bis halbschattigen Standort. Die Pflanze kann bis zu 1 m hoch werden. Außer in milden Klimabereichen ist Winterschutz erforderlich.

Vaccinium
Siehe unter Rhododendrongewächse S. 164.

Viburnum
Schneeball (Geißblattgewächse)
⊥ ✕ ❋ ⸸
Den Schneeball kennt man meist in der Form des gefüllt blühenden »Läuseschneeballs« *Viburnum opulus* 'Sterile'. Nur wenige Gartenfreunde wissen, daß es gerade bei dieser Gattung eine Fülle hochinteressanter Arten mit hohem Zierwert gibt, die – einmal gepflanzt – aus unseren Gärten einfach nicht mehr wegzuden-

Viburnum

ken sind. Eine der bedeutendsten Gartenformen ist *V.* x *bodnantense*, ein Strauch von ca. 2,5 m Höhe, mit sommergrüner Belaubung. Die tiefrosafarbenen, später heller werdenden Blüten erscheinen bereits ab Oktober! Die Hauptblüte fällt in die Monate Februar/März. Die Blüten stehen in großen, ca. 7 cm breiten Dolden zusammen und verbreiten einen angenehmen, starken Duft. Ähnlich blüht *V. fragrans*, der Duftschneeball, der schmalere Blätter besitzt und kleinere, hellere Blüten. Er erreicht Höhen bis zu 4 m. Die Blüten erscheinen von Februar bis April, in milden Wintern aber auch bereits ab Dezember. Zu den interessanten Arten gehört auch *V.* x *burkwoodii*, ein etwa 3 m hoher Strauch mit immergrünen, 5–7 cm langen, elliptischen, dunkelgrün glänzenden Blättern, die sich zum Teil im Herbst gelblich und orangerot färben. Die rosafarbenen Blüten erscheinen im März/April in kugeligen Dolden und duften stark. *V. carlesii* und *V.* x *carlcephalum* sind 2–3 m hoch wachsende Arten mit starkduftenden rosa und weißen Blütenbällen, die im April/Mai erscheinen. Bemerkenswert ist ferner *V. davidii* als interessanter, immergrüner Zwergstrauch, der nur ca. 50 cm hoch wird. Die weißlichrosa Blüten erscheinen im Mai/Juni in breiten Doldenrispen. Die Früchte sind blaubereift. *V. plicatum* (= *V. tomentosum* 'Sterile') ist eine außerordentlich zierende Spielart, die ca. 3 m hoch wird und nicht verlaust. Die weißen Blütenbälle stehen sehr hübsch zu der dunkelgrünen Belaubung. *V. plicatum* 'Mariesii' (= *V. tomentosum* 'Mariesii') wird nur etwa 2 m hoch, wächst sehr langsam und bildet flache Etagen aus. Auf den horizontal abstehenden Zweigen entfalten sich die ca. 12 cm breiten Blütenstände reihenweise. Sie sind in Trugdolden angeordnet und von einem Kranz steriler weißer Scheibenblüten umgeben. Diese Art ist besonders wertvoll als Solitärgehölz. Die Sorte *V. plicatum* 'Tomentosum' mit ähnlichen Blütenständen, allerdings 3 m hoch wachsend, gehört zu den besten Arten für den Hausgarten. *V. rhytidophyllum* ist der bekannte, immergrüne Schneeball mit den ledrigen, dunkelgrünen, unterseits braunfilzigen Blättern, die bis zu 15 cm lang werden können. Die cremeweißen Blüten erscheinen im Mai/Juni in ca. 20 cm breiten, flachen Trugdolden. Er eignet sich gut als Deckstrauch, zur Gruppenbepflanzung und zur Unterpflanzung größerer Baumgruppen. Liebt keine Zugluft. *V. pragense* ist eine wertvolle Neuerscheinung, die nur ca. 2 m hoch wird. Die dunkelgrünen, glänzenden Blätter zeichnen dieses immergrüne Gehölz besonders aus. Der Zuwachs ist gering. *V. lantana*, der wollige Schneeball, wird etwa 5 m hoch. Der dichtbuschige Strauch mit den überhängenden Blättern ist raschwüchsig. Er kann besonders gut als Sicht- und Immissionsschutz verwendet werden. Sämtliche Schneeballarten lieben feuchten, humosen, durchlässigen Boden, der sauer bis alkalisch sein kann. Als Standort schätzen sie vor allem Halbschatten und Schatten. Nur auf feuchten Böden gedeihen sie auch gut in voller Sonne.

Viele der genannten Arten färben sich im Herbst besonders eigenartig. So kann *V. tomentosum* 'Mariesii' und *V. plicatum* 'Tomentosum' dunkelbraunrote bis violette Belaubung bekommen. Den schönsten Fruchtbehang besitzt der gewöhnliche Wasserschneeball, *V. opulus*, der allerdings nur für große Anlagen in Wassernähe verwendet werden sollte oder auf grundwassernahen Böden. Die leuchtendroten Beeren haften nicht lange im Winter und sehen besonders interessant in Reif und Schnee aus. Die Beeren sämtlicher Schneeballarten sind giftig.

Weigelia
Weigelie (Geißblattgewächse)
☼–● ⚡ ✂

Weigelien sind allgemein beliebte Ziersträucher, die eine Fülle von Blüten hervorbringen. Die Sträucher werden ca. 2,5 m hoch. *W. candida* ist eine weißblühende Spielart. *W.* hybr. 'Eva Rathke' ist ein wertvolles, karminrot blühendes Gehölz mit überhängenden Zweigen, langsam wachsend. Bis 3 m werden die Sorten 'Newport Red' und 'Bristol Ruby'. Es handelt sich dabei um empfehlenswerte, rotblühende Sorten.

Schling- und Kletterpflanzen

Wenn es am Platz mangelt, breitwüchsige Ziergehölze zu pflanzen, wenn man sich gegen Sonne, Wind oder Einsicht schützen will, ein häßliches Gitter, ein Drahtzaun oder ein Regenfallrohr kaschiert werden sollen oder wo eine kahle Hauswand, eine Gartenumfriedung zu begrünen ist, können wir uns mit Schling- und Kletterpflanzen helfen. Von den vielen Arten, die für sonnige, halbschattige und schattige Lagen geeignet sind, werden hier die wichtigsten Vertreter genannt.

Aristolochia
Pfeifenwinde, Osterluzei, (Pfeifenwindengewächse)
● ⬇

Aristolochia macrophylla (= *A. durior*) stammt aus den Vereinigten Staaten. Dieser hochwindende Schlingstrauch mit den bis 30 cm langen, herzförmigen, dunkelgrünen Blättern ist ein wertvoller Kletterer, der zunächst nach dem Verpflanzen nur zögernd wächst. Er wird aber bis 10 m hoch. Die Blüten sind unscheinbar, pfeifenartig und erscheinen im Juni. Die Pflanze

Unter den Kletterpflanzen nehmen die Waldreben (Clematis) einen hervorragenden Platz ein. Die großblumigen Hybriden sind besonders dekorativ.

Schling- und Kletterpflanzen 161

liebt guten, nahrhaften Gartenboden, ist kalkverträglich aber empfindlich gegen Trockenheit. An die Lichtverhältnisse stellt sie keine besonderen Ansprüche. Sie gedeiht in sonnigen wie in schattigen Lagen. Sehr gut geeignet zur Begrünung von Lauben.

Campsis (Tecoma)
Trompetenblume, (Bignoniengewächse)
☼

Die bekannteste Art ist *Campsis radicans* aus Nordamerika. Dieser Kletterstrauch bildet auch Haftwurzeln aus und kann sich damit selbst tragen. Zusätzliche Kletterhilfe ist aber angebracht. Der Jahreszuwachs ist verhältnismäßig gering. Er beträgt ca. 50 cm. Die Pflanze kann bis 10 m hoch werden. Die bis zu 25 cm langen Fiederblätter sind sommergrün. Besonders auffallend ist die interessante, orangefarbene Blüte, die von Juni bis September in büscheligen Trugdolden zusammensteht und trompetenförmig aussieht. Die Blüten können bis zu 7 cm lang werden. Ähnlich wie *Clematis* liebt *Campsis* einen beschatteten Fuß. Sie gedeiht auf jedem guten Gartenboden und liebt einen sonnigen, geschützten Standort. *Campsis* eignet sich zur Wandbegrünung und zum Beranken hoher Rankgerüste wie Pergolen und Lauben. *C. radicans* 'Flava' wird etwa 6 m hoch. Diese Form blüht gelborange. Die Blüten erscheinen von Juli bis September. Sie verlangt Winterschutz und einen geschützten Platz.

Clematis
Waldrebe (Hahnenfußgewächse)
◐-● ✻ ✂

Die Waldreben zählen zu den schönsten Kletterpflanzen, besonders die großblumigen Hybriden. Die Pflanze hält sich mit Blattranken an den Gerüsten, Wänden und Gehölzen fest und erreicht eine Höhe von ca. 4–6 m. Sämtliche *Clematis*-Arten lieben humosen, durchlässigen, feuchten, nahrhaften, schwach sauren bis schwach alkalischen Boden und sonnigen bis halbschattigen, geschützten Standort. Bei der Pflanzung von *Clematis* ist darauf zu achten, daß der Fuß beschattet ist. *Clematis* eignet sich zum Beranken von Gerüsten wie Drahtgeflecht, Baustahlgewebe, Lattenspalier, Holzflechtzäunen, Bäumen und dergl. Eine der schönsten Wildformen ist *C. alpina*, die Alpenwaldrebe. Dieser Kletterstrauch hat nur einen geringen (ca. 10 cm) Jahreszuwachs und wird etwa 2 m hoch. Die violettblauen bis hellblauen, vierzipfeligen Blüten erscheinen von Mai bis Juli und sind ca. 3–4 cm groß. Sie eignet sich auch zum Beranken größerer Kiefern im Steingarten. Auch zum Überspinnen von Felspartien gut geeignet. Ein starker Kletterer ist *C. montana* 'Rubens', die Rote Waldrebe. Dieser Kletterstrauch mit den dicht verflochtenen Trieben kann eine Höhe von 8 m erreichen. Im Juni erscheinen massenhaft die Blüten. Sie sind im Aufblühen dunkel-, später blaßrosa. Der Durchmesser beträgt 5–6 cm. Diese Sorte kann gut für höhere Rankgerüste und Lauben verwendet werden. Auch zum Beranken hoher Bäume gut geeignet.

Schöner in der Farbe ist die Sorte 'Tetrarose', mit kräftigrosafarbenen Blüten. Sie benötigt jedoch Winterschutz, besonders in Lagen mit Spätfrösten.

C. tangutica blüht goldgelb mit nickenden Blüten im Juni und September. Ihre Höhe beträgt ca. 3 m. *C. vitalba*, die heimische Waldrebe, ist von Juni bis September mit kleinen weißen Blüten und später mit interessanten Fruchtständen übersät, die bis ins Frühjahr haften. Sie dient zur Berankung alter Bäume, an denen im Winter wahre Schleppen der fedrigen Fruchtstände mit Rauhreif oder Schnee beladen zum zweiten Mal zu blühen scheinen. Die großblumigen Hybriden sind besonders prächtige Kletterpflanzen. Sie bringen zahlreiche, große Einzelblüten in schönen Farben hervor. Die bekanntesten Sorten sind: 'Earnest Markham', dunkelkarminrot, 'Gipsy Queen', samtig dunkelblauviolett, 'Jackmannii', violettblau, 'Lady Betty Balfour', dunkelpurpur mit gelben Staubgefäßen, 'Lasurstern', hellviolettblau, 'Mme. Le Coultre', weiß, 'Nelly Moser', zartrosa, violettrot gestreift, 'The President', dunkelblau-violett, 'Ville de Lyon', karminrot. Die Hauptblüte dieser Sorten liegt im Juni. 'Nelly Moser' und 'Lasurstern' blühen bereits ab Mai. 'Lady Betty Balfour' ist eine späte Sorte, die erst im August zu blühen beginnt. Die Blütezeit reicht bis in den Oktober.

Hedera
Efeu (Araliengewächse)
☼-● ⋯ 🌿 🏠

Dieser bekannte Kletterstrauch mit den immergrünen Blättern eignet sich besonders zur Begrünung von Hauswänden und größeren Bäumen. Es ist eine irrige Ansicht, daß er mit seinen Haftwurzeln den Verputz angreift oder Mauern beschädigt. Zur Begrünung von großen Flächen, selbst in tiefem Schatten ist er gerade recht am Platze. Das schließt allerdings nicht aus, daß er auch an sonnigem Standort gedeiht. *Hedera helix* ist die heimische Art. Sie ist völlig winterhart und anspruchslos. *H. hibernica*, der irische Efeu, ist raschwüchsig. Die Blätter sind etwas größer, ca. 5–7 cm lang, dunkelgrün und glänzend. Er liebt wie alle Efeuarten einen nahrhaften Gartenboden, der sauer bis stark alkalisch sein kann. Alle Efeuarten sind empfindlich gegen Oberflächenverdichtung. *H. colchica* besitzt große, 8–12 cm lange Blätter. Die Sorte ist sehr dekorativ, benötigt aber Winterschutz in rauhen Lagen.

Hydrangea
Hortensie (Steinbrechgewächse)

Hydrangea petiolaris (= *H. anomala* 'Petiolaris'), die Kletterhortensie, ist ein interessanter Vertreter aus der Familie der Hortensien. Dieser selbstkletternde Strauch eignet sich hervorragend zur Begrünung von Mauern, Felspartien und Holzwänden. Mit den glänzend-grünen, herzförmigen Blättern und den breiten Blütenschirmen sollte er in unseren Gärten eine stärkere Verbreitung finden. Er liebt warme, sonnige Lagen, gedeiht aber auch im Halbschatten. Humoser, durchlässiger Gartenboden genügt seinen Standortansprüchen.

Jasminum
Jasmin (Ölweidengewächse)

Obwohl er eigentlich keine Kletterpflanze ist, sondern ein Strauch mit langen, pfriemenförmigen, weit überhängenden Zweigen, rechnet man ihn doch dazu, denn er wird am liebsten an Spalieren und anderen Rankgerüsten gezogen. Dort erreicht er Höhen von 3 m. Die Pflanze ist sommergrün. Die leuchtend goldgelben Blüten erscheinen in milden Wintern bereits im Dezember und blühen bis in den April hinein. Sie stehen überreich an den vorjährigen Trieben. Jasmin liebt nahrhaften, neutralen bis stark alkalischen, feuchten Boden. Der Standort soll sonnig bis halbschattig sein. Die Pflanze ist absolut industriefest. *Jasminum nudiflorum* eignet sich sowohl zur Begrünung von Wandspalieren als auch von Rankgerüsten und Zäunen. Besonders dekorativ sieht er in Kübeln aus, wo er malerische Schleppen ausbilden kann.

Lonicera
Geißblatt (Geißblattgewächse)
Das Geißblatt oder Jelängerjelieber ist ein heimisches Klettergehölz, das im Halbschatten seinen besten Standort findet. Die kletternden Arten lieben humosen, feuchten, nahrhaften Boden. Die wichtigsten kletternden Arten sind: *Lonicera caprifolium*, das heimische Waldgeißblatt, mit den stark duftenden, gelblichweißen Blüten. *L. x heckrottii*, das etwa 4 m hohe goldgelbblühende Geißblatt. Es färbt sich im Herbst besonders schön gelb. Die starkduftenden Blüten locken Nachtfalter an. Sie erscheinen von Juni bis August in ährenähnlichen Blütenständen. *L. henryi* ist immergrün. Es erreicht eine Höhe bis 4 m. Die Blüten sind gelb und erscheinen in den Monaten Juni/Juli. Sie stehen in großen Dolden zusammen. Eine gute Kletterpflanze für den Garten ist auch *Lomicera hybr.* 'Dropmore Scarlet' (= *L. x. brownii*). Im Juni bis September erscheinen an diesem starkwüchsigen, bis zu 6 m hohen Schlingstrauch duftende, leuchtendorangerote Blüten. Bei *L. tellmanniana* handelt es sich um einen starkwüchsigen, bis 6 m hohen Schlingstrauch mit duftenden, leuchtendorangegelben Blüten, die in dichten Quirlen an den Trieben erscheinen. Die sommergrünen, länglich-eiförmigen Blätter sind etwa 10 cm lang.. Die Früchte aller Geißblattgewächse sind giftig. Sie sollten daher nicht in der Nähe von Kinderspielplätzen gepflanzt werden.

Parthenocissus
Wilder Wein (Weingewächse)

Parthenocissus quinquefolia ist der selbstkletternde, fünfblättrige Wein, der bis zu 15 m hoch werden kann und ganze Hauswände bedeckt. Die sommergrünen Blätter färben sich im Herbst leuchtendrot. Die bläulichen Beeren sind im Herbst ein begehrtes Futter für unsere heimischen Singvögel. *P. engelmannii* ist ähnlich, doch sind die Ranken mit Haftscheiben versehen. *P. tricuspidata* 'Veitchii' ist ein bekannter, efeublättriger Selbstklimmer mit flach anliegenden, leicht rötlichen Blättern und sehr

Das Geißblatt (Lonicera) gehört mit seinen kletternden Formen zu den starkduftenden Gartenpflanzen (hier L. tellmanniana).

schöner Herbstfärbung. Sämtliche Weinarten gedeihen auf jedem kulturfähigen Boden. Sie sind anspruchslos und wachsen in sonniger wie in halbschattiger Lage. Zur raschen Berankung von Mauern, Masten, Gebäudeteilen, wie Hauswänden und Garagen, und Klettergerüsten, wie Lauben und Pergolen, sind sie hervorragend geeignet. Die Arten sind winterhart und industriefest.

Polygonum aubertii
Knöterich (Knöterichgewächse)

Diese Kletterpflanze gehört zu den am stärksten wachsenden Schlingern. Sie dient leider oft dazu, Mauern und Zäune zu beranken. Das besorgen besser die Kletterrosen, denn der Knöterich strebt nach oben und breitet sich eigentlich erst in der Höhe aus, um von dort herabzuhängen. Die weißen, nickenden Blütenrispen erscheinen im Spätsommer und blühen bis in den Herbst.

Wisteria
Glyzinie (Schmetterlingsblütler)

Diese schöne Kletterpflanze gedeiht am besten an vollsonnigem Standort in gutem, nahrhaftem Gartenboden. Zur Düngung eignet sich gut abgelagerter Kuhmist, der im Herbst auf dem Wurzelbereich der Pflanze ausgebreitet wird. Die Glyzinie kommt vor hellen Hauswänden mit ihren hellblauen Blütentrauben am besten zur Geltung. Sie kann an den Wänden mit Drähten hochgeleitet werden und überzieht dann Balkone und Mauern bis zum Dachfirst. *Wisteria floribunda* 'Macrobotrys' besitzt besonders lange Blütentrauben. Sie erscheinen im April/Mai. Es gibt eine weiße Spielart. Die dichtblütigen, duftenden Trauben können bis zu 30 cm lang werden. Wisterien sind winterhart und industriefest. Alle Pflanzenteile sind wie bei ihrem Verwandten, dem Goldregen, stark giftig.

Rhododendren und andere immergrüne Laubgehölze

Wenn man in früheren Zeiten einen Garten immergrün gestalten wollte, mußte man sich mit einer Reihe von Koniferen, wie Tannen, Fichten und Lebensbäumen, behelfen. Diese Pflanzen sind von Natur aus Waldbäume und haben den Nachteil, daß sie im Laufe der Zeit zu mächtigen Bäumen heranwachsen, an der Unterseite verkahlen und durch ihr Längenwachstum die Proportionen im Garten in unvorteilhafter Weise beeinträchtigen, ganz zu schweigen von den vielen Nachteilen für die Pflanzen in ihrer unmittelbaren Umgebung. Heute gibt es eine Fülle von immergrünen Gehölzen aus aller Welt, die gerade für den Wohngarten wie maßgeschneidert erscheinen. Allen voran sind es die *Rhododendron*-Gewächse, die von Kanada bis Neuguinea den Erdball besiedeln und uns eine große Anzahl von Arten und Sorten als Wildform oder als Züchtung bescheren. Ihre Spielarten reichen vom großwüchsigen, großblättrigen »Eurhododendron« zu den kleinen Zwergformen (meist aus dem fernen Osten), die uns immer wieder mit ihrem ungeahnten Blütenreichtum überraschen. Dann folgt die Schar der *Cotoneaster*-Arten, die sich in Wuchs und Blattform stark unterscheiden, die *C. wateteri*-Hybriden mit Höhen bis 3 m, die zierlich beblätterten *C. salicifolius*-Sorten mit hohen und niedrigen, kriechenden und strauchartigen Formen und zahlreichen Varietäten und die kriechenden Arten und Bodendecker der *C. dammeri*-Gruppe, die sich sogar für Kübelpflanzung und Rasenersatz eignen. Alle diese Arten zeichnen sich mehr oder minder durch reiches Blühen (Bienenweide) und Beerenschmuck aus, der besonders für die Wintermonate von Bedeutung ist. Aber es gibt auch eine Anzahl anderer immergrüner Gewächse, wie *Pieris (Andromeda), Kalmia, Skimmia, Aucuba* und *Ilex* in vielen Sorten und Formen, die Kirschlorbeerarten *(Prunus laurocerasus), Elaeagnus*, die Ölweide, *Euonymus*, das Pfaffenhütchen mit seinen kriechenden, immergrünen Arten, die Gaultherien, deren große, rote Scheinbeeren aus dem grünlichbraunen Laub im Winter hervorleuchten, Efeu als Bodendecker, das immergrüne Johanniskraut *(Hypericum calycinum),* die Geißblattarten *(Lonicera)*, die Mahonien, viele Berberitzen, die Stranvaesie, der Feuerdorn, immergrüne Schneeballarten und viele andere mehr. Alle diese immergrünen Gehölze eignen sich hervorragend zur Gestaltung der Gärten, sei es zur Abpflanzung, zur Einfriedung des grünen Wohnraumes, als Sichtschutz oder Solitär, als Bodendecker oder zur Unterpflanzung von schattigen Stellen, an denen sonst wenig gedeihen will. Für die Pflanzung sind einige Hinweise von Bedeutung. Die Immergrünen stammen meist aus küstennahen, feuchten Zonen. Sie lieben daher

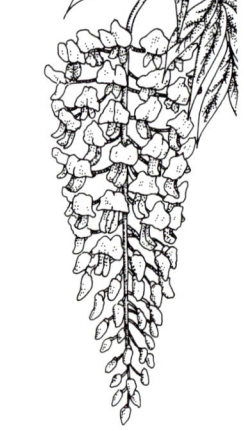
Wisteria

Rhododendren und andere immergrüne Laubgehölze

hohe Feuchtigkeit oder Standorte, die ihnen genügend Bodenfeuchtigkeit bieten. Daher ist es wichtig, das Kleinklima in ihrer Umgebung so zu beeinflussen, daß die Verdunstung gehemmt wird. Das erreicht man durch Zwischenpflanzung von lichtkronigen, höheren Holzarten, z. B. *Sorbus* (Vogelbeere), *Crataegus* (Dorngewächse) und ähnlichen, die mit ihren Wurzeln in die Tiefe gehen. Birken, Flachwurzler mit großem Saugvermögen, oder Fichten- und Tannenarten sind ungeeignet. Sie entziehen dem Boden in ihrer nächsten Umgebung nicht nur die Nährstoffe, sondern vor allem die Feuchtigkeit. Kümmerliches Wachstum darunter gepflanzter Gehölze und allmähliches Absterben sind die Folge. Auch durch Windschutzpflanzungen, dichte Zäune und Schutzwände hemmen wir die Verdunstung. Zugige Lagen sind für alle Immergrünen schädlich. Tiefgründige Böden und reichliches Wässern können das Wohlbefinden dieser Pflanzen erheblich verbessern. Nur Staunässe ist von Übel. Vor Einbruch des Winters müssen alle Immergrünen nachhaltig gewässert werden, denn auch an Wintertagen setzt die Verdunstung bei diesen Pflanzen nicht aus. Fehlt ihnen der Wassernachschub, müssen sie vertrocknen. Meist glaubt man fälschlicherweise, sie seien erfroren. Bei der Anlage eines Gartens sollte man jedoch beachten, daß ein Garten, der nur aus immergrünen Gehölzen besteht, recht langweilig wirken kann, zumal wenn das Sortiment durch eine Reihe von immergrünen Wacholdern und Zwergkoniferen ergänzt wird. Erst das wohlabgewogene Miteinander von Immergrünen und Sommergrünen schafft Kontraste, die – richtig angewendet – das Geheimnis aller Harmonie sind. Erst durch die Schaffung von Gegensätzen kommen die Immergrünen zur Geltung. Für die Düngung der Immergrünen gilt das gleiche, was im folgenden Kapitel speziell für die Heidepflanzen gesagt wird. Lauberde, Torfmull, Kompost und alter Kuhdung sind die Stoffe, die diesen Pflanzen am besten zur Nährstoffversorgung verabreicht werden sollen. Kalk in jeder Form ist für die meisten Arten Gift. Daher dürfen wir bei der Anwendung von Mineraldüngern auch nur sauer wirkende, wie Superphosphat, schwefelsaures Kali und schwefelsaures Ammoniak gebrauchen oder die chloridfreien Volldünger. Eine Bodendecke aus Humusstoffen und das Mulchen mit Rasenmähgut sorgen für günstige Lebensbedingungen. Die folgende Aufstellung enthält wesentliche, für den Garten besonders geeignete, immergrüne Laubgehölze und Heidekrautgewächse.

Arctostaphylos
Bärentraube (Heidekrautgewächse)
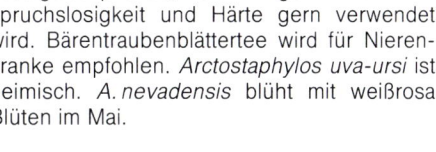
Diese bodendeckende Pflanze liebt lichten, sonnigen Stand auf trockenen Böden. Dort bildet sie mächtige Rasen. Sie ist eine Heide- und Steingartenpflanze, die wegen ihrer Anspruchslosigkeit und Härte gern verwendet wird. Bärentraubenblättertee wird für Nierenkranke empfohlen. *Arctostaphylos uva-ursi* ist heimisch. *A. nevadensis* blüht mit weißrosa Blüten im Mai.

Arctostaphylos

Calluna
Besenheide (Heidekrautgewächse) K–

Diese heimische, sehr schöne Stein- und Heidegartenpflanze liebt trockenen, sandigen, humosen Boden. Sie steht in großen Flächen sehr wirkungsvoll mit Ginsterarten wie *Cytisus*, *Genista* und dem Stechginster *(Ulex)*, mit Wacholder und Königskerze und mit vielen Gräsern gut zusammen. Die schönsten Sorten sind *Calluna vulgaris*, die bei uns heimische Besenheide, die im Juli/August am jungen Holz mit rosalila Blütchen blüht. Sie ist eine wichtige Bienenweide. Um ihre Blühfähigkeit zu erhalten, sollte man sie nach der Blüte jährlich scharf zurückschneiden. *C. vulgaris* 'Alba Plena' ist eine weiße, gefülltblühende Spielart der Besenheide. *C. vulgaris* 'Alportii' blüht leuchtendrot an straff aufrechten Rispen. *C. vulgaris* 'County Wicklow' ist eine Kulturform, die nicht über 20 cm hoch wird und reich verzweigt den Boden überspinnt. Die rosafarbenen, dicht gefüllten Blüten erscheinen im August/September. *C. vulgaris* 'H. E. Beale' ist ebenfalls eine gefüllt blühende Art, die an langen verzweigten Rispen eine Fülle rosafarbener Blüten hervorbringt. Von August bis Oktober dauert die Blütezeit. Die Sorte kann bis zu 50 cm hoch werden. Flacher wächst *C. vulgaris* 'J.H. Hamilton', mit lachsrosa Blüten, die von August bis September erscheinen.

Erica
Frühlingsheide (Heidekrautgewächse) K–

Die bekannte Heidepflanze benötigt wie die Besenheide Sonne zum Blühen und humusreichen, sandigen Boden. Im Halbschatten läßt ihre Blühwilligkeit erheblich nach. Wie die Besenheide sind auch die Frühlingsheidekräuter am besten großflächig zu pflanzen. So kommen sie besonders schön zur Geltung. Mit Ausnahme von *E. carnea*, der Schneeheide, die kalkverträglich ist, sind sämtliche anderen Arten kalkunverträglich. Den schönsten Frühlingsheiden gehören folgende Sorten an: *E. carnea* 'Atrorubra', eine niedrige Art mit dunkelrosa Blüten. Die Form wird etwa 20 cm hoch. *E. carnea* 'Snow Queen', eine weiße Spielart, deren Blüten von Januar bis April erscheinen. *E. carnea* 'Springwood', eine starkwüchsige Form, die ca. 40 cm hoch wird. Sie blüht von Januar bis April in langen Rispen. *E. carnea* 'Vivellii' ist eine kompakte Art mit dunkelrosafarbenen Blüten. *E. carnea* 'Winter Beauty' ist eine der bekanntesten Arten. Sie beginnt bereits im November zu blühen. Die Blütezeit dauert bis April. Sie blüht rosarot. *E. vagans* 'Mrs. D. F. Maxwell' ist eine tiefrosa Erika, die Ende Juli bis Anfang Oktober blüht. Interessant für den Hausgarten sind auch die Sumpfheiden, *E. tetralix*, Sorten wie 'Hookstone Pink' (Ende Juni bis Anfang Oktober), *E. tetralix* 'Alba' blüht gleichzeitig. Die *tetralix*-Arten lieben einen feuchten Standort, sonnige Lage und eignen sich hervorragend zur Flächenbepflanzung und als Kübelschmuck. *E. tetralix* liebt schwach- bis starksauren Boden. Sämtliche Arten sind empfindlich gegenüber verdichteten Böden. Flächen, die zur Bepflanzung mit Heidekräutern vorgesehen sind, sollten stark mit Torfmull aufbereitet werden.

Empetrum
Krähenbeere, Rauschbeere (Heidekrautgewächse) K –
Empetrum nigrum, die schwarze Krähenbeere, ist ein Zwergstrauch mit niederliegenden Trieben. Sie wird nur etwa 20–25 cm hoch und besitzt nur geringen Jahreszuwachs. Die nadelförmigen Blättchen erinnern an Heidekraut. Die Blüte ist unscheinbar blaßrot bis purpur. Sie erscheint im Juni. Im Spätsommer schmückt sich die Pflanze mit schwarzen, erbsengroßen Früchten. Saurer, humoser Standort ist zum Gedeihen der Krähenbeere unerläßlich. Sie liebt sonnige bis halbschattige Lagen und hat in Heidegärten ihren festen Platz.

Gaultheria
Scheinbeere (Heidekrautgewächse) K –

Gaultheria procumbens, die Rote Teppichbeere, stammt aus Nordamerika. Sie ist als Bodendecker hauptsächlich für Heidegärten und Friedhöfe interessant. Sie erreicht ca. 20 cm Höhe. Das Laub ist dunkelgrün. Die hellrosa Blüten erscheinen von Juli bis August, die kugeligen Früchte werden etwa 1 cm dick und sind glänzendrot. Gaultherien verlangen nährstoffreichen Humusboden, der sauer bis schwachsauer sein kann. Standort sonnig bis halbschattig. Auch gut geeignet zur Kübelbepflanzung.

Pieris (Andromeda)
Lavendelheide (Heidekrautgewächse) K –
Pieris floribunda besitzt weiße, lange Blütenrispen, die von März bis Mai erscheinen. Die Pflanze wird etwa 150 cm hoch. *P. japonica* blüht von April bis Mai mit rosaweißen, nickenden Rispen von 5 cm Länge. Die Sorte *P. japonica* 'Forest Flame' besitzt einen herrlichen, leuchtendorangeroten Austrieb. Dieser Zwergstrauch, der ca. 1 m hoch wird, benötigt Winterschutz. Blütezeit: April/Mai. Die Blüten stehen in etwa 12 cm langen, leicht überhängenden Rispen zusammen. Durch Selektionen und Kreuzungen sind auch eine Reihe von kleiner bleibenden Arten gezüchtet worden, die nur etwa 50 cm hoch werden. Sämtliche *Pieris*-Arten wurzeln oberflächennah. Sie verlangen nahrhaften, humosen Gartenboden, der sauer und ausreichend feucht sein muß, und meiden Kalk.

Kalmia
Lorbeerrose, Kalmie (Heidekrautgewächse) K –
Bei der Kalmie sind es eigentlich nur 2 Arten, die für unsere Gärten von Bedeutung sind: *Kalmia angustifolia*, die schmalblättrige kleine Kalmie mit wenig verzweigten, straff aufrechtstehenden Grundtrieben, die ca. 60 cm hoch wird. Nickende rote Blütchen erscheinen endständig in Trauben im Juni/Juli. Großblumiger und höher wird *K. latifolia*, der Berglorbeer, ein kleiner Strauch, der bis zu 2 m hoch werden kann. Allerdings ist hier wie bei der anderen Art der Jahreszuwachs sehr gering. Das Laub beider Arten ist immergrün. Die Blätter von *K. latifolia* sind ca. 10 cm lang, dunkelgrün, glänzend, *K. angustifolia* besitzt schmallanzettliche Blättchen von ca. 5 cm Länge. Die ca. 2 cm großen Blüten von *K. latifolia* erscheinen im Juni/Juli. Sie stehen in breitkronigen endständigen Doldentrauben zusammen. Beide Arten verlangen halbschattigen bis schattigen Standort und humosen, lockeren, feuchten Boden. Gute Verwendungsmöglichkeit als Solitär in Heidegärten oder auf absonnigen Dachgärten in Kübeln.

Leucothoe catesbaei
Lorbeerkrüglein (Heidekrautgewächse) K –
Es handelt sich hierbei um einen immergrünen kleinen Strauch, der Ausläufer treibt und dadurch größere Flächen bedecken kann. Die glänzendgrünen Blätter sind eiförmig-lanzettlich, die Blüten erscheinen im Mai/Juni in bis zu

Die Lavendelheide (Pieris) fühlt sich im Schatten wohl. Unter hohen Bäumen und Großsträuchern hat sie einen festen Platz, wenn der Boden schwachsauer bis sauer ist.

Rhododendren und andere immergrüne Laubgehölze 167

Japanische Azaleen sind die Juwelen unter den Rhododendrongewächsen. Sie eignen sich gut für Vordergrundpflanzung.

6 cm langen, weißen Trauben. Die Pflanze wird ca. 70 cm hoch. Das Lorbeerkrüglein hat die gleichen Bodenansprüche wie die Kalmie, kommt aber noch auf ärmeren Sandböden gut zurecht. Lage schattig oder halbschattig.

Rhododendron
Alpenrose, Rhododendron, Gartenazaleen (Heidekrautgewächse) K−, N−
△ ◾

Auch die sommergrünen Formen werden botanisch als *Rhododendron* bezeichnet. Da es sich aber in den Katalogen und in den Fachgeschäften so eingebürgert hat, sollen sie an dieser Stelle weiterhin mit der Bezeichnung Azalee geführt werden. Außer *Rh. hirsutum*, die aus den Kalkalpen stammende Form der Alpenrose, sind sämtliche *Rhododendron*- und Azaleenarten kalkfeindlich. Für Azaleen und Rhododendren gibt es viele Verwendungsmöglichkeiten. Die kleineren Arten stehen gut im Steingarten oder in feuchten Bereichen im Heidegarten. Als große Einzelsträucher können Rhododendronbüsche zu prächtigen Solitärgehölzen heranwachsen. Auch Gruppenpflanzung ist empfehlenswert, zumal man durch geschickte Kombination der Blütezeiten und Blütenfarben interessante Zusammenstellungen von hohem Zierwert erhält. Zur Vorpflanzung hoher Gehölzgruppen sind bestimmte Arten, z. B. die *Rh. repens*-Hybriden, gut geeignet. Auch als edles Unterholz in lichtem Baumbestand ist *Rhododendron* zu empfehlen. Azaleen passen an Uferränder von Teichen und Bachläufen. Sie fühlen sich an feuchtem Standort wohl, können als flachwachsende Arten weit über den Uferrand hinauswachsen und sich im Wasser spiegeln. Die heute bekannten Gartenformen der Azaleen und Rhododendren sind aus nahezu tausend Wildarten entstanden. Sie stammen sowohl aus lichten Bergwäldern Innerasiens als auch des Balkans, aus nordamerikanischen Gebirgszonen wie aus den Alpen. Ihre Wuchsform ist unterschiedlich hoch, flach, breitbuschig oder ausladend, kugelig oder kriechend. Die Belaubung variiert je nach Form und Farbe von klein eirundlich bis großblättrig. Aus Platzgründen können nur wenige Vertreter der wichtigsten Arten genannt werden. Die aufgeführten Arten und Sorten zeichnen sich durch große Winterhärte aus. Bei empfindlicheren Exemplaren, die ihrer Farbe wegen angegeben sind, findet man entsprechende Anmerkungen. Unter den großblumigen *Rhododendron*-Hybriden sind zu nennen: 'Album Novum', eine ca. 3–4 m hoch wachsende Sorte mit lilaweißen Blüten, 'Britannia', intensiv leuchtend karminscharlach mit gewellten, glok-

kenförmigen Blüten. Diese Sorte verlangt geschützten Standort und Winterschutz. 'Caractacus' ist eine bekannte purpurrote, winterfeste Sorte. Sie wird etwa 3 m hoch. *Rh. catawbiense* 'Album' gehört zu den besten weißen Sorten. Sie erreicht ca. 3 m Höhe. Sie eignet sich zum Neutralisieren gleichzeitig blühender Rhododendronsorten mit unverträglichen Farben. Unter den Catawbiense-Sorten fällt die Sorte 'Grandiflorum' auf, eine bekannte, kräftiglilafarbene Sorte, die bis zu 4 m hoch wird. 'Caterine van Tol' ist eine gelungene Züchtung von ca. 3 m Endhöhe. Sie blüht großblumig rosa. 'Cunninghams White' blüht früh. Sie wird ca. 3 m hoch und besitzt dunkelgrün-glänzendes Laub. 'Goldsworth Yellow' ist die zur Zeit beste gelbe, großblumige Sorte. Sie benötigt Winterschutz und geschützten Standort.

'Humboldt', eine aparte lilarosa Sorte mit dunklem Fleck erreicht eine Höhe von ca. 3 m und läßt sich gut mit weißen Sorten kombinieren. *Rh. jacksonii* blüht weißrosa mit gelblicher Zeichnung. 'Old Port', kräftig rotviolett, darf im Sortiment nicht fehlen, sie erreicht ebenfalls ca. 3 m Höhe. Die dunkelbraune Zeichnung macht die Blüten besonders effektvoll. 'Scintillation' besitzt eine hohe Leuchtkraft. Diese breitaufrechtwachsende Sorte wird etwa 2–2,5 m hoch. Die Blüten sind hellrosa mit gelbgrüner Zeichnung.

Unter den *Rh. williamsianum*-Hybriden sind zu nennen: 'Jackwil', ca. 80–100 cm hoch, rosaweiß mit bis zu 5 cm großen Einzelblüten, 'Vater Böhlje', eine kräftig lilarosafarbene Sorte mit enormer Fernwirkung, die ca. 1 m hoch wird, 'August Lamken', eine purpurrosa Sorte mit dunkelrosa Zeichnung und gewellten Blütenrändern. Auch diese Sorte wird nur etwa 1,30 m hoch. Es gibt darüber hinaus viele Sorten im Handel, die man mehr oder weniger zu den Liebhabersorten rechnet, da sie Winterschutz benötigen.

Bekannt sind bei den *Rhododendron-repens*-Hybriden die Sorten 'Baden-Baden' und 'Elisabeth Hobbie', Büsche, die ca. 1 m hoch werden und scharlachrot blühen. Die Repens-Hybriden eignen sich gut zur Vorpflanzung von höheren Arten und anderen Gehölzen. Ihre Größe, das langsame Wachstum sowie die große Schattenverträglichkeit sollten bei Grabbepflanzungen mehr berücksichtigt werden. Als Vertreter sommergrüner Azaleen-Hybriden seien genannt: 'Kosters Brillant Red', eine rotblühende, kräftig wachsende Hybride, die bis 2 m hoch werden kann, *Azalea gandavensis* 'Coccinea Speciosa', eine bis 2,5 m hoch wachsende, gelborange Sorte mit Fernwirkung. Der breite, etagenartige Wuchs macht sie interessant für Einzelstellung. *Azalea* 'Gibraltar', starkwüchsig, ca. 2 m hoch wachsend mit leuchtendorangefarbenen Blüten, 'Golden Sunset', eine Kulturform mit gelborangefarbenen Blüten. Sie wird ca. 2 m hoch. 'Irene Koster' ist eine rosafarbene Sorte mit großen Einzelblüten und gelborangefarbener Zeichnung. Diese starkduftende Sorte besitzt eine starke Farbwirkung. Als Vertreter der Weißen ist 'Persil' zu nennen, sie wird ca. 1,50 m hoch, ist weiß mit gelbem Fleck. Ihre Herbstfärbung ist leuchtendrot. 'Pink Delight' blüht kräftigrosa. Die Blüten erscheinen Ende Mai bis Anfang Juni. Sie wird ca. 1,80 m hoch. 'Sylphides', blaßlila, wird etwa 2,50 m hoch. Von den Wildarten und verwandten Hybriden sind besonders zu nennen: *Rh. ferrugineum*, die bekannte Alpenrose. Die Art ist schwachwüchsig, daher auch gut für Grabbepflanzungen verwendbar. *Rh. impeditum* wird nur ca. 40 cm hoch. Die kompakt wachsende Art bringt violettblaue Blüten, die einzeln oder zu wenigen zusammenstehen. *Rh. wardii* ist eine hellgelbblühende Wildform aus Ostasien. Sie erreicht ca. 2 m Höhe. *Rh. luteum = Azalea pontica*, die bekannte gelbblühende, stark duftende pontische Azalee. Sie blüht Ende Mai in lockeren Blütenständen. Die Pflanze kann bis zu 4 m hoch werden. *Rh. vaseyi* ist eine herrliche Wildazalee, die ca. 2 m wird und große, rosafarbene Blüten mit grünlicher Zeichnung hervorbringt. *Rh. praecox* heißt der bekannte Frühlingsrhododendron, der ca. 1,50 m hoch wird. Die Blüten erscheinen in geschützten Lagen bereits Anfang März, haben dann allerdings meist unter Spätfrösten zu leiden. Die lilaroten Blüten stehen sehr wirkungsvoll über den dunkelgrünen, glänzenden, immergrünen Blättern. Als Vertreter der japanischen Azaleen sollen nur die Sorten 'Hatsugiri', 'Hinodegiri' und 'Hino Mayo' genannt werden, kleinbleibende karminrote und rosafarbene Azaleen mit kompaktem Wuchs. Interessant sind auch die neueren 'Diamant'-Züchtungen, kompakt wachsende Azaleen mit unerhörtem Blütenreichtum. Sie eignen sich besonders gut für Steingärten und zur Grabbepflanzung. Auch Kübelpflanzung ist möglich.

Nadelgehölze für den Hausgarten

Die meisten Nadelgehölze, die baumartig wachsen, sind für unsere Hausgärten zu groß. Ihr strenges, regelmäßiges, aufrechtes Wachstum wirkt im Garten fremdartig. Große Parkanlagen, in denen Gruppenpflanzungen dieser hochwachsenden Bäume möglich sind, bringen sie sicherlich wirkungsvoller zur Geltung. Auf die Gefahren hochwachsender Nadelbäume wurde in diesem Gartenbuch bereits mehrfach hingewiesen, auch auf das Problem des Nährstoffentzuges. Nadelbäume, die nicht den ihnen gemäßen Standort und die entsprechenden Lebensbedingungen vorfinden, werden leicht von Schädlingen befallen, verlieren dann schnell ihre Nadeln und bieten einen wenig schönen Anblick. Bekannt ist die Anfälligkeit der Koniferen gegen Schadstoffe der Luft und des Bodens (Hauptgründe für das Waldsterben), daher soll in diesem Buch nur auf die Koniferenarten verwiesen werden, die sich auch für kleinste Gärten eignen. Hiermit kommt man dem Bedürfnis der meisten Gartenliebhaber am besten entgegen.

Abies
Tanne (Kieferngewächse)
Die Weißtanne, *Abies alba*, die Nordmannstanne, *A. nordmanniana* und ähnliche Tannenarten wachsen zu gewaltigen Bäumen heran, die sich für die Garten- und Vorgartengestaltung sicher nicht eignen. Aber es gibt kleinere Formen, wie z. B. die Zwergbalsamtanne, *A. balsamea* 'Nana', eine buschige Tanne mit dunkelgrünen Nadeln, die nur etwa 1 m hoch wird, oder *A. lasiocarpa* 'Arizonica Compacta', die Zwergkorktanne. Diese hat einen pyramidalen Wuchs, stahlblaue Nadeln und wird etwa 1,50 m hoch. Beide Arten eignen sich sehr gut zur Verwendung in Steingartenpartien, zur Trogbepflanzung, für kleine Innenhöfe und Atrien. Eine der wichtigsten Gattungen der Nadelgehölze sind die Fichten

Picea
Fichte, (Kieferngewächse)
Für sie gilt das gleiche, was bei den Tannen gesagt wurde. Auch hier gibt es kleinere Formen, die für unsere Gärten von Bedeutung sind. *Picea omorica*, die Serbische Fichte, wird gern in unseren Gärten als höher wachsender Baum gepflanzt, aber auch sie kann Höhen bis zu 15 m erreichen. Sie bleibt zwar schmal und schlank und hat zierlich hängende Zweige, aber sie ist ein Flachwurzler, der neben und um sich keine anderen Gehölze duldet. Die Gesunderhaltung der serbischen Fichten ist für uns zu einem Problem geworden. Fichtenlaus und Umweltschäden setzen auch dieser Art sehr stark zu. Besser geeignet sind kleinbleibende Arten, z. B. *P. excelsa* 'Echiniformis', die kleine Igelfichte, eine kugelig wachsende, hellgrün benadelte, entzückende Fichte, die etwa 60 cm hoch wird. *P. excelsa* 'Maxwellii' ist eine flachkugelige, hellgrün benadelte Form, die ähnlich der vorigen aussieht, allerdings etwas höher, ca. 1 m, wird. Auch *P. excelsa* 'Nidiformis', die kissenförmige Nestfichte gehört zu dieser Gruppe. Die graugrün benadelte Zwergform wird nur etwa 1 m hoch und läßt sich sehr gut mit Steingartenpflanzen, besonders aber auch mit niedrigen japanischen Azaleen kombinieren. *P. excelsa* 'Pumila Glauca' ist eine breitkugelig wachsende Fichtenart mit grünblauer Benadelung. Sie wird nur 1 m hoch und läßt sich sehr gut mit weiß- und blaublühenden Polsterglockenblumen oder rosafarbenen Zwergrosen kombinieren. Zu dieser Gruppe gehört auch *P. excelsa* 'Pygmaea', die Gnomenfichte mit stumpfkegelförmigem Wuchs und aparten, dunkelbraunen Knospen. Diese Fichte wird etwa 1,50 m hoch. Aus unseren Gärten nicht wegzudenken ist *P. glauca* 'Conica', die Zuckerhutfichte, eine kegelförmig wachsende, hellgrün benadelte Fichte mit sehr dichtem Wuchs. Sie wird etwa 2 m hoch. Diese Art eignet sich besonders gut für architektonische Pflanzungen, d. h. Reihenpflanzungen zum Beispiel um einen Sitzplatz oder an einem Weg entlang. *P. glauca* 'Echiniformis' ist die blaue Form der Igelfichte, mit flach ausgebreitetem Wuchs und blaugrüner Benadelung. Sie wird etwa 60 cm hoch. Aus der Gruppe der Omorica-Fichten bietet sich *P. omorica* 'Nana' an, die Zwergomorike. Sie wird breitkegelförmig, besitzt blaugrüne Benadelung und erreicht eine Höhe von ca. 1,50 m. Die Blaufichte, *P. pungens* 'Glauca' (Stechfichte), ist sicherlich ein dekorativer Weihnachtsbaum im Garten, aber auch sie läßt sich nicht unbegrenzt im Garten halten. Verschiedene Krankheiten und Befall von Pilzen machen ihr das Leben in den Gärten schwer. Eine kleinere Form dieser Fichte ist *P. pungens* 'Glauca Compacta', die Zwergige Blaufichte. Sie besitzt einen kegelförmigen Wuchs, dekorative blaue Nadeln und wird nur ca. 1,50 m hoch. Alle diese Fichtenarten eignen sich gut zur Bepflanzung von Stein- und Heidegärten, zur Kübelbepflanzung und für Dachgärten. Auch zur Bepflanzung von Gräbern in sonniger Lage kann man sie verwenden, denn sie gehören zu den schwachwachsenden Arten und erreichen ihre endgültige Höhe erst im Laufe vieler Jahre. Die Benachbarung starkfarbiger Polsterstauden mit diesen Fichtenarten läßt reizvolle Gartenbilder entstehen, besonders wenn hier und da eingestreute Gräser, Findlinge und Heidekrautpflanzungen zu Motiven zusammengestellt werden, die in Verbindung mit Stauden mit Wildpflanzencharakter naturnahe Kombinationen möglich machen.

Die Scheinzypressen oder Lebensbäume sind die 3. große Gruppe, die uns bei den Koniferen des Gartens begegnet.

Chamaecyparis
Scheinzypressen (Kieferngewächse)
Scheinzypresse und *Thuja*, der Lebensbaum,

Nadelgehölze für den Hausgarten

aus der gleichen Familie, diese Bäume des Lebens sind durch ihren jahrelangen Gebrauch auf Friedhöfen soweit in Mißkredit gekommen, daß sie als Totenbäume gelten. Wieweit die Friedhöfe selbst durch diese Bäume einen fremdartigen Charakter gewonnen haben, zeigt einem aufmerksamen Betrachter der Besuch mancher städtischer und ländlicher Friedhöfe. Sie beherbergen außer diesen dunklen, zypressenartigen Koniferen keinen Laubbaum oder Strauch. Es gibt aber auch aus dieser Gruppe eine Reihe von Vertretern, die man im Hausgarten pflanzen kann. Zu ihnen gehört *Chamaecyparis lawsoniana* 'Fletcheri', säulenförmig wachsende, blaugrün benadelte Scheinzypressen von ca. 2 m Höhe. *Ch. lawsoniana* 'Minima Glauca' wächst kegelförmig. Die blaugrüne Scheinzypresse wird nur 1 m hoch.

Ch. obtusa 'Nana Gracilis' ist die bekannte kegelförmig wachsende hellgrüne Zwergzypresse, die nur einen sehr geringen Zuwachs, ca. 1–2 cm/Jahr, entwickelt und eine Endhöhe von ca. 1,50 m erreicht. *Ch. pisifera filifera* 'Nana' ist eine buschig wachsende, grüne Scheinzypresse mit langen, überhängenden Zweigenden. Sie wird etwa 1 m hoch.

Kissenförmig wächst dagegen die Form *Ch. pisifera* 'Nana', eine hellgrüne kompakte Scheinzypresse, die nur 50 cm hoch wird. Auch diese Pflanzen eignen sich sehr gut für Standorte in Heidepartien, in Steingärten, zur Bepflanzung von Trögen, Gräbern, in niedrigen Rabatten und zwischen Rosenbeeten.

Aus der Gruppe der Wacholder *(Juniperus)* gibt es viele Gartenformen von höchstem Wert und malerischer Form.

Ein Zwerg unter den Immergrünen ist die hellgrüne Zwergzypresse (Chamaecyparis obtusa 'Nana Gracilis'). Schön als Solitär im Steingarten.

Juniperus
Wacholder (Kieferngewächse)

Es ist leider nicht möglich, die abenteuerlich geformten, uralten Wacholderbüsche aus der Heide in unsere Gärten zu pflanzen, aber es gibt viele Formen, die zur Begrünung von Bodenflächen oder als Solitärgewächse verwendet werden können. Zu ihnen gehört *Juniperus chinensis* 'Pfitzeriana', der Pfitzerwacholder mit breit ausladenden Ästen. Diese bekannte Form, die sowohl sonnigen wie schattigen Standort verträgt, ist besonders für größere Heide- und Steingärten, aber auch als Solitärgehölz im Rasen oder zur Hinterpflanzung von Rabatten geeignet. *J. chinensis* 'Hetzii' ist eine blaugraue Spielart, die besonders gut hinter roten und rosafarbenen Rosen steht. *J. communis*, der Heidewacholder, und *J. communis* 'Hibernica' lassen sich gut mit Heidekraut, Ginster, mit Königskerze und Thymian, mit Mauerpfeffer und Katzenminze zusammenpflanzen und ermöglichen malerische Gartenpartien. *J. communis* 'Repanda' ist ein kostbarer, polsterbildender Zwergwacholder, der mit den Säulenformen anderer Arten ausgezeichnet harmoniert und sich zur Grabbepflanzung für trockenen Standort verwenden läßt. In Verbindung mit Polsterstauden wie *Arabis, Cerastium* oder *Helianthemum*, mit *Iberis, Veronica ericoides, Nepeta* lassen sich interessante Gruppierungen im Garten verwirklichen. *J. sabina* 'Tamariscifolia' wird breit und bildet große Horste. Er ist eine ausgezeichnete Steingartenpflanze für größere Anlagen. *J. squamata* 'Meyeri', der Blauzedernwacholder, ist für trockensten Standort geeignet. Er fällt besonders durch die graublaue Benadelung auf. Ähnlich gefärbt ist *J. horizontalis* 'Glauca', den man als Bodendecker zur Grabbepflanzung oder im Steingarten verwenden kann.

Pinus
Kiefer, Föhre (Kieferngewächse) N−
|:

Unsere Waldkiefern bilden meist im Alter breite Kronen aus. Sie wirken in großen Park- und Gartenanlagen nicht so starr wie Tannen und Fichten. Der malerische Aufbau und der schöngefärbte Stamm haben besondere Reize, doch werden für kleinere Gärten eher die Zwergformen der Bergkiefern, Latschen und dergl. Verwendung finden. Auch die Schwarzkiefer, *Pinus nigra* 'Austriaca', die zwar als Tiefwurzler weitaus pflanzenverträglicher ist als ihre Artgenossen aus der Fichten- und Tannengruppe, ist für kleinere Gärten ungeeignet. Hier sollte man eher auf *P. montana*, die Latschen- oder Krummholzkiefer, zurückgreifen, die etwa 3 m hoch wird und durch Herausnehmen des Mitteltriebes im Wachstum gehemmt werden kann. *P. montana* 'Mughus' ist eine niedrigere Spielart, die etwa 1,20 m hoch wird. *P. aristata*, die Fuchsschwanzkiefer, ist eine aristokratische Erscheinung im Heidegarten. Dieser buschig wachsende, teils mit niederliegenden Ästen bestückte Vertreter der Kiefernfamilie mit den an den Enden bogig augerichteten Zweigen ist eine höchst bizarre Erscheinung, die im Alter etwa eine Höhe von 4 m erreichen kann. Die dunkel- bis blaugrünen Nadeln liegen allseitig dicht um die Zweige gruppiert (Fuchsschwanz). Sie eignet sich hervorragend zur Einzelstellung. Auch *P. cembra* 'Glauca', die blaue Zirbelkiefer, eine Kulturform der Zirbe, erreicht nur eine Höhe von etwa 4 m im Alter. Die silbriggrauen, bis 10 cm langen, weichen Nadeln, die pinselförmig an den Zweigenden zusammenstehen, sind besonders dekorativ. *P. parviflora* 'Glauca', die Blaue Mädchenkiefer, eine Kulturform, wächst zu einem bonsaiähnlichen Baum heran, der nur sehr sparsam und in großen Abständen beastet ist. Die lockere Form sieht sehr bizarr aus und läßt sich vielseitig im Garten verwenden. Sie erreicht eine Endhöhe von ca. 3 m. *P. pumila* 'Glauca' ist die Blaue Kriechkiefer, eine Zwergform mit bogig aufrechtstehenden Zweigenden, die nur eine Höhe von 1,50 m im Alter erreicht und etwa 60–100 cm breit wird. Die blaugrünen, bis 7 cm langen Nadeln stehen dicht um die Zweige. Ausgezeichnet für Einzelstellung ist auch *P. silvestris* 'Fastigiata', die Säulenkiefer, ein Säulenbaum mit regelmäßiger, quirliger Beastung und blaugrünen Nadeln. Sie erreicht eine Höhe von 3–4 m und etwa 60 cm Breite. Dieses dekorative Gehölz ist besonders für Heidegärten und größere Wahlgräber zu verwenden. Selbst als Gruppenpflanzung ist sie geeignet. *P. strobus* 'Radiata', (*P. strobus* 'Nana') ist eine Zwergform der Seidenkiefer. Diese Kiefer mit der dichten, blaugrünen Benadelung wächst gedrungen kegelförmig oder flach. Die Zweigspitzen ragen steif heraus. Sie wird in 20 Jahren nicht höher als 1 m und erreicht im Alter eine Breite von ca. 3 m. Sie stellt an Boden und Klima etwas höhere Ansprüche als die anderen Kiefernarten, die durchlässigen, sandighumosen Boden und sonnigen Stand lieben. Die meisten Kiefern sind auch für einen geschützten Standort in rauhen Lagen dankbar.

Steingartenpartien in Südlage geben besonders ideale Standorte ab.

Taxus
Eibe (Eibengewächse)

Eiben waren früher heimische Waldbäume. Sie können ein beträchtliches Alter erreichen. Je nach Art sind sie im Alter mehr oder weniger breitwüchsig. Sie benötigen daher meist viel Raum. Sie ergeben ein wertvolles Unterholz, aber auch dekorativen Hintergrund und wirksamen Sichtschutz das Jahr hindurch. *Taxus* gedeihen auch in dichtem Schatten. Besonders vorteilhaft ist, daß man sie bis ins alte Holz zurückschneiden kann. Sie treiben willig wieder aus. Daher sind sie auch als Heckengehölz für Schnitt und Zierformen gut zu verwenden. Unter den vielen Formen und Züchtungen sind besonders zu erwähnen: *T. baccata* 'Dovastoniana', eine Kulturform, die sich zu einem Baum entwickelt. Sie besitzt waagrecht abstehende Äste, an denen die Seitenzweige herabhängen. In 10 Jahren wird sie etwa 2 m groß, im Alter kann sie bis zu 6 m hoch und breit werden. *T. baccata* 'Fastigiata', die Säuleneibe, ist gut für Heidepartien geeignet. Sie erinnert in der Wuchsform an einen Säulenwacholder. Die Nadeln sind schwarzgrün, die Äste stehen straff aufrecht. Im Alter kann sie bis etwa 3 m hoch werden. Niedrig bleibende Eiben sind *T. baccata* 'Repandens', eine Sorte, deren regelmäßige Äste fast flach auf dem Boden aufliegen und die einen ausladenden Wuchs aufweist. Sie wird ca. 1,50 bis 2 m breit und ca. 1 m hoch. Für sonnige wie schattige Lagen gut verwendbar. *T. media* 'Hicksii' ist eine Kulturform der Eibe, die breitaufrecht wächst und im Alter ca. 3–4 m hoch werden kann. Die stumpfgrünen Nadeln und der breitaufrechte Wuchs macht sie zu einer wertvollen Hintergrundpflanze. Besonders gut geeignet zur Hinterpflanzung von starkfarbigen Rosen und Stauden.

Tsuga canadensis
Hemlocktanne (Kieferngewächse)

Tsuga canadensis liebt nahrhaften, tiefgründigen Boden. Sie entwickelt sich zu einem sehr schönen, lockeren, unregelmäßig aufgebauten Gartenbaum, verträgt dichten Schatten und ist ein gutes Unterholz. *Tsuga mertensiana* mit unterseits grauweißer Benadelung wächst langsamer. Sie eignet sich sehr gut für Abpflanzungen und Sichtschutzpflanzungen.

Rosen
Jahrtausende hat es gebraucht, um aus der einfachen Wildrose vollendete, edle Sorten von herrlichen Farben, Formen und

In milderen Gegenden lassen sich Camellien auch im Freien kultivieren. Ihre Blütenpracht ist unvergleichlich schön.

Duft zu züchten. Die ersten Hinweise auf die Rose besitzen wir wahrscheinlich aus dem 4. Jahrtausend vor der christlichen Zeitrechnung. Silbermünzen aus einem Grab im Altai-Gebirge zeigen blühende Rosen. Ein weiteres Zeugnis findet sich 2000 Jahre später auf einem Fresko auf der Insel Kreta. Um 500 v. Chr. genoß die Rose am Kaiserhof in China höchste Wertschätzung. Um die gleiche Zeit gab es aber wahrscheinlich bereits im Orient und im heutigen Bulgarien ausgedehnte Rosenfelder, Felder mit dreißigblättrigen Damascener-Rosen, aus denen – damals wie heute – das kostbare Rosenöl gewonnen wurde. König Midas hegte in seinen Gärten sogar eine sechzigblättrige Rose. Bei den Römern war sie bereits zur Hundertblättrigen geworden (zur Centifolia). Man veranstaltete Rosenfeste, bei denen es Rosen von der Decke regnete. So wurden sie zum Sinnbild ausschweifender Festlichkeiten. Das frühe Christentum verdammte zunächst die Blume der weltlichen Lüste, um sie aber 500 Jahre später im Rahmen der Marienverehrung in ihrem Rang noch zu erhöhen. Die Mauren führten nach Sizilien und Spanien orientalische Rosen ein, die von hier bis nach Frankreich kamen. Erst seit 1789 gibt es die europäische Rosenzüchtung durch Einführung der 'Bengalrose', einer leuchtendrot blühenden, ostasiatischen Rose. 50 Jahre später, 1838, wurde in England durch Zufallskreuzung die erste Teerose gezüchtet. Von 1850 bis 1863 kamen viele wertvolle Rosensorten hinzu. Weltruhm erlangten 'Gloire de Dijon' und 'Maréchal Niel'. Ein Jahr später wird aus einer Kreuzung zwischen einer Teerose und einer Damascenerrose die unvergleichlich schöne 'La France' gezüchtet. Französische Gärtner waren im vergangenen Jahrhundert führend in der Rosenzüchtung, aber auch England hat den Reichtum an Rosensorten gewaltig vergrößert. In unserem Jahrhundert taten sich deutsche Rosenzüchter hervor. Männer wie Lambert, Teschendorff, Tantau und Kordes haben nicht nur neue Sorten und neue, ungewöhnliche Farben geschaffen, sondern auch frostharte, lebenstüchtige, ganz neue Rosenrassen *(Rosa lambertiana, R. cordesii)*. Das Rosensortiment ist heute schier unübersehbar geworden. Daher können an dieser Stelle nur die wichtigsten Gruppen aufgeführt werden. Sie werden nach ihren unterschiedlichen Wuchsformen eingeteilt. Die *Edelrosen* (Gartenrosen, Schnittrosen) sind aus einer Reihe von Kreuzungen von Remontant-Rosen, Teerosen und anderen hervorgegangen. Sie besitzen schöne, edel geformte Blüten, haben einen großen Farben- und Formenreichtum und zeichnen sich bisweilen durch ihren wundervollen Duft aus. Die Blüten stehen auf langen Stielen. Im Garten eignen sie sich zur Bepflanzung größerer Flächen nicht besonders, da sie in Wuchs und Aussehen stark differieren und nur wenige Blüten zu gleicher Zeit hervorbringen. Man pflanzt sie am besten auf ein besonderes Beet, das man eigens für Schnittblumen anlegt. Diese Rosen werden auch als Teehybriden bezeichnet.

Beetrosen nennt man die große Gruppe von Polyantharosen, Polyantha-Hybriden, Floribundarosen, die durch Kreuzungen der vielblütigen Rose *(R. multiflora)* und der kleinblumigen Polyantharose und vielen anderen Einkreuzungen entstanden sind. Diese Dauerblüher eignen sich besonders für großflächige Pflanzungen und Gruppenstellungen und gehören zu den wichtigsten Farbenträgern in jedem Gar-

Die Wirkung einer Rosensorte (hier 'Masquerade') ist stärker als ein Vielerlei an Sorten und Farben.

ten. Je nach Sorte werden sie etwa 40–100 cm hoch und entwickeln zahlreiche Blüten, meist in großen, doldigen Blütenständen.

Bei den *Strauchrosen*, die 100–300 cm hoch werden, unterscheiden wir einmal- und öfterblühende Sorten. Es handelt sich um Rosen, die aufgrund ihrer Wuchseigenschaften auch als Hecke gepflanzt werden können. Neben zahlreichen großblumigen, duftenden Züchtungen umfaßt diese Gruppe auch Wildrosenarten, deren wichtigste Vertreter nachfolgend aufgeführt sind. Sie lassen sich besonders bei der Anlage von Vogelschutzgehölzen verwenden, haben außer ihren schönen Blüten auch noch die Hagebutten zu bieten und bereichern zudem die Naturapotheke. Es handelt sich vor allem um die Arten *R. canina* (Hundsrose, Heckenröschen), *R. centifolia* ('Centifolie'), *R. hugonis* ('Goldrose'), *R. moyesii*, *R. rubiginosa* ('Zaunrose', 'Apfelrose'), *R. rugosa* ('Kartoffelrose'), *R. spinosissima* ('Bibernellrose') und *R. virginiana*. Durch Züchtung wurde aus diesen Arten eine Reihe von Sorten hervorgebracht, die besonders schöne Blüten und große Früchte haben.

Hochstammrosen sind keine besonderen Arten. Es handelt sich ebenso wie bei den Trauerrosen um hochveredelte Edelrosen oder Kletterrosen mit 60 oder 90 cm Stammhöhe (140 cm bei Trauerrosen). Kletternde Rosen gibt es eigentlich nicht. Als Kletterrosen bezeichnet man Züchtungen aus Wildformen, die mit edleren Sorten gekreuzt wurden. Es handelt sich um *R. multiflora, R. wichuraiana, R. lambertiana* und *R. setigera*, die hier besonders beteiligt waren. Aber auch verschiedene Tee- und Teehybridrosen werden dieser Gruppe zugerechnet. Die dünnen, langen Triebe der Kletterrosen klettern nicht selbst. Sie müssen stets geleitet und gebunden werden und erfordern daher einen ziemlichen Pflegeaufwand, der aber meist durch große Blütenfülle belohnt wird. Der Schnitt der Kletterrosen beschränkt sich auf einen kräftigen Pflanzenrückschnitt und das Entfernen überständiger, veralteter Triebe.

Zwergrosen: Unter diesem Begriff faßt man Rosen zusammen, die eine geringe Wuchshöhe haben. Sie zeichnen sich meist durch starke Blühwilligkeit aus und bringen eine Fülle kleiner Blüten hervor. Das Laub ist sehr fein gefiedert. Zu den Zwergrosen zählen auch die als Compakta-Rosen und Zwergbengalrosen bezeichneten Züchtungen. Wir verwenden sie gern zum Bepflanzen kleinerer Beete, Tröge, Kübel auf Dachgärten und Terrassen, größerer Balkonkästen und dergleichen. Wegen ihres zierlichen Wuchses sind sie auch zur Grabbepflanzung in sonniger Lage geeignet.

Die Pflanzzeit: Rosen pflanzt man am besten im Herbst, etwa ab Ende Oktober bis Ende November. Dann ist der Boden noch warm, und es können sich leicht neue Wurzeln bilden. In kalten Lagen und bei schweren Böden sollte die Pflanzung besser im März/April vorgenommen werden. Bei der Pflanzung spielt die Bodenbeschaffenheit eine wichtige Rolle. Der Boden darf nicht zu feucht und nicht gefroren sein. Containerpflanzen bilden hier eine Ausnahme. Sie können, abgesehen von Frostperioden, das ganze Jahr hindurch gepflanzt werden, allerdings ist auch bei ihnen die Herbst- oder Frühjahrspflanzung vorteilhaft.

Die Qualität: Beim Erwerb von Rosen sollte man auf Qualität besonderen Wert legen. Junge Rosen müssen bestimmte Qualitätsmerkmale aufweisen. Die Rinde soll glatt, die Triebe müssen gut entwickelt sein. Ausgereiftes Holz bietet beste Gewähr für gute Überwinterung. Bei Druck muß es sich zwischen den Fingern fest anfühlen. Nach den Vorschriften des Bundes deutscher Baumschulen gibt es zwei Güteklassen, die Klassen A und B. Rosen der Klasse A müssen mindestens 3 Triebe aufweisen, von denen mindestens 2 aus der Veredlungsstelle kommen sollen, der dritte Trieb kann bis 5 cm darüber entspringen. Bei Pflanzen der Güteklasse B sind 2 Triebe erforderlich, die aus der Veredlungsstelle stammen müssen. Pflanzen, die diesen Güteklassen nicht entsprechen, sollte man möglichst nicht erwerben.

Der Rosenkauf: Rosen werden in verschiedener Form angeboten. Die übliche

Angebotsform sind zu jeweils 10 Stück gebündelte Rosen ohne Ballen. Sie müssen nach dem Kauf gegen Austrocknen geschützt werden. Im Container herangezogene Rosen haben einen Ballen. Bei Erwerb dieser Pflanzen sollte man sich vergewissern, daß es sich um Pflanzen mit gut durchwurzeltem Ballen handelt und nicht um Rosen, die vor dem Verkauf in einen Container getopft wurden. In letzter Zeit gibt es auch – besonders in Kaufhäusern und Großmärkten – »Rosen in Tüten«. Bunte, knallige Bilder preisen die in der Plastiktüte enthaltene Sorte an, so daß der Käufer geneigt ist, mehr auf das Bild als auf den Inhalt zu achten. Hier ist große Vorsicht geboten! Leicht können die in Folie verpackten und in warmen Räumen verkauften Rosen in der Tüte vortreiben, von Schimmelpilzen befallen werden, oder sie erleiden, wenn sie bei kühler Frühjahrswitterung ins Freie gepflanzt werden, einen plötzlichen Schock, von dem sie sich dann nicht mehr richtig erholen.

Standort: Rosen lieben einen lichten, sonnigen Standort. Hier entfalten sie ihre ganze Schönheit und Vielfalt. Überhängende Sträucher und Bäume, die viel Licht wegnehmen, beeinträchtigen das Wachstum der Rosen. Auch bei Mauern, Hecken und dichten Zäunen sollte ein gewisser Abstand eingehalten werden. Rosen wachsen am besten in humus- und nährstoffreichen, lockeren, mittelschweren Böden. Staunässe ist schädlich. Sämtliche Rosen lieben Kalk. Saure Böden sind für Rosenkultur schlecht geeignet. Mit Zusatzkalkungen können solche Böden aufbereitet werden. Düngung mit organischem Dünger (Stallmist) reicht nach einer Gesundkalkung meist für die Weiterkultur aus. Fehlt Stallmist, sind geringe zusätzliche jährliche Kalkgaben erforderlich. Der Kalibedarf ist recht groß. Es hat sich herausgestellt, daß »kaligesättigte« Rosen gegen Pilzbefall (Mehltau, Sternrußtau, Rosenrost) und Witterungseinflüsse (Frost) wesentlich widerstandsfähiger sind als »kalihungrige«. Der jährliche Kalibedarf beträgt etwa 12,5 g/m^2 Reinkali, d. h. ca. 25 g schwefelsaures Kali oder 40 g/m^2 Patentkali (Kalimagnesia), das wegen seines Magnesiumgehaltes besonders geeignet ist. Eine Düngung mit Thomasmehl (80 g/m^2) im Winter oder Superphosphat (50 g/m^2) im Frühjahr vor dem Abhäufeln ist ratsam. Stärkere Phosphatdüngungen können sich auf die Blütenfarben negativ auswirken. Niemals sofort nach der Pflanzung mit mineralischen Düngern düngen!

Alter, verrotteter Humusdünger und Kompost, mit dem man den Boden um die Pflanzen im Winter abdeckt, läßt ihnen genug Nährstoffe zukommen. Stehen solche Dünger nicht zur Verfügung, wartet man zunächst einmal, bis die Pflanzen fest eingewurzelt und voll ausgetrieben sind. Erst ab Ende Juni kann dann in der oben beschriebenen Weise verfahren werden. Um dem Stickstoffbedarf gerecht zu werden, gibt man je nach Bodenart und -zustand einmal in der Zeit von April bis August etwa 20–40 g eines sauren Volldüngers. N-Mangel erkennt man bei den Rosen daran, daß die Blätter schmal bleiben und blaßgrün sind. Bisweilen entwickeln sich auf der Blattoberfläche rote Punkte. Die Blätter fallen früh ab, die Triebe sind schwach. P-Mangel erkennt man an violettbraunen Streifen an den Blatträndern. Pflanzen mit P-Mangel verlieren früh das Laub. Die Triebe bleiben kurz und schwach. K-Mangel äußert sich in Form von dunkelbraunen Rändern an den Blättern. Er tritt häufig auf sandigen Böden in Erscheinung. Mg-Mangel erkennt man an »toten Zonen« auf den Blättern, die eine rötlichgelbe Verfärbung aufweisen. Fe-Mangel, die Chlorose, zeigt sich in Form großer gelber Flecken und grüner Blattadern in den Blättern. Junge Blätter werden davon zuerst befallen und können völlig vergilben. Bei Mn-Mangel entstehen gelbe Zonen zwischen den Blattnerven. Ältere Blätter zeigen diese Erscheinung zuerst. Bei Staunässe werden große gelbe Zonen entlang der Blattadern sichtbar, die sich vom Blattstiel aus entwickeln. Durch entsprechende Düngergaben können wir diese Mangelerscheinungen beheben. Bei Staunässe hilft jedoch nur Dränung des Bodens oder Wahl eines anderen Standortes.

Die Pflanzung der Rosen: Bevor Rosen gepflanzt werden, stellt man sie einige Stunden in ein Gefäß mit Wasser, damit die Wurzeln gut feucht sind. Das Pflanzloch ist so tief auszuheben, daß die Veredlungsstelle am Wurzelhals etwa 5 cm unter der Oberfläche zu liegen kommt. Die Wurzeln dürfen niemals in das Pflanzloch hineingepreßt werden oder nach oben zeigen! Es muß immer genügend Platz vorhanden sein, um sie gut auszubreiten. Vor der Pflanzung schneidet man die Wurzeln auf ca. 25 cm Länge zurück. Bei der Pflanzung hält man die Rose mit einer Hand in die Pflanzgrube und schiebt mit der anderen Hand oder einer Pflanzschüppe die lockere Erde über die Wurzeln. Dann füllt man das Pflanzloch so weit, bis es locker gefüllt ist und tritt oder drückt die Erde fest an, um guten Wurzelschluß mit dem Boden zu erhalten. Die entstehende flache Mulde bleibt als Gießrand erhalten. Anschließend füllt man diesen Rand mit langsam fließendem Wasser, bis er kein Wasser mehr aufnimmt. Nach dem Pflanzen werden die oberirdischen Triebe mit lokkerem Boden, Komposterde oder Torfmull angehäufelt, so daß sie vor Austrocknung durch Sonne und Wind und vor Einwirkungen durch Frost geschützt sind. Bei Containerpflanzen (Rosen mit Ballen) werden die Pflanzgruben so groß ausgehoben, daß zwischen Ballen und Pflanzgrube noch eine gute Handbreit Platz ist. Man entfernt den Container, setzt den Ballen in das Loch und verfüllt den Zwischenraum zwischen Ballen und Grube mit Komposterde oder einem Gemisch aus Erde und Torf. Dann wird der Boden auch hier kräftig angedrückt und gewässert. Hochstammrosen pflanzt man wie Rosensträucher. Vor der Pflanzung wird zuerst ein Pfahl in das Pflanzloch geschlagen. Dabei ist darauf zu achten, daß das Holz mit einem pflanzenverträglichen Holzschutzmittel behandelt wurde. Die Hochstämme werden ebenso tief neben den Pfahl gesetzt, wie sie gestanden haben. Man bindet die Rose nach der Pflanzung so an, daß keine Abschnürungen erfolgen können. Bei Kletterrosen hebt man das Pflanzloch im Abstand von 10 cm von der Wand oder dem Gerüst aus und legt die Pflanze schräg in Richtung auf das Gerüst so tief in den Boden, daß die Veredlungsstelle auch hier unter der Oberfläche liegt. Dann verfährt man wie bei den Buschrosen. Da Rosen mit ihren Wurzeln tief in den Boden streben, muß man sie nur im 1. Jahr nach der Pflanzung öfters wässern, später nur, wenn längere Trockenperioden auftreten oder bei extrem hohen sommerlichen Temperaturen (siehe auch unter »Wässern«). Statt häufigem Benetzen der Oberfläche ist nachhaltiges Wässern mit dem Schlauch anzuraten. Hierbei ist darauf zu achten, daß die Blätter trocken bleiben, damit die Ausbreitung von Pilzkrankheiten nicht gefördert wird. Nach der Pflanzung beschränkt sich die Pflege auf das Jäten der Unkräuter und die Bodenlockerung nach starken Niederschlägen oder nach dem Gießen. Flach hacken, damit die Wurzeln nicht beschädigt werden.

Einwintern der Rosen: Vor Winterbeginn häufelt man die Rosen etwa 10–15 cm mit Kompost oder Erde an, damit sie nicht während des Winters austrocknen können. Trockenheit ist gefährlicher als die Winterkälte. Gegen starke Wintersonneneinstrahlung schützt man die Rosen am besten durch darübergelegte Fichten- oder Tannenreiser. Kletterrosen werden in exponierten Lagen am besten mit einer Schicht Reisig umwickelt. Bei den Stammrosen bindet man die Kronen zusammen und schützt die verdickte Veredlungsstelle darunter durch Stroh, Holzwolle oder Fichtenreisig. Plastiktüten nur dann verwenden, wenn sie stark perforiert sind, da Luftabschluß einen Gewächshauseffekt hervorrufen kann, und die Pflanzen bei starker Sonneneinstrahlung früher austreiben.

Krankheiten und Schädlinge: Rosen werden häufig von Läusen befallen. Hier hilft ein für Bienen ungefährliches Insektizid. Die häufigsten Krankheiten sind Pilzbefall wie Mehltau, Sternrußtau und Rosenrost. Mehltau erkennt man an dem weißlichen Belag auf Blättern und Trieben, Sternrußtau bildet schwärzliche, sternförmige Rostflächen auf den Blättern. Die Blätter vergilben und fallen leicht ab. Rosenrost ist an den rötlichen Flecken auf den Blättern zu erkennen. Richtige Standortwahl und gute Ernährung sind die beste Vorbeugung. Gegen die Pilzkrankheiten gibt es im Handel spezielle Fungizide biologischer und chemischer Art. Viele Rosensorten sind durch Züchtung und Auslese besonders widerstandsfähig gegen Krankheiten. Man sollte beim Einkauf von Rosenarten hierauf großen Wert legen. Auch die

Gartengehölze

'Pauls Scarlet Climber' gehört auch heute noch zu den empfehlenswerten Rosensorten, auch wenn sie nur einmal blüht.

Bodenmüdigkeit schafft bei Rosen besondere Probleme. Sollen Rosenbeete neu bepflanzt werden, muß der Boden zuvor 1–2 Spatenstich tief herausgenommen und ausgetauscht werden, da der Boden »müde« geworden ist. Abbauprodukte der Wurzelreste der ehemals gepflanzten Rosen wirken sich auf neu gepflanzte Rosen wachstumshemmend aus.

Der Rosenschnitt: Rosen schneidet man im Frühjahr zurück. Bei schwachwachsenden Beet- und Edelrosen schneidet man die Triebe auf 3–4 Augen zurück. Auch bei Neupflanzungen ist das angebracht. Mittelstarkwüchsige Sorten kann man länger lassen, ca. 6–8 Augen, je nach Triebstärke. Starkwüchsige Arten werden wie die Parkrosen und Strauchrosen geschnitten. Die Pflanzen entwickeln sich dann voller und blühen reicher. Gelegentliches Auslichten zur Verjüngung ist nach einigen Jahren dann erforderlich. Als allgemeine Regel gilt, daß man schwachtriebige Rosen stark und starktriebige schwach schneidet. Schwache Triebe sind stark einzukürzen, kräftige läßt man länger.

Die Pflanzabstände: Schwachwachsende Beet- und Edelrosen pflanzt man zu 8–9 Stk./m^2. Bei mittelstarkwüchsigen genügen 6–8 Stk./m^2. Zwergrosen können bis zu 16 Stk./m^2 gepflanzt werden. Bei Park- und Strauchrosen rechnet man je 1 Stk./m^2. Bodendeckende Sorten wie 'Max Graf', 'Moje Hammarberg' oder 'Swany' pflanzt man nicht enger als 2–3 Stk./m^2.

Rosensorten: Zu den genannten Rosengruppen können im folgenden nur einige besonders bemerkenswerte Sorten genannt werden. Sie gehören zum Standardsortiment. Trotzdem kann es gelegentlich geschehen, daß die eine oder andere Sorte aus dem Sortiment herausgenommen wird. Bei der Vielzahl der jährlich neu erscheinenden Rosen ist es nicht möglich, das gesamte Angebot zu beurteilen.

'Edelweiß', schwachduftend, niedrig, gut gefüllt, grünlichweiße Blüte. 'Frau Astrid Späth', altbekannte Beetrose, niedriger Wuchs, starker Blüher, halbgefüllte Blüten, rosa, kann auch heute noch mit vielen Sorten konkurrieren, obwohl sie aus dem Jahr 1930 stammt. 'Friesia', starkduftend, niedrig, gut gefüllte gelbe Sorte, die nicht verblaßt. 'Orange Sensation', orangefarben, mittelhoch werdend, gut gefüllt, die Blüten besitzen eine starke Leuchtkraft. 'The Queen Elizabeth', bekannte, hochwerdende Beetrose mit großen lachsrosafarbenen Blüten, kann fast zu den Parkrosen gerechnet werden, blüht reichlich an langen Stielen. 'Schweizer Gruß', blutrote Beetrose mit halbgefüllten Blüten, niedrig, Massenblüher, sehr robust.

Wer stark duftende Beetrosen liebt, sollte es einmal mit 'Margaret Merril' versuchen, einer niedrigbleibenden, halbgefüllten weißen Sorte oder der aparten 'Shocking Blue', einer mittelstarkwachsenden, blauvioletten Sorte. Als Kontrast läßt sie sich gut mit gelben Beetrosen kombinieren.

Auch für die Edelrosen können nur einige Beispiele genannt werden: Zu den stark duftenden Sorten gehören: 'Crimsons Glory', die samtig karminblutrote, altbekannte Züchtung aus dem Jahre 1930. 'Duftwolke', eine lachsorange, mittelhohe gut gefüllte Sorte, 'Hidalgo', eine hochwachsende, halbgefüllte, karminblutrote Sorte und 'Oklahoma', die mittelhoch wächst und einen blutroten Farbton aufweist.

Mit großer Leuchtkraft sind Sorten wie: 'Esmeralda', rosa, starkwüchsig, 'Feuerzauber', zinnoberrot, 'Josephine Bruce', karminblutrot und 'Sunking', leuchtendgoldgelb ausgestattet. Eine gute weiße Züchtung ist 'Evening Star', eine starkwüchsige, gut gefüllte Sorte. 'Norita' kommt dem Ideal der »schwarzen Rose« am nächsten. Sie ist dunkelschwarzrot. Als Farbensorte sei hier 'Neue Revue' genannt, eine duftende, mittelhoch wachsende gelb-rotgefärbte Züchtung. 'Gloria Dei' darf im Rahmen der Edelrosen nicht fehlen. Sie ist die Stammsorte vieler bekannter neuer Züchtungen.

Von den Zwergrosensorten seien genannt: 'Baby Maskerade', eine starkwüchsige, gefüllte, zweifarbige Rose, 'Bit O'Sunshine', eine mittelstark wachsende, gut gefüllte, goldgelbe Sorte, 'Fresh Pink', starkwüchsig, lachsrosa gefüllt, 'Scarletta', scharlachrot, mittelstarkwüchsig, halbgefüllt, 'White Gem', mittelstark wachsend, weiß, starkgefüllt und 'Zwergkönig 78', eine mittelstarkwachsende, blutrote, gut gefüllte Sorte.

Als Auswahl öfterblühender Strauchrosen sind besonders empfehlenswert: 'Bischofsstadt Paderborn', schwachwachsend, halbgefüllt, orangelachsfarben, 'Blossom Time', starkduftend, gut gefüllt, rosa, 'Dirigent', allbekannte, mittelstarkwachsende, halbgefüllte, blutrote Parkrose, 'Ilse Haberland', stark duftend, mittelstarkwachsend, rosa, 'Lichterloh', starkwüchsig, halbgefüllt, blutrot, 'Lichtkönigin Lucia', schwachwüchsig, gut gefüllt, gelb. 'Schneewittchen' ist eine bekannte weiße Strauchrose, die relativ schwachwüchsig ist und gut gefüllte Blüten hervorbringt. 'Shalom' fällt in ihrer Farbgebung etwas aus der Reihe. Diese mittelstark wachsende Strauchrose ist gefüllt und besitzt ein intensives Orangescharlachrot. 'Westerland' ist eine duftende, mittelstark wachsende gefüllte Zweifarbenrose und orangelachsfarben.

Bei den einmal blühenden Strauchrosen handelt es sich zum Teil um Wildformen und Kreuzungen mit diesen. *Rosa canina* 'Kiese' ist eine blutrote, starkwüchsige, einfachblühende Rose mit Wildrosencharakter. *R. centifolia* 'Parkjuwel' ist rosarot, eine der altbekannten Centifolien. Sie ist wegen des ausgezeichneten Duftes zu empfehlen. Die Sorte ist schwachwüchsig und findet sogar als Solitär in der Staudenrabatte zwischen niedrigen und mittelhohen Stauden Platz. *R. moyesii* ist eine starkwüchsige, einfachblühende blutrote Art. Auch *R. omeiensis* 'Pteracantha' besitzt Wildrosencharakter. Die kleinen weißlichen Blüten und die leuchtendrote Bestachelung an Jungtrieben machen sie besonders interessant. Sie läßt sich gut als Solitär oder im naturnahen Garten zwischen Kräutern und Gräsern pflanzen. *R. rubiginosa*, die Schottische Zaunrose bringt einfache, hellrosa Blüten hervor. Das Laub riecht nach frischen Äpfeln (Apfelrose).

R. rugosa ist die bekannte Kartoffelrose. Es gibt einige bemerkenswerte Sorten wie *R. rugosa* 'C. F. Meyer', eine stark duftende, hochwachsende Sorte mit gut gefüllten, großen, rosafarbenen Blüten, *R. rugosa* 'Fritz Nobis', rosafarbener Massenblüher mit weit überhängenden, langen Trieben, *R. rugosa* 'Pink Grootendorst', schwachwachsend, gut gefüllte rosa Sorte (Nelkenrose), *R. spinosissima* ist eine gelbe, einfache Rose. Die Sorte 'Frühlingsgold' hat sich jahrzehntelang behauptet. Die goldgelben, ungefüllten Blüten haben Wildrosencharakter. *R. spinosissima* 'Maigold' ist eine dunkelgelb blühende Strauchrose mit verschwenderischer Blütenfülle. Sie läßt sich auch als Spalier am Haus ziehen. *R. sweginzowii* 'Macrocarpa' ist v. a. wegen der interessanten Fruchtstände im Herbst zu erwähnen. Die rosafarbenen Blüten sind eine erfreuliche Zugabe.

Von den Kletterrosen stehen hier als Vertreter für viele andere die Sorten: 'Blaze Superior', scharlachrot, starkwachsend, gefüllt, 'Flammentanz', starkwachsend, blutrot, gefüllt, 'Gruß an Heidelberg', mittelstark wachsend, gefüllt, leuchtendrot, 'Ilse Krohn Superior', eine duftende, weißblühende Art von mittelstarkem Wuchs und die hervorragende, porzellanfarbene 'New Dawn', als immerblühende weiße Kletterrose, die einmalblühende starkwachsende 'Pauls' Scarlet Climber', ein halbgefüllter, blutroter Massenblüher, und die gefüllte, scharlachrote, öfterblühende 'Sympathie'.

Rosen als Bodendecker oder für Flächenbepflanzung: 'Dagmar Hastrup', schwachwachsend, einfachblühend, lachsrosa, 'Max Graf', starkwachsend, einfach rosa, 'Moje Hammarberg', duftend, intensivrosa, halbgefüllt, schwachwachsend, 'Nozomi', rosa, schwachwachsend, ungefüllter Massenblüher, 'Rote Max Graf', rote Spielart von 'Max Graf', 'Snow Ballet', gut gefüllte weiße Sorte mit kugeligen Blüten, 'Swany', weißer Massenblüher, mittelstarker Wuchs.

Begleitpflanzung: Die Rose ist bekanntlich die Königin der Blumen, und als solche benötigt sie natürlich auch einen Hofstaat, der ihre Schönheit voll zur Geltung bringt und bewußter macht. Die meisten Rosenbeete in unseren Gärten kranken an einer gewissen Sterilität, denn oft stehen viele Exemplare einer Sorte zusammen oder man pflanzt in kleinen Beeten mal die eine, mal die andere Sorte und man ist doch im Grunde unbefriedigt, da auch die Rose ein Individuum ist, keine Masse, und sich darum nur schwer in ein bestimmtes Schema pressen läßt. Aber es gibt auch noch einen anderen Grund, Rosen zu unterpflanzen: die Erleichterung der Pflegearbeiten. Gerade zwischen den stacheligen Rosenbüschen ist die Beseitigung von Unkraut sehr mühsam. Durch Unterpflanzung mit bodendeckenden Stauden wird dem Unkraut die Möglichkeit genommen, sich auszusäen und zu keimen. Die Pflanzung läßt sich leichter sauberhalten. Bei der Auswahl der Begleitpflanzen ist darauf zu achten, daß – mit Ausnahme blau- und weißblühender Begleiter – Pflanzen verwendet werden, deren Blütezeit nicht mit der Rosenblüte zusammenfällt, wenn nicht gerade ein bewußter Farbkontrast beabsichtigt ist. Im folgenden sollen die wichtigsten Begleitpflanzen der Rose kurz behandelt werden. Ein guter Bodendecker ist das Stachelnüßchen *(Acaena buchananii),* dessen feines silbergraues Laub gut zu rosafarbenen Beetrosen steht. Auch die Schafgarbe *(Achillea ageratifolia),* die grauweiße Garbe mit den weißen Blüten, ist ein guter Begleiter. Zu weißen Rosen bildet der Feuergünsel *(Ajuga reptans* 'Atropurpurea') einen wirkungsvollen Kontrast. Zeitig im Frühjahr entfalten die Steinkräuter *(Alyssum saxatile* und *A. saxatile* 'Citrinum') ihre farbintensiven Blütenbüschel. Ihr stumpfsilbergrünes Laub läßt sich mit dunkelroten Beetrosen gut benachbaren. Pflanzenswert ist auch die weiß- und rosablühende, weißfilzig beblätterte Gänsekresse *(Arabis alpina).* Sie zählt zu den anspruchslosesten Bodendeckern, die sich im Frühjahr durch Blütenschmuck und bis zum Herbst durch das dichte, krankheitsfreie Polster auszeichnet. *Cerastium tomentosum,* das silbrige Hornkraut, ist für sämtliche Rosenarten geeignet. Es stellt geringe Ansprüche an den Boden und ist für lichte Standorte zu wählen. Unter den Glockenblumen gibt es vor allem die Polsterformen, die man zu Rosen setzen kann: *Campanula carpatica, C. portenschlagiana* und *C. poscharskyana.* Die blauen Blüten erscheinen gleichzeitig mit den ersten Rosenblüten. Der gelbe Lärchensporn *(Corydalis lutea)* wird etwas höher, ist aber als Rosenbegleiter geeignet. Die kleinen gelben, vom späten Frühjahr bis in den Herbst erscheinenden Blüten unterstreichen vor allem gelbe und gelborangefarbene Beetrosen sowie das Weiß von Sorten wie 'Virgo' oder 'Edelweiß'. Auch Polsternelken lassen sich gut verwenden. Hier haben sich *Dianthus caesius (D. gratianopolitanus)* 'Blaureif' und *D. caesius* 'Robusta Splendens' mit dichten, blaugrünen Polstern bewährt. *Gypsophila repens* darf im Reigen der geeigneten Bodendecker nicht vergessen werden. Die Sorte 'Rosenschleier', das zarte, niedrig bleibende Schleierkraut, blüht am längsten von allen Schleierkräutern und bringt mit seinem lichten Blütenflor vor allem dunkelrote und blutrote Beetrosen zur Geltung. Zur Einfassung von Rosenbeeten eignet sich auch die Schleifenblume *(Iberis sempervirens)* mit verschiedenen, niedrigbleibenden Sorten

Beetrosen wirken am besten als kompakte Pflanzung einer oder weniger Sorten. Weiße Rosen vermitteln zwischen roten und rosa Farbtönen. So können nebeneinanderliegende Farben wirkungsvoll gesteigert werden.

und *I. saxatilis*. Rosafarbene Rosen und zartblauer Lavendel *(Lavandula angustifolia)* oder die silberblättrige zartlilablaue Katzenminze halten gute Nachbarschaft. Die bläulichgrünen und silbrigen Blätter vermitteln zwischen verschiedenfarbig blühenden Rosensorten. Auch der Teppichphlox *(Phlox subulata)*, der im Gegensatz zu seinen höher wachsenden Verwandten nicht gern in der prallen Sonne steht, sowie die verschiedenen *Sedum*-Arten (Mauerpfeffer), wie *S. album, S. spurium, S. middendorfianum, S. reflexum, S. rupestre* und der Gamander *(Teucrium chamaedrys)* mit seiner blaugrünen, stets gesunden Belaubung, sind empfehlenswert. Den Reigen der Polsterstauden beschließen Thymian *(Thymus hybr.)* und das Ehrenpreis *(Veronica incana)*, dessen weißlaubige Blattrosetten bei allen Rosensorten als guter Kontrast verwendet werden können. Auch einige höher werdende Stauden dürfen nicht außer acht gelassen werden, sind doch gerade sie als »Harmonie des Gegensatzes« für manche Rosenpflanzung unentbehrlich. Es sind dies die Akelei *(Aquilegia caerulea)*, Astern, wie die *Aster ericoides* 'Herbstmyrthe', Silberkerzen *(Cimicifuga)*, Weiße Margeriten *(Chrysanthemum leucanthemum)* und die blauen Kerzen der Rittersporne *(Delphinium cultorum)*, die einem Rosenbeet besondere Akzente verleihen können. Auch das hohe Schleierkraut *(Gypsophila paniculata)* sollte bei keiner größeren Rosenpflanzung fehlen. *Salvia superba* in den bekannten Sorten 'Lubeca' oder 'Ostfriesland' haben als Begleiter mit ihrer gesunden Belaubung und den starkfarbenen blauen Blüten einen festen Platz neben der Rose. Zu den blaublühenden höheren Stauden gehört auch *Campanula persicifolia*, die pfirsichblättrige Glockenblume mit den blauen und weißen Blütenformen. Mit Gräsern kann man eine Gartenwelt verzaubern. Das gilt auch für Rosenpflanzungen im Garten, die mit *Avena glauca* und *A. sempervirens*, dem Blaustrahlhafer, *Festuca glauca*, dem Blauschwingel, *Panicum virgatum*, der Hirse, dem Federgras *(Stipa pennata)* oder einer schönen Segge wie *Carex morrowii* 'Variegata' aufgelockert werden können. Auch Blumenzwiebeln sollten als Begleitpflanzen besonders in Erinnerung gebracht werden.

Sie haben in der Regel ihr Laub längst wieder eingezogen, wenn die Rosen ihre volle Schönheit entfalten, sorgen aber bereits im zeitigen Frühjahr dafür, daß die Beete die Trostlosigkeit der Wintermonate schnell vergessen machen. Es sind dies die Anemonen, Krokusse, Winterlinge, Schneeglöckchen und Märzenbecher, Schachbrettblumen, Traubenhyazinthen, Narzissen in vielen Sorten und die kleinen Blausternchen. Von den vielen Tulpensorten kann man besonders die *Tulipa kauffmanniana*-Sorten und *Tulipa praestans* 'Füsilier' empfehlen. Zum Schluß dieses Rosenkapitels seien noch einige Gehölze erwähnt, die als Begleiter eine gewisse Rolle spielen: Die Heidekräuter *(Erica carnea)*, die im zeitigen Frühjahr und Vorfrühling blühen, bestimmte Wacholderarten, wie *Juniperus sabina* 'Tamariscifolia' und *J. horizontalis*. Zur Hinterpflanzung verwenden wir gern dunkellaubige Gehölze, um die Leuchtkraft der Rosenblüten zu erhöhen. Hierher gehören die Schwarzkiefer *(Pinus nigra* 'Austriaca'), wenn der Garten groß genug ist, Taxusarten oder der immergrüne Schneeball *(Viburnum rhytidophyllum, V. pragense)*. Auch verwandte Schneeballarten wie *V. burkwoodii*, der zeitig im Frühjahr seine duftenden Blüten entfaltet, *V. tomentosum* und *V. fragrans* sind gute Begleiter.

Die Vermehrung der Rosen: Rosen vermehrt man in der Baumschule durch Veredelung – Okulation. Man setzt geeigneten Unterlagen *(Rosa multiflora, R. canina* und anderen speziellen Unterlagenrosen) das Auge einer gewünschten Sorte im Bereich des Wurzelhalses oder bei Stammrosen in Kronenhöhe ein und entfernt nach dem Anwachsen die grünen Teile der Unterlage. Wer sich als Hobby damit beschäftigen möchte, dem sei das Kapitel über das Veredeln empfohlen. Geeignete Unterlagen kann man sich in einer Baumschule billig besorgen. Die meisten Rosen lassen sich auch durch Stecklinge vermehren. Diese Methode ist so einfach, daß sie jeder ohne Schwierigkeiten durchführen kann: Im Juni/August schneidet man ca. 12 cm lange, feste Zweigstücke unter einem »Auge« (Blattansatz) ab. Dann entfernt man die unteren 2 Blätter und steckt diesen Steckling so tief in einen Topf mit einem Torf/Sand/Kompost-Gemisch (1 : 1 : 1), daß die beiden unteren Augen bedeckt sind, gießt den Boden kräftig an und stülpt eine Plastiktüte über den Topf, die man am Rand mit einem Gummi befestigt. (Es genügt auch ein Torf/Sand-Gemisch im Verhältnis 1 : 1.) Wenn der Steckling treibt, entfernt man die Tüte und sorgt dafür, daß der Boden gut feucht bleibt.

Zur besseren Nährstoffversorgung kann man dem Gießwasser nach 1 Monat alle 14 Tage etwas Blumendünger zusetzen, wobei darauf zu achten ist, daß die Düngermenge etwa der Hälfte der angegebenen Menge der Herstellerfirma entspricht. Haben sich die Stecklinge gut bewurzelt, kann man sie mit Topfballen direkt ins Freie pflanzen (etwa ab September, Winterschutz aus Reisig ist ratsam). Man kann die jungen Pflanzen aber auch in einem frostfreien Raum überwintern und erst im Frühjahr in den Garten auspflanzen. Auf leichten Böden kann man die Stecklinge direkt in den Gartenboden stecken und mit einer Plastikhaube oder einem Glas überdecken. Der Erfolg stellt sich auch hierbei ziemlich sicher ein. Wichtig ist, daß der Boden feucht gehalten wird.

ADR-Rosen, d. h. »Anerkannte Deutsche Rosen«. Unter diese Bezeichnung fallen Rosen, die eine bestimmte Qualitätsprüfung mitgemacht und sich dabei besonders bewährt haben. Es handelt sich um Sorten, die aufgrund ihrer Blüh- und Wuchseigenschaften aus einem großen Sortiment ausgewählt wurden. Sie können daher ohne Einschränkung als empfehlenswert bezeichnet werden. Besonders dem Anfänger, der noch nicht über eine große Erfahrung im Umgang mit Rosen verfügt, kann die nachfolgende Liste bewährter Sorten daher eine große Hilfe bei der Auswahl sein:

'Gelbe Holstein' 1950, 'Elmshorn' 1950, 'Schweizer Gruß' 1950, 'Sparrieshoop' 1952, 'Atombombe' 1952, 'Flammentanz' 1952, 'Dortmund' 1954, 'Feuermeer' 1954, 'Lampion' 1955, 'Olala' 1956, 'Dirigent' 1958, 'Anneke Doornbos' 1958, 'Lagerfeuer' 1958, 'Mme. Louis Laperrière' 1958, 'Jydepige' 1958, 'Parkdirektor Riggers' 1960, 'Kommodore' 1960, 'Signalfeuer' 1960, 'Fritz Thiedemann' 1960, 'Goldkrone' 1960, 'Meteor' 1960, 'Lilli Marleen' 1960, 'Rodeo' 1960, 'Schneewittchen' 1960, 'Hansestadt Bremen' 1960, 'Stadt Rosenheim' 1960, 'Insel Mainau' 1960, 'Honigmond' 1960, 'Praise of Jiro' 1960, 'Gruß an Heidelberg' 1960, 'Gruß an Koblenz' 1963, 'Goldtopas' 1963, 'Inge Horstmann' 1964, 'Mainzer Fastnacht' 1964, 'Attraktion' 1964, 'Horrido' 1964, 'Duftwolke' 1964, 'Königin der Rosen' 1964, 'Gruß an Berlin' 1964, 'Marlena' 1964, 'Finale' 1964, 'Neues Europa' 1964, 'Reinolds Reingold' 1964, 'Nordstern' 1964, 'Andenken an Rudolf Schmidt' 1965, 'Molde' 1965, 'Geisha' 1965, 'Wiener Walzer' 1965, 'My Fair Lady' 1965, 'Maria Callas' 1965, 'Fidelio' 1965, 'Silva' 1965, 'Sympathie' 1966, 'Konfetti' 1966, 'Pariser Charme' 1966, 'Travemünde' 1966, 'Mainauperle' 1966, 'Carina' 1966, 'Sangria' 1966, 'Späths 250' 1967, 'Shannon' 1967, 'Caramba' 1967, 'Sahara' 1967, 'Letkiss' 1967, 'Nordkap' 1967, 'Lichtkönigin Lucia' 1968, 'Bischofsstadt Paderborn' 1968, 'Ferry Porsche' 1968, 'Taora' 1969, 'Erotika' 1969, 'Sophia Loren' 1969, 'Susan' 1969, 'Neue Revue' 1969, 'Lustige' 1969, 'Charivari' 1970, 'Herzog von Windsor' 1970, 'Walzertraum' 1970, 'Aenne Burda' 1970, 'Edelweiß' 1970, 'Gütersloh' 1971, 'Fontaine' 1971, 'Ponderosa' 1971, 'Prominent' 1971, 'Alexandra' 1971, 'Baronne E. de Rothschild' 1971, 'Starina' 1971, 'Princess Margaret of England' 1971, 'Benvenuto' 1972, 'Frau Gertrud Schweizer' 1972, 'Schloß Mannheim' 1972, 'Tornado' 1972, 'Rebecca' 1972, 'Pußta' 1972, 'Hartina' 1972, 'Escapade' 1973, 'Alec's Red' 1973, 'Lolita' 1973, 'Gruß an Bayern' 1973, 'Friesia' 1973, 'Melina' 1973, 'Ludwigshafen am Rhein' 1973, 'Westerland' 1974, 'Florentina' 1974, 'Montana' 1974, 'Alexander' 1974, 'Dalli-Dalli' 1975, 'Freude' 1975, 'Amsterdam' 1975, 'Happy Wanderer' 1975, 'Morning Jewel' 1975, 'Matangi' 1976, 'Andalusien' 1976, 'Compassion' 1976, 'Sylvia' 1977, 'Chorus' 1977, 'Schneeweißchen' 1977, 'Grandhotel' 1977, 'Coppelia 76' 1978, 'Mildred Scheel' 1978, 'Yesterday' 1978, '71808' 1978, 'La Sevillana' 1979, 'Robusta' 1980, 'Red Yesterday' (= 'Marjorie Fair') 1980, 'K 75578' 1982, 'Bonica 82' 1982, 'IGA 83' 1982.

Die wichtigsten Gartenschmuckstauden

Unter der Bezeichnung Stauden verstehen wir sämtliche Pflanzen von krautartiger Beschaffenheit, deren oberirdische Teile im Herbst eintrocknen und absterben, während die unterirdischen Sproßanlagen die Nährstoffreserven speichern und im nächsten Frühjahr wieder austreiben. Es handelt sich dabei meist um reichblühende Pflanzen, die durch züchterische Bearbeitung einen hohen Zierwert besitzen und die sich daher im Hausgarten sehr gut verwenden lassen. Die Speicherorgane der Pflanze können unterschiedlich ausgebildet sein: Dicke, fleischige Wurzeln (Rhizome), wie etwa bei dem Salomonssiegel, den Schwertlilien oder den Pfingstrosen. Beim Staudenmohn oder beim Tränenden Herz finden wir fleischige Pfahlwurzeln. Bei den Phloxen und verschiedenen Asternarten sind sie fein und dünn ausgebildet. Queckenartige Sproßorgane bilden sich bei der Lampionpflanze *(Physalis)* oder bei der Inkalilie *(Alstroemeria)*, Rübenwurzeln findet man z. B. beim Schleierkraut. In diese Speicherorgane und die dort angelegten Knospen zieht sich in der kalten Jahreszeit das Leben der Stauden zurück, um sich mit beginnender Vegetationszeit wieder neu zu entfalten. Im Gegensatz zu den ein- und zweijährigen Pflanzen, deren Kurzlebigkeit reiche Blüte und reichen Samenansatz erforderlich macht, um als Art weiterzubestehen, bleiben die Stauden, wenn sie erst einmal gepflanzt sind, mehrere Jahre am Leben. Es gibt Arten, die bis zu 50 Jahre alt und älter werden können (Pfingstrosen). Sie vergrößern ihre ausdauernden Wurzelsprosse und brauchen nicht in jedem Jahr neu gesetzt zu werden. So erhält man in ihnen ausdauernde Bestandteile des Gartens. Diese Tatsache könnte allerdings zu der Annahme führen, daß es genügt, ein Staudenbeet einmal zu bepflanzen, um es dann in seiner Entwicklung sich selbst zu überlassen. Das ist allerdings ein Irrtum, denn wenn man sich an schönen Blumen erfreuen will und große Sträuße für die Vasen schneiden möchte, muß man die Stauden wie alle Lebewesen gut pflegen, d. h., ihnen Bodenpflege, Düngung und gelegentliche Verjüngung angedeihen lassen.

Planung der Staudenpflanzung

Je nach Gartengröße, Lage, Zuschnitt des Grundstückes, Klima wird eine Staudenrabatte von Fall zu Fall sehr unterschiedlich aussehen. Für kleine, farbenfrohe Gärten eignen sich besonders gut die intensiver blühenden ein- und zweijährigen Pflanzen, aber es gibt auch eine Reihe von interessanten Stauden, die als Einzelstauden oder in Gruppen auf den Beeten ihren Platz finden. In räumlich großflächigeren Gärten sind auch größere Staudenpflanzungen möglich, man kann sogar separate Staudengartenteile anlegen. Auch Mischungen von Stauden, zweijährigen, einjährigen Pflanzen und Gehölzen (z. B. Kleinsträuchern) sind möglich.

Um eine schöne Blumenrabatte zu erhalten, ist es nicht damit getan, schön blühende Pflanzen zusammenzusetzen. Es muß sorgfältig überlegt werden, welche Stauden zueinander passen, welche Farben sich ergänzen, wann die Blütezeiten der einzelnen Pflanzen beginnen und enden und wie wir sie zusammenstellen müssen, um die beste Wirkung zu erreichen. Bei der Vielzahl der angebotenen Pflanzen ist es erforderlich, sich für Staudenpflanzungen und Kombinationen mit Sommerblumen oder Gehölzen Bepflanzungspläne anzufertigen. Nur so wird es gelingen, daß alle Gruppierungen in Form und Farbe zueinander harmonieren und sich nicht gegenseitig von ihren Lebensbedingungen her störend beeinflussen.

Verwendung der Stauden im Garten

Bevor man eine Staudenpflanzung vornimmt, soll man sich über die günstigste Stelle dafür klar werden sowie darüber, was man damit erreichen will. Stauden können nämlich nicht an jedem Platz gedeihen. Die meisten lieben Sonne und kommen da am besten zum Blühen, wo sie genug Licht vorfinden. Schon der Schatten eines Baumes, einer Mauer oder einer Hecke kann sie dazu bringen, sich dem Licht zuzuwenden und sich damit in eine bestimmte Richtung zu legen. Hier ist die Auswahl zwischen schattenverträglichen und halbschattenliebenden Stauden zu treffen, die meist nicht so leuchtend blühen, wie die Artgenossen auf sonnigem Stand. Großstauden kann man wirkungsvoll als dekorative Einzelstauden verwenden *(Rheum, Ligularia, Telekia, Verbascum)*. Es müssen gutgewachsene Pflanzen sein, die auch durch ihre Belaubung wirken. Man kann sie aber auch zur Bepflanzung für bestimmte Gartenmotive wählen, z. B. im und am Wasser – hier ist zu beachten, daß Uferbepflanzungen so gestaltet werden müssen, daß sie den natürlichen Formen und Standorten nicht widersprechen. Stauden können aber auch an Gehölzrändern als Abschluß zum Rasen gesetzt werden, gewissermaßen als Überleitung. Hier sind entsprechend geeignete Arten zu wählen, die diesen Standort besonders lieben, wie z. B. Fingerhut, Geißbart, Tafelblatt und hohe Glockenblumen. Sie können aber auch als Rasenersatz in flächiger Pflanzung von Polsterpflanzen dienen. In farblich bestimmter Zusammenstellung können Staudenpflanzungen die unterschiedlichsten Eindrücke hervorrufen. Es ist sogar möglich, sie ganz in einer Farbe, z. B. ganz in weiß, weiß und rosa, gelb und blau, orange und violett oder vielfarbig bunt anzulegen – je nach dem persönlichen Geschmack des Gartenbesitzers.

Hintergrund und Windschutz

Staudenpflanzungen benötigen in den meisten Fällen einen Hintergrund, vor dem sie richtig zur Geltung kommen. Er nimmt die Farben auf und wirft sie wie ein Spiegel zurück oder er bildet einen wirkungsvollen Kontrast, der die Farbe erst richtig bewußt werden läßt. Auf dieser Eigenschaft beruht die Hauptwirkung von Staudenpflanzungen und Hintergrund. Als Abschluß einer Rabatte kann eine Mauer dienen, weiß geschlemmt oder verklinkert, Natursteinmauerwerk oder dicht belattete Holzzäune, Flechtzäune, Hecken, hohe, freiwachsende Gehölzgruppen, begrünte Maschendrahtgeflechte und dergl., die mit wildem Wein, Waldreben und Kletterrosen und anderen Gehölzen bewachsen sind. Beim Wilden Wein ist außer der gleichmäßigen Begrünung eines solchen Hintergrundes auch die herbstliche Farbenpracht zu berücksichtigen, die in flammenden Tönen gerade zur Hauptblüte der Herbststauden in gelben, blauen, violetten, rosa und weißen Farben aufleuchtet. Kletterrosen, wie 'Gruß an Heidelberg' oder 'Pauls Scarlet Climber' wirken mit blauem Rittersporn und weißen Madonnenlilien sehr dekorativ. Sie erinnern an die Wappenzier mittelalterlicher Handschriften. In Wuchs, Form und Farbe sind sie in dieser Zusammenstellung kaum zu übertreffen. Hellblauer oder dunkelblauer Rittersporn und rosafarbene oder blutrote Beetrosen wie 'The Queen Elizabeth' oder 'Astrid Späth' ergeben gute Zusammenstellungen vor dunklem Hintergrund – z. B.

einer Eibengruppe. Frei in den Raum gestellt, wirken Stauden bisweilen verloren. Ohne Windschutz besteht auch bei den meisten großblütigen Schmuckstauden leicht Bruchgefahr. Es ist ohnehin zweckmäßig, den hohen Stauden in dichter Rabatte etwas Stützhilfe durch gespannte Drähte oder Halterringe zu geben, damit sie nicht bei starken Regenfällen heruntergedrückt werden.

Staudenrabatten

Sehr wirkungsvoll stehen Stauden in sogenannten Staudenrabatten zusammen. Ein schmaler Streifen, der etwa 50 cm breit eine Gehölzpflanzung begleitet, ist noch keine Rabatte. Unter einer Staudenrabatte versteht man ein breites Beet von beliebiger Länge, das mindestens 1,50 m breit oder breiter sein sollte. Erst hier lassen sich die Pflanzen entsprechend ihrem Wuchscharakter und ihren besonderen Eigenarten so zusammenstellen, daß sie ein großes, einheitliches Ganzes ergeben. Bei längeren Rabatten sollten sich bestimmte Staudengruppierungen in rhythmischen Abständen wiederholen, um die Wirkung dieser Zusammenstellungen noch zu steigern. Je sonniger Staudenrabatten liegen, desto schöner entwickeln sich die Pflanzen und desto leuchtender ist die Farbe und die Farbwirkung. Die spätere Höhe der einzelnen Staudenarten ist wichtig. Wenn man eine einseitige Staudenrabatte pflanzt, die an einen Hintergrund (Gebäude, Mauer, Pflanzung, Hekke etc.) angelehnt ist, pflanzt man die hohen Stauden nach hinten, die halbhoch wachsenden in die Mitte und die niedrigen nach vorn. Das heißt aber nicht, daß es nicht Ausnahmen von der Regel gibt. Es ist zum Beispiel besonders wirkungsvoll, wenn man hohe Stauden in den Hintergrund setzt, davor halbhohe und niedrige in größeren Flächen anordnet und zwischen diese – gewissermaßen als Paukenschlag – eine größere Solitärstaude, wie z. B. die *Telekia* (Ochsenauge) oder eine Königskerze, ein interessant blühendes *Ligularia* (Greiskraut) oder eine besonders schön blühende Edelpfingstrose. Je mehr man sich bei der Pflanzenauswahl auf wenige der schönsten und wirksamsten Blüher beschränkt und diese, je nach Größe der zur Verfügung stehenden Flä-

Gartenschmuckstauden

Das Tafelblatt (Rodgersia aesculifolia) verbindet Gehölzpflanzung und Rasen mit ausdrucksvollem Blattwerk.

che, in massierter Form als Schwerpunkte, also immer zu mehreren in einer Gruppe, pflanzt, desto effektvoller wird die Gesamtwirkung sein. Man kann solche Gruppen auch in bestimmten Abständen, aber mit anderen Sorten der gleichen Art wiederkehren lassen, so daß sich wohl die gleichen Formen, nicht aber die gleichen Farben wiederholen.

Es ist nicht leicht, eine Bepflanzung so zu gestalten, daß eine Rabatte immer einen vollständigen Eindruck macht. Entstehende Lücken kann man aber gut überbrücken, indem man sie mit Einjahresblumen ausfüllt. Das ist besonders bei niedrigen Stellen im Beet wichtig, denn wenn im Vordergrund kräftige, große Farbflächen vorhanden sind, nimmt man auch einen blütenärmeren Hintergrund in Kauf.

Je mehr Pflanzenarten auf einem Staudenbeet in geordneter oder ungeordneter Form stehen, desto schwerer wird eine dauernde Blüten- und Farbwirkung zu erreichen sein. Das bedeutet, daß man eine Auswahl der besten Arten und deren Sorten treffen muß. Man sollte auch darauf achten, daß bei der Pflanzung einzelner Farbgruppen von einer hohen Staudensorte immer wenigstens 3 Pflanzen zusammenstehen, bei niedrigeren 5–6 und bei Polsterpflanzen können es 10 und mehr sein, um eine ausreichende Farbwirkung zu erhalten. Die durchschnittlichen Pflanzweiten für Stauden betragen bei Polsterpflanzen und Frühjahrsblühern ca. 15–20 cm, halbhohe Stauden setzt man 20–40 cm und hohe Stauden 40–80 cm auseinander.

Vordergrundbepflanzung
Um Stauden als Vordergrund vor Gehölzgruppen in Angrenzung an Rasenflächen wirkungsvoll zu plazieren, sollte man sie großflächig pflanzen. Hohe Stauden kann man in Tuffs von 5–10 Exemplaren setzen. Für halbhohe und niedrige kann man metergroße Flächen mit einer Pflanzenart oder -sorte gestalten. Niedrigbleibende Pflanzungen kann man auch geschwungen tiefer zwischen halbhohe und hohe Pflanzen hineinziehen, wobei man in diese beetartige Pflanzung hier und da ein Solitärgewächs als Staude oder Kleingehölz durchaus auch einzeln stellen kann. Von den Gehölzen sind da z. B. der Seidelbast, ein Ginster oder eine Rose zu nennen, die in der Farbe dazu passen müssen. Sie können wirkungsvolle Spannungsmomente in die Pflanzung bringen. Den freigestellten Exemplaren wird auf diese Wei-

se eine größere Bedeutung zugewiesen. Sie kommen als Einzelpflanzen besonders zur Geltung. Es wirken so nicht allein die Blütenfarben sondern auch besondere Formen.

Bodenmüdigkeit

Ein gewisses Problem stellt die Bodenmüdigkeit dar, denn nach einer Zeitspanne von 5–6 Jahren wird es Zeit, daß man sich generell um eine Verjüngung des Staudenbeetes kümmert. Vom Obst- und Gemüsebau her kennen wir das Problem der Bodenmüdigkeit. Bestimmte Pflanzen versagen nach einer gewissen Zeit auf einer Fläche, wenn dort immer die gleiche Art gezogen wurde. Das liegt daran, daß durch besondere Wurzelausscheidungen oder Verwesungsprodukte aus abgestorbenen Wurzelteilen der Boden für die gleiche Pflanzenart vergiftet ist.

Das gilt auch für Stauden, wie z.B. den Rittersporn, den Sonnenhut, den Phlox und die Astern, die nach etwa 5–6 Jahren starke Abbauerscheinungen zeigen, die auch mit der besten Düngung nicht regeneriert werden können. Die Stauden gehen mehr und mehr zurück, oder sie sterben schließlich ganz ab.

Teilen und Umpflanzen

Stauden, die drei Jahre und länger auf der gleichen Stelle gewachsen sind, sollte man daher teilen, und zwar in möglichst kleine Teilstücke. Sie werden dann untereinander vertauscht erneut aufgepflanzt. Da, wo ein Phlox stand, pflanzt man also beispielsweise ein Helenium, anstelle von Margeriten Rittersporn und so fort. Rittersporpflanzen, die älter als 4–5 Jahre geworden sind, ohne daß sie geteilt wurden, lassen sich nur noch mit großer Mühe wieder in Gang bringen. Sie sind bereits so weit vergreist, daß sie sich auch dann nicht mehr recht erholen, wenn sie geteilt werden. Am besten ersetzt man solche Stauden durch junge, wüchsige Pflanzen. Es hat auch keinen Sinn, die alten Pflanzen mit dem gesamten Ballen herauszunehmen, um sie an einem neuen Ort ungeteilt einzusetzen. Sie sind innerlich bereits so stark geschädigt und von Fäulniserregern befallen, daß sich eine Wiederverwendung in den meisten Fällen nicht lohnt. Eine Ausnahme sind die bereits mehrfach erwähnten Pfingstrosen. Sie und einige wenige andere Arten, wie z.B. das Riesenschleierkraut *(Crambe cordifolia)*, der Wildhabarber *(Rheum emodi)* zeigen merkwürdigerweise keine Ermüdungserscheinungen – im Gegenteil, sie können 10 bis 20 und mehr Jahre auf ein und derselben Stelle stehen und werden bei entsprechender Pflege (Düngung) immer schöner und größer. Man muß also die verschiedenen Eigenschaften der Stauden kennen, um entsprechend bei der Umgruppierung eine Teilung vorzunehmen oder die Ausdauernden an der Stelle zu belassen. Von geteilten Pflanzen werden nur die kräftigsten Knospen und Rhizome verwendet. Sie liegen meist am Außenrand. Die trockenen Mittelstücke sind meist stark ausgehungert. In leichten Böden verbrauchen sich viele Staudenarten schneller, als in schwereren. Im nahrhaften, guten Gartenboden bleiben sie länger gesund.

Die Vermehrung Stauden vermehrt man durch Teilung der Wurzelstöcke oder durch Abtrennung von Ausläufern, wie z.B. bei dem Fingerkraut *(Potentilla)*, der Scheinerdbeere *(Duchesnea)*, der Waldsteinie, oder durch Bewurzelung der dem Boden aufliegenden oberirdischen Stengelteile (Kriechender Günsel u.a.). Trennt man sie von der Mutterpflanze, so entsteht daraus eine neue Pflanze. In vielen Fällen ist auch Aussaat zur Vermehrung möglich (Rittersporn, Akelei etc.). Wer ein Frühbeet besitzt, findet hier ein reiches Betätigungsfeld für seine Liebhaberei. Auch in Töpfen und Kisten am Fenster oder direkt ins freie Land lassen sich bestimmte Stauden (Rittersporn, Fingerhut, Königskerze, Malve) leicht durch Aussaat vermehren.

Stauden geben uns aber auch die Möglichkeit der ungeschlechtlichen Vermehrung, indem man alt gewordene Pflanzen durch Teilung verjüngt und in neuer Erde zu frischem Gedeihen anregt. Man kann im Laufe der Zeit mit den so vermehrten Pflanzen große Flächen bepflanzen und viel Geld sparen.

Richtig teilen Die Teilung von Stauden sollte stets so erfolgen, daß möglichst wenig Verletzungen an den Wurzelrhizomen erfolgen. Viele Stauden kann man leicht

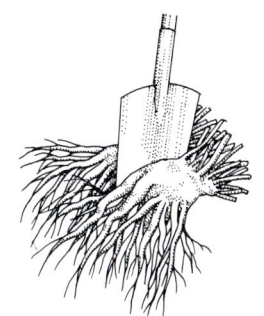

Harte Wurzelballen teilt man mit einem Messer (Hippe) oder mit dem Spaten.

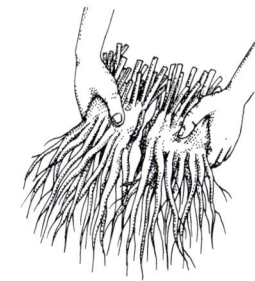

Die meisten Staudenwurzeln lassen sich mit der Hand auseinanderbrechen und auseinanderziehen.

auseinanderziehen oder auseinanderbrechen, da sie locker gewachsen sind. Andere müssen mit einem scharfen Messerschnitt getrennt werden. Bei harten Wurzelballen bedient man sich eines scharfen Spatens (Sibirische Schwertlilie, Chinaschilf, Phlox, Astilben, Geißbart, Sonnenbraut). Diese Pflanzen haben so harte Wurzelballen, daß ohne Spaten eine Teilung nicht möglich ist. Aber auch hier sollte man darauf achten, daß jedes zu pflanzende Teilstück gute Triebknospen besitzt. Die Größe neu zu pflanzender Staudenteile richtet sich nach der Wuchskraft der Arten. Schwachwachsende Pflanzen teilt man nur wenig, stark wachsende kann man in viele kleine Teilstücke zerlegen.

Stauden mit fleischigen Wurzeln, wie Pfingstrosen, Schleierkraut, Tränendes Herz, Mohn, lassen sich nur sehr schlecht teilen. Sie müssen äußerst vorsichtig behandelt werden, weil ihre Wurzeln brüchig sind. Wenn sie trotz aller Vorsicht brechen, muß man mit einem scharfen Schnitt die Bruchstelle glatt schneiden, damit sie besser verheilen kann, sonst entstehen Faulstellen, durch die wertvolle Wurzelteile vernichtet werden.

Bestimmte Stauden, wie z. B. die Schwertlilien, teilt man durch Abschneiden der Triebköpfe an einer Abschnürung. Die verbleibenden Rhizome ohne Knospen wirft man auf den Komposthaufen.

Es ist nicht egal, zu welcher Jahreszeit die Teilung vorgenommen wird. Die Frühlings- und Frühsommerstauden (*Doronicum, Iris, Chrysanthemum, Delphinium* etc.) teilt man, sobald nach der Blüte eine Ruheperiode bei diesen Pflanzen einsetzt. Das gleiche gilt auch für Astilben, die unmittelbar nach der Blüte geteilt werden. Bei diesem Vorgang schneidet man das Laub bis kurz über dem Boden ab. Dann nimmt man die Pflanze mit der Grabgabel aus dem Boden, teilt sie und setzt sie neu in den gut vorbereiteten Boden. Gute Pflege bewirkt kräftiges Austreiben und gute Bewurzelung bis zum Herbst, wenn vollwertige Stauden aus den geteilten Pflanzen herangewachsen sind. Spätsommer- und Herbstblüher werden meist im zeitigen Frühjahr geteilt. Hierzu gehören z. B. Phlox, Herbstastern, Chrysanthemen und Sonnenbraut. Bestimmte Stauden, wie die Pfingstrosen, sollte man möglichst unangetastet auf dem gleichen Stand belassen. Bei entsprechender Düngung und Bodenpflege erreichen sie so ihre schönste Entwicklung und bringen eine Fülle von Blüten. Will man sie trotzdem teilen, so muß dies besonders früh im Jahr geschehen, damit die früh entwickelten empfindlichen Knospen nicht verletzt werden – sie brechen sehr leicht. Je besser man den Boden für die geteilten Pflanzen vorbereitet, desto sicherer wachsen sie an. Gesiebte Komposterde, die bei schweren Böden mit Sand verbessert wird, ist für solche Pflanzungen ideal.

Hexenring Bestimmte Stauden wie Phlox, Herbstastern, Sibirische Schwertlilien, müssen in kürzeren Zeitabständen geteilt und in neuen Boden verpflanzt werden, da sie sonst Hexenringe ausbilden, d. h. die Pflanzen wachsen in jährlich größer werdendem Kreis von ihrer Mitte fort. Bei diesen Pflanzen sind gute Ernährung und rechtzeitige Teilung für gutes Gedeihen sehr wichtig.

Die Pflanzung Für die Pflanzung der Stauden ist der Boden sorgfältig vorzubereiten, denn es handelt sich um eine Intensivkultur, wenn sie für mehrere Jahre auf einem Beet verbleiben sollen. Zunächst gräbt man den Boden tiefgründig um oder fräst ihn entsprechend tief durch, damit ein gut dränierender und gut durchlüfteter Boden entsteht. Zur Düngung auf diesen Beeten verwendet man keinen frischen organischen Dünger. Er ist sehr hinderlich beim Pflanzen, und es entstehen dadurch zwangsläufig Geilstellen in der Rabatte. Zu mastig ernährte Stauden entwickeln große, weichliche Laub- und Stengelmassen, die später leicht kippen und das ganze Bild stören. Eine reiche Blüte wird durch zu starkes Düngen zurückgedrängt. Kompost ist in jeder Form die gleichmäßigste und wirksamste Düngung. Je nach Bodenzustand kann eine bessere Wasserhaltung durch Gaben von Torf erreicht werden. Schwere, bindige Böden macht man durch Beimengung von scharfem Sand (möglichst einfräsen) lockerer, so daß sie besser durchlüftet werden.

Bei leichten Böden hilft Kompost, Lehm oder zur Verbesserung der Wasserhaltekraft eine Zugabe von Hygromull.

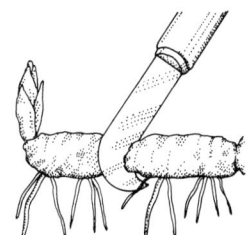

Schwertlilien teilt man durch Abschneiden der Rhizome an einer Abschnürung.

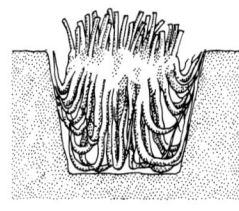

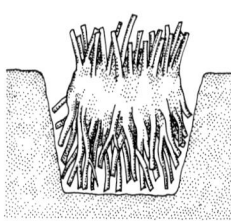

Auch Staudenwurzeln können eingekürzt werden. Wurzeln dürfen bei der Pflanzung niemals nach oben zeigen.

Wurzelschnitt Stauden sind keine Gehölze. Die Wurzeln streichen meist nicht so weit und brauchen daher auch nicht geschnitten zu werden. Beim Pflanzen ist aber auf jeden Fall zu vermeiden, daß die Wurzeln in zu kleine Pflanzlöcher gequetscht werden und nach oben gerichtet sind. Auch sollte man sie nicht zusammenbiegen oder um den Wurzelstock herumlegen. Am sichersten wachsen die Wurzeln, wenn sie sorgfältig ausgebreitet mit feinkrümeliger Erde überdeckt und fest angedrückt werden, um den erforderlichen Bodenschluß zu erhalten. Sind Wurzeln über 30 cm lang, schneidet man sie etwa auf Längen von 20 bis 25 cm zurück. So lassen sie sich besser pflanzen und wurzeln am besten wieder an.

Stecklinge und Aussaat Auf diese anderen Vermehrungsarten braucht man eigentlich nicht näher hinzuweisen, weil es oft angebrachter erscheint, fertige Stauden zu kaufen, die dann bereits blühfähig sind. Bei Selbstanzucht aus Samen und aus Stecklingen vergehen doch meist zwei oder mehr Jahre, ehe die Pflanzen zu blühen beginnen. Bezüglich der Aussaat wird auf das Kapitel »Aussaat unter Glas und im Freien« (S. 305) verwiesen. Aber es ist auch für den Hobbygärtner interessant zu erfahren, wie man Pflanzen durch Stecklinge vermehrt, denn auf diese Weise ist es möglich, viele Pflanzen von ein und derselben Sorte zu erhalten. Bei unseren Balkonpflanzen schneidet man von den Spitzentrieben ca. 12 bis 15 cm lange Stücke unter einem Auge (knotenartige Verdickungen am Blattstielgrund) mit einem scharfen Messer glatt ab, legt sie etwa eine Viertelstunde zum Antrocknen an einen schattigen Platz (um Fäulnisgefahr zu verringern) und steckt sie dann einzeln in mit einem Gemisch aus Komposterde, Torf und Sand zu gleichen Teilen gefüllten Container. Dann feuchtet man den Boden gut an und überzieht die Pflanze mit einer Plastikhaube, die man mit einem Gummiring am Topf befestigt.
Nach zwei bis drei Wochen haben sich bereits Wurzeln gebildet und die Stecklinge beginnen zu treiben. Dann ist es Zeit, die Plastikhauben zu entfernen und die Pflanzen wie Topfgewächse weiterzukultivieren. Man verwendet zum Stecken ausgereifte Triebe. Bewurzelungspasten und -pulver können – je nach Art – die Wurzelbildung sehr beschleunigen. Beste Zeit für Balkonpflanzenstecklinge ist der August. Die bis zum Winter angewachsenen Pflanzen werden bei ca. 10°C überwintert und Anfang Februar an einem warmen, lichten Standort aufgestellt, wo sie für die kommende Wachstumsperiode vorgetrieben werden. Ab Mitte Mai (nach den Eisheiligen) pflanzen wir die neuen Pflanzen dann ins Freie. Ein »warmer Fuß« beschleunigt ebenfalls die Wurzelbildung. Es ist daher zu empfehlen, die Pflanzen über einem Heizkörper (am Fenster) aufzustellen. Zahlreiche Staudenarten, wie Rittersporn, Schafgarbe, Astern, Nelken, Sonnenbraut u. a. lassen sich auf diese Weise sortenecht vermehren. Nicht alle Pflanzen können zur gleichen Zeit gesteckt werden. Nelken steckt man zum Beispiel am besten direkt nach der Blüte, Mauerpfefferarten das ganze Jahr hindurch, andere Großstauden werden krautig während des frühen Austreibens gesteckt – hier steht dem Experimentieren ein weites Feld offen.

Auswahl der wichtigsten Zierstauden

Die auf den folgenden Seiten aufgeführten Stauden bilden eine Auswahl für die Rabatte. Sie zeichnen sich durch gute Wuchseigenschaften und Blütenreichtum aus und stellen nicht zu hohe Ansprüche an Boden, Standort und Klima. Darüber hinaus zählen sie zum Teil zu den wertvollsten Schmuckstauden. Stauden, die sich für Einzelstellung eignen, sind besonders gekennzeichnet. Die Vielfalt der Staudenwelt kann in diesem Kapitel nicht annähernd wiedergegeben werden. Unsere hier genannten Pflanzen bilden nur ein Grundgerüst. Der Staudenfreund aber kann darüber hinaus auf die Suche nach weiteren Arten und Sorten gehen. In Staudengärtnereien, Gartencentern und botanischen Gärten und auf den lehrreichen Gartenschauen ist mancher Schatz für den eigenen Garten zu entdecken.

Acaena
Stachelnüßchen (Rosengewächse) K+
☼–◐ 🌱
Acaena buchananii, rasenbildend silbergrau/grün,
A. glaucophylla, graublau, sehr dekorativ.

Acanthus longifolius
Akanthus, Bärenklau (Bärenklaugewächse)

☼ ⊥ ▫ ✂ ③

Diese dekorative Schmuckstaude mit den ca. 1 m hohen weißlichrosa Blütenähren und den dekorativen fiederteiligen Blättern eignet sich hervorragend zur Einzelstellung.

Achillea
Schafgarbe (Korbblütler)

☼ ▫ ✂ ④

Niedrige Arten z. B. *Achillea ageratifolia*, weiß, *A. conjuncta*, silbergrau, 5/7. Höhere Arten: *A. filipendulina* 'Coronation Gold' und 'Parker', aschgrau bzw. graugrüngefiedert, goldgelb blühende Stauden von 80 cm Höhe, die sich auch gut für Trockensträuße eignen. Die silbrigweiße *A. taygetea* blüht schwefelgelb, 7/8. Sie wird ca. 40 cm hoch. *A. ptarmica* fl. pl. (= gefüllt blühend) ist eine weißgefüllte Edelgarbe, die ab September blüht (wuchert).

Aconitum
Eisenhut (Hahnenfußgewächse)

☼–◐ ▫ ✂ ①–③

Eisenhut ist giftig. *Aconitum napellus*, blauer Bergeisenhut, ca. 120 cm hoch, 7/8. Interessant ist *A. bicolor*, blau mit weiß, 120 cm, 7/10 und die amethystblaue Art *A. wilsonii* mit glänzendgrünen, lederartigen Blättern und einer Wuchshöhe von ca. 130 cm. Sie blüht von August bis Oktober.

Adonis
Adonisröschen (Hahnenfußgewächse)

☼–◐ △

Adonis vernalis ist großblumig, leuchtendgelb, 4/5, verlangt leichten, humosen bis schwach humosen Boden.
A. amurensis blüht etwas früher, 3/4, mit kleineren Blüten.

Ajuga
Günsel (Lippenblütler) K−

☼–● ≈ ≡

Ajuga reptans, grünblättrige Art mit lilablauen Blüten, 15 cm, guter Bodendecker 6/7. *A. reptans* 'Atropurpurea' braunrote Spielart, blüht gleichzeitig.

Alchemilla
Frauenmantel (Rosengewächse)

☼–◐ ≈–≋ ▼

A. mollis, robuste Staude, die auch zur Bodenbedeckung auf feuchten, humosen Böden geeignet ist. Blüten gelblichgrün in Rispen, 6/7.

Althaea
Stockrose (Malvengewächse)

☉ − ♃ ✂ ☼–◐

Bis 2 m hohe, prächtige Staude mit ungefüllten und gefüllten Blüten (Bauerngarten). Nach der Blüte zurückschneiden, damit sie besser überwintert. *Althaea ficifolia* einfachblühend, gelb, *A. rosea* 'Pleniflora' gefüllt in vielen Farben von weiß über rosa, rot und violett. Gut für Gruppenstellung und Hintergrundpflanzung, 7–9.

Alyssum
Steinkraut (Kreuzblütler) K+

☼ △ ▫ 🏠

Leuchtendgelb blühender Frühjahrsblüher, der sich mit vielen Polsterpflanzen kombinieren läßt *(Aubrieta, Iberis, Arabis) Alyssum saxatile* kräftiggelb, 30 cm, *A. saxatile* 'Citrinum', zitronengelbe Spielart, 30 cm.

Anchusa
Ochsenzunge (Rauhblattgewächse)

☼–◐ ≈ ▫ ⑤

Anchusa myosotidiflora (= *Brunnera macrophylla*), Kaukasusvergißmeinnicht, winterharte Schnittstaude mit reichem Blütenschmuck leuchtendblau, liebt tiefgründigen, feuchten Boden, 50 cm, 5/7. Steht gut mit *Trollius* und *Iris* zusammen. Auch *Doronicum* eignet sich gut zur Benachbarung. Großblumig blau blüht die Sorte *A. italica* 'Loddon Royalist'.

Androsace
Mannsschild (Primelgewächse) K+

☼–◐ △

Androsace sempervivoides, zierlich grüne Blattrosetten, rosarote Blüten im Mai/Juni. Wertvolle Steingartenpflanze, ebenso *A. sarmentosa*, ca. 10 cm.

Anemone
Windröschen, Anemone (Hahnenfußgewächse)

☼–◐ ≈ ▫ ✂ 🏠

Anemone japonica, Herbstanemone, hochwüchsige Anemonenart mit schönen Blüten. Besonders wertvoll *A. japonica* 'Honorine Jobert', weiß, *A. japonica* 'Königin Charlotte' lilarosa, halbgefüllt, *A. hupehensis* 'Septembercharme', hellrosa, einfach und *A. hupehensis* 'Praecox' dunkelrosa. Höhe ca. 80–120 cm, Blüte 8/10.
Niedrige Formen sind *A. blanda*, hellrosa bis hellblau, *A. apennina*, leuchtendblau, *A. nemorosa*, das heimische Buschwindröschen. Sie lieben humosen, feuchten, durchlässigen Boden und Standort unter Büschen oder Bäumen. Am besten in größeren Tuffs zusammenpflanzen. Auf Waldboden verwildernd.

A. pulsatilla (Pulsatilla vulgaris)
Kuhschelle (Hahnenfußgewächs) K+

☼–◐ △

Die behaarte Pflanze mit den weißen, rosa oder blauvioletten Blüten und den goldgelben Staubgefäßen und den kuriosen Fruchtständen (Teufelsbärte) wächst auf Berghängen und -wiesen wie auf sandigen Kieferndünen, ca. 30 cm hoch, 4/5.

Antennaria
Katzenpfötchen (Korbblütler)
☼ △ ⚌

Antennaria dioica und *A. tomentosa* mit silbergrauen, weißfilzigen Blättern sind gute Teppichbildner für den Steingarten. Sie werden nur 10–15 cm hoch, 6.

Anthemis
Kamille (Korbblütler)

Anthemis biebersteiniana, die goldgelb blühende kaukasische Bergkamille, besitzt graugrün gefiedertes Laub, 5/6, *A. tinctoria* ist ein goldgelber Massenblüher, dessen Blüten von Juli bis September erscheinen, 50 cm.

Aquilegia
Akelei (Hahnenfußgewächse)
☼–◐ ⊡ ✂ [5]

Langgespornte Schnittstauden, die sich gut für halbschattigen Standort in der Staudenrabatte eignen. Viele Arten und Sorten mit unterschiedlichen Höhen, 5/6. Vermehrung auch durch Selbstaussaat. Wertvoll für naturnahe Gärten.

Arabis
Gänsekresse (Kreuzblütler) K+
☼ △ ⚌ 🐝 ❄

Dankbare Polsterstaude, gut für Steingärten, Trockenmauern und Beeteinfassungen. Die reichblühenden Bodendecker gedeihen fast auf jedem Boden. Gut zu kombinieren mit *Scilla*, *Aubrieta*, *Muscari* und *Tulipa praestans* 'Füsilier'. Blütezeit 4/5, Höhe ca. 20 cm. Sorten: *Arabis caucasica* 'Plena', dichtgefüllt weiß. *A. albida* 'Rosea', ungefüllt rosa, gute Bienenweide. *A. albida* 'Coccinea', rot.

Armeria
Grasnelke (Bleiwurzgewächse) K+
☼ △ ❄

Dichte rasenartige graublaue Polster mit rosa bis roten Blüten. Verträgt jeden Boden, bis zu trockenem Sand. Auch für Einfassungen. *Armeria maritima* 'Alba', weiß, *A. caespitosa* rosa, *A. maritima* 'Düsseldorfer Stolz' leuchtend purpurrosa 5/6, Höhe bis 15 cm.

Aruncus sylvestris
Geißbart (Rosengewächse)
☼–◐ ⊥ ≈ ✂ [1]

Liebt feuchten, humosen Boden und halbschattige bis schattige Lagen. Zweihäusig. Die weiblichen Blütenstände sind klein, die männlichen größer mit gelblichweißen Blütenrispen, 6/7; zum Verwildern beide Geschlechter pflanzen, sonst kein Nachwuchs. 1,5 bis 2 m hoch, auch als Einzelstaude für schattige Lagen gut geeignet.

Aster
Aster (Korbblütler)
☼ ⊥ ⊡ ✂ 🐝

Eine der wichtigsten Familien für den Blumengarten. Durch Kreuzungen und Selektionen unendlich viele Züchtungen. Die Liste kann nur einen kurzen Überblick vermitteln:
Berg- oder Heideastern (*Aster amellus*), 7/9. Gute Sorten: 'Sternkugel', 'Wunder von Stäfa', 'Hermann Löns' hellblau bis hellviolett, 'Butzemann', dunkelblau, 50/60 cm hoch.
Kissenastern (*A. dumosus*) 10/11. 'Prof. A. Kippenberg', blau, 'Herbstgruß vom Bresserhof', rosa, 'Nesthäkchen', hellrot (20 cm), 'Blauer Findling' hellviolett, im Mittel 30/40 cm hoch, 'Schneekissen', weiß.
Rauhblattastern (*A. novae-angliae*), 9/11, 1 bis 1,4 m hoch. Gute Sorten: 'Rudelsburg', dunkelrosa, 'Andenken an P. Gerber', weinrot, 'Harrington Pink', hellrosa.
Glattblattastern (*Aster novi-belgii*) 9/10, 100/120 cm hoch. Gute Sorten: 'Crimson Brocade', dunkelrot, 'Fellowship', hellrosa, 'Dauerblau', blau, 'Weißes Wunder', weiß, 'Beachwood Challenger', glühendrot. Kleinblumige Herbstastern (*A. ericoides*) Herbstmyrthe 9/10, weiß 90 cm hoch. *A. novae-angliae* liebt vollsonnigen Standort. Die Blüten öffnen sich nicht an dunklen Tagen. *A. novi-belgii* vermehrt sich durch Ausläufer und kann besonders auf leichten Böden stark wuchern.

Astilbe
Prachtspiere (Steinbrechgewächse)
☼–● ≈ ⊡ ✂ [5]

Zu den Prachtspieren zählen verschiedene Arten und Sorten, die am besten im Halbschatten gedeihen. Sie variieren stark in Form und Farbe. Pastelltöne herrschen vor. Die meisten Arten blühen von Juni bis August. Georg Arends war ein Züchter, der sich Zeit seines Lebens mit der Züchtung von Astilben beschäftigt hat. Nach ihm sind seine Kreuzungen *Astilbe arendsii* benannt. Sie erlangten höchste Auszeichnungen. Einige der besten Sorten sind: *A. arendsii* 'Brautschleier', weiß, 70, 'Cattleya', rosa, 100, 'Feuer', rot, 80, 'Federsee', dunkelrosa, 70, 'Amethyst', violettrosa, 100, 'Weiße Gloria', weiß, 70. Die ebenfalls von Arends züchterisch bearbeiteten *A. japonica* bleiben niedriger. Gute Sorten sind: 'Mainz', hellviolett, 'Deutschland', weiß, 'Red Sentinel', rot. Die Blütenrispen von *A. thunbergii* hängen malerisch über. Sie sind besonders dekorativ. Eine gute Sorte ist 'Straußenfeder', 100 cm. Für den Steingarten und zur Flächenbepflanzung eignet sich besonders *A. chinensis pumila* und ihre Sorten

192 Gartenschmuckstauden

Polsterstauden entfalten ihre volle Schönheit im zeitigen Frühjahr.

'Finale' und 'Serenade'. Sie werden etwa 40/50 cm hoch, blühen ab August. Zum guten Gedeihen benötigen Astilben frischen, humusreichen, feuchten Boden in halbschattiger Lage. Sie wachsen mit ihren Wurzelstöcken mit der Zeit höher aus dem Boden heraus und müssen angehäufelt oder nach der Blüte gelegentlich geteilt und neu gepflanzt werden. Guter Standort in Ufernähe.

Aubrieta x cultorum
Blaukissen (Kreuzblütler) K +
☼ △ ⚌ 🕮 🖼

Eine der dankbarsten Steingartenpflanzen, die lockeren, kalkhaltigen Boden liebt. Gedeiht auch gut in Trockenmauern. Sie können jahrelang auf derselben Stelle im Steingarten stehen und sollten erst geteilt werden, wenn sie in der Blühwilligkeit nachlassen. Gute Sorten: 'Neuling', hellblauviolett, 'Schloß Eckberg', blauviolett, 'Rosenteppich', hellrosa. Aubrietien wach-

Astern gehören zu den Hauptfarbenträgern in der Rabatte. Die lange Blütezeit macht sie besonders wertvoll.

sen polsterartig. Sie werden ca. 20 cm hoch und blühen im April/Mai.

Azorella
Andenpolster (Doldenblütler) K +
☼-◐ △ ⚌
Zur Bepolsterung sonniger Steingartenflächen, zur Grabbepflanzung und zu Einfassungen eignen sich die festen Polster von *Azorella trifurcata*. Blüte unbedeutend.

Bergenia
Löffelblatt, Bergenie (Steinbrechgewächse)
☼-◐ △
Sie sind sowohl für den Steingarten bei größeren Partien als auch für Gewässerränder und für die Staudenrabatte geeignet. Die Blütezeit ist früh, schon im April schieben sich die dicken Knospen aus dem winterlichen Laub. *Bergenia delavayi* blüht ein zweites Mal im Spätsommer mit kräftigviolettrosa Blüten. Unter den vielen Sorten, die neuerdings im Handel sind, seien hier genannt: *B. cordifolia* 'Morgenröte', rosarot, *B. cordifolia* 'Abendglut', purpurrot, *B. cordifolia* 'Silberlicht', weiß mit rosa Schimmer. Die Sorten werden ca. 40 cm hoch.

Brunella
Braunelle (Lippenblütler)
☼-◐ △ 🏠
Sie blüht von Juni bis September und bildet Blütenmatten in Steingärten oder auf Steinbeeten. Verträgt Sonne und Halbschatten und stellt keine großen Bodenansprüche. *Brunella grandiflora* 'Alba' ist eine weiße Sorte, *B. webbiana* violettblau, *B. webbiana* 'Rosea' großblumig rosa.

Buphthalmum speciosum
Siehe *Telekia speciosa* S. 215.

Campanula
Glockenblume (Glockenblumengewächse) K+
☼-◐ △ ▨ 🏠
Die Glockenblumen entfalten sich in voller Sonne oder in lichtem Schatten zu ihrer vollen Schönheit. Diese Gruppe ist sehr artenreich. Man unterscheidet eine Reihe von hohen, halbhohen und niedrigen Arten und Sorten, die auf der Staudenrabatte oder im Steingarten ihren festen Platz haben. Hohe Glockenblumenarten sind: *Campanula latifolia* 'Macrantha' 100 cm, 6/7, dunkelviolett, *C. trachelium*, die nesselblättrige Glockenblume, 7/9, blauviolett, 70/80 cm, *C. persicifolia*, die pfirsichblättrige Glockenblume in blauen und weißen Spielarten, 70/80 cm, 6/7, *C. glomerata* 'Superba', dunkelviolette Knäuelglockenblume bis 60 cm, wuchert etwas. Steht besonders gut zusammen mit gelben Nachtkerzen *Oenothera glauca* oder *Filipendula hexapetala* 'Plena', der weißgefüllten Spiere. Von den niedrig bleibenden Arten sind erwähnenswert: *C. carpatica* in blauen und weißen Sorten, *C. portenschlagiana* mit kräftiglila Glöckchen und *C. poscharskyana* mit sternförmigen, hellila Blüten, die etwas wuchert. *C. pusilla*, die 10 cm hohe Polsterglockenblume, scheint speziell für den Steingarten erfunden worden zu sein. Hellblaue, zierliche Glöckchen erscheinen im Juni/August.

Cardamine
Schaumkraut (Kreuzblütler)
☼-◐ ≈ 🏠 ▨
Die Schaumkräuter eignen sich besonders für feuchten Standort. Eine der wichtigsten Arten ist *Cardamine pratensis* 'Plena', ein gefüllt blühendes Wiesenschaumkraut mit weiß lilafarbenen Blüten, ca. 30 cm hoch, das von April bis Mai in sonniger bis halbschattiger und schattiger Lage erblüht. Es eignet sich gut für ufernahe Standorte in Kombination mit der Sumpfdotterblume *(Caltha palustris)* oder Trollblumen.

Carlina acaulis caulescens
Silber- oder Wetterdistel (Korbblütler) K+
☼ ⬇ ▨ 🏠
Die bekannten Wetterdisteln mit den großen silbernen Strahlenblüten, die von Juni bis Oktober erscheinen, sind besonders dekorativ. Die silberweißen, an ca. 30 cm langen Stielen erscheinenden großen Blütenköpfe sind haltbare Trockenblumen. Die Pflanze eignet sich besonders für trockene Standorte, wie Südlagen im Steingarten.

Centaurea
Flockenblume (Korbblütler)
☼ ▨ ✂ 🏠
In Staudenrabatten sollten Kornblumen viel häufiger gepflanzt werden, wo sie mit ihren reinen blauen Farben am besten mit Mohn und Margeriten zusammenstehen. *Centaurea dealbata* 'Steenbergii' ist eine purpurrote Form mit weißer Mitte, die ca. 80 cm hoch wird. 5/7. *C. montana* 'Grandiflora' ist tiefblau, 50/60 cm, 6/7. Die schönste ist *C. pulcherrima*, rosalila, 70 cm. Flockenblumen stellen keine Ansprüche an Boden und Standort. Sie brauchen nur viel Sonne.

Centranthus
Kentranthus, Spornblume (Baldriangewächse) K+ ◐ ▨ △ ✂
In der Art *Centranthus ruber* 'Coccineus' besitzen wir einen hervorragenden Dauerblüher mit leuchtend scharlachroten Blüten, der etwa 80/100 cm hoch wird und trockenen, kalkhaltigen Boden liebt. Auf sonnigem wie halbschattigem Standort kommt er gut zurecht. Er eignet sich besonders zur Bepflanzung von Gesteinspartien, Mauern, Trockenmauern, die seinem na-

türlichen Standort entsprechen. Sehr trockenheitsresistent, 6/9.

Cerastium
Hornkraut (Nelkengewächse)
☼ △ ⚌ 🝰
Diese silbergrauweiße, willig wachsende Polsterpflanze ist ein wertvolles Gewächs für den Steingarten, für Trockenmauern, zur Bepflanzung von Kübeln und Trögen, Schwelleneinfassungen von Beeten etc. Die meisten Arten wuchern stark. Am besten passen Veronica, Glokkenblumen und Katzenminze in blauen Farben und die gelbe missourische Nachtkerze dazu. *Cerastium biebersteinii* ist ein weißes Hornkraut, das stark wuchert, *C. tomentosum* ist etwas schwachwüchsiger. Blütezeit 5/6.

Ceratostigma
Bleiwurz (Bleiwurzgewächse)
☼ △ ⚌ 🝰
Ceratostigma plumbaginoides mit enzianblauen Blüten, die spät im August (bis Oktober) erscheinen, ist ein interessantes, niedrigbleibendes bodenbedeckendes Kraut, das ca. 20 cm hoch wird. In rauhen Lagen ist etwas Winterschutz erforderlich.

Chelone
Drachenkopf, Schlangenkopf (Rauhblattgewächse)
☼-◐ ⊡ ✂ 🝰
Viel zu wenig bekannt ist diese leicht zu kultivierende Pflanze *Chelone obliqua*, die mit etwa 50 cm hohen Ähren mit tiefrosa löwenmäulchenähnlichen Blüten von August bis Oktober die Staudenrabatte belebt. Die Blüten sind gegenständig und erscheinen einzeln in den Achseln.

Chrysanthemum
Wucherblume, Margerite (Korbblütler) K+
☼ ⊥ ⊡ ✂ ①-⑤
Unter der Bezeichnung *Chrysanthemum* sind botanisch eine ganze Reihe verschiedener Arten zusammengefaßt. Die Margeriten, und zwar die als *Pyrethrum* und *Leucanthemum* bezeichneten rosa und weißen Arten, gehören dazu. Chrysanthemen als Winterastern spielen im herbstlichen Garten ab August bis zum Frost eine wichtige Rolle. Durch viele Einkreuzungen von *Ch. indicum, Ch. koreanum* und *Ch. azaleanum* wurden Gartenformen geschaffen, die heute unter der Bezeichnung *Ch. x hortorum* als Gartenchrysanthemen oder Winterastern geführt werden. Unter ihnen befinden sich viele wertvollste Blüher, wie die Sorte 'Clara Curtis', ein einfachblühender, mittelgroßer, leuchtendrosafarbener Massenblüher von ca. 60 cm Höhe. Die Sorte 'Fellbacher Wein' ist halbgefüllt, weinrot, sehr farbstark. Sie wird ca. 60 cm hoch. 'Goldmarianne', leuchtend tiefgelb, sehr reich blühend, ca. 80 cm hoch, 'Ordensstern', leuchtend goldbraun, mittelgroß gefüllt, ca. 80 cm hoch. Dunkelbraunrot gefüllt ist 'Schwabenstolz', sie wird ca. 60 cm hoch. Reinweiß ist die Sorte 'White Bouquet', 50 cm hoch. Die Blüten besitzen eine Pomponform. Die Sorte läßt sich gut zur Gruppenpflanzung verwenden.

Unter der Bezeichnung *Ch. leucanthemum* werden die weißen Margeriten oder Frühlingsmargeriten geführt. Sie sind sowohl als Gruppen- als auch als Schnittstaude sehr wertvoll und blühen ca. von Mai bis Juni mit weißen Strahlenblüten. Besonders früh ist die Sorte 'Maistern' sie wird ca. 60 cm hoch, ungefüllt. 'Hofenkrone' ist gefüllt und wird ca. 50 cm hoch. Später blühende Sommermargeriten werden als *Ch. maximum* bezeichnet. Auch sie sind hervorragende Gruppen- und Schnittstauden. Unter ihnen ragen Sorten wie 'Gruppenstolz', ca. 60 cm durch kompakten Wuchs oder 'Harry Pötschke', mit riesigen reinweißen bis 15 cm großen Blüten und 1 m Höhe oder die halbgefüllte 'Julischnee', ca. 80 cm hoch, spätblühend, besonders hervor. Eine bekannte Sorte ist 'Christine Hagemann', eine reinweiße Sorte mit grünlicher Mitte im Aufblühen. Die reichblühende, 90 cm hohe Staude ist gut zur Gruppenpflanzung geeignet. Weiße Margeriten lassen sich sehr gut mit blauem Rittersporn, mit gelben Schafgarben und gelben Nachtkerzen kombinieren. Auch die *Alstroemeria*, die Inkalilie ist eine gute Begleitpflanze. Besonders die kleinblumigeren Formen sind für Staudenrabatten unentbehrlich.

Unter der Bezeichnung *Ch. coccineum (Pyrethrum roseum)* sind die bunten Margeriten zusammengefaßt. Sie gehören zu den besten Freiland-Schnittstauden und eignen sich darüber hinaus gut zur Gruppenpflanzung. Gute Sorten sind 'Alfred', dunkelrot gefüllt, mit festen, drahtigen Stielen, ca. 60 cm hoch, 'Eileen Mary Robinson', reinrosa mit großen einfachen Blüten, ca. 80 cm hoch, und 'Regent', eine rotblühende, 80 cm hohe Spielart. Die bunten Margeriten blühen ab Mai/Juni. Die wertvollsten Herbstblüher für den Steingarten findet man in *Ch. arcticum*, einer frischgrünen, weißblühenden Margerite von ca. 30 cm Höhe. In den Formen 'Roseum', zartrosa, und 'Schwefelglanz', schwefelgelb, findet sie wertvolle farbliche Ergänzungen.

Die Chrysanthemenarten bedürfen einer besonderen Pflege. Man läßt die Stengel als Winterschutz stehen und beseitigt sie erst im Frühjahr, damit das Wasser nicht über Winter in die hohlen Stengel eindringt und in den Wurzelzonen Fäulnis verursacht. Eine lockere Torf-Kompostdecke im Spätherbst oder leichte Kompostabdeckung als Winterschutz und für die Blüte sind der Tod für diese Stauden. Hier

Coreopsis, das Mädchenauge, mit seinem leuchtendgelben Blütenflor bringt Sonnenschein in den Garten (C. verticillata).

müssen Bodenaufbereitungen mit Sand vorgenommen werden. Beste Pflanzzeit und Zeit zum Teilen der Wurzelstöcke ist das Frühjahr und der Frühsommer. Herbstpflanzungen sind riskant. Müssen die Pflanzen im Herbst aufgenommen werden, sollte man sie besser im Keller überwintern. Das Pflanzen selbst blühender Stauden bereitet keine Schwierigkeiten. Niedrige Arten und Sorten sind besonders gut zur Bepflanzung von Balkonkästen, Kübeln, Trögen, von Dachgärten und Steinbeeten und von Grabstellen zu verwenden. Gute Kombinationen in Verbindung mit japanischen Anemonen, Silberkerzen oder bronzefarbenen und karminroten, weißen und gelben Chrysanthemen. Wenn man bei stärkerer Abkühlung abends die Chrysanthemen mit einer Folie bedeckt, bleibt die späte Blüte noch lange erhalten. In milden Wintern können Chrysanthemen bis in den Dezember hinein blühen. Beerenbehangener Feuerdorn und weiße spätblühende Chrysanthemen stehen in reizvollem Gegensatz zueinander. Immergrüner Schneeball, Eiben und Wilder Wein geben spätblühenden Chrysanthemen einen besonders wirkungsvollen Hintergrund.

Cimicifuga
Silberkerze (Hahnenfußgewächse)
☼–◐ ▫ ≈ ✂ 4

In den Silberkerzen finden wir wertvolle Stauden für halbschattige Stellen. Sie eignen sich weniger für Blumenrabatten, sondern stehen besonders wirkungsvoll zwischen Gehölzen und größeren Stauden im Halbschatten, wie Funkien, Farne, Astilben, Kaukasusvergißmeinnicht, Seidelbast und Herbstanemonen. Größere Horste von Silberkerzen wirken sehr malerisch. Sie können manchen unscheinbaren Platz im Halbschatten mit ihren lichten Blütenständen zu einer besonderen Attraktion werden lassen. Sie lieben feuchten, humusreichen Boden. *Cimicifuga cordifolia* ist eine der wertvollsten Arten. Sie wird als Lanzensilberkerze bezeichnet. Die Blütenkerzen erreichen eine Höhe von ca. 2 m. Die reinweißen Blüten erscheinen von August bis Oktober. *C. ramosa* ist die Septembersilberkerze. Höhe 2 m, 9. Eine interessante Form ist auch *C. simplex* 'Armleuchter', die Oktobersilberkerze mit stark verzweigten Blütenkerzen, 140 cm, 10.

Convallaria
Maiglöckchen, Maiblume (Liliengewächse) K–
◐–● ✂ ⌇

Bekanntes, duftendes Liliengewächs zur Begrünung von Flächen im Halbschatten und unter Gehölz. Die Sorte *Convallaria majalis* 'Grandiflora' besitzt den höchsten Zierwert.

Coreopsis
Mädchenauge (Korbblütler)
☼ ▫ ✂

Dieser Dauerblüher für vollbesonnte Staudenbeete darf wegen seiner langen Blütezeit auf keiner Staudenrabatte fehlen. Die Staude ist gleichzeitig gut zum Schnitt geeignet. *Coreopsis grandiflora* goldgelb, 60 bis 100 cm lange Blütenstiele, blüht von Mai bis September. Gute Sorten sind außerdem: 'Goldfink', kompakt goldgelb, 20 cm, 'Rotkehlchen', gelb mit rotbrauner Mitte, 20 cm, 'Badengold', goldgelb mit 9 cm großen Blüten. Ältere Pflanzen lassen im Blühen sehr nach und müssen frühzeitig geteilt und verpflanzt werden. *C. verticillata* 'Grandiflora' heißt das großblumige Netzblatt-Schöngesicht, eine unermüdlich blühende Rabattenstaude von 50/60 cm mit nadelfeinen Blättern. *Coreopsis* läßt sich auch leicht durch Samen vermehren, besonders wenn man sie in einem Frühbeet aussät.

Cornus
Hartriegel (Hartriegelgewächse)
◐ △ ⚌ ✻
Cornus canadensis ist eine feuchtigkeitliebende Moorbeetpflanze mit weißen, leuchtenden Hochblättern. Sie ist ein wirkungsvoller Bodendecker in halbschattiger Lage, z. B. unter Azaleen, Fothergilla und Seidelbast. Sie bringt im Herbst außerdem interessanten Beerenschmuck.

Corydalis
Lerchensporn (Mohngewächse) N−
☼−● △
Corydalis lutea, gelber Lerchensporn, 5/10, besonders für halbschattige und schattige Lagen geeignet. Liebt lockeren, humosen Boden, gedeiht aber selbst auf schwersten Böden noch gut. Etwa 25 cm hoch. *C. cava*, der weiße bis purpurfarbene Hohle Lerchensporn blüht zeitig im Frühling. Gut geeignet für Steingartenpflanzung und Gehölzpflanzungen. Halbschattiger bis sonniger Standort. Er zieht bald nach der Blüte das Laub ein.

Crambe cordifolia
Riesenschleierkraut, Meerkohl (Kreuzblütler)
⊥ 🏛 [1]
Dekorative, bis 2 m hohe, verästelte Staude, die besonders auffällt, wenn die unzähligen duftenden weißen Blüten aufbrechen. Hintergrund aus hohen, dunkellaubigen Gehölzen stellt die Pflanze besonders heraus. Gute Benachbarung für Rittersportsorten.

Cyclamen
Alpenveilchen (Primelgewächse) K+
☼−◐ △
Das bekannte Alpenveilchen braucht humosen, kalkhaltigen, etwas trockeneren Boden. Im Steingarten, im Schatten kleiner Gehölze wie Zwergkiefern und *Cotoneaster*-Arten gut unterzubringen. Verdient mehr Aufmerksamkeit. Eventuell Laubdecke als Winterschutz. *Cyclamen europaeum* in den Wäldern des Salzkam-

mergutes als »Saubrot« bekannt, hellrosa, duftend, 7/8, *C. neapolitanum*, weißrosa, 9/10, *C. ibericum*, karminrot, 2/3.

Delphinium
Rittersporn (Hahnenfußgewächse)

☼ ⊥ ▣ ✕ [1]

Rittersporn gehört zu den Hauptfarbenträgern des Gartens. Die mehltau- und windfesten *Delphinium* x *cultorum*-Züchtungen von Carl Förster, Bornim bei Potsdam, gehören zu den besten Sorten für die Staudenrabatte oder für Einzelstellung. Nach Rückschnitt der ersten Blüten vor dem Samenansatz ist eine zweite Blüte im Herbst möglich. Der Rückschnitt dieser Blütentriebe sollte allerdings erst im Frühjahr erfolgen, damit nicht Feuchtigkeit in den hohlen Stengeln Wurzelfäule verursachen kann. Beste Sorten sind zur Zeit 'Berghimmel', himmelblau, 1,8 m, 'Finsteraarhorn', tiefenzianblau mit dunklem Auge, ca. 1,7 m, 'Perlmutterbaum', hellblau mit Zartrosa, 1,8 m, 'Sommernachtstraum', groß, auffallend tiefenzianblau mit besonderer Leuchtkraft, dunkles Auge, frühblühend, 1,5 m, 'Blauwal', dunkelblau, frühblühend, 2 m, 'Fernzünder', 1,4 m, leuchtendes Blau, weißes Auge, 'Jubelruf', reines, strahlendes Blau, schmale, lange Rispen von auffallender Schönheit, 2 m, 'Gletscherwasser', helleisblau, ca. 1,8 m, 'Tropennacht', tiefdunkelblau mit Enzian und weißem Auge. Für kleine Gartenpartien, in denen so hohe Stauden nicht ohne weiteres Platz finden, sollte man auf *D* x *belladonna* ausweichen: Die Sorte 'Völkerfrieden' wird nur etwa 1 m hoch, reinblau mit großer Leuchtkraft und Fernwirkung. 'Kleine Nachtmusik' heißt eine dunkellila Spielart mit lockeren Rispen. Sie wird nur etwa 70 cm hoch. Die erste, reinrosa blühende Sorte aus dieser Gruppe ist *D.* x *ruysii* 'Rosa Überraschung', ca. 80 cm. Sämtliche Rittersportarten blühen von Juni bis Juli und remontieren im September (nach Rückschnitt). Erwähnenswert ist auch die Pacific-Gruppe, die ebenfalls unter der Bezeichnung *D.* x *cultorum* gehandelt wird. Sie stammt aus den USA und zeichnet sich durch besonders großblumige Formen aus wie: 'Black Knight', dunkelviolett, 'Blue Bird', mittelblau mit weißem Auge, 'Galahad', strahlend weiß, 'Guinivera', rosaviolett. Gut für Schnitt geeignete Sorten, ca. 1,6 m hoch. Rittersporne lieben nahrhaften, sandig-humosen Boden, sonnigen bis licht-halbschattigen Standort.

Dianthus
Nelke (Nelkengewächse) K+

☼ △ ▦ ~~

Nelken blühen im Mai/Juni. Sie benötigen leichten Boden, vertragen keine Staunässe und gehören zu den dankbarsten Polstergewächsen für den Steingarten. Sonne und Trocken-

Gäbe es den Rittersporn nicht, man müßte ihn erfinden! Diese wertvolle Prachtstaude mit den verschiedenen Blautönen ist auch in kleineren Gärten ein unentbehrlicher Farbträger.

heit machen ihnen nichts aus. Viele Arten sind durch Aussaat zu vermehren, sonst Stecklinge nach der Blüte. Das blaugraue Laub vieler Arten ist besonders dekorativ, da es seine Farbe auch über Winter behält (kaninchenfraßgefährdet). *Dianthus caesius* (*D. gratianopolitanus*) rosa, *D. caesius compactus*, rosa, dichte Polster, *D. caesius* 'Blaureif', rosa, im Winter blaugrünes Laub, *D. caesius* 'Schneewolke', weiß. *D. deltoides*, die Heidenelke blüht leuchtendrot, gut für Heidegärten. *D. deltoides var* 'Albus' eine weiße Spielart. *D. deltoides* 'Brillant' karminrot, *D. deltoides* 'Splendens', dunkelkarmin, *D. knappii* schwefelgelb. *D. plumarius*, die Federnelke gibt es einfachblühend und gefüllt 6/7. Hier gibt es zahlreiche Hybriden in vielen Farben.

Dicentra
Tränendes Herz (Mohngewächse) N−

☼-◐ ⊥ ⊡ ✕ 🏠

Obwohl erst rd. 140 Jahre in Europa heimisch (1847), ist es bei uns so eingebürgert, als wäre es schon immer da gewesen. Es wird für Staudenbeete im Halbschatten, aber auch für freie Pflanzungen auf feuchtem, humusreichem Standort gepflanzt. Gemeinsam mit Primeln, Farnen und Elfenblumen kann man schöne Motive im halbschattigen Garten damit zusammenstellen. Da das Tränende Herz sehr früh wieder einzieht, sollte man solche Pflanzen in die Nähe setzen, deren sich später ausbreitendes Laub die kahle Stelle rasch überwächst. *Dicentra eximia* mit farnartigen blaugrünen Blättern und tiefpurpurfarbenen, in Trauben hängenden herzförmigen Blütchen wird nur etwa 20 cm hoch, 5/7. Das bekannte Tränende Herz mit den am Blütenstiel aufgereihten Herzen ist *D. spectabilis*.

Dictamnus
Diptam, Brennender Busch (Rautengewächse) K+ ☼-◐ ✕ 🌱 ⊡ ⊥

Eine langlebige Staude für trockene, kalkhaltige Standorte – auch für den Steingarten. An heißen, windstillen Tagen entströmt der Pflanze soviel ätherisches Öl, daß es mit dem Streichholz entzündet werden kann. *Dictamnus fraxinella* (= *D. albus*) mit rötlichen Blütentrauben wird etwa 80 cm hoch. Die gefiederten Blätter sind sehr zierend. Die Pflanze duftet intensiv, 6/7. *D. albiflorus* ist eine weiße Spielart.

Digitalis purpurea
Fingerhut (Rachenblütler)

☼-◐ ⊡ ✕ ☉-♃ 9

Bekannt ist die Art *Digitalis purpurea* 'Gloxiniaeflora' mit langgestielten, lanzettlichen Blättern und großen, roten Blütenglocken, die an bis zu 2 m langen Stielen im Juni/Juli erscheinen. *D. purpurea* 'Alba' ist eine Form mit weißen Blüten. Gut geeignet für Schnitt. Standort schattig bis halbschattig. Selbstaussaat.

Doronicum
Gemswurz (Korbblütler)

☼-◐ ⊡ ✕ 🏠 5

Die gelbe Frühlingsmargerite darf in keinem Garten fehlen. Sie blüht schon zeitig im April bis zum Frühsommer. Zur Pflanzung gute Komposterde verwenden. Sie liebt nahrhaften Boden und sonnigen bis halbschattigen Standort. Gute Schnittstaude. Steht schön zusammen mit *Anchusa myosotidiflora*, Tulpen und Lungenkraut auch als Uferstaude sehr wirkungsvoll. Leicht durch Aussaat zu vermehren. *Doronicum caucasicum*, gelb, 30/40 cm, 4/5. *D. plantagineum* 'Excelsum', gelb, 60/80 cm, 4/5.

Draba
Hungerblümchen (Kreuzblütler) K+

☼ △ 🏠 🌱

Steingartenpflanzen für Liebhaber des frühen Flors. Als Kreuzblütler durch Erdflöhe gefährdet. *Draba aizoides*, gelb, 4/5, *D. bruniifolia* (*D. olympica*) Goldgelb, 5 cm, 4/5.

Dryas
Silberwurz (Rosengewächse) K+

☼ △ ≡

Eines der schönsten Steingartengewächse, das leichten, humosen Boden liebt. Besonders geeignet zum Überwachsen von Felsbrocken. Sternförmige Blüten, 5/6. *Dryas x suendermannii*, silbrigbehaart, besitzt elfenbeinfarbene, schalenförmige Blüten mit gelben Staubgefäßen. 15 cm hoch, 5/6. *D. octopetala*, weiß, großblumig.

Echinops ritro
Kugeldistel (Korbblütler) K+

☼ ⊥ ✕ 🏠

Hellblaue Blütenkugeln auf hohen Stielen über graugrünem ornamentalem Laub. Für trockene Plätze und Einzelstellung geeignet. Wächst sich zu herrlichen Büschen aus. Am schönsten die Hybride 'Taplow Blue' mit blauen Blütenkugeln. Diese bis 1,50 m hohe Staude blüht intensiv blau. *Echinops ritro* mit doppelt gefiederten Blättern blüht stahlblau, 1,20 m. *E. niveus* ist eine silberweiße Form, gut für Schnitt geeignet. Alle *Echinops*-Arten sind gute Bienenweiden.

Epimedium
Elfenblume (Berberitzengewächse) K−

◐-● 🌱

Diese hübschen, ausdauernden Schattenpflanzen mit dem dekorativen Laub und den entzückenden, an japanische Laternchen erinnernden Blüten in lockeren Rispen, werden etwa 30 bis 50 cm hoch. Gute Sorten sind *Epimedium* x *rubrum*, rotblühend, *E. versicolor* 'Sulphu-

Dictamnus

reum', schwefelgelb, *E.* x *youngianum* 'Niveum', große, weiße Blüten.

Eremurus
Kleopatranadel, Steppenkerze, Steppenlilie (Liliengewächse)
☼ ⊥ ▣ ③

Sie gehört zu den schönsten Einzelstauden im Garten, denn die Blütenschäfte von *Eremus robustus* werden bis zu 2,5 m lang und sind mit einer Fülle von Einzelblüten wie ein Kolben bestückt. Es gibt viele pastellfarbene Züchtungen. Die kleinste Art ist *E. bungei* mit schmallinealen, blaugrünen Blättern und reingelben Blüten, die an langen aufrechten, geraden Blütenschäften erscheinen. *E. elwesii* blüht orangerosa und wird bis 2 m hoch. *E. himalaicus* ist reinweiß, 1,2 m, und blüht bereits im Juni. Die anderen Arten und Sorten blühen im Juni/Juli. *E. robustus* besitzt zartrosa Blüten, die im Juli erscheinen. Die Steppenlilien benötigen tiefgründigen, frischen Gartenboden, der aber nicht zu feucht sein darf. Sandböden sind mit Torf und Kompost zu verbessern. Die Pflanzung wird im August durchgeführt. Die brüchigen Wurzeln werden dann vorsichtig, wie bei Spargelpflanzen, flach im Boden auf kleinen Erdhügeln verteilt. Bei schwerem Boden muß eine Aufbereitung mit Sand oder Lava vorgenommen werden. *Eremurus* benötigt während der Vegetationsperiode viel Feuchtigkeit und möchte im Winter ziemlich trocken stehen. Winterschutz erforderlich. Alle Sorten sind gute Schnittblumen. Sie halten sich wochenlang.

Erigeron
Berufskraut, Feinstrahlaster (Korbblütler)
☼ ▣ ✂ 🐝 ⑤

Diese asterähnlichen, schönen Blütenstauden blühen von Juni bis August. Sie machen auf der Staudenrabatte einen ausgezeichneten Eindruck, da sie nie kippen oder zum Licht wachsen. Sie lieben Sonne und guten, tiefgründigen Boden. Gelbblühende *Helenium* und Gilbweiderich, frühe Goldrute, gelbe Nachtkerzen und weiße Margeriten passen gut mit ihnen zusammen. Die lange Blütezeit macht die Blaustrahlastern im Staudenbeet geradezu unentbehrlich. *E.* x *hybr.* 'Adria' gehört zu den wertvollsten Sorten, große, leuchtenddunkelblaue Blüten, 60 cm, 'Dunkelste Aller' ist dunkelviolettblau und wird 60 cm hoch. 'Sommerneuschnee' ist eine reinweiße, später leicht rosa getönte Form, die sehr früh blüht. 'Wuppertal' ist großblumig halbgefüllt und blüht dunkellila, 70 cm.

Erinus alpinus
Leberbalsam (Rachenblütler)
☼-◐ △ 🝮

Der Leberbalsam ist eine kleine, dankbare Steingartenstaude, die sich auch gern durch Selbstaussaat vermehrt. Sie eignet sich auch für die Bepflanzung alter Mauern, Trockenmauern und zum Verwildern auf Schotterböden. Die roten Sternblüten im Mai/Juni sind besonders reizvoll. 'Albus' ist eine weiße Spielart.

Eriophyllum
Wüstengoldaster (Korbblütler)
☼ △ 🝮

Eriophyllum (= *E. caespitosum*) blüht von Juni bis Oktober mit leuchtendgelben margeritenähnlichen Blüten. Besonders für Trockenmauern und als silbergraue Einfassung geeignet. 30 cm.

Eryngium
Edeldistel (Doldenblütler) K+
☼ ▣ ✂ △ 🐝 ⑤

Für trockene und trockenste, magerste Böden auf Halden oder Schuttflächen eignet sich die Wildform *Eryngium planum* am besten zur Verwilderung. Sie besitzt blaue Blütenköpfe mit 80 bis 100 cm hohen Schäften, 7/8. Nach der Samenreife kann man sie aussäen. Gute Sorte ist *E. planum* 'Blauer Zwerg', 50 cm, 6/10. Schöne Gartenformen gibt es von *E. zabelii* mit strahlendblauen Blütenköpfen bis 1 m. Die Sorte 'Violetta', violettblau, 60 bis 80 cm, 6/7, ist auffallend gefärbt. Die Blütenstände mit ihren stacheligen Hüllen sind als Schnittblumen für Trockensträuße beliebt. Im Garten stehen sie in Verbindung mit Bergkiefern, Statice, Schleierkraut, Lichtnelken und Polsterstauden wie Hornkraut und Katzenminze gut zusammen. Ausgezeichnete Bienenweide.

Euphorbia
Wolfsmilch (Wolfsmilchgewächse)
☼ △ ↝

Die Wolfsmilch ist mit leichten, sandigen Böden zufrieden. Ihr kriechender Wuchs und die Polsterbildung machen sie für Steingärten zur beliebten Staude. Eine der bekanntesten Arten ist *Euphorbia polychroma* (*E. epithymoides*), eine buschig wachsende Art mit schmallanzettlichen Blättern und gelben Hochblättern, die eine große Leuchtkraft besitzen, 40 cm, 4/6. *E. myrsinites* heißt die Walzenwolfsmilch mit den interessanten, schuppenförmigen blaugrünen Blättern, die walzenförmig an den kriechenden Trieben angeordnet sind. Gut für Steingartenpartien und Trockenmauern. Liebt Sonne, gedeiht aber auch noch im lichten Schatten.

Filipendula
Spiere, Mädesüß, (Rosengewächse)
☼-◐ ≈ ▣ ⑤

Die dekorativen Stauden mit den gefiederten oder gelappten Blättern sind für Gruppierungen an Feuchtstellen wie Sumpfbeete und Uferzonen geeignet. *Filipendula hexapetala fl. pl.* steht

Eryngium

gut mit der Pechnelke zusammen. Die gefüllte, reinweiße Art mit den fedrigen, lockeren Rispen wächst straff und gedeiht noch gut im Halbschatten. Freie Pflanzung an Ufern in Verbindung mit Sumpfvergißmeinnicht, Pfennigkraut und Gilbweiderich. *F. rubra* 'Venusta' (magnifica) blüht karminrot, ca. 15 cm, 7/8. Gut geeignet für Einzelstellung. *F. ulmaria* 'Aurea' ist eine auffallende gelbe Schönheit von ca. 60 cm Höhe. *F. digitata* 'Nana' mit stark gefiederten Blättern wird meistens nur 40 cm hoch, tiefrosa, 7/8.

Gaillardia
Kokardenblume (Korbblütler)
☼ ⊡ ✕ 🏠 5
Diese prachtvolle Blüten- und Schnittstaude mit den gelben bis rotbraunen oder braunroten Blüten ist eine bekannte Gartenpflanze. Sie liebt nahrhaften Gartenboden und sonnigen Stand und ist empfindlich gegen Nässe im Winter. Da sie leicht auswintert, sollte man im Herbst durch Rückschnitt aller Blüten und Knospen einen neuen Trieb erzwingen und damit dem Auswintern vorbeugen. *Gaillardia* x *grandiflora* 'Bremen' ist eine dunkelscharlachrote Form mit gelben Spitzen, 70 cm, 7/9. 'Fackelschein' blüht großblumig dunkelrot mit gelbem Außenrand, 70 cm. 'Kobold', eine Zwergsorte mit rotgelben Blüten, ca. 20 cm.

Gentiana
Enzian (Enziangewächse) K+
☼-◐ ⊡ ≈ ✕
Sie zählen zu den Edelsteinen unserer Steingärten, besonders die niedrigen Arten. Um sie dauerhaft anzusiedeln ist bei leichten Böden eine hohe Kompostgabe erforderlich, besonders in sonniger Lage. Enzian liebt Feuchtigkeit oder lichten Schatten. *Gentiana acaulis*, der tiefblaue, stengellose Enzian der Alpen auf lehm- und kalkhaltigen Böden, ist nicht leicht zu halten. Stattdessen sollte man die weniger anspruchsvolle Art *G. septemfida* 'Lagodechiana', den hellblauen Kelchenzian wählen. Dieser Massenblüher blüht ununterbrochen von Juli bis September auch in halbschattiger Lage, ist allerdings kalkfeindlich. Von den höher wachsenden Enzianarten empfehle ich für Steingärten und naturnahe Gartenpartien den Schwalbenwurzenzian, *G. asclepiadea*. Er steht gut zusammen mit Gräsern, Japanischen Anemonen, Silberkerze, niedrigen Glockenblumen, Schafgarben, Margeriten und Hornklee. *G. aschepiadea* 'Albiflora' ist eine weiße Spielart. 50 bis 70 cm, 7/9. *Gentiana lutea* ist der goldgelbe Enzian, dessen Wurzelstöcke den flüssigen Enzian, eine beliebte alpenländische Branntweinart, liefern. Gut für Wildstaudenpartien geeignet, 1,10 bis 1,30 m, 7/8, empfohlen auch für Einzelstellung.

Gentiana

Geranium
Storchschnabel (Storchschnabelgewächse)
☼-◐ △ ⊡ 5
Diese dankbaren, widerstandsfähigen Blüher mit den interessanten, tief eingeschnittenen Blättern und den hübschen, flachen Schalenblüten sind sowohl für Stein- als auch für Heidegärten, für Tröge und Kübelpflanzung geeignet. Sie lieben Halbschatten, trockenen, tiefgründigen Boden. Schwere Böden müssen verbessert werden. An sonnigem Standort benötigen sie mehr Feuchtigkeit. Hervorragend geeignet zu flächiger Bepflanzung halbschattiger, trockener Hänge, Böschungen, für Blumenwiesen oder Halbschattenpartien mit Herbstanemonen, Eisenhut, Silberkerze, Fingerhut, Gilbweiderich, aber auch mit Knäuelglockenblumen, Lavendel und Katzenminze. *Geranium dalmaticum* ist ein entzückendes Storchschnabelgewächs mit seidigrosa Blüten, 10 cm hoch, 7/8. Besonders für flächige Bepflanzung in Steingärten und Trögen. *G. dalmaticum* 'Album' ist eine weißblühende Varietät. *G. grandiflorum* 'Johnson' ist stark verzweigt und bringt große, schalenförmige Blüten in violetter Farbe hervor, 30 cm. *G. macrorrhizum*, ca. 30 cm, starker Wucherer, setzt sich auch gegen Unkräuter durch. Guter Bodendecker in halbschattiger Lage 5/7. *G. platypetalum*, bekannte, leuchtendblauviolettblühende Art, 50 cm, 5/6. *G. sylvaticum* 'Mayflower' ist großblumig, lichtblau, 60 cm, für Blumenwiesen. *G. sanguineum*, karminrot, für Steingärten und an trockenen Hängen besonders gut zu ziehen. Sät sich an zusagenden Plätzen selbst aus.

Geum
Nelkenwurz (Rosengewächse) K−
☼-◐ ⊡ ✕
Die Nelkenwurz liebt feuchten, nahrhaften Gartenboden. Die erdbeerartigen, ziegelroten, orangefarbenen und gelben Blüten erscheinen von Mai bis September. Sie eignen sich als Schnittblumen und stehen gut mit Akelei und Schleierkraut zusammen. Für den Garten sind folgende Sorten zu empfehlen:
Geum chiloense 'Mrs. Bradshaw', eine karminrote, halbgefüllte Art, die nur 40 cm hoch wird. Bekannt ist *G. coccineum* 'Borisii', mit großen mennigroten Blüten, starker Blüher, 35 cm; mennigfarbene Blüten besitzt auch *G. heldreichii*. Diese Farbe steht gut zu allen Blautönen im Garten. *G. coccineum* 'Luteum' ist leuchtendgelb. Eine der besten orangegelben Sorten ist *G.* x *hybr.* 'Georgenberg', ca. 25 cm hoch. Sie blüht im Juni/Juli. Niedrige Arten sind für den Kenner begehrte, nicht alltägliche Steingartenpflanzen mit großen Blüten. Sie gedeihen am besten in Steinspalten und Mauerfugen, wenn die Erde zuvor mit Torfmull vermischt wurde. Es handelt sich um die Sorten

G. montanum 'Olivense', gelb, 5/7, und *G. aurantiacum*, dunkelorange, *G. pyrenaicum*, gelb, 6/7, und *G. rossii*, gelb, 5/6.

Glechoma hederacea
Gundelrebe, Gundermann, (Lippenblütler)

◐–● △ ⚌

Gute Schattenstaude zur Bodendeckung, Blüte violettblau, 4/5, wuchert stark.

Globularia
Kugelblume (Kugelblumengewächs) K+

☼–◐ △ ⚌ 🌿

Globularia cordifolia blüht blau, 5/7. *G. trichosantha*, blau, 6/7, mit größeren Polstern. Beide rasen- oder polsterbildende Arten vertragen große Trockenheit. Am besten in Steinfugen im Steingarten, in Trögen und Trockenmauern.

Gypsophila
Schleierkraut (Nelkengewächse)

☼ ⊥ ▣ ✂ △ 🜚 [1]

Das allbekannte, hochgeschätzte Schleierkraut ist sowohl für den Stein- und Heidegarten als auch für hohe Blumenrabatten unentbehrlich. Besonders hübsch steht es zwischen den Beetrosen und bewirkt in der steifen Pracht eine willkommene Auflockerung. Alle Sorten sind gute Schnittsorten. Auch für Trockensträuße zu verwenden. Schleierkraut liebt leichten, trockenen, tiefgründigen Gartenboden und bildet dicke Pfahlwurzeln aus. Höher werdende Arten: *Gypsophila paniculata*, ca. 1 m, 6/8. *G. paniculata fl. pl.* gefüllt blühend. *G. paniculata* 'Rosea' blüht rosa. Gute Sorte ist 'Bristol Fairy', die wegen der großen Blüten allerdings zum Trocknen ungeeignet ist. Schleierkraut ist auch eine gute Solitärstaude vor Trockenmauern, an Treppen und neben der Terrasse. *G. hybrida* 'Rosea' und 'Flamingo' blüht leuchtendrosa, rot gefüllt. 'Rosenschleier' blüht zartrosa und wird 60 cm hoch, besonders schön für Einzelstellung im Steingarten und im Vordergrund von Blumenrabatten. Schleierkräuter neutralisieren unverträgliche Farben. Sie lockern zu feste Staudenkomplexe auf, wirken duftig und aufhellend vor dunklem Hintergrund und bringen viele Farben wie rot, blau, gelb, besonders gut zur Wirkung. Mit Rittersporn, Staudenmohn, Pechnelke, Phlox, Feuerlilie und anderen sind sie sehr gut zusammenzustellen.

Niedrige Schleierkrautarten kann man zur Hangbepflanzung, in Steingärten und auf Trockenmauern pflanzen. *G. cerastioides* blüht weißlilarosa, kriechender Wuchs, 5/6. *G. repens*, weißrosa, 6/8, steht gut zusammen mit *Campanula* und *Dryas*. *G. repens* 'Rosea' ein rosafarbenes Schleierkraut, *G. repens* 'Rubriflora' blüht rot. Sie sollten mit den gleichen Pflanzen benachbart werden wie *G. cerastioides*. Blaue Ehrenpreis und rote Purpurglöckchen vervollständigen den Blütenreigen.

Helenium
Sonnenbraut (Korbblütler)

☼ ⊥ ▣ ✂ 🜚 [3]–[5]

Die Sonnenbraut gehört zu den allbekannten Gartenstauden. Im Juli entfalten sich die großen Blüten. Die Blütezeit dauert bis Ende August. Beste Schnittstauden. Gelbe und bronzebraune Farbtöne dieser Sorten verlangen nach einem dunklen Hintergrund, um besonders zu wirken. Sie ergänzen sich gut mit Margeriten und Rittersporn. Die Bodenansprüche sind gering. Sie lieben halbfeuchten Boden und sonnigen Stand. *Helenium autumnale* ist die Art, aus der eine Reihe empfehlenswerter Sorten hervorgegangen sind: 'Goldene Jugend', goldgelb, straff, 80 bis 200 cm, 7/9, gute Gruppenpflanze, 'Moerheim Beauty', samtig warme, mahagonifarbene Blüten mit lockerem Wuchs. Gut für Einzelstellung oder mit nachtblauem Rittersporn und weißen Margeriten vor Eiben oder anderen Immergrünen. Schön als Einzelstaude am Rande von Flächenbepflanzungen mit Bergkiefern und Wacholder. 1 bis 1,3 m, 7/9. 'The Bishop' blüht goldgelb, 60 bis 70 cm, 7/8. 'Waltraud', goldbraun, 80 bis 100 cm, 7/8, steht gut mit *Aster amellus*, *Erigeron*, Bergkiefern zusammen. Auch mit anderen *Helenium*-Arten interessant in Gruppenpflanzung.

Helianthemum
Sonnenröschen (Cistrosengewächse) K+

☼ △ ⁓ 🌿

Dieser Halbstrauch wird bei uns zu den Stauden gerechnet. Er ist eine gute Steingartenpflanze, eignet sich aber auch gut für Mauern und Einfassungen wie z. B. ein erhöhtes Schwellenbeet. Nach der ersten, überschäumenden Frühjahrsblüte füllen gerade diese Pflanzen die Blütenlücke von Juni bis August mit ihrer ansprechenden Farbe. Rückschnitt nach der Blüte im August ist empfehlenswert. Dadurch bleiben die Pflanzen gedrungen und winterhart. Leichter Winterschutz in rauhen Lagen schützt vor Austrocknung. Reiche Blüte und immergrüne Belaubung machen die Pflanze so wertvoll. Sie verträgt am besten volle Sonne und trockenen Stand. *Helianthemum alpestris*, hellgelb, 6/7. *H. amabile fl. pl.* 'Rubin', dunkelrot gefüllt, *H. amabile sulphureum* 'Plenum', schwefelgelb, Massenblüher, *H. aurantiacum* 'Plenum', orangegelb gefüllt, Massenblüher. *H. chamaecistus* (= *vulgare*) goldgelb, winterharter Massenblüher. Erwähnenswerte Züchtungen: 'Cerise Queen', gefüllt, rosarot, 'Gelbe Perle', gefüllt gelb, 'Golden Queen', goldgelb, 'Lawrensons Pink', hellrosa in der Mitte aufgehellt. Interessant ist auch die Sorte 'Sterntaler' mit auffallend dunkelgrüner Belau-

Helenium

202 Gartenschmuckstauden

Stauden und Sommerblumen (hier Rudbeckien und Malven) lassen sich gut in der Blumenrabatte kombinieren.

bung und goldgelben Blüten, sehr flachwachsend. 'Whisley Primerose' blüht hellgelb und ist großblumig. Die englischen Hybriden sind nur für milde Lagen geeignet. Sie verlangen im August Rückschnitt und Winterschutz aus Tannenreisig.

Helianthus
Sonnenblume (Korbblütler)

Bekannt ist die einjährige, große Sonnenblume, aber es gibt auch alljährlich wiederkehrende Stauden, unter denen die besonders zum Schnitt geeignete *Helianthus decapetalus* 'Capenoch Star' mit den unterseits rauhen Blättern und großen, einfachen, zitronengelben Blüten erwähnenswert ist. Sie wird ca. 1,2 m hoch. *H. atrorubens* (= *sparsifolius*) blüht goldgelb, ca. 1,8 m hoch. Helianthusarten besitzen kriechende Wurzelstöcke und können sich daher unliebsam durch Wuchern bemerkbar machen. *H. salicifolius* (= *H. orgyalis*), die weidenblättrige Sonnenblume, wird bis zu 3 m hoch. Ihre Blätter sind besonders zierend. In der Nähe von Wasserflächen kommen sie voll zur Wirkung, obwohl sie trockenen Standort liebt. Die Blüten sind unscheinbare, goldgelbe Sonnenblumenblüten, die erst im September/Oktober erscheinen. Alle Sonnenblumenarten verlangen tiefgründigen, nahrhaften Boden mit geringem Kalkgehalt. Für gelegentliche Kompostgaben sind sie sehr empfänglich.

Heliopsis
Sonnenauge (Korbblütler)

Eine Staude für gut gedüngten, lockeren Gartenboden, die sowohl auf sonnigem als auch auf halbschattigem Standort gut gedeiht. *Heliopsis scabra* 'Goldgrünherz', eine frischgelb blühende Staude mit grüner Mitte, ist wind- und regenfest und wird ca. 1,2 m hoch, 7/9. *H. scabra* 'Patula' ist orangegelb, halbgefüllt. Dieser schöne Massenblüher eignet sich sowohl zur Einzelstellung als auch zur Gruppierung z.B. mit *Monarda, Liatris* und Astern. 120 cm, 6/9. Gute Sorten sind ferner *H. scabra* 'Goldgefieder', großblumig, goldgelb, stark gefüllt, 1,2 m, 'Karat', sehr große Blüten, einfach, leuchtendgelb, 1,2 m, 'Sonnenschild', dunkelgelb gefüllt mit grüner Mitte, 1,2 m, 'Spitzentänzerin', feinstrahlige Blätter, halbgefüllt, leuchtendgelb, 1,3 m. Sie alle sind gute Schnittblumen.

Helleborus
Christrose, Schneerose
(Hahnenfußgewächse)

Dieser prächtige Winterblüher ist eigentlich relativ selten in den Gärten anzutreffen, obschon viele Gartenbesitzer davon träumen. In fast jedem Garten gibt es Stellen, die den Ansprüchen der Christrose genügen. Sie liebt Halbschatten, gedeiht am besten zwischen Sträuchern und unter hohen Bäumen in laubbedecktem Boden, zwischen Polstern von Maiglöckchen und Waldmeister, von Lungenkraut und Salomonsiegel, und muß viele Jahre auf dem gleichen Platz stehen, um sich voll entwickeln zu können. Christrosen sollen möglichst nicht mit mineralischem Dünger gedüngt werden. Sehr dankbar für jährliche Kompostgaben. Keine Einzelstellung. Winterlinge, Schneeglöckchen, Krokusse und frühe Tulpen gehören dazu. Auch der Seidelbast und die früh blühende Kornelkirsche aus der Gehölzflora sind gute Begleiter. Das Leberblümchen und die Haselwurz vervollständigen den Reigen. So gedeihen sie auch an leicht schattigen Stellen im Steingarten. *H. niger* ist die weiße Christrose, die in europäischen Bergen heimisch ist und dort bisweilen bei milder Witterung um Weihnachten blüht! Sie ist die Stammform vieler weißer und rosafarbener Sorten, die als großblumige Hybriden in den Gärten ihren Einzug halten: *H. niger* 'Praecox', die früheste, 30 cm, 10/11, *H. niger* 'Grandiflorus', großblumig, *H. niger* 'Macranthus' ist die schönste, mit besonders großen Blüten. Christrosen sind keine guten Schnittstauden. Wenn sie dennoch in der Vase einige Tage halten sollen, ist dem Wasser eine Prise Zucker beizufügen.

Hemerocallis
Taglilie (Liliengewächse) K–

☼–◐ △ ⊥ ▣ ≈ ✕ 4

Kaum eine Pflanze ist in den letzten Jahren züchterisch mehr bearbeitet worden als dieses Liliengewächs, das mit seinen eleganten schilfartig überhängenden schmalen Blättern überall im Garten zu verwenden ist. Ob Sonne oder Halbschatten, Rabatte oder an Bach und Teichufern, in Kübeln und auf Hochbeeten – immer ist diese schöne, anspruchslose Pflanze eine besondere Erscheinung. Nach der Pflanzung benötigen verschiedene Sorten einige Jahre, um richtig einzuwachsen. Man teilt sie aber erst dann, wenn sie mit dem Blühen nachlassen. *Hemerocallis* eignen sich gut zur Gruppenpflanzung mit hohen Glockenblumen, mit Fakkellilien, Wiesenraute, blauem Rittersporn, Frauenfarn und dekorativen Horstgräsern. Von den vielen hochgezüchteten Arten, die in den mannigfachsten Farben im Handel sind, seien nur wenige genannt:
'Atlas', riesenblumig, hellgelb, mit leicht gewelltem Rand, 1 m, 'Crimson Pirate', leuchtendrot mit orangefarbenem Schlund, 70 cm, 'Jake Russel', großblumig, goldgelb, 80 cm, 'Luxury Lace', lavendelrosa mit grünem Schlund, 80 cm, 'Pink Damask', zartrosa mit Fernwirkung, 90 cm, 'Sammy Russel', ziegelrot, orangefarbener Schlund, besonders reichblühend, ca. 70 cm, 'Shooting Star', grünlichgelb, sehr große Blüten, 1 m hoch, 'Serene Madonna', weiß, großblumig, 70 cm.

Hepatica nobilis
Leberblümchen (Hahnenfußgewächse)

△ ◐–● 🏠

Dieser entzückende Frühjahrsblüher mit den anemonenähnlichen Blüten und den schönen, dreilappigen Blättern gedeiht am besten in feuchtem, humosem Boden unter Gehölzen. Schön ist die einfache Art *Hepatica nobilis* (= *H. triloba*) mit leuchtendblauen Blüten. Es gibt aber auch Spielarten wie 'Alba', reinweiß, 'Rubra Plena', karminrosa gefüllt. Sie alle werden ca. 15 cm hoch und blühen im März/April.

Heracleum
Herkulesstaude (Doldengewächse)

☼ ⊥ 🏠 ≈ 1

Eine imposante Einzelstaude, die viel Platz benötigt, um sich zu entfalten. Sie eignet sich gut zur Freistellung an großen Teichen oder in einer Rasenfläche. Auch große Blumenwiesen können mit der Herkulesstaude bereichert werden. *Heracleum mantegazzianum* wird bis 3 m hoch und besitzt breite, weißblühende, bis 70 cm große Dolden.

Heuchera
Purpurglöckchen (Steinbrechgewächse)

☼–◐ △ ▣ 🌿 ✕

Im Steingarten, zwischen Polsterstauden, Zwergnadelgehölzen und in freier Pflanzung im Halbschatten oder in der Sonne, zusammen mit Schleierkraut, Katzenminze und gelber Nachtkerze – überall bringen sie mit ihren leuchtendroten oder rosafarbenen Glöckchen Leben in die Pflanzung. Die zierlichen Rispen des Purpurglöckchens sind sehr lange haltbar. Sie lieben humusreichen, frischen, nährstoffreichen Boden, wenn sie gut gedeihen sollen. In rauhen Lagen ist leichter Winterschutz aus Fichtenreisig zu empfehlen. Gute Sorten sind: *Heuchera sanguinea*, 6/8, *H. x brizoides* 'Gracillima', zierlich rosa, mit fein verzweigten Rispen, ca. 50 cm, *H. x brizoides* 'Red Spangles', leuch-

Wenn die Blütenpracht im Garten verschwunden ist, erfreut uns der Beerenschmuck der Gehölze noch bis in den Winter hinein (Sanddorn).

tendscharlach mit gedrungenen Rispen, diese Sorte blüht sehr früh, 60 cm, 'Scintillation', leuchtendrosa Blütenglöckchen, ca. 60 cm, 'Weserlachs', eine lachsrosa Sorte mit festen Blütenstielen.

Hieracium
Habichtskraut (Korbblütler) K+
☼ △

Diese anspruchslosen Stauden sind gute Bodendecker für trockene Bereiche im Stein- oder Heidegarten. *Hieracium aurantiacum* blüht orange, ca. 30 cm hoch, *H. x rubrum*, ca. 20 cm. *H. villosum* mit weißwolligen Blättern, blüht gelb, 7. Diese Art gedeiht sogar in Steinfugen und auf Trockenmauern.

Hosta
Funkie (Liliengewächse) K−
☼−◐−● ≈ ⤳ 9

Diese Stauden, die schon in den Gärten unserer Großeltern beliebte dekorative Blatt- und Blütenpflanzen waren, sind in den letzten Jahren wieder modern geworden. Sie erreichen ihre beste Wirkung als Uferstauden am Wasser und vertragen halbschattigen bis schattigen Standort. Auch in Gehölzlichtungen lassen sie sich mit höheren Schatten- und Halbschattenstauden im Hintergrund gruppieren. Der Waldgeißbart, Astilben und Fingerhut, Maiglöckchen, Ysander als Bodendecker und viele Primelarten passen zu Funkien. Blaugrüne Arten sind besonders auffällig. Reichlich Kompost läßt das Laub üppig gedeihen.
H. sieboldiana 'Elegans' (= *H. fortunei* 'Robusta') mit breitherzförmigen, blaubereiften Blättern, blüht lilaweiß, 60 cm, *H. glauca* und *H. fortunei* 'Rugosa' besitzen ebenfalls graublaue Blätter, 60 cm. Mit gewellten, weißbunten Blättern präsentiert sich *H. undulata* 'Univittata'. Sie wird nur 30 cm hoch und eignet sich auch zur flächenhaften Bepflanzung. Für Kübelpflanzung im Halbschatten empfehlenswert. *H. plantaginea* 'Grandiflora', die Lilienfunkie, besitzt breitherzige, große Blätter und weiße, große duftende Blüten in wirkungsvollen Trauben. Sie ist eine gute Schnittstaude.

Hypericum
Johanniskraut (Hartheugewächse)
☼−◐ △

Die Johanniskräuter zeichnen sich durch die schöne Belaubung und durch die goldgelben Schalenblüten aus, die mit zahlreichen strahlenförmigen Staubgefäßen ausgestattet sind. Die strauchigen Arten wurden unter den Laubgehölzen bereits aufgeführt. *Hypericum calycinum* ist als Bodendecker mit den immergrünen, ledrigen Blättchen und goldgelben Strahlenblüten willkommen, ca. 30 cm, 7/9. In rauhen Gegenden ist Winterschutz angebracht.

H. olympicum 'Citrinum', blaugrün belaubtes *Hypericum* mit zitronengelben, großen Blüten, die in Trugdolden zusammenstehen, 15 cm, Polsterpflanze, *H. polyphyllum*, 15 cm, Polsterpflanze mit gelben Blüten in Trugdolden sind gut für Steingärten. Besonders empfehlenswert: *H. polyphyllum* 'Grandiflorum', ein Juwel für den Steingarten mit großen, goldgelben Blüten.

Iberis
Schleifenblume (Kreuzblütler)
☼−◐ △ ⤳ 🏠 ⚘

Schleifenblumen erscheinen mit ihren großen weißen Blütenständen schon sehr zeitig im Frühjahr. Sie eignen sich für Steingärten, Wege- und Beeteinfassungen, auf Schwellenbeeten für Dachterrassen und Kübelpflanzen – kurzum für alle Zwecke, wo man Polsterpflanzen mit Rasenersatzeigenschaften benötigt. Im Zusammenspiel mit vielen anderen Frühlingsblühern wie Aubrietien, Steinkraut, den ersten blühenden Japanischen Azaleen und Tulpen *(Tulipa praestans)* lassen sich wirkungsvolle Farbzusammenstellungen mit dieser Pflanze erreichen, die keine großen Bodenansprüche stellt und sowohl in sonniger wie in halbschattiger Lage gut gedeiht. *I. saxatilis* bleibt niedrig und blüht überreich, 10 cm, *I. sempervirens* 'Findel' ist eine starkwüchsige Sorte. Sie wird bis zu 25 cm hoch, reichblühend, 4/5. *I. sempervirens* 'Zwergschneeflocke' und 'Schneeflocke' sind empfehlenswerte Sorten von 15 bzw. 25 cm Höhe.

Inula
Alant (Korbblütler)
☼ △ 🏠

Inula ensifolia ist ein unermüdlicher Blüher mit schmallanzettlichen Blättern, ca. 20 cm hoch, gut in Verbindung mit Katzenminze, Salbei und Gräsern. Auch *Aster amellus*, *Veronica* und Polsterpflanzen des Steingartens eignen sich zur Benachbarung, 6/9. *I. magnifica* (= *I. afghanica*) mit bis zu 1 m langen Blättern wird ca. 2 m hoch und entwickelt dekorative große gelbe Blütenstände. Diese Pflanze ist allerdings nur für Einzelstellung in großen Anlagen geeignet oder als Vorpflanzung zu großen Gehölzgruppen. Sie liebt wie alle *Inula*-Arten sonnigen Stand.

Iris
Schwertlilie (Irisgewächse)
☼−◐ ⛬ ✕ 3−5

Was wären unsere Gärten ohne die Fülle der Arten und Sorten dieser wunderschönen Pflanzen, die uns drei Monate hindurch köstliche Farben und viele edelgeformte Blumen bescheren. Am Wasserbecken und in der Staudenrabatte, im Kübel und auf dem Dachgarten,

zwischen Wildstauden und Gräsern – überall begegnen wir herrlichen Formen dieser vielartigen Pflanzengattung, die so universell verwendbar ist. Kaum eine andere Staudenart ist züchterisch so stark bearbeitet worden, wie die Schwertlilie. Die Wildformen der Zwergiris können sogar in den Steingarten gepflanzt werden. *Iris pumila* entfaltet dort schon im April ihre violetten, weißen und gelben Blüten zwischen den Polsterpflanzen und Felspartien. Für naturnahe Gärten eignet sich *I. sibirica*, die Sibirische Schwertlilie. *I. pseudacorus* steht gern am Wasser oder im Wasser. Sie entfaltet die prächtigen gelben Blüten im Juli. Die dekorativen Blätter sind eine Zierde für jeden Biotopweiher. Daneben gibt es Zwiebelirisarten wie *I. hollandica* und *I. anglica*, die in bunten Farben in unseren Gärten Einzug gehalten haben. Trotz des aristokratischen Aussehens stellen Schwertlilien im allgemeinen keine hohen Ansprüche an Boden und Standort. Seit Jahrhunderten begleiten sie den Menschen im Garten und haben sich dem Gartendasein so angepaßt, daß sie mit jedem guten Gartenboden vorlieb nehmen, der keine Vernässung aufweist. (Ausnahme *I. pseudacorus*, *I. kaempferi* und *I. laevigata*). Am liebsten gedeihen Irissorten, die eigentlich Steppenpflanzen sind, auf trockenem oder leicht feuchtem Gartenboden, der durch reiche Kompostgaben ein gesundes Wachsen und Blühen garantiert. Unter der Bezeichnung *I. x barbata-elatior* werden heute die züchterisch bearbeiteten Gartenris geführt. Es handelt sich dabei um *I. germanica/I. barbata/I. elatior*-Kreuzungen. Es ist unmöglich, die Zahl der Sorten, die durch Bearbeitung von Spezialbetrieben in den USA und in Deutschland ständig herausgebracht werden, zu überschauen. Die Farbskala reicht von Weiß über Gelb zu Blau bis Nachtblauviolett, Rot und zu mehrfarbigen Blüten mit straffem oder gewelltem Rand, so daß es schwerfällt, Sorten zu empfehlen, denn vieles, was heute noch große Mode ist, kann morgen schon überholt sein. Es gibt einige Sorten, die zu den sogenannten Dauerbrennern gehören. Sie haben sich jahrelang in den Gärten bewährt und sind heute noch im Handel. Solche Sorten sind z. B. 'Blue Monarch', zarthellblau, großblumig, 130 cm, 5/6, 'Black Wings', samtigschwarzblau, 90 cm, 5/6, 'Ola Kala', tiefgoldgelb, 90 cm, 5/6, 'Olympic Torch', kupfrigbronze, 80 cm, 5/6, 'Sable Night', tiefschwarzblau, 90, 6, 'Wabash', weiß und blau, 1 m, 5/6, 'Wedgewood', klares Mittelblau, 70 cm, 5/6, 'White Knight', alabasterweiß, 60 cm, 5/6, 'Rosenquarz', rein rosa, 90 cm, 5/6, 'South Pacific', leuchtendblau, 1 m, 5/6.
Daneben unterscheidet man eine Gruppe von Schwertlilien, die nur halb so hoch werden. Sie werden auch als *Iris x barbata – media* bezeichnet. Hierzu gehören Sorten wie: 'Findelkind', tiefgoldgelb, 'Lichtelfe', lavendelblau mit olivfarbenem Anflug, 'Schwanensee', reinweiß, 'Spring Glory', braunrot, 'Walhalla', lilalavendelblau mit samtigen, weinroten Petalen. Diese Schwertlilien werden nur etwa 40/50 cm hoch und blühen bereits ab Mai.
Als dritte Gruppe unterscheidet man Zwergschwertlilien, die durch Einkreuzungen von *I. pumila* aus den *Barbata*- bzw. *Germanica*-Hybriden entstanden sind. Sie werden nur etwa 15 bis 30 cm hoch und blühen im April/Mai. Hierzu gehören die Sorten 'Coerulea', himmelblau, 'Excelsa', ockergelb, 'Green Spot', weiß mit grüner Aderung, 'Cherry Rubin', rubinrot mit goldgelbem Bart, reichblühend, 'Schneekuppe', weiß.
Viel zu wenig Beachtung finden die Japanischen Sumpfiris. Sie sind die schönsten der gesamten Irisgruppe. Flache, schalenblütige Blumen entfalten sich auf den straffen Stielen in ungeahnter Schönheit in weißen, blauen und violetten Farbtönen. Zu ihnen gehören *I. kaempferi*, die Japanischen Prachtiris, die einen flachen Wasserstand oder sumpfigen Boden von Mai bis Juli bevorzugen. Im Herbst und Winter sollen sie trockener stehen. Die Pflanzen werden ca. 80 cm hoch und blühen ab Juli. *I. laevigata* liebt ähnlichen, feuchten Standort, kann aber während des ganzen Jahres feucht stehen und blüht ab Juli mit kräftiglila oder weißen Schalenblüten, die etwas kleiner sind als *I. kaempferi*. Die Blütezeit dauert bis in den September.
I. sibirica, die Sibirische Schwertlilie, ist im Garten vielseitig verwendbar. Sie versagt niemals, darf aber – wie alle Irisarten – nicht zu tief gepflanzt werden, wenn sie reich blühen soll.
I. sibirica kann sowohl an Uferrändern wie auf Rabatten gepflanzt werden. Das Laub mit den schmallanzettlichen Blättern ist ein guter Kontrast in der Rabatte, eignet sich aber auch im Wildstaudengarten zur Gliederung der Pflanzengruppen. Auch als Kübelpflanze zu verwenden. Als Benachbarung empfehle ich weiße Margeriten, Blutweiderich, Funkien oder Bergenien (Löffelblatt). *I. sibirica* wird ca. 80 cm hoch. *I. sibirica* 'Alba' ist weiß, 'Caesar' blüht violettpurpur, 'Perrys Blue' ist hellblau und 'Strandperle' himmelblau.
Nicht zu vergessen sind die zahlreichen botanischen Schwertlilienarten, wie z. B. *I. aphylla* 'Autumn King', eine dunkelviolette, ca. 50 cm hohe Irisart, die im April/Mai blüht und im November remontiert. Interessant ist auch *I. foetidissima*, mit schmalen Blättern und lilafarbenen Blüten im Juni. Die Fruchtstände sind sehr dekorativ. Die Kapseln platzen auf und zeigen lange Zeit die leuchtendorangeroten Samen. *I. graminea* wächst grasartig. Die hellvioletten Blüten der 50 cm hohen Pflanzen duften. Steht gut in Heidepartien. *I. versicolor* 'Kermesina' ist

eine auffällige Wildform, sie besitzt gelbe Saftmale, die den Blüten ein exotisches Aussehen verleihen; 80 cm, 6/7.

Kentranthus
Siehe *Centranthus* S. 193.

Kirengeshoma
Wachsglocke (Steinbrechgewächse)
☼–◐ ⬇
Diese wenig bekannte, herbstblühende Staude sollte viel mehr in den Gärten gepflanzt werden. *Kirengeshoma palmata* ist eine dekorative Staude mit spitzlappigen, frischgrünen Blättern und nickenden, gelben, wachsartigen Blütenglocken. Sie blüht von Oktober bis Dezember. Die Pflanze wird ca. 60 cm hoch. Gut geeignet für sonnigen bis halbschattigen Standort, in Frostlagen leichter Winterschutz erforderlich.

Kniphofia
Fackellilie, Tritoma (Liliengewächse)
☼ ⊡ ⊥ ✂ 🔒 ③
Mit dieser Pflanze erregen wir im Staudenbeet oder als Solitärpflanze, z. B. am Wasser, Aufsehen. Die schmalen lanzettlichen Blätter und die merkwürdigen Blütenstände, die sich gut zum Schnitt eignen, sind so außergewöhnlich, daß sie sofort auffallen. In milden Klimabereichen absolut winterhart, in rauheren Lagen sollte sie durch Abdecken mit Tannenreisig geschützt werden. Bemerkenswerte Sorten sind *K.* x *hybrida* 'Expreß' mit hell- bis dunkelorangefarbenen Blütenständen, die bereits im Juni blühen, 80/90 cm, 'Royal Standard', gelb-scharlachfarbene Blütenkolben, beste Schnittsorte, ca. 100 cm, 7/10, 'Safranvogel', lachsrosa, 80 cm, 8/9, und *K. uvaria* 'Grandiflora' mit großen Blütenkolben, die von Gelb nach Rot übergehen. Sie wird am höchsten, ca. 1,2 m.

Die Fackellilie oder Tritome (Kniphofia) mit ihren exotischen Blütenständen steht am besten in der Nähe eines Teiches. Sie liebt frischen bis feuchten Standort.

Lathyrus
Platterbse (Schmetterlingsblütler)
◑-●
Diese robusten, kleinen, buschigen Frühlingsblüher sind in der Staudenrabatte als Boten der wiedererwachenden Natur hochwillkommen. *Lathyrus vernus*, die Frühlingsplatterbse, karminrot, verblauend, wird 30/35 cm hoch. Sie stellt keine Ansprüche an den Boden, gedeiht sowohl auf sandigen wie kalkhaltigen Böden und in halbschattiger Lage unter Sträuchern. Empfindlich gegen mineralische Dünger.

Lavandula
Lavendel (Lippenblütler)
☼ △ ⌇ ✕ 🏠
Wer kennt nicht diese aromatisch duftenden Zwergsträucher, die eigentlich nicht zu den Stauden, sondern zu den Gehölzen gerechnet werden müßten. Lavendel bevölkerte schon vor Jahrhunderten unsere Gärten und erfreute sich vor allem wegen seines Duftes großer Beliebtheit. Auch heute gehört er noch zu den beliebten und gefragten Stauden des Blumengartens. In Verbindung mit Beetrosen, Schleierkraut und Gräsern lassen sich sehr schöne Blumenrabatten zusammenstellen. *Lavandula angustifolia* blüht in unseren Breiten ab Juli. Besonders hervorzuheben ist die Sorte 'Hidcote Blue', die einen kompakten Wuchs besitzt. Die Blütenähren sind tiefviolettblau. 'Munstead' ist eine blaue Sorte von ca. 40 cm Höhe. 'Rosea' blüht rosafarben, 40 cm. Lavendel eignen sich gut zur Kübelbepflanzung. Sie stehen auch gut im Steingarten und Heidegarten. In der Blütezeit überschneiden sie sich auch noch mit *Calluna*, der Besenheide, die hier mit weißen und lilaroten Formen ein interessantes Farbenspiel ermöglicht.

Leontopodium
Edelweiß (Korbblütler)
☼ △ ⌇ ✕
Das Edelweiß ist eine begehrte Pflanze für den Steingarten, aber es bewährt sich nur auf kalkhaltigen, mageren Böden, wo es sich einigermaßen ansehnlich entwickelt. *Leontopodium alpinum*, das Edelweiß unserer Alpen, mit den weißwolligen Blüten, das ca. 15 cm hoch wird und von Juli bis Oktober blüht, wird in der Ebene großblumig und vergrünt leicht, wenn es in normalem Gartenboden gezogen wird.

Leucanthemum maximum
Siehe *Chrysanthemum maximum* S. 194.

Liatris
Prachtscharte (Korbblütler)
☼ ⌇ ✕ 🏠 5
Diese dankbare Staude mit den merkwürdigen Blütenähren, die etwa 1 m lang werden und von Juli bis September von oben nach unten aufblühen, sind hervorragende Schnittstauden. *Liatris pycnostachia* blüht hellpurpur von Juli bis November. *L. spicata*, 80 cm, 7/10, *L. spicata* 'Kobold', leuchtendviolett, 40 cm, 6/10. Sie lieben sonnigen Standort oder lichten Schatten und nährstoffreichen Gartenboden.

Ligularia (Senecio)
Greiskraut (Korbblütler)
☼-◑ ⊥ ⌇ ⌇ 🏠 1
Dekorative Stauden mit großen, ornamentalen Blättern und prachtvollen gelben Blütenständen. Gut als Solitärpflanze für größere Rabatten oder Einzelstellung in Rasenflächen oder zwischen Bodendeckern geeignet. Auch in naturnahen Pflanzungen und an Gewässerrändern kommt sie sehr gut zur Geltung. *Ligularia clivorum* 'Desdemona' ca. 1 m hoch mit rundlichen, großen, herzförmigen Blättern. Blüte rötlichorange. *L. x hessei*, besonders hoch, bis 1,8 m, kolbenartige Blütenstände mit leuchtendgelben Blüten, Blätter groß, rundlich. *L. przewalskii* besitzt fingerförmig geteilte Blätter und aufrechte Blütenähren mit kleinen, schmalen, gelben Blütchen. Diese aparte Art wird ca. 1 m hoch. *L. wilsoniana* mit den rundlichen nierenförmigen Blättern entwickelt pyramidenförmige Blütenstände bis zu 1,5 m mit gelben Blüten. *L. clivorum* 'Othello' wird 1 bis 1,2 m hoch und blüht auffallend orangegelb. Das Laub ist rotgrün gefärbt und steht in starkem Gegensatz zu den leuchtendfarbenen Blüten. Die Ligulariaarten blühen von Juni bis Oktober. Sie lieben sonnigen bis lichtschattigen Standort und feuchten, tiefgründigen, nährstoffreichen Boden. Bei Trockenheit Kümmerwuchs. Schneckenfraßgefährdet.

Linum
Lein (Leingewächse)
☼ △ ⌇ 🏠
Früher diente der Lein zur Leinenfabrikation, heute ziert diese graziöse, langblühende Staude, die sich vor allem für Heidegärten, Trogbepflanzung und Steingärten eignet und auch als Einzelstaude in bodendeckende Bepflanzung gesetzt werden kann, so manchen Garten. *Linum flavum*, der Goldflachs, wird 20 cm hoch und blüht gelb. *L. narbonense* 'Heavenly Blue', 40 cm, große himmelblaue Blüten, *L. perenne*, der gewöhnliche Flachs, blüht hellblau und wird ca. 50 cm hoch. Es gibt auch eine weiße Spielart: *L. perenne* 'Album'. Die Blütezeit dauert von Mai bis Juli.

Lupinus
Lupine, Wolfsbohne (Schmetterlingsblütler)
☼ ⊥ ⌇ ✕ 5
Lupinen sind wichtige Farbenträger in der Staudenrabatte. Es gibt starkfarbige Sorten. Aber

Linum

auch das geteilte quirlige Blatt besitzt hohen Zierwert. Die Blüten erscheinen in großen Blütenähren. Wertvollste Arten sind die sogenannten Russel-Hybriden. Sie sind in vielen Farben im Handel erhältlich. Lupinen lieben sandigen, lockeren Boden, der nicht frisch gedüngt sein darf. Im Winter ist leichter Bodenschutz angebracht. Schneidet man die Blütenstände nach dem Blühen unterhalb der Blüten ab, so entstehen in den Achseln am Blütenstand weitere Blütenkerzen. Auf diese Weise kann die Blütezeit stark verlängert werden. Vermehrung leicht durch Aussaat.

Lychnis
Lichtnelke (Nelkengewächse)

Diese bekannte Gartenstaude, die auch Brennende Liebe oder Pechnelke genannt wird, ist eine gute Schnittstaude. Die leuchtendroten Dolden sind aus den Bauerngärten nicht wegzudenken. Ihre zauberhafte Wirkung beruht auf Zusammenstellung mit anderen Stauden wie *Achillea* und Rittersporn und weißen Margeriten. *Lychnis chalcedonica* blüht feuerrot und wird ca. 1 m hoch, 6/7. *L. chalcedonica* 'Plena' ist eine gefüllte Spielart mit langer Blütezeit. 80/100 cm hoch. *L. viscaria fl. pl.* ist eine dunkelrote Pechnelke von ca. 50/60 cm Höhe. Sie steht sehr gut mit *Filipendula hexapetala* zusammen.

Lysimachia
Pfennigkraut (Primelgewächse) K–

Das Pfennigkraut *(Lysimachia nummularia)* ist eine bodendeckende Staude für feuchte Lagen. Die gelben Blüten erscheinen von Mai bis Juli. Steht gut an Uferrändern mit Sumpfvergißmeinnicht und Gauklerblumen zusammen. Eine verwandte Art ist *L. punctata*, der Gelb- oder Gilbweiderich. Er wird ca. 80 cm hoch. Die gelben Blütenschweife blühen von Juni bis August und sind sehr farbwirksam. Allerdings hat die Pflanze den Nachteil, daß sie leicht wuchert. Sie gedeiht auch an trockenerem Standort. Gut zur Verwilderung in naturnahen Gärten geeignet.

Lythrum
Weiderich, Blutweiderich (Weiderichgewächse) K–

Der Weiderich ist eine hervorragende Wildstaude, die gut in naturnahen Gärten an feuchtem Standort oder in der Nähe eines Wasserbeckens ihren Platz findet. Sie ist ein Dauerblüher, der von Juli bis September den Garten mit seiner kräftigen Blütenfarbe bereichert. *Lythrum salicaria* 'Rakete' ist karminrot, 80 cm, 7/9, eine der bekanntesten Arten. *L. salicaria* 'Robert', lachskarmin, 70 cm, 7/9, steht besonders schön mit gelben Taglilien, Ufergräsern, *Ligularia* und Funkien zusammen. Gedeiht auch in Sumpfzonen mit Binsen, Froschlöffel und Sumpfdotterblume. *L. virgatum* 'Rose Queen' mit zierlichen rosaroten Blütenrispen ist ein interessanter Dauerblüher, der besonders schön mit *Achillea ptarmica* 'Schneeball' oder mit ungefüllten Margeriten zusammenpaßt.

Macleaya cordata
Federmohn (Mohngewächse) N–

Der Federmohn gehört zu den phantastischsten Gewächsen des Staudenreigens. Er erreicht innerhalb von kurzer Zeit eine Höhe von 3,5–4 m und bildet markante Blätter und bemerkenswerte fiedrige Blütenstände aus. Die großen Blätter, die bei Regenwetter das Wasser abperlen lassen, erinnern an Feigenblätter. Blüte von Juli bis September. Die Staude eignet sich gut zum Schnitt für große Bodenvasen. Man pflanzt Federmohn am besten als Solitärpflanze, als Hintergrund oder in Verbindung mit hohem Helenium, Rudbeckien (*R. nitida* 'Herbstsonne') oder als Sichtschutz in neu angelegten Gärten. Man kann auch häßliche Zäune und Wände auf diese Weise verschwinden lassen. Federmohn ist unverwüstlich. Wuchert etwas.

Mimulus
Gauklerblume (Rachenblütler)

Diese interessante, reichblühende Pflanze, die von Juni bis September an sonnigem Standort auf feuchten, nährstoffreichen Böden ihre merkwürdigen, lebhaft gefärbten Blüten entfaltet, eignet sich besonders zur Bepflanzung von Uferrändern. Gute Sorten sind: *Mimulus cardinalis*, silbrig behaarte Belaubung, leuchtendrot blühend, 40 cm hoch, verträgt auch trockeneren Standort, *M. cupreus* 'Roter Kaiser' blüht scharlachrot, 15 cm hoch, *M. luteus* ist die bekannte gelbe Art, 20 cm hoch, goldgelber Massenblüher, *M. x tigrinus* 'Grandiflorus' ist gelbrot gefleckt in verschiedenen Schattierungen. Nicht immer ausdauernd.

Monarda
Indianernessel, Monarde (Lippenblütler)

Diese aufrechtwachsende Staude bringt interessante quirlförmige Blütenstände hervor und besitzt aromatisch duftendes Laub. Sie eignet sich mehr für naturnahe Gärten, kann aber auch zur Vorpflanzung von Gehölzgruppen oder an bestimmten Plätzen zum Verwildern gepflanzt werden. In der Staudenrabatte leistet sie einen interessanten Farbenbeitrag, der durch hohes Schleierkraut noch verfeinert werden kann. Sie liebt feuchten, nahrhaften Gartenboden und sonnigen Standort. Im Halbschatten blüht sie

Nur in der Staudenrabatte gelingen uns solche farbprächtigen Pflanzungen. Durch sorgfältige Auswahl der Pflanzen können wir hier das Blühen vom zeitigen Frühjahr bis zum Spätherbst erleben.

nicht so reich. Man pflanzt sie am besten im Frühjahr. Herbstpflanzungen bringen leicht Ausfälle. Die meisten Sorten werden 1 bis 1,2 m hoch und blühen im Juli/August. *Monarda didyma* 'Cambridge Scarlet' ist dunkelscharlachrot, 'Croftway Pink' blüht lachsrosa, 'Prairiebrand' blüht dunkellachsfarben, 'Prairienacht' ist dunkelpurpur, 'Schneewittchen' weiß.

Myosotis
Vergißmeinnicht (Borretschgewächse) K−
☼−◐ △ ≈ ∿

Myosotis palustris, das Sumpfvergißmeinnicht, gehört zu den Stauden. Die Sorte 'Thüringen' mit dunkelblauen großen Blüten wird etwa 30 cm hoch und blüht von Mai bis November. Diese Art steht gut zusammen mit Schaumkraut und Sumpfdotterblumen. Liebt Uferränder und Sumpfbeete. Auch in Verbindung mit Trollblumen und frühblühenden rosafarbenen Azaleen sehr wirkungsvoll.

Nepeta faassenii
Katzenminze, Silberminze (Lippenblütler) K+
☼ △ ∿ 🏠

Nepeta faassenii (= *N. mussinii*) ein anspruchsloser Dauerblüher mit den blauvioletten Blüten und der graugrünen Belaubung ist gut als Begleiter von Beetrosen zu pflanzen. Aber auch im Steingarten und auf Dachgärten in exponierten Lagen hat die Katzenminze ihren festen Platz. Zwischen herbstlichen Heidekräutern und Gräsern paßt sie auch in naturnahe Gartenpartien.

Oenothera
Nachtkerze (Nachtkerzengewächse)
☼ △ ⊡ 🏠

Diese langblühenden, leuchtendgelben und weißen Blütenstauden, die ca. 40 cm hoch werden, von Juni bis Juli blühen und zum Teil im September mit einem Nachblütenflor erscheinen, sind wichtige Farbträger des Staudenbeetes im Garten. Sie stehen gut zusammen mit der Katzenminze, mit Ehrenpreis und Gräsern, mit Purpurglöckchen und Knäuelglockenblumen, Schleierkraut und vielen anderen, halbhohen und niedrigen Stauden. Da sie keine großen Bodenansprüche stellen, ist ihre Anpassungsfähigkeit besonders groß. *Oenothera missouriensis* bleibt kriechend, 15−20 cm hoch, große hellgelbe Blüten von Juli bis September. Für die Rabatte eignen sich besser die höher werdenden Sorten wie *O. tetragona* 'Hohes Licht' oder *O. t.* 'Fyrverkerij' mit leuchtendgelben Blüten, 40 cm, *O. speciosa* weißblühend, wird ca. 40 cm hoch. Die duftenden Blüten erscheinen von Juli bis Oktober. Zu Zwergrittersporn und blauen, niedrigen Glockenblumen eignet sich *O. linearis*, eine gelbe Nachtkerze, die von Juli bis Oktober blüht und sich im Herbst dunkel färbt.

Oenothera

Pachysandra terminalis
Ysander, Dickanthere (Buchsbaumgewächse)
◐−● ∿ ═ ❄

Dieses immergrüne Halbgehölz ist einer der besten Bodendecker für sonnige bis schattige Lage. Auf sonnigen Plätzen verlangt Ysander höhere Bodenfeuchtigkeit. Das lederartige saftiggrüne Laub ist zur Unterpflanzung von Gehölzen und zur flächenhaften Begrünung z. B. in Vorgartenflächen bestens geeignet. Die weißen, unscheinbaren Blüten erscheinen im Mai.

Paeonia
Pfingstrose (Hahnenfußgewächse)
☼−◐ ⊥ ⊡ ✕ 1

Jeder kennt die roten dichtgefüllten Pfingstrosen, die uns als Bauernblumen bekannt sind und zu den wichtigsten Blütenstauden gehören. Je länger man sie auf einer Stelle beläßt, desto besser entwickeln sich die Pflanzen, die nahrhaften, kräftigen, mit Kompost verbesserten Boden verlangen und möglichst jährlich eine Gabe von altem, verrottetem Rinderdung erhalten sollten. Die schweren Blüten können bei starken Regenfällen leicht umfallen, daher sollte man sie schon während die Knospen erscheinen aufbinden. Pfingstrosen dürfen nicht zu tief gepflanzt werden, dann blühen sie wenig oder gar nicht. Die Gattung wurde im Laufe der Jahrhunderte und Jahrzehnte züchterisch mehrfach bearbeitet. Viele Arten und Sorten bescheren uns reichen Flor von Mai bis Juli. *Paeonia lactiflora* (= *P. albiflorus sinensis*) gehört zu den edelsten Erscheinungen dieser Gattung. Man bezeichnet sie auch als Chinesische Pfingstrose. Sie liebt vollsonnigen Stand, feuchten, tiefgründigen, nahrhaften Boden. Die Blüten stehen einzeln stark gefüllt auf festen Stielen und werden ca. 60 bis 100 cm hoch. Sie blühen im Mai/Juni. Gute Sorten sind: 'Avalanche', gefüllt weiß, leichter Gelbschimmer, 'Felix Crousse', karminrot gefüllt, 'Inspecteur Lavergne', rot gefüllt, 'Lady Alexander Duff', weißrosa, 'Sarah Bernhardt', hellrosa gefüllt, gute Schnittsorte. Diese Sorten stammen aus Züchtungen der Jahre 1880−1906 und zeigen, wie wertvoll diese Sorten für den Garten sind. Die Höhen betragen im Schnitt 80/90 cm. Interessant sind auch die einfachblühenden oder anemonenblütigen Pfingstrosen, wie z. B. 'Angelika Kaufmann', weiß, mit lila Schimmer, 'Hogarth', purpurrot, 'Holbein', rosa, 'King of England', karminrot, 'Rembrandt', rot, 'Torpilleur', purpurrot. *P. officinalis* ist die eigentliche Bauernpfingstrose, *P. officinalis* 'Alba Plena' eine weiße Spielart, 'Rosea Plena' ist rosa gefüllt und 'Rubra Plena' rot gefüllt. Sie gehören zu den großblumigen Massenblühern. *P. tenuifolia*, die geschlitztblättrige Zwergpaeonie, findet auch im Steingarten einen Platz. Für Liebhaber von besonderem Reiz sind die japanischen und chinesischen Strauchpaeonien, *P. suffruticosa* (siehe unter Gehölze). Sie übertreffen mit ihren riesigen Einzelblüten die leuchtenden Farben der Artgenossen bei weitem. Allerdings sind sie in rauhen Lagen schutzbedürftig.

Papaver
Mohn, (Mohngewächse)
☼ ⊥ ◘ ✂ ✿ ③

Der Klatschmohn, Riesenmohn, *Papaver orientale*, Türkenmohn, bringt Leben in die Blumenrabatte. Die intensive orangenrote Farbe findet man wohl bei keiner anderen Staude mit dieser Leuchtkraft. Die Pracht ist zwar nur von kurzer Dauer, aber die Entfaltung der herrlichen Blüten ist jedes Jahr ein besonderes Ereignis. Mohn liebt tiefgründigen, leichten Boden, in den die Pfahlwurzeln gut eindringen können. Staunässe und nasse Böden sind ungeeignet. Schwere Böden müssen zuvor mit Sand, Lava und lockerem Humus aufbereitet werden, damit sie durchlässiger werden. In der Staudenrabatte eignen sich Lupinen, Schleierkraut, Schafgarbe und andere als Begleiter. Rittersporn blüht gleichzeitig mit rotem Mohn und weißen Margeriten. Es gibt verschiedene Varietäten in rosa und schwarzrot, doch die Feuerfarben übertreffen alle anderen Züchtungen. Erwähnenswert sind Sorten wie 'Feuerriese', ziegelrot, 80 cm, 'Sturmfackel', feurigrot, 50 cm, 'Marcus Perry', besonders standfest, 'Orangescharlach', 80 cm, und 'Beauty of Livermere', leuchtendkirschrot mit schwarzem Fleck, 1 m, diese Sorte besitzt ein wundervolles Rot. Zu den niedrigen Arten rechnet man *Papaver alpinum*, den Alpenmohn, mit den feingefiederten Blättern, dessen gelbe, weiße und orangefarbene Blüten im Steingarten am rechten Platz sind. Der etwas höher werdende *P. nudicaule*, der Islandmohn, kann schon mehr zu Wildpflanzengruppen und im Bereich niedriger Beete mitverwendet werden. Farben wie oben, ca. 20 cm hoch. Beide letztgenannten Arten vermehren sich auch durch Selbstaussaat.

Peltiphyllum peltatum
Schildblatt (Steinbrechgewächse)
⊥ ◐–●

Das Schildblatt mit den riesigen, bis 40 cm großen Blattspreiten eignet sich als Staude für Solitärstellung oder zur Bepflanzung von Bach- und Teichufern, aber auch zur Vorpflanzung von Gehölzgruppen. Interessant sind die rosafarbenen Trugdolden, die vor den Blättern erscheinen, ca. 80 cm. Feuchter, halbschattiger Standort wird bevorzugt.

Penstemon
Bartfaden (Rachenblütler)
☼–◐ △

Die *Penstemon*-Arten sind unterschiedliche, reizvolle Langblüher, die in verschiedenen Größen und Farben unsere Gärten bereichern können. *P. barbatus* 'Coccineus' *(Chelone barbatus)* mit lanzettlichen purpurrosa Blütenrispen wird ca. 1 m hoch und eignet sich hervorragend zum Schnitt. *P. fruticosus* 'Catherine de La Mere' ist ein Bartfaden mit lilaroten Blüten, die in endständigen Rispen erscheinen. *P. x hybridus* 'Schoenholzeri' ist eine der schönsten Sorten. Die großen scharlachroten Blüten erscheinen an 60 cm hohen Stielen und bilden dekorative Blütenstände. 50 cm hoch wird die Sorte 'Zürich', blau. Für den Steingarten ist *P. scouleri* mit purpurvioletten Blüten geeignet. Die meisten *Penstemon*-Arten blühen von Juni bis August. Sie lieben Sonne oder lichten Halbschatten und einen humosen, nährstoffreichen, gut durchlüfteten Boden. Bei rauhen Lagen ist Winterschutz erforderlich.

Phlox
Flammenblume (Himmelsleitergewächse)
☼ ◘ ⊥ ✂ ③–⑤

Die Phloxe gehören zu den Spitzenreitern als Hauptfarbenträger jeder Staudenpflanzung. Um die Mitte des 18. Jahrhunderts kamen die ersten Phloxe aus Nordamerika nach Europa. Die Gartenformen entstanden in der Mitte des vergangenen Jahrhunderts, und dann folgten Jahre intensiver züchterischer Bearbeitung. Heute liegt ein reichhaltiges Sortiment vor, auf das man bei der Pflanzung zurückgreifen kann. *Phlox* liebt einen sonnigen Standort und humosen, nicht zu trockenen Boden. Die hohen Sommerphloxe *(Ph. paniculata)* blühen etwa von Juli bis September. Zu den bedeutendsten Sorten gehören: 'Aida', violettrot, 90 cm, 'Frauenlob', lachsrosa, ab Juli, 1,2 m, 'Landhochzeit', hellrosa, 1,4 m, 'Orange', leuchtendorangerot, September, 80 cm, 'Pax', weiß, September, 1 m, 'Sommerfreude', rosa, August, 90 cm, 'Starfire', leuchtendrot, August/September, 90 cm, 'Violetta Gloriosa' hellviolett, August, 1,3 m, 'Wilhelm Kesselring', rotviolett, weißes Auge, Juli/August, 80 cm, 'Württembergia', leuchtendrosa, Juli/August, 80 cm. Farblich interessant sind auch die Sorten 'Abenddämmerung', violett, September, 90 cm, 'Düsterlohe', tieflilarot, Juli/August, 1,2 m, 'Kirmesländler', weiß, rotes Auge, August/September, 1,2 m, 'Sommerkleid', hellrosa, rotes Auge, August, 90 cm, 'Spätrot', lachsrot, September, 1 m.
Die Polsterphloxe sind bodendeckende Arten, die sich besonders für Hochbeete, Tröge, Steingärten eignen. Sie lieben sonnigen bis halbschattigen Standort und gehören zu den wichtigsten Farbenträgern der Monate April, Mai, Juni. Zu den besten Sorten rechnet man hier: *Ph. subulata* 'Atropurpurea', purpurrot, 5/6, 'Daisy Hill', rosarot, 5/6, 'G. F. Wilson', zartlilablau, 5/6, 'Lindenthal', karminrosa, 5/6,

'Sprite', hellrosa, 5/6, 'Themiscaming', dunkelrot, 5/6. Eine bekannte weißblühende Sorte ist 'Maischnee', 5/6.

Physalis
Lampionpflanze, Judenkirsche (Nachtschattengewächse)

Sie lieben sonnigen bis halbschattigen Standort und sind seit alters her in den Gärten wegen ihrer orangeroten, aufgeblasenen Kelchhüllen bekannt. Gut für Trockensträuße geeignet. Die Lampionpflanzen können durch Wurzelausläufer sehr lästig werden. Sie stehen am besten als Bodendecker unter hohen Gehölzen. *Ph. franchetii* 'Gigantea' besitzt besonders große, leuchtendorange Lampions. Die Pflanze wird ca. 1 m hoch, 9/10.

Physostegia
Gelenkblume, Etagenerika (Lippenblütler)

Diese Pflanze ist ein Kuriosum. Sie besitzt lange Blütenähren und merkwürdige vierzeilig angeordnete Lippenblüten, die sich nach beliebigen Richtungen verstellen lassen. Hervorragende Schnittstaude. Gelenkblumen lieben sonnigen Standort und feuchten, durchlässigen Boden. Interessant sind die Sorten 'Summersnow', reinweiß, 'Vivid', leuchtendweinrot, ca. 70 cm hoch. Die Blütezeit währt von August bis Oktober.

Platycodon
Ballonglocke (Glockenblumengewächse)

Die rundlichen Blütenknospen öffnen sich zu großen, flachen glockenblumenähnlichen Blüten bei dieser wenig bekannten und doch sehr anspruchslosen Staude. Sie läßt sich gut für Einzelstellung im Stein- oder Heidegarten, aber auch im naturnahen Garten verwenden. In Verbindung mit Gräsern kommt sie besonders schön zur Geltung. *Platycodon* bevorzugt sonnige bis halbschattige Lage, ca. 40 cm hoch, 6/7. *Platycodon grandiflorum* 'Mariesii' besitzt leuchtendblaue Blüten. *P. grandiflorum* 'Album' ist eine weiße Spielart.

Polemonium
Jakobsleiter, Himmelsleiter (Himmelsleitergewächse)

Ein unermüdlicher Blüher, der von April bis August seine blauen oder weißen Blütenrispen entfaltet. Am besten gedeiht sie in Benachbarung von *Doronicum*, Primeln und Tulpen, Akelei und gelbblühenden, mittelhohen Stauden. *Polemonium caeruleum* ist blau, 40 bis 50 cm, *P. caeruleum* 'Album', weiß. Himmelblau blüht *P. richardsonii*,. 7/8.

Polygonatum
Salomonssiegel (Liliengewächse)

Wir kennen diese wertvolle Schattenstaude als heimische Waldpflanze, wo sie auf humosen, tiefgründigen, feuchten Böden gedeiht. Sie liebt Schatten bis Halbschatten und ist besonders mit Azaleen und deren Begleitern, wie *Scilla campanulata*, Primeln und Lungenkraut, harmonisch zu kombinieren. *Polygonatum commutatum* mit wechselständigen Blättern blüht weiß. Die kleinen Glocken hängen an bogigen Trieben herab. 1,2 m, 5/6. *P. multiflorum* blüht weiß, die Blätter sind wechselständig. Höhe 60 cm.

Polygonum
Knöterich (Knöterichgewächse)

Ein guter Bodendecker für den Steingarten, aber auch für teppichartige Beetbepflanzung ist *Polygonum affine*, ein flachwachsender Knöterich. *P. affine* 'Superbum', der bekannteste mit den rosafarbenen Blütenähren wird ca. 25 cm hoch. *P. affine* 'Darjeeling Red' mit aufrechten tiefrosa Blütenähren wird ca. 20 cm hoch. Beide Arten blühen von Juli bis November. Aus den feuchten Wiesen hat *P. bistorta* 'Superbum' in die Gärten gefunden. Diese Staude besitzt lanzettliche, dunkelgrüne Blätter und leuchtendrosa Blütenkolben, die ca. 80 cm hoch werden, 5/6. *P. compactum* 'Roseum' ist ein braunrot beblätterter Knöterich mit weißroten Blütenständen. Die Ähren sind auch als Fruchtstände schön rot gezeichnet. Höhe 40 cm, 8/9. Knöteriche sind anspruchslose Stauden, die auf nährstoffreichen, tiefgründigen, feuchten Böden am besten gedeihen. Hier neigen sie allerdings etwas zum Wuchern.

Potentilla
Fingerkraut (Rosengewächse) K+

Fingerkraut ist im Garten vielseitig verwendbar. Besonders die niedrigen Arten eignen sich für trockene Heide- und Steingartenbereiche, wo sie sich mit niedrigen Glockenblumen, Lein und kriechenden Schleierkrautarten zu wirkungsvollen Kombinationen zusammenstellen lassen. *Potentilla atrosanguinea* 'Gibson Scarlet' ist leuchtendscharlachrot, 40 cm, 6/7. *P. aurea* blüht goldgelb. Es wird nur 10 cm hoch. Interessant ist auch *P. nepalensis* 'Mrs. Willmott', ein karminrosa Fingerkraut von ca. 50 cm Höhe. Hellgelb blüht *P. nevadensis*, ein graugrünbehaartes, 5 cm hohes Polstergewächs. *P. verna* 'Goldrausch' ist dunkelgrün belaubt und blüht goldorange, 12 cm, 5/8. Am längsten, nämlich von April bis August, blüht die Sorte *Potentilla verna* 'Nana', ein Bodendecker mit goldgelben Blüten.

Primula
Primel, Schlüsselblume, Himmelsschlüssel (Primelgewächse) K–

◐ △ ≈ 🏠 9

Vielseitig verwendbar sind die Vertreter der Gattung *Primula*, die sehr artenreich ist und unterschiedliche Standortansprüche stellt. Man unterscheidet im wesentlichen zwischen Kissen- und Polsterprimeln, Doldenprimeln, Kugelprimeln, Etagenprimeln und den Gartenprimeln. Eine Grundbedingung stellen sie alle an den Boden: Er muß feucht, schwer und humusreich sein. Sonnige bis halbschattige Lage ist für die meisten Arten gut. Einige Arten vertragen auch tieferen Schatten. Im Winter sollten die Primeln eine leichte Abdeckung mit Laub erhalten. Die Etagenprimeln werden am höchsten: *P. beesiana* mit leuchtend dunkelpurpurfarbenen Blüten wird etwa 60 bis 80 cm hoch, 6/7. *P. bulleesiana* blüht in vielen Farben von hellem Gelborange bis dunkelpurpur. *P. japonica* bringt Pastelltöne in rosarot und weiß in das Farbenspiel, 50/100 cm, 6/8. Weithin leuchten die roten Blütenstände von *P. pulverulenta*, 40/60 cm. Zu den niedrigen Primeln, die sehr zeitig im Garten blühen und als wichtige Begleiter von *Crocus*, *Scilla* und Anemonen erscheinen, gehören die Sorten: *P. acaulis*, die in verschiedenen Farben angeboten werden, *P. juliana*, eine Teppichprimel mit lilafarbenen Blüten, *P. pruhoniciana*, etwa 20 cm hoch, 3/4. Sorten: 'Blaukissen', hellviolett, 'Kleinod', dunkelrosa, 'Ostergruß', violettpurpur, 'Perle von Bottrop', purpurrot. *P. denticulata*, die Ball- oder Kugelprimeln in blau, weiß, rosa und violett stehen schön an den Uferrändern kleinerer Wasserbecken, wo sich die hochgestielten, kugeligen Dolden spiegeln können. *P. veris*, *P. pubescens*, *P. elatior*, Gartenprimeln und Aurikeln gibt es in zahllosen Varietäten. Man kann sie unter lichtem Gehölz, am Waldrand, zur Einfassung und an Gewässerrändern zusammen mit dem gelben Himmelsschlüssel pflanzen. Kinder haben eine besondere Freude, wenn sie ihre Beete mit Primeln bepflanzen können.

Pulmonaria
Lungenkraut (Borretschgewächse)

◐–● △ ≈

Diese wirkungsvolle Staude ist sehr anspruchslos. Sie gedeiht auch noch im dichtesten Schatten unter Gehölzen und ist ein guter Bodendecker für diese Lagen. Sie liebt leichten, humosen, nährstoffreichen Boden und ausreichende Bodenfeuchtigkeit. Auf trockenem Standort wird sie leicht von Mehltau befallen. Zu den guten Sorten gehören *P. officinalis*, rotviolett, *P. rubra*, rot, *P. saccharata* 'Mrs. Moon', eine rotblühende Form mit gefleckten Blättern, *P. angustifolia* 'Azurea', eine schmalblättrige, enzianblaue Form.

Pyrethrum
Siehe *Chrysanthemum roseum* S. 194.

Rheum emodi
Zierrhabarber (Knöterichgewächse)

☼–◐ ⊥ ✕ ≈ 1

Diese prachtvolle Solitärstaude kann Höhen bis 2 m mit ihren Blütenständen erreichen. Schön sind die großen Rhabarberblätter mit den dunkelroten Stielen. Die Pflanze liebt feuchten, nährstoffreichen, tiefgründigen Boden und sollte am besten in der Nähe einer Wasserfläche stehen. Auch Einzelstellung im Rasen ist möglich. Für kleinere Gärten eignet sich besser *Rheum palmatum*. Er wird etwa 1,5 m hoch. Sämtliche Rhabarberarten benötigen viel Nährstoffe und sollten daher mit abgelagertem Stalldung oder guter Komposterde reichlich gedüngt werden.

Rodgersia
Tafelblatt, Blattspiere (Steinbrechgewächse)

◐–● ⊥ ≈ 3

Zu den dekorativsten Blattgewächsen für Gehölzgruppen an halbschattigen und schattigen Standorten gehören die Tafelblätter. Sie lieben feuchten, humusreichen Boden, gedeihen aber auch an trockenerem Standort. Die schirmartig ausgebreiteten Blätter mit den hochgestellten weißen und rosafarbenen Blütenständen können meterhoch werden. *Rodgersia aesculifolia*, die kastanienblättrige Form und die ähnliche, bis 1 m hoch wachsende Form *R. podophylla* eignen sich besonders zur Vorpflanzung an der Nord- und Ostseite von Gehölzgruppen. *R. tabularis*, das rundliche Tafelblatt wird oft mit dem verwandten *Peltiphyllum peltatum* verwechselt. Es eignet sich gut zur Bepflanzung von Gewässerrändern. Alle Arten sind ausreichend winterhart. Lediglich in extrem rauhen Lagen ist Winterschutz anzuraten. Die Vermehrung läßt sich leicht durch Teilung der Rhizome bewerkstelligen. Die Wurzelstöcke dürfen nicht zu tief in den Boden eingegraben werden, da sie oberflächennah wurzeln.

Rudbeckia
Sonnenhut (Korbblütler)

☼–◐ ⊥ ▫ ✕ 1

Wertvolle Farbstaude für die Blumenrabatte. Rudbeckien blühen etwa von Juli bis Oktober. Die gelben Blütenmassen mit den schwarzen Blütenköpfen besitzen eine außerordentliche Leuchtkraft. Sie lassen sich in der Rabatte mit verschiedenen farbkräftigen Blütenpflanzen kombinieren. Vorsicht vor Benachbarung mit roten Phloxen. Hier müssen weißblühende Stauden als Trennung eingeschaltet werden, um die Gegensätze dieser Farben zu mildern. Rudbeckien sorgen aber auch in Einzelstellung dafür, daß sie nicht übersehen werden. Eine der

Primula

besten niedrigbleibenden Sorten ist *Rudbeckia sullivantii* 'Goldsturm'. Sie blüht goldgelb, einfach, im August/September und wird etwa 70 cm hoch. *R. nitida* 'Herbstsonne' und *R. nitida* 'Juligold' sind gute goldgelbe einfachblühende frühe und mittelfrühe Sorten, die ca. 2 m hoch werden. *R. laciniata* 'Goldkugel' erreicht 1,6 m Höhe. Sie ist goldgelb gefüllt. *R. speciosa* (= *R. newmanii*) ist eine gelbe, einfache, im September blühende Sorte von 80 cm. Sie gehört zu den besten niedrigen Arten. Von den rotblühenden ist *R. purpurea* 'The King' zu empfehlen. Sie blüht einfach, dunkelkarmin und steht gut mit Gräsern *(Pennisetum compressum)* zusammen. Gute Schnittstaude. 1 m.
Rudbeckien lieben sonnigen Standort und humosen, nährstoffreichen Boden. Sie müssen bereits nach drei Jahren geteilt und verpflanzt werden, da sie sich sonst schnell erschöpfen.

Salvia
Salbei (Lippenblütler) K+

Die Salbeiarten verlangen kalkhaltigen Boden, sonnigen bis halbschattigen Stand und eignen sich hervorragend zur Begrünung trockener Hänge oder Steingartenpartien auf Kalkschotter. Zusammen mit Königskerze, Schafgarbe und Astern lassen sie sich wirkungsvoll gruppieren. Gute Sorten sind *Salvia nemorosa* 'Blauhügel', mittelblau, 30 cm, 7/10, sehr reichblühend. *S. nemorosa* 'Mainacht', nachtblauer Salbei mit hohen Blütenschäften, 40 cm, 5/10. *S. nemorosa* 'Ostfriesland', leuchtend dunkelviolett mit rötlichen Hüllblättern, gute Gruppenstaude, 50 cm, 7/10, gut für Beetrosenpflanzungen. *S. officinalis* ist der bekannte Gewürzsalbei. *S. pratensis* 'Superba' mit der weißen Form 'Alba' und der rosablühenden 'Rosea' können zu freien Pflanzungen gut verwendet werden.

Sanguisorba
Wiesenknopf (Rosengewächse)

Sanguisorba obtusa mit den gefiederten, frischgrünen Blättchen und den graziös überhängenden dunkelrosa Blütenähren wird ca. 1 m hoch, 6/7. Eine geeignete Staude für naturnahe Pflanzungen auf feuchtem Standort.

Saponaria
Seifenkraut (Nelkengewächse)

Dieser Sommerblüher entwickelt zahlreiche karminrote Blüten, die von Juli bis August erscheinen. *Saponaria ocymoides* ist eine kriechende Form mit reicher Verzweigung, die flache Polster bildet und von Mai bis Juli karminrote Blütenmassen hervorbringt, ca. 20 cm. Polster bildet auch *S. x olivana*. Ihre großen Blüten sind rosarot, sie wird nur 5 cm hoch und blüht im Juni/Juli.

Saxifraga
Steinbrech (Steinbrechgewächse) K+

Diese Alpenstauden sind unentbehrliche Steingartenpflanzen. Bei der Auswahl des Standortes im Garten muß jedoch ihr natürlicher Standort berücksichtigt werden, denn es gibt Arten, die nur in der Sonne, im Schatten oder im Halbschatten gut gedeihen. Nach ihrer Wuchsform unterscheiden wir Pflanzen mit unterschiedlichem Habitus:
1. Rosettenbildende. *Saxifraga aizoon* ist weißblühend, *S. aizoon* 'Atropurpurea' rotblühend, *S. aizoon* 'Lutea' blüht gelb, *S. lingulata* besitzt große, weißkrustierte Rosetten und blüht auf 40 cm langen Blütenstielen weiß, 5/6.
2. Zu den polsterbildenden gehört *S. aizoides*, orangeblühend, halbschattenliebend. *S. borisii*, hellgelb, *S. salomonii*, weiß. Blütezeit 4/6.
3. Zu den moosartigen Steinbrecharten rechnet man *S. caespitosa* und *S. hybrida* mit vielen Sorten. *S. trifurcata* gehört als weiße Form ebenfalls in diese Gruppe, 5/6.
4. Schattensteinbrech. Zu den schattenvertragenden Sorten gehören *S. rotundifolia* mit weißen Rispen und *S. umbrosa* mit weißrötlichen Rispen. Beide Arten sind gut als Bodendecker, z. B. unter Azaleen zu pflanzen. Die Blütchen erscheinen gleichzeitig mit den Azaleenblüten und bilden zu starkfarbigen Blütenmassen einen wirkungsvollen Kontrast.

Scabiosa
Skabiose, Witwenblume (Kardengewächse) K+

Diese langblühenden Rabattenstauden bereichern unseren Gartenflor von Juli bis Oktober. Auf straffen Stielen erscheinen die weinroten, himmelblauen und lilafarbenen Blüten, die sich gut zum Schnitt eignen. *Scabiosa caucasica* 'Alba', weiß, 60 cm, *S. caucasica* 'Perfecta', strahlend himmelblau. Eine edelgeformte weiße Sorte ist *S. caucasica* 'Mrs. Willmott'. 'Stäfa' bringt große, leuchtendblaue Blüten hervor, 80 cm, 5/6. Skabiosen lieben lockeren Boden und sonnigen Standort, sonst keine besonderen Ansprüche.

Sedum
Mauerpfeffer, Fetthenne (Dickblattgewächse)

Vielseitig verwendbare, anspruchslose, artenreiche Gattung, die in unseren Gärten unentbehrlich geworden ist. Sie eignet sich zur Begrünung von Mauern, Schotterhängen, von Kübeln und Trögen, von Dachgärten und als Rasenersatz für größere Flächen, auf Garagenzufahrten, die mit Schotter befestigt sind etc.

Sedum acre, der scharfe Mauerpfeffer, blüht gelb, 6/7; guter Rasenersatz in sonniger Lage, auch zur Begrünung von Flachdächern geeignet. *S. album* 'Murale', weißblühend, 6/7, für Steingärten und Mauern, *S. middendorfianum*, goldgelb, 7, auf sandigen, trockenen Standorten, *S. spurium*, Teppichsedum in rosa, weißen und roten Sorten. *S. rupestre*, Blautannensedum, mit leuchtendgelben Blüten, *S. spurium* 'Weihenstephaner Gold', gute gelbblühende, bodendeckende Sorte. *S. spectabile* 'Brillant' und *S. spectabile* 'Rubin' sind rotblühende hohe Sorten, die besonders von Schmetterlingen (Fuchs) aufgesucht werden. Sie können in Steingärten und in Rabatten ihren Platz finden.

Sempervivum
Hauswurz, Dachwurz (Dickblattgewächse)

Die winzigen und größeren Rosetten der Dachwurz geben sich mit jedem Standort zufrieden. Sie wachsen selbst auf Pfannen, können zur Begrünung größerer Findlinge verwendet werden und sind ideal für Trockenmauerbepflanzung und Gesteinsspalten. Im Frühjahr sind die Blattrosetten besonders schön gefärbt. *S. arachnoideum*, die Spinnwebhauswurz, mit feinübersponnenen Rosetten, blüht in roten, rosafarbenen und weißen Formen. Kleiner ist *S. arachnoideum* 'Minor'. Aber auch die größeren Rosetten von *S. hybridum* können sehr dekorativ auf Mauern und im Steingarten an den »richtigen« Stellen aussehen. Sie werden im allgemeinen nach ihrer Farbe eingeteilt. So gibt es grüne, rotbraune, braunrote und metallische Rosetten. Die größten bringt *S. metallicum* 'Giganteum' hervor. Sie besitzt ca. 15 cm große Rosetten und rosa Blüten.

Senecio
Siehe *Ligularia* S. 207.

Silene
Leimkraut (Nelkengewächse) K+

Silene alpestris eignet sich für Geröllhalden und trockene Plätze auf mageren Böden. Sie blüht mit weißen und rosafarbenen Blüten von Juli bis September. *S. acaulis* ist rosarot, 4/7, und bildet moosartige Polster aus. *S. shafta* ist eine rosablühende, rasenbildende Kostbarkeit.

Smilacina racemosa
Schattenblume (Liliengewächse)

Diese interessante nordamerikanische Schattenstaude ist in unseren Gärten noch viel zu wenig verbreitet. Sie wächst, ähnlich wie der Salomonssiegel, an halbschattigen und schattigen Plätzen. Die gelblichweißen Blütenrispen erscheinen im Juni/Juli. Sie werden ca. 70 cm hoch und sind sehr zierend. Die Schattenblume liebt feuchten, humosen Boden.

Solidago
Goldrute (Korbblütler)

Eine bekannte Staude, die mit vielen Arten und Sorten in den Gärten vertreten und in der Natur verwildert ist. Sie stellt ihre leuchtendgelben Blütenstände von Juli bis Oktober zur Schau und wirkt besonders zusammen mit Herbstastern, Rudbeckien und dem hohen Chinaschilf als Gruppenpflanzung. Goldrute ist anspruchslos in bezug auf Boden und Pflege. Die niedrigen Arten wie *Solidago* x *hybrida* 'Cloth of Gold', 50 cm, goldgelb, mit dichten Blütenrispen, lassen sich sogar im Steingarten verwenden. Eine der besten Sorten für die Blumenrabatte ist *S.* x *hybrida* 'Strahlenkrone'. Sie besitzt flache, strahlige Blütenstände von gleichmäßigem Wuchs, 60 cm, 8/10.

Stachys
Ziest, Eselsohr (Lippenblütler)

Eine niedrige Staude, die sich sowohl für Steingartenbepflanzung als auch für Grabbepflanzung, Wegeinfassung, Flächenbegrünung für Trockenböschungen und dergl. eignet. *Stachys citrina* mit silbergrauer Belaubung blüht zitronengelb, ca. 20 cm hoch, 6/8. *S. grandiflora* 'Superba' blüht purpurrosa, reichblühend, *S. lanata* 'Silver Carpet' ist nichtblühend, weißfilzig belaubt. Gut für Heidegartenflächen. *S. spicata* 'Rosea' liegt dicht am Boden auf. Dichte tiefrosafarbene, 20 cm hohe Blütenähren, 6/8.

Statice
Strandflieder, Strandschleier (Bleiwurzgewächse)

Statice limonium, der Strandflieder ist wegen seiner schleierkrautähnlichen Blütenstände, die sich gut in getrocknetem Zustand zur Blumenbinderei verwenden lassen, besonders begehrt. Sorten wie *St. latifolium* und *tataricum* werden ca. 40/60 cm hoch und blühen lilafarben oder weiß von Juli bis Oktober. Die Blütenstände erscheinen über grundständigen Blattrosetten. Sie lassen sich gut mit Edeldisteln, Katzenminze, Nachtkerzen und höher werdenden *Sedum*-Arten kombinieren.

Telekia
Telekie (Korbblütler)

Bei dieser Pflanze haben wir es mit einem edlen Solitärgewächs zu tun, das auch als Wildstaude einen gewissen Rang besitzt. Die Telekie wird etwa 1,5 bis 1,7 m hoch und bringt leuchtendgelbe margeritenähnliche Blüten hervor. Die hellgrünen dekorativen Blätter besitzen ebenfalls einen hohen Zierwert. Die Pflanze kann gut allein im Rasen stehen, besonders kommt sie vor dunklen Gehölzgruppen zur Geltung. Die Telekie hat einen würzigen, an Weihrauch erinnernden Duft (Weihrauchpflanze). *T. speciosa* (= *Buphthalmum speciosum*) blüht von Juni bis August.

Teucrium chamaedrys
Gamander (Lippenblütler)
☼ ∼ ⛄ ▯
Dieses kleine, immergrüne Gewächs aus der großen Familie der Lippenblütler ist eigentlich ein Halbstrauch. Er eignet sich zur Pflanzung niedriger immergrüner Hecken und läßt sich gut im Schnitt halten. *Teucrium chamaedrys* besitzt graugrüne Belaubung und rosafarbene Blüten, 7/8. Er liebt leichte, tiefgründige Böden und sonnigen Standort.

Thalictrum
Wiesenraute (Hahnenfußgewächse) K–
☼–◐ ▯ ∼ 🏠
Die Wiesenraute eignet sich für Pflanzungen in naturnahen Gärten. Auch am Ufer steht sie gut. Sehr dekorativ sind die weißen, rosa und lilafarbenen Blütenstände von *Thalictrum aquilegifolium*, 1 m, 6/7. *Th. glaucum* blüht mit gelblichen Rispen, 1,5 m. Die Blätter sind bläulichgrün, 6/8.

Thymus
Thymian (Lippenblütler)
☼ △ ⚊ ⛄ 🏠
Bekannte Polsterpflanze, die man in Heide- und Steingärten, zur Flächenbegrünung auf Extremstandorten und für viele Zwecke im Garten verwenden kann, wo es trocken und sonnig ist. In Verbindung mit Glockenblumen und vielen niedrigen Blumenzwiebelarten wie Krokus und Scilla lassen sich nette Zusammenstellungen arrangieren. Die Blütezeit fällt in den Hochsommer. *Thymus citriodorus* 'Golden Dwarf' ist eine gelbbunte Spielart mit lilaweißen Blüten, 15 cm, 6/7. *Th. coccineus*, der Scharlachthymian blüht karmesinrot. *Th. coccineus* 'Major' ist etwas dunkler gefärbt. *Th. coccineus* 'Villosus' (= *lanuginosus*) ist rosafarben und besitzt dekoratives, silbergraues Laub. *Th. serpyllum* 'Albus' ist der weiße Schneethymian.

Tradescantia virginiana
Dreimasterblume (Commelinagewächse)
☼ ▯ ∼
Die Dreimasterblume ist eine Staude für feuchten Standort. Sie fühlt sich daher an Bach- und Teichufern besonders wohl. Sie steht gut mit Weiderich, Taglilien, Funkien und Sibirischen Schwertlilien zusammen. Die Pflanze erreicht eine Höhe von 50 cm, 6/9. Empfehlenswerte Sorten: *Tradescantia virginiana* 'J. C. Weguelin', hellblau, 'Leonora', dunkelblau großblumig und *T. virginiana* 'Albiflora', weiß, schön mit blauen Iris, 'Zwanenburg Blue' ist großblumig dunkelblau.

Tricyrtis
Krötenlilie (Liliengewächse)
☼–◐ ▯
Diese interessanten Liliengewächse, die als Schattenstauden mit apartem Wuchs und Blütenfarben ausgestattet sind, stellen im Garten eine echte Bereicherung dar. Die eigenartige Pflanzenschönheit ist nur mit Orchideen vergleichbar, doch stellt sie nicht so hohe Ansprüche an den Standort. *Tricyrtis hirta* wird 50 cm hoch, 8/10. *T. macropoda*, 50 cm, 7/9. Beide blühen weißlich oder gelblichbraun. Sie verlangen humosen Boden und schattigen bis halbschattigen Standort.

Trollius
Trollblume (Hahnenfußgewächse)
☼–◐ ▯ ∼ ✕ [4]
Wir kennen die Trollblumen von den feuchten Almwiesen, wo sie im Sommer in Massen blühen. Ihr Standort im Garten muß ebenfalls feucht sein, wenn sie sich in der Ebene wohlfühlen sollen. Als Benachbarung eignen sich die Sibirische Schwertlilie mit ihren schmallanzettlichen Blättern, das Kaukasusvergißmeinnicht, das Sumpfvergißmeinnicht und die Dreimasterblume. Besonders niedlich ist *Trollius pumilus* in Verbindung mit *Iris orientalis* und Sumpfvergißmeinnicht. Reichblühende Sorten sind *T. chinensis* 'Golden Queen' eine aparte Schönheit mit schalenförmigen, goldgelben Blüten und krönchenartig zusammenstehenden Staubgefäßen. 1 m, 6/7. *T.* x *cultorum* 'Earliest of All' ist eine der frühesten. Sie blüht bereits im Mai, goldgelb. 'Goldquelle' ist eine bekannte gelborange Form, 70 cm hoch. 'Orange Globe' blüht orangegelb, 90 cm. *T. pumilus* besitzt schalenförmige, gelbe Blüten. Sie wird nur etwa 20 cm hoch, 6/7.

Tritoma
Siehe *Kniphofia* S. 206.

Verbascum
Königskerze (Rachenblütler)
☼ ⊥ ▯ ☉–♃ [4]
Königskerzen sind Einzelstauden. Sie können aristokratisch wirken und eignen sich sowohl für Steingärten als auch für Sonderstellung im Garten auf trockenem Stand. Sie vertragen auch Halbschatten und feuchte Stellen. Neben Wacholder, Kiefern und anderen Zwergnadelgehölzen und in Verbindung mit Wildrosen, Gera-

Trollius

nien und anderen blaublühenden Stauden mit Wildcharakter lassen sie sich auch zu interessanten Pflanzengemeinschaften zusammenstellen. Viele Arten sterben nach der Samenreife ab. Es ist daher empfehlenswert, die Blütenstiele nach der Blüte zu entfernen. Gute Sorten sind: *Verbascum bombyciferum* mit großen, silberwolligen Blättern und schwefelgelben Blüten, 1,8 m, 6/8, *V. hybridum* 'Pink Domino', rosafarbene Rispen, 1 m, *V. olympicum* mit großen, weißwolligen Blattrosetten und gelben Blütenrispen, 2 m, *V. phoenicum*, dunkelgrüne Blattrosetten, blüht violett in traubigen Rispen, 60 cm, 5/6.

Veronica
Ehrenpreis

Die Ehrenpreisarten gedeihen am besten an feuchtem bis trockenem, humosem Standort im Garten. Ihr klares, leuchtendes Blau ist von besonderer Wirkung, wenn man es mit gelben, niedrigen Stauden zusammenbringt, wie Nachtkerzen, Waldsteinien und niedrigen Ginsterarten. *Veronica incana* ist dunkelblau blühend, silberweiß behaart, 40 cm. *V. latifolia* 'Shirley Blue', 40 cm, 5/6, leuchtendblau, gut mit Purpurglöckchen und Johanniskraut zu kombinieren. *V. longifolia* 'Hendersonii' ist tiefblau, für sommerliche Ufergestaltung mit *Hemerocallis* und Gräsern. 60/80 cm, 7/9. *V. spicata* besitzt blaue Blütenkerzen, 50 cm hoch, 6/7, ideal mit gelben Nachtkerzen. Auch bei den Ehrenpreisarten gibt es kleinbleibende Formen, die für Steingärten, zur Einfassung, für kleine Beete und Tröge gut geeignet sind. *V. austriaca*, reinblau, 5/6, *V. filiformis*, hellblau, bildet grüne Teppichrasen. *V. prostrata* 'Alba', weißblühende, sehr wertvolle, teppichartig wachsende Form, *V. prostrata* 'Pallida', leuchtendblau mit Fernwirkung. *V. repens* bläulichweiß, 4/6. *V. teucrium* (= *latifolia*) in den Sorten 'Königsblau', enzianblau und 'Shirley Blue', leuchtendblau, wachsen teppichartig.

Vinca
Immergrün (Hundsgiftgewächse) K–

Vinca minor ist eine bekannte, blaublühende, bodendeckende Pflanze, die ihre Ranken dicht über dem Boden ausbreitet, 5/6. *V. major*, großblumig, blau, 5/6, etwas empfindlicher gegen Frost. Von beiden Arten gibt es weiße und violette Formen mit buntblättrigen Varietäten. Man sollte jedoch als Bodendecker für Schattenlagen den grünen Arten den Vorzug geben.

Viola cornuta
Hornveilchen (Veilchengewächse)

Hornveilchen sind Massenblüher. Man kann gar nicht genug davon in den Garten pflanzen, denn sie sind sehr anspruchslos und lassen sich vielseitig verwenden. Schon im zeitigen Frühjahr, wenn Tulpen und Schleifenblumen und das gelbe Steinkraut blühen, ist ihre Farbe eine wertvolle Ergänzung. *Viola cornuta* 'Alba' ist eine weiße Form. *V. cornuta* 'Goldelse' blüht gelb. *V. cornuta* 'Hansa' ist die bekannte reinblaue Sorte. *V. cornuta* 'Woodgate' ist dunkelblau, *V. odorata*, das Duftveilchen, wächst am liebsten auf humosen Böden im Halbschatten. Es eignet sich auch als Bodendecker zur Unterpflanzung von sparrigen Edelrosenarten. Die Pflanzen mit den dunkelblauen duftenden Blüten waren schon in den Gärten unserer Vorfahren heimisch.

Viscaria viscosa *(Lychnus viscaria)*
Pechnelke (Nelkengewächse)

Die Pechnelke besitzt eine durchdringende Farbe, die sich schlecht in Rabatten zum bunten Farbenspiel der Blütenstauden gesellen läßt. Daher pflanzt man sie am besten etwas für sich an einen abgelegenen Platz oder in einen Heidegarten, wo die blaurote Farbe in Verbindung mit Gräsern und weißem Schleierkraut für sich wirken kann und besser zur Geltung kommt. Auch für Trog- und Kübelbepflanzung in Verbindung mit Zwergkiefern und anderen immergrünen Pflanzen ist sie gut zu verwenden. Ihre Ansprüche an den Boden sind gering. Sie liebt vollsonnigen Standort und läßt sich gut als Schnittblume verwenden, 40 cm, 5/7. *Viscaria viscosa flore pleno* ist eine gefülltblühende, intensivrote Form, *V. viscosa* 'Alba Grandiflora' blüht reinweiß.

Waldsteinia
Waldsteinie (Rosengewächse)

Dieser schattenverträgliche Bodendecker sollte mehr in unseren Gärten angepflanzt werden. Die gelben, erdbeerähnlichen Blüten erscheinen im April/Mai und stehen zierlich über der gesunden Belaubung. *Waldsteinia sibirica* vermehrt sich stärker durch oberirdische Ranken. *W. geoides* wächst buschig und ist durch Teilung zu vermehren. Beide lieben einen humosen, schattigen Standort und genügend Bodenfeuchte. Schön zur Berankung von absonnigen, erhöhten Beeten und Mauern.

Yucca filamentosa
Palmlilie, Yucca (Liliengewächse)

Größere Steingartenpartien, aber auch erhöhte Beete, Kübel auf Dachgärten und anderen extremen Trockenstandorten sagen der Palmlilie noch zu. Ihr immergrünes, graugrünes lanzettliches Blattwerk ziert noch im Winter die Beete.

Viola

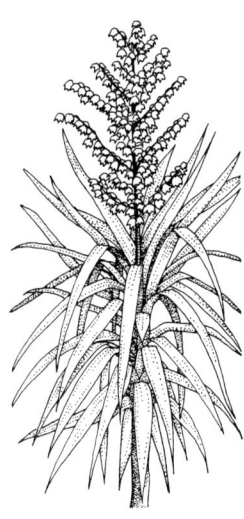

Yucca

Im Juli/August treibt sie die hohen Blütenschäfte ans Licht. Die breiten Rispen mit den cremeweißen Glocken sind eine besondere Zierde. 100/150 cm. Yucca filamentosa 'Elegantissima' ist eine grazilere Form. Nach der Blüte sterben die Stauden ab, bringen aber zahlreiche Ableger hervor, so daß man das Absterben der Mutterpflanze nicht wahrnimmt.

Wirkungsvolle Staudengemeinschaften

Wenn man wirkungsvolle Staudengruppierungen zusammenstellen will, muß man wissen, welche Pflanzen unter ähnlichen Bedingungen gedeihen, und man muß ein gewisses Gespür dafür bekommen, welche Stauden auch in der freien Natur zusammengehören.

Günstige Kombinationsmöglichkeiten bei höheren Blütenstauden:
Es harmonieren:

☐ *Achillea ptarmica* (weiße Schafgarbe) mit *Lythrum salicaria* (Blutweiderich).

☐ *Aruncus sylvester* (Geißbart) mit orangefarbenen Lilien, blauen Rittersporn sorten *(Delphinium)* oder mit *Campanula persicifolia* (Pfirsichblättrige Glockenblume blau und weiß), *C. medium* (zweijährige Glokkenblume blau und weiß), Tränendes Herz *(Dicentra spectabilis)*, *Iris sibirica* blau.

☐ *Centaurea montana* (Kornblume) mit

☐ *Chrysanthemum maximum* (weiße Margerite) und *Papaver orientale* (roter Mohn).

☐ *Erigeron* (Feinstrahlaster), dunkelviolett mit *Solidago* (Goldrute) gelb, *Helenium* (Sonnenbraut) gelb, braun, mahagonifarben, *Chrysanthemum maximum*, *Oenothera tetragona* (Nachtkerze).

☐ *Gypsophila paniculata* (Schleierkraut), *Eryngium hybr.* (Edeldistel) *Lychnis chalcedonica* (Brennende Liebe), Gräser, Kiefern, japanische Ahornarten *(Acer japonicum, Acer palmatum)*.

☐ *Gypsophila repens* (niedriges Schleierkraut) mit roten Beetrosen und blauem Salbei *(Salvia nemorosa)* oder Lavendel *(Lavandula angustifolia)*.

☐ *Gypsophila repens* mit *Eryngium hybr.*, *Solidago*, *Festuca*- Gräsern und Bergkiefern im Hintergrund.

☐ *Hemerocallis* (Taglilien, gelb und orange) mit *Iris sibirica* weiß, hell- und dunkelblau, gute Uferbepflanzung in Verbindung mit *Thalictrum aquilegifolium*, (Wiesenraute).

☐ Gelbe Taglilien *(Hemerocallis)* und blauer Rittersporn *(Delphinium)*.

☐ *Heuchera*, (Purpurglöckchen) rosa und rot mit *Gypsophila repens*, Katzenminze *(Nepeta faassenii)*, *Oenothera tetragona* (gelbe Nachtkerze) und Zwergnadelgehölze.

☐ *Lychnis chalcedonica fl. pl.* (gefüllt blühende 'Brennende Liebe') mit *Delphinium* (Rittersporn) blau, *Lilium regale* (Königslilie) Lampenputzergras *(Pennisetum compressum)*.

☐ 'Monarda Cambridge Scarlet' und andere Indianernesselsorten mit *Chrysanthemum maximum* (Margerite) oder *Gypsophila paniculata* oder dem Riesenschleierkraut *(Crambe cordifolia)* und *Achillea ptarmica* (Schafgarbe) in gelb. Dazu Kiefern oder Taxus als Hintergrund.

☐ *Solidago* mit *Aster amellus*.

☐ *Solidago* mit *Aster novi-belgii* und *Aster ericoides*.

☐ Trollblumen mit *Iris barbata*, blau und violettblühende Sorten.

Wirkungsvolle Farbzusammenstellungen von niedrigen Stauden:

☐ *Alyssum* (gelbes Steinkraut) und blaue oder lilafarbene *Aubrieta* (Blaukissen) sowie *Iberis sempervirens* (Schleifenblume)

☐ Anemonenarten mit Bergkiefern und *Clematis alpina*.

☐ Arabisarten und -sorten mit *Aubrieta*, gelben Zwergiris *(Iris danfordiae)* *Muscari* und *Tulipa praestans* 'Füsilier' (orangerote Zwergtulpe).

☐ *Cerastium tomentosum* mit *Veronica prostrata* (blaues Ehrenpreis).

☐ *Campanula persicifolia*, blaue und weißen Formen, *C. glomerata* 'Superba' (Knäuelglockenblume) und gelbe Nachtkerzen *(Oenothera tetragona)*.

☐ *Geranium endressii* (rosa Storchschnabel) und *Campanula*-Arten, *Nepeta faassenii*, *Oenothera missouriensis*, *Heuchera* und *Thymus*-Arten.

☐ *Myosotis palustris* (Vergißmeinnicht) mit *Azalea japonica* rot, weiß und rosa.

Kombinationsmöglichkeiten von Beetstauden und Gehölzen:

☐ Stauden und Gehölze sind nicht leicht zusammenzustellen. Ein gewisses Einfühlungsvermögen in die natürlichen Pflanzengesellschaften ist dazu notwendig. Das ist besonders wichtig in naturnahen Gärten, wo wir es mit den Pflanzen aus der

Landschaft zu tun haben. Im Ziergarten oder Wohngarten haben wir diesbezüglich mehr freie Hand, andernfalls könnten wir ja nur einheimische Pflanzen verwenden. Aber wir sollten in jedem Fall bei der Pflanzenauswahl Zusammengehörigkeiten berücksichtigen, also möglichst Pflanzen von gleichen oder ähnlichen Standorten zueinanderbringen. Das gilt vor allem für solche Flächen, auf denen man von strengen Blumenrabatten, wo Farbe und Farbzusammenstellungen ausschlaggebend sind, absieht und zu einer freieren Pflanzung übergeht.

Bei den meisten Gruppierungen im Gartenbereich herrscht Halbschatten vor. Kleinere Bäume und Sträucher wachsen im Laufe der Jahre heran. Der Garten liegt nicht mehr – wie zu Beginn der Anlage – in der vollen Sonne. Bäume in der Nachbarschaft beschatten die Gartenflächen zu bestimmten Tageszeiten. Hier einige Beispiele für Pflanzengemeinschaften die sich für solche Standorte gut eignen:

Zu Hasel- und Hartriegelsträuchern (*Cornus*-Arten), Schneeball, Heckenkirsche, Ilex, Seidelbast, Kirschlorbeer, Rhododendron, Mahonien und ähnlichen, im Halbschatten wachsenden Gehölzen lassen sich folgende Stauden gruppieren: *Anemone nemorosa* (Buschwindröschen) als blühender Bodendecker, *Hepatica nobilis* (Leberblümchen), *Anemone japonica*, *Brunnera macrophylla* (Kaukasisches Vergißmeinnicht) *Aconitum napellus* (Eisenhut), *Arum* (Aronstab), *Aruncus sylvester* (Geißbart), Astilben (Spieren), *Aquilegia* (Akelei), *Bergenia cordifolia* (Löffelblatt) *Hosta* (Funkie), *Digitalis* (Fingerhut), Telekia (Ochsenauge), *Campanula trachelium* (nesselblättrige Glockenblume), *C. latifolia* 'Macrantha' (hohe Glockenblume), *Carex silvatica*, (Segge) *Luzula silvatica* (Hainsimse) in einzelnen Horsten, *Cimicifuga* (Silberkerze), *Corydalis* (Lerchensporn) in größeren Flächen, *Dicentra spectabilis* (Tränendes Herz) *Epimedium* (Elfenblume) *Helleborus* (Schneerosen), *Lathyrus vernus* (Platterbse), *Primula* (Primelarten), *Polygonatum* (Salomonssiegel), *Pulmonaria* (Lungenkraut) *Rodgersia* (Tafelblatt), *Phyllitis scolopendrium* (Hirschzungen-

In der Nähe eines Gewässers fühlen sich die meisten Stauden besonders wohl. Hier bringen sie ihre Vielfalt und Farbenpracht voll zur Entfaltung.

farn) und andere Farne, *Smilacina* (Schattenblume), *Peltiphyllum,* (Schildblatt), *Physalis franchetii,* (Lampionpflanze). Bodendeckende Stauden (Rasenersatz): *Ajuga reptans* (Günsel), *Asperula odorata* (= *Galium odoratum*) (Waldmeister), *Asarum europaeum* (Haselwurz), *Cardamine trifolia* (Schaumkraut), *Convallaria majalis,* (Maiglöckchen), *Maianthemum bifolium* (Zweiblatt, wildes Maiglöckchen), *Pachysandra terminalis* (Ysander), *Oxalis acetosella* (Sauerklee), *Empetrum nigrum* (Krähenbeere für sonnige, feuchte Lagen), *Hedera helix,* (Efeu), *Vaccinium vitis-idaea* (Preiselbeere für sonnige, feuchte Lagen, Torfunterlage). Zu Bodendeckern an trokkenem oder leicht feuchtem Standort passen Blumenzwiebeln, wie Schneeglöckchen, Märzenbecher, Winterling, Blausternchen, Krokus, Narzissen, Tulpenarten und -sorten, Lilien und Kaiserkronen.

Blütenkalender für Gartengehölze

Die Nachbarschaft unter den einzelnen Pflanzen ist ausschlaggebend für die Gestaltung eines Gartens. Nicht nur Form und Größe, auch die Farbe spielt eine wichtige Rolle. Die Farbe der Gehölze und Stauden ändert sich im Jahreslauf ständig. Austrieb, Blattgrün, Blütezeit, Herbstfärbung, kahles Gezweig oder immergrüner Blattbehang, das alles will bei der Gruppierung bedacht sein. Erst durch Schwerpunkte, die sich im Laufe eines Jahres verschieben, wird ein Garten attraktiv. Beständig ist in einem Garten nur der Wandel. Im folgenden Kapitel sind Gehölze und Stauden nach ihren Blütezeiten geordnet, um so dem interessierten Freizeitgärtner die Möglichkeit zu geben, seinen Garten so zu gestalten, daß das Blühen und Fruchten nicht aufhört.

Gehölze
Januar

Hamamelis	Zaubernuß
Erica in Sorten	Schneeheide
Prunus subhirtella autumnalis	winterblühende Zierpflaume
Lonicera purpusii	winterblühende Heckenkirsche

Februar

Hamamelis	Zaubernuß
Erica in Sorten	Schneeheide
Prunus subhirtella autumnalis	winterblühende Zierpflanze
Jasminum nudiflorum	Echter Jasmin
Lonicera purpusii	winterblühende Heckenkirsche
Cornus mas	Kornelkirsche
Corylus avellana	Haselnuß
Viburnum burkwoodii	Duftschneeball

März

Erica	Schneeheide
Prunus subhirtella autumnalis	winterblühende Pflaume
Jasminum nudiflorum	Echter Jasmin
Cornus mas	Kornelkirsche
Rhododendron praecox	Frühlingsalpenrose
Salixarten	Kätzchenweiden
Pieris japonica	Lavendelheide
Daphne mezereum	Seidelbast
Magnolia stellata	Sternmagnolie
Fothergilla	Flockenstrauch
Prunus spinosa	Schlehe

April

Amelanchier	Felsenbirne
Rhododendron ponticum	pontische Alpenrosen
Berberisarten	Sauerdorn
Chaenomeles	Scheinquitten
Cytisus	Ginster
Forsythia	Forsythien
Mahonia	Mahonien
Pieris floribunda	Lavendelheide
Prunusarten	Pflaumen, Kirschen, Zierkirschen und -pflaumen
Salixarten	Kätzchenweiden
Spiraea	Spierstrauch
Ribes	Zierjohannisbeeren

Mai

Rhododendron japonicum	japanische Azaleen
Rhododendron	frühblühende immergrüne Alpenrosen
Cytisus	Ginster
Chaenomeles	Scheinquitten
Prunusarten	Zierkirschen und -pflaumen
Caragana	Erbsenstrauch
Cornus florida	Blumenhartriegel
Deutzia in Sorten	Deutzien
Kerria	Ranunkelstrauch
Kolkwitzia	Kolkwitzia

Blütenkalender für Gartengehölze

Laburnum	Goldregen
Magnolienarten	Magnolien
Malus in Sorten	Zieräpfel
Philadelphus	Falscher Jasmin
Potentilla	Fingerstrauch
Syringa	Fliedersorten
Viburnum	Schneeballarten
Wisteria sinensis	Glycinie

Juni

Rhododendronarten	Alpenrosen
Clematisarten	Waldreben
Colutea	Blasenstrauch
Crataegusarten	Weißdorn
Sorbus	Eberesche
Deutzia	Deutzien
Weigela	Weigelien
Hypericum	Johanniskraut
Potentilla	Fingerstrauch
Rosa	Rosen
Syringa	späte Fliedersorten

Juli

Buddleia	Sommerflieder
Cotinus	Perückenstrauch
Hydrangea	Hortensien
Hypericum	Johanniskraut
Rosa	Rosen
Potentilla	Fingerstrauch
Ligustrum	Liguster

August

Aralia	Aralie
Buddleia	Sommerflieder
Calluna	Besenheide
Euonymus (Früchte)	Pfaffenhütchen
Hibiscus	Eibisch
Hydrangea	Hortensien
Hypericum	Johanniskraut
Pyracantha (Früchte)	Feuerdorn
Potentilla	Fingerstrauch
Rosa	Rosen
Mahonia (Früchte)	Mahonie
Malusarten (Früchte)	Zieräpfel

September

Rosa (auch Früchte)	Rosen
Hydrangea	Hortensien
Colutea (Früchte)	Blasenstrauch
Pyracantha (Früchte)	Feuerdorn
Cotoneasterarten (Früchte)	Felsenmispeln
Sorbus (Früchte)	Eberesche
Crataegus (Früchte)	Dornarten
Prunus spinosa (Früchte)	Schlehen
Chaenomeles (Früchte)	Scheinquitten
Sambucus (Früchte)	Holunder
Viburnumarten (Früchte)	Schneeballarten

Oktober

Rosa (auch Früchte)	Rosen
Cotoneasterarten (Früchte)	Felsenmispeln
Viburnum opulus (Früchte)	Wasserschneeball
Symphoricarpos (Früchte)	Schneebeere
Gaultheria (Früchte)	Scheinbeere
Hippophae (Früchte)	Sanddorn

November

Rosa (Früchte u. Blüten)	Rosen
Symphoricarpos (Früchte)	Schneebeere
Cotoneaster (Früchte)	Felsenmispel
Ilex (Früchte)	Stechpalme
Gaultheria (Früchte)	Scheinbeere
Viburnum opulus (Früchte)	Wasserschneeball
Hippophae (Früchte)	Sanddorn

Dezember

Hamamelis	Zaubernuß
Prunus subhirtella autumnalis	winterblühende Zierpflaume
Viburnum opulus (Früchte)	Wasserschneeball
Symphoricarpos (Früchte)	Schneebeere
Hippophae (Früchte)	Sanddorn

Stauden

Januar

Helleborus	Schneerose
Eranthis	Winterling

Februar

Helleborus	Schneerose
Eranthis	Winterling
Galanthus	Schneeglöckchen

März

Galanthus	Schneeglöckchen
Leucojum	Frühlingsknotenblume
Doronicum	Gemswurz
Pulmonaria	Lungenkraut
Scilla	Meerzwiebel

Adonis	Adonisröschen
Narcissus cyclamineus	Narzissen
Crocus	Wildkrokusse

April

Muscari	Traubenhyazinthen
Adonis	Adonisröschen
Alyssum	Steinkraut
Anemone	Frühlingsanemonen
Arabis	Gänsekresse
Aubrieta	Aubrietien, Blaukissen
Bergenia	Löffelblatt
Iberis	Schleifenblume
Phlox subulata	Polsterphlox
Primula	Primelarten
Pulmonaria	Lungenkraut
Trollius	Trollblumen
Viola	Veilchen
Narcissus	Narzissen
Tulipa	Wildtulpen

Mai

Alyssum	Steinkraut
Aquilegia	Akelei
Arabis	Gänsekresse
Astilbe	Frühe Prachtspieren
Bergenia	Löffelblatt
Doronicum	Gemswurz
Convallaria	Maiglöckchen
Dianthus	Nelken
Dicentra	Tränendes Herz
Hemerocallis	Frühe Taglilien
Iberis	Schleifenblume
Aubrietia	Blaukissen
Iris	frühe Schwertlilien
Lupinus	Lupinen
Lysimachia	Felberich
Nepeta	Katzenminze
Primula	Primeln
Trollius	Trollblumen
Phlox subulata	Polsterphlox

Juni

Ajuga	Günsel
Aquilegia	Akelei
Armeria	Grasnelke
Aruncus	Geisbart
Astilbe	Prachtspieren
Campanula	Glockenblumen
Papaver	Mohn
Paeonia	Pfingstrosen
Delphinium	Rittersporn
Dianthus	Nelken
Chrysanthemum	Margeriten
Erigeron	Berufskraut
Gypsophila	Schleierkraut
Helianthemum	Sonnenröschen
Hemerocallis	Taglilien
Heuchera	Purpurglöckchen
Iris	Schwertlilien
Lilium	Lilien
Lupinus	Lupinen
Lychnis	Lichtnelke
Nepeta	Katzenminze
Veronica	Ehrenpreis
Viola	Veilchen

Juli

Achillea	Schafgarbe
Aconitum	Eisenhut
Aruncus	Waldgeisbart
Astilbe	Prachtspieren
Campanula	Glockenblumen
Coreopsis	Schöngesicht
Delphinium	Rittersporn
Erigeron	Berufskraut
Aster	Astern
Geranium	Storchschnabel
Gypsophila	Schleierkraut
Helenium	Sonnenbraut
Hemerocallis	Taglilien
Heuchera	Purpurglöckchen
Inula	Alant
Kniphofia	Fackellilie
Lilium	Lilien
Lavandula	Lavendel
Liatris	Prachtscharte
Monarda	Indianernessel
Phlox	hoher Staudenphlox
Rudbeckia	Sonnenhut
Salvia	Salbei
Scabiosa	Witwenblume
Veronica	Ehrenpreis
Chrysanthemum	Margeriten
Physostegia	Gelenkblume

August

Aconitum	Eisenhut
Aster	Astern
Coreopsis	Schöngesicht
Delphinium	Rittersporn (Nachblüte)
Geranium	Storchschnabel
Helenium	Sonnenbraut
Helianthus	Sonnenblume
Hemerocallis	Taglilie
Inula	Alant
Kniphofia	Fackellilie
Lavandula	Lavendel
Liatris	Prachtscharte
Lythrum	Blutweiderich
Monarda	Indianernessel
Nepeta	Katzenminze
Phlox	hoher Staudenphlox
Rudbeckia	Sonnenhut
Salvia	Salbei
Scabiosa	Witwenblume

Physostegia	Gelenkblume
Polygonum	kriechender Knöterich

September

Aster	hohe Staudenastern
Aconitum	Eisenhut
Anemone	Herbstanemonen
Chrysanthemum	Gartenchrysanthemen
Coreopsis	Schöngesicht
Delphinium	Rittersporn (Nachblüte)
Helenium	Sonnenbraut
Helianthus	Sonnenblume
Liatris	Prachtscharte
Lythrum	Blutweiderich
Physalis (Früchte)	Lampionpflanze
Rudbeckia	Sonnenhut
Salvia	Salbei
Solidago	Goldrute
Sedum spectabile	Fetthenne
Polygonum	kriechender Knöterich

Oktober

Aster	Herbstastern
Chrysanthemum	Gartenchrysanthemen
Colchicum	Herbstzeitlosen
Helianthus	Sonnenblumen
Physalis (Früchte)	Lampionpflanze
Solidago	Goldrute
Polygonum	kriechender Knöterich

November

Chrysanthemum	Gartenchrysanthemen
Helleborus	Schneerosen

Dezember

Chrysanthemum	Gartenchrysanthemen
Helleborus	Schneerosen

Gemeinschaften für Heidestandorte

Unter »Heidestandorte« verstehen wir trockene, leichte, meist sandige Böden, die in voller Sonne oder in lichtem Halbschatten liegen. An solchen Standorten muß man nicht unbedingt eine Heidefläche anlegen, aber gerade die Pflanzen aus den natürlichen Heidegebieten eignen sich für solche Stellen am besten, wenn man sie so begrünen will, daß die spätere Pflege und Unterhaltung der Flächen problemlos ist. Es ist sicherlich in jedem Falle zweckmäßig, solche Flächen im Bereich des Hausgartens mit Komposterde und Torf aufzubereiten, damit sie mit Nährstoffen angereichert werden und Feuchtigkeit besser halten. Voraussetzung für die Pflanzung von Gehölzen und Kräutern ist aber, daß der vorhandene Boden kalkfrei gehalten wird. Hier einige Pflanzenbeispiele für solche Standorte:

Bäume und Sträucher

Betula verrucosa (Sandbirke) *B. papyrifera* (Papierbirke) *B. ermanii* (Goldbirke) – diese Gehölze sind nur für größere Gärten geeignet. *Ilex aquifolium* (Hülse, Stechpalme, immergrün), *Pinus sylvestris* (Waldkiefer, nur für große Gärten), *P. nigra* 'Austriaca' (Schwarzkiefer), *P. aristata* (Fuchsschwanz-, Grannenkiefer) *P. cembra* 'Glauca' (blaue Zirbelkiefer), *P. koraiensis* 'Glauca' (blaue Koreakiefer), *P. leucodermis* (Schlangenhautkiefer), *P. montana* (Bergkiefer), *Pinus mugo* mit zahlreichen Varietäten (Zwerglatsche), *P. parviflora* 'Glauca' (blaue Mädchenkiefer), *Populus tremula* (Zitterpappel, nur für größere Gärten geeignet), *Sorbus aucuparia* (Eberesche) und sämtliche anderen *Sorbus*-Arten, *Juniperus chinensis* (Chinawacholder in verschiedenen Formen), *J. communis* (Säulenwacholder in verschiedenen Formen), *J. sabina* 'Tamariscifolia' (Tamariskenwacholder), *J. squamata* in verschiedenen Formen, *J. virginiana* (in verschiedenen Formen), *J. horizontalis* (flachwachsender Wacholder), *Cytisus*-Arten (Elfenbeinginster-Arten), *Genista*-Arten (Ginsterarten), *Elaeagnus angustifolia* und *E. ebbingei* (Ölweide), *Hippophae rhamnoides* (Sanddorn), *Prunus spinosa* (Schlehe), *Pyracantha*-Arten und Formen (Feuerdorn), Rosen in verschiedenen Arten wie *Rosa setigera, R. canina, R. moyesii, R. rubiginosa, R. rugosa* (Rugosa-Formen), *Calluna vulgaris* in Sorten (Besenheide), *Erica* in vielen Sorten (Frühlingsheide), *Vaccinium vitis-idaee* (Preiselbeere), *Empetrum nigrum* (Krähenbeere), *Berberis* in verschiedenen Arten und Formen (Berberitzen).

Stauden
Anemone pulsatilla (Kuhschelle), *Adonis vernalis* (Adonisröschen), *Aster amellus* (Vergilaster), *Aster dumosus* (Kissenaster), *A. ericoides* (kleinblütige Aster), *Digitalis* (Fingerhut), *Epimedium* (Elfenblume), *Gypsophila*-Arten (Schleierkraut), *Lychnis* (Pechnelke), *Nepeta faassenii* (Katzenminze), *Verbascum* (Königskerze), *Lavandula* (Lavendel), *Acaena* (Stachelnüßchen), *Sedum*-Arten (Fetthenne, Mauerpfeffer), *Centranthus* (Spornblume), *Gentiana pneumonanthe* (Lungenenzian), *Hypericum* (Johanniskraut), *Dianthus deltoides* (Heidenelke).

Gräser
Aira flexuosa (= *Deschampsia flexuosa*), (Heideschmiele), *Avena candida* (Blaustrahlhafer), *Festuca glauca* (Schafschwingel), *F. ovina* und *F. scoparia* (Bärenfellgras).

Ufer und Teichstauden
Die Uferstauden stammen meist aus Überschwemmungsgebieten. Daher sind die Pflanztiefen für Sumpf- und Wasserstauden sehr unterschiedlich. Froschlöffel kann Wasserstände von 5–20 cm ertragen, gedeiht bisweilen auch über dem Wasser. Pfeilkraut braucht zwischen 10 und 30 cm Wassertiefe und die Wasserfeder geht sogar bis 100 cm tief. Manche Arten wie der Froschlöffel können zeitweilig auch auf trockenem Standort überdauern. Diese Stauden sind aber nur dann zu pflanzen, wenn ein Wasserbecken in direkter Verbindung mit der umgebenden Vegetation steht. Einige typische Uferpflanzen können eine Wasserfläche wie selbstverständlich in das umgebende Grün eines Gartens einbeziehen. Das Wasserbecken darf aber nicht so umpflanzt werden, daß vom Wasser kaum noch etwas zu sehen ist. Die Wasserfläche sollte maximal zu einem Drittel mit Pflanzen bedeckt sein. Das gilt besonders für kleinere Becken; größere Teiche kommen mit erheblich weniger Pflanzen aus. Die Uferbereiche lassen sich mit dekorativen Großstauden, aber auch mit kleineren Randstauden bepflanzen, die an diesen Standort gehören. Pflanzen am Wasserbecken sollen das Wasser niemals überwuchern! Auch der Fischbesatz ist für die Bepflanzung des Beckens von Bedeutung. Goldfische, Goldorfen sind absolut pflanzenverträglich. Wühlende Fische wie Schleien, Schlammbeißer und Karpfen sollte man nicht in kleine Becken setzen. Sie machen das Wasser trübe und schaden den Pflanzen. Ein gut bepflanztes Wasserbecken versorgt die Fische jederzeit mit ausreichend Sauerstoff. Fische spielen im Wasserbecken aber auch eine Art Wasserpolizei, denn sie halten die Mückenlarven kurz.

Sterile Wasserbecken ohne Bepflanzung vermitteln nur die halbe Freude am Wasser. Erst durch den charakteristischen Pflanzenwuchs und den Besatz mit Fischen, Schnecken, Pflanzen und Tieren, die sich aus der freien Natur allmählich von selbst einfinden, entsteht eine Lebensgemeinschaft, ein Biotop, das uns durch die vielen Erlebnismomente mit solchen Wasserflächen immer neue Gartenfreuden beschert. Gefährlich wird dem Wasserbecken im allgemeinen nur eine Pflanze, nämlich die Wasserlinse *(Lemna)*. Siedelt sie sich erst einmal an, bildet sie bald einen dichten Teppich über dem Teich. Hier hilft nur das Abfischen, oder man muß das Becken mit solchen Fischen besetzen, die diese Linse vertilgen (Karpfen).

Die Sumpfpflanzen
Ist für ein Wasserbecken im Garten kein Platz und möchte man trotzdem nicht auf viele interessante Sumpfgewächse verzichten, so hebt man an einer bestimmten Stelle im Garten eine ca. 50 cm tiefe Grube aus und versieht sie bis zur Oberkante mit flachen Böschungen (mindestens 1:3). Dann dichtet man die Grube mit ca. 10 cm Ton ab und verdichtet diese Schicht durch Anstampfen. Statt Ton kann man auch ungebrannte Ziegel, sogenannte Rohlinge, verwenden, die abgerammt werden. Diese Tonwanne kann nun mit lehmhaltigem Boden weiter verfüllt werden, wobei leichte Gaben von verrottetem Stallmist oder Kompost für die erforderlichen Nährstoffe sorgen. Dann wählt man die passenden Pflanzen aus und setzt sie in diesen Boden. Das Bodengemisch muß kalkarm sein und sollte am besten aus Torfstreu, Sumpfmoos und Heideerde bestehen. Hier gedeihen Pflanzen wie Blaubeeren, Preiselbeeren, Sumpfporst, Moosbeeren,

Ufer- und Teichstauden

Rosmarinheide, Moorweide, Gagelstrauch, Moorenzian und viele andere. Sogar Sonnentau kann auf diese Weise im Garten kultiviert werden und auch das Wollgras mit seinen verschiedenen Arten fühlt sich hier wohl. Von Juni bis August erscheinen seine weißen, federschopfigen Samenstände. Sumpfbeete müssen ständig feucht gehalten werden. Zum Gießen verwendet man möglichst abgestandenes Wasser. Kalkhaltiges Leitungswasser oder gechlortes Wasser ist für die meisten Pflanzen auf die Dauer schädlich und läßt sie absterben.

Auswahl von Ufer- und Teichstauden

Acorus calamus
Kalmus (Aronstabgewächse)
Dieses schilfartige Gewächs mit dem aromatischen Duft wird etwa 60/150 cm hoch und kann bis zu 30 cm Wassertiefe vertragen oder auf sumpfigem Standort gepflanzt werden. *A.c. gramineus* heißt der Japanische Graskalmus, der nur 20 cm hoch wird und selbst für kleinste Becken interessant ist.

Alisma plantago
Froschlöffel (Froschlöffelgewächse)
Froschlöffel ist eine heimische Ufer- bzw. Teichstaude mit rundlichen, wegerichartigen großen Blättern. Er wird 20/60 cm hoch und besitzt weiße, quirlige, sparrige Blütenstände, die von Juni bis September erscheinen. Wassertiefe 15/20 cm. Gedeiht aber auch auf feuchten Uferzonen. Vermehrung durch Teilung.

Aponogeton distachyus
Wasserähre (Najadengewächse)
Bei dieser leicht zu haltenden Wasserpflanze handelt es sich um eine Staude mit milzförmi-

Seerosen bescheren uns einen langdauernden Blütenflor. Das Farbenspiel der Sorten reicht von Weiß über Gelb und Rosa bis zum dunklen Blutrot.

gen, langen Blättern und duftenden, weißen Blütenständen, die von Juni bis Oktober erscheinen. Sie liebt einen Wasserstand von 20/50 cm.

Butomus
Blumenbinse (Blumenbinsengewächse)
Butomus umbellatus ist eine rosablühende Binse mit dekorativen Blütendolden, die auf hohen Stielen erscheinen. Sie liebt einen Wasserstand von 20 cm und blüht im Juni/August. Höhe 40/80 cm.

Calla palustris
Sumpfkalla (Aronstabgewächse)
Diese aparte Pflanze erinnert an die bekannten Zimmerpflanzen. Sie liebt einen Wasserstand von 0/10 cm, blüht im Juni/Juli mit großen, weißen Blüten und zeigt im September ihre schönen Kolben mit den roten Beeren. Höhe ca. 25 cm. (Winterschutz!)

Callitriche
Wasserstern (Wassersterngewächse)
Callitriche palustris ist ein guter Sauerstoffspender im Wasser. Diese Unterwasserpflanze bleibt wintergrün. Die meisten Arten besitzen Schwimmblattrosetten und lieben stehendes oder nur sehr langsam fließendes Wasser. Wasserstand 10/30 cm. Keine nennenswerten Blüten.

Caltha palustris
Sumpfdotterblume (Hahnenfußgewächse)
Bekannte Wildform mit glänzenden herzförmigen Blättern, goldgelb, einfach blühend. 'Alba' ist eine weiße Form, 'Multiplex' blüht gelb gefüllt. Liebt sonnigen bis halbschattigen Stand und blüht von März bis Juni. Wuchshöhe bis 30 cm.

Carex
Segge (Seggengewächse)
Zu dieser Gruppe gehören vor allem *Carex grayi* und *C. pseudocyperus* mit grünen, hängenden, walzenförmigen Ähren und horstigem Wuchs. Sie verlangen Wassertiefen von 0/20 cm und bringen ihre Blütenähren im Juni/Juli hervor. Wuchshöhe ca. 70 cm.

Ceratophyllum demersum
Hornblatt (Hornblattgewächse)
Diese Pflanze schwimmt wurzellos im Wasser und gedeiht auch in allen abgetrennten Pflanzenteilen weiter. Sie bildet vielgliedrige Quirle aus. Blüten unscheinbar in den Blattachseln. Hornblatt liebt nährstoffreiche Gewässer und Wassertiefen von 20 bis 60 cm. Es ist zur Wasserreinigung gut geeignet und verbraucht in größeren Teichen und Becken überschüssige Nährstoffe.

Eleocharis acicularis
Nadelsimse (Cypergrasgewächse)
Eine untergetaucht lebende Wasserpflanze, die sich auf dem Grund des Beckens rasenartig ausbildet. Sie gedeiht aber auch bei wechselndem Wasserstand auf feuchtem Uferrand. Wassertiefe 0/20 cm.

Elodea
Wasserpest (Froschbißgewächse)
Elodea canadensis ist die bekannte kanadische Wasserpest, die als Sauerstoffproduzent im Wasser eine wichtige Funktion erfüllt. Wuchert stark.

Eriophorum
Wollgras (Cypergrasgewächse)
Die Arten *Eriophorum angustifolium* und *E. vaginatum* sind beide interessant für den Garten. Sie benötigen einen Wasserstand von 0/10 cm. Die Blüten und auch Fruchtstände erscheinen ab Juni, 30/50 cm hoch und sind besonders wegen der dekorativen wolligen Samenschöpfe geschätzt.

Filipendula
Siehe Stauden S. 189 ff.

Geum
Siehe Stauden S. 189 ff.

Glyceria maxima
(G. aquatica)
Wasserschwaden (Grasartige)
Glyceria maxima eignet sich nur für große Wasserflächen wie Teiche und Seen.

Hippuris
Tannenwedel (Tannenwedelgewächse)
Hippuris vulgaris vermehrt sich sehr stark durch Ausläufer, ist aber für Wasserbecken interessant. Er muß hin und wieder gelichtet werden. Die dunkelgrünen Wedel ragen bis zu 40 cm aus dem Wasser. Wasserstand 10/20 cm.

Hottonia
Wasserfeder (Primelgewächse)
Hottonia palustris, die Wasserfeder mit den fiederspaltigen Blättern, die quirlförmig angeordnet sind und dem rosafarbenen traubenartigen Blütenstand, der sich aus dem Wasser erhebt, verwendet man für Halbschattenbereiche im Wasser.

Hydrocharis
Froschbiß (Froschbißgewächse)
Hydrocharis morsus ranae ist eine Schwimmpflanze mit rundlichen Blättern, die mit Hilfe von Winterknospen im Schlamm überwintert. Die Blüten sind weiß. Wasserstand 20/40 cm. Blüte von Juni bis August.

Ufer- und Teichstauden

Iris
Schwertlilie (Schwertliliengewächse)
Von den feuchtigkeitsliebenden Arten seien hier nur genannt: *Iris kaempferi, I. laevigata* und *I. pseudacorus, I. versicolor*, die Sumpfiris und *I. sibirica* (alle siehe unter Stauden S. 189 ff.).

Juncus
Binse (Binsengewächse)
Geeignete Arten sind *Juncus effusus*, die Flatterbinse mit den dunkelgrünen, horstartigen Büscheln. *J. ensifolius*, die Zwergbinse mit braunem, grasartigem Laub und *J. inflexus* 'Glaucus', die blaugrüne Binse mit bläulich schimmernden Halmen. Sie liebt wie die anderen Arten einen Wasserstand von 0/10 cm. Blüte unscheinbar. Höhe zwischen 20 und 80 cm.

Lemna
Wasserlinse (Wasserlinsengewächse)
Lemna trisulca ist eine Schwimmpflanze, die zur Blüte an die Oberfläche kommt. Sonst wächst sie unter Wasser. Wasserstand ca. 10/20 cm. Vorsicht, wuchert stark! Für kleinere Becken in Hausgärten nicht geeignet.

Lysimachia nummularia
Siehe Stauden S. 189 ff.

Lythrum
Siehe Stauden S. 189 ff.

Menyanthes
Fieberklee (Enziangewächse)
Menyanthes trifoliata ist eine weitkriechende Sumpfpflanze mit weißen, stark duftenden, unterseits rosafarbenen Blüten, die in traubenförmigen Blütenständen zusammenstehen. Fieberklee liebt Wassertiefen von 0/10 cm und blüht im Mai/Juni. Wuchshöhe ca. 20 cm.

Mimulus
Siehe Stauden S. 189 ff.

Myosotis palustris
Siehe Stauden S. 189 ff.

Myriophyllum
Tausendblatt (Tausendblattgewächse)
Myriophyllum verticillatum eignet sich gut für stehende und langsam fließende kalkarme Gewässer. Die rosafarbenen Blütentriebe ragen ca. 15 cm aus dem Wasser. Die Blätter sind quirlständig. Wasserstand 20/60 cm.

Nuphar
Teichrose, Mummel (Seerosengewächse)
Nuphar lutea ist die gelbblühende Teichrose mit den kugeligen gelben Blüten, die auch Halbschatten vertragen. Die Teichrose bedeckt im Laufe der Jahre große Flächen auf dem Wasser und sollte daher für kleinere Becken nicht verwendet werden. Wasserstand 80/200 cm. Blüte von Mai bis Juli.

Nymphaea
Seerose (Seerosengewächse)
Diese dankbaren Sommerblüher sind in jedem Wasserbecken leicht zu kultivieren. Sie verlangen v. a. sonnigen Standort und ruhige, windgeschützte Wasserflächen. Wenn man Seerosen pflanzen will, besorgt man sich die Pflanzen am besten in einer Spezialgärtnerei oder einer Staudengärtnerei, die Arten für jede gewünschte Wassertiefe vorrätig haben. Es gibt viele Arten und Sorten für unterschiedliche Tiefen. Kann man die erworbenen Pflanzen nicht direkt ins Wasser setzen, so legt man sie in einen mit Wasser gefüllten Eimer oder man schlägt sie sorgfältig an einer schattigen Stelle im Garten ein, wo sie eingeschlemmt werden. Die Pflanzung erfolgt am besten zwischen Ende April und Ende Mai. Seerosen lieben schweren Boden. Man kann die Erdmischung aus lehmigem Boden und gut verrottetem Kompost herstellen. Seerosen sind für zusätzliche Gaben von Knochenmehl oder Hornspänen (7 g/l) dankbar. Am besten pflanzt man sie in Körbe oder Plastikkübel, die das starke Wuchern der Pflanzen verhindern. Sie sollten einen Mindestdurchmesser von 50 cm und eine Mindesttiefe von 30 cm besitzen. Man setzt die Pflanzen behutsam mit den Wurzeln in den Boden und breitet darüber eine Schicht aus ca. 4 cm Grob-

Die meisten gelben Seerosen sind starkwüchsig. Sie eignen sich daher nur für größere Wasserflächen.

kies. Man kann auch die Pflanze mit einem gebogenen Draht im Gefäß befestigen, damit sie bei der Placierung im Wasser nicht nach oben treibt. Die Gefäße kann man auf Ziegelsteinen als Unterbau auf die jeweils richtige Wassertiefe setzen. In Teichen, die zum Bepflanzen zu tief sind, versenkt man die Seerosen in Gefäßen, die mit Ziegelsteinen beschwert werden. Die Wurzeln wachsen bald über den Rand des Gefäßes und verankern sich dauerhaft im Teichschlamm. Bei frostfreier Wassertiefe ist Winterschutz nicht erforderlich. Becken, die abgelassen werden, müssen mit Torf, Laub oder Fichtenreisig vor dem Einfrieren geschützt werden. Man kann die Gefäße auch kühl und frostfrei im Keller lagern, wo sie bis Ende April verbleiben. Seerosen blühen etwa von Juni bis September. Man unterscheidet die Arten nach der Wassertiefe, in der sie am besten gedeihen. Seerosen für niedrigen Wasserstand (20/40 cm) sind: *Nymphaea alba* 'Froebeli', dunkelkarminrot, mittelgroße Blüten, *N. alba* 'Leydeckeri Lilacea', mittelgroß, lila blühend, Pflanzen besitzen kleine, dunkelgefärbte Blätter. *N. alba* 'Leydeckeri Purpurata' entwickelt mittelgroße, weinrote Blüten, sonst wie oben. *N. pygmaea* 'Alba', die weiße Zwergseerose mit zierlichen Blüten und Blättern ist für kleinste Wasserbecken geeignet und sollte nicht mit starkwachsenden Sorten zusammengepflanzt werden, da sie davon überwuchert wird.

Seerosen für mittleren Wasserstand (30/60 cm): *N. alba* 'Escarboucle', großblumig, zinnoberrot, blühwillige Sorte. *N. alba* 'Gloriosa', großblumig, johannisbeerrot mit rundlicher Blütenform und großen Blättern, ähnlich wie *N. alba* 'James Brydon', dunkelrot, rundlich, gelbe Mitte. *N. alba* 'Hermine', die schneeweißen Blüten heben sich etwas aus dem Wasser. Gute Sorte für tiefere und flachere Becken: *N. alba* 'Marliacea Chromatella', großblumig, hellgelb mit rotbraun gefleckten Blättern. *N. alba* 'Odorata Rosennymphe', eine der besten Züchtungen mit mittelgroßen, sternförmigen, dunkelrosa Blüten. Gut für mittleren und tieferen Wasserstand. Bräunlichgrüne Belaubung. *N. alba* 'Odorata Sulphurea' wächst stark. Große, sternförmige, schwefelgelbe Blüten. *N. alba* 'René Gerard', hellkarminrot mit großen Blüten, eignet sich ebenfalls für kleinere und größere Becken.

Seerosen für tiefen Wasserstand: (60/100 cm) *N. alba*, die weiße Seerose, *N. alba* 'Marliacea Rosea' mit großen, rosafarbenen Blüten und üppiger Laubentwicklung, Universalsorte, die auch in flacherem Wasser gedeiht. Massenblüher. *N. alba* 'Masaniello', große, volle, tiefrosa Blüten, die in der Mitte karmin getönt sind. *N. alba* 'Pöstlingsberg', eine sehr stark wachsende Sorte, die schneeweiße, außen grünlich getönte, große Blüten hervorbringt.

Die beschriebenen Sorten und Arten sind nur eine Auswahl aus einem großen Sortiment und können nicht als repräsentativ gelten.

Nymphoides
Seekanne (Enziangewächse)
Nymphoides peltatum, eine gelbblühende, an Lotosblüten erinnernde, kleine, seerosenähnliche Pflanze mit nierenförmigen, kleinen Schwimmblättern. Sie liebt sonnigen bis halbschattigen Stand und Wasserstand von 20/50 cm. Die Blüten erscheinen sehr zahlreich von Juni bis August, wuchert.

Phragmites
Schilf (Grasartige)
Phragmites treibt starke Ausläufer und eignet sich nur für größere Wasserflächen, zur Uferbefestigung und für Flachwasserbereiche.

Polygonum amphibium
Wasserknöterich (Knöterichgewächse)
Diese Staudenart wuchert sehr. Sie bildet Land- und Wasserformen aus und kann zeitweiliges Trockenfallen einer Wasserfläche leicht überstehen. Die hellpurpurfarbenen Blüten stehen in dekorativen Ähren zusammen.

Pontederia
Hechtkraut (Hechtkrautgewächse)
Pontederia cordata, das blaublühende Hechtkraut, mit den hyazinthenähnlichen Blütenständen ist eine Zierde für jedes Wasserbecken. Die Pflanze liebt einen Wasserstand von 10–30 cm und blüht von Juni bis August. Höhe ca. 60 cm.

Potamogeton
Laichkraut (Laichkrautgewächse)
Laichkräuter besitzen gewellte Blätter, die sich unter Wasser befinden. Einige Arten wie *Potamogeton natans* bilden Blätter aus, die auf dem Wasserspiegel aufliegen. Das Laichkraut liebt Wassertiefen zwischen 20 und 50 cm. Die Blüten sind unscheinbar. Es eignet sich gut zur Sauberhaltung des Wassers.

Primeln
Siehe Stauden S. 189 ff.

Ranunculus
Hahnenfuß (Hahnenfußgewächse)
Ranunculus aquatilis, der Wasserhahnenfuß, ist eine weißblühende Art des Hahnenfußes, die interessante nierenförmige oder fein gefiederte immergrüne Blätter ausbildet. Kann leicht wuchern. Wassertiefe etwa 20/40 cm. Blüte von Juni bis August, Massenblüher.

Sagittaria
Pfeilkraut (Pfeilkrautgewächse)
Sagittaria latifolia und *S. sagittifolia* sind die be-

kanntesten Arten mit weißen oder weißroten Blüten. Sie lieben Wassertiefen von 0/30 cm und blühen von Juni bis August. Besonders dekorativ sind die pfeilförmigen Blätter. Sehr dekorative Pflanze, die auch für kleinere Bekken geeignet ist.

Scirpus
Simse (Cyperusgewächse)
Scirpus lacustris, die Teichbinse, kann sehr hoch werden und ist für kleine Becken nicht geeignet. Besser *S. tabernaemontani* 'Zebrinus', mit gelblich gebänderten Trieben. Sie liebt Wassertiefen von 0/20 cm und wird ca. 80 cm hoch.

Sparganium
Igelkolben (Igelkolbengewächse)
Igelkolben mit den Arten *Sparganium erectum*, *Sp. simplex* und *Sp. minimum* lieben Wassertiefen von 0/30 cm und blühen von Juni bis August. Dekorativ sind die stacheligen, kugeligen Fruchtstände. Die Wuchshöhe liegt bei 30 bis 50 cm. Die sparrigen Verästelungen der Blüten- und Fruchttriebe geben der Pflanze ein interessantes Aussehen.

Startiotes
Krebsschere (Froschbißgewächse)
Startiotes aloides ist eine frei schwimmende Pflanze, die sich im Winter mit den Wurzeln im Boden verankert. Die interessanten Blattrosetten ragen nur zur Blütezeit mit den Spitzen aus dem Wasser. Die weißen Blüten sind sehr zierend. Die Wasseraloe liebt einen Wasserstand von 30/50 cm und blüht von Juni bis August.

Typha
Rohrkolben (Rohrkolbengewächse)
Für Wasserbecken im Hausgarten ist *Typha angustifolia*, der schmalblättrige Rohrkolben, ca. 1,5 bis 2 m hoch, gerade das richtige. Er verlangt eine Wassertiefe von 10–20 cm. Die Kolben erscheinen ab Juli. Die Pflanze neigt zum Wuchern und sollte daher hauptsächlich in Teichen und größeren Becken ihren Platz finden, oder man pflanzt sie in Kübel, aus denen sie nicht so leicht ausbricht. Eine sehr dankbare Art für kleine Becken ist *T. minima* mit kleinen, rundlichen, braunen Kolben und an Binsen erinnernden Blättern. Sie liebt eine Wassertiefe von 0/10 cm. Die Kolben erscheinen ab Juni. Diese Pflanze wuchert ebenfalls. Kübelpflanzung wird angeraten.

Veronica beccabunga
Bachbunge (Rauhblattgewächse)
Veronica beccabunga ist eine Ehrenpreisart. Sie blüht tiefblau. Die Blüten erscheinen an kriechenden Trieben, die sich auf feuchtem Standort besonders wohlfühlen. Die Pflanze liebt sonnigen bis halbschattigen Standort und gedeiht in Wassertiefen von 0/5 cm. Die Blüten erscheinen von Mai bis November.

Kombination von Uferstauden und Gehölzen für Ufergestaltungen

Nicht immer findet man am Wasserbecken naturgemäße Standorte vor. Meist sind die Becken mit Folie gedichtet oder aus Beton, so daß sie von trockenem Boden umgeben sind. Liegt das Becken voll in der Sonne, so ist es besonders schwierig, geeignete Pflanzen auszuwählen, die einen standortgemäßen Eindruck vermitteln. Hier sollte man vor allen Dingen solche Pflanzen verwenden, die grasartige oder großblättrige Formen besitzen, um einen feuchten Standort zu simulieren. Stauden und Gehölze für feste Ufer und zur Einfassung von befestigten Wasserflächen sind: *Aruncus sylvester*, *Bergenia*, *Helianthus orgyalis* (= *Helianthus salicifolius*), *Hemerocallis*, *Heuchera*, *Iris x barbata*, *I. sibirica*, *Kniphofia* (*Tritoma*), *Rodgersia*, *Tradescantia*, *Iris pumila*, *Peltiphyllum*, *Miscanthus sinensis* 'Giganteus' und *Miscanthus sinensis* 'Gracillimus'.

Als Gehölze an solchen Wasserbecken verwendet man: *Acer japonicum* 'Aconitifolium', *A. palmatum* 'Dissectum' und andere Formen, Azaleen, *Viburnum tomentosum* 'Mariesii', der flachwachsende Schneeball, *Salix setsuka*, die Bänderweide, *S. matsudana* 'Tortuosa', die Korkenzieherweide, *Corylus avellana* 'Contorta', die Korkenzieherhasel.

Für feuchte Uferzonen eignen sich vor allem die niedrigen Weiden *Salix purpurea*, *S. caprea*, *S. viminalis*, auch die blaubereifte *S. daphnoides* bei größeren Becken.

Für große Teiche können auch Nadelbäume wie *Metasequoia glyptostroboides*, der Urwelt-Mammutbaum oder *Taxodium distichum*, die Sumpfzypresse gewählt werden, *Fraxinus ornus*, die Blumenesche und höher wachsende Weiden und Erlen. Rhododendren und Azaleen, insbesondere die pontischen, eignen sich ebenfalls sehr gut für Teichufer bei größeren Wasserflächen.

Zahlreiche Schneeballarten, wie *Viburnum tomentosum*, *V. carlesii*, *V. burkwoodii* können reizvolle Motive am Wasser entstehen lassen.

Farne und Gräser für den Garten

Vielen Gartenfreunden ist auch heute noch die filigrane Welt der edlen Farne mit ihrer Formenvielfalt verschlossen. Farne eignen sich besonders gut für schattige Lagen in unseren Gärten, und es gibt mehr als 50 winterharte Arten, die nur darauf warten, in unsere Gärten Einzug zu halten. Sie zählen zu den ältesten Pflanzen, die die Erde bewohnen, und haben sich im Laufe der Zeit zu über 4000 Arten entwickelt, welche die Wälder aller Erdteile bevölkern und mit dem Filigran ihrer kleinen und großen Wedel verzaubern. Das wäre wohl nicht möglich gewesen, wenn es sich nicht um anspruchslose und anpassungsfähige Pflanzen handeln würde, die sich mit schattigen und halbschattigen Lagen begnügen, an denen sonst kaum etwas anderes gedeiht. Als Kinder des Waldes lieben sie humose Böden und sind sogar teilweise kalkverträglich. Schwere und mittelschwere Böden kann man durch Torfgaben, Kompost und verrottetes Laub in entsprechenden Zustand bringen. Es gibt Farne, die sich durch leuchtende Herbstfärbung auszeichnen, z. B. der Königsfarn, *Osmunda regalis,* oder der Adlerfarn, *Pteridium aquilinum.* Sie kann von leuchtendem Gelb bis zu tiefem Rostbraun reichen. Die folgende Aufstellung enthält eine Liste der bekanntesten Gartenfarne. Die meisten Staudengärtnereien und Gartencenter sind in der Lage, diese Pflanzen zu liefern.

Ausdauernde Farne

Adiantum pedatum
Haarfarn, Hufeisenfarn, Pfauenradfarn
◐–● ⬇

Ein Allerweltsfarn, der vorwiegend in kühleren Zonen der Erde beheimatet ist. Sein Vorkommen reicht von Nordamerika bis Ostasien. Die Pflanze wird ca. 60 cm hoch. Die herrlichen handförmigen Wedel entwickeln sich auf hohen, drahtigen Stielen. Austrieb ab Mitte April. Einer der langlebigsten Farne, der sich – einmal gepflanzt – im Laufe vieler Jahre zu seiner vollen, wuchtigen Schönheit entwickelt. Er liebt leichten, humosen, durchlässigen Boden und genügend Bodenfeuchte. Die Wedel entwickeln sich zur Primelzeit. Gute Benachbarung mit Astilben. *Adiantum venustum*, der Frauenhaarfarn, ist in rauhen Gegenden nicht winterhart. Diese Sorte verlangt leichten Winterschutz aus Tannenreisig oder eine Einschüttung mit Nadelstreu.

Asplenium
Streifenfarn
☼ △ ▧ ⬇

Der Streifenfarn, *Asplenium adianum* 'Nigrum', wird ca. 20 cm hoch. Er ist zur Begrünung absonniger Mauern im Steingarten zu verwenden, gedeiht aber auch in sonniger Lage. Die Wedel bleiben wintergrün. *A. ruta muraria*, die Mauerraute, wird ca. 5 bis 10 cm hoch. *A. septentrionale* wird ca. 15 cm hoch, *A. viride* ca. 15 cm. Diese Arten eignen sich ebenfalls für die Begrünung von Mauern in halbschattiger bis schattiger Lage.

Athyrium
Frauenfarn
◐–● ⬇ △

Bekannt ist *Athyrium filix-femina*, einer der ver-

Auch für schattige Standorte gibt es interessante Gruppierungsmöglichkeiten. Astilben und der Hirschzungenfarn fühlen sich hier besonders wohl.

breitesten Farne unserer Wälder. Die Pflanze mit den zwei- bis dreifach gefiederten Wedeln wird etwa 1 m hoch und bildet im Laufe der Jahre mehrere Köpfe aus. *A. filix-regale*, 50 bis 80 cm, besitzt besonders schön gefiederte Wedel. Die Sorte *A. corymbiferum*, der Troddelfrauenfarn, ist eine der besten Formen, *A. multifidum* eine schöne Variante mit grazilen, ca. 80 cm hohen und 25 cm breiten Wedeln. Frauenfarn läßt sich heute leicht durch Teilung vermehren.

Blechnum
Rippenfarn

● ≈ △ ⬇

Die bekannteste Art ist *Blechnum spicant*, der allbekannte Rippenfarn. Er kommt in der Ebene und im Gebirge vor und ist häufig in Buchenwäldern anzutreffen. Die sporentragenden Wedel stehen in der Mitte aufrecht und sind nur sommergrün. Alle anderen Wedel sind immergrün. Rippenfarn liebt kühlen, feuchten, sauerhumosen Boden in schattiger Lage. Im Garten kann man ihn gut mit Rhododendron, Azaleen, *Carex* und *Luzula*-Arten benachbarn. Die Vermehrung erfolgt durch Teilung.

Ceterach officinarum
Schriftfarn

☼ △ ▨ ⬇

Dieser besonders flachwachsende Farn hat nur 10–20 cm lange Wedel. Er bevorzugt sonnige, trockene bis mäßig feuchte Felsspalten und Mauern. Er wächst hauptsächlich auf kalkhaltigem Gestein. Daher eignet sich diese immergrüne Form besonders gut für den Steingarten und zur Besiedlung von Trockenmauern.

Cystopteris
Blasenfarn

● △ ⸺

Cystopteris fragilis heißt der Felsenblasenfarn. Er wird 15 bis 30 cm hoch und bevorzugt lichtschattigen Standort und feuchten, humosen Boden. Da diese Art Rasen bildet, läßt sie sich an humosen, beschatteten Stellen im Steingarten auch gut flächendeckend anwenden. Im Schatten färben sich die Wedel bisweilen dunkelbraun.

Dryopteris filix mas
Wurmfarn

◐-● ⬇

Dieser bekannte Farn ist ein unverwüstlicher Gartenschatz. Er wächst selbst im dunklen Schatten an der Nordseite von Gebäuden. Seine großen Wedel stehen trichterförmig um das kurze, braunbeschuppte Rhizom. Sie sind stumpfgrün und wachsen steil aufrecht. Das Wedelende hängt leicht über. Längen von 1 m sind keine Seltenheit. Wurmfarn läßt sich gut mit Waldglockenblumen, Fingerhut, Funkien, Astilben und Silberkerzen benachbarn. Es gibt verschiedene schöne Formen im Handel.

Matteuccia struthiopteris
Trichter-, Becher-, Straußfarn

◐ ≈

Dieser stattliche, einheimische Farn erreicht an feuchten Standorten als mehrjähriges Exemplar Meterhöhe. Die hellgrünen Wedel bilden einen charakteristischen Trichter. Er liebt feuchten, lichten bis schattigen Standort und kann die unbedeutendsten Stellen unter Gehölzen mit seinem malerischen Wuchs zu besonderen Attraktionen machen. Er gehört allerdings zu den wuchernden Farnen. Seine langen unterirdischen Ausläufer sorgen für reiche Nachkommenschaft.

Osmunda regalis
Königsfarn

☼-◐ △ ⋘ [1]

Dieser Farn wird bis 1,5 m hoch. Er ist zweifellos

232 Farne und Gräser

Achnatherum calamagrostis heißt das Rauchgras, das jahrelang an derselben Stelle immer größere und schönere Horste ausbildet. Es verträgt Halbschatten.

der schönste unter den Farnkräutern unseres Gartens. Die Staude läßt sich gut zur Einzelstellung z. B. am Wasser in halbschattiger und sogar in sonniger Lage verwenden. Sehr dekorativ auch vor Gehölzrändern. Königsfarn liebt sauren Boden. Es ist zweckmäßig, den zur Pflanzung vorgesehenen Standort mit Torfmull anzureichern. Eingewachsene Pflanzen können über 100 Jahre alt werden. Meist bleibt er bis spät in den Herbst frischgrün. Einige Exemplare entwickeln eine schöne Herbstfärbung über goldbraun nach dunkelbraun. Diese Färbung hält lange an. *Osmunda regalis* 'Gracilis' ist eine Zwergform, die nur etwa 60 cm hoch wird.

Polypodium vulgare
Tüpfelfarn oder Engelsüß
●–◐ △ ⬇

Der Tüpfelfarn gehört zu den zähesten Farnen. Seine 50 bis 70 cm langen, kahlen, fiederteiligen, mehrjährigen Wedel sind lederartig dunkelgrün und stehen leicht gebogen, aufrecht. Er ist sehr winterhart. Die immergrünen Wedel rollen sich bei Frost ein und ertragen selbst stärkere Barfröste. Der Farn breitet sich allmählich über den Boden aus und bildet dichte Teppiche. Bisweilen siedelt er sich auch in Felsspalten, im Mauerwerk und zwischen Baumwurzeln an. Er liebt schwachsauren, feuchten, humosen Boden. Besonders geeignet zur flächigen Bepflanzung in bewegtem Gelände. Die dachschindelartig übereinandergelegten Wedel bieten einen bezaubernden Anblick. Auch in Gemeinschaft mit Rhododendren und anderen immergrünen Gehölzen gut zu verwenden. Vermehrung durch Teilung.

Polystichum setiferum
Schildfarn
● ⌇ ⬇

Der Schildfarn ist ein ausgesprochen schöner, langlebiger Gartenfarn mit über 60 cm langen Wedeln, die länglich lanzettlich und doppelt gefiedert sind. In milden Wintern bleibt er grün. Er gehört zu den beliebtesten Gartenfarnen. Mit seinen vielfältigen Formen stellt er eine große Bereicherung des Pflanzensortimentes im

Schattenbereich dar. Die Form 'Herrenhausen' ist ein Filigranfarn mit ca. 40 cm langen Wedeln, *Polystichum setiferum* 'Plumosum Densum', der Flaumfederfiligranfarn, ist von den wintergrünen Formen eine der schönsten Arten. Die feingefiederten Wedel sind moosgrün gefärbt und mit dicht übereinandergreifenden Fiederblättchen geschmückt. Die Sorte 'Proliferum', der Brutfiligranfarn, entwickelt ca. 60 cm lange Wedel. Sie sind wintergrün. Auf der Mittelrippe entstehen eine Anzahl von Brutknospen, die zur Vermehrung verwendet werden können. Alle Arten eignen sich sehr zur Unterpflanzung lichtkroniger Laubgehölze und lassen sich mit Wildalpenveilchen und *Epimedium*-Arten benachbarn. Am Stammfuß älterer Gehölze können sie besonders dekorativ aussehen. Trotz großer Anpassungsfähigkeit benötigen sie schattigen Standort und reichlich Bodenfeuchtigkeit.

Pteridium aquilinum
Adlerfarn

Dieser übermannshoch wachsende Waldfarn ist ein gefürchteter Wucherer in unseren Gärten. Bereits im September beginnt die Herbstfärbung über goldgelb zu kupferbraun. Für Gärten ist er ungeeignet. Wegen seiner starken Wuchskraft sollte man ihn lediglich in großen Parkanlagen ansiedeln.

Ausdauernde Ziergräser
Die Gräser gehören mit 6000 bis 7000 Arten zu den größten Pflanzenfamilien. Sie beherrschen auf der Erde sämtliche Standorte, von den Dünen bis zur Gesteinsflur der Alpen, von Sonnenhängen bis zu tiefem Waldschatten. Mit ihren schönen Formen überbrücken sie im Garten blütenarme Wochen in der Rabatte oder an bestimmten Gartenplätzen, die für andere Pflanzen ungeeignet sind. Die meisten aufgeführten Ziergräser zeichnen sich durch schöne Horstbildung und Blütenstände aus, wie etwa das Lampenputzergras, das Pampasgras oder die Arten des Chinaschilfes. Auch ohne Blüten können Gräser bezaubern, etwa am Wasserbecken, wenn sich die mächtigen Büsche der bambusartigen Gräser zu dekorativen Büschen zusammenfinden oder wenn der Wind in den über 300 cm hohen Halmen des Großen Chinaschilfes raschelt. Pampasgras kann mit seinen riesigen Silberwedeln Stockwerkhöhe erreichen und die breitblättrige Waldmarbel gedeiht sogar noch im Schatten und wird da zu einem wichtigen Bodendecker, wo andere Gräser längst versagen. Blaustrahlgras verträgt sich gut mit roten oder gelben Beetrosen; gelbe und blaue Krokusse oder die zartviolette Herbstzeitlose können durch Blaustrahlgras in ihrer Wirkung unendlich gesteigert werden.

Gräser vermitteln bestimmte Landschaftseindrücke, und Begriffe wie Ufer, Wasser, Heide, Laubwald, Düne sind in unserer Erinnerung mit ganz bestimmten Grasarten verknüpft. Die nachfolgenden Arten stellen nur eine Auswahl dar. Sie sind unter Beachtung der Hinweise leicht zu kultivieren und können im Garten zu stattlichen Exemplaren und Horsten heranwachsen.

Arrhenaterum elatior (Variegatum)
Weißbunter Knollenglatthafer

☼ ⊥

Ein Horstgras, das eine gewisse Zeit benötigt, um sich zu seiner vollen Schönheit zu entfalten. Die Pflanze liebt keine Trockenheit, verträgt aber Halbschatten und benötigt frischen, nährstoffreichen Boden. Sie besitzt einen straffen, graziösen Wuchs. Der Austrieb erfolgt in der ersten Aprilwoche. Vermehrung erfolgt durch Teilung.

Arundinaria
Bambusgras (Sinarundinaria) K –

☼–◐ ≈ ⊥

Arundinaria nitida wird etwa 2 m hoch. Die zierlichen Blätter stehen an dunkleren Rohrstengeln. Die Pflanze eignet sich gut zur Solitärstellung an Wasserflächen und benötigt nährstoffreichen, tiefgründigen Boden, um sich am besten zu entfalten. *A. murielae*, immergrüner Schirmbambus, ca. 250 cm hoch, eine ähnliche, stärker wachsende Art, die große dichte Horste ausbildet. Beide Arten sind außerordentlich dekorativ.

Arundo donax
Pfahlrohr, Klarinettenrohr

☼ ≈ ⊥

Diese bambusähnliche Grasart wird bis 3 m hoch und entwickelt nur Laubmassen. Sie benötigt warmen, sandigen Boden und steht gern am Wasser oder an einer sumpfigen Stelle. In rauheren Lagen ist im Herbst Rückschnitt und Winterschutz erforderlich (Laub- oder Reisigdecke).

Avena
Blaustrahlhafer K +

☼ △ ▣

Avena sempervirens (= *A. glauca*), dieses blaue Horstgras mit den bläulichen Blütenständen, wird etwa 40 cm hoch. Es läßt sich gut mit Kiefern, niedrigen Ginsterarten, Wacholder, Heide, Beet- und Parkrosen kombinieren. Keine besonderen Bodenansprüche.

Carex
Segge
☼–◐ ≈ △

Aus der großen Gruppe der Seggen gibt es viele gute Gartenformen. *Carex baldensis* wird etwa 20 cm hoch. Im Juli erscheinen die weißen Blüten. Sie setzt sich in Steingärten an feuchteren Stellen mit ihren blaugrünen Horsten wirkungsvoll ins Bild. *C. morrowii* (= *C. japonica*) wird 30 bis 40 cm hoch. Dieser Bodendecker, der sich vor allem für Pflanzungen unter Gehölzen eignet, bildet immergrüne, breitblättrige Horste aus. *C. pendula* wird etwa 1 m hoch. Das Laub ist saftiggrün, in Wassernähe wirken die überhängenden Halme besonders dekorativ.

Das Pampasgras gehört zu den schönsten Gräsern, die wir kennen. Es liebt Sonne und trockenen Stand im Winter.

Cortaderia selloana
Pampasgras K +
☼ ⊥ ✕

Dieses Gras gehört zu den größten und schönsten unserer Gartengräser, 2–3 m hoch werden die weißen, fedrigen Blütenstände. Dieses dekorative Ziergras verlangt einen warmen Standort und nahrhaften Boden. Es darf niemals im Winter zu naß stehen. Es wirkt sehr gut in der Nähe von Gewässern, läßt sich aber genausogut zur Einzelstellung in niedrigen, bodendeckenden Pflanzungen und im Rasen verwenden. In rauhen Lagen ist Winterschutz durch Nadelholzzweige erforderlich oder man stülpt einen dichten Korb darüber. Der Rückschnitt sollte erst spät im April erfolgen. Pampasgras kommt besonders gut vor dunklen Gehölzen zur Geltung. Mit herbstblühenden Stauden und sich stark färbenden Gehölzen kann es zu einem Blickfang im Garten werden. Vermehrung durch Teilung.

Deschampsia caespitosa (Aira caespitosa)
Rasenschmiele
☼–◐ △ ⊡ ⊥

Die schönen, dichten, dunkelgrünen Horste dieses Grases besitzen einen hohen Schmuckwert. Die kegelförmigen Blütenstände erreichen 1,2 m. Die Rispen wirken duftig. Hauptblütezeit liegt zwischen Juni und September. Das Gras liebt sonnigen wie halbschattigen Standort und bevorzugt feuchte bis nasse Böden. Es kann sogar Staunässe anzeigen. Nicht wuchernd. Die abgestorbenen Halme sind im Rauhreif ein erlesener Anblick.

Elymus
Blaublättriger Strandhafer K–
☼ ⬇

Elymus arenarius var. 'Glaucus', ein attraktives Schmuckgras, wird etwa 1 m hoch. Im Sommer erscheint die gelblichweiße Blüte. Das Gras bietet sich hervorragend zur Begrünung von mageren Böschungen und Dünensand an. Wegen seines starken Wachstums auch zur Verwilderung in großen Parkanlagen geeignet. *Elymus canadensis* wird ca. 80 bis 100 cm hoch. Diese Art wächst schwächer.

Festuca amethystina
Regenbogenschwingel
☼ △

Der Regenbogenschwingel ist ein so typisches Gewächs, daß man es im Garten nicht mehr missen mag. Er ist in lichten Kiefernwäldern und Trockenrasengesellschaften heimisch. Seine blauen, wintergrünen, bis 30 cm hohen Polster passen gut in Heide- und Steingärten. Blauschwingel läßt sich auch gut mit Zwergkoniferen, Elfenbeinginster und anderen niedrigen Ginsterarten, zu Azaleen, Polsterstauden und, in größeren Trupps, zu Beetrosen pflanzen. *Festuca glauca* wird ca. 20 cm hoch, blaugrün, *F. scoparia*, dunkelgrün, *F. ovina*, der Schafschwingel, ist mit zahlreichen Unterarten durchaus gartenwürdig. Er eignet sich für Halbtrockenrasen, Heidegärten und ähnliche Standorte wie sein Verwandter, der Blauschwingel. Hübsch sieht es aus, wenn man die Sorte in kleinen Flächen pflanzt und mit farblich kontrastierenden Blütenstauden wie Herbstzeitlosen und *Sedum spectabile* durchsetzt.

Luzula nivea
Schneemarbel
◐-● △ ⬇

Luzula nivea, die Schneemarbel, wird etwa 30 bis 50 cm hoch und bildet immergrüne Horste aus. Der Blütenstand ist dichtbuschig aufrecht. Kleine weiße Blütchen stehen in einem Köpfchen zusammen. Gute Nachbarschaft: Japanische Azaleen, Alpenveilchen, Steinbrecharten, Alyssum, Krokus und Frühlingsknotenblumen. Gut geeignet für Wildnisgartenpartien und naturnahe Gärten. Auch zur Unterpflanzung von Gehölzen am Rand von Steingartenpartien läßt sich dieses Gras verwenden. Die Vermehrung erfolgt durch Teilung. *L. silvatica*, die Hainsimse oder Waldmarbel, wird etwa 30 bis 40 cm hoch. Sie ist ein ausgezeichneter, immergrüner Bodendecker, der hervorragend als Schattenpflanze unter Gehölzen gepflanzt werden kann. Sehr schön ist *Luzula silvatica* in Verbindung mit Narzissen (Osterglocken) im Frühling. Die hohen Blütenstände sind zum Schnitt geeignet. Im Schatten gedeiht die Hainsimse bzw. Waldmarbel gut zusammen mit Maiglöckchen, großen Farnen und *Epimedium*. Sorte 'Marginata', die Silberrandmarbel, ist an den Blättern hell gerandet. Sie wirkt dadurch ganz besonders elegant.

Im Heidegarten sind zahlreiche Arten unserer dekorativen Schmuckgräser am rechten Platz. Blaue Horste des Schwingels (Festuca) beleben die Pflanzung.

Miscanthus sinensis giganteus
Riesen-Chinaschilf

⊥ ☼-◐ ⬇

Es kann im Laufe der Zeit beachtlich hoch werden und blüht nur in außergewöhnlich warmen, feuchten Sommern, sonst ist es nur als grüne Pflanze zu verwenden. Die stattliche Erscheinung ist geradezu prädestiniert für Einzelstellung, besonders in der Nähe von Wasserbekken. *Miscanthus sinensis* 'Gracillimus' ist eine schmalblättrige Art mit überhängenden Blättern, sehr dichtbuschig, ringelt sich in getrocknetem Zustand und ist eine besonders elegante Erscheinung im winterlichen Garten nach dem Laubabfall. Höhe 1,5 m. *M. sinensis* 'Sacchariflorus Robustus' wächst schilfartig. Die Blätter besitzen einen helleren Mittelstreifen. Im Herbst erscheinen die seidigen silbrigweißen Fruchtstände, die sehr gut zum Schnitt geeignet sind. Das Gras wuchert leicht, 1 m hoch. Herbstfärbung warmes Rotbraun.

Molinia caerulea
Riedgras, Pfeifengras

☼-◐ ww ✕ ⊥

Dieses Gras gehört zu den schönsten Horstgräsern. Es ist auch in blütenlosem Zustand fast 60 cm hoch und bildet dekorative Horste, die an Waldrändern heimisch sind und sich daher zur Vorpflanzung größerer Gehölzgruppen besonders eignen. Es blüht von Juli bis September und wird dann ca. 80 cm hoch. Die duftigen Rispen besitzen hohen Zierwert. Stellt an den Boden keine besonderen Ansprüche und läßt sich gut mit Iris, Blutweiderich, Wiesenknöterich, Mädesüß gruppieren. Sonnen- und schattenverträglich. *Molinia caerulea* 'Variegata' ist eine weißbunte Form.

Panicum virgatum
Rutenhirse

☼ ✕ ⊥ ⊡ △

Dieses Gras wird etwa 1,2 m hoch und bildet sehr schöne Halmbüsche mit hellbraunen Rispen aus. Die großen Blütenstände eignen sich auch zum Schnitt. Besonders zu empfehlen sind die Sorten 'Rotbraun', die sich ab Jahresmitte kupfrig verfärbt, und 'Rotstrahlbusch', ähnlich in der Farbe.

Pennisetum
Lampenputzergras

☼ ⊥ △ ✕

Die Lampenputzergräser gehören zu den beliebtesten Gräsern des Gartens. *Pennisetum japonicum* wird ca. 80 cm hoch und eignet sich als Solitärgras an Gewässerrändern (liebt »trokkenen Fuß«!). *P. compressum* ist eine gedrungenere Form, 80 cm hoch, winterfest. Beide Arten können sehr dekorative »Lampenputzer« ausbilden. Geeignet auch für den Schnitt.

Phyllostachys nigra (Bambusa nigra)
Schwarzrohrbambus

⬇ ☼-◐ ww ⊥

Dieser ziemlich winterharte Bambus ist noch wenig in den Gärten verbreitet. Er wird meterhoch und baut dichtbuschige Horste auf. Die schwarzpurpurnen Halme sind etwa 1 cm dick. Die 10 cm langen, lanzettlichen hellgrünen Blätter sind unterseits bläulichgrün gefärbt. Sehr dekorativ in der Nähe von Wasserbecken. In rauhen Lagen ist Winterschutz erforderlich.

Pseudosasa japonica (Arundinaria japonica)

⊥ ☼-◐ ⬇

Dieser Breitblattbambus wird bis zu 2 m hoch und gehört zu den schönsten Arten, die wir in unseren Gärten ziehen können. Wenn er auch oft in rauhen Lagen im Winter Schaden nimmt, so treibt er doch im Frühjahr immer wieder willig durch. Er blüht etwa alle 50 bis 80 Jahre weltweit und stirbt dann zum größten Teil ab. Hier ist sofortiger Rückschnitt erforderlich, um ihn zu neuem Austrieb anzuregen. Leichter Winterschutz in rauhen Lagen (Plastikplane oder dergl., keinen völligen Luftabschluß, sonst entsteht Fäulnis).

Sinarundinaria nitida
Siehe *Arundinaria nitida*; *S. murielae* (siehe *A. murielae* – beide S. 233).

Spartina pectinata
Auch *Spartina aureomarginata, S. michauxiana* 'Aureomarginata'.
Goldbandleistengras

☼-◐ ⊥ ✕

Das Goldbandleistengras mit seinen herabhängenden Blättern wird ca. 1,2 bis 1,5 m hoch und kann seine Schleppe malerisch über Mauern und Steine werfen. Es gehört zu den größten Schönheiten des Gräserschatzes, den wir besitzen. Sowohl in Wildnis- wie in Heide- und Staudengärten kann es Akzente setzen und bringt zauberhafte Wirkungen hervor. Störende Ausläufer müssen kurzfristig entfernt werden, damit es sich nicht zu stark ausbreiten kann. Rückschnitt im Frühjahr, um es als Winterzierde zu genießen. Einzelne Halme stehen sehr schön in großen Vasen mit Schnittblumen zusammen.

Stipa
Reiherfedergras

☼ △ ⊥ ✕

Stipa barbata ist ein malerisches, flauschiges Federgras, das von den Mittelmeergebieten bis zu den Steppen Rußlands verbreitet ist. Es erreicht erst im dritten Jahr seine volle Höhe (70 cm) und größte Schönheit. Die flauschigen, silberglänzenden, bogig überhängenden Grannen an den Ähren sind besonders dekorativ. Für Trockensträuße sehr gefragt, muß aber in unreifem Zustand gepflückt werden. *St. capillata*, das Büschelfedergras, besitzt 1,3 m hohe Blütenstiele mit 50 cm langen, bräunlichen Rispen mit unbehaarten Grannen, die im Juli/August während und nach der Blüte einen hohen Zierwert besitzen. Es liebt trockene, nährstoffreiche Böden. *St. pennata*, das Flauschfedergras, ist das bekannteste unter den Federgräsern. Im Juni/Juli entwickeln sich die federflauschigen langen Grannen. Gut geeignet für naturnahe Gärten.

Uniola latifolia
Plattährengras
☼ ⊥ ✄

Das Plattährengras mit seinen kuriosen, dunkelgrünen Horsten und den flachgedrückten Ähren ist ein begehrtes Solitärgras für den Hausgarten. Das straff aufrechtwachsende Gras eignet sich aber auch gut zur Einzelstellung in der Rabatte oder in naturnahen Pflanzungen. Die braunen Ährenrispen sind für Blumenschnitt zu empfehlen. Zu seiner Entwicklung benötigt *Uniola* tiefgründigen, feuchten Boden und sonnigen bis halbschattigen Standort. Die Vermehrung erfolgt durch Teilung.

Zwiebel- und Knollengewächse

Was wäre der Frühling ohne die Zwiebel- und Knollengewächse? Sie ziehen alljährlich konkurrenzlos die große Schau im Garten ab. Wenn die Stauden noch ihren Winterschlaf halten, wenn sich Bäume und Sträucher erst mit zaghaftem Grün schmücken, dann schlägt bereits die große Stunde für Schneeglöckchen, Winterlinge, Krokusse, Narzissen, frühe Tulpen und viele andere Frühlingsblüher, die uns mit ihren kraftvollen Farben sehr bald die Trostlosigkeit der Winterzeit vergessen lassen. Später, im Frühsommer und Sommer sorgen Lilien, Montbretien, Gladiolen und Dahlien für Farbenpracht im Garten. Im Herbst schließlich sind es wieder Blumenzwiebeln, mit denen sich das Gartenjahr verabschiedet. Herbstkrokus und Herbstzeitlose bilden mit Chrysanthemen und Buntlaub gewissermaßen den Schlußakkord.
Nicht selten sieht man in Gartenzeitschriften und Katalogen leuchtende Blumenzwiebelgewächse aus grünem Rasen sprießen. Das könnte uns dazu verleiten, unsere Blumenzwiebeln in den Rasen zu pflanzen, aber gerade das ist falsch, denn der Rasen ist eine Intensivkultur. Er entzieht dem Boden viele Nährstoffe und bildet mit der Zeit einen so dichten Wurzelfilz, daß Blumenzwiebelgewächse es schwer haben, sich dagegen durchzusetzen. Ein anderes Problem ist das Mähen. Schneidet man den Blumenzwiebeln, die aus dem Rasen wachsen, mit dem Gras frühzeitig die Blätter ab, mit denen sie wertvolle Assimilate zum Aufbau einer neuen Blüte für das folgende Jahr aufbauen, so werden sie von Jahr zu Jahr weniger und bleiben schließlich ganz aus. Wenn man also schon einmal Blumenzwiebeln in den Rasen pflanzt, dann sollte man die Stellen, wo die Zwiebeln wachsen, erst dann mähen, wenn sie ihr Laub eingezogen haben. Da heißt es dann, sich in Geduld fassen und den etwas unordentlichen Anblick bis Juni in Kauf zu nehmen. Am besten gedeihen Zwiebeln von Frühlingsblühern unter sommergrünen Laubgehölzen. Ehe die Laubgehölze austreiben, stehen die meisten Zwiebelgewächse in Blüte und ziehen sich allmählich mit dem Austreiben der Gehölze wieder zurück, so daß sie ungestört eintrocknen und verschwinden können. Blumenzwiebeln sollte man nicht einzeln setzen. Auch nicht in Reih und Glied – sofern nicht eine bestimmte Absicht dahintersteckt. Am besten pflanzt man sie in größeren Tuffs von 5 bis 20 Zwiebeln zusammen. Bei der Pflanzung wirft man am besten einige Handvoll auf den Boden. Wo sie liegenbleiben, werden sie eingepflanzt. Diese Zufälligkeit läßt dichtere und weniger dichte Stellen entstehen, kräftige Tuffs, die allmählich zu den anderen Pflanzen überleiten. Die günstigste Pflanzzeit ist Ende August/Oktober. Die Pflanztiefe ist aus der Zeichnung (Seite 238) zu ersehen.
Die meisten Blumenzwiebelgewächse lieben leichte Böden. Auflockern durch Sand und Torfmull ist bei lehmigen und tonigen Böden erforderlich. Tulpen, Lilien und Lilienschweif *(Eremurus)* müssen auf kalten, schweren Böden vor stauender Nässe geschützt werden. Sie erhalten einen Sandunterbau von 5 cm unter der Zwiebel, damit das Wasser besser abziehen kann. Viele Zwiebelgewächse finden nicht die

Kraft, Samen hervorzubringen und in dem relativ kurzen Sommer so viele Nährstoffe zu speichern, daß die Zwiebel im nächsten Jahr wieder blüht. Es ist daher besser, die Samenanlagen nach der Blüte auszubrechen, damit die Zwiebel gekräftigt wird. Blumensträuße pflücken, erfüllt den gleichen Zweck!

Gladiolen, Dahlien, Lilien

Die Kultur der Gladiolen ist einfach. Man legt die Knollen ab Ende März in Abständen von 14–30 Tagen bis Juni 5 bis 10 cm tief in den Boden. So kann man die Blütezeit enorm verlängern. Der Boden wird zuvor mit reichlichen Kompostgaben oder gut abgelagertem Stalldung aufbereitet. Die meisten Gladiolensorten besitzen so große Blüten, daß die Stauden leicht umfallen. Es ist daher wichtig, Gladiolen zu stäben oder einige Drähte so über das Beet zu spannen, daß die Pflanzen ausreichend Halt finden. Nach dem Vergilben des Laubs nimmt man die Knollen heraus. Das Laub wird abgeschnitten und die Knollen in Kisten in einem kühlen, frostfreien Raum überwintert.

Auch die Kultur der Dahlien ist relativ einfach. Man lagert die Knollen ebenfalls in Kisten in einem kühlen, frostfreien Raum, wo sie mit einer Torfdecke gegen Austrocknen geschützt werden. Wenn im April die Temperaturen steigen, pflanzt man sie tief genug in den Boden. Die Keime erscheinen dann Mitte Mai, nach den Eisheiligen. Dahlien müssen mit einem Pfahl oder mit Bügeln stabilisiert werden, sonst kippen sie leicht um. Zum Düngen verwendet man nur alten, verrotteten Dünger oder Kompost, oder man gibt eine Kopfdüngung mit einem Langzeitdünger (40 g/m^2). Nach dem ersten Frost im Herbst entfernt man das Laub und bringt die Knollen wieder an einen frostfreien Platz. Werden Dahlienknollen in Mieten gelagert, muß man sie gegen Mäuse schützen. Ohrwürmer können gerade an Dahlien viel Schaden anrichten. Um sie zu fangen, sollte man mit Holzwolle gefüllte Blumentöpfe auf Pfähle stülpen. Darin verkriechen sich die Insekten bei Nacht und können dann leicht eingesammelt werden.

Die Kultur der Lilien weicht von der Pflanzung der übrigen Zwiebeln und Knollen ab. Lilien sollten grundsätzlich nie lange der Luft ausgesetzt werden. Am besten verpflanzt man sie mit Ballen, wie eine Staude oder ein Gehölz. Zwiebeln, die längere Zeit in der Sonne gelegen haben, sollte man nicht kaufen. Pflanzzeit ist im Frühjahr und Herbst. Sie lieben humusreichen Boden. Eine Anzahl von Arten ist kalkfeindlich. Im Winter erworbene Lilien pflanzt man am besten vorübergehend in eine Kiste oder einen Container. Es ist darauf zu achten, daß Wurzeln, die sich

Pflanztiefen für Blumenzwiebeln bei mittelschweren Böden. Bei schweren Böden wählt man eine etwas geringere, bei leichten Böden eine etwas größere Tiefe.

oberhalb der Zwiebel befinden, nicht beschädigt werden. Lilien lieben einen sonnigen Standort und wollen einen beschatteten Fuß. Pflanztiefe ca. 10–15 cm.

Die wichtigsten Blumenzwiebelarten

Allium
Lauch (Liliengewächse)
☼–◐ ✂

Allium giganteum, der Riesenschmucklauch, gehört zu den schönsten Arten für den Hausgarten. Die runden, violetten Blütenköpfe stehen auf straffen Stielen, Blüte 7; gut für Schnitt, lange haltbar. *A. karataviense*, der Sternkugellauch, liebt feuchten, halbschattigen Standort. Die hellvioletten Blüten und Fruchtstände besitzen hohen Zierwert (bis 25 cm ⌀). *A. christophii* (= *A. albopilosum*) mit metallisch blauvioletten Blüten in dichten, kugeligen Dolden, die im Juni/Juli blühen. Gut für Schnitt und Trockensträuße. Eine der größten Blüten. *A. ursinum*, der Bärenlauch, wächst wild in heimischen Laubwäldern, dient zur Unterpflanzung von Gehölzpartien. Die im Mai erscheinenden weißen Blüten sind sehr hübsch, verströmen jedoch einen scharfen Knoblauchduft. 5 cm, Blüten bis 40 cm. Fast alle anderen Arten verlangen sonnigen Standort und stehen schön mit Gräsern und Wildstauden zusammen. *A. moly* ist ein gelbblühender Lauch. Vermehrung durch Brutzwiebeln (Tochterzwiebeln) und Samen.

Alstroemeria
Inkalilie (Amaryllisgewächse)
☼ ✂

Sie stammt aus den subtropischen Gebieten Südamerikas, ist aber bei uns in milden Lagen absolut winterfest und benötigt selbst in rauhen Lagen nur geringen Winterschutz. Die Pflanzen entwickeln knollige Rhizome mit fleischigen Wurzeln und ähneln im Wuchs den Lilien. Die Blüten stehen in Dolden zusammen. Gute Schnittblume. *A. aurantiaca*, ca. 80 cm, 6/10.

Anemone
Siehe unter Stauden S. 189 ff.

Cardiocrinum
Riesenlilie (Liliengewächse)
☼–◐ ✂ ⊥

Bis 15 cm breite Zwiebeln bringen Blütenschäfte von 2–3 m hervor. Die nickenden Blüten sind trichterförmig, ca. 15 cm lang und stehen zu 5–20 am oberen Teil des Schaftes. Imposantes Laub. Benötigt lichten, etwas absonnigen Standort und durchlässige Laub- oder Komposterde. Ein Untermischen von Blähton oder Lava und scharfem Sand hat sich gut bewährt. Pflanze benötigt reichlich Nährstoffe, daher gut mit Kompost versorgen. Getrockneter Rinderdung kann als Vorratsdüngung in den Pflanzenboden gemischt werden. Blüte 7/8. Nach der Blüte stirbt die Pflanze ab, bildet aber Nebenzwiebeln.

Chionodoxa
Schneeglanz, Schneestolz (Liliengewächse)
☼–◐

Wächst am besten in großen Trupps am Rand von Gehölzgruppen, zusammen mit Schneeglöckchen und Knotenblume oder im Staudenbeet. Die Zwiebel legt man ca. 10 cm tief in den Boden. *Ch. sardensis*, dunkelblau, 3/4.

Colchicum
Herbstzeitlose (Liliengewächse)
☼

Colchicum autumnale ist die Wildform, die auf unseren Wiesen heimisch ist. *C. bornmuelleri* aus Kleinasien entwickelt stattliche Blüten, bis 20 cm und höher. Farbe: Rosalila mit dunkleren Streifen durchzogen, 9/10. Alle Herbstzeitlosen sind giftig. Die Pflanzen bringen im Frühjahr große Blattschöpfe hervor, in denen die Samen der vorjährigen Blüte reifen. *C. autumnale* 'Albiflorum' ist eine weißblühende Art. Züchtungen: 'Lilac Wonder', zartlila, spät, 'Violet Queen', dunkelviolett, weißer Schlund, 'Waterlily', große, rosalila gefüllte Blüten. Pflanztiefe 7 bis 20 cm. Durchlässiger Boden und sonniger Stand. Gut zwischen Blaustrahlgräsern und Schafschwingel.

Crinum
Hakenlilie (Amaryllisgewächse)
☼ ✂ ⊥

Crinum powellii eignet sich für Freilandkultur. Die Zwiebeln müssen so tief gepflanzt werden, daß nur noch das Halsende aus dem Boden ragt. Liebt mittelschweren, durchlässigen Boden. Blähton oder Lava beimischen. Hornspäne oder Knochenmehl als Dünger zusetzen. Winterschutz durch Laubabdeckung. Reichlich wässern im Sommer. Blütenschäfte werden bis 1 m hoch, Einzelblüten 15 cm lang, weiß bis dunkelrosa.

Crocosmia
Montbretie (Schwertliliengewächse)
☼–◐ ✂

Anspruchslos und winterhart. Die Stauden werden ca. 80 cm hoch und blühen ähnlich Gladiolen mit gelborangefarbenen Blüten. Viele Sorten im Handel; 7/10.

Crocus
Krokus (Schwertliliengewächse)
☼–◐

Krokusse lieben leichten, humosen Boden. Das

240 Zwiebel- und Knollengewächse

Krokusse gehören zu den ersten Frühlingsboten. Die artenreiche Gattung besitzt schöne Wildformen.

Laub darf im Rasen nach der Blüte nicht abgeschnitten werden, sonst entwickeln sich keine neuen Blüten. Sämtliche Arten wurden züchterisch bearbeitet. Unübersehbar ist das Sortiment vom botanischen bis zum hochgezüchteten Riesenkrokus. Frühlingsblüher: *C. vernus*, weiß/hellila, 3/4, *C. imperati*, blauviolett, außen grüngelb, 3/4, *C. sieberi*, azurblau, Schlund orange, 3/4, *C. susianus*, Goldlackkrokus, orange, außen dunkel gestreift, 3/4, *C. tomasinianus*, hellila, weißer Schlund, 2/4, besonders zum Verwildern in Parkanlagen und Gehölzflächen geeignet. Hybriden: 'Großer Gelber', gelb, 'Mont Blanc', weiß, 'Purpureus Grandiflorus', dunkelpurpurviolett, 'Striped Beauty', blauweiß gestreift und andere. Herbstblüher: *C. asturicus*, dunkellila, Narbe orange, 9/10, *C. sativus*, Safran, lilablau, Narbe gelb, 9/11, *C. speciosus*, purpurviolett, dunkel geadert, Narbe orange 9/10.

Cyclamen
Alpenveilchen (Primelgewächse)

Die rundlichen oder flachen Knollen pflanzt man von Mai bis September 2–5 cm tief unter die Oberfläche. *Cyclamen colchicum*, rosalila Herbstblüher, *C. neapolitanum* und *C. europaeum*, rosa und weiße Formen, 8/9.

Dahlia variabilis
Dahlie (Korbblüter)

(Kultur siehe S. 238) Durch ständige züchterische Bearbeitung und Verbesserung einzelner Sorten ist ein dauernder Namenwechsel feststellbar. Daher muß an dieser Stelle auf Sortenangaben verzichtet werden. Man unterscheidet nach der Blütenform verschiedene Gruppen: Mignon-Dahlien, meist niedrig bleibende, ungefüllte Sorten für Beet- und Gruppenpflanzung, Halskrausendahlien, ähnlich der Mignon-Dahlie, jedoch mit einem oder mehreren Blütenblattkränzen, die um die Staubgefäße gruppiert sind. Kaktusdahlien mit dichtgefüllten Blumen und spitzen, gedrehten Blumenblättern, Schmuckdahlien, die bekannten, gefüllten Gartendahlien mit lockeren Blumen und breiten Blütenblättern in verschiedenen Höhen, Ball- und Pompondahlien mit dem bekannten kugeligen, gedrungenen Blütenschmuck. Sie eignen sich besonders für Schnittzwecke.

Eranthis
Winterling (Hahnenfußgewächse)

Eranthis hyemalis, goldgelber Winterling erscheint schon im Februar/März. Die Knollen werden im Herbst etwa 8 cm tief in den Boden gelegt. Liebt humusreichen, leichten Boden. Sät sich selbst aus. *E. tubergenii* wird 8 bis 12 cm hoch, leuchtendgoldgelb, steril. Gut mit Schneeglöckchen und frühen Krokussen zusammen zu pflanzen. Liebt sonnigen Standort oder lichten Halbschatten.

Eremurus
Siehe Stauden S. 189 ff.

Erythronium
Hundszahn (Liliengewächse)

Erythronium dens canis, Zwiebeln, erinnern an Hundszähne. Zwei gegenständige purpurgefleckte, graugrüne, grundständige Blätter, einzelne Blüten an 15 cm hohen Stielen, erinnern an Cyclamen, rosa bis rosalila und weiß, verschiedene Sorten; 4/5. Bevorzugt im Steingarten und Heidegarten zu verwenden.

Fritillaria
Kaiserkrone, Schachbrettblume (Liliengewächse)

Alle Arten lieben warmen, nährstoffreichen, durchlässigen Boden. Am besten pflanzt man sie in Tuffs. *Fritillaria imperialis*, die Kaiserkrone, bildet einen Blattschopf an langem Schaft aus, an dem sich die großen, nickenden orangefarbenen oder gelben Blüten entwickeln. Gut für Staudenrabatten. *F. meleagris*, Schachbrettblume, dunkelpurpur, weiß gewürfelt, auch als weiße Spielart, 4/5; liebt halbschattigen Standort. Gut zwischen niedrigen Gräsern. Eignet sich zum Verwildern in naturnahen Gärten. Gedeiht auch auf feuchten, anmoorigen Wiesen.

Galanthus

Schneeglöckchen (Amaryllisgewächse)
Galanthus nivalis, das frühe Schneeglöckchen,

liebt feuchten Standort und Gehölzschatten. Pflanzung im Juli/August. Stets mehrere Knöllchen zusammenlegen. *G. elwesii* großblumig weiß, 2/3; liebt trockeneren Stand als die vorige Art. Auch gefüllte Formen im Handel.

Gladiolus
Gladiole (Irisgewächse)
☼ ⚹ ▣

(Kultur siehe S. 238) *Gladiolus*-Hybriden sind die bekannten Gartenformen, die bereits vor 150 Jahren in England züchterisch entwickelt wurden. Heute gehen die Zuchtziele mehr in Richtung auf kleinblumige und krankheitsresistente Formen. *G. byzantinus, G. communis* und *G. illyricus* sind botanische Formen mit kleinen, meist lilafarbenen Blüten. Gladiolen sollte man in Extrabeete für Schnittstauden setzen. In der freien Pflanzung im Garten oder in einer Staudenrabatte eignen sie sich weniger gut wegen ihres starren Wuchses. Blütezeit 6/10, je nach Pflanzung der Knollen.

Hyacinthus
Hyazinthe (Liliengewächse)
☼-◐ ▣

Hyacinthus orientalis mit vielen Sorten, die alljährlich millionenfach herangezogen werden, um in Töpfen, Gläsern und Gärten zu blühen. 'L'Innocence', weiß, 'Pink Pearl', 'Anne Marie', rosa; 'Jan Bos', 'La Viktoire', rot; 'Bismarck', 'Delfter Blau', blau; 'Yellow Hammer', 'City of Haarlem', gelb; 'Queen of the Pinks', rosa, spät; 'Lord Balfour', 'Amethyst' violett, spät. Die Zwiebeln müssen – je nach Bodenart – bis zu 15 cm tief in den Boden gelegt werden. Bei schwerem Boden flacher. Nasse Böden müssen mit Sand und Torf oder Lava durchlässig gemacht werden. Hyazinthen lieben nährstoffreichen Boden, daher reichliche Gaben von Kompost und Kopfdüngung mit Volldünger.

Iris
Schwertlilie (Schwertliliengewächse)
☼ ⚹

Iris reticulata ist eine niedrig bleibende Schwertlilienart, 20 cm, mit hell- und dunkelblauen Blüten, 3/4; für Steingarten und trockenen Standort. *I. danfordiae*, 3/4, gelbblühend. Verwendung wie oben. *I. hollandica*-Hybriden, gut für Schnitt. Sie entstanden aus Kreuzungen vieler Sorten, gute Farben Weiß, Blau, Violett. Eignen sich zur Pflanzung zwischen Gräsern im Heide- und Steingarten. Winterschutz in rauhen Lagen erforderlich.

Leucojum
Märzbecher, Frühlingsknotenblume (Amaryllisgewächse)
☼-◐ ⚹

Leucojum vernum blüht vielerorts gleichzeitig mit dem Schneeglöckchen. Weiße Blütenglöckchen mit grünen Malen, 3/4, gedeiht am besten unter Gehölzen und liebt feuchten Boden. Pflanzzeit 8/9. *L. aestivum* ähnlich *L. vernum*, jedoch mehrere Blüten an einem Stiel, 5. Höhe 40 cm.

Lilium
Lilie (Liliengewächse)
☼-◐ ⊥ ▣ ⚹

(Kultur siehe S. 238) In den letzten Jahrzehnten wurden die Lilien sehr stark züchterisch bearbeitet. Reine Arten sind kaum noch im Handel. Meist sind es Hybriden unterschiedlicher Arten und Sorten. *Lilium candidum*, die Madonnenlilie, ist das älteste kultivierte Zwiebelgewächs überhaupt. Ihre Kultur kann 4000 Jahre zurückverfolgt werden, 6/7. *L. bulbiferum*, die Feuerlilie, blüht orange mit braunen Flecken, 5/7, 1 m hoch; keine besonderen Ansprüche an Bodenqualität, aber durchlässiger Boden ist erwünscht. *L. hansonii*, Gold-Türkenbund, Blüten orangegelb, 6/7; reichblühend, Höhe 1 bis 1,25 m. *L. regale*, Königslilie, innen weiß, außen rosa bis rot, 7/8, 70/80 cm hoch; gute Gartenlilie, winterhart, 20 cm tief pflanzen. *L. tigrinum*, Tigerlilie, orange, braun gefleckt, 8/9, 1–1,2 m hoch. Zwischen hohen Stauden und besonders in der Nachbarschaft von Gräsern wirkungsvoll. *L. speciosum* 'Rubrum', weiße Türkenbundform mit roten Tupfen. In den letzten Jahren sind unzählige neue Hybriden erschienen, von denen die 'Fiesta'-Hybriden mit bis zu 25 Blüten an einem Stiel zur Kultur im Garten gut geeignet sind. Blüht im Juli, 90 bis 150 cm. Die anspruchslosen Pflanzen benötigen lichten Schatten. Auch die 'Trompet'-Hybriden, die humusreichen Boden lieben und großblumige, duftende Blütentrompeten hervorbringen, sind empfehlenswert. Pflanztiefe 10–15 cm. Viele Neuzüchtungen sind Liebhabersorten. Sie stellen besondere Ansprüche an Boden und Pflege. Wenn man sich lange Zeit an den Pflanzen erfreuen will, sind die von den Züchtern beigefügten Pflegeanleitungen sorgfältig zu beachten.

Muscari
Traubenhyazinthe (Liliengewächse) K+
☼-● ⤳

Muscari botryoides, tiefblau und *M. botryoides* 'Album', beides Massenblüher für größere Flächen oder zwischen Tulpen und Narzissen. Wird auch gern zur Einfassung verwendet. Gedeiht am besten unter Gehölzen. Zum Verwildern geeignet.

Narcissus
Narzisse (Amaryllisgewächse)
☼-◐ ⚹

Jährlich erscheinen neue Sorten auf dem

Zwiebel- und Knollengewächse

Was wäre ein Gartenfrühling ohne die Pracht der Blumenzwiebeln. Narzissen und Traubenhyazinthen vermehren sich gut unter Gehölzen.

Markt. Sie stammen aus Holland, aus anderen Teilen Europas, aber auch aus Nordamerika. Es ist müßig, die einzelnen Arten und Sorten zu besprechen. Grundsätzlich unterscheidet man nur wenige Arten für den Garten: *Narcissus pseudonarcissus,* die Trompetennarzisse oder Osterglocke, mit guten Sorten wie 'Rembrandt', 'Golden Harvest', 'Mount Hood', und *N. poeticus,* die Dichternarzissen. Aus Kreuzungen beider stammen einige der oben erwähnten, großkronigen Sorten. 'Flower Record', 'Actaea', 'Birma' gehören hier zum Standardsortiment. *N. triandrus* mit bis zu 6 duftenden Blüten an einem Stiel, meist weiß, wie die Sorten 'Silver Chimes', 'Thalia' und 'Great Monarch', stellen eine Extragruppe dar. Ferner unterscheidet man die »Cyclamineus-Hybriden« ('February Silver', 'February Gold'), »Jonquillen-Hybriden« ('Cherie', 'Treviathan'), »Tazetten« und »Tazett-Hybriden« und viele botanische Arten wie *N. triandrus, N. odorus* und *N. minor.* Im Gegensatz zu Tulpen, die man nach Möglichkeit alle 2 Jahre herausnehmen und neu setzen soll, können Narzissen jahrelang an derselben Stelle verbleiben, wo sie sich gut vermehren. Stehen sie zu dicht, läßt die Blühwilligkeit nach. Dann wird es Zeit zum Umpflanzen. Es macht den Pflanzen wenig aus, wenn sie während der Blüte aufgenommen und verpflanzt werden. Gut angießen ist lebensnotwendig. Wühlmäuse mögen Narzissen nicht. Daher sind diese Zwiebelgewächse bisweilen wirksamer Schutz für benachbarte Pflanzen, die unter Mäusefraß zu leiden haben.

Scilla
Blaustern (Liliengewächse)
☼ △ ⊥ ▭
Bekannte Zwiebelgewächse mit blauen und blauweißen, bisweilen sogar reinweißen Blüten. In Massen in Gärten und Parks zum Verwildern geeignet. Zwischen Winterling, Schneeglöckchen, Märzbecher und gelben Teppichprimeln erreichen sie eine gute Wirkung. *Scilla autumnalis* rötlichblau bis rosalila, 15 cm, Herbstblüher; *S. bifolia,* strahlend türkisblau mit vielen Varietäten, 10 bis 20 cm; *S. bithynica,* 25 cm, rötlichviolett, in dichten Trauben blühend; *S. campanulata = S. hispanica,* 25 cm, mit glockigen, hängenden Blüten in Weiß, Rosa, Blau, gut zwischen Azaleen, 4/5. *S. non-scripta,* die bekannten 'Blue Bells' aus England, zum Verwildern geeignet; 25 cm hoch, 4/5, blau.

Tigridia
Tigerblume, Pfauenblume (Irisgewächse)
☼ ✂ ▣
Tigridia pavonia, die bekannteste bekommt bis zu 10 cm breite Blüten in leuchtenden Lackfarben. Die Blüten halten nur einen Tag, aber es erscheinen täglich neue. Man legt am besten mehrere Knollen zusammen in den Boden. Sonst wie bei Gladiolen.

Tritonia
Tritonie (Irisgewächse)
☼-◐ ✂
Tritonia aurea, Montbretie, blüht orange bis dunkelrot, überwintert im Boden, friert aber in strengen Wintern aus, daher Winterschutz oder Überwinterung in frostfreien Räumen. Keine besonderen Bodenansprüche. Halbschatten, durchlässiger guter Gartenboden.

Tulipa
Tulpe (Liliengewächse)
☼-◐ ✂ ▣ △
Für Tulpen gilt das gleiche, was für Narzissen gesagt wurde. Auch hier wurden durch züchterische Bearbeitung unzählige Arten und Sorten geschaffen, und jährlich kommen neue hinzu, so daß es unmöglich ist, bestimmte Empfehlungen zu geben. Wegen der besseren Übersicht teilt man sie nach der Blütenform in verschiedene Gruppen. Die Pflanzung sollte man ab September (bis Ende November) vornehmen. Man legt die Zwiebeln 8 bis 10 cm tief in den Boden. Tulpen lieben lockeren, gut dränierten Gartenboden und einen Standort, der im Frühling von der Sonne beschienen wird. Unter botanischen

Tulpen verstehen wir Wildformen. Aus ihnen sind bedeutende Kreuzungen hervorgegangen. Niedrige botanische Tulpen eignen sich zur Bepflanzung von Hochbeeten oder Steingartenpartien, z. B. Arten wie *Tulipa clusiana, T. eichleri, T. praestans, T. puchella, T. sylvestris* (wuchert!) oder die niedliche *T. tarda*. Als 'Cottage'-Tulpen bezeichnet man einfache Tulpen, die im Mai/Juni blühen und ca. 70 cm hoch werden. Auch die 'Darwin'-Tulpen mit vielen Farben gehören zu den einfachen Tulpen. Ab Anfang April blühen bereits die »Gefüllten Tulpen«. Sie wirken am besten in der Masse und sollten dicht zusammengepflanzt werden. Die »Einfachen frühen Tulpen« werden etwa 45 cm hoch und blühen bereits Anfang April. »Lilienblütige Tulpen« sind die Aristokraten unter den Tulpen. Sie werden ca. 50 cm hoch und erscheinen spät im Mai. Sie besitzen ein reiches Farbenspiel. »Papageientulpen« sind bunt. Die Ränder der Blumenblätter sind gefranst. Die Blüten erhalten durch Form und Farbe ein exotisches Aussehen. Rembrandttulpen sind 70 cm hohe, geflammte großblumige Tulpen in abenteuerlicher Farbenmischung. Besonders schön sind die botanischen Arten *T. greigii* und ihre roten Formen mit bemerkenswerten, längsgestreiften Blättern, *T. kaufmanniana*, die Seerosentulpe, mit vielen Formen, die sich so gut für Steingärten eignet, und *T. fosteriana*, die der Stammvater vieler leuchtendorange-scharlachfarbener Gartenformen ist. Die »Viridiflora-Tulpen« sind eine Ausnahme. Diese außen teilweise grünen Tulpen werden bis 1,2 m hoch und bringen riesige Blüten im Mai/Juni hervor. Sie haben mit der Eleganz schlanker Tulpenblüten und botanischer Formen allerdings nichts mehr gemein. Tulpen lassen sich gut mit Polsterstauden wie *Iberis, Arabis,* frühen Vergißmeinnicht und Gartenstiefmütterchen kombinieren. Der Farbgegensatz kann auch hier harmonische Kompositionen ergeben.

Die Sommerblumen

Die Ein- und Zweijahresblüher, die wir schlechthin als Sommerblumen bezeichnen, sind die eigentlichen Farbträger in unseren Gärten. Stauden blühen zwar über einen längeren Zeitraum, haben aber im Verhältnis zu den Sommerblumen wesentlich weniger Blüten. Die Einjährigen dagegen verschwenden ihr kurzes Dasein wie ein farbensprühendes Feuerwerk. Man schafft damit Farbwirkungen von solider Leuchtkraft, wie sie mit anderen Pflanzen nicht erreichbar sind. Saatgut für Sommerblumen kauft man am besten im Samenfachhandel. Die Kulturanleitung ist in

Botanische Tulpen (Tulipa fosteriana), Narzissen und Traubenhyazinthen (Muscari) setzen kräftige Farbakzente in den noch winterkahlen Garten.

vielen Fällen auf der Verpackung angegeben. Es gibt unterschiedlich hohe Sommerblumen. Bei Freilandaussaat säen wir sie entsprechend ihrer Wuchshöhe auf ein Beet, die hohen nach hinten, die niedrigen nach vorn. Die meisten Sommerblumen sind gute Schnittblumen. Viele Arten bieten eine ausgezeichnete Bienenweide. Man sollte ihnen den Vorzug geben, zumal durch den leichtsinnigen Umgang mit Insektiziden große Bestände dieser nützlichen Insektenart Jahr für Jahr vernichtet werden.

Um die Pracht der Sommerblumen voll genießen zu können, muß man besonders auf die Farbzusammenstellung achten und versuchen, durch farbliche Gegensätze die Gesamtwirkung noch zu steigern. Einjährige sind auch die besten Pfleglinge für Kinder im Schulgarten oder in einem kleinen Gärtchen daheim. Die kurze Entwicklungszeit von der Aussaat bis zur Blüte ist dem kindlichen Zeitbegriff und kindlicher Ungeduld gerade angemessen. Hier kann das Kind erleben, wie sich im Laufe weniger Wochen und Monate aus seinem Sonnenblumenkern eine gewaltige Pflanze, eine mächtige große Blüte entwickelt. In den folgenden Kapiteln wird eine größere Auswahl von Sommerblumen vorgestellt, die allerdings nicht vollständig sein kann. Zu jeder Pflanze findet man eine Kulturanweisung, damit sich der Blumenfreund die für ihn und seinen Garten geeigneten Arten heraussuchen kann. Gerade in kleinen Gärten ist ein gut ausgewählter Sommerblumenflor wichtig, denn auch kleine Flächen können auf diese Weise durch Farben belebt und hübsch gestaltet werden.

Zweijahrsblumen

Diese Pflanzen ähneln in ihrer Blütenfülle den Einjährigen. Sie kommen aber, da sie zwei- bis dreijährig sind, den ausdauernden Stauden nahe. Man bezeichnet sie daher auch als Halbstauden. Meistens säen sich diese Pflanzen am Standort nach der Samenreife selbst aus. Die Sämlinge sind bis zum Winter ausreichend entwickelt, um durch Blattrosetten geschützt die kalte Jahreszeit zu überstehen und sich im kommenden Sommer zur blühenden Pflanze zu entwickeln und verschwenderisch zu blühen. Nach der Blüte sterben die meisten Zweijährigen ab, nachdem sie durch reichlich Samenansatz für die weitere Vermehrung gesorgt haben. Unter günstigen Verhältnissen können einige Arten, wie die Bartnelke, fast Staudencharakter annehmen, sich also über viele Jahre halten und umfangreiche Büsche bilden.

Althaea rosea
Malve, Stockrose (Malvengewächse)
Sie ist eine typische Bauernblume mit aufrechten, bis 3 m hohen Blütenschäften. Einige Arten bleiben nach dem Rückschnitt der Blütenstiele staudig. Malven sät man am besten an geschütztem Standort im Mai ins Freiland oder von März bis Juni in Schalen im Zimmer oder in ein Frühbeet. Die jungen Pflänzchen werden bald pikiert, um kräftige Wurzeln und Sprosse auszubilden. Von Sommer bis Herbst kann man sie dann an den endgültigen Standort pflanzen. Alle Stockrosen brauchen weite Pflanzabstände, damit sich das großblättrige Laub gut entwickeln kann. Stehen die Pflanzen zu eng, werden sie leicht von Rostpilzen befallen. Setzt man sie in Reihen – sozusagen als Blütenhecke – so sollte der Abstand von Pflanze zu Pflanze wenigstens 50 cm betragen. Der gefährlichste Feind der Stockrosen ist Malvenrost. Er kann vorbeugend mit Kupferspritzmitteln bekämpft werden. Befallene Blätter pflückt man ab und vernichtet sie (nicht auf den Komposthaufen!).

Bellis perennis
Tausendschön, Maßliebchen, Gänseblümchen, Marienblümchen (Korbblütler)
Aus dem wilden, unscheinbaren Gänseblümchen wurde durch Züchtung eine Reihe großblumiger und sehr verschiedenartiger Blütenpflanzen. *Bellis* sät man ab Juni in Reihen ins Freie. Da der Samen sehr fein ist, sollte man ihn mit Sand mischen. Pikieren ist nicht erforderlich. Sobald die jungen Pflänzchen genügend erstarkt sind, werden sie mit 15 cm Abstand auf Beete ausgepflanzt. Maßliebchen sind gute Reservepflanzen und Lückenbüßer für Staudenrabatten. Sie lassen sich noch in blühendem Zustand gut verpflanzen.

Campanula medium
Zweijährige Glockenblume, Marienglockenblume (Glockenblumengewächse)
Überwältigend ist die Fülle der Blüten, die an den Marienglockenblumen erscheinen. Diese Pflanze ist als Schnittblume von größter Haltbarkeit und kann in der Staudenrabatte mit anderen Staudenglockenblumen zusammengepflanzt werden. Die Kultur ist sehr einfach. Im Mai/Juni wird ausgesät, wobei man einen kalten Kasten oder ein geschütztes Freilandbeet wählt. Die jungen Pflänzchen werden einmal pikiert. Dann setzt man die im Herbst kräftig

entwickelten Pflanzenrosetten an ihren endgültigen Standort.

Cheiranthus cheiri
Goldlack (Kreuzblütler)
Goldlack sät man von März bis Juni in ein Frühbeet oder ins freie Land ab Mai. Aus der Fülle von niedrigen (25/30 cm) und hohen Sorten wählt man nach seinem Geschmack aus. Goldlack ist karnickelfraßgefährdet, darum sollte man die jungen Pflanzen durch Drahtgeflechtumzäunung bis zum Frühjahr absichern. Man kann sie auch eingetopft in kühlen, luftigen Räumen frostfrei überwintern. In geschützten Lagen und bei schwerem, lehmigem Boden kann Goldlack mehrere Jahre alt werden und zu großen Büschen mit reichem Blütenschmuck heranwachsen.

Dianthus barbatus
Bartnelke, Studentennelke (Nelkengewächse)
Diese Blume ist uns seit Jahrhunderten aus den Bauerngärten bekannt. Wo ein gut besonntes Beet zur Verfügung steht, sollte man die 50 cm hoch wachsenden Bartnelken auspflanzen. Man sät sie im Juni in den kalten Kasten oder auf geschützte, humusreiche Freilandbeete. Die Pflanzen werden einmal pikiert und im Herbst auf den für sie bestimmten Platz gesetzt, wo sie sich zu üppigen Exemplaren entwickeln.

Digitalis purpurea
Fingerhut (Rachenblütler)
Fingerhut kann auch staudig wachsen, meist ist er jedoch nur zweijährig. Die Aussaat des feinen Samens erfolgt im Juni/Juli auf einem mit Sand und Torf verbesserten Freilandbeet. Halbschatten und sonniger Standort sagen dem Fingerhut am besten zu. Die Pflanzen werden nicht pikiert, sondern gegen Ende August an ihren endgültigen Platz gepflanzt. Haben sie sich erst einmal etabliert, dann säen sie sich selbst aus. Schneidet man die Blütenschäfte nach der Blüte zurück, hält sich die Pflanze oftmals mehrere Jahre lang. Fingerhut ist giftig. Auch bei einigen anderen Pflanzen, wie Maiglöckchen, Eisenhut, Goldlack, Krokus, Goldregen, darf man nicht versäumen, Kinder zu warnen und vor Schaden zu bewahren!

Hesperis matronalis
Nachtviole, (Kreuzblütler)
Sie wird oft eher zu den Stauden als zu den Zweijährigen gerechnet. Von den Bauerngärten her ist sie uns hinlänglich bekannt. Man schätzt sie besonders wegen ihres intensiven Duftes und der violetten Blütendolden, die im Mai und Juni erscheinen. Die 50 cm bis 1 m hohe Pflanze wird entweder von März bis Juni im kalten Kasten ausgesät, pikiert und im Spätsommer ausgepflanzt oder man sät sie im Mai direkt ins Freiland, wo sie nach dem Aufgehen auszudünnen ist. Hat sie einmal Fuß gefaßt, kommt sie durch Selbstaussaat immer wieder.

Myosotis alpestris
Vergißmeinnicht (Borretschgewächse)
Vergißmeinnicht sät man im Juni/Juli entweder im kalten Kasten aus oder direkt auf ein Saatbeet ins Freiland. Die jungen Pflanzen werden einmal pikiert. Ende August bis September erfolgt dann die Pflanzung an Ort und Stelle. Am schönsten sind die blauen Sorten. Sie eignen sich gut als Einfassungen, aber auch zu flächigen Unterpflanzungen von Blumenzwiebeln (Tulpen) und Azaleen. Vergißmeinnicht gedeihen besonders gut an feuchtem Standort. Bei stark durchlässigem Boden ist häufig zu wässern, um einen recht langen Blütenflor zu erhalten. Gute Bienenweide.

Papaver
Islandmohn, Alpenmohn (Mohngewächse)
Der Islandmohn *(Papaver nudicaule)* und der Alpenmohn *(P. alpinum)* sind zwei fröhlich bunte Vertreter der Mohnfamilie, die in keinem Garten fehlen sollten. Sie eignen sich besonders für Steingärten. Man sät sie im Juni in kalte Kästen und pflanzt die pikierten Pflänzchen im August an Ort und Stelle. Sie sollen möglichst 25 bis 30 cm Abstand erhalten, damit sie sich im nächsten Jahr voll entwickeln können. Islandmohn kann man auch an Freistellen im Staudenbeet pflanzen. Die gelben, weißen, orangefarbenen und leuchtendroten Farbtöne passen gut zusammen. Sie lassen sich zu haltbaren Sträußen schneiden. Mohn liebt nicht zu trockenen Standort. Man kann den Boden am besten mit Kompost aufbereiten, der allerdings nicht kalkhaltig sein darf.

Verbascum
Königskerze (Rachenblütler)
Die Königskerze stammt von trockenen Sandböden und sollte daher im Garten auch trocken stehen. Heidegärten sagen ihr am besten zu. Zwischen Polstern von Thymian und Heidekräutern steht sie gut, einzeln oder in kleinen Gruppen. Die Schäfte werden ca. 1,5 bis 2 m hoch. Ginster, Wacholder, Kiefern und andere Gehölze von sandigen Böden stellen eine wertvolle Ergänzung zur Königskerze dar. Man sät sie im Juni an geschützter Stelle ins Freie. Dem Beet sollte man viel feuchten Torf zusetzen. Nach zwei Monaten verpflanzt man die jungen Pflänzchen an den endgültigen Platz, wo sie im kommenden Jahr ihre dekorativen Kerzen ausbilden. Königskerzen besitzen Wildpflanzencharakter; sie sind keine Massenblüher. Sie stehen am besten einzeln über einer niedrigen, bodenbedeckenden Pflanzung und vertragen sogar Pflanzung auf Trockenmauern.

Viola tricolor
Stiefmütterchen (Veilchengewächse)
Sie werden jährlich zu Millionen gesät und gepflanzt und sind so bekannt, daß über ihren Gartenwert keine strittige Meinung besteht. Sie lassen sich gut für Einfassungen, zur Beet- und Kübelbepflanzung und zur Ergänzung zwischen niedrigen Stauden, als Balkonschmuck oder Grabbepflanzung verwenden. Am besten sät man sie von Juni bis September in kalte Kästen oder direkt ins freie Land. Die jungen Pflänzchen werden, wenn sie zu dicht stehen, pikiert und ab September bis November mit 15 cm Abstand ausgepflanzt. Nur in rauhen Lagen benötigen sie Winterschutz aus Fichtenreisig. Im kommenden Frühjahr kann man die Jungpflanzen mit den kräftigen Blattrosetten als Reservepflanzen zu jeder Zeit – selbst in voller Blüte – umpflanzen, um Lücken in anderen Beeten damit zu schließen. Stiefmütterchen eignen sich auch sehr gut zur Unterpflanzung von Tulpenbeeten. Zu gelben Tulpen wählt man am besten dunkelblaue Stiefmütterchen, rote Tulpen stehen gut mit weißen und blauen zusammen.

Einjahrsblumen mit Freilandaussaat
Einjahrsblumen, die dieser Gruppe angehören, sind besonders leicht im Garten zu kultivieren, da sie auf Beeten im Freiland oder direkt an Ort und Stelle ausgesät werden können. Es gibt eine Reihe von Einjahrsblumen, die, an Ort und Stelle gesät, bald eine unendliche Fülle von Blüten bringen. Das ist besonders für neuangelegte Gärten zu empfehlen, in denen sich die Pflanzflächen in den ersten zwei Jahren noch nicht geschlossen haben, und die sonst leicht zum Verkrauten neigen. Es gibt Einjährige, die sich gerade zum Füllen von Zwischenräumen auf Staudenbeeten und zwischen Gehölzpflanzungen eignen, solange sie noch nicht eingewachsen sind.

Adonis aestivalis
Blutströpfchen, Sommeradonis (Hahnenfußgewächse)
Diese Pflanzen blühen leuchtendblutrot mit kleinen Blüten, wenn man eine Herbstaussaat vornimmt. Nach dem Austreiben verzieht man die Pflänzchen auf 15 bis 20 cm Abstand. Sie erreichen eine Endhöhe von 30 cm.

Amaranthus
Fuchsschwanz (Fuchsschwanzgewächse)
Diese prächtige Sommerblume mit den leuchtendroten Blütenrispen wächst je nach Art hängend oder aufrecht. Verschiedene Arten besitzen eine prachtvolle Laubfarbe, die bis zu tiefem Dunkelrot reichen kann. Fuchsschwanz wird nach den Eisheiligen ausgesät (Mitte Mai). Durch Vorkultur im Zimmer erhält man frühzeitig blühfähige Pflanzen. Höhe 75/80 cm.

Calendula officinalis
Ringelblume, Studentenblume (Korbblütler)
Die Ringelblume gehört zu den liebenswertesten Sommerblumen in unseren Gärten. Schon zu Urgroßmutters Zeiten wurde sie dort und in den Bauerngärten kultiviert. Diese unverwüstlich gelb, orange und aprikosenfarbig blühende Pflanze ist für bunte Beete und für Blumenschnitt gut geeignet. Sie treibt unermüdlich Blüten bis zum Frost. Sie sind ein guter Ausgleich für Zeiten, in denen das Blühen im Garten nachläßt. Wo sie einmal ausgesät sind, erscheinen sie immer wieder. Um eine anhaltende, reiche Blüte zu erhalten, schneidet man die Blütenköpfe nach dem Verblühen zurück. Bei freier Pflanzung ist ein Abstand von 25 bis 30 cm erforderlich. Höhe 50 cm.

Calliopsis bicolor
Schöngesicht (Korbblütler)
Calliopsis bicolor (= *Coreopsis bicolor*) gehört zu den dankbarsten Beet- und Schnittsommerblumen mit den goldgelb und purpurbraun gezeichneten Blüten oder den leuchtendpurpurbraunen, gelbrot gefleckten Spielarten. Man unterscheidet hohe und niedrige Sorten (zwischen 90 und 20 cm). Sie bilden unermüdlich blühenden Beetschmuck, der auch im Zimmer bereits vorgezogen und leicht verpflanzt werden kann. Pflanzen aus der Zimmerkultur blühen im Freiland eher.

Centaurea cyanus azurea
Kaiser-Wilhelm-Kornblume, Flockenblume (Korbblütler)
Sie ist eine Verwandte der Staudenkornblume, ein anspruchsloses Gewächs, das in weißen, gelben, goldgelben, roten und leuchtendblauen Farbtönen blüht. Die Blüten duften zum Teil. Höhe 60/80 cm.

Chrysanthemum carinatum
Wucherblume, Sommerchrysantheme (Korbblütler)
Es gibt drei Arten von *Chrysanthemum* als Sommermargeriten. Dies sind *C. carinatum*, *C. coronarium* als gelbe Margeriten und *C. segetum*, gelb mit bunter oder dunkler Mitte. Von diesen Arten sind eine Fülle schönster Sorten gezüchtet worden, die gefüllt und ungefüllt als Sommerblumen in unseren Gärten gepflanzt werden können. Die lebhaft bunten Blüten erscheinen von Juni bis September, bis die ersten Herbstfröste der Pracht ein Ende machen. Je nährstoffreicher der Boden ist, desto reicher

und ausdauernder ist die Blüte. Schneidet man sie öfter, so wird das Nachblühen gefördert. Man pflanzt sie etwa 30 bis 40 cm auseinander. Je stärker man Sommerblumen schneidet, desto mehr werden sie zum Weiterblühen angeregt. Das gilt auch für viele andere Blütenpflanzen, besonders für Dahlien.

Clarkia
Klarkie (Nachtkerzengewächse)
Die Klarkien sind viel zu wenig bekannt. Diese lebhaft gefärbten Beet- und Schnittblumen, die man einfach und gefülltblühend heranziehen kann, sind herrliche Dauerblüher. Die Anzucht ist einfach. Man sollte sie nur recht früh (ab März/April) vornehmen, damit die Pflanzen bereits ab Mitte Juni voll in Blüte stehen. Sie hält bis September an. *Clarkia elegans fl. pl.* ist eine gefülltblühende Form. Klarkien sollten möglichst windgeschützt stehen, da die Blüte sonst leicht kippt. In verregneten Sommern leidet die Pflanze ebenfalls stark. Klarkien pflanzt man 25 bis 30 cm weit auseinander. Höhe 30/60 cm.

Cosmos bipinnatus
Kosmea, Schmuckkörbchen (Korbblütler)
Diese duftigen Beet- und Schnittblumen in Weiß, Rosa, Rot kann man leicht im Garten an Ort und Stelle aussäen. Man kann sie aber auch bereits im März in kalten Kästen kultivieren, dann wird die Blütezeit verfrüht. Bei direkter Freilandaussaat erscheinen die Blüten erst im August/September.

Delphinium
Sommerrittersporn (Hahnenfußgewächse)
Man darf den Sommerrittersporn nicht mit dem Staudenrittersporn verwechseln. *Delphinium ajacis hyacinthiflorum fl. pl.*, der Hyazinthenrittersporn, mit den großen, gefüllten Blüten ist in Sorten von 1 bis 1,10 m und als kleine Sorten von 50 cm Höhe im Handel. Man sät ihn am besten an Ort und Stelle auf Beeten aus. Die reich verzweigten Blütenstände beginnen von unten mit der Blüte. Die Farben sind sehr kräftig. Sie reichen von Weiß über Rosa, Scharlachkarmin bis zu dunkelvioletten Variationen. Sie lassen sich gut nach Farben in Beeten, aber auch in Vasen arrangieren. Die Aussaat wird bei offenem Boden direkt ins Freiland gebracht. Wer frühe Blüte wünscht, sät bereits im Herbst. Bei Frühjahrssaat beginnt die Blüte Ende Juni und dauert 5 bis 6 Wochen. Die Pflanzen müssen rechtzeitig ausgedünnt werden und benötigen einen gegenseitigen Abstand von 30 bis 40 cm.

Dimorphoteca aurantiaca
Kapringelblume, Afrikanische Goldblume (Korbblütler)
Diese sehr beliebte Sommerblume wird auch als Goldmargerite bezeichnet. Die Aussaat ins Freie erfolgt im April. Man setzt die Pflanzen auf einen Abstand von ca. 35 × 20 cm. Sie blühen von Juni bis September.

Eschscholzia californica
Kalifornischer Goldmohn, Schlafmützchen (Mohngewächse)
Diese Pflanze existiert mit einfachen und gefüllt blühenden Formen. Sie sind lebhaft orange bis weiß gefärbt und werden ca. 25 bis 40 cm hoch. Man sät sie direkt auf das Standbeet, da sie sich nur sehr schwer verpflanzen lassen.

Godetia
Sommerazalee, Godetie (Nachtkerzengewächse)
Die Sommerazaleen blühen mit wunderschönen Pastellfarben und seidig schimmernden Blüten. Es sind Massenblüher, die gut auf durchlässigen, feuchten, mittelschweren Böden gedeihen. Bei Sandböden müssen wir mit Kompost und Torfmull nachhelfen, wenn sie lange und unermüdlich blühen sollen.

Gypsophila elegans
Einjähriges Schleierkraut (Nelkengewächse)
Das als ausdauernd bekannte Staudenschleierkraut besitzt in dieser einjährigen Variante eine interessante Verwandtschaft, die als duftige Beigabe zu Blumensträußen gut verwendet werden kann. Das einjährige Schleierkraut wird etwa 45 cm hoch. Man sät es am besten im kalten Kasten aus und pflanzt es später mit 25 cm Abstand ins Freie. Gute Wirkungen erzielt man durch Zusammenpflanzung mehrerer Exemplare an freien Stellen im Rosenbeet.

Helianthus annuus
Sonnenblume (Korbblütler)
Die Sonnenblume ist eine der bekanntesten Gartenblumen. Die wüchsige, bis 3 m hoch wachsende Pflanze in gefüllter und ungefüllter Form ist auch gut als Sichtschutz zu verwenden. Sie kann häßliche Mauern und Zäune verstecken, kann um Sitzplätze wachsen und dient vor allem als Lückenbüßer in Gehölzpflanzungen während der ersten Jahre nach der Pflanzung. Sonnenblumen sät man am besten Anfang Mai ins freie Land. Sie können auch in Töpfen vorkultiviert werden. Solche Pflanzen werden wesentlich größer. Sie eignen sich gut als Schnittblumen. Vogelfutter für den Winter!

Iberis
Schleifenblume (Kreuzblütler)
Die ein- und mehrjährigen Schleifenblumen sind vor allem zur Einfassung und zur Bereicherung des Pflanzensortiments in Steingärten und Kübeln geeignet. Folgesaaten von März/Anfang Mai bringen einen unaufhörlichen Flor von Mai bis August. Abgeblühte Stiele entfernt man,

Papaver

um den Flor zu verlängern. Herbstsaat bringt besonders frühe Blüte. Höhe ca. 20/30 cm.

Linaria bipartita
Leinkraut (Rachenblütler)
Von den einjährigen Leinarten ist dies die schönste Gartenform. Die großen, löwenmäulchenähnlichen Blüten erscheinen in vielen bunten Farben. Für Steingärten und Felswände eignet sich *Linaria cymbalaria*, das man ebenfalls direkt ins Freie aussäen kann. Reihenabstand etwa 25 cm, Höhe ca. 30 cm.

Linum grandiflorum Rubrum
Roter Lein (Leingewächse)
Diese besonders zierende Pflanze besitzt große, leuchtendrote oder rosafarbene Blüten, die als dichte Einfassung oder auch in Gruppen zwischen Stauden und Steingartenpflanzen sehr gut aussehen. Die Aussaat erfolgt Anfang April. Die Pflanzen werden später auf 20 cm Abstand verzogen. Höhe ca. 40 cm.

Lupinus
Wolfsbohne, Lupine (Schmetterlingsblütler)
Lupinus hartwegii, die Einjahrslupine, in bunter Mischung wird ca. 60 cm hoch. *L. nanus* ist eine kleine, weiß und blau blühende Form. Auch zur Einfassung geeignet. Man sät Lupinen möglichst breitwürfig und schafft später zusätzlich Platz durch Verdünnen, damit sich die Pflanzen voll entwickeln können. Die Blütezeit kann durch Ausschneiden abgeblühter Kerzen beträchtlich verlängert werden. Höhe 50 cm bis 1 m.

Mimulus tigrinus
Gauklerblume, Tigerblume (Rachenblütler)
Die Gauklerblume ist ein besonderer Blickfang im Garten. Ihre kräftigen gelben, rotgefleckten Blüten bringen lange Zeit unermüdlich Farbe in den Garten. *Mimulus* steht am besten am Wasser. Durch Abschneiden der Samenstände kann die Blütezeit verlängert werden. Die wärmeliebenden Gauklerblumen können am besten im Zimmer oder kalten Kasten ab April vorgezogen und nach den Eisheiligen auf Freilandbeete ausgepflanzt werden. Sie lieben humosen, feuchten, tiefgründigen Boden. Höhe ca. 30 cm.

Nemesia strumosa grandiflora
Nemesie, Elfenspiegel, Puppenmäulchen (Rachenblütler)
Sie gleicht in der Blüte den Gauklerblumen, ist nur wesentlich kleiner, dafür blüht sie aber auch reichhaltiger. Die Farbwirkung ist intensiv. 'Blue Gem' ist hellblau, alle anderen Sorten sind bunt und reichen von Reinweiß über Orange bis Scharlachviolett. Nemesien können zur Flächenbepflanzung auf Beeten gut verwendet werden, besonders auf Dachgärten, wo *N. strumosa* 'Nana Grandiflora Superbissima' für wirkungsvollen Beetschmuck sorgt. Sonst wie *Mimulus*, Höhe bis 25 cm.

Nigella damascena
Jungfer im Grünen, Nigella, Gretel im Busch, Schwarzkümmel (Hahnenfußgewächse)
Diese altbekannte Einjahresblume der Bauerngärten eignet sich besonders für bunte Beete und zum Blumenschnitt. Die Sorte fl. pl. 'Miss Jekyll' besitzt gut gefüllte Blüten in blauer, weißer und dunkelvioletter Farbe. Sie gehört zu den schönsten. Durch Herbstaussaat erhält man zeitig blühende Pflanzen. Höhe ca. 45 cm.

Papaver
Sommermohn (Mohngewächse)
Die weißen, gelben, roten bis dunkelroten gefüllten Mohnblumen sollten im Garten nicht fehlen, wenn auch die Blütezeit verhältnismäßig kurz ist. Dieses prächtige Farbenspiel ist so leicht durch keine andere Pflanze zu ersetzen. An Mohnstandorten kann man später einige Astern nachsetzen. So entstehen nach dem Abblühen des Mohns keine Lücken in den Beeten. Die Aussaat erfolgt im März. Die Pflanzen sollten auf 40 cm Abstand verzogen werden, damit sie breitbuschig werden können. Verpflanzen ist nicht möglich. Herbstaussaat bringt frühe Blüte. Samenköpfe rechtzeitig abschneiden, da sich Mohn selbst aussät. Höhe ca. 50/80 cm.

Phacelia tanacetifolia
Büschelschön, Bienenfreund (Wasserblattgewächse)
Die nach Honig duftende Pflanze ist ein Massenblüher, der als Bienenweide eine besondere Aufgabe hat. Die bläulichen Blüten erscheinen von Juni bis September. Die Pflanzen sind gut als Gründünger geeignet. *Phacelia campanularia* wird Ende April an windgeschützter, warmer Stelle direkt ins Freiland gesät.

Portulaca grandiflora
Portulakröschen (Portulakgewächse)
Portulak sät man am besten in bunter Mischung auf ein sonniges trockenes Beet und überstreut den Samen leicht mit gesiebter Komposterde, walzt ihn und hält ihn bis zur Keimung feucht. Er war früher weit verbreitet und wurde auch als Salat gegessen. Wegen seiner Anspruchslosigkeit und seiner prächtigen Blütenfarben wird er heute wieder mehr für niedrige Beete, vor allem für Dachgärten herangezogen. Portulak sorgt durch Selbstaussaat für ausreichenden Nachwuchs. Man verzieht die Pflanzen nach der Keimung etwa auf 15 bis 20 cm. Sie verzweigen sich sehr stark und bilden einen dichten, hohen Rasen. Blüht bei uns nur bei Son-

nenschein. Portulak eignet sich gut zum Würzen. Höhe 15 cm.

Reseda odorata grandiflora
Reseda, Wau (Resedagewächse)
Diese aus den alten Bauerngärten bekannten Blumen sind weniger wegen ihrer Blüten, sondern wegen des feinen Duftes beliebt. Neuere Züchtungen haben aus den unscheinbaren grünlichen Blüten wirkungsvollere Sorten mit roten, braunen und leuchtendgelben Blumen entstehen lassen. Man sät Reseda am besten als Prachtmischung verschiedener, großblumiger Sorten und kann sie als Blüten- und Duftpflanze in sonnige Beete setzen. Sie lieben nährstoffreichen, mittelschweren Boden und ausreichende Feuchtigkeit, da sonst die Blüte schnell nachläßt. Höhe 30/40 cm.

Salpiglossis
Trompetenzunge (Nachtschattengewächse)
Die Pflanzen mit den aparten, kupferfarbenen Trompetenblüten sind dankbare Beet- und Schnittblumen von dauerhafter Wirkung. *Salpiglossis variabilis (sinuata)*, *S. var. gloxiniaeflora* und *S. var. superbissima* sind die sogenannten Kaiser-Trompetenzungen, die man einzeln oder in Mischungen aussäen kann. Wenn die Pflanzen im Zimmer vorkultiviert werden, ist der Prozentsatz der Keimung größer und die Pflanzen blühen früher. An sonnigem Stand und auf nahrhaften Böden entwickeln sie sich zu 60 bis 80 cm hohen, reichhaltigen Blühern.

Schizanthus
Schlitz- oder Spaltblume (Nachtschattengewächse)
Diese Pflanzen werden auch als »Orchideen des kleinen Mannes« bezeichnet, denn sie haben ein orchideenähnliches Aussehen und sind ohne große Kosten und Mühen zu kultivieren. Dieses Nachtschattengewächs verlangt einen lichten, nicht zu schattigen Standort und gedeiht auf mittelschweren Böden auch noch in sonniger Lage bei ausreichender Feuchtigkeit. Die interessant gezeichneten, haltbaren Blumen stellen einen wertvollen Beetschmuck dar. Bei früher Herbstaussaat kann man sie bereits in Töpfen als blühende Pflanze ans Blumenfenster stellen. Im Garten verwenden wir sie wie Nemesien zur Einfassung oder als geschlossene Farbfläche. Bei Folgesaaten in Zimmerkultur ab März bis zur Freilandsaat Anfang Mai/Juni erhält man einen langdauernden Blütenflor. Höhe ca. 40 cm.

Silene pendula
Leimkraut (Nelkengewächse)
Die *Silene* eignet sich besonders gut als Einfassungspflanze mit den weißen, roten, violetten oder purpurfarbenen Blüten. Die Blütezeit fällt in die Monate Juli bis September. Höhe ca. 10 cm.

Tropaeolum
Kapuzinerkresse (Kapuzinerkressengewächse)
Sie gehört zu den farbfreudigsten Einfassungspflanzen für Blumenbeete, eignet sich aber auch zusammen mit bestimmten Arten zum Beranken von Gerüsten (in rankender Form) und zur Flächenbegrünung größerer Beete. Es gibt viele einjährige Arten, wie *Tropaeolum majus*, *T. minus*, *T. peltophorum*, *T. peregrinum* und zahlreiche Hybriden, die alle etwa von Juli bis Oktober blühen. Der Pflanzabstand bei nichtrankenden Sorten sollte mindestens 25 cm betragen.

Einjahrsschlinger mit Freilandaussaat
Schlingpflanzen, die man als Einjahrsblumen direkt an Ort und Stelle aussäen kann, sind für die schnelle Bekleidung von Drähten, Spalieren, Zäunen und sonstigen Rankgerüsten eine willkommene Hilfe. Die Anzucht ist sehr einfach. Das Grün der Ranken, dazu leuchtende Blüten sind eine schöne Bereicherung von Dachgärten.

Ipomoea purpurea
Trichterwinde (Windengewächse)
Diese Art klettert rasch und eignet sich gut zum Beranken von Drahtgeflecht, gespannten Drähten, Spalierwänden, aber auch an Bohnenstangen kann man sie mühelos ziehen. Mit Trichterwinden lassen sich rasch häßliche Wandflächen verstecken, und an Drähten gezogen ergibt die Pflanze wirksamen Sichtschutz für Balkone. *Ipomoea purpurea* gibt es in verschiedenen Farben, großblumig weiß, rot, blau und mit gestreiften Blüten. Besonders leuchtend ist *I. coerulea* 'Grandiflora', eine Art mit riesigen, strahlendblauen Blüten. Die Aussaat erfolgt Anfang Mai im Abstand von 10 cm. Pflanzen können auch im April in Torftöpfe gesät werden und mit Ballen nach den Eisheiligen (Mitte Mai) ausgepflanzt werden. Der Boden soll feucht und nährstoffreich sein. Höhe ca. 4–5 m.

Lagenaria
Kalebassenfrucht, Flaschenfrucht (Kürbisgewächse)
Mit diesen aparten Pflanzen kann man kuriose Wirkungen im Garten – speziell bei der Berankung von Pergolengerüsten erzielen. Sie sollten ebenfalls bereits im April in Töpfen vorkultiviert werden, ab Mitte Mai setzt man sie dann ins Freie wie die Zierkürbisse. Die Früchte können über 50 cm lang werden und sind sehr dekorativ. Hoher Nährstoffbedarf.

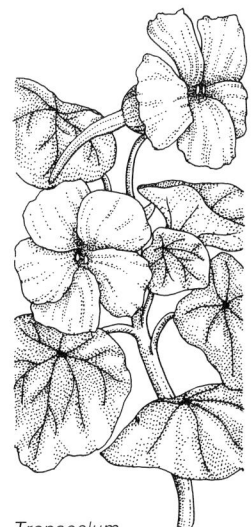

Tropaeolum

Lathyrus odoratus
Wohlriechende Wicke, Edelwicke (Schmetterlingsblütler)

Die Wohlriechende Wicke ist so recht eine Pflanze für Kinder. Die einjährigen Schlingpflanzen mit ihrer Farbenvielfalt sind leicht im Garten durch Aussaat heranzuziehen. Man kann mehrere Folgesaaten von Mitte März bis Juli durchführen. Dadurch verlängert man die Blüte bis in den Spätherbst. Je mehr man sie für Sträuße schneidet und dadurch den Samenansatz verhindert, desto reicher und anhaltender blühen sie. Bei Trockenheit müssen sie stark gewässert werden. Am besten klettern sie an Reisig, Draht- und Holzzäunen und werden etwa 1,5 m hoch. Man sät Wicken in nährstoffreichen, humosen Boden und verzieht sie auf ca. 20 bis 25 cm Abstand. Besonders empfehlenswert sind Sorten der 'Spencer'-Rasse oder der 'Chutbertsons'-Rasse.

Phaseolus multiflorus
Feuerbohne, Prunkbohne (Schmetterlingsblütler)

Mit dieser Bohnensorte schlägt man sozusagen zwei Fliegen mit einer Klappe, denn die robusten und gegen rauhe Witterung unempfindlichen Feuerbohnen sind zur Begrünung hoher Zäune, Laubengerüste und dergl. geeignet. Sie können aber auch wie Stangenbohnen an aufgestellten Stangen hochranken und einen wirksamen Windschutz für einen Sitzplatz bilden. Die leuchtendroten Blüten besitzen einen hohen Zierwert. Als Dreingabe entwickeln sie aber eine Fülle schöner Stangenbohnenhülsen, die schmackhafte Bohnengerichte abgeben. Je stärker man Stangenbohnen pflückt, desto länger dauert die Blütezeit. An Bohnen pflückt man sich reich. Kultur wie Stangenbohnen.

Tropaeolum majus
Kapuzinerkresse (Kapuzinerkressengewächse)

Die rankende Kapuzinerkresse eignet sich besonders gut zur Balkon- und Dachgartenbepflanzung, für Blumenkästen und zur Berankung mittelhoher Zäune. Man zieht sie am besten in Töpfen vor und pflanzt sie nach den Maifrösten ins freie Land. *Tropaeolum majus* und *T. lobbianum* blühen einfach, *T. majus fl. pl.* gefüllt, *T. canariense* mit kleinen, gefransten, gelben Blüten und Blättern gedeiht auch noch im Halbschatten.

Zierkürbisse
(Kürbisgewächse)

Zum Beranken von Gerüsten, Komposthaufen und Lauben eignen sich auch Zierkürbisse, die mit ihren grotesken Fruchtformen in gelb, grün, orange besonders bei Kindern beliebt sind. Sie lassen sich auch gut als Trockenschmuck verarbeiten. Zierkürbisse kann man bereits in der ersten Maiwoche im Freien aussäen oder man legt einige Kerne im April in Torftöpfe. Wenn sich die ersten Keimblätter zeigen, setzt man sie in größere Blumentöpfe mit Komposterde oder abgelagerter Dungerde. Ab Mitte Mai kommen sie dann in vorbereitete Erdgruben an den vorgesehenen Platz. Tag für Tag kann man das Wachsen, Blühen und Fruchten nun beobachten.

Einjahrsblumen mit Vorkultur

Die vorgenannten einjährigen Sommerblumen kann man direkt ins Freie säen. Man erreicht durch Vorkultur lediglich eine Verlängerung der Blütezeit. Die nachfolgend aufgeführten Sorten bedürfen jedoch in jedem Falle einer Vorkultur, wenn sie rechtzeitig zum Blühen kommen und uns den ganzen Sommer hindurch erfreuen sollen. In den meisten Fällen ist es einfacher, sich bei einem Gärtner Jungpflanzen zu kaufen und diese ab Mitte Mai ins Freie zu setzen. Eine Vorkultur dieser Pflanzen beansprucht nämlich viel Zeit, denn mit einer einfachen Aussaat im Zimmer oder im kalten Kasten ist es nicht immer getan. Am besten ist eine Vorkultur in einem warmen Mistbeet oder Gewächshaus, die bereits im Januar oder Februar vorgenommen wird. Nur so kommen diese Pflanzen rechtzeitig zur Blüte. Man kann sie allerdings auch in halbwarmen Kästen im Zimmer, in Schalen, Töpfen oder Brutkästen heranziehen. Der Unerfahrene begeht dabei allerdings leicht den Fehler, zu viele Saatgefäße aufzustellen und einzusäen. Man kann die Pflanzen leicht zu dicht säen und kommt dann, wenn es ans Pikieren dieser Mengen geht, mit dem Platz am Fenster nicht mehr aus. Werden die Pflanzen nicht pikiert, können sie nicht ausreichend versorgt werden und verkümmern. Zum Auspflanzen benötigt man etwa 5- bis 6mal soviel Platz wie für die Aussaat. Am günstigsten ist ein Frühbeet. Hier können sich Jungpflanzen, die mit genügend Feuchtigkeit und Luft umgeben sind, gut entwickeln. Sie wachsen auch nicht schief zum Licht, wie es wegen der einseitigen Belichtung leider bei der Zimmerkultur der Fall ist. Die Aussaat in Saatgefäße oder ins Frühbeet muß mit großer Sorgfalt geschehen. Die Erde soll frei von fauligen, halbverwesten Bestandteilen und gut durchlässig sein und mit gewaschenem, schar-

Schizanthus wird auch als Orchidee des armen Gärtners bezeichnet. Diese leicht zu kultivierende Sommerblume überrascht immer wieder mit verschwenderischer Blütenpracht. Gut als Einfassung.

fem Sand und Torfmull verbessert werden. Als oberste Schicht eignet sich eine Feinschicht aus gesiebter Saaterde. Die Oberfläche sollte eben sein. Die Saatflächen verschiedener Pflanzen trennt man sauber gegeneinander ab, damit jede Art für sich herangezogen werden kann. Im Frühbeet sät man die höher werdenden Pflanzen an die höhere Beetseite, die kleineren davor. Nach der Keimung müssen die Pflanzen gut feucht gehalten werden. Sie dürfen nicht zu lang und überständig werden. Wachstumsstockungen führen zu Miß- und Kümmerwuchs, Krankheiten und unter Umständen zum Verlust der gesamten Kultur. Je kürzer, gedrungener und fester die Pflanzen heranwachsen, desto leichter hat man es später beim Pikieren und beim Auspflanzen ins Freie. Man bringt den Blumensamen sparsam und auf genügend großen Flächen aus, pikiert die Pflanzen später auf lichten Abstand oder verzieht sie und hält für spätere Lücken in Beeten Reservepflanzen bereit.

Astern sind in dieser Hinsicht die dankbarsten Reservepflanzen. Sie lassen sich in knospigem Zustand, ja, sogar in voller Blüte ohne Mühe verpflanzen. Das Reservebeet sollte mit torfmullhaltigem Kompost stark angereichert sein, damit die darin wurzelnden Pflanzen dichte Wurzelballen entwickeln können.

Ageratum mexicanum
Leberbalsam (Korbblütler)
Diese schöne, leuchtendblaue, blauviolette und silberblaue Pflanzenart eignet sich hervorragend zur flächenartigen Bepflanzung und steht besonders gut mit gelben und rosafarbenen oder weißen Sommerblumen zusammen. Der Leberbalsam blüht unermüdlich bis zum Frost. In den Gärtnereien wird er häufig durch Stecklinge von überwinterten Pflanzen vermehrt. Man kann ihn auch Ende März/Anfang April im Frühbeet oder im Zimmer bei mäßiger Wärme aussäen. Das feine Saatgut muß sorgfältig verteilt werden, damit es nicht zu dicht aufgeht. Um die Pflänzchen kräftig zu halten, müssen sie viel gelüftet werden. Man pikiert sie einzeln oder zu 3–5 Stück und pflanzt sie dann etwa ab Mitte Mai ins Freie.

Alyssum benthami (A. maritimum)
Steinkraut (Kreuzblütler)
Neben der Schleifenblume und dem Leberbalsam ist das Steinkraut eine der interessantesten Einjahrspflanzen für bodendeckende Bepflanzungen. Es bildet einen dichten Rasen aus, in dem höhere Sommerblumen sehr schön solitär gepflanzt werden können. Steinkraut läßt sich auch im Nutzgarten hier und da zwischen den Beeten pflanzen. Es ist auch zur Unterpflanzung von mit größerem Abstand gesetzten Edelrosen geeignet. Die Blüte setzt etwa 2,5 Monate nach der Aussaat ein. Folgesaaten ab März verlängern den Flor, der durch Rückschnitt nach der Hauptblüte verlängert werden kann.

Antirrhinum
Löwenmaul (Rachenblütler)
Das Löwenmäulchen gehört zu den bekanntesten Gartenpflanzen überhaupt. Die reichhaltige Farbskala erstreckt sich von Weiß über alle Pastelltöne bis Rot. Die lange Blütezeit und Haltbarkeit macht sie zu einer interessanten Beet- und Schnittblume, die man auch als Lückenbüßer in der Staudenrabatte verwenden kann. Im Frühjahr bieten Gärtnereien Jungpflanzen an, die man leicht im Freien weiterkultivieren kann. Wer Löwenmaul aussäen möchte, kann das bereits Anfang Februar im Freiland oder mit leichtem Winterschutz sogar schon im Herbst besorgen, denn Löwenmaul ist nicht sehr frostempfindlich. Man muß es allerdings im Frühjahr stark ausdünnen, weil die reine Saat sehr dicht fällt, auch wenn sie mit Sand verdünnt wird. Einige Pflanzen überwintern auch. Sie bilden dann dichte Blütenbüsche im Folgejahr. Löwenmaul liebt vollsonnigen Standort und nährstoffreichen Gartenboden. Auf magerem Standort muß es reichlich gewässert und flüssig gedüngt werden. Es gibt unterschiedlich hohe Sorten. Hohe Sorten pflanzt man 40 bis 50 cm weit auseinander, halbhohe und niedrige Sorten etwa 20 bis 30 cm. Bis zum Aufbrechen der Blütenknospen kann man Löwenmaul – ähnlich wie Astern – jederzeit verpflanzen. Es sind ideale Pflanzen als Lückenbüßer.

Begonia semperflorens
Begonie, Schiefblatt (Schiefblattgewächse)
Diese dankbare Pflanze für Sommerblumenbeete, Kübelbepflanzung, Blumenkästen und Grabbepflanzung sollte man wegen der schwierigen Anzucht besser als Jungpflanze beim Gärtner kaufen. Die Anzucht der großen Knollenbegonien aus Knollen ist einfacher.

Callistephus
Aster, Sommeraster (Korbblütler)
Astern kann man gut als Reserveblüher auf bestimmte Gartenbeete setzen, auf denen man sie auch zum Schnitt kultiviert. Die Aussaat erfolgt Mitte März ins warme Frühbeet oder ab April im kalten Kasten. Auch Freilandaussaat an windgeschützter Stelle Mitte April ergibt noch gute, kräftige Pflanzen, die ab Anfang Mai an

den endgültigen Standort gesetzt werden. Je eher sich Astern im Freiland eingewöhnen, desto schöner werden die Pflanzen. Sie lieben sonnigen Standort und nährstoffreichen, feuchten Boden. Auf Sandböden entwickeln sie nur kleine Blüten. Während der Sommerzeit müssen sie daher dort besonders feucht gehalten und flüssig gedüngt werden. Pflanzabstände bei hohen Sorten sollten ca. 40 bis 50 cm, bei halbhohen und Zwergsorten 20 bis 40 cm betragen. Da sie sich auch während der Blüte verpflanzen lassen, kann man sie gut für Balkons, Blumenkästen und Dachgärten, in Kübeln und zur Grabbepflanzung verwenden. Hier sind es besonders die niedrigen Sorten, die man für Beetbepflanzung verwendet. Bei der Anzucht im Frühbeet sollte man für die Aussaat gewaschenen, scharfen Sand wählen, der mit feuchtem Torfmull im Verhältnis 1:2 bis 1:3 gemischt ist.

Celosia cristata
Hahnenkamm und *Celosia plumosa* – Fuchsschwanzartige Federbuschcelosie (Fuchsschwanzgewächse)
Diese beiden Einjahrsblumen, die sich sowohl zur Topfkultur als auch für Hochbeete eignen, kauft man am besten als Jungpflanzen.

Das Löwenmäulchen gehört zu den beliebtesten Sommerblumen. Dieser Massenblüher eignet sich auch hervorragend als Schnittblume für bunte Sträuße.

Cheiranthus cheiri
Goldlack (Kreuzblütler)
Einjähriger Goldlack blüht im Gegensatz zum zweijährigen bereits im Jahr der Aussaat. Die Blüten erscheinen von Sommer bis Herbst. Es gibt einfache und gefüllte Mischungen, die je nach Farbe jedem Geschmack entgegenkommen. Sie erreichen eine Höhe von 50/60 cm.

Dianthus
Nelke (Nelkengewächse)
Die Anzucht verschiedener Nelkenarten wird in den meisten Fällen den Gärtnereien vorbehalten bleiben, weil sie sehr umständlich durchzuführen ist.

Gaillardia picta
Einjährige Kokardenblume (Korbblütler)
Wie ihre Verwandten aus der Staudengruppe eignen sich die einjährigen Kokardenblumen gut zum Schnitt. Es sind bunte, gelbbraunrote und weinrote Blüten mit üppigem Farbenspiel, die gefüllt und ungefüllt im Garten vielseitig verwendbar sind. Sie wirken gut einzeln oder auch in Gruppen, denn sie sind in sich sehr bunt. Gut passen sie mit weißen Margeriten zusammen, die das Farbenvielerlei mit leuchtendem Weiß neutralisieren. Die Aussaat der Kokardenblumen erfolgt Ende März/April im kalten Kasten oder Zimmer. Auf Beeten pflanzt man sie im Abstand von 35/35 cm.

Helichrysum monstrosum, (H. bracteatum)
Strohblume (Korbblütler)
Die Strohblume ist aus den Bauerngärten hinreichend bekannt. Sie ist heute ein beliebtes Bindematerial für Trockensträuße. Die strohartig glänzenden Blütenblätter behalten auch getrocknet ihre Farbe. Viele Spielarten in Weiß, Gelb, Rosa, Orange, Rot oder bräunlich und violett. Sie sehen auch im Garten in der Blumenrabatte interessant aus. Zum Trocknen schneidet man die knospigen Blüten und befreit sie vom Laub. Dann hängt man sie mit den Köpfen nach unten an einen luftigen, schattigen Platz. Blüten, die schon weiter geöffnet sind, gehen ganz auf und werden leicht unansehnlich. Man kann Strohblumen auch Anfang Mai ins Freiland aussäen, doch die beste Aussaat geschieht Anfang April im kalten Kasten. Man erhält dann besonders kräftig entwickelte Pflanzen, die Höhen bis zu 80 cm erreichen können.

Heliotropium peruvianum, Hybridum
Heliotrop, Sonnenwende (Borretschgewächse)
Diese Pflanze wird wegen ihres vanilleartigen Duftes von vielen Liebhabern geschätzt. Die 60 cm hohe Einjahrsblume mit schönen, dunkelblauen oder fliederfarbenen Blütendolden sollte man sich als Jungpflanze ab Mitte Mai beim Gärtner beschaffen.

Impatiens balsamina
Balsamine, Fleißiges Lieschen (Balsaminengewächse)
Diese unermüdlich blühende Pflanze ist als Topf- und Kübelpflanze und zur Bepflanzung von Beeten besonders beliebt. Die gefüllten Formen besitzen einen würzigen Duft. Kamelienbalsaminen, Rosenbalsaminen und Blütenbuschbalsaminen besitzen zarte Farben, die besonders an halbschattigen Stellen wirkungsvoll in Erscheinung treten. Man bezieht am besten Jungpflanzen beim Gärtner. Sie erreichen Höhen von 40/70 cm.

Kochia trichophylla
Kochie, Sommerzypresse (Gänsefußgewächse)
Die kugeligen, lichtgrünen Büsche werden etwa 1 m hoch und bilden einen interessanten Hintergrund für Sommerblumen und Staudenbeete. Man kann sie auch in Heckenform pflanzen und schneiden. Im Herbst färben sich die Sommerzypressen zu leuchtend weinroten Büschen. Anzucht Ende März/Anfang April im kalten Kasten oder im Zimmer aussäen. Höhe ca. 1 m.

Lobelia erinus
Lobelie, Männertreu (Lobeliengewächse)
Diese allgemein bekannte und beliebte Pflanze kann man gut für Balkonkästen, Dachgärten, zur Kübelbepflanzung und selbst in der Staudenrabatte als Ergänzung verwenden. Sie sind leuchtendblau gefärbt und besitzen eine gute Fernwirkung. Die Wirkung wird durch Zusammenpflanzung mit niedrigen gelben Pflanzen noch gesteigert. Die Anzucht der Lobelien überläßt man am besten dem Gärtner. Man bezieht sie als Jungpflanzen und setzt sie in nahrhaften, ausreichend feuchten Boden. Durch leichten Rückschnitt kann man sie verjüngen. Mit Flüssigdüngung hilft man der Blühwilligkeit nach, die sich bis zu den ersten Frösten erstreckt.

Lonas inodora
Ruhrkraut (Korbblütler)
Dieser als gelber Leberbalsam bezeichnete Sommerblüher, der etwa 35 cm hoch wird, kann Ende März/April im kalten Kasten oder Zimmer ausgesät, pikiert und etwa ab Mitte Mai mit *Ageratum* zusammen ausgepflanzt werden. Flächenbepflanzung in Steingärten, auf Hochbeeten und in Kübeln ist sehr wirkungsvoll.

Matthiola annua (M. incana)
Levkoje (Kreuzblütler)
Auch diese Pflanze gehört zu den allbekannten Einjahrsblumen, daher erübrigt sich die Beschreibung. Ihr unvergleichlicher Duft macht sie zu einer beliebten Schnittblume. Auch die

Blütenfülle ist beachtlich. Man kann Pflanzen in vielen Farben und Formen beim Gärtner erhalten. Die Pflanzen können sogar in knospigem oder blühendem Zustand mit Ballen verpflanzt werden.

Nicotiana
Ziertabak (Nachtschattengewächse)
Ziertabak kann lästig werden, wenn er sich selbst aussät. Aber durch Hacken kann man ihn im Zaum halten. Die hochgewachsenen, üppig blühenden Pflanzen mit weißen, rosafarbenen und dunkelroten Blüten können einen wirkungsvollen Hintergrund für ein Blumenbeet bilden oder als dekorative Kübelbepflanzung auf einen Dachgarten oder in die Nähe eines Sitzplatzes gesetzt werden.

Petunia hybrida
Petunie (Nachtschattengewächse)
Sie ist eigentlich die Balkonpflanze schlechthin, denn sie gehört zu den meistverwendeten Blumenkastengewächsen. Unermüdlich blühen die Pflanzen von Mitte Mai bis zum späten Frost, wenn sie genügend Bodenfeuchte und eine windgeschützte Lage erhalten. Die großblumigen, überhängenden Petunien sind auch gut zur Bepflanzung von Bankbeeten auf Dachgärten geeignet. Im Garten können sie leuchtende Farbtuffs in beetartigen Pflanzungen bilden. Hier verwendet man jedoch eher die niedrig bleibenden, kleinblumigen Formen, die nicht auseinanderfallen und größere Blütenmengen produzieren. Die meisten Petunien blühen mit kräftigen Farben. Weiß kann ein Farbendurcheinander ordnen helfen. Petunien stehen gut zusammen mit Lobelien, *Ageratum* und Knollenbegonien. Die Anzucht dieser Pflanzen, die mit Topfballen ausgepflanzt werden müssen, überläßt man besser einem Anzuchtbetrieb.

Phlox drummondii
Sommerphlox (Himmelsleitergewächse)
Wie sein Verwandter, der Staudenphlox, so entfaltet der Einjahresphlox ein sehr lebhaftes Farbenspiel im Garten. Man kann ihn sehr gut als bodendeckende Pflanzung in größeren Beeten zusammenpflanzen oder auch mit Nelken, Leberbalsam und Schleifenblumen in gemischten Pflanzungen zu interessanten Farbwirkungen bringen. Man kann die Pflanzen als Jungpflanzen im Handel erhalten oder man sät sie Anfang Mai satzweise in 14tägigen Abständen in kleineren Flächen auf freien Beeten aus, um die Blütenpracht bis zum Frost genießen zu können. Auch für Kübel und Dachgärten geeignet.

Salvia
Salbei (Lippenblütler)
Die feuerrote Salvie ist in unseren sommerlichen Beeten nicht mehr zu missen. Sie ist wohl die bekannteste Art. Die Vorkultur ist langwierig, daher sollte man besser kräftige, buschige Pflanzen als Ballenpflanzen beziehen. Sie lieben sonnigen Standort und kräftigen, nahrhaften Boden, wenn sie sich besonders schön entfalten sollen. Bei Salbei ist darauf zu achten, daß er nur mit klaren Farben anderer Blumen zusammengepflanzt wird. Weiße, niedrige Petunien, weiße Schleifenblumen können die Leuchtkraft des Salbei extrem steigern. Rote und weiße Farben besitzen gute Fernwirkung im Garten und sind willkommener Blickfang. Sie kontrastieren besonders mit sattgrünem Rasen.

Saponaria
Seifenkraut (Nelkengewächse)
Das Seifenkraut eignet sich besonders gut zur Bepflanzung von Steingärten. Die Scharlachfarbe des Kalabrischen Seifenkrautes *(Saponaria calabrica)* bringt vom Frühsommer bis September durch seine Blütenfülle Leben in flach bepflanzte Beete und zwischen Steinpartien. Es eignet sich auch gut zur flächigen Bepflanzung von Beeten auf Dachgärten.

Scabiosa
Skabiose, Sommerskabiose, Witwenblume (Kardengewächse)
Die einjährigen Skabiosen sind hervorragende, langstielige Schnittblumen, die sich in Vasen sehr lange halten. Sie stehen aber auch sehr dekorativ zwischen Stauden und sollten vor allem in ihren niedrigen Sorten in Gärten gepflanzt werden. Gut zur Ergänzung der Pflanzung in Stein- und Heidegärten. Die frühzeitige Anzucht können wir im kalten Kasten vornehmen. Eine Aussaat an Ort und Stelle bewirkt späte Blüte, die bis zum Frost anhält.

Tagetes
Studentenblume, Samtblume (Korbblütler)
Tagetes stammen aus Mexico. Sie bringen Sonne in unsere Gärten. Leuchtendgelbe, samtigbraune und gelbdurchwirkte Farbflächen lassen sich damit gestalten. Besonders schön sind flächig gepflanzte Gruppierungen. *Tagetes* blühen unermüdlich, wenn die abgeblühten Blütenstände rechtzeitig entfernt werden. Sie lieben gut durchlässigen, feuchten, aber nährstoffreichen Boden und sind als natürliches Mittel gegen Nematoden, besonders bei gefährdeten Kulturen, im Gemüsegarten zur Beipflanzung und Unterpflanzung zu verwenden. Als Kübel und Balkonkastenbepflanzung, für Dachgärten und zur breitflächigen Bepflanzung an Fehlstellen in der Staudenrabatte (Vordergrundpflanzung) gehören diese unermüdlichen Blüher zu den dankbarsten Einjährigen. Die Kultur ist sehr einfach. Frühblühende Arten sät man Anfang März in ein warmes Mistbeet oder

in den kalten Kasten oder in Saatschalen im Zimmer aus. Billige Pflanzen erhalten wir auch als Jungpflanzen bei Gartenbaubetrieben. So können wir die Anzuchtfläche für wertvollere Kulturen selbst nutzen. Freilandsaat versorgt uns mit Pflanzen, die bis zu den ersten Frösten blühen. Besonders reizvoll sind die Liliput-Sorten, die nur 20 cm hoch werden und sich gut für Einfassungen eignen.

Verbena hybrida
Eisenkraut (Eisenkrautgewächse)
Man sollte diese prachtvolle Einjahrsblume viel stärker im Garten verwenden. Die Anzucht früher Sätze überläßt man am besten dem Gärtner und kauft hier auch die ersten Jungpflanzen. Man kann sie sehr gut ab Ende März in einem Kasten im Zimmer aussäen, pikieren und die Jungpflanzen in Torftöpfe setzen. Ab Mitte Mai kommen sie dann ins Freiland. Weiße, rote, leuchtenddunkelblaue Blütendolden, aus denen sich herrliche Sommerblumensträuße zusammenstellen lassen, wetteifern in der Farbgebung mit dem Sommerphlox. Gut für Dachgärten, zur Bepflanzung von Balkonkästen, Kübeln und Trögen. Entspitzt man die Jungpflanzen, bevor sie ins Freie gesetzt werden, ergeben sich sehr schöne, buschige Exemplare, die von Ende Juni bis zum Frost blühen. Beste Pflanzung in Mischung.

Zinnia elegans
Zinnie (Korbblütler)
Diese Sommerblume bringt Blüten mit besonders prächtigen Farben hervor. Sie eignen sich nicht nur als Schnittblumen, deren Sträuße in bezug auf Buntheit und Haltbarkeit kaum von anderen Einjahrspflanzen erreicht werden, sie sind darüber hinaus auch gute Beetpflanzen, die in nährstoffreichen Böden und bei genügend Feuchtigkeit uns eine langdauernde Blütezeit bescheren. Im Handel gibt es zahlreiche Sorten, die von 25 bis 90 cm hoch werden und Blumen von interessanten Farbwirkungen hervorbringen. Man kann Pflanzungen auch nur aus Zinnien herstellen. Sie können so recht die farblichen Gegensätze zwischen Gelb und Violett, Orange und Blau deutlich machen. Die Aussaat erfolgt Ende März/April im halbwarmen Kasten oder im Zimmer. Nach dem Aufgehen wird der Bestand verdünnt, da sonst leicht Fäulnis unter den jungen Sämlingen auftreten kann. Man pflanzt Zinnien erst Ende Mai ins Freie. Sie sind gegen starke Luftabkühlungen und Bodenauskühlungen sehr empfindlich und stocken dann im Wachstum. Der Pflanzabstand ist je nach Sortenhöhe von 20 bis 40 cm zu wählen.

Einjahrsschlinger mit Vorkultur
Es gibt bestimmte einjährige Schlingpflanzen, die eine gewisse Zeit benötigen, bis sie eine Fläche begrünt haben und dann endlich auch blühen. Darum empfiehlt sich bei bestimmten Arten, eine Vorkultur anzulegen oder Jungpflanzen beim Gärtner zu beziehen. Bei den schwerer anzuziehenden Schlingpflanzen wird die Aussaat bereits im Februar vorgenommen. Auf diese Weise erhält man starke Pflanzen, die ab Mitte Mai mit Wurzelballen ins Freiland gesetzt werden können und den später angezogenen Pflanzen um viele Wochen voraus sind.

Cobaea scandens
Glockenrebe, Glockenwinde, Krallenwinde (Himmelsleitergewächse)
Dieser interessante Schlinger mit den großen blauen oder weißen glockenförmigen Blüten wächst sehr rasch und eignet sich hervorragend zur Berankung von Spalieren, von Maschendrahtgeflechten, von Mauerflächen und Balkonen. Die Glockenrebe verträgt auch Halbschatten.

Humulus japonicus
Japanischer Hopfen (Maulbeergewächse)
Auch diese Pflanze wird wegen ihres raschen Wachstums gern zur Begrünung von Mauern oder zur Berankung von Laubengerüsten verwendet. Auch Gitter und Zäune lassen sich rasch und wirkungsvoll damit begrünen. Wegen der schwierigen Kultur ist es besser, sich vorgezogene Pflanzen aus der Gärtnerei zu beschaffen.

Was müssen wir beim Umgang mit Pflanzen beachten?

Die Gartenkunst ist mit keiner anderen Kunstart zu vergleichen, weil hier nie etwas seinen Abschluß findet. Gärten sind niemals fertig. Sie sind etwas Lebendiges. Nicht allein Länge, Breite, Höhe, Form und Farbe bestimmen den Garten, sondern auch die Zeit, der stete Wechsel und Wandel, jährlicher Zuwachs, die Mannigfaltigkeit im Rhythmus der Jahreszeiten.

Das Material, mit dem wir vorwiegend gestalten, ist die Pflanze, etwas Lebendiges. Ihr Wohlbefinden ist ausschlaggebend für die Schönheit unserer Gärten, aber auch die richtige Zusammenstellung, Standort und Wuchskraft, Form und Farbe, Dauerhaftigkeit und Vergänglichkeit müssen bedacht werden.

Die unendliche Vielfalt könnte uns vielleicht davon abschrecken, unseren Garten zu gestalten, aber erste Erfolge wecken die Experimentierlust, und ehe wir uns versehen, hat uns die Natur in ihren Bann gezogen, schöpfen wir aus der Quelle, aus der sich der große Strom des Lebens ständig erneuert.

Es dauert gar nicht lange, bis wir wissen, welche Gehölze, Stauden und Sommerblumen in unserem Gartenboden und Klima am besten gedeihen. Aber zu einem Garten gehört mehr. Die Vielfalt muß zu einer Einheit zusammengefügt werden. Dann erfahren wir, daß sich eine bestimmte leuchtendrote Polyantharose vor dem dunklen Hintergrund der Taxus- oder Latschenkiefergruppe besonders gut abhebt, daß sich das Violett der Staudengeranien mit dem Gelb der Königskerzen besonders gut verträgt, daß die Knäuelglockenblume zu gleicher Zeit blüht wie die Mehrzahl der gelben Nachtkerzen oder daß die kräftige Buntheit verschiedener Phloxsorten auf der Staudenrabatte durch Dazwischenpflanzen weißer Spielarten gemildert, in Harmonie gebracht wird. Weiße Blüten können uns überhaupt manchen Farbenkummer ersparen, denn besonders zwischen blauroten und orangeroten Farbtönen, wie sie vielfach bei Rosen, Dahlien, Gladiolen und einer Reihe von Sommerblumen auftreten können, wirken dazwischengepflanzte weiße Margeriten oder Rosen (z. B. die dauerblühende 'Schneewittchen') vermittelnd. Einige weiße Rhododendronbüsche oder Azaleen bringen rasch Ordnung und Struktur in das Vielerlei der Alpenrosen. Die Gesetze der Komposition und der Bildgestaltung, von Ruhe und Belebung, Harmonie und Disharmonie, Vordergrund, Mittelgrund, Hintergrund usw. sind für den Umgang mit Pflanzen gleichermaßen wichtig. Höhere Pflanzen, Bäume, Heister, große Büsche gehören immer an den Rand des Gartens, sie bilden sozusagen den Hintergrund für das Geschehen, das sich davor abspielen soll. Akteure sind die sommer- oder wintergrünen Blütenbüsche, die hohen, mittelhohen und niedrigen Stauden und Sommerblumen, abgestuft nach Höhe, Verträglichkeit miteinander und nach Farben zusammengestellt. Hin und wieder kann dieses Stelldichein unterbrochen werden durch einen »Paukenschlag«, ein schönes Solitärgehölz, das in der Blumenrabatte bestimmend in Erscheinung tritt, einen besonderen Baum, der am Haus oder in der Nähe des Sitzplatzes Schatten spendet, eine starkfarbige, blühende Pflanzengruppe vor eintönigem Hintergrund.

Billige, dauerhafte Farbenspender sind hierbei die unermüdlich blühenden Sommerblumen, die wir als sogenannte Lückenbüßer oder als Farbakzent, als kurzlebigen Solitär (z. B. *Cleome* oder *Ricinus*) in einer jungen Gehölzpflanzung oder auch als dankbare Schnittblumen verwenden.

Gärten können Spiegel der Seele sein. Sie können Stimmungen und Empfindungen wiedergeben, schwermütig oder heiter, verspielt oder dramatisch, ernst oder liebenswürdig, exotisch oder bäuerlich, klassisch oder romantisch sein. Bei aller Vielfalt sollten Sie aber immer eines bedenken: Ein Garten darf niemals »größer« sein wollen, als das zur Verfügung stehende Grundstück. Hochwachsende Bäume sind für kleine Gartengrundstücke ebenso ungeeignet wie eine Vielzahl von Solitärgehölzen und Blumen. Hier stiehlt einer dem anderen die Schau! Bei kleinen Grundstücken müssen wir uns in der »Kunst des Weglassens« üben. Nur wenn die Proportionen, die Größenverhältnisse, zwischen Grundstück und Inhalt (Rasen und Blumenrabatten, Gehölzpflanzung) stimmen, kann wirkliche Harmonie erreicht werden.

Obst im Garten

Obst gehört dazu

Was wäre ein Frühling ohne blühende Kirsch-, Birnen- und Apfelbäume, die unsere Gärten in ein weißes oder rosafarbenes Blütenmeer verwandeln? Erst wenn sich die Blütenpracht der Bäume mit den kräftigen Farben früher Tulpen und Osterglocken, mit dem Blau des Frühlingshimmels und dem Grün des sprießenden Rasens zu einer Farbensymphonie mischt, wissen wir, daß ein neues Gartenjahr begonnen hat. Und wer möchte nicht manchmal in den Garten gehen, um sich einen Apfel zu pflücken oder eine saftige, reife Birne? Da locken Erdbeeren, Stachel- und Johannisbeeren, Süß- und Sauerkirschen. Das Einsammeln von Schalenfrüchten, wie Haselnüssen, Eßkastanien und Walnüssen im Herbst kann sich zu einer wahren Schatzsuche entwickeln. Mispeln und Quitten sind auf dem Markt selten geworden, ein Grund, sie im eigenen Hausgarten heranzuziehen. Man braucht keinen großen Obstgarten, Äpfel, Birnen und Sauerkirschen lassen sich leicht in der Abpflanzung eines Ziergartens unterbringen. Allerdings sind die erforderlichen Pflanzabstände von der Nachbargrenze einzuhalten (diese Abstände sind je nach Landesgesetz verschieden, man erkundigt sich am besten vor der Pflanzung beim zuständigen Ordnungsamt oder beim Gartenamt). Der Obsthandel bietet eine Fülle ausländischen Obstes von Zitrusfrüchten bis zum Tafelapfel, von der Banane bis zur Kiwifrucht. Man sollte bei der Auswahl der Obstsorte deshalb solchen den Vorzug geben, die auf dem Markt selten sind, wie z. B. Stachel- und Johannisbeeren, Himbeeren und Brombeeren, Quitten, Mispeln, Apfel- und Birnensorten, die in der jeweiligen Landschaft gut gedeihen an Stelle von hochgezüchteten Sorten, die höchste Ansprüche an Standort und Umweltbedingungen stellen. Apfelsorten wie der vielerorts sehr empfindliche 'Golden Delicious', der 'Jonathan' und andere, die sich zwar durch schöne Färbung, weniger aber durch den Geschmack hervortun, sind bisweilen Lokalsorten unterlegen, die kleinere, aber schmackhafte, aromatische Früchte hervorbringen. Ihre Widerstandsfähigkeit gegen Schädlinge, Krankheiten und Witterungsverhältnisse ist höher als bei vielen »Hochzuchten«. Frühe Wintereinbrüche führen gelegentlich dazu, daß empfindliche Obstsorten schwer geschädigt werden oder absterben. Andererseits ist es auch fragwürdig, empfindliche Sorten hochzupäppeln, die in erster Linie Arbeit machen und durch starken Schädlingsbefall allein schon aus hygienischen Gründen ferngehalten werden sollten. Der Rat erfahrener Praktiker aus der Nachbarschaft oder eines Fachberaters im Gartenbauverein ist wertvoller als noch so farbenprächtige Kataloge mit angeblichen Wundersorten, die in Blüte, Ertrag und sonstigen Eigenschaften unübertroffen sein sollen.

Auf die Lage kommt es an

Obstbäume verlangen einen vor starkem Wind und Sturm geschützten Standort. In Südlagen kann im Frühling durch Sonneneinstrahlung und starke Nachtfröste die Rinde an den Bäumen reißen (Frostrisse, Frostplatten). Solche Gewebeschäden können Ursache für Schädlingsbefall und Erkrankungen sein. Die Blüte frühblühender Sorten erfriert in Südlagen leichter als in Nord- und Ostlagen, wo sie sich später entfaltet. Südostlagen sind als günstig anzusprechen, in Südwestlagen ist wegen der aus dieser Richtung vorherrschenden Winde Windschutz angebracht. Nordlagen mit leichten, rasch erwärmbaren Böden sind für Apfel- und Zwetschenanbau noch geeignet. In reinen Ostlagen gefährdet der

Gesundes Obst aus eigener Anzucht! Wem läuft dabei nicht das Wasser im Munde zusammen. Süßkirschen benötigen viel Platz. Die Sauerkirsche ist anspruchslos.

Wind in schneelosen Wintern die Kultur. Der eigentliche Winterschaden entsteht an den Obstgehölzen meist nicht durch Frost, sondern durch starke Windeinwirkung, so daß die Bäume nicht erfrieren, sondern vertrocknen.

Obstgehölze gedeihen in jedem guten Gartenboden, wenn die Grundwasserverhältnisse günstig sind (2–3 m unter der Oberfläche). Optimal ist mittelschwerer, kalkhaltiger, tiefgründiger und humusreicher Boden. Nicht immer entsprechen die Verhältnisse im eigenen Garten diesen Anforderungen. Bodenverbesserung, Tiefenlockerung, Bewässerung und Entwässerung sowie Windschutz können viele Mängel ausgleichen, nicht zuletzt eine kontinuierliche Düngung.

Böden mit verdichtetem Untergrund sind für den Obstbau ungeeignet. Dazu gehören Ortsteinschichten oder Böden, die durch Baumaschinen während der Bauzeit verfestigt wurden oder bei denen der Mutterbodenauftrag erfolgte, ohne den Untergrund zuvor tiefgründig (40 cm) aufzureißen, aber auch schwere Tonböden. Alle anderen Bodenarten lassen sich für die Kultur von Kernobst, Steinobst, Beerenobst und Schalenobst auf jeden Fall herrichten. Auf die Bodenmüdigkeit (siehe Apfel- und andere Obstbäume) wird besonders hingewiesen.

Obstarten

Die Obstarten unterteilt man in bestimmte Gruppen: 1. Kernobst, hierzu gehören Äpfel, Birnen, Quitten, Mispeln; 2. Steinobst, wie Pflaumen, Pfirsiche, Mirabellen, Renekloden, Kirschen, Aprikosen; 3. Beerenobst mit den wichtigsten Vertretern Stachelbeeren, Johannisbeeren, Himbeeren, Brombeeren, Heidelbeeren, Jostabeeren; 4. Schalenobst mit Wal- und Haselnüssen und der Eßkastanie.

Kern- und Steinobst sowie der Walnußbaum benötigen den meisten Platz im Garten. Sie sind daher besonders sorgfältig in einem Garten einzuplanen. Für kleinere Gärten kommen auch nur kleinere Baumformen in Betracht. Hier pflanzt man am besten Buschobst oder Heckenspaliere. In größeren Gärten ist auch die Pflanzung von Halb- und Hochstämmen möglich. Es ist also eine reine Platzfrage, welchen Baum wir kultivieren wollen. Natürlich ist auch der Ertrag recht unterschiedlich, denn kleine Baumformen bringen nicht so hohe Erträge wie große, haben aber den Vorteil, daß sie wesentlich früher Ernten bringen als Halbstamm- und Hochstammformen.

Wohin mit den Obstgehölzen im Garten?

Ob wir einen Obstbaum in den Ziergarten oder in einen reinen Nutzgartenteil pflanzen, ist nicht von Bedeutung. Obstgehölze lassen sich sicherlich genausogut im Ziergarten verwenden, da sie durch ihren Habitus, durch ihre Blüte und nicht zuletzt durch die eßbaren und noch dazu schönen Früchte in jeder Gartenanlage unterzubringen sind. Hier kann man unter Umständen sogar größere Baumformen wählen, um einen Obstbaum besonders herauszustellen, z. B. als Solitär an einem Freisitz. Im Nutzgartenteil sind wir dagegen darauf bedacht, den Platz so rationell wie möglich einzuteilen und zu bestellen. Hier spielen Baumform und Baumgröße eine wichtige Rolle. Obstbäume pflanzt man am besten zusammen, damit eine Beeinträchtigung der übrigen Flächen durch den hohen Nährstoffbedarf der Obstbäume und durch Schattenwurf so gering wie möglich bleibt. Obstgehölze pflanzt man möglichst in Nord-Süd-Richtung in Reihen, wenn mehrere Arten bzw. mehrere Exemplare gepflanzt werden sollen. Die Nordseite eines Gartens ist besser als die Südseite, die Ostseite der Westseite vorzuziehen, weil man auf diese Weise eine starke Beschattung der übrigen Flächen vermeidet.

Allgemeines

Nach den *Gütebestimmungen des Bundes deutscher Baumschulen, BdB e. V.*, ist bei sämtlichen Obstgehölzen, die in den Handel gebracht werden, die Unterlage ggf. die Zwischenveredlung anzugeben. Bei einjährigen Veredlungen von Kern- und Steinobst muß sich die Veredlungsstelle mindestens 10 cm über dem Erdboden befinden. Beim Pflanzen ist darauf zu achten, daß sie nicht in den Boden gelangt. Obstbäume dürfen nur so tief gepflanzt werden, wie sie in der Baumschule gestanden haben! Obstgehölze (Kern- und Steinobst) müssen eine Trieblänge von mindestens 90 cm aufweisen. Ausgenommen davon sind schwachwachsende Sorten auf Typ M IX, die eine Mindestlänge von 80 cm aufweisen müssen. Die Triebe müssen frei sein von Beschädigungen und dürfen nur leichte Krümmungen aufweisen.

Bei mehrjährigen Obstgehölzen sollen Büsche von Kernobst auf vegetativ vermehrter Unterlage veredelt sein. Birnen können entweder mit geeigneter Zwischenveredlung oder auch direkt auf Quitte (soweit verträglich) veredelt angeboten werden. Sie können aber auch auf Birnensämling veredelt sein. Letztere sind starkwüchsiger und eignen sich besser für leichtere Böden.

Die Stammhöhe beim Kernobst wird vom Erdboden bis zum untersten Kronentrieb gemessen. Sie beträgt bei:

Busch	40– 60 cm
Niederstamm	80–100 cm
Halbstamm	100–120 cm
Hochstamm	160–180 cm.

Der Stammumfang bei Nieder- und Halbstämmen muß in halber Stammhöhe mindestens 6 cm betragen, bei Hochstämmen in 1 m Höhe mindestens 7 cm. Mehrjährige Obstgehölze müssen mindestens 4 der Sorte entsprechend kräftige Triebe einschließlich Leittrieb aufweisen. Bei Pflanzen mit mehrjähriger Krone muß diese sachgemäß geschnitten sein.

Obstspalier

Den geringsten Platzanspruch verlangt das Obstspalier. Darunter versteht man Obstbäume, die man als Bekleidung von Wänden oder an einem bestimmten Gerüst formiert. Man zieht diese Obstbäume an Lattengerüsten oder Drähten in einer gewünschten Form und sorgt durch Schnitt dafür, daß sie möglichst schnell Fruchtholz ansetzen. Der Ertrag von Spalierobst ist insofern interessant, als es besonders schöne, wohlausgebildete Früchte hervorbringt. Man nutzt für Spalierobst gern Süd- oder Südwestlagen, auch reine Westlagen sind noch möglich. Die Kultur ist jedoch zeitaufwendig, so daß sie in der heutigen Zeit eigentlich kaum in Betracht kommt. Es reicht auch nicht nur ein Winterschnitt, denn an Spalieren wird auch ein

Nicht nur Wein – auch Stein- und Kernobst können zum dekorativen und nahrhaften Spalier formiert werden.

Obstspaliere benötigen nur einen geringen Platz und werden am besten vor Hauswänden gezogen.

Sommerschnitt (der sog. Lorettoschnitt) vorgenommen, um eine genügende Menge Fruchtholz zu erhalten. Die Ertragsmenge von Obstspalieren läßt häufig zu wünschen übrig. Im Winter sind die Stämme der Spaliere gegen zu starke Sonneneinstrahlung zu weißen (kalken).

Im Hausgarten verstehen wir unter Spalierobst eher ein Beerenobstspalier (Johannisbeeren, Stachelbeeren, Brombeeren, Himbeeren und Jostabeeren). Sie lassen sich leicht am Spalier oder an der Hauswand an Drähten ziehen. Der Vorteil liegt auf der Hand: Das, was früher mühselig von stachligen Sträuchern oder am Boden geerntet werden mußte, ist nun frei zugänglich. Die Beeren besitzen eine ausgezeichnete Qualität, denn die Früchte konnten in günstiger Besonnung heranreifen. Beerenobstspalier ist einfach anzulegen. Man spannt an einer Hauswand oder Mauer mehrere Drähte im Abstand von 30 cm Höhe und formiert an diesen Drähten die Zweige der Sträucher fächerförmig. Noch einfacher ist es, wenn man an Hauswänden einige Baustahlgewebe (kunststoffbeschichtet) mit Dübeln in bestimmtem Abstand (5 cm) von der Wand befestigt. Nun kann man leicht die Triebe der Sträucher hindurchflechten, ohne daß ein zusätzliches, mühseliges Anbinden (besonders bei Stachelbeeren und Brombeeren) erforderlich wäre. Beim Formieren der Spaliere ist darauf zu achten, daß die Triebe fächerförmig ausgebreitet werden.

Der Abstand der Zweige voneinander soll so weit gewählt werden, daß sie sich nicht gegenseitig in ihrem Wuchs behindern können. Störende Zweige werden an der Austriebsstelle beseitigt.

Obsthecke

Steht im Garten nur wenig Platz für Kernobst zur Verfügung, so wählt man die Obsthecke als Kulturform von Kernobst. Obsthecken benötigen nicht viel Platz. Ihre Breite beträgt höchstens 1 bis 1,2 m, so daß andere Kulturen in unmittelbarer Nähe leicht möglich sind. Für eine Obsthecke benötigen wir zunächst ein Gerüst. Das können wir uns aus Zaunpfosten von 3 m Länge, die wir 75 cm tief in den Boden einlassen, selbst fertigen. Als Pfosten verwendet man am besten Holzpfosten von 8/10 cm Durchmesser, die kesseldruckimprägniert sein müssen. Oder wir verwenden Metallpfosten (Rohre, Vierkantprofile, Winkelprofile), die möglichst feuerverzinkt und kunststoffüberzogen sein sollten, um uns eine aufwendige Wartung zu ersparen. Im Abstand von 2–3 m setzen wir zusätzlich Stützen, um daran später die Spanndrähte befestigen zu können. Die Eckpfosten müssen mit Streben versehen sein, damit sie beim Verspannen der Drähte nicht herausgezogen werden. Es hat sich bei Anlagen, die längere Zeit Bestand haben sollen, bewährt, die Pfosten einzubetonieren. Man setzt sie dann in Betonfundamente von 60 bis 80 cm Tiefe und einem Durchmesser von ca. 30 cm. Auf diese Weise erhält man ein stabiles, dauerhaftes Gerüst für die Obsthecke. Nun spannt man im Abstand von jeweils 50 cm, 70 cm über dem Boden beginnend, die Spanndrähte (kunststoffbeschichteter Spanndraht, ca. 3,8 mm dick). Sie werden mit Drahtspannern oder Spannschlössern straff angezogen. Damit ist die Hauptarbeit für die Anlage einer Obsthecke bereits getan.

Nun pflanzt man im Abstand von ca. 2,5 bis 3,0 m die Kernobstarten, die in der Baumschule als »Büsche« gehandelt werden. Damit das Wachstum nicht ins Stocken gerät, formieren wir nun die unteren Äste der Obstbäumchen in einem Winkel von ca. 30° nach oben. Bei Birnen behält man diesen Neigungswinkel auch bei den folgenden Etagen bei. Anders verhält es sich bei Äpfeln, die man völlig waagerecht ziehen kann. Man läßt jedoch in den ersten zwei–drei Jahren die Verlängerungstriebe der jeweiligen Etagen in ihrer natürlichen Form bis zum Herbst wachsen und formiert sie erst dann, damit sie auf Grund des rascheren Wachstums das Spalier bald ausfüllen. Auch die Jahrestriebe an den Seitenästen läßt man so lange unbeschnitten, bis die Spalierfläche gefüllt ist. Bei stark wachsenden Sorten kommt es vor, daß Obsthecken auch über den obersten Draht hinauswachsen. Hier hilft nur energisches Zurückschneiden oder das Herunterbinden der aufwärtsstrebenden Zweige. Bei der Anzucht von Obsthecken ist darauf zu achten, daß der Haupttrieb der Gehölze im Winter immer nur die Länge einer Etage behält. Er wird je nach Wuchskraft unter Umständen sehr stark zurückgenommen. Abgesehen von der Ernteerleichterung und der Platzersparnis bringt uns die Hecke auf relativ kleiner Fläche hervorragendes Obst.

Die Unterlagenfrage

Bei den Apfelsorten spielen die Veredlungsunterlagen eine bedeutsame Rolle. Bei guten Gartenböden und bei starkwachsenden Apfelsorten kann man schwachwachsende Unterlagen verwenden, z. B. den sogenannten Typ M IX. Bei minder guten Böden wählt man die wüchsigeren Typen M IV oder M VII. Eine gute Unterlage für solche Böden ist neuerdings auch M XXVI. Diese Unterlage ist allerdings noch nicht überall zu haben, so daß man auf die vorher genannten zurückgreifen muß. Obsthecken kann man niemals im Rasen anlegen. Der Boden unter der Hecke muß stets offen bleiben! Da es sich hierbei um eine Intensivkultur handelt, muß für die Zufuhr der erforderlichen Nährstoffe gesorgt werden. Reichliche Kompostgaben im Frühjahr und Düngehilfen mit blauem Volldünger (40/50 g/m^2) im Herbst und im zeitigen Frühjahr (Anfang April) und eine Nachdüngung bei starkem Fruchtbehang mit einem Stickstoffdünger (ca. 30 g/m^2) sind jährlich erforderlich, wenn andere Naturdünger, wie Stallmist, Hornspäne, Blutmehl und dergl., in entsprechenden Mengen nicht verfügbar oder zu teuer sind. Die Herbstdüngung ist anzuraten, weil sich herausgestellt hat, daß in den Monaten Oktober bis November die Hauptnährstoffaufnahme bei Obstbäumen stattfindet. Der Dünger wird nicht unmittelbar an den Stamm gestreut, sondern in einer Gesamtbreite von ca. 2 m beiderseits der Hecke. Auf diese Weise kommen die Faserwurzeln, die ja die Nährstoffaufnahme bewirken, leicht in den Genuß der Düngestoffe. Das gleiche gilt übrigens für sämtliche Obstbäume. Der Dünger soll grundsätzlich bis zu 1 m über die Kronentraufe hinaus gegeben werden.

Die Veredlung der Obstgehölze

Obstsorten lassen sich nicht geschlechtlich – also durch Aussaat der betreffenden Sorten vermehren, da dann eine Aufspaltung der verschiedensten, uns unbekannten Erbanlagen erfolgt, so daß eine sortenechte Vererbung mit den gewünschten Eigenschaften nicht gewährleistet ist. Aussaaten erfolgen nur, um starkwüchsige Sämlingsunterlagen (Wildlinge) zur Veredlung von Obstsorten zu erhalten, die auch auf schlechteren Böden noch gute Erträge bringen. Durch Zwischenveredlung kann man auch bestimmte Stammbildnersorten veredeln, mit denen zunächst ein gerader Stamm erzeugt wird, auf dem dann in Kronenhöhe erst die gewünschte Edelsorte veredelt wird. Es handelt sich hierbei ausschließlich um frostharte und krankheitsresistente Sorten. Unterlagen und Edelsorte beeinflussen sich gegenseitig in ihren Wachstumseigenschaften.

Durch die Veredlung sollen Formen, Abarten (Varietäten), Mutationen und durch Kreuzung erzielte Sorten in der gefundenen Form fortgepflanzt und ungeschlechtlich vermehrt werden. Es ist ein verbreiteter Irrtum zu glauben, daß man zum Beispiel einen Apfel auf eine Birnenunterlage oder eine Rose auf eine Eiche veredeln könne. Das ist nicht möglich. Auch verwandte Pflanzen aus der Familie der Rosengewächse haben so verschiedene Eigenschaften, daß eine Veredlung untereinander abgestoßen wird. Selbst Birnen lassen sich nicht ohne weiteres auf Äpfeln veredeln und umgekehrt. Als Unterlage für Birnenveredlungen wählt man Birnensämlinge und für schwachwachsende Formen die Quitte. Pfirsiche veredelt man auf die robustere Pflaume, Kirschen auf Sämlinge

264 Obst im Garten

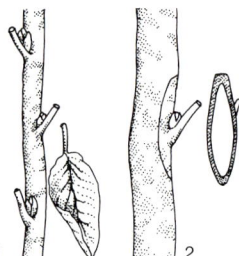
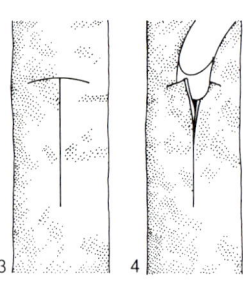
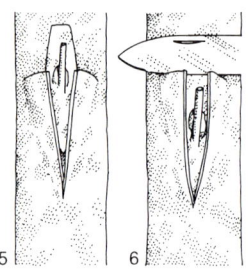
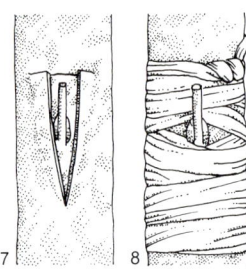

1 Entfernung der Blattspreiten
2 Schneiden des Auges (bei bestimmten Obstsorten Holzteil vorsichtig entfernen)
3 T-Schnitt auf der zu veredelnden Unterlage
4 Lösen der Rinde mit dem Löser
5 Einschieben des Auges
6 Abschneiden des überstehenden Augenschildes
7 fertige Veredlung
8 Verbinden mit Bast

oder *Prunus mahaleb* (Sauerkirsche), Stachelbeer- und Johannisbeerhochstämme veredelt man auf die Goldjohannisbeere als Unterlage (Anplattierung). Es kommt also im allgemeinen Art auf Art.

Ein gewaltsamer Eingriff
Veredlungen sind immer ein operativer Eingriff. Es tritt scheinbar eine Verschmelzung von Unterlage und Edelreis ein, aber sie bedeutet immer eine Versklavung der Unterlage und eine Veränderung von Lebensdauer und Wachstumseigenschaften der darauf veredelten Sorte. Sieger und Besiegte leben nicht etwa friedlich miteinander in Symbiose, in der sich jeder anpaßt, sondern die Veredlungsstelle bleibt zeitlebens eine »Demarkationslinie, an der das Schießen niemals ganz aufhört«. Die Unterlage versucht, den Schmarotzer auszuschalten und bildet eigene Triebe aus, sobald sie die Kraft dazu findet. Hier muß der Mensch eingreifen und diese Triebe entfernen, um dem edleren Teil des Baumes das Leben zu erhalten. Dieser würde nämlich sonst wegen Unterernährung dahinsiechen und bald von den Trieben der Unterlage überwachsen sein. Daher muß man sämtliche Wildtriebe an veredelten Gehölzen entfernen. Das gilt sowohl für Rosen wie für Johannisbeeren, Äpfel, Birnen und dergl. Wie beim Steckling oder dem Steckholz nur aus der kambialen Zone die Bildung von Wundgewebe entsteht (Kallus), so muß das Kambium noch in stärkerem Maße bei der Veredlung aktiv werden. Beide Kambiumschichten müssen genau übereinander liegen, sonst wächst jede Schicht für sich ins Leere und das Reis stirbt ab.
Bei der Augenveredlung (Okulation), bei der das Auge in seiner ganzen Breite auf die Kambiumschicht der Unterlage gesetzt wird, ist die Möglichkeit des Anwachsens immer noch leichter gegeben, als bei der Reisveredlung, bei der oft nur einseitig Kambium auf Kambium gelangt.
Je glatter der Schnitt an Unterlage und Edelreis ausgeführt wird, desto mehr Kambiumflächen berühren sich und desto besser können sie verwachsen. Je schärfer das Veredlungsmesser (rasiermesserscharf), desto glatter fügen sich die Kambiumflächen aufeinander. Bei rauhem Schnitt wird das Anwachsen schwer sein. Je feuchter im Saft die Veredlungsstelle ist, desto einfacher verwächst sie. Je dichter und fester die beiden Schnittflächen zusammengehalten werden, desto besser glückt die Veredlung.

Okulation
Auf der Zeichnung ist der Vorgang dargestellt. Ein Edelauge wird von einem ausgereiften Trieb (bricht, wenn man ihn biegt) mit langem, ziehendem Schnitt abgenommen, die Unterlage mit einem T-Schnitt versehen, die Rinde mit dem Löser (auf der Rückseite des Okuliermessers) gelöst. Dann schiebt man das Auge in den T-Schnitt mit Hilfe des quergestellten Lösers und schneidet den überstehenden Teil des Auges an der Stelle des T-Schnittes ab. Nun wird von unten nach oben die Rinde der Unterlage fest an das Auge gedrückt und die Wunde mit Bast oder einem anderen geeigneten Bindemittel fest verbunden, so daß sie vollständig verschlossen ist und nur das Auge frei bleibt. Das Bastende verknotet man durch doppeltes Verwinden und Zuziehen in Zugrichtung. Veredlungen dieser Art kann man sowohl mit Augen, die bereits im Januar geschnitten und an einem feuchten, kühlen Platz aufbewahrt wurden, als auch mit Augen von ausgereiften Trieben ab Mitte Juni bis Ende September vornehmen. Die noch grünen Blätter werden dann bis auf ein kleines Stückchen des Blattstieles abgeschnitten, um die Verdunstung herabzusetzen.
Ist das Auge eingesetzt und verbunden, zeigt sich bereits nach 1–2 Wochen, ob die Veredlung erfolgreich war. Fällt der verbliebene Blattstielrest des Auges bei leichter Berührung ab, ist das Auge angewachsen, bricht er nicht ab, ist das Auge abgestorben und die Veredlung ist zu wiederholen. Augen sollen in der Hauptwindrichtung eingesetzt werden, damit der entstehende Trieb nicht vom Wind ausgebrochen werden kann. Die Okulation erfolgt meist etwa 10 cm über dem Wurzelansatz, bei Buschrosen unmittelbar am Wurzelhals, der freigemacht und später wieder mit Erde angehäufelt wird. Nach erfolgreicher Veredlung wird die Unterlage ca. 10 cm über dem eingesetzten Auge abgeworfen (auf Zapfen geschnitten), an diesen Stummel bindet man das austreiben-

de Edelreis, um es entsprechend zu formieren. Beim Schlafenden Auge erfolgt der Abwurf des Wildlings erst im Winter. Je nach Baumform schneidet man das austreibende Edelreis an, beim Busch etwa auf 40–60 cm hoch.

Kopulation

Diese Art der Veredlung ist möglich, wenn Unterlage und Reis die gleiche Stärke besitzen. Man führt sie zwischen Januar und Mai durch. Unterlage und Reis werden mit möglichst langem Schnitt angeschnitten, aufeinandergelegt und möglichst fest miteinander verbunden. Sind sie nicht gleich stark, muß die Schnittfläche möglichst beiden entsprechen oder wenigstens beide auf einer Seite mit dem Kambium zur Deckung gebracht werden. Um der Kopulation einen besseren Halt zu verschaffen, wird sie oft mit Gegenzungen ausgeführt (siehe Zeichnung). Wichtig ist, daß ein Auge des Edelreises dem Wildlingsteil gegenübersteht, der angeschnitten wird. Bricht durch Vögel oder Wind das Reis ab, bleibt wenigstens dieses Auge erhalten und verwächst wieder.

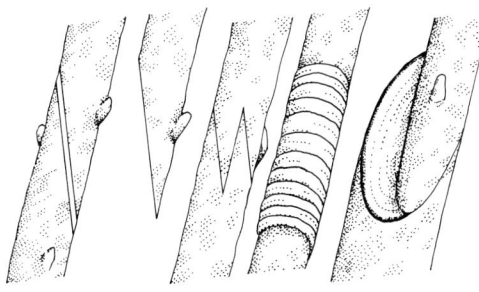

Pfropfen

Diese Veredlungsart wird bei Bäumen angewendet, die wesentlich stärker sind als das Edelreis. Sie kann nur während des Safttriebes erfolgen und ist die Hauptveredlungsart, wenn ältere Bäume umzuveredeln sind. Man wirft die Äste des alten Baumes so ab, daß die Krone zwar verkleinert wird, ihr Wuchscharakter (Kronenwinkel) jedoch möglichst erhalten bleibt. Stumpfwinklig aufgebaute Kronen werden stumpfwinklig, rechtwinklige also rechtwinklig abgeworfen (z. B. 120° bei Äpfeln, 90° bei Birnen). Die verbleibenden Aststümpfe, Pfropfköpfe, werden zunächst mit dem Messer glatt geschnitten und mit 2–4 Reisern – je nach Stärke der Unterlage – veredelt, indem man sie hinter die Rinde setzt. Dazu wird ein etwa 5 cm langer Schnitt bis auf den Holzteil geführt, mit dem Löser des Messers die Rinde zu beiden Seiten aufgeklappt, das zugeschnittene Reis eingeschoben und – wenn alle Reiser auf dem Ast aufgesetzt sind – mit Bast stramm verbunden. Dann werden alle Schnittwunden, auch die Schnittflächen am Kopf des Reises, mit Baumwachs sorgfältig verstrichen, um Verdunstung zu verhindern.

Bei allen Veredlungen muß der Bast nach 14 Tagen nachgesehen werden. Beginnt er durch das Dickenwachstum der Unterlage einzuschnüren, wird er gelöst und gegebenenfalls noch einmal neu nachgebunden. Auch diesen Bast lösen wir nach 2–3 Wochen. Beim Pfropfen hinter die Rinde wird empfohlen, nur eine Seite abzulösen und die andere Seite ungelöst zu lassen. Das Reis wird an dieser Stelle rechtwinklig zum Kopulationsschnitt angeschnitten und verwächst auch an dieser Stelle mit der Unterlage, was zur größeren Festigkeit beiträgt (siehe Zeichnung). Nach dem Antreiben der Reiser beläßt man jedem Pfropfkopf nur das stärkste Reis. Die übrigen werden durch Grünschnitt kurz gehalten. Sie dienen nur noch zur schnelleren Überwallung der Wunde und werden zu kurzem Fruchtholz umgeformt. Das zum Treiben belassene Edelreis heftet man am besten an einen Stab, der es in die gewünschte Richtung wachsen läßt. Außerdem wird dadurch das Ausbrechen verhindert. Die in der Krone belassenen Zugäste der Unterlage, die den größten Saftstrom abgefangen hatten, bleiben 2–3 Jahre am Baum. Treiben sie stark, werden sie zurückgenommen, um alle Kraft den jungen Edeltrieben zukommen zu lassen.

Geißfußpfropfen

Hierbei wird aus der Unterlage ein Dreieckskeil aus Rinde und Holz herausgeschnitten. Genauso schneidet man das Edelreis zu und fügt beides zusammen. Nach dem Verbinden wird die Wunde mit Baumwachs verstrichen, um Austrocknung zu verhindern. Geißfußpfropfen kann man während der Saftruhe durchführen (von Januar bis März).

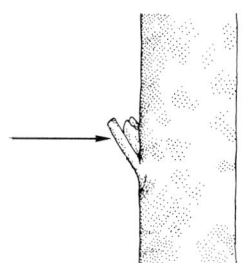

Das Auge ist gegen die Hauptwindrichtung zu setzen. Nach dem Austrieb entfernt man den darüber liegenden Teil der Unterlage bis auf einen 10 cm langen Zapfen, an den das austreibende Edelreis angebunden wird.

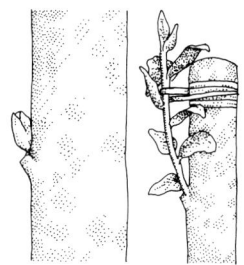

Einfache Kopulation, Kopulation mit Gegenzungen und Kopulation unterschiedlich dicker Zweige (von links nach rechts).

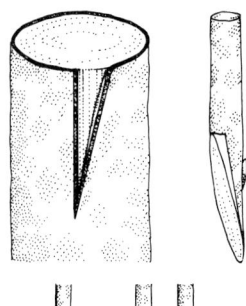

Pfropfung von Edelreisern auf Ästen (z. B. beim Umveredeln von Bäumen).

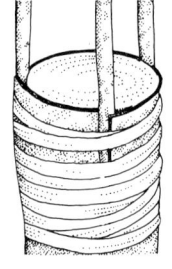

Geißfußpfropfen

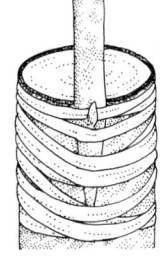

Verbindung von Unterlage und Edelreis durch einen »Geißfuß«.

Pollenspender und Bienen

Wenn man Früchte ernten will, sind auch Kenntnisse über die Befruchtungsverhältnisse der Obstarten notwendig. Die meisten Obstsorten sind untereinander nicht fruchtbar. Wenn man z. B. eine Anlage mit nur einer einzigen Obstsorte hätte, bei der die Möglichkeit der Bestäubung durch andere Sorten ausgeschlossen wäre, so könnten diese Bäume reichlich blühen, sie würden keine Früchte ansetzen. Der Grund dafür liegt in der Selbstunfruchtbarkeit der einzelnen Sorten. Hier gibt es nur wenige Ausnahmen, z. B. Hauszwetsche und Schattenmorelle. Bei einigen Obstsorten, z. B. bei Süßkirschen, sind ganze Gruppen untereinander unfruchtbar, d. h. eine Süßkirschenpflanzung von 4 miteinander unverträglichen Sorten ergäbe trotz reicher Blüte keine Früchte. Beerensträucher bestäuben sich selbst und fruchten ohne den Blütenstaub anderer dazu passender Sorten. Auch die Erdbeere weicht von der Regel ab. Apfel, Birne und Süßkirsche benötigen also Pollenspender, d. h. zwischen die jeweiligen Sorten müßten Bestäuber gepflanzt werden, deren männlicher Blütenstaub ganz sicher die Blüten anderer Sorten bestäubt. Bei Äpfeln sind Sorten wie 'Goldparmäne', 'Cox Orangen-Renette', 'Weißer Klarapfel', 'Laxtons Superb' und 'Ontario' gute Pollenspender.

Blütezeit

Pollenspendersorten müssen gleichzeitig mit den Empfängersorten blühen oder die Blütezeiten müssen sich wenigstens überschneiden, sonst erfolgt keine ausreichende Befruchtung. In den meisten Fällen sind allerdings in benachbarten Gärten soviele verschiedenartige Obstbäume vorhanden, daß eine Befruchtung ohnehin nicht problematisch ist. Stellen wir jedoch fest, daß unsere Obstbäume nicht oder nur wenig tragen, müssen wir uns nach geeigneten Pollenspendern umsehen und die Pflanzung damit ergänzen.
Selbst unfruchtbare Pflaumen können durch Schlehen befruchtet werden. Wo eine Schlehenhecke in der Nähe ist, ist also die Befruchtung sichergestellt.
Ohne Bienen geht es nicht! In geringem Umfange können selbst unfruchtbare Obstsorten durch den Wind bestäubt werden, aber dies sind Ausnahmen. Die eigentliche Befruchtung wird durch Insekten vorgenommen. Bienen fliegen nur etwa 800 m weit, um sich ihre Tracht zu beschaffen. In den letzten Jahrzehnten geht die früher so verbreitete Bienenhaltung immer weiter zurück. Tausende und Abertausende von Bienen fallen völlig unverantwortlichen Spritzmethoden zum Opfer. 70% der Befruchtung der Obstbäume wird von Bienen besorgt. Hummeln und andere Insekten können daher die entstehende Lücke nicht schließen, werden durch die gleichen Gifte ebenfalls dezimiert. Aus ökologischer Sicht und wegen der großen Verantwortung, die wir unserer Umwelt gegenüber zu tragen haben, sollten daher neben den Hummeln und Wildbienen vor allem die Honigbienen vor Schäden durch zeitlich falsche Spritzungen geschützt werden. Fahrlässige Vergiftungen der Bienen müssen zur Anzeige gebracht werden.

Pflanzung von Obstgehölzen und Beerenobst

Eine gesunde Entwicklung der Obstgehölze hängt zunächst einmal von der Bodenvorbereitung, der Untergrundlockerung und der richtigen Pflanzung ab. Für Bäume und Büsche wird der Herbst als Pflanzzeit empfohlen. Junge Pflanzen können dann nicht nur die durch den Pflanzschnitt verursachten Wurzeln »überwallen«, sie können auch bereits in guten Böden und milden Lagen neue Wurzeln ausbilden, die im Frühjahr voll arbeitsfähig sind. Dadurch können sie auch Trockenzeiten im Frühjahr leichter überstehen. Frostempfindliche Obstgehölze wie Birnen, Quitten, Pfirsiche und Aprikosen pflanzt man am besten zum gleichen Zeitpunkt, etwa ab Anfang November, und häufelt sie bis zum Frühjahr etwa 40 cm hoch mit Erde oder Torfmull an. Für die Frühjahrspflanzung sollte man Gehölze wählen, die auch tatsächlich im Frühjahr in Baumschulen gerodet wurden. Pflanzen, die im Einschlag überwintern, wachsen nicht so gut an.
Die Pflanzzeit von Beerenobst ist umstritten. Bei feuchtem Boden, wo mit einem

Pflanzung von Obstgehölzen

Hochfrieren zu rechnen ist, sollte die Herbstpflanzung unterbleiben, sonst aber bietet sie größere Chancen für besseres Anwurzeln junger Pflanzen, und der Boden hat sich bereits bis zum Frühjahr gesetzt.

Bodenvorbereitung

Etwa 14 Tage vor der Pflanzung räumt man die Erde zwei Spatenstich tief aus einer 1 × 1 m großen Grube, wobei Oberboden (Humusschicht) vom Unterboden (hellere Färbung) getrennt gehalten wird, und lockert den Grund spatenstich tief, so daß eine Gesamtlockerung von 60 cm erfolgt. Dann füllt man das Erdreich wieder schichtweise in die Grube ein. Bei schweren Böden läßt man den Aushub liegen. Dann schlägt man die erforderlichen Pfähle ein. Sie sollen nicht höher sein, als eine Handbreit unter der Krone des zu pflanzenden Baumes, damit sich die Äste nicht am Pfahl scheuern können. Die Einschlagtiefe in den Boden beträgt 60 bis 80 cm, Pfostenstärke 8/10 cm.

Behandlung einer Baumschulsendung

Erhält man eine Sendung Obstbäume oder Ziergehölze, die auf dem Transport eingefroren sind, bringt man die verpackten Pflanzen in einen frostfreien, kühlen Raum, in dem sie langsam auftauen können. Pflanzen, die während des Transportes trocken geworden sind (vor allem bei Rosen und Ziersträuchern), werden zunächst 24 Stunden mit den Wurzeln in Wasser gestellt. Pflanzen, die nicht sofort an Ort und Stelle gesetzt werden können, sollten eingeschlagen werden. Man stellt sie aufrecht in Bunden dicht nebeneinander in Gräben und verfüllt sie mit Erde. Gutes Antreten und Einschlämmen sind wichtig. Bei längerem Einschlag sind die Pflanzen einzeln einzuschlagen.

Das Pflanzen

Verletzte Wurzeln werden mit scharfem Messer glatt geschnitten. Die Schnittflächen sollen möglichst klein sein, aber stets nach unten zeigen. Zu lange Wurzeln werden eingekürzt. Hauptwurzeln schneidet man wegen der besseren Wurzelverteilung unterschiedlich lang. Über das Eintauchen der Wurzeln in Lehmbrei, wodurch das Austrocknen verhindert und das Anwachsen erleichtert werden soll, gehen die Ansichten auseinander.

In die gelockerte Grube gräbt man ein Loch, das so tief und breit sein muß, wie es die Wurzeln der jeweiligen Pflanzen erfordern. Die Grube darf nicht zu eng und nicht zu flach sein, da sonst die Wurzeln hineingezwängt werden müssen, wodurch die Enden nach oben zeigen würden. Das Wurzelwerk ist gleichmäßig zu verteilen. Der Baum darf nur bis zum Wurzelhals eingesetzt werden, da er sonst entweder verkümmert oder bei schwachwüchsigen Veredlungsunterlagen aus der Veredlungsstelle eigene Wurzeln bildet, sich »frei macht« und dann wie ein Hochstamm weiterwächst. Er verändert also plötzlich seine Wuchseigenschaften. Beim Pflanzen hält man den Baum etwa eine Handbreit über den umgebenden Boden des Pflanzlochs und füllt vorsichtig Boden aus der Oberkrume, die reichlich mit Kompost vermischt wurde, zwischen die Wurzeln, bis sämtliche Hohlräume ausgefüllt sind. Tüchtiges Einschlämmen ist wichtig, damit auch die letzten Hohlräume verfüllt werden. Bei Herbstpflanzung auf schwerem Boden sollte man allerdings auf das Einschlämmen verzichten.

Antreten der Erde ist dort nötig, wo nicht eingeschlämmt wird. Man tritt die Erde im Kreis mit dem Gesicht zum Baum mittelstark an, wobei man mit dem Absatz etwas fester antritt. Zum Schluß bedeckt man den Boden um den Baum (Baumscheibe) in etwa 1 m Durchmesser mit verrottetem Dung, Komposterde, Torfmull oder Laub, um Verdunstung und das Eindringen von Frost zu verhindern und eine gute Bodengare zu erhalten. Der Baum wird am Pfahl zunächst nur lose befestigt, so daß die Bindung am Pfahl tiefer ist, als am Stamm, sonst hängt sich der Baum beim Setzen der Erde auf. Regelmäßiges Nachprüfen schützt vor Einschnürungen. Nicht vergessen, Etiketten oder Namensschildchen zu entfernen! Drähte, Kunststoffriemen oder Schnüre können Äste abschnüren! Das Pflanzen von Beerenobst wird in gleicher Weise durchgeführt. Zu tiefes Pflanzen schadet hier allerdings nicht, im Gegenteil, es fördert die Wurzelbildung.

Johannis- und Stachelbeeren: Schnitt der Johannis- und Stachelbeeren erfolgt nach

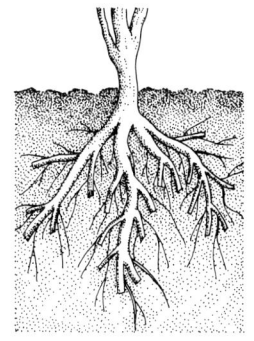

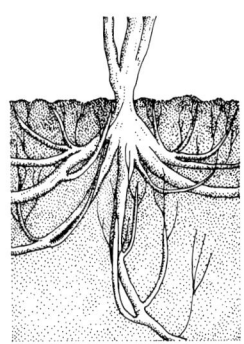

Zu lange Wurzeln werden bei der Pflanzung zurückgeschnitten. An den glatten Schnittstellen bilden sich rasch neue Faserwurzeln. In das Pflanzloch gequetschte und nach oben gebogene Wurzeln können den Baum nicht ausreichend mit Nährstoffen versorgen. Jahrelanger Kümmerwuchs ist eventuell die Folge.

Obst im Garten

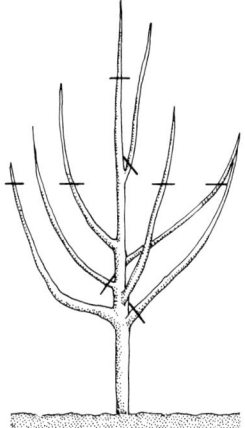

Die Seitenäste werden beim Pflanzen auf »Saftwaage« geschnitten.

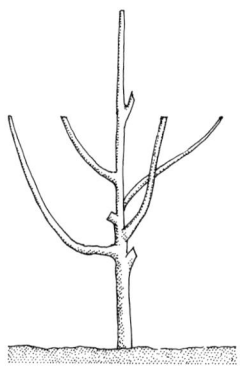

Pflanzschnitt bei einem Apfelbusch aus der Baumschule.

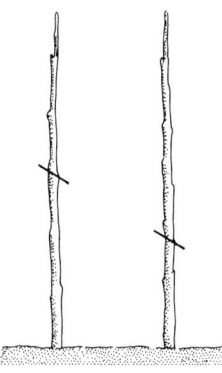

Bei der Anzucht werden Kernobstveredlungen im 1. Jahr auf die Hälfte, Steinobstarten auf ⅔ zurückgeschnitten.

der Pflanzung am besten im Frühjahr. Es bleiben 4–5 starke Triebe an der Pflanze, die etwa bis zur Hälfte eingekürzt werden.
Himbeeren und Brombeeren: Sie werden nach der Pflanzung auf Stummel von ca. 20 cm Länge zurückgenommen.
Erdbeeren pflanzt man am besten in gut gelockertem Boden mit Kompostzusatz. Die Pflanzen sind mit ausgebreiteten Wurzeln zu setzen und einzuschlämmen, nicht anzudrücken! Es ist wichtig, daß das Herz der Pflanze nicht tiefer steht, als der angrenzende Boden.

Pflanzschnitt der Obstgehölze

Bei der Pflanzung müssen wir auch einen Kronenschnitt vornehmen, da die Krone in ein bestimmtes Gleichgewicht zu den eingekürzten Wurzeln gebracht werden muß. Nur so ist ein gesunder, starker Austrieb gewährleistet, sonst bleiben die Zweige schwach und die Krone fällt auseinander. Zur Erzielung einer guten Baumkrone (Busch, Niederstamm, Halbstamm, Hochstamm) sollte man eine Pyramidenkrone anstreben (ausgenommen bei Trichterkronen für Pfirsiche), d. h. der Baum behält einen Mitteltrieb als Stammverlängerung und nur 3–4 möglichst gleichstarke, gleichmäßig um die Achse verteilte Triebe erster Ordnung (Seitenäste). Alles andere wird entfernt. Die verbleibenden Triebe, die keinen Quirl um die Mittelachse bilden dürfen, sondern in unterschiedlichen Höhen aus dem Stamm entspringen, werden bei Kernobst um die Hälfte, bei Steinobst um ⅔ ihrer Trieblänge eingekürzt. Nach dem Schnitt stehen die Schnittstellen gleichrangiger Seitentriebe in Saftwaage, d. h. etwa in gleicher Höhe.
Der Mitteltrieb (Leittrieb) bei Apfel, Pflaume und Sauerkirsche ragt aus der Krone heraus. Bei Birnen und Süßkirschen läßt man ihn nur wenig überstehen, da sie dazu neigen, hochaufschießende Kronen zu bilden. Der Trieb muß gebremst werden, um die seitliche Verzweigung zu fördern.
Der Konkurrenztrieb, der dem Leittrieb benachbarte obere Trieb, der sich besonders stark entwickelt, wird entfernt, da er sonst den Leittrieb überflügelt. Fehlt es an Trieben für den Aufbau der jungen Krone, muß der Konkurrenztrieb dazu gebracht werden. Durch Abspreizen aus seiner steilen Wuchsrichtung in einen flachen Winkel wird seine Starkwüchsigkeit gehemmt. Er wird so zu einem normalen Kronentrieb. Je steiler ein Trieb ist, desto kräftiger ist sein Wuchs! Je mehr er waagrecht wächst, umso schwächer wird das Wachstum, bis es schließlich ganz aufhört. Durch Hochbinden waagrechter und Herabbinden steiler Zweige und Triebe kann man das Wachstum regulieren.
Der Schnitt, der glatt und dicht über einem Auge erfolgen soll, weil nur so die Wunde rasch verheilt, muß auch über dem »richtigen« Auge erfolgen. Beim Hauptleittrieb schneidet man grundsätzlich immer das Auge an, das über der Schnittstelle des Vorjahres liegt, um so ein Herauswachsen aus der Senkrechten zu verhindern. Die Nebentriebe werden über einem Auge abgeschnitten, das nach außen weist, weil diese Augen in der richtigen Verlängerung weiterwachsen, während beim Anschneiden eines Auges, das nach oben zeigt, der entsprechende Trieb stark senkrecht oder in die Krone hineinwachsen würde. Steinobst muß unbedingt so stark eingekürzt werden, daß nur ⅓ der Trieblänge verbleibt, da sonst der größte Teil der Knospen steckenbleibt und die Zweige verkahlen.

Freiwachsende Baumformen im Hausgarten

Für Kernobst kommen im Hausgarten nur bestimmte Baumformen in Betracht. Außer der Heckenkultur kann man auch Spindelbüsche pflanzen, die in der Baumschule direkt als solche herangezogen werden. Sie besitzen einen bestimmten Kronenaufbau und sind auf schwachwachsenden Unterlagen veredelt. Man benötigt dafür im allgemeinen einen Platzabstand von ca. 3 bis 5,5 m. Auch Buschformen sind in größeren Gärten möglich. Hier werden die Kronen höher angeschnitten als beim Spindelbusch. Sie entwickeln sich größer und kräftiger und bringen demzufolge auch höhere Erträge. Beide Baumformen sind also für den Hausgarten ideal. Sie lassen sich leicht beernten, da die Kronen nicht so hoch werden. Bearbeitung und Pflege bereiten wenig Probleme. Höher wachsende Formen wie Halbstämme und Hochstämme, die auf Wildlingsunterlagen veredelt sind und große Kronen ausbilden, sind für kleinere Hausgärten ungeeignet.

Ein Nachteil dieser Baumformen liegt darin, daß sie erst ab 15 Jahren Vollerträge bringen. Die Sorten bei Spindelbüschen und Büschen sind die gleichen wie bei Heckenkulturen. Es handelt sich um bewährte Sorten, die eine große Anpassungsfähigkeit an Standort, Klima und Bodenverhältnisse besitzen. Lokalsorten spielen hier eine gewisse Rolle. Es wird empfohlen, sich wegen solcher Sorten mit einem heimischen Gartenbauverein in Verbindung zu setzen. Bei den meisten Kreisverwaltungen stehen auch Fachberater des Gartenbaus zur Verfügung, die gern entsprechende Auskünfte erteilen oder weiterhelfen.

Grundsätzliches zum Schnitt der Obstgehölze

Das Schneiden der Obstgehölze ist für manchen Gärtner beinahe eine Weltanschauung. Vielleicht rührt daher die Angst, man könnte einen Baum leicht verschneiden und damit die Ernte zunichte machen. Wir brauchen uns hier keine großen Sorgen zu machen, wenn wir beim Schneiden der Bäume einige grundsätzliche Regeln beachten. Man unterscheidet Aufbau-, Erziehungs- und Überwachungsschnitt. Den Aufbauschnitt führt die Baumschule durch. Die weitere Erziehung des Baumes beginnt mit dem Pflanzschnitt an Krone und Wurzeln, den wir uns in der Baumschule vorführen lassen können (siehe auch unter Pflanzschnitt). Bei der weiteren Pflege ist darauf zu achten, daß die Baumkrone einen pyramidenförmigen Aufbau erhält. Auch die 3 oder 4 seitlichen Hauptäste sind pyramidenförmig aufzubauen, d. h. so zu schneiden, daß die oberen Nebentriebe kürzer, die unteren länger bleiben. Bei Pfirsichen und Aprikosen kann man auch umgekehrt verfahren, hier baut man dann sogenannte Trichterkronen auf, indem man die Seitentriebe zu einem hohen Trichter heranwachsen läßt und den Leittrieb herausnimmt. Beim späteren Überwachungsschnitt sorgt man dafür, daß krankes, abgestorbenes Holz, nach innen wachsende und zu eng stehende Zweige und Äste, die sich zu nahe kommen oder behindern, entfernt werden. Fruchtholz, das man an seiner gedrungenen oder gestauchten Form und den dickeren Knospen erkennt, entfernt man nur dann, wenn

es zu reichlich vorhanden ist, und die Früchte durch Massenertrag klein bleiben. Hier ist allerdings auch das Auspflücken von Früchten angebracht.
In diesem Zusammenhang wird nochmals auf die Schneidekurse hingewiesen, die von Gartenbauvereinen, Obstbauversuchsanstalten und Instituten der Landwirtschaftskammern regelmäßig durchgeführt werden.

Die Obstsorten und ihre Kulturansprüche

Kernobst

Wenn man Obst pflanzen will, sollte man die Sorten so wählen, daß man über eine möglichst lange Zeit Obst ernten kann. Außerdem ist zu berücksichtigen, daß geeignete Pollenspender vorhanden sind, um Fehlernten durch mangelhafte Fremdbestäubung auszuschließen. Man sollte auch nicht solche Sorten pflanzen, die bereits in Massen im Handel angeboten werden, sondern sich im wesentlichen auf einige wenige schmackhafte Sorten beschränken, unter denen auch Lokalsorten sein können.

Der Apfel Er ist unser wichtigstes Obst. Er gedeiht eigentlich überall, sogar noch in Höhenlagen bis zu 600 m. In solchen Gebieten wird man ihn allerdings an geschütztem Stand und in Südlagen pflanzen müssen. Der Apfel verlangt tiefgründigen, gut durchlüfteten, genügend feuchten und nährstoffreichen Boden. Auf bindigen Böden und trockenen Hängen versagt er, wenn nicht durch umfangreiche Verbesserungen mit Kompost und Humusstoffen sowie durch Kalkung bei schwersten Böden die Wachstumsbedingungen gebessert werden. An unzulänglichen Standorten (auch zu hohes Grundwasser) werden Bäume von vielen Krankheiten und Schädlingen heimgesucht. Auch in dichten Beständen und an Spalierwänden können beim Apfel solche Erscheinungen auftreten. An Ost- oder Südwänden fühlt sich der Apfel wegen der Trockenheit und der zu großen Wärme in Verbindung mit mangelnder Luftbewegung nicht wohl. Nur gesunde Pflanzen sind widerstandsfähig.

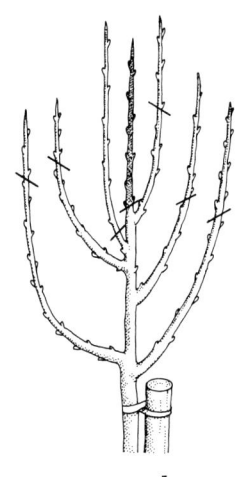

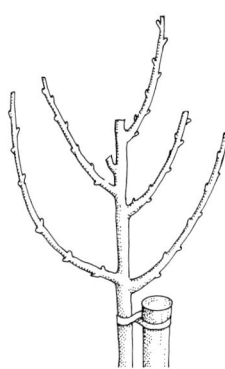

Pflanzschnitt bei der Pflanzung von Halb- und Hochstämmen. Die Bäume werden unter der Krone – möglichst mit einem Kokosstrick – so an den Pfahl gebunden, daß sich der Stamm nicht reiben kann.

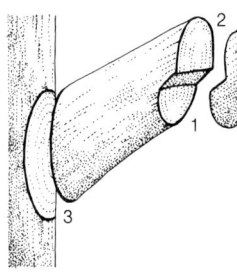

Dicke Äste werden zunächst von unten angeschnitten (1), damit sie beim Absägen von oben nicht ausreißen (2). Zum Schluß sägt man den verbliebenen Stumpf glatt am Stamm ab und isoliert die Schnittstelle mit Baumwachs oder Lac-Balsam. So kann sie am besten verheilen (3).

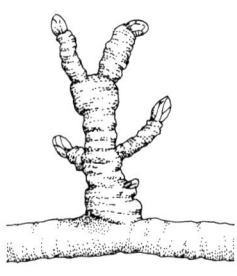

gedrungenes Fruchtholz

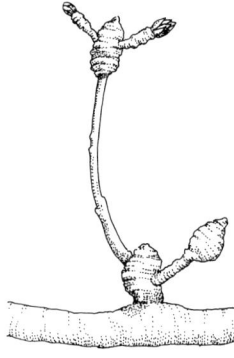

Fruchtholz an dünnen, langen Fruchtruten.

So kommt es vor, daß Befall von Schildläusen, Mehltau und anderen Krankheiten diesen Bäumen stark zu schaffen macht. Bei Staunässe reagieren Apfelbäume mit Krebs und erhöhter Frostempfindlichkeit. Das Holz kann nicht ausreifen. Spitzendürre ist die Folge. Das Wurzelwerk des Apfels ist relativ flach und streicht weit aus. Bei zusätzlicher Düngung und Bewässerung ist das zu beachten. Aufnahmefähige Faserwurzelbereiche liegen außerhalb der Kronentraufen. Äpfel besitzen einen bestimmten Wuchscharakter. Die Baumkronen sind mehr rund als hoch. Für den richtigen Schnitt der Apfelbäume muß man wissen, daß sich die verschiedenen Sorten in drei *Hauptformen* unterscheiden: 1. Sorten, die starke Langtriebe machen und später in großen Bögen überhängen, ('Jonathan'). 2. Sorten mit steil aufstrebendem Wuchs, die Äste besitzen dabei kurzes, gedrungenes Fruchtholz ('Goldparmäne'). 3. Sorten, die nicht am kurzen Fruchtholz tragen, sondern an dünnen, langen Fruchtruten ('Gravensteiner'). Wer diese Eigenarten beim Schnitt nicht beachtet, kann Apfelbäume falsch schneiden und sich um den Ertrag bringen. Das gilt besonders für Sorten, die an Fruchtruten tragen. Wer diese Ruten kurz schneidet, vernichtet die Apfelernte fürs nächste Jahr.

Apfelhochstämme erreichen ein Alter bis zu 60 Jahren. Bei günstigem Stand tragen sie auch noch mehr Jahre. Die Ertragsfähigkeit setzt je nach Unterlage im 3. bis 7. Jahr ein, bei einigen Hochstämmen erst mit dem 12. Jahr. Das muß man wissen, um nicht späte Sorten vorher abzuschlagen, weil sie ja – wie man glaubt – doch nicht tragen.

Apfelsorten: Als frühester Apfel ist der 'Weiße Klarapfel' zu nennen. Die Früchte dieser Sorte werden in der Hecke besonders groß. Der 'Klarapfel' reift im August, muß aber sofort verbraucht werden, da er durch Lagerung und Überreife schnell mehlig wird. Beliebter Eßapfel mit angenehm-weinsäuerlichem Geschmack. Gerade wegen seiner frühen Reife ist er für die Anzucht im eigenen Garten besonders wertvoll. 'Klarapfel' läßt sich zu einem schmackhaften Apfelmus verarbeiten. Guter Pollenspender.

Für Rohgenuß eignen sich auch hervorragend 'James Grieve' und 'Roter James Grieve'. Die Reifezeit liegt zwischen September und Anfang November. Diese großfrüchtigen Apfelsorten sind schön gezeichnet. Da die Früchte nicht alle gleichzeitig reifen, werden sie je nach Reifezustand ausgepflückt. Gute Pollenspender. Für den Hausgarten immer noch interessant ist die Sorte 'Geheimrat Dr. Oldenburg'. Die Reifezeit beginnt ab Oktober. Die mittelgroßen, lebhaft gefärbten Tafeläpfel sind angenehm säuerlich. Die Sorte ist ein guter Pollenspender. Auf schweren, tonigen Böden neigt sie zu Krebsbefall. Entsprechende bodenverbessernde Maßnahmen (Lockerung, Dränage, Kompost etc.) schaffen hier Abhilfe.

In den Baumschulen wird häufig noch die 'Goldparmäne' angeboten, ein mittelgroßer Apfel, der durch seine rotgestreiften Früchte auffällt. Goldparmänen sind sehr schmackhaft. Die Sorte wird allerdings leicht von tierischen und pilzlichen Schädlingen befallen. Der volle Ertrag ist in zweijährigem Rhythmus zu erwarten. 'Goldparmänen' sind wertvolle Pollenspender innerhalb der gesamten Obstkultur. Blüte mittelspät.

Eine Verbesserung des hartschaligen 'Jonathan' ist die Sorte 'Jonagold', ein großfrüchtiger Apfel mit gelben, sonnenseits orangerot geflammten Früchten. Der Geschmack ist feinsäuerlich-süß. Die Genußreife erstreckt sich von Oktober bis März. Gutes Lagerobst. 'Jonagold' liebt sonnigen Standort und ist wärmebedürftig. Die 'Cox-Orangen-Renette' ist eine gute Marktsorte. Sie ist ab Mitte September erntereif und ab Dezember genußreif. Die Früchte erreichen bei Heckenpflanzungen eine besondere Größe. Besitzt ausgezeichneten Geschmack. Bei dieser Renette handelt es sich um einen mittelgroßen Apfel, der im Winter jeweils einen starken Rückschnitt benötigt. Ähnlich wie bei 'Laxtons Superb' ist warmer, sonniger Standort zu empfehlen. Beide Sorten gelten als gute Pollenspender.

Zu den empfehlenswerten Sorten gehört der 'Rote Boskoop' und der 'Schöne aus Boskoop', beide Sorten sind etwa Anfang Oktober erntereif und ab Dezember bis April genußreif. Die kräftigen, fruchtsäuerlichen, würzig erfrischenden Früchte mit der kräftigen Zeichnung werden im Haushalt besonders gern bei der Zubereitung von Speisen (Füllung von Bratgänsen) benutzt. Auch für den Rohgenuß gut geeignet. Ausgezeichneter Pollenspender für die Befruchtung anderer Apfelsorten.

Ein frisch-säuerlicher, feinwürziger Apfel mit hohem Vitamingehalt ist der 'Rote Berlepsch', der von November bis März genußreif wird. Die mittelgroßen, rötlich gezeichneten Äpfel auf goldgelbem Grund eignen sich hervorragend zum Rohgenuß.

Eine gute Lokalsorte ist der 'Dülmener Rosenapfel' des Münsterlandes. Dieser mittelgroße, gelblich orangerote Apfel mit dem süßlich-fein-säuerlichen, edelaromatischen Geschmack ist von Oktober bis Dezember genußreif.

Erwähnenswert ist auch der 'Ontario', ein großer, gelblichgrüner Apfel mit bräunlichroter Färbung. Der feinsäuerlich-fruchtige Apfel ist von Januar bis Mai eßbar.

In den letzten Jahren sind eine Reihe neuer Sorten in den Handel gekommen. Unter ihnen sind zu erwähnen:

'Alkmene', mittelgroß, Farbe grünlichgelb, sonnenseits orangerot, Fruchtfleisch süß-sauer-aromatisch, Genußreife Anfang September bis Ende Oktober.

'Discovery', klein bis mittelgroß, Farbe rötlich auf grünem Untergrund, Fruchtfleisch feinsäuerlich, würzig, Genußreife Anfang bis Mitte August.

'Gloster', mittelgroßer bis großer Apfel, Farbe kräftig dunkelrot auf grünlichgelbem Grund. Milder, feinfruchtiger, säuerlicher Apfel, der von Januar bis Mai genußreif ist.

'Idared', ein mittelgroßer bis großer Apfel von kräftiger, dunkelroter Farbe auf grüngelbem Grund. Das Fruchtfleisch schmeckt schwachsäuerlich. Die Genußreife dauert von Januar bis April.

'Ingrid Marie', ein kleiner bis mittelgroßer, rötlicher Apfel, dessen Zeichnung auf grünlichgelbem Grund steht. Der Geschmack ist mild-feinsäuerlich. Genußreife von Oktober bis Dezember.

'Jamba', ein mittelgroßer bis großer, auf gelblichem Grund rötlich gestreifter Apfel mit feinsäuerlichem Aroma. Von August bis Oktober eßbar.

'Ermine de Sonnaville', ein großfrüchtiger, auf gelbem Grund rötlich gestreifter Apfel mit süßlichem, feinsäuerlichem Geschmack. Die Genußreife fällt in die Monate Januar und Februar.

'Manted', ein kleiner bis mittelgroßer Apfel, orangegeflammt auf gelblichem Grund. Dieser Apfel schmeckt feinsäuerlich-aromatisch und ist im August genußreif.

'Melrose' ist mittel bis groß. Der dunkelrotbraungezeichnete gelbe Apfel schmeckt süßfruchtig-aromatisch. Genußreife von Dezember bis Mai.

Die Birne eignet sich im Hausgarten ebensogut für Heckenkultur wie Apfelsorten. Bei Birnen muß man nur darauf achten, daß der Neigungswinkel der Äste zwischen Stamm- und Seitenästen etwa 30° beträgt, sonst sind die gleichen Voraussetzungen zu erfüllen, wie bei Apfelkultur. Birnen verlangen besseren Boden und wärmeres Klima als Äpfel, sind also insgesamt etwas anspruchsvoller und können in rauhen, unwirtlichen Lagen nur noch als anspruchsloses Most- und Wirtschaftsobst herangezogen werden, das sich nur schwer absetzen läßt. Sie entwickeln dann große Kronen und warten mit großen Ern-

Der Apfel läßt sich als Spindelbusch oder Busch auch in kleinen Gärten leicht kultivieren.

Obstsorten und ihre Kulturansprüche

Birnen sind anspruchsvoller als Äpfel. Für kleine Gärten verwendet man Sorten, die auf Quittenunterlagen veredelt sind. Sie tragen früh.

ten auf. Birnen benötigen nicht die hohe Luftfeuchtigkeit wie Äpfel. Sie vertragen besser Hitze und trockene Luft und eignen sich daher besser für Wandspaliere und Südlagen. Sie lieben tiefen, nährstoffreichen Untergrund und gehören zu den Tiefwurzlern. Stauende Nässe im Untergrund sagt ihnen nicht zu. Sie werden dann krankheitsanfällig. Böden von 2–3 m tiefem Grundwasser sind für Birnbäume am besten geeignet. Birnen können über 100 Jahre alt werden. Der Beginn der Ertragsfähigkeit liegt oft später als beim Apfel. Sie sind weniger krankheitsanfällig als Äpfel. Das Blatt ist durch eine glänzende, feste Oberhaut geschützt.

Wuchscharakter: So wie die Wurzeln nach unten streben, bauen sich Birnen schmal und hoch nach oben auf. Bei einigen Sorten muß man den Haupttrieb durch scharfen Schnitt zurückhalten, bis die Seitenäste genügend erstarkt und ausgebildet sind. Sorten, die nicht an kurzem Fruchtholz, sondern an ganzen Bündeln von Fruchtruten tragen, behandeln wir wie unter Schnitt der Äpfel beschrieben. Baumformen wie beim Apfelbaum.

Birnensorten: Eine der frühesten Sorten, jedoch für Heckenkultur nicht geeignet, ist die 'Bunte Julibirne', eine mittelgroße Birne, die bereits Ende Juli/Anfang August reift. Sie zeichnet sich durch ihre Schorfresistenz aus. Die Früchte können nicht lange gelagert werden. Eine bessere Sorte, die schon früh erntereif ist, heißt 'Frühe aus Trevoux'. Sie ist bereits Anfang August zu ernten und hält sich 2 bis 3 Wochen. Eine Tafelbirne von schöner Färbung. Sie ist schwachwüchsig und benötigt als Unterlage auch bei Heckenpflanzung eine Sämlingsunterlage. Guter Pollenspender.

Wenig später kann man Früchte der Sorte 'Clapps Liebling' ernten. Sie reifen im August/September und zeichnen sich durch wundervolle Färbung, gutes Aroma und nicht zuletzt durch ihre Größe aus. Der aufrechte Wuchs dieser Sorte bereitet Probleme beim Formieren der Zweige. Hier muß jeweils rechtzeitig gebunden werden. Als Unterlage verwendet man Quitte. Zwischenveredlung bringt schwachwüchsigere Formen. Die Sorte ist für rauhere Lagen ungeeignet. Guter Pollenspender.

Erstklassiges Tafelobst und gute Einmachbirnen liefert die Sorte 'Williams Christ', die im September reift und 2 bis 3 Wochen lagerfähig bleibt. Diese schmackhafte Frühbirne mit dem hervorragenden Aroma und den großen Früchten trägt regelmäßig und reichlich. Wuchs mittelstark. Auf Quitte veredelte Pflanzen eignen sich gut für Heckenpflanzung. Auch Sämlingsunterlagen und Zwischenveredlung sind möglich. Frosthärte gering. Rauhe Lagen sind nicht geeignet. Für alle mittel- und spätblühenden Sorten bester Pollenspender.

Im September/Oktober erntet man 'Gellerts Butterbirne'. Diese sehr saftige, große Birnenfrucht, die braun berostet ist, läßt sich gut einmachen. Für Heckenkultur ungeeignet, da sie zu starkwüchsig ist, auch bei Veredlung auf Quitte. Ihre große Widerstandsfähigkeit gegen Witterungseinflüsse und Krankheiten sowie ihre Anspruchslosigkeit in bezug auf den Boden machen sie zu einer leicht zu kultivierenden Sorte. Sehr frosthart. Verträgt auch noch Lagen, in denen Birnen sonst versagen (400–500 m). Guter Pollenspender für mittelspäte Sorten.

Besser für Kultur in Obsthecken eignet sich 'Gute Luise', ebenfalls im September/Oktober genußreif. Die wohlschmeckende Tafelfrucht ist leider sehr schorfanfällig. Sie verlangt nährstoffreichen, warmen Standort und gilt als guter Pollenspender für mittelspäte Sorten. Ihre bedingte Frosthärte macht sie nur für klimatisch günstige Standorte verwendbar.

'Bosc's Flaschenbirne' wird im Oktober geerntet. Die interessante Frucht mit den länglichen, flaschenförmigen oder kalebasseähnlichen Früchten hält sich 2 bis 3 Wochen. Die Früchte besitzen ausgezeichneten Geschmack (Muskatgeschmack). Die Sorte ist windfest und liebt trockenen Standort. Bei naßkalten Böden ist Schorfbefall möglich. Die frostharte, starkwüchsige Sorte ist ein ausgezeichneter Pollenspender für spätblühende Sorten und sollte, auf Quitte veredelt, nur in Spindel- und Buschform angepflanzt werden. Für Obsthecken wächst sie zu stark.

Mitte September bis Anfang Oktober reift die 'Köstliche aus Charneu', eine Sorte, die sich gut lagern läßt und bis Mitte November hält. Die saftige, großfrüchtige Birne für den Hausgarten ist auch für rauhere Lagen geeignet. Die geringen Bodenansprüche machen ihre Kultur einfach. Auf naßkalten Böden ist die Frosthärte gering. Mittelfrühblühend ist sie ein guter Pollenspender. Da sie steil aufrecht wächst, eignet sie sich nicht für Heckenpflanzung. Bei Spindelbüschen und Büschen sind Veredlungen auf Quitte und Zwischenveredlungen anzuraten.

Eine der wertvollsten Birnensorten, die im Oktober geerntet und im Dezember gegessen werden kann, ist 'Alexander Lucas'. Diese Standardsorte wird auf Sämlingsunterlage mit Zwischenveredlung oder auf Quitte angeboten. Der Wuchs ist mittelstark, der Ertrag gleichmäßig gut. Die Früchte sind sehr saftig. Je später man sie erntet, desto länger halten sie. Ihre geringe Anfälligkeit gegenüber Schorf ist besonders bemerkenswert. Sie läßt sich leicht an Spalier oder Hecke formieren, liebt viel Wärme, geschützte Lage und nährstoffreichen Boden, ist aber auch mit weniger guten Standorten zufrieden.

Die Früchte der 'Bosc's Flaschenbirne' mit der charakteristischen Form besitzen ein ausgezeichnetes Aroma. Guter Pollenspender.

Schlechter Pollenspender. Muß mit anderen, geeigneten Sorten zusammengepflanzt werden. Blüte mittelfrüh.

Eine wertvolle Spätsorte ist 'Gräfin von Paris', die erst im November geerntet wird und sich bis Januar hält. Sie ist gegen Krankheiten besonders widerstandsfähig und kann zur Heckenkultur, auf Quitte veredelt, besonders empfohlen werden. Der Ertrag beginnt früh. Regelmäßige, reiche Ernte steht einer geringen Frosthärte wegen früher Blütezeit gegenüber. Guter Pollenspender.

Besonders schmackhaft ist eine alte Birnensorte: 'Madame Verté'. Sie wird erst im Dezember geerntet und ist ab Januar genußreif. Die kleinen, grauen Früchte, die möglichst lange am Baum verbleiben sollen, erscheinen auch unter ungünstigsten Verhältnissen. Regelmäßiger Ertrag, Windfestigkeit und Robustheit zeichnen sie besonders aus. Dazu kommen große Frosthärte und geringe Standortansprüche. Gute Pollenspender sind für sie 'Williams Christ' und 'Bosc's Flaschenbirne'.

Die Quitte Zum Kernobst gehört auch die Quitte. Sie verlangt einen ähnlichen Boden wie Apfel und Birne, d. h. humosen, lockeren, feuchten Standort und einen warmen, geschützten Platz im Garten. Man kann sie als Busch oder als Halbstamm pflanzen. Für den kleinen Hausgarten ist sicherlich die Buschform vorzuziehen. Man unterscheidet Apfel- und Birnenquitten. Beide bringen große, leuchtendgelbe Früchte mit aromatischem Duft. Der Geschmack ist in beiden Fällen gleich. Sie unterscheiden sich lediglich in der Form. Quitten stellen keine hohen Pflegeansprüche. Das auf der Unterseite silbrig behaarte Laub wird selten von Schädlingen befallen. Im Frühjahr erscheinen die schön geformten, einzeln stehenden Blüten und verwandeln dieses Obstgehölz in einen schönen Zierbaum, der in jedem Garten seinen Platz finden könnte. Auch die großen, leuchtendgelben Quittenfrüchte besitzen Zierwert. Quitten lassen sich daher auch im Ziergarten als Solitärgehölz unterbringen oder sie finden in der Abpflanzung zwischen anderen Gehölzen einen Platz. Quittengelee und Quittenpaste sind bekannte hausgemachte Delikatessen. Auch als Marmeladenzusatz dienen sie der Geschmacksverfeinerung. Früchte von Quitten und Zierquitten legte man früher in die Wäschetruhe, um der Wäsche einen angenehmen Duft zu geben.

Quittensorten: 'Champion' und 'Portugiesische Birnquitte'. Beide Sorten sind empfehlenswert.

Die Mispel ist eine in unseren Gärten selten gewordene Obstart. *Mespilus germanica* ist ein dekoratives Gehölz in der Gartenanlage. Die großen, dunkelgrünen, scharf gezeichneten Blätter sind ungezieferfrei. Im Frühsommer erscheinen an den belaubten Zweigen die großen, weißen Blüten, die dem Baum das Aussehen eines Zierbaumes verleihen. Interessant sind die Früchte, die nur in fauligem Zustand verwertbar sind. Sie besitzen einen eigentümlichen, säuerlichen Geschmack. Die Mispel wird auf Weißdornunterlage oder auf Quitte veredelt im Handel angeboten. Mispeln pflanzt man zweckmäßigerweise als Halbstamm, da die Kronenbreite verhältnismäßig groß ist ($\varnothing$ 4–5 m), und die Pflanzen als Stammform noch einen Unterwuchs gestatten. Auch die Mispel kann in Abpflanzungen zwischen Ziergehölzen, Decksträuchern oder als Solitärgehölz an einer bevorzugten Stelle des Gartens (z. B. Sitzplatz) ihren Platz finden.

Zu Unrecht ist die Mispel Stiefkind im Obstgarten. Baumform und Blüten besitzen hohen Zierwert.

Steinobst

Die Kirsche Süßkirschen sind für kleine Hausgärten ungeeignet. Schon an den Standort stellen sie gewisse Ansprüche. Der Boden muß tiefgründig, leicht oder mittelschwer sein. Nasse und schwere Böden sind ungeeignet. Kirschen lieben Kalk. Besonders vorteilhaft ist natürlicher Kalkgehalt in tieferen Bodenschichten. Auf sauren Böden gedeihen sie nicht gut. Sie werden anfällig für verschiedene Krankheiten, neigen zu Gummifluß und sind auch den Winterfrösten nicht gewachsen. Eingeschlossene Lagen sagen Süßkirschen nicht zu. Auch Kaltluftgebiete und ungünstige Hanglagen (Ost-, Nordlage) sind für Süßkirschenkultur nicht geeignet. In günstigen, warmen Lagen kann Gefährdung durch Nachtfröste auftreten. Feuchte, regnerische Witterung während der Blüte wirkt sich nachteilig auf den Fruchtansatz aus. Regen zur Zeit der Fruchtreife schädigt die Früchte. Sie platzen und werden von Pilzen befallen. Hohe Luftfeuchtigkeit begünstigt Monilia, Schorf- und andere Pilzerkrankungen.

Wegen der Starkwüchsigkeit ist sie für Form- und Spalierobstanbau nicht geeignet. Sie muß als Halb- oder Hochstamm gezogen werden. Das bedeutet, daß bei einem Kronendurchmesser von mindestens 10 m bei einem ausgewachsenen Baum in ca. 15 Jahren nahezu 80 m^2 des Gartens beschattet werden. Schon aus Gründen der Zweckmäßigkeit muß man daher auf die schmackhaften Süßkirschen in kleineren Gärten verzichten. Hier lohnt eher der Anbau von Sauerkirschen. Folgende *Süßkirschensorten* können zum Anbau auf größeren Grundstücken empfohlen werden. Sie wurden wegen der Bestaubungsverhältnisse untereinander mit Ziffern bezeichnet:

1. 'Kassins Frühe', eine Herzkirsche, die in der 2. Kirschenwoche reift. Frucht dunkel, sehr groß, platzt nicht bei Regen. Der starkwüchsige Baum trägt früh und reich. Die Blüte erscheint früh, wird daher oft von Nachtfrösten geschädigt. Benötigt Fremdbestäubung durch 2, 3, 4, 5, 6.

2. 'Große Prinzessinkirsche', Knorpelkirsche (3. Kirschenwoche). Frucht gelb/rot, würzig im Geschmack. Gehört zu den besten Knorpelkirschen und stellt hohe Ansprüche an Boden und Kalkgehalt. Wuchs mittelstark, Fremdbestäubung von 1, 3, 4, 6.

3. 'Dönissens Gelbe Knorpelkirsche', eine spätreife Süßkirsche (4. Woche). Frucht mittelgroß, festfleischig, eignet sich gut zum Einmachen. Bei Regenwetter platzen die Früchte auf. Der Baum ist wüchsig, gute Frosthärte. Fremdbestäubung von 1, 4, 5, 6.

4. 'Hedelfinger Riesenkirsche', Knorpelkirsche, die in der 4.–5. Woche reift. Die Frucht ist nicht sehr groß, dunkelbraunrot, sehr würzig, platzt allerdings leicht bei Regen. Der starkwüchsige Baum wird sehr breit. Die Ansprüche an den Boden sind gering. Der Baum gedeiht auch in geschützten Höhenlagen, trägt spät, regelmäßig und reich. Gute Frosthärte. Fremdbestäubung durch 1, 2, 3, 5, 6.

5. 'Büttners Rote Knorpelkirsche', Reifezeit 5. Woche. Rotgelbe Frucht, braun geflammt. Sehr fest. Eine der besten Kirschen, wenn sie lange genug am Baum reifen kann. Auch diese Früchte sind regenempfindlich. Der starkwüchsige, aufrechte Baum trägt früh, regelmäßig und reich. Kann sehr alt werden. Geringe Bodenansprüche, auch für Höhenlagen geeignet. Sehr empfindlich gegen Spätfröste. Fremdbestäubung von 1, 3, 4, 6.

6. 'Schneiders späte Knorpelkirsche'. Eine der besten, großfrüchtigen Knorpelkirschen, die in der 5. Kirschenwoche reifen. Die dunkelbraunroten Früchte platzen allerdings leicht bei Regen. Die starkwüchsige Kirsche stellt geringe Bodenansprüche und ist auch für Höhenlagen geeignet. Sehr frosthart. Fremdbestäubung von 1, 2, 3, 4, 5.

Sauerkirschen stellen ähnliche Ansprüche an Boden und Klima wie die Süßkirsche, sind aber genügsamer und nehmen sogar mit Sandboden vorlieb. Sie gedeihen selbst bei höherem Grundwasserstand noch hinlänglich. Sie lassen sich in verschiedenen Baumformen im Garten kultivieren. Im kleineren Garten kann man sie als Fächerspalier, als Busch oder auch als Halbstamm pflanzen. Von Hochstammformen sollte man aus Platzgründen Abstand nehmen. Beim Fächerspalier wählt man Ost-, West- oder Nordlagen. Der Name »Schattenmorelle« ist irreführend. Er besagt nicht, daß diese beste unserer Sauerkirschen auch unbedingt im Schatten stehen muß. Sauerkirschen gedeihen nämlich genauso gut in sonniger Lage oder in lichtem Schatten. Der Vorteil liegt allerdings darin, daß sie auch mit geringerer Besonnung zufrieden sind und trotzdem noch annehmbare Erträge liefern. Morellenbüsche sind leicht zu pflegen und bringen für den Hausgebrauch gute Erträge. Da die Sauerkirschen meist spät im Jahr blühen, sind sie den Nachtfrösten nicht so ausgeliefert wie die Süßkirschen. Infolgedessen sind die Erträge auch sicherer.

Gute Bodenpflege zahlt sich bei den Sauerkirschen aus. Jährliche, reiche Humusgaben und zusätzliche Düngung mit organischem oder blauem Volldünger und Kalk können die Erträge erheblich steigern. Bei Sauerkirschen spielt der Schnitt eine große Rolle. Um sie vor Spitzendürre (Monilia) und Gummifluß zu bewahren, muß man sie stets in starkem Wachstum halten. Daher ist ein jährlicher scharfer Rückschnitt erforderlich.

Auch die Halbstammform ist durch entsprechenden Schnitt verhältnismäßig kleinkronig zu halten.

Eine der besten *Sauerkirschsorten* ist die 'Große lange Lotkirsche', die besser als Schattenmorelle bekannt ist. Die großen, dunkelbraunroten Früchte sind ideale Einmachfrüchte. Schattenmorellen tragen sehr früh und reich. Die Sorte ist selbstfruchtbar. Andere gängige Sorten sind die 'Diemitzet Amarelle', eine halbsaure Kirsche wie die 'Spanische Glaskirsche'. In manchen Gegenden wird auch noch die 'Ludwigs Frühe', eine frühe, säuerliche Kirsche mit mittelgroßen Früchten angebaut. Sie zeichnet sich durch frühe Reife und Moniliafestigkeit aus.

Die Pflaume Zum Steinobst gehören die Pflaumen, Pfirsiche, Zwetschen, Mirabellen und Aprikosen. Für den Hausgarten genügt meist 1 Exemplar dieser an Boden und Klima gewisse Ansprüche stellenden Obstarten. Pflaumen lieben warmen, humosen, gut durchlüfteten, feuchten Boden, der ausreichend mit Kalk versorgt sein muß. An die Tiefgründigkeit stellen sie keine großen Ansprüche, da sie oberflächennah wurzeln. Nur bei Reneklo- den, Mirabellen und den großfrüchtigen Eierpflaumen ist tiefgründiger Boden beste Voraussetzung für gutes Gedeihen.

Zwetschen bevorzugen eine etwas geschütztere Lage, gedeihen aber auch in freiem Stand noch leidlich, wenn sie nicht starken Luftströmungen ausgesetzt sind. Der Fruchtbehang erfolgt bei Pflaumen und Zwetschen meist in zweijährigem Turnus. Trockenheit zur Zeit des Fruchtansatzes bewirkt starken Fruchtfall. Es empfiehlt sich daher, in trockenen Lagen und bei trockener Witterung um diese Zeit besonders häufig und nachhaltig zu wässern. Bei den Zwetschen gibt es eine Anzahl von Lokalsorten, die in den jeweiligen Gegenden durch Ausläufer vermehrt werden ('Spilling', 'Stromberger Hauszwetsche'). Zwetschensorten, die auf diese Weise vermehrt werden, sollten jedoch nur von besten Mutterbäumen abgenommen werden. Die wichtigsten im Handel befindlichen, gängigen Pflaumensorten, die für den Hausgarten von Bedeutung sind und dem Freizeitgärtner reiche Ernten bescheren können, werden im folgenden Kapitel näher beschrieben.

Eine der frühesten Pflaumensorten ist die 'Oullins Reneklode'. Sie kann Anfang/Mitte August geerntet werden. Der breitkugelig wachsende Baum besitzt wegen der frühen Blüte nur geringe Frosthärte. Die Sorte ist selbstfruchtbar. Die Früchte sind groß, grünlichgelb und wohlschmeckend, lösen sich allerdings nicht vom Stein.

Von den dunkelblauen, großfrüchtigen Pflaumen ist 'The Czar' zu nennen. Diese Pflaumensorte reift etwa Anfang/Mitte August. Sie eignet sich gut für Rohgenuß. Die regelmäßig und früh tragende Sorte ist frosthart. Der Baum wächst sparrig, breit. Er ist selbstfruchtbar.

Eine der bekanntesten Pflaumensorten ist die 'Königin-Viktoria'-Pflaume. Sie gehört mit ihren großen, leuchtend gelbroten Früchten zu den Massenträgern, die im September genießbar sind. Die stark hängenden Zweige brechen leicht. In den Früchten befinden sich oft Harzausscheidungen. Der Baum verlangt nährstoffreichen, gut gekalkten Boden und geschützte Lage. Im Winter ist Verjüngungsschnitt erforderlich, um den Baum gesund zu erhalten. Die Sorte ist frosthart und selbstfruchtbar. Sie gehört zu den besten Einmachpflaumen.

'Graf Althanns-Reneklode' mit großen, runden, blauroten Früchten reift im September. Die Früchte sind sehr saftig und lösen sich gut vom Stein. Die Sorte ist starkwüchsig und bildet breite Kronen aus. Bodenansprüche gering. Klima und Lage können rauher sein. 'Graf Althanns-Reneklode' ist frosthart. Selbstbestäubung ist nicht möglich, Fremdbestäubung durch Hauszwetsche oder andere Reneklodenart. Gute Einmachfrucht.

Eine bekannte alte Sorte ist die 'Große Grüne Reneklode', die etwa Anfang/Mitte September reift. Im Gegensatz zu ihrem Namen sind die Früchte relativ klein. Es handelt sich um eine begehrte Einmachsorte von mittelstarkem Wuchs, die nährstoffreichen Boden und geschützte Lage liebt. Sie ist sehr frosthart. Da sie nicht selbstfruchtend ist, sollte man andere Pflaumensorten (z. B. 'Graf Althanns-Reneklode' oder eine Zwetsche) zur Fremdbestäubung gleichzeitig anbauen, wenn sich ein solcher Baum nicht in unmittelbarer Nachbarschaft befindet.

Als Einmachfrucht sind besonders die Mirabellen beliebt. Beste Sorte ist die 'Mirabelle von Nancy', die etwa Mitte August reift. Die kleinen, runden, gelben, rötlich punktierten Früchte entwickeln eigentlich erst eingemacht ihr volles Aroma. Mirabellen wachsen mittelstark und tragen sehr spät, dann aber reich und regelmäßig. Sie verlangen sonnigen Standort in geschützter Lage und tiefgründigen, humosen, kalkhaltigen Boden. Ihre Frosthärte ist gering. Mirabellen sind selbstfruchtbar. Sie können auch leicht durch Wurzelausläufer vermehrt werden.

Bei den *Zwetschensorten* gibt es verschiedene Lokalsorten für den jeweiligen Standort und das Lokalklima, wo sie gute Erträge bringen. Daneben gibt es eine Reihe von Züchtungen, unter denen die 'Bühler Frühzwetsche' besonders erwähnenswert ist. Sie bringt Mitte August große, eirunde, blaubereifte Früchte hervor. Der Baum ist starkwüchsig und wächst aufrecht. Er liebt guten, nahrhaften kalkgedüngten Boden. Ausreichende Bodenfeuchtigkeit muß vorhanden sein, da die Früchte sonst nicht richtig ausreifen und sich nicht vom Stein lösen. Diese Zwetschenart trägt sehr früh und bringt regelmäßig gute Erträge. An guten Standorten darf der Behang nicht zu stark werden (ausflücken!), weil sonst die Äste brechen können. 'Bühler Frühzwetschen' sind selbstfruchtbar. Die Frosthärte ist wegen der frühen Blüte gering.

Die wichtigste Sorte unter den Zwetschen ist die 'Blaue Hauszwetsche', die Mitte/Ende September geerntet wird. Die Früchte sind zwar nur mittelgroß, können aber bis zu den ersten Frösten am Baum verbleiben und besitzen dann ihr volles Aroma. Es gibt verschiedene Spielarten von unterschiedlichem Wert. Der Wuchs des Baumes ist mittelstark, die Krone kugelig. Sie verlangt gelegentlichen starken Rückschnitt, um ein Ausbrechen der stark mit Früchten behangenen Äste zu vermeiden. Sie dient zur Fremdbestäubung anderer Pflaumen- und Zwetschensorten. Hauszwetschen sind beliebte Einmachfrüchte. Für einen Haushalt genügt ein Baum. Hervorzuheben ist die große Frosthärte und Selbstfruchtbarkeit.

Pfirsiche und Aprikosen Die Kultur der Pfirsiche ist in den meisten Fällen eine Standortfrage. Sie sind im Weinklima zu Hause, und nur dort, wo sie diese Standortvoraussetzungen in bezug auf Boden und Klima vorfinden, kann man auch mit zufriedenstellenden Ernten und gesunden Bäumen rechnen. Für rauhere Gegenden gibt es zwar einige robustere Sorten, die

Pfirsiche lieben Weinklima, sie gedeihen aber auch in rauheren Lagen. Lokalsorten bringen hier gute Ernten.

aber kleinere, doch wohlschmeckende Früchte hervorbringen. An günstigem Standort (Südwand) können Fächerspaliere sichere Erträge liefern. Pfirsiche lieben gut durchlüfteten, tiefgründigen Boden, der genügend feucht sein muß und einen gewissen Kalkgehalt aufweist. Trifft dies nicht zu, muß man besonders zu Zeiten des Fruchtansatzes und einige Wochen vor der Ernte durch kräftiges Wässern (bei trockener Witterung) nachhelfen. Pfirsiche wollen windgeschützt stehen. In exponierten Lagen sind Erträge nicht zu erwarten. Geeignete Schutzpflanzungen schaffen das erforderliche Kleinklima. Auch mit Matten kann man in windgefährdeten Lagen für Abhilfe sorgen, das ist allerdings ein aufwendiger Ersatz. Dauerhafter sind Windschutzzäune aus Flechtmatten (z. B. Bongossigeflecht, imprägniertes Kiefernholzgeflecht). Schweren Boden lockert man durch Beimengung von viel Komposterde, Bauschutt und Kalksteinschotter auf. Auch durch Beimengung von Sand erreicht man eine nachhaltige Lockerung. Es ist darauf zu achten, daß ausreichend Kalk im Boden vorhanden ist, andernfalls hat der Pfirsich stark unter Gummifluß zu leiden und stirbt früh ab. Auf schweren Böden reifen die Triebe des Pfirsichs nicht aus. Sie sind daher sehr frostgefährdet.

Pfirsiche tragen verhältnismäßig früh. In den meisten Fällen ist der Fruchtansatz so groß, daß man ihn kräftig ausdünnen muß. Man entfernt so viele Früchte von den Zweigen, daß zwischen den Einzelfrüchten ein Mindestabstand von 10–12 cm als Zwischenraum verbleibt. Ein besonderes Problem bei der Pfirsichkultur ist die gefürchtete Kräuselkrankheit. Sie wird durch Pfirsichblattläuse übertragen, die diese Krankheit wirtswechselnd auch auf Kartoffeln bringen. Es gibt *Sorten* wie z. B. 'Amsden' oder 'Madame Rogniat', die dagegen widerstandsfähig sind. Zu den bekanntesten Sorten gehört der 'Amsden', der bereits Mitte/Ende Juli reift. Die Frucht ist mittelgroß, kugelig, gelb mit roten Backen und besitzt weißes Fleisch, das sich nicht vom Stein löst. Die Sorte ist sehr widerstandsfähig gegen die Kräuselkrankheit. Der Ertrag ist reich und regelmäßig. Durch Ausdünnen erhält man besonders große Früchte. Die frühe Blüte des Pfirsichs ist in rauheren Lagen frostgefährdet. 'Madame Rogniat' reift Ende August. Hier handelt es sich um einen Pfirsich, der gleichmäßige, runde Früchte hervorbringt. Sie sind auf gelbem Grund karminrot gefärbt. Das Fleisch ist weich, sehr saftig und wohlschmeckend. Die Sorte löst sich vom Stein, ist empfehlenswert und besitzt eine ausreichende Frosthärte.

Stellvertretend für verschiedene andere Arten und Lokalsorten soll hier als späte Sorte der 'Kernechte vom Vorgebirge' genannt sein. Er wird Anfang/Mitte September geerntet, bringt mittelgroße bis große Früchte hervor, die mehr länglich als breit sind und eine starke Behaarung aufweisen. Die Grundfarbe ist gelblich, an der Sonnenseite dunkelrot, das Fleisch grünlichweiß, der Geschmack sehr aromatisch. Da sich das Fruchtfleisch gut vom Stein löst, ist er ein guter Einmachpfirsich. Die Sorte ist sehr widerstandsfähig gegen Kräuselkrankheit und bringt sehr hohe Erträge. Wurzelechte Vermehrung und Vermehrung durch Aussaat ist möglich, doch ist veredelten Pflanzen gegenüber wilden der Vorzug zu geben. Sie werden von besonders guten Ertragssorten gewonnen. Pfirsichsorten können in klimatisch günstigen Lagen auch auf Pfirsichsämlingen veredelt werden. Sonst wählt man als Unterlage für weniger günstige Lagen die 'Marunke'. Diese Pflaumenart stellt geringere Bodenansprüche und bewirkt bei Pfirsichen einen bedeutend früheren Ertrag.

Die Aprikose stellt höhere Ansprüche an Klima und Bodenverhältnisse als der Pfirsich. Nur in besonders günstigen Lagen bringen sie zufriedenstellende Ernteerträge. Man sollte es aber ruhig einmal – wenn auch nur als Spalierbaum – an einer Südwand versuchen. Mit einem geeigneten Hintergrund können auch bei Aprikosen in weniger günstigen Lagen noch Erträge erzielt werden. Besonders hübsch ist die Blüte im zeitigen Frühjahr. Alle *Aprikosensorten* sind selbstfruchtbar und bieten daher in bezug auf die Bestäubung keine Probleme. Unter den bekannten, im Handel befindlichen Sorten sind die 'Wahre große Frühaprikose', die im Juli/August reift, zu nennen und die 'Ungarische Beste', die etwa ab Mitte August geerntet wird. Letztere ist ziemlich starkwüchsig. Sie besitzt geringe Anfälligkeit gegenüber Schädlingen. Ihre frühe Blüte ist erstaunlich widerstandsfähig gegen Frost. Sie bringt gute, regelmäßige Erträge. Die 'Aprikose von Nancy', die im August heranreift, gehört zu den mittelstark wachsenden, gesunden Sorten, die zum Anbau empfohlen werden können. Die Sorte fruchtet stark, ist allerdings in der Blüte frostempfindlicher als die oben genannten Sorten. Die Regenempfindlichkeit ist gering.

Die Schlehe ist eine ungewöhnliche Steinobstart (Schwarzdorn, Heckendorn, *Prunus spinosa*). Man muß dieses Gehölz aus der Familie der Rosengewächse schon beinahe zu den Obstgehölzen rechnen. Der Strauch ist relativ anspruchslos, schätzt kalkhaltigen Boden, nimmt aber mit jedem Gartenboden vorlieb. Im zeitigen Frühjahr, noch vor der Kirschblüte, entfalten sich die weißen Blüten in unendlicher Fülle und machen den Strauch dadurch zu einem liebenswerten Frühlingsboten im Garten. Die blaubereiften, rundlichen Früchte erscheinen im Herbst. Sie sind nur in ausgereiftem Zustand genießbar, besitzen einen herbsäuerlichen, etwas zusammenziehenden Geschmack. Schlehenfrüchte sind zur Bereitung von Schnäpsen und Aufgesetzten von alters her beliebt und bekannt. Auch in der Volksheilkunde hat die Schlehe ihren festen Platz. Die Blüten wurden früher unter der Bezeichnung *Flores acaciarum* gehandelt und gelten als Blutreinigungsmittel und zur Anregung des Stoffwechsels. Der Tee von Schlehenblüten (1–3 g/Tasse) wirkt leicht abführend und wird daher gern bei Verstopfungen im Kindesalter verwendet. Den Früchten sagt man auch eine günstige Beeinflussung von Herz und Kreislauf nach. Bei Erschöpfungszuständen werden sie als Stärkungsmittel gegeben. Schlehenbäder werden als Kräftigungsmittel empfohlen. Hierzu kocht man 1500 g frische Schlehen etwa 1 Stunde und gibt den ausgepreßten Saft ins Badewasser. Da die Schlehe ein wehrhafter Strauch ist, und die Zweige in nadelspitzen, starken Dornen enden, bieten sie ideale Nistgelegenheiten für die heimischen Singvögel. Auch der selten gewordene Neuntöter fühlt sich im Schlehengebüsch heimisch. Auch aus Gründen des Vogelschutzes sollte man daher Schlehen viel häufiger in Gärten anpflanzen.

Schalenobst

Unter diesem merkwürdigen Namen verbergen sich die Früchte, die uns der Garten als Schätze für den Winter liefert. Es sind die Nüsse. Unter den schönen, holzigen Schalen sitzen recht kalorienreiche Kerne mit hohem Fettanteil. Er beträgt etwa 60–65%. Aber auch Eiweiß und etwas Vitamin C sind in Nüssen enthalten. Da die Kerne wenig Wasser enthalten, sind sie sehr lange haltbar. Eigentlich sollte man Nüsse schon allein wegen des hübschen Aussehens der Früchte im Garten pflanzen. Die Ernte ist stets ein besonderes Vergnügen, vor allem für Kinder, die ein Wettsuchen veranstalten können. Natürlich müssen wir Obacht geben, daß nicht die geschäftigen Eichkätzchen oder Mäuse schneller sind und wir das Nachsehen haben.

Walnüsse sind für kleinere Gärten ungeeignet, denn die Bäume können beachtliche Größen erreichen. Sie kommen nur für große Gärten in Frage, wo sie als Solitärgehölze in der Nähe des Hauses oder an einer interessanten Stelle im Garten gepflanzt werden können. Sie lieben tiefgründigen, leicht kalkhaltigen Boden und einen sonnigen Standort. Da sie schon sehr früh im Jahr blühen und auch sehr früh treiben, können sie an spätfrostgefährdeten Stellen leiden. Sie kommen dort fast nie zum Tragen. Bei Walnüssen pflanzt man möglichst veredelte Sorten, da die aus Samen gezogenen Bäume oft kleinfrüchtig sind oder keine befriedigenden Ernten bringen. Beim Pflanzen von Walnußbäumen ist darauf zu achten, daß die Bäume nicht geschnitten werden, da sie leicht ausbluten können. Wenn überhaupt ein Schnitt erforderlich ist, dann nur im Hochsommer, in voll belaubtem Zustand. Das Laub der Walnüsse vertreibt Mücken und Fliegen. Der Walnußbaum in der Nähe eines Sitzplatzes sorgt auf diese Weise für natürliche Schädlingsabwehr. Bei der Pflanzung von Walnußbäumen sollte man sich die Mühe machen, den

Boden so tief wie möglich zu lockern und die Pflanzgrube so breit wie möglich auszuheben, damit die Wurzeln sich gleich zu Anfang ungestört ausbreiten und in die Tiefe gehen können.

Haselnüsse eignen sich besser für den Hausgarten. Es gibt sie in verschiedenen Sorten. Der Haselnußstrauch gehört zu den anspruchslosesten und dankbarsten Gehölzen unseres Gartens. Er kann auch als Deckstrauch, zur Abpflanzung eines Hausgartens, zur Abschirmung gegen eine Straße oder ein Nachbargrundstück gute Dienste tun. Haselnüsse vertragen halbschattigen, sonnigen und schattigen Standort, tragen im Schatten allerdings nicht so reichhaltig. Sie eignen sich vorzüglich, zusammen mit anderen Gehölzen, als Windschutzpflanzung. Der natürliche Standort dieser Gehölze ist der Laubwald. Humus und kalkhaltiger Boden sagt ihnen daher standortmäßig am besten zu. Tiefgründiger und nährstoffreicher Boden, der auch einen gewissen Kalkanteil besitzt, ist für diesen Windblütler besonders geeignet. Als Windblütler sollte man sie stets parallel zur Hauptwindrichtung pflan-

Haselnüsse sind gute Windschutzpflanzen. Die Sträucher müssen regelmäßig verjüngt werden.

zen, damit der Wind die Bestäubung vornehmen kann. Windstille Lagen sind also ungeeignet.
Es gibt eine Reihe von reichtragenden *Haselnuß-Sorten* mit großen Früchten. Zu ihnen gehören 'Wunder von Bollweiler', 'Webbs Preisnuß', 'Zellers Riesennuß' oder 'Lange Zellernuß', 'Hallesche Riesennuß', 'Cosford Riesen' und nicht zu vergessen die 'Rote Bluthasel', die ebenfalls große Mengen an Nüssen hervorbringen kann. Wegen der intensiven Rotfärbung des Laubes sollte man jedoch gerade mit ihr etwas vorsichtig im Garten umgehen, da sie leicht etwas aufdringlich in Erscheinung treten kann.
Haselnüsse vertragen starken Rückschnitt. Sie lassen sich sogar »auf den Stock« setzen, d. h. eine Handbreit über dem Boden abholzen. Sie treiben willig wieder aus. Das ist besonders wichtig für Pflanzungen, die hin und wieder abgeholzt werden müssen, z. B. Windschutzpflanzungen. Meist begnügt man sich jedoch damit, alte Büsche auszulichten, d. h. die alten, dicken Stämme eine Handbreit über dem Boden abzusägen und die jungen Triebe durchwachsen zu lassen. Auf diese Weise kann ein Nußstrauch ständig regeneriert werden. Eine alte Faustregel sagt, daß man Nüsse alle 3 Jahre um 1/3 ihres Volumens zurückschneiden soll. So erreicht man eine Totalverjüngung innerhalb von 9 Jahren.
Derartige Verjüngungshiebe haben den Vorteil, daß größere Ernteausfälle vermieden werden. Schneidet man Haselnüsse nicht zurück, können die Büsche bis zu 7 m hoch werden. Dann beschränkt sich die Ernte auf das vielbesungene »Nüsse schütteln«. Großfrüchtige Haselnüsse beschafft man sich aus der Baumschule oder dem Gartencenter. Die Anzucht aus Nußkernen gelingt zwar sehr leicht, ist aber nicht anzuraten, da sie nicht sortenecht ausfallen. Sie ähneln dann leicht der Wildform und bringen geringere Erträge als die Hochzuchten. Als Pollenspender sind Wildnüsse sehr willkommen.

Eßkastanie Dieser aus Westasien und Südeuropa stammende Baum mit den schmackhaften Maronen ist auch im Garten leicht zu kultivieren, wenn die zur Verfügung stehende Fläche groß genug ist und das Grundstück günstige klimatische Voraussetzungen besitzt. Kastanien wachsen zu großen Bäumen heran, wenngleich das Wachstum in den ersten 10 bis 20 Jahren sehr langsam vonstatten geht. Gute Sorten fruchten allerdings schon sehr früh. Die Bäume können später leicht Höhen bis zu 20 m erreichen. Eßkastanien lieben sandig-humose Lehmböden, die sauer bis neutral reagieren. Die kalkfeindlichen Bäume gedeihen am besten in warmen Lagen (Weinklima), sind aber empfindlich gegen Luft- und Bodentrockenheit. Die Früchte können im September/Oktober geerntet werden. Kastanien sind Tiefwurzler.

Beerenobst

Beerenobst benötigt wenig Platz im Garten. Die anspruchslosen Sträucher werden nahezu mit jedem Gartenboden fertig und liefern jährlich reiche Erträge schmackhafter, süßer Beeren, ohne daß aufwendige Pflege erforderlich ist. Sie sind auch mit weniger gutem Stand im Halbschatten zufrieden, obwohl sie in voller Sonne am besten gedeihen. Schwere Ton- und Lehmböden und sehr leichte Sandböden können als extreme Lagen dennoch für die Kultur von Beerenobst nutzbar gemacht werden, wenn sie entsprechend aufbereitet werden. Die Bodenverbesserung erfolgt durch reichliche Gaben von Torf und Kompost und bei schweren Böden durch Auflockerung mit Sand, Lava oder Styromull. Der Nährstoffbedarf von Beerenobst ist verhältnismäßig groß. Wir können ihn durch reiche Naturdüngergaben, Kompost und, wo nicht vorhanden, durch mineralische Dünger befriedigen. Auch die Standortwahl spielt bei den Erträgen eine gewisse Rolle. Beerenobst liebt nämlich windgeschützte Lagen. Notfalls schirmt man Strauchpflanzungen mit Windschutzpflanzungen gegen die Hauptwindrichtung ab. Der Boden sollte stets ausreichend feucht sein. Auf leichten Böden ist bei Bedarf kräftig zu wässern. Das gilt sowohl für Johannisbeeren als auch für Stachelbeeren, Jostabeeren, Himbeeren und Brombeeren.
Bei der Pflanzung von Beerenobst ist eine ausreichende Vorratsdüngung anzuraten. Naturdünger wie Hornspäne, Knochenmehl oder Blutmehl und Zusatzgaben von Patentkali sind am besten geeignet. Fehlt Naturdünger, so gibt man ca. 150 g eines blauen Volldüngers je Pflanze in das Pflanzloch und mischt ihn gut mit dem Boden. Chlorhaltige Düngemittel sind für Beerenobst ungeeignet.

Johannisbeeren enthalten große Mengen Vitamin C, Apfel-, Weinsäure und Pektine. Durch Kochen der Früchte und beim Erhitzen im Entsafter geht ein großer Teil wertvoller Vitamine jedoch verloren. Daher ist besonders der Rohgenuß zu empfehlen. Beerenobst läßt sich vorzüglich in Tiefkühltruhen einfrieren und schmeckt nach dem Auftauen wie frisch. Bei diesem Vorgang bleibt der größte Teil der Vitamine erhalten. Schwarze Johannisbeeren und Jostabeeren besitzen hohen Vitamin-C-Gehalt. Saft von Schwarzen Johannisbeeren ist ein vorzügliches Mittel gegen Erkältungskrankheiten und wird außerdem als Blutreinigungsmittel angewendet.
Bei der Pflanzung von Johannisbeeren hebt man eine entsprechend große Grube aus, lockert den Boden im Pflanzloch und setzt die Sträucher einige Zentimeter tiefer, als sie in der Baumschule gestanden haben, in den Boden. Dadurch entstehen reichlich neue Bodentriebe, die zur Verjüngung der Sträucher dienen. Der Pflanzabstand bei Roten Johannisbeeren sollte etwa 1,5 m, bei starkwüchsigen Sorten und Schwarzen Johannisbeeren ca. 2,5 m von Pflanze zu Pflanze betragen. Schwarze Johannisbeeren können ebenfalls tiefer gepflanzt werden als in der Baumschule. Vor der Pflanzung schneidet man die Wurzeln an, damit sie rasch neue Faserwurzeln bilden. Beim Pflanzen ist darauf zu achten, daß die Wurzeln ausreichend Platz haben. Sie dürfen nicht in das Pflanzloch gepreßt werden oder gar nach oben gebogen sein. Pflanzen, die längere Transportzeiten zu überdauern hatten und deren Wurzeln trocken geworden sind, stellt man über Nacht in einen Eimer Wasser, damit sie sich wieder richtig vollsaugen können. Nach der Pflanzung tritt man den Boden leicht an und wässert kräftig mit der Gießkanne oder mit einem Schlauch. Man beläßt an jeder Pflanze ca. 5–6 kräftige Triebe. Bei schwächeren Pflanzen läßt man auch schwächere Triebe stehen. Dabei sollte man allerdings die starken Triebe etwas zurücknehmen. Stachel- und Johannisbeeren tragen am zwei- bis vierjährigen Holz. Eine Ausnahme bildet die Schwarze Johannisbeere, die am stärksten an den einjährigen Trieben fruchtet. Hier muß man infolgedessen den Schnitt entsprechend einstellen. Bei Roten Johannisbeeren entfernt man alle Triebe, die älter als 4–5 Jahre sind. Man erkennt sie

an den dicken, dunklen Ästen, die nur noch geringfügig treiben. Als Ersatz läßt man eine Anzahl junger, kräftiger Triebe stehen, die aus dem Boden kommen. Alle anderen Schößlinge schneidet man dicht über dem Boden ab. Bei den Schwarzen Johannisbeeren schneidet man die abgetriebenen Zweige bis auf die Jungtriebe in der Nähe der Strauchmitte nach der Ernte zurück. Beerenobst benötigt viel Nährstoffe. Neben reichen Kompostgaben sollte man daher jährlich etwa 80–100 g/m² eines chlorfreien Volldüngers als Kopfdünger auf dem Boden aufbringen oder eine entsprechende Menge Naturdünger. Am besten verabreicht man den Dünger in drei Gaben, das 1. Drittel Mitte/Ende April, das 2. im Juni und das 3. unmittelbar nach der Ernte, damit die Sträucher kräftig durchtreiben.

Beerenobst besitzt sehr flach streichende Wurzeln. Tiefes Umgraben ist in unmittelbarer Umgebung der Sträucher zu vermeiden, da sonst die Wurzeln beschädigt werden. Die Beerensträucher verlangen gut durchlüfteten Boden. Es ist wichtig, daß der Boden unter den Sträuchern stets feinkrümelig und locker bleibt. Eine solche Struktur erhält man leicht durch Mulchen. Stark zehrende Pflanzenkulturen als Unterpflanzung oder Rasen unter den Sträuchern sind ungeeignet. Die Sträucher würden im Ertrag stark nachlassen.

Für *Stachelbeeren* benötigt man ähnliche Bodenverhältnisse. Sie sind auch mit weniger gutem Standort, auch noch im Halbschatten anbauwürdig. Der Boden soll jedoch immer ausreichend feucht sein. Guter Humusvorrat und jährliche reichliche Gaben von Naturdünger oder mineralischem Dünger garantieren auch bei den Stachelbeersorten volle Erträge.

Stachelbeersträucher müssen im Gegensatz zu Johannisbeersträuchern durch regelmäßigen Schnitt im Winter so ausgelichtet werden, daß eine ausreichende Belichtung und Durchlüftung der Kronen möglich ist. Wegen des leichten Mehltaubefalls junger Triebe oder Rostpilzbefall schneidet man Stachelbeersträucher jährlich etwa um ⅓ ihrer Länge zurück.

Stachelbeeren enthalten ähnlich wie Johannisbeeren hohen Vitamin-C-Gehalt. Auch sie gelten als verdauungsfördernd und blutreinigend. Die Pflanzabstände bei Stachelbeeren betragen etwa 120 × 120 cm von Strauch zu Strauch. Zur Erleichterung des Pflückens zieht man Stachelbeeren besser als Hoch- oder Halbstämmchen. Sie haben den Nachteil, daß sie sich schlecht ernten und schlecht sauberhalten lassen. Man kann sie nicht so wie Johannisbeeren auch als Heckenkultur im Garten anbauen. Das Formieren der stacheligen Triebe ist nämlich sehr schwierig. In Stammform gezogene Stachelbeeren benötigen einen Pfahl, da die Kronen so stark werden, daß die Stammunterlagen brechen können. Bei älteren Pflanzen sollte man ein Lattengerüst im Dreieck so anordnen, daß die Krone aufliegen kann.

Beerenobst in Heckenform Johannisbeeren, speziell Rote Johannisbeeren, können gut in Heckenform gezogen werden, um die Ernte zu erleichtern und vollausgereifte, gut besonnte Früchte zu erzielen. Hierzu eignen sich vorwiegend starkwüchsige Sorten, wie z. B. 'Jonkheer van Tets', dessen Triebe leicht an einem Drahtgerüst formiert und angebunden werden können. Bei Heckenkultur kommt man mit Pflanzabständen von ca. 1 m aus. Die Triebe werden V-förmig an zwei Drähten befestigt, die im Abstand von 60 bis 120 cm über dem Boden gespannt sind. Der Schnitt der so kultivierten Johannisbeeren ist etwas anders als üblich, man kann die formierten Zweige länger am Strauch lassen, d. h. nur die stärkeren Seitentriebe, die zum formieren nicht benutzt werden, entfernt man unmittelbar über der Austriebstelle. Wegen der günstigen Belichtung können die formierten Triebe mindestens 4–5 Jahre am Strauch belassen werden. Dann erfolgt auch hier die ständige Verjüngung durch Entfernen der alten Triebe und durch Einziehen neuer, aus dem Boden austreibender Jungtriebe. Auch Schwarze Johannisbeeren lassen sich in dieser Form kultivieren, müssen aber genau wie die Sträucher jedes Jahr nach der Ernte auf die kräftig aus dem Boden neu austreibenden Einjahrestriebe zurückgenommen werden. Werden Sträucher in der Folgezeit zu dicht, entfernt man auch alle zehrenden Jungtriebe. Gängige gute *Johannisbeersorten*, die als

Johannisbeeren lieben lichten Standort. Die vitaminreichen Früchte sind für die Kinder begehrtes Naschobst. Heckenkultur bringt besonders schöne Trauben, die sich leicht ernten lassen.

Auswahl für viele andere stehen mögen, sind: 'Jonkheer van Tets', sehr früh, langtraubig mit großen, dunkelroten Früchten, sehr aromatisch. Der Ertrag ist hoch, die Sorte wächst aufrecht. Sie benötigt viel Nährstoffe und viel Feuchtigkeit.

'Heros' treibt früh und reift früh. Die großfrüchtige Sorte bringt saftreiche, lange Trauben hervor. Bodenansprüche wie oben. Sie gehört zur Zeit zu den Spitzensorten unter den Roten Johannisbeeren.

'Macheraus späte Riesentraube' ist großfrüchtig, rot, mildaromatisch süß.

Eine großfrüchtige Sorte mit hohem Vitamin-C-Gehalt ist 'Red Lake'. Die Früchte schmecken süß und sind von mildem Aroma.

Ähnlich im Geschmack ist die dunkelrote 'Rondom', die bereits Mitte bis Ende Juni reift.

'Heinemanns Rote Spätlese' gehört zu den reichtragenden, gesunden Sorten, die verhältnismäßig stark wachsen. Auch die Sorte verlangt wie die bisher beschriebenen reichliche Düngergaben und ausreichend Feuchtigkeit, da sie sonst anfällig auf Krankheiten wird. Die großen, hellroten Früchte hängen an langen Fruchttrauben. Sauer.

Empfehlenswerte weiße Sorten, die wegen ihres feinen Aromas von Liebhabern besonders geschätzt werden, sind die 'Weiße Volltragende' und die 'Weiße von Jüterbog' (auch 'Weiße Holländische' genannt).

Unter den schwarzen Sorten rangiert an bevorzugter Stelle 'Silvergieters Schwarze', eine starktreibende Sorte, die zu den reichtragenden gehört. Auch die Sorte 'Rosenthals schwarze Langtraubige' ist eine gute Sorte mit säuerlich herbem, streng aromatischem Geschmack. Als süßsäuerlich ist die Sorte 'Wellington XXX' zu nennen. Auch sie gehört zu den großfrüchtigen Sorten, die sich leicht ernten lassen.

Interessant für die Beerenobstkultur ist die *Jostabeere*, eine Kreuzung zwischen Stachel- und Schwarzer Johannisbeere. Die ziemlich großen Früchte lassen sich leicht pflücken und schmecken angenehm. Das Aroma beider Fruchtsorten findet sich im Geschmack wieder.

Unter ähnlichen Voraussetzungen wie die Johannisbeere gedeiht die *Stachelbeere*. Sie verträgt mehr Schatten und ermöglicht dadurch eine bessere Ausnutzung von Flächen, die nicht mehr in der vollen Sonne liegen. Gute Stachelbeersorten sind: 'Maiherzog', ('May Duke'), eine großfrüchtige rote Sorte mit frühem Ertrag. Die Sorte ist starkwüchsig und benötigt starken, jährlichen Rückschnitt. Sie gehört zu den reichtragenden Sorten.

'Hönings Früheste' ist eine beliebte Sorte für den Rohgenuß. Die süßen behaarten kleinen Beeren reifen im Garten als erste Stachelbeeren. Kräftiger Wuchs. Die Sorte ist anspruchslos.

'Lady Delamere' ist mittelfrüh, reichtragend mit grünlichgelben, länglichen, großen, schwachbehaarten Früchten. Auch sie gehört zu den reichtragenden Sorten mit kräftigem Wuchs. Sie verträgt Halbschatten.

'Weiße Triumphbeere', eine feinbehaarte, süßsäuerliche, sehr aromatische Sorte, ist ein dankbarer Massenträger. Sie gehört zu den anbauwürdigsten weißen Sorten.

Wie bei allen Stachelbeeren spielt die Nährstoffversorgung auch hier für den Ertrag eine große Rolle. Kopfdüngergaben mit Naturdünger oder Volldünger mineralischer Art (blaue Volldünger) sind für den kontinuierlichen Ertrag erforderlich. Wichtig für gesundes Wachstum ist auch ein ausreichender Kalkgehalt des Bodens.

Himbeeren sind in unseren Gärten viel zu wenig verbreitet. Abgesehen von der einfachen Anzucht und Kultur, die erforderlich ist, um dieses köstliche Obst im eigenen Garten zu ziehen, sind beim Anbau von Himbeeren die Erträge nahezu garantiert. Wegen der späten Blütezeit sind Frostausfälle praktisch ausgeschlossen. Dazu kommt, daß Himbeeren auch noch mit weniger günstigem Standort zufrieden sind. Schwere Böden sagen ihnen genauso zu, wie leichte, sandige. Wenn auch die Erträge an lichten, sonnigen Standorten besser sind, so bringen sie auch noch im Halbschatten gute Resultate – im Gegensatz zu Brombeeren, die zur Reife viel Sonne benötigen. Himbeerkultur erfolgt am besten in Reihenpflanzung. Durch gespannte Drähte kann man sie stützen. Wegen der leichteren Pflege und Ernte sollte man Himbeeren nur einreihig ziehen. Der Abstand der Pflanzen innerhalb der Reihe sollte zwischen 30 und 40 cm liegen. Bei der Anlage mehrerer Reihen ist ein Abstand von 1,5–1,8 m einzuhalten, um die Ernte zu erleichtern. Himbeeren besitzen einen angenehmen Geschmack und einen hohen Gehalt an Vitaminen und Mineralien. Bei Erkältungskrankheiten und als Blutreinigungsmittel in der Hausapotheke zu verwenden. Vollausgereifte Früchte besitzen ein ganz vorzügliches Aroma. Zur Erhaltung der Vitamine werden sie besser tiefgefroren aufbewahrt, als eingekocht. Der natürliche Standort der Himbeere ist die Waldlichtung und der Waldrand. Hier finden sie ausreichend Bodenfeuchtigkeit und Luftruhe. Im Garten muß man dieses Klima künstlich schaffen, d. h., daß wir für Windschutz und ausreichende Bodenfeuchtigkeit zu sorgen haben. Besonders bewährt hat sich hier das Mulchen des Bodens unter den Sträuchern. Hier verwendet man am besten Rasenmähgut, das in entsprechender Packlage unter den Sträuchern ausgebreitet wird.

Pflanzung und Vermehrung der Himbeeren bereitet keine Schwierigkeiten. Die Vermehrung erfolgt durch Ausläufer, die von den Pflanzen willig hervorgebracht werden. Wichtig ist, daß die abgetragenen Ruten nach der Ernte entfernt und die kräftigsten Seitentriebe zur Nachzucht für das nächste Jahr an den Pflanzen belassen werden. Als Spaliergerüst genügen zwei Drähte, die im Abstand von 70 cm an Pfosten gezogen werden. Hier bindet man die Jungtriebe mit Bast an, das erleichtert die Ernte und auf diese Weise werden die Pflanzen gut belichtet. Bei Neupflanzungen sollten die Pflanzen auf 25–30 cm eingekürzt werden, damit sie willig neue Seitentriebe ausbilden. Schneidet man sie nicht zurück, so entwickeln sich bereits im ersten Jahr Früchte an den Ruten, doch die neuen Triebe bleiben verhältnismäßig schwach. Wie alle Beerenobstarten so ist auch die Himbeere für entsprechende Nährstoffzufuhr sehr dankbar. Reichliche Kompostgaben und Kopfdüngung mit Naturdüngern oder blauem Volldünger (ca. 80–120 g/m^2) in 3 Gaben sorgen für den erforderlichen Nährstoffnachschub.

Es gibt nur wenige gute *Himbeersorten*. Dazu gehört die seit 1919 bekannte 'Preußen', die wieder virusfrei im Handel erhältlich ist. Sie gehört vom Geschmack her zu den besten Sorten und ist sowohl für den Frischverzehr als auch zum Einfrieren bestens geeignet. 'Schönemann' ist ein Massenträger mit länglichen Früchten. Diese Nachkriegszüchtung wird am meisten angebaut. Im Aroma steht sie der 'Preußen' nach. Eine andere großfruchtige Sorte 'Zewa II' stammt aus der Schweiz. Die Früchte sind süß, die Pflanze liefert gute Erträge. Wegen der zahlreichen Rutenschößlinge müssen die Pflanzen ausgelichtet werden, um der gefährlichen Rutenkrankheit vorzubeugen. Zu den frühesten Sorten zählt 'Malling Promise'. Diese mittelstark tragende Sorte bildet reichlich Ruten, die gelichtet werden müssen. Eine Verbesserung scheint 'Glen Clovac' aus Schottland zu sein, sie ist allerdings stark bestachelt. 'Sirius' nennt sich eine Neuzüchtung aus den Niederlanden. Sie gehört trotz geringer Wachstumsleistung und erhöhten Standortansprüchen zu den erwähnenswerten, später reifenden Sorten.

Die Kultur der *Brombeeren* ist wegen der bewehrten Triebe nicht ganz einfach. Brombeeren sind jedoch am Drahtgerüst leicht zu ziehen. Sie können auch gut als Spalier an der Südseite eines Hauses kultiviert werden und bringen gerade hier besonders wohlschmeckende Früchte. Ihre Ansprüche sind mit denen der Himbeere vergleichbar. Durch Mulchen hält man den Boden unter den Pflanzen feucht und unkrautfrei. Die rankenden Sorten formiert man am Drahtgerüst. Nach der Ernte werden abgetragene Ranken oder Ruten bis auf die neuen Austriebe zurückgeschnitten. Das Drahtspalier bei Brombeeren sollte etwa 1,8–2 m hoch sein. Nur schwach

Himbeeren können bei guter Humusversorgung jahrelang auf derselben Stelle gute Ernteerträge bringen.

wachsende Sorten wie z. B. 'Wilsons Frühe' benötigen ein Spalier von ca. 1,5 m. Die Pflanzabstände in der Reihe sollten auf 70 cm gewählt werden. Stark rankende Sorten wie 'Theodor Reimers', die noch zu den besten Brombeersorten gehören, aber frostgefährdet sind, sollte man mit einem Mindestabstand von 2–3 m pflanzen. Bei Temperaturen unter −8° ist Winterschutz erforderlich.

Brombeeren schmecken am besten in vollreifem Zustand. Wegen des hohen Säureanteils werden sie von Vögeln selten angenommen und können daher ohne Netz bis zur Vollreife an den Ranken verbleiben. Es gibt auch Bastarde zwischen Himbeere und Brombeere (Loganbeere), die sich aber kaum durchsetzen. Eine interessante Brombeere ist 'Thornless Evergreen', die Anfang August bis Mitte September reift. Die stark rankende, dornenlose Brombeere ist wintergrün und eignet sich daher gut zur Bekleidung von Wandspalieren und Rankgerüsten. 'Black Satin' ist ein großfruchtiger Massenträger, der Anfang August reift. Die kräftig rankenden Triebe sind nur schwach bedornt.

Dornenlose Brombeeren machen im Garten wenig Mühe. Sie eignen sich gut als Wandbekleidung.

In den letzten Jahren hat eine neue Beerensorte ihren Einzug in die Gärten gehalten, und ihre Erträge sind so zufriedenstellend, daß man den Anbau auch im kleinen Hausgarten probieren sollte. Ich meine die *Gartenheidelbeeren*, die aus den USA eingeführt wurden. Von den Wildsorten unterscheiden sie sich durch den süßeren Geschmack und die wesentlich größeren Früchte. Der Saft ist nicht gefärbt, die Frucht bleibt weiß. Die bei uns angebauten Sorten bringen bei geeigneten Standortverhältnissen gute Erträge. Heidelbeeren wachsen am besten auf sandigen, humosen oder anmoorigen Böden, d. h. der pH-Wert muß etwa zwischen 3 und 5 liegen. Dazu muß das Erdreich, in dem sie kultiviert werden, locker, sandig und feucht sein. Pflanzstandorte kann man gegebenenfalls mit Torfgaben entsprechend verbessern. Kalkfreies Wasser ist zum Gießen erforderlich, da Heidelbeeren Kalkflüchter sind. Kalkhaltige Düngemittel müssen auf jeden Fall vermieden werden. Der relativ hohe Stickstoffbedarf läßt sich mit 50 g/m^2 eines organischen Volldüngers im Frühjahr befriedigen. Außerdem wird eine Düngung von 30 g/m^2 eines organischen Stickstoffdüngers im Juni und August empfohlen. Bei der Kultur von Gartenheidelbeeren ist zu beachten, daß diese Sorten in voller Sonne gedeihen. Nur dann bringen sie gute Erträge und vollaromatische Früchte. Die Sträucher erreichen Höhen bis zu 2 m. Alte abgetragene Triebe werden nach 5–6 Jahren herausgeschnitten. Gelegentlich ist der pH-Wert des Bodens zu überprüfen und gegebenenfalls durch reichliche Torfgaben neu einzustellen.

Wohl keine unter den Früchten des Gartens erfreut sich größerer Beliebtheit bei jung und alt als die leicht zu kultivierende *Erdbeere*. Die köstliche Beerenfrucht, die als bodendeckende Staude angebaut wird, ist aus dem Nutzgarten und der Hobbygärtnerei ebensowenig wegzudenken, wie aus dem feldmäßigen Ertragsanbau. Etwa 100 m^2 Anbaufläche genügen bereits, um den gesamten Bedarf einer vierköpfigen Familie zu decken. Die wohlschmeckenden Früchte enthalten einen hohen Anteil an Vitamin C, der sogar höher liegen soll, als bei den Zitronen, sowie zahlreiche Mineralsalze und Pektine. Sie sind ein willkommenes Entschlackungsmittel für den Körper und sollen sich auf Gicht- und Leberleiden sowie auf die schwer zu behandelnde Arteriosklerose günstig auswirken. Der hohe gesundheitliche Wert ist eine willkommene Nebenerscheinung. Wir schätzen die Erdbeere im Garten vor allem als schmackhafte Frucht, die man frisch vom Beet ernten und verzehren kann. Als Zukost, Nachspeise, Tortenbelag, Saft und auf viele andere Weise findet sie in der Küche Verwendung.

Beim Anbau der Erdbeeren gilt es, einige Grundsätze zu beachten, um vor Mißerfolgen bewahrt zu bleiben. Erdbeeren lieben lockeren, tiefgründigen und nährstoffreichen Boden. Außerdem muß ausreichend Feuchtigkeit vorhanden sein, da die flachwurzelnden Erdbeeren leicht austrocknen und es dann zu hohen Ertragsausfällen kommen kann.

Besonders günstig ist für Erdbeeren eine Vorkultur mit Leguminosen (Hülsenfrüchten) oder eine Gründüngung (Lupine, Raps), auf leichteren Böden ist gut verrotteter Stallmist (Kuhdung) sehr empfehlenswert. Fehlen solche Stoffe, so muß eine entsprechende Vorratsdüngung mit einem anderen organischen Volldünger eingebracht werden. Feuchter Torfmull und hohe Gaben von Kompost können als weitere Bodenverbesserer gute Dienste leisten. Als Pflanzgut sollte man nur beste Jungpflanzen verwenden, d. h. keine Abkömmlinge fragwürdiger Herkunft oder abgetragener Kulturen. Am sichersten geht man bei Pflanzung gutbewährter Sorten, die bei anerkannten Züchtern erworben werden. Diese Pflanzen lohnen die Ausgabe immer, weil es sich dabei um ausgesuchte Kulturen handelt. Vorsicht ist geboten bei marktschreierisch angepriesenen neuen Sorten mit Riesenfrüchten und Superaroma. Wie überall bei der Anschaffung von Pflanzen sollte man größten Wert auf Qualität legen. Die Anzucht eigener Pflanzen ist verhältnismäßig einfach. Erdbeeren bilden Ausläufer, die man z. B. über Blumentöpfe leiten kann, die mit Komposterde gefüllt sind. Hier schlagen die Pflanzen bereitwillig Wurzeln, und wir können so Jungpflanzen erhalten, die mit Ballen ausgepflanzt werden. Sie bescheren uns bereits im kommenden Jahr eine erste Ernte. Natürlich können auch solche Ausläufer verwendet werden, die direkt auf den Beeten wurzeln und sich hier zu neuen Pflanzen entwickeln. Bei der Auswahl der Jungpflanzen sollte man allerdings nur Ausläufer von reichtragenden Mutterpflanzen wählen. Die am stärksten wachsenden Pflanzen sind nicht immer die besten. Es ist also wichtig, schon zur Erntezeit die starkfruchtenden Erdbeerstauden, die man als Mutterpflanzen auswählt, mit einem Stab oder einer anderen Markierung zu kennzeichnen. Gekaufte oder selbstgezogene Jungpflanzen setzt man im August/September auf die dafür bestimmten Beete. Je früher die Pflanzung erfolgt, desto günstiger wirkt sich dies auf die Ernte im kommenden Jahr aus. Der Reihenabstand richtet sich nach Bodenqualität und nach der Wuchskraft der Sorte. Die Entfernung von Reihe zu Reihe soll 40–60 cm betragen. Die Pflanzenabstände in der Reihe können enger gehalten werden. Hier reichen 25–30 cm bei den meisten Sorten aus.

Zur besseren Ausnutzung des Bodens können auch andere Gemüsearten mit

Bei der Kultur der Erdbeeren sollte man die kleinen Monatserdbeeren und Immertragenden nicht vergessen.

kurzer Tracht im Frühjahr als Zwischenpflanzung bei den Erdbeeren zwischen den Reihen kultiviert werden, z. B. Salat. Im folgenden Jahr entfernt man jede zweite Pflanze in der Reihe, so daß Abstände von 50–60 cm entstehen. Da Erdbeeren flach wurzeln, hat die Bearbeitung des Bodens mit größter Behutsamkeit zu erfolgen. Beschädigt man nämlich die Wurzeln, so verringert sich der Ertrag im nächsten Jahr. Man kann Erdbeeren auf verschiedene Art und Weise kultivieren. Es gibt Einjahres- und Zweijahreskulturen und Mehrjahreskultur (drei Jahre). Die Einjahreskultur hat insofern Vorteile, als sie sofort hohe Erträge bringt. Andererseits braucht man mehr Pflanzen, die jährlich neu gesetzt werden müssen. Dazu kommt, daß die Vermehrungs- und Pflanzarbeiten mit der Ernte zusammenfallen. Erdbeerpflanzen bringen im ersten Jahr sehr große Früchte, die sich leicht pflücken lassen. Einjahreskulturen müssen mindestens bis Mitte August auf den dafür vorbereiteten Beeten ausgepflanzt sein, damit sie ausreichend wurzeln und entsprechenden Blütenansatz entwickeln können. Die Bildung der Blütenanlagen erfolgt bei Erdbeeren bereits im September.

Gut bewährt hat sich für die Gartenkultur die Zweijahreskultur. Selbstverständlich bringen solche Kulturen auch bereits im ersten Jahr einen guten Ertrag, man läßt die Pflanzen jedoch nach der Ernte stehen und düngt mit ca. 50 g/m^2 eines organischen oder mineralischen Volldüngers zur Anregung des Wachstums. Nach 4 Wochen kann man eine Kopfdüngung vornehmen. Bei Zweijahreskultur werden die nicht benötigten Ausläufer an den Erdbeerpflanzen umgehend entfernt. Starkwüchsige Sorten, wie z. B. 'Senga Sengana', können auch über mehrere Jahre kultiviert werden, müssen jedoch stets kräftig nachgedüngt oder mit hohen Kompostgaben versorgt werden, wenn man noch genügend ernten will. Am besten pflanzt man alle 2 Jahre ein neues Beet und hebt nach und nach die alten auf.

Erdbeeren gehören zur Familie der Rosengewächse. Sie können bei einjähriger Kultur wegen der Bodenmüdigkeit erst nach 2 Jahren wieder auf derselben Stelle kultiviert werden. Bei Zweijahreskultur beträgt die Wartezeit etwa 4–5 Jahre. Erdbeeren benötigen ausreichend Feuchtigkeit. Der Boden darf niemals austrocknen. Abdeckung der Beete mit strohigem Pferdemist (das Herz der Pflanzen muß frei bleiben), mit Laubdecke oder mit halbfertigem Kompost schützt vor dem Austrocknen. Eine Lage feuchter Torf erfüllt den gleichen Zweck. Kurz nach der Blüte kann man unter den Pflanzen kurzes Stroh, Holzwolle oder Torf ausbreiten, damit die Früchte nicht allzusehr verschmutzen oder faulen. Frühblühende Sorten erhalten einen Folienschutz gegen Nachtfröste. Bei der Ernte sollten wir nur vollreife Früchte pflücken. Sie besitzen das beste Aroma.

Neben den üblicherweise auf Beeten kultivierten Erdbeeren gibt es auch sogenannte Monatserdbeerarten, die kaum Ausläufer bilden. Sie sind als Beeteinfassung zu verwenden und liefern eine Menge kleinerer Früchte, die zwar im Geschmack nicht an die Hochzuchtsorten heranreichen, aber ähnlich aromatisch wie Walderdbeeren schmecken. Sie tragen unermüdlich bis in den späten Herbst und sind auch zur Kübelpflanzung und für Balkonkästen geeignet.

Da Erdbeersorten durch Züchtungen ständig verbessert werden, sollen an dieser Stelle keine Einzelsorten aufgeführt werden. Bei der Beschaffung von Jungpflanzen wird nochmals darauf verwiesen, möglichst bewährte Sorten aus anerkannten Zuchtbetrieben zu beziehen.

Erdbeeren haben einige Feinde: Pilzschädling Nr. 1 ist bei der Erdbeere der Grauschimmel (Botrytis), der die Früchte befällt. Man bezeichnet diese Krankheit auch als Fruchtfäule. Bei feuchter Witterung ist die Infektionsgefahr besonders groß. Auch durch hohe Stickstoffgaben wird der Befall begünstigt. Abhilfe schafft man am besten durch Auspflücken und sofortiges Vernichten der befallenen Früchte. Einjährige Kulturen haben weniger unter Grauschimmel zu leiden als mehrjährige. Auch der Pflanzabstand spielt eine Rolle. Stauden, die zu dicht stehen, werden eher in Mitleidenschaft gezogen als solche mit ausreichendem Abstand. Eine absolut sichere Bekämpfung gibt es kaum. Am besten behandelt man die Pflanzen vorbeugend mit Algenpräparaten oder mit einem anderen biologischen Pflanzenschutzmittel. Blattläuse,

Milben, Rote Spinne und andere Schädlinge treten vermehrt dann auf, wenn mit dem Boden etwas nicht in Ordnung ist. Hier ist gleichfalls der Einsatz unschädlicher biologischer Mittel angebracht. Schnecken bekämpft man durch geeignete Ködermittel (siehe dazu auch S. 296), und gegen Vogelfraß hilft ein Kunststoffnetz. Bei Älchenbefall sterben die Pflanzen nestförmig ab. In diesem Fall bleibt nichts anderes übrig als Fruchtwechsel. Gegen Raupen und Engerlinge hilft man sich mit Anbau von Köderpflanzen, die zwischen die Reihen gesetzt werden (z. B. Kopfsalat). Die Schädlinge werden mit den befallenen Pflanzen vorsichtig herausgenommen und vernichtet.

Weinreben

Wein gehört zum Beerenobst. Immer wieder hört man Klagen über schlechtes Gedeihen von Weinreben am Haus und im Garten. Diese Obstsorte mit den schmackhaften Beeren verlangt jedoch klimatische Voraussetzungen, die uns nördliche Breiten nicht mehr bescheren. Weinreben sollten daher nur in Weinbaugebieten kultiviert werden, wenn man mit Erträgen rechnen will. In allen anderen Gegenden verlangen sie einen besonders geschützten Standort mit viel Sonne, z. B. als Spalier an einer Hauswand, wo sie in den Genuß der von der Wand zurückstrahlenden Wärme kommen. So können auch hier Früchte ausreifen und ein gutes Aroma entwickeln. Man sollte in diesem Fall aber nur Sorten für den Garten auswählen, die früh reifen, damit sie überhaupt geerntet werden können. Wein stellt aber auch bestimmte Ansprüche an den Boden. Er muß durchlässig, locker, nahrhaft, nicht zu feucht und kalkhaltig sein. Gelegentliche Düngungen mit kohlensaurem Kalk, Patentkali und Thomasmehl als Vorratsdüngung sind unbedingt erforderlich. Bei der Pflanzung muß ein genügend großes Loch ausgehoben werden, es sollte sogar metertief und breit sein, damit die Pflanzen sich in einer Mischung aus Bauschutt, nahrhafter Komposterde und Verbesserungsmitteln wie kohlensaurem Kalk und einer Vorratsdüngung von Thomaskali gut einwurzeln können. Bei der Pflanzung wird die Rebe so gesetzt, daß ca. 30 cm über dem Wurzelansatz in Richtung auf das Spalier noch mit Erde überdeckt sind, damit sie beim Zurückfrieren im Winter aus diesem geschützten Trieb erneut austreiben kann.

In Hausgärten gezogene Weinreben werden meist nur zur Zierde oder zur Berankung von Spalieren und Lauben kultiviert. Das dekorative Laub färbt sich im Herbst schön bunt. Zur Zeit der Beerenreife sollte man Weinstöcke mit Netzen überspannen, um zu verhindern, daß die Singvögel beim Ernten schneller sind als wir. Der Fruchtschnitt der Weinreben kommt für die Bedeckung von Mauern und Rankgerüsten meist nicht in Betracht. Er soll daher an dieser Stelle nicht weiter erörtert werden. Hier muß der Hinweis auf Fachliteratur für den Weinanbau genügen.

Einige empfehlenswerte Weinsorten, die auch in rauherem Klima gedeihen, sind der 'Frühe blaue Burgunder', der kleine, blaue Trauben hervorbringt. Er ist reichtragend. Der 'Frühe Mallinger', ein gelbfruchtender, süß schmeckender Wein von mäßig starkem Wuchs; als rotfrüchtige Sorte ist der 'Rote Gutedel' zu empfehlen, der verhältnismäßig großfrüchtig ist und sich auch für den Anbau in Norddeutschland eignet.

Da Weinreben keine Selbstklimmer sind, müssen sie an Spalieren und Rankgerüsten angebunden werden. Bei Spalieren sind Süd- und Südwestlagen am besten geeignet. Die früher üblichen Lattenspaliere – möglichst auch noch weiß lackiert – sind sehr pflegeaufwendig. Das Abnehmen und Anbringen der Ranken, jährliches Anstreichen der Gerüste etc. können wir uns schenken durch Anbringen kunststoffbeschichteter Drähte in 5 cm Abstand von der Mauer oder durch kunststoffbeschichtete Baustahlgewebe-Matten, die mittels Abstandhaltern an den zu berankenden Wänden verdübelt werden. Zur Berankung stellen sie ideale Hilfen dar, weil das Nachbinden entfallen kann. Die Ranken von Weinreben finden an grobmaschigem Gewebe leicht überall den erforderlichen Halt und bedecken bald das gesamte Gitterwerk. Solche Gewebematten können auch frei zwischen Pergolenpfosten montiert werden. So dienen sie gleichzeitig als Kletterhilfe und auch als solider Wind- und Sichtschutz.

Bodenpflege und Düngung bei Obstgehölzen

Solange man unter jüngeren Obstbäumen noch Unterkulturen wie Gemüse und Erdbeeren heranziehen kann, ist die Bodenpflege relativ einfach. Sind mit zunehmender Größe der Bäume Unterkulturen nicht mehr möglich, beginnt der Untergrund bisweilen zu verwildern. Gras und Dauerunkräuter können dem Boden Nährstoffe und Wasser entziehen.

Gründüngung und Mulchen

Wo überflüssige Feuchtigkeit vorhanden ist und aus dem Boden gepumpt werden muß, ist eine Grasdecke erwünscht, wo aber Wassermangel herrscht, wird Grasbewuchs und Dauerunkraut zu großem Nachteil für Obstkulturen. Daher ist der Boden zu lockern, zu düngen und genügend feucht zu halten. Wo Bäume im Trieb nachlassen, empfiehlt sich eine Gründüngung mit stickstoffsammelnden Tiefwurzlern (Weißklee, Lupine, Luzerne), in deren Wurzelgängen die Luft bis in tiefe Bodenschichten eindringen kann. Lassen dies die Bäume zu, wird eine Nutzung durch Früh- oder Spätkartoffeln empfohlen, da Hacken den Boden offen hält und Kartoffeln den Baumwurzeln nicht schaden. Sie beschatten außerdem den Boden. Immer kommt es jedoch darauf an, daß man die Wurzelbildung an der Oberfläche fördert und die feinen Wurzeln durch gute Pflege in den oberen Schichten erhält. Umgraben unter Bäumen ist grundfalsch. Die Baumscheiben sind mindestens ab Juni mit Mulchmaterial zu bedecken. Im Obstgarten läßt sich eine Volldüngung oder eine Düngung mit mineralischen Düngern trotz umfangreicher Kompost- und Stalldüngung kaum vermeiden. Um mit kleinstem Aufwand den besten Erfolg zu erzielen, muß man die Wirkung der Düngung beobachten. Hier und da kann es nötig sein, Gehölzen fehlende Nährstoffe durch Einzeldünger zuzuführen.

Vorratsdüngung: Bei der Pflanzung wird eine Vorratsdüngung von 1–2 kg Thomasmehl und 1–2 kg Patentkali mit dem Erdaushub vermischt (1 m^3).

Austriebsdüngung: Kurz nach dem Austrieb erhalten junge Bäume eine Düngung mit einem der natürlichen oder mineralischen Volldünger, ca. 80 g, die gleichmäßig über die Baumscheibe verteilt werden.

Folgedüngung: Für weitere Jahre werden folgende Düngermengen vorgeschlagen: Jährlich je m^2 Standraumfläche 50 g bis zum beginnenden Ertrag und 100 g/m^2 bei Vollertrag.

Düngezeit: Die Düngung sollte Mitte März bis Mitte April erfolgen. In leichten Böden sollte der Dünger auf 2 Gaben verteilt werden. Die 2. Gabe wird während oder nach der Blüte verabreicht.

Zusatzdüngung: Bäume, die besonders gut angesetzt haben, sind nach der Blüte mit einer zusätzlichen Gabe von 50 g/m^2 eines Volldüngers zu düngen.

Flüssigdüngung: Für Bäume, die im Gras stehen, wäre das oberflächliche Ausstreuen von Düngern irgendwelcher Art zwecklos, da dies nur der Grasnarbe zugute kommt. Daher werden die oben angegebenen Düngemengen zu einer 5%-Lösung in Wasser aufgelöst und mit Hilfe einer Düngelanze in die Nähe der Baumwurzeln gebracht. Man kann auch mit einem Locheisen oder Spaten 15–20 cm tiefe Löcher im Bereich der Kronentraufe

Das Wurzelwerk vieler Obstarten ist relativ flach ausgebreitet. Die Faserwurzelbereiche liegen teils noch außerhalb des Kronentraufenbereichs. Das ist bei der Bewässerung und Düngung unbedingt zu beachten.

und darüber hinaus im Abstand von 1 m graben, um die Lösung in die Löcher zu verteilen. Nach der Blüte darf die Lösung nur 1–2%ig sein.

Nach Johannis (24. Juni) darf nicht mehr gedüngt werden, besonders nicht mit stickstoffhaltigen Düngern, damit die Triebe rechtzeitig abschließen und ausreifen können.

Kalk: Bei Kalkung des Bodens ist Vorsicht geboten. Verschiedene Obstgehölze gedeihen besser in leicht saurem als in basischem Boden. Ist eine Kalkung erforderlich, so sollten bei leichten Böden etwa 200 g kohlensaurer Kalk, bei schweren etwa 100 g Branntkalk je m^2 im Herbst ausgestreut werden.

Kompostdüngung: Gut bereiteter Gartenkompost kann die Kalkdüngung meist in wirksamer Weise ersetzen. Wenn man den Boden 1–3 cm hoch mit dieser fertigen Pflanzennahrung abdeckt, tut man den Obstbäumen den größten Gefallen. Der Erfolg wird sich bei der Ernte zeigen. Das durch unsere Fehler immer stärker anwachsende Heer der Insekten und Pilzkrankheiten, dem wir mit zunehmender Hilflosigkeit gegenüberstehen, findet hier einen Wall von Gesundheit und natürlichen Abwehrkräften. Gesunde Bäume auf gesundem Boden im richtigen Abstand gepflanzt, sind gegen Schädlinge und Krankheiten weitgehend widerstandsfähig.

Schutz vor Schädlingen

Pflanzenschutz und Schädlingsbekämpfung spielen beim Gärtnern eine wichtige Rolle, wenn den Kulturen unserer Zier- und Nutzpflanzen Erfolg beschieden sein soll. Leider hat die künstliche Schädlingsbekämpfung heute stellenweise Ausmaße angenommen, die zu nachhaltiger Schädigung des natürlichen Lebensgefüges und der menschlichen Gesundheit führen können. Der Forderung »Gärtnern ohne Gift« auf der einen Seite steht der übermäßige Gebrauch von Spritzmitteln (bis zu 16 Spritzungen und mehr beim Obstbau) gegenüber, und die Diskussion über die richtige Anwendung von Schädlingsbekämpfungsmitteln bewirkt eine zunehmende Verunsicherung des Gartenbesitzers, zumal die Werbung für das eine oder andere besonders wirksame Präparat seine Anwendung als geradezu obligatorisch herausstellt. Richtige Sortenwahl, gesunde Bodenverhältnisse und eine gute Versorgung der Pflanzen mit Nährstoffen bewähren sich, wenn es bei unseren Kulturpflanzen in seltenen Fällen tatsächlich zu kurzzeitigen Übervermehrungen kommt. Meist stabilisieren sich die Verhältnisse auf natürliche Weise sehr rasch, so daß das biologische Gleichgewicht bald wieder hergestellt ist. So zeigt sich zum Beispiel bei starkem Blattläusebefall auf Obstbäumen bald ein starkes Anwachsen der Populationen der die Läuse vernichtenden Marienkäfer und ihrer Larven, die sehr schnell auf natürliche Weise mit diesem Befall fertig werden.

Mischkulturen sind weniger empfindlich als Reinkulturen einer oder weniger Sorten. Der systemische Weg der Schädlingsbekämpfung im Obstbau führt zwangsweise zu immer häufigeren Spritzungen und immer stärker wirksamen Mitteln, da die regulierende Wirkung natürlicher Feinde fortfällt und die Schädlinge gegen die angewandten Gifte nach und nach resistent werden. Das Gleichgewicht zwischen Schädlingen und Nützlingen, das durch Eingriff mit chemischen Mitteln gestört wird und sich nicht wieder einstellen kann, muß durch ständigen Einsatz solcher Mittel künstlich aufrechterhalten werden. Darum ist größte Vorsicht und Zurückhaltung beim Einsatz chemischer Mittel geboten.

Wer seinen Garten frei von Schädlingen halten will, der muß die Feinde seiner Pflanze und die Bekämpfungsmöglichkeiten kennen. Ebenso wichtig ist die Förderung aller Wachstumsbedingungen durch Einhalten der erprobten Pflanzabstände, durch Anwendung einer vorbeugenden Gartenhygiene, die bei der Saatgutbeizung beginnt und beim Vernichten kranker Pflanzenteile endet; alle Pflanzen sind so gesund zu halten, daß sie von sich aus widerstandsfähig sind. Trotzdem werden Schäden aller Art auftreten; sie rechtzeitig zu erkennen und zu bekämpfen, ist die Hauptaufgabe des Pflanzenschutzes.

Tierische Schädlinge: Allen voran steht das unerschöpfliche Heer der Insekten, dazu kommen die Nagetiere, angefangen

Schutz vor Schädlingen

Die beste Schädlingsbekämpfung im Garten erreichen wir durch die Ansiedlung von Singvögeln. Nistkästen und Winterfütterung sollten jedem Gartenbesitzer selbstverständlich sein.

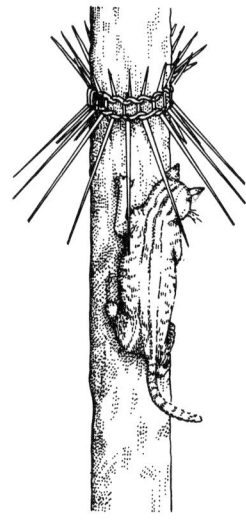

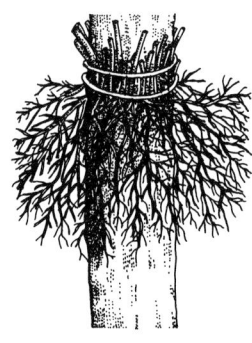

Katzen sind gefürchtete Nesträuber. Man schützt Bäume mit Nestern durch Katzenringe oder durch Anbringen stacheliger Zweige in der dargestellten Form um den Stamm.

bei den Mäusen, Wühlmäusen, Ratten bis zu Hasen und Kaninchen, schließlich größeres Wild und einige Vogelarten, wie der Sperling, zum Teil auch Amsel und Star, obwohl der Schaden, den diese beiden stiften, meist durch den Nutzen aufgewogen wird. Die Bekämpfung der tierischen Schädlinge erfolgt durch Fraß- und Berührungsgifte, durch abschreckende Duftstoffe, durch Tiere, die den Schädlingen nachstellen und von Menschen eigens dazu gezüchtet und ausgesetzt werden (biologische Bekämpfung), Fallen, Leimringe, Wellpappgürtel, Wespengläser, Kastenfallen und andere Mittel.

Parasitäre Schädlinge: Hierzu gehören Pilze, Bakterien, Viruserkrankungen. Da diese Krankheitserreger nicht außen an den Pflanzen leben, sondern das Innere durchziehen, um aus den Zellen der grünen Pflanzen ihre Nahrung zu holen, sind sie schwer zu bekämpfen. Die Erkrankung bleibt lange Zeit hindurch unsichtbar. Erst wenn das Pilzgewebe ausgewachsen ist und seine Fruchtbarkeit einsetzt, beginnen die Sporenkörper die Pflanzenhaut zu durchdringen, um nun außen mit roten Pusteln, (Rost)grauen Rasen (Schimmel, Mehltau) und den unendlich vielen anderen Erscheinungsformen aufzutreten. Viele dieser Krankheiten sind überhaupt nur erfolgreich zu bekämpfen, bevor sie auftreten.

Die Bekämpfung der parasitären Schädlinge erfolgt durch Spezialmittel, die entweder staubförmig oder in Wasser gelöst in möglichst feiner Verteilung auf alle Pflanzenteile gebracht werden oder durch flüssige organische Fungizide, die wirksam sind und keine häßlichen Spritzbeläge hinterlassen.

Nichtparasitäre Krankheiten: Dazu rechnet man Mangelkrankheiten: Wassermangel- oder Wasserüberschuß (Platzen von Früchten bei Tomaten, Kirschen), Frost, Wind, Hagel, falsch angewendete Spritzmittel; z. B. erleiden 'Cox Orangen-Renette' und 'Landsberger Renette' Blattverbrennungen durch Kupfermittel, die bis zum radikalen Blattfall führen können, während sie Schwefel gut vertragen. Alle diese Erkrankungen an gesunden Pflanzen bilden zumeist das Einfallstor für das Heer der tierischen und pilzlichen Schädlinge. Vorbeugen ist der wichtigste Grundsatz aller Schädlingsbekämpfung. Hand in Hand damit geht ein möglichst umsichtiger Fruchtwechsel, der der Ausbreitung von Krankheiten und Schädlingen ebenfalls entgegenwirkt. Beim ersten Auftreten einer Schädigung der Pflanzen sofort die Bekämpfung einleiten! Eine Bekämpfung, die erst dann beginnt, wenn bereits die ganze Pflanze befallen ist, kommt zu spät, weil der Ertrag des Jahres bereits vernichtet ist. Bei mehrjährigen Pflanzen, Gehölzen, Obstgehölzen, ist gleich der Ertrag des nächsten Jahres in Mitleidenschaft gezogen, weil die stark geschwächte Pflanze alle Reserven braucht, um nach der Behandlung den entstandenen Schaden auszugleichen.

Tiere, die schaden können: Es gibt eine Anzahl von Tieren, die nicht eigentlich Schädlinge sind, die aber Schaden anrichten können. Man sollte sie vertreiben. Echte Schädlinge, wie die Wühlmaus, sollten kein Pardon bekommen.

Vögel. Bei den meisten Vogelarten ist der angerichtete Schaden wesentlich geringer, als man gemeinhin denkt. Gestohlene Kirschen und angehackte Äpfel machen den Gartenbesitzer nicht arm, zumal er durch den Nutzen der Vögel als Ungeziefervertilger und Sänger reichlich entschädigt wird. Im Notfall können Schutznetze und ähnliche harmlose Mittel helfen.

☐ Elster und Eichelhäher. Diese Kirschenfeinde und Nesträuber erster Güte haben in unseren Gärten nichts zu suchen und müssen vertrieben werden.

☐ Finkenvögel. Buchfink, Hänfling, Grünfink, Sperling, manchmal auch die Goldammer schädigen die Saatbeete, keimende Gemüse und Salatpflanzen. Netze oder Reisig, über die Pflanzen gebreitet, verhindern Schäden. Zerstörung der Sperlingsnester ist anzuraten.

☐ Stare. Sie betätigen sich oft in lästiger Weise an Jungpflanzen, indem sie sie herausreißen. Sie lieben würzig duftende Pflanzen besonders (Chrysanthemen, Tomaten), die sie durch Abreißen schädigen. Zur Kirschenzeit helfen Plastiknetze und Plastikfolien besser als andere Maßnahmen.

Säugetiere. Viele Nager machen uns das Leben schwer.

☐ Wühlmaus. Die Scher- oder Mollmaus und die Wühlratte sind besonders gefähr-

Förderung der Gartennützlinge 293

Schutz vor Schädlingen

Kröten und Frösche gehören zu den Gartennützlingen. Sie werden im Garten heimisch, wenn sie einen Teich vorfinden und wenn man die Tiere bereits im Kaulquappenstadium einsetzt.

Ein Meisenpaar mit seinen Nachkommen vertilgt pro Jahr etwa 1,5 Zentner lebende Insekten oder umgerechnet 120 Millionen Insekteneier oder 250 000 Raupen.

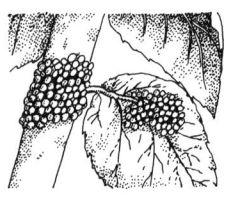

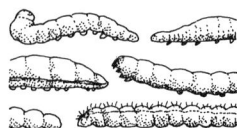

liche Schädlinge für Obstanlagen und Gemüsekulturen. Durch ihr Leben unter der Erde und kaum wahrnehmbares Nagen an den Baumwurzeln werden sie meist zu spät erkannt. Giftpaste, Ködermittel helfen hier auch nur wenig. Ihre feine Witterung merkt sogleich fremden Geruch. Fallen sind einigermaßen sicher. Begasen mit Carbid, Polytanol und ähnlichen Mitteln führt nicht zu Dauererfolgen. Besser bewährt haben sich bis zum Rand eingegrabene Plastikeimer, die bis zu ⅓ mit Wasser gefüllt sind. Da sich die Mäuse nachts gern über der Erde aufhalten, geraten sie in den Eimer und kommen um.

☐ Feldmaus. Der Bussard und die Hecke sind die natürlichen Feinde aller Feldmäuse. Durch die Versteppung der Landschaft ist stellenweise ein mächtiges Anwachsen dieser Nager zu verzeichnen. Dränröhren mit Köderweizen unter lockerer Strohlage sorgen im Winter für Vertilgung der Plagegeister.

Förderung der Gartennützlinge

Zur Bekämpfung der Schädlinge gehört gleichzeitig die Förderung der Gartennützlinge. Viele Vogelarten, Insekten und Kleinlebewesen sorgen dafür, daß gefürchtete Schädlinge wesentlich vermindert werden. Es ist zwar nicht immer einfach, diesen natürlichen Feinden unserer Gartenschädlinge einen geeigneten Lebensraum zu bieten. Vor allem in dicht besiedelten Gebieten sind bestimmte Wildtiere wie z. B. der Igel nicht anzusiedeln. Dafür gibt es aber zahlreiche andere Helfer im Kampf gegen die Schädlinge, von denen nachfolgend kurz die Rede sein wird.

Kriechtiere und Lurche Auch unter den sogenannten Reptilien und Amphibien gibt es eine Reihe von Schädlingsvertilgern. Unter ihnen ragen die Kröten, Frösche und Schlangen besonders hervor.
Blindschleiche: Vertilgt Insekten; ihre Eiablage erfolgt gelegentlich in Komposthaufen.
Grasfrosch: Vertilgt Fliegen, Mücken, Raupen; benötigt Feuchtigkeit, möglichst Wasserbecken in der Nähe.
Wasserfrosch: Lebt von Fliegen, Mücken, Raupen und verschiedenen anderen Insekten; benötigt ebenfalls Wasserfläche in der Nähe. Gras- und Wasserfrösche kann man sehr leicht an den eigenen Gartenteich gewöhnen, indem man die jungen Froschlarven (Kaulquappen) fängt und im eigenen Gartenteich aussetzt. Nur dann bleiben die Frösche in diesem Bereich heimisch.
Laubfrosch: Heute in vielen Gegenden nicht mehr vorhanden; sehr nützlich. Klettert in Bäume und Sträucher und vernichtet dort zahlreiche kriechende und fliegende Insektenarten.
Erdkröte: Vernichtet zahlreiche Insektenarten, Spinnen, Schnecken; sehr nützlich.
Unken: Vernichten zahlreiche Insektenarten und Schnecken.

Insekten Auch unter den Insekten gibt es eine Reihe von Exemplaren, die ihre schädlichen Artgenossen bekämpfen und somit für eine natürliche Schädlingsbekämpfung Sorge tragen. Hier eine kurze Auflistung der wichtigsten Arten:
Marienkäfer: Käfer und Larven vernichten Blattläuse, Blattflöhe und Milben. Eine Marienkäferlarve vertilgt während ihres Larvenstadiums bis zu 400 Blattläuse.
Florfliege: Ca. 2 cm großes Insekt mit netzartigen zierlichen Flügeln. Ihre Larven verzehren hauptsächlich Blattläuse. Sie werden auch als »Blattlauslöwen« bezeichnet. Ihre Aktivität beschränkt sich auf die Nachtstunden. Die Eiablage erfolgt in der Nähe von Blattlauskolonien. Die Eier sitzen an dünnen, glasartig aussehenden Fäden.
Schlupfwespen: Es gibt viele Arten, die mit einem Legestachel ihre Eier in schädliche

Krankheiten und Schädlinge 295

Raupen legen (hauptsächlich Schmetterlingsraupen, z. B. Kohlweißling). Vernichtet man die Schädlinge mit Insektiziden, so werden auch hier die Nützlinge mit vernichtet.
Leuchtkäfer, Johanniswürmchen: Verzehrt hauptsächlich Schnecken.
Wanzenarten (Mordwanze, Schildwanze, Raubwanze): Vernichten Raupen, Milben und Blattläuse; auch Läuseeier sind eine beliebte Beute.
Laufkäfer (Puppenräuber, Goldlaufkäfer, Hainlaufkäfer, Wiesenlaufkäfer): Vernichten Raupen, Engerlinge, verschiedene andere Insekten, u. a. auch die schädlichen Eulenraupen.
Schwebefliegen: Schwebefliegen und ihre Larven, die wie kleine Egel aussehen, vernichten vorwiegend Blattläuse. Schwebefliegen sind leicht zu erkennen. Sie bleiben mit raschem Flügelschlag scheinbar in der Luft stehen, um dann plötzlich wieder in irgendeine Richtung loszuschwirren.
Raubmilben: Sie haben große Bedeutung durch die Vernichtung der schädlichen Spinnenmilben (Rote Spinne).
Gemeiner Ohrwurm: Vernichtet Raupen und Läuse; kann jedoch, da er an Blumen frißt, im Garten auch sehr lästig werden.

Säugetiere Unter den Säugetieren gibt es zahlreiche kleinere Arten, die sich besonders um die Vernichtung von Schädlingen verdient machen:
Maulwurf: Verzehrt viele Larven, leider aber auch Regenwürmer. Maulwürfe sollen auch kleine Mäuse verzehren. Er frißt täglich mehr als sein Eigengewicht. Maulwurfshaufen im Garten sind unschön. Die Gänge werden später gern von Wühlmäusen benutzt. Wird uns der Maulwurf im Garten lästig, so kann man ihn durch Naphthalinkugeln oder petroleumgetränkte Lappen vertreiben.
Spitzmäuse: Verschiedene Arten, die sich vor allem als Insektenfresser ausgezeichnet haben. Töten auch dann noch weiter, wenn sie bereits satt sind.
Igel: Vernichtet Raupen, Schnecken, Insekten, Mäuse. Kann durch gelegentliche Fütterung an den eigenen Garten gewöhnt werden (beliebtes Lockmittel: Käserinde, verdünnte Milch, Gehacktes).
Fledermäuse: Sie gehören zu den wichtigsten insektenvertilgenden Säugetieren; ihre Nahrungssuche beginnt mit Einbruch der Dunkelheit. Vertilgen verschiedene große und kleine Insekten, Käfer und Nachtfalter. Die Ansiedlung von Fledermäusen auf dem eigenen Grundstück kann durch Spezialkästen (Fledermauskästen) gefördert werden.
Verschiedene Kleinraubtiere: Zu den Nützlingen dieser Gruppe gehören das Wiesel, das Mauswiesel, der Hausmarder oder Steinmarder und der Baum- oder Edelmarder. Sie sind vorzügliche Mäusejäger. Der Steinmarder vertilgt auch Ratten. (Vorsicht bei Hühnerhaltung, Marder fressen mit Vorliebe Hühner.)

Krankheiten und Schädlinge von Obstgehölzen

Es ist nur zu verständlich, daß hochgezüchtete Pflanzen leicht von Schädlingen befallen werden. Auf die biologische Schädlingsbekämpfung wurde bereits mehrfach hingewiesen. In manchen Fällen ist jedoch allein mit biologischen Methoden kein befriedigendes Ergebnis zu erzielen. Bei starkem Befall, vor allem durch Pilzschädlinge, muß man gelegentlich zu chemischen Bekämpfungsmethoden greifen. Sie sollen hier kurz besprochen werden, um demjenigen, der eine größere Anzahl von Obstgehölzen zu pflegen hat, Hinweise zu geben, wie und zu welcher Zeit die Bekämpfung durchgeführt werden kann.
Man braucht vor allem ein geeignetes Spritzgerät. Für kleine Gärten genügt meist eine einfache Handspritze, für größere Gärten und hohe Bäume lohnt die Anschaffung einer Handrückenspritze. Bestimmte Krankheiten und Schädlinge treten zu gewissen Jahreszeiten immer wieder auf, man kann daher leicht einen Spritzkalender zusammenstellen.
Von besonderer Bedeutung ist die *Winterspritzung*. Hiermit kann man zur Winter- oder Austriebszeit Überwinterungsformen von verschiedenen Läusearten, von Roter Spinne, Schadschmetterlingen und bei späterer Spritzung vom Apfelblütenstecher bekämpfen. Sie gilt als wichtigste Spritzung, da sie bei richtiger Durchführung manche Bekämpfung im Sommer ersparen kann. Unabdingbar ist hierbei, daß

Durch Anbringen von Nistkästen kann man viele Singvogelarten im Garten heimisch machen.

Meisenkästen

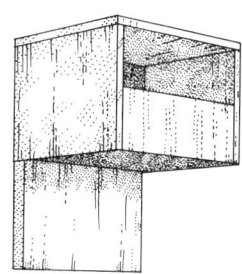

Nistkasten für Hausrotschwanz.

Nistkasten für Höhlenbrüter (Zaunkönig).

Krankheiten und Schädlinge

Für eine Anpflanzung von mehreren Obstgehölzen, aber auch für die Bekämpfung von Schädlingen auf Gemüsebeeten empfiehlt sich die Anschaffung einer Rückenspritze. Das Gerät muß einfach zu handhaben und leicht zu reinigen sein. Für die Anwendung biologischer Bekämpfungsmittel gibt es Spezialausrüstungen mit gröberen Sieben und weiteren Düsen.

die Rinde der Bäume gut genäßt wird. Für den kleineren Garten sollte man die Austriebsspritzung vorziehen, da diese Mittel im Gegensatz zu den Winterspritzmitteln auf Unterkulturen keine schädigende Wirkung haben. Sie sind allerdings in den meisten Fällen für Menschen und Bienen gefährlich. Hier müssen die erforderlichen Vorschriften und Maßnahmen beim Ausbringen des Spritzmittels beachtet werden. Winter- und Austriebsspritzmittel können durch Zusatz von Kupferlösungen gleichzeitig gegen Pilzschädlinge wie Schorf, Mehltau oder Monilia angewendet werden.

Die *Vorblütenspritzung* (nur bei Kernobstarten) richtet sich in erster Linie gegen Pilzschädlinge wie Mehltau und Schorf. Zusätze von Netzschwefel verhindern gleichzeitig den Befall der Bäume durch Rote Spinne.

Bei Kernobstarten ist eine *Nachblütenspritzung* gleich nach dem Abfallen der Blütenblätter ratsam. Hierbei handelt es sich um eine kombinierte Spritzung aus organischen Schorfmitteln und Insektiziden. Gerade nach der Blüte ist bei Äpfeln und Birnen die Gefahr der Schorfinfektion besonders groß. Nur bei starkem Befall durch Blattläuse, Raupen, Frostspanner und andere Schadinsekten sollte man mit systemischen Mitteln arbeiten. Im allgemeinen reguliert sich die Schädlingsbekämpfung im Hausgarten und Kleingarten durch die natürlichen Feinde der Schädlinge von selbst.

Beim Steinobst genügen ebenfalls meist Fungizide (pilztötende Mittel). Gegen die gefürchtete Rote Spinne sind Spritzungen mit Netzschwefel möglich. Unter den Pilzkrankheiten sind besonders der Zwetschenrost und die Schrotschußkrankheit zu nennen. Beim Kernobst spritzt man etwa 14 Tage nach der 1. Nachblütenspritzung gegen Schorf und Mehltau ein zweites Mal. Hierbei werden dann nur noch organische Fungizide verwendet (Captane, TMTD und andere). Bitertanol ist ein zuverlässiges Mittel gegen Monilia. Dieses Mittel dient auch als Schorfmittel bei anderen Kernobstarten. Außerdem gibt es weitere Spritzungen, die sogenannten *Obstmadenspritzungen*. Die erste erfolgt etwa 6–7 Wochen nach der Blüte mit Präparaten, die eine längere Wirksamkeit behalten, da der Schlüpfzeitpunkt der Apfelwicklerlarven stark von der Witterung abhängt. Diese Spritzung wird nach 3 Wochen wiederholt. Bei gutem Wetter schlüpft Anfang bis Mitte August eine zweite Generation von Maden, die durch die dritte Obstmadenspritzung vorbeugend behandelt wird. Dieser Spritzung werden Schorfmittel beigegeben, um einen Befall von Spätschorf zu verhindern. Bei den Pflaumen und Zwetschen wird eine Spritzung jedoch ohne Pilzmittel ab Mitte Juli durchgeführt. Pfirsiche können bei Blattfallbeginn mit Hilfe einer Kupferspritzung gegen die gefährliche Kräuselkrankheit behandelt werden.

Schädlingsbekämpfung beim Beerenobst

Bei Johannisbeeren treten häufig Blattfallkrankheit und Säulenrost (Schwarze Johannisbeeren) auf. Dagegen helfen Metiram und andere Fungizide, die jedoch spätestens 6 Wochen vor der Ernte eingestellt werden müssen. Nach der Ernte kann man die Spritzung ein- bis zweimal wiederholen. Stachelbeeren sind besonders auf halbschattigem Standort für Mehltau anfällig. Hier helfen Karatane-Spritzungen (Spezialmittel erfragen). Auch bei ihnen ist eine bestimmte Wartezeit bis zur Ernte zu beachten! Erdbeeren können von verschiedenen Krankheiten und Schädlingen befallen werden. Bei Befall von Erdbeervirus und Milben entfernen wir die befallenen Pflanzen (Mülltonne). Bei starkem Befall durch Blattläuse, Milben und Rote Spinne sowie andere tierische Schädlinge können wir nach dem Austrieb eine Spritzung mit systemischen Mitteln durchführen. Es sind auch teilweise biologische Spritzmittel gegen diese Schädlinge im Handel. Gegen den gefürchteten Grauschimmel wendet man am besten ein Captan-Mittel (Euparen) an. Gegen Vogelfraß hilft am sichersten ein Plastiknetz. Schnecken bekämpft man bevorzugt mit Bier in Blumentopfuntersätzen oder mit Schneckenpräparaten.

Regeln für die Obstbaumspritzung
1. Die Spritztermine sind unbedingt einzuhalten. Der Warndienst der Pflanzenschutzämter erteilt Auskunft.
2. Niemals höhere Konzentrationen an-

wenden, als vom Hersteller angegeben. Hierbei handelt es sich um Maximalwerte!
3. Je gründlicher die Verteilung der Spritzmittel erfolgt, desto besser ist ihre Wirkung.
4. Niemals höheren Druck anwenden, als auf der Spritze angegeben ist.
5. Sämtliche Geräte sofort nach Gebrauch mit klarem Wasser reinigen, nachspülen und trocknen.
6. Gebrauchsanweisung streng beachten! Atemschutz bei giftigen Spritz- und Stäubemitteln erforderlich.
7. Unterkulturen abdecken. Größte Vorsicht walten lassen bei Gemüsen, Viehfutter und dergl.
8. Mitteln ohne oder mit geringer Wartezeit ist der Vorzug zu geben vor gleichartigen oder gleichwertigen Präparaten mit langen Wartezeiten.
9. Nur amtlich anerkannte Pflanzenschutzmittel verwenden. Anwendungsverbote und Beschränkungen für Pflanzenschutzmittel beachten.
10. Verstopfte Düsen niemals durch Ausblasen mit den Lippen reinigen (Luftpumpe oder Düse aufschrauben).
11. Schwefel- oder Kupferempfindlichkeit beachten (z. B. beim Pfirsich).

Wer einen Garten besitzt, sollte viel mehr experimentieren; das gilt auch für die Bekämpfung der Schädlinge, allerdings in dem Sinne, daß man nicht alles bedenkenlos hinnimmt, was die Industrie gegen diesen und jenen Schädling empfiehlt. Man sollte einmal versuchen, ein- oder mehrere Jahre auf das Spritzen ganz zu verzichten und untersuchen, ob tatsächlich Qualitäts- und Quantitätsverschlechterungen eintreten. Wenn dann wieder viele Nützlinge in den Garten eingezogen sind, und sich allmählich wieder ein gesundes, biologisches Gleichgewicht eingestellt hat, ist es vielleicht möglich, auf viele angeblich »notwendige« Bekämpfungsmaßnahmen zu verzichten. Dann ziehen wieder Schmetterlinge, Bienen und Hummeln in unsere Gärten ein. Vielleicht werden die Ernten dadurch sogar größer. Singvögel wecken uns morgens wieder mit fröhlichem Gezwitscher und machen uns darauf aufmerksam, daß die Welt um uns herum allmählich wieder in Ordnung kommt. Ich bin überzeugt, daß man in diesem Sinne echten Umweltschutz betreiben und auf diese Weise zu einer natürlichen Gesundheit zurückfinden kann, die aus dem eigenen Garten kommt.

Der Gemüsegarten

Viele Mediziner sind der Ansicht, daß Gartenarbeit gesund ist – vorausgesetzt, daß sie nicht in Überanstrengung ausartet. Die Betätigung in frischer Luft erhöht das körperliche Wohlbefinden; das Planen und Anlegen, Säen und Ernten in einem Garten beschäftigt den Geist und macht vor allem demjenigen Freude, der im Alltag einer eintönigen oder vorwiegend sitzenden Tätigkeit nachgehen muß.

Nach und nach sammelt man Erfahrung im Umgang mit Gehölzen, Blumen und Gemüsepflanzen, und je reicher dieser Erfahrungsschatz wird, desto begeisterter und experimentierfreudiger ist der Gartenbesitzer, sieht er doch seine Mühen durch den Erfolg bestätigt.

Gärten sind aber nicht nur zur Freizeitbeschäftigung und zum Betrachten da. Man kann darin eine Vielzahl von nützlichen Pflanzen kultivieren und heranwachsen sehen, die die Natur für uns bereit hält. Dazu gehören in erster Linie Obst und Gemüse, die selbst herangezogen natürlich besonders gut schmecken. Die vergleichsweise geringe Mühe, die uns die Anzucht bereitet, wird durch eine reiche Ernte belohnt. Wer freut sich nicht schon zur Blütezeit der Apfelbäume auf die ersten saftigen Augustäpfel. Und nur zu verständlich ist auch der Wunsch, sich mit selbstgezogenem Gemüse zu versorgen. Wenn man den verfügbaren Platz im Garten richtig aufteilt, kann man meist soviel Gemüse heranziehen, wie man für den Eigenbedarf in den Sommermonaten benötigt.

Jeder weiß, daß Obst und Gemüse einen hohen Vitamingehalt haben und daß diese Vitamine zur Gesunderhaltung oder zur Heilung unseres Körpers sowie zur Steigerung der menschlichen Leistungsfähigkeit von großer Bedeutung sind. Die Forschung hat nachgewiesen, daß die Funktionen der Vitamine im Körper vielfältig und sehr unterschiedlicher Natur sind. Darüber hinaus bestehen Wechselbeziehungen zwischen Vitaminen und Nährstoffen und zwischen den Vitaminen untereinander, die für die Gesundheit außerordentlich bedeutsam sind. Fehlt ein wichtiges Vitamin, so ist auch die Wirksamkeit der anderen Vitamine erheblich eingeschränkt. Die Leistungsfähigkeit läßt nach und die Gesundheit ist gefährdet. Die wichtigsten Vitamine, die wir kennen, sind die Vitamine A, B, C und D. Neuere Untersuchungen haben gezeigt, daß gerade Gemüse ein wertvoller Vitaminspender, aber auch ein Mineral- und Ballaststoffträger ist. Durch das Gemüse wird ein großer Teil des menschlichen Bedarfs an diesen Stoffen abgedeckt.

Beim Anbau von Obst und Gemüse im eigenen Garten ist noch ein anderer Aspekt wichtig: Wir wissen, was »drin« ist. Wir selbst haben die Pflanzen herangezogen, sie gehegt, gepflegt und versucht, mit wenigen, möglichst biologischen Schädlingsbekämpfungsmitteln auszukommen. Alarmierende Nachrichten über chemische Bekämpfungsmaßnahmen sind heute an der Tagesordnung. So werden unsere Kartoffeln auf dem Acker zwischen Saat und Ernte 7- bis 10mal mit Insektiziden, Herbiziden, Fungiziden und anderen Giften behandelt. Bei Obst- und Weinbau sind sogar 20 bis 24 jährliche Spritzungen erforderlich, und es liegt nahe, das schön gefärbte Tafelobst auf unseren Märkten mit dem Apfel vom Schneewittchen zu vergleichen, auch wenn sich nicht nachweisen läßt, inwieweit sich die verwendeten Giftmittel beim Genuß der Früchte schädlich auswirken. Beim selbstgezogenen Gemüse wissen wir jedenfalls genau, was wir haben. Auf die richtige Anwendung von natürlichen Schädlingsbekämpfungsmitteln im Garten wird noch einzugehen sein.

Ein Nutzgarten von etwa 100 m² genügt, um bei geschickter Ausnutzung des Plat-

Selbstgezogenes Gemüse, frisch aus dem Garten auf den Tisch, macht wenig Mühe bei der Anzucht. Spinat ist in der gemüsearmen Frühjahrszeit besonders wertvoll.

Gemüsegarten

zes und wohlüberlegtem Anbauplan ausreichend Gemüse für einen 2- bis 3köpfigen Haushalt heranzuziehen. Kommen allerdings flächenaufwendige Kulturen, wie z. B. Erdbeeren, hinzu, so kann der erforderliche Bereich bis auf 200 m² anwachsen. Auf jeden Fall sollte sich die Größe eines Gemüsegartens, also einer Intensivkultur, nach der Zeit richten, die einem für die Gartenpflege zur Verfügung steht. Der Berufstätige, der wenig Zeit zur Gartenarbeit erübrigen kann, sollte sich auf jeden Fall mit einem kleineren Gemüsegarten zufriedengeben. Der größte Garten nützt nichts, wenn er nicht tadellos in Stand gehalten werden kann. Sicherlich ist es zweckmäßig, vorausgesetzt das Grundstück ist groß genug, den Wohn- und Nutzgartenteil in irgendeiner Form voneinander zu trennen. Im Reihenhausgarten kann man das leicht durch eine Obsthekke, eine Himbeerhecke oder einige höhere Beerenobststräucher bewerkstelligen. Bei größeren Gartengrundstücken ist auch eine Abpflanzung durch eine freiwachsende Hecke möglich, die unter Umständen gleichzeitig Windschutzfunktion übernimmt.

Hohe Bäume können dem Gemüsegarten nur schaden. Sie nehmen sehr viel Platz und Licht für sich in Anspruch und beeinträchtigen dadurch die Kultur.

Die Anlage der Beete

Wenn der Boden im Frühjahr abgetrocknet ist und die ersten schönen Tage kommen, drängt es einen förmlich hinaus in den Garten. Die Staudenbeete werden abgeräumt, die Rosen zurückgeschnitten, Gehölze und Stauden gepflanzt, Frühbeete hergerichtet, Spielgeräte im Garten montiert und Nistkästen gereinigt, um für das kommende Jahr gerüstet zu sein. Dann ist es auch an der Zeit, neue Beete für den Gemüsegarten anzulegen oder die Beete in Stand zu setzen. Wir graben die Flächen für den Gemüseanbau um oder fräsen sie kreuzweise durch und stecken die Beete ab. Hierzu verwendet man am besten eine Gartenschnur. Die Wege zwischen den Beeten treten wir in Schuhbreite als Trittpfade fest (ca. 30 cm breit). Wege sollen nicht mit der Schaufel ausgekoffert werden, da die Beetkanten leicht austrocknen, wenn sie nicht flach über dem Boden liegen. Nur in sehr nassem Gelände kann man die Pfade ausheben und den Aushub auf die Beete verteilen, damit der Boden entwässert und besser zu erwärmen ist.

Die günstigste Breite für Beete liegt bei etwa 120 cm. Man kann sich das am Harkenstiel mit einer Kerbe markieren, das erleichtert das Ausmessen. Beete von größerer Breite sind ohne Betreten der Fläche nicht zu bearbeiten. Der Boden soll aber immer locker bleiben. Bei der Einteilung ist es in jedem Falle günstiger, schmalere Beete anzulegen, als über 120 cm hinauszugehen.

Für die Anlage der Beete spielt die Hauptwindrichtung eine gewisse Rolle. Man sollte die Beete möglichst so anlegen, daß sie quer zur Hauptwindrichtung verlaufen, bei Westwind also am besten in Nord-Süd-Richtung.

Durch Abpflanzungen mit Erbsen, Stangenbohnen oder weniger windanfälligen Pflanzen werden die mit empfindlicheren Kulturen bestellten Beete geschützt. Auch Sonnenblumen, dicht als Randhecke gesät, ergeben in den ersten Jahren, bis eine Einfassung aus Gehölzen herangewachsen ist und von sich aus Schutz übernehmen kann, einen ausgezeichneten Windschutz.

Windschutz heißt aber nicht Windstille, denn in eingeschlossenen Gärten vermehrt sich das Ungeziefer sehr stark. Windschutz ist erforderlich, um den Wind abzuschwächen, auszukämmen. Durch Windschutz erreicht man, daß die Verdunstungsverluste geringer werden als in windexponierten Lagen. Besonders bei starker Sonneneinstrahlung und höherer Temperatur geht viel Feuchtigkeit durch

Die Anlage der Beete soll möglichst in der Hauptwindrichtung oder wegen der günstigeren Belichtung in Nord-Süd-Richtung verlaufen. Man steckt die Pflanzreihen mit der Gartenschnur ab und setzt die Pflanzen in entsprechenden Abständen entlang der Schnur.

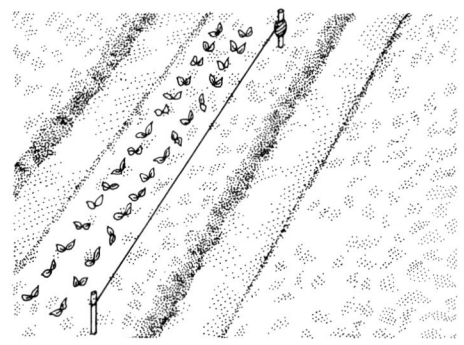

Anlage der Beete

starke Luftbewegung verloren. Zuviel Wind ist auch für das Gedeihen der Pflanzen schädlich. Man braucht dabei nicht einmal an schwere Stürme zu denken, die in unserer Gegend ohnehin selten sind. Stärkere ständige Luftströme können dazu führen, daß Obstbäume schlecht befruchtet und bestimmte Gemüsesorten, wie Erdbeeren, Gurken, Bohnen, im Ertrag erheblich gemindert werden. Ununterbrochener starker Wind ist gleichbedeutend mit ständigem, größerem Wasserverlust. Mit dem Wasser wird gleichzeitig mehr Wärme verbraucht. Die Pflanzen sind kümmerlicher, die Ernten werden verzögert. In windgeschützten Lagen ist der Boden oftmals um einige Grade wärmer. Kahlfröste und Auswinterungsschäden sind hier seltener. Das günstigere Klima wirkt sich positiv auf die Neueinsaat aus. Sämlinge kommen schneller auf, Jungpflanzen wachsen besser, und die Gemüse- und Obstkulturen bringen bei weitem reichere Erträge.

Beete unter Glas

Viele Kulturen würden sich bei Aussaat im Freien sehr verzögern und wären erst nach den Eisheiligen (Mitte Mai) im Freien möglich. Um aber frühere Ernten zu bekommen, kann man die Anzucht von Jungpflanzen und den Anbau von Frühgemüse – z. B. Salat, Kohlrabi, Radies, Gurken – unter Glas vornehmen. Am bekanntesten ist die Kultur im Mistbeetkasten oder Frühbeet. Hierzu sind allerdings gewisse gärtnerische Vorkenntnisse nötig, man muß über Boden-, Licht- und Luftbedürfnisse der Pflanzen, ihre Wärmeansprüche und Pflanzenkrankheiten, Saat- und Bodenbeizung etwas wissen, und es ist viel Sorgfalt und Pflege erforderlich, um die Pflanzen je nach Wetterlage und Temperatur zu lüften und zu schattieren. Das sollte uns aber nicht abschrecken. Neue Werkstoffe und technische Verbesserungen machen heute Anlage und Wartung problemlos.

Es ist erstaunlich, was sich alles auf einem Stückchen Gartenland an Gemüse für den Eigenbedarf heranziehen läßt. Geringe Mühe bringt reichen Lohn.

Frühbeete kann man aus verschiedenen Baustoffen herstellen. Man kann sie mauern oder als Holzkasten bauen. Wichtig ist, daß die Fenster auf dem Kasten von Norden nach Süden geneigt sind, um das Sonnenlicht gut einzufangen und Regenwasser ablaufen zu lassen. Holzkästen müssen gegen Pilzbefall mit pflanzenunschädlichen Imprägnierungsmitteln behandelt werden.

Das Früh- oder Mistbeet

Die Anlage eines solchen Beetes ist verhältnismäßig einfach, man stellt an einer windgeschützten Stelle einen Holzkasten auf, der in Ost-West-Richtung ausgerichtet sein soll. Der Kasten soll von Norden nach Süden eine Neigung von 5–10 cm haben, damit die Sonne gut eingefangen wird und Regenwasser besser abläuft. Die Kastenhöhe beträgt ca. 50/60 cm. Alle Holzteile sind mit pflanzenunschädlichen Imprägniermitteln zu streichen oder im Kesseldruckverfahren zu imprägnieren. Statt Holz kann man auch Fertigteile aus anderem Material (Eternit oder Kunststoff) verwenden. Die Maße der genormten Fenster betragen 100/150 cm. Es gibt aber auch kleinere Größen im Handel, die dem individuellen Bedarf des Gartenfreundes besser angepaßt sind, denn häufig müssen solche Fenster von der Hausfrau oder einem Kind bedient werden können. Als Scheiben verwendet man Blankglas oder das lichtbrechende Klarglas, das die Sonneneinstrahlung ohne Schattierung regelt, oder doppelt mit Plastikfolie bespannte Rahmen. Die Industrie liefert darüber hinaus sehr praktische Frühbeetfenster aus Plexiglas- oder Macrolon-Doppelstegplatten (6, 9 und 18 mm), die sehr leicht zu handhaben sind und gute lichtfilternde Eigenschaften besitzen. Dieses Material ist nicht gerade billig, aber es ist bruchsicher, und das ist gegenüber herkömmlichen Glasscheiben ein nicht zu unterschätzender Vorteil. Im Handel werden auch komplette Frühbeete mit Rahmen und Fenstern angeboten. Sie reichen vom einfachen Fenster bis zu hochentwickelten technischen Spielereien mit sich automatisch öffnenden und schließenden Lüftungslamellen.

Früher wurden die sogenannten Mistbeete mit Pferdemist gepackt, um rechtzeitig mit der Anzucht beginnen zu können. Eine Laubschicht diente der Isolierung, um Wärmeverluste nach unten zu vermeiden. Dann folgte eine Schicht aus strohigem Pferdemist, ca. 30 cm hoch, der fest angetreten wurde, und darüber kam eine Erdschicht aus 10/20 cm gesiebter Komposterde, die im Verhältnis 1:1 mit Torfmull gemischt war. Heute ist Pferdemist eine Seltenheit geworden. Man kann sich statt dessen mit einer Strohpackung behelfen, die zweckmäßigerweise bereits einige Monate vorher in den Kasten gepackt wird, damit das Stroh etwas anrottet. Einige Tage vor der Fertigstellung im Frühjahr tritt man das Stroh fest an und übergießt es mit warmem oder heißem Wasser. Dann setzt man etwa 1 kg Kalksalpeter auf 1 Ballen Stroh (25 kg Ballen) zu und bringt nach 3–4 Tagen eine TKS-Erde auf. Es ist zu beachten, daß diese Erde waagerecht eingebracht wird und nicht etwa die Neigung der Fenster nach Süden mitmacht. In den nächsten Tagen bilden sich dichte Schwaden, die man durch einen Spalt (flachgelegtes Lüftungsholz oder Höhersetzen der Fenster mit Rasten) abziehen läßt. Dann kann die Aussaat erfolgen. Es gibt auch Frühbeete, die elektrisch beheizt sind. Man verlegt ca. 6–8 lfm Heizkabel je m^2 Beetfläche, die in einer 15 cm dicken Sandschicht eingebettet werden. Hierauf wird das Kultursubstrat aufgebracht. Es muß jedoch darauf hingewiesen werden, daß solche Beete einen ziemlich hohen Stromverbrauch haben und daß hier zweckmäßigerweise ein Thermostat zur Regelung der Wärme eingebaut werden sollte. Wärmedämmung nach unten ist von großer Bedeutung. Laub oder Styroporplatten lassen sich gut verwenden, um größere Energieverluste zu vermeiden. Es gibt auch Anzuchtkästen, die man im Zimmer über der Heizung aufstellen kann. Solche Kästen sind allerdings nur für die Keimung oder die Anzucht kleinerer Mengen geeignet.

Als Mistbeet oder Frühbeet kann aber auch ein kalter Kasten sehr nützlich sein. Unter die einzubringende Erde wird auch hier eine Dämmschicht gelegt (Styropor, Steinwolle, Laub), um das Abfließen der Tageswärme in den Untergrund zu verhindern. Solche kalten Kästen werden später in Betrieb genommen als Mistbeete, sie ermöglichen aber doch eine um mehrere Wochen frühere Anzucht von Jungpflanzen und Gemüse.

Nach dem Einfüllen der Erde legt man die Fenster auf das Frühbeet so auf, daß ein schmaler Lüftungsspalt offen bleibt, damit die Erde abtrocknen kann. Nach 2/3 Tagen kann man mit der Aussaat beginnen. Man glättet die Oberfläche mit der Rückseite einer Harke und zieht den Boden mit einem Brett oder einer Latte ab. Saatgut kann man breitwürfig oder in Reihen aussäen, andrücken und aus feiner Brause mit lauwarmem Wasser festbrausen, anschließend mit feingesiebter Erde abdecken. Die Reihensaat mit 6/8 cm Reihenabstand ist wegen der leichteren Pflege vorzuziehen. Das Saatgut kann gleichmäßiger ausgebracht werden. Bei dem schwülen Klima im Mistbeet können engstehende Pflanzen leicht von Schädlingen befallen werden. Nach der Aussaat und guter Kennzeichnung der einzelnen Sorten schließt man die Fenster und verdunkelt sie mit einer Folie. Im Dunkeln keimen die meisten Sämereien am gleichmäßigsten. Wenn sich die ersten Spitzen der Keime zeigen, nimmt man die Schattierung tagsüber ab. Mit zunehmendem Wachstum läßt man nach und nach mehr Luft an die Pflanzen, damit sie kräftig und robust heranwachsen. Es ist darauf zu achten, daß sie gerade in diesem Stadium nicht zu weich sind, sonst werden keine brauchbaren Pflanzen daraus. Wichtig ist, daß die Pflanzen im Frühbeet rechtzeitig pikiert werden, ehe sie zu sehr in die Höhe schießen. Je gedrungener und freier die Pflanzen aufwachsen und je größer die Zufuhr von frischer Luft ist, desto besser gedeihen sie später beim Auspflanzen ins freie Land.

Als Grundregeln für die Anzucht von Pflanzen im Frühbeet notieren wir also:
1. gleichmäßiges Feuchthalten,
2. vorgewärmtes Gießwasser,
3. viel frische Luft (niemals Zugluft!),
4. gesunde, fäulnisfreie Erde,
5. der Pflanzgröße entsprechender weiter Stand.

Frischluftzufuhr im Kasten ist im allgemeinen dann erforderlich, wenn eine Temperatur von 15° erreicht ist. Man regelt die Lüftung durch Verstellen des Lüftungsspaltes. Bei steigenden Temperaturen stellt man die Fenster weiter auf. Dabei ist die Windrichtung zu prüfen. Lufthölzer setzt man immer auf die dem Wind abgekehrte Seite unter das Fenster.

Kurz vor dem Auspflanzen sollten die Fenster für längere Zeit ganz abgedeckt werden, drei bis vier Tage vorher werden sie entfernt. So wachsen die abgehärteten Pflanzen ohne Schock weiter, wenn sie ins Freiland gesetzt werden.

Durch das Abdecken der Fenster mit Planen oder Folien bleibt die Wärme im Kasten. Bei Frostwetter sollte morgens die Abdeckung nicht zu früh entfernt werden. Erst wenn die Sonne zu wärmen beginnt, ist das Abdeckmaterial überflüssig. Bei Frostwetter deckt man die Matten nur für kurze Zeit auf.

Beim Gießen sollte man eine feine Brause und vorgewärmtes Wasser verwenden. Dabei ist darauf zu achten, daß die Erde gleichmäßig feucht bleibt. Nach dem Gießen bleiben die Fenster wegen der Verdunstungskälte zunächst geschlossen. Wenn sich die Temperatur nach einer halben Stunde wieder erhöht hat, kann gelüftet werden. Besser als gießen ist das Spritzen mit einer feinen Brause oder das Nebeln mit feiner Düse. Hohe Luftfeuchtigkeit fördert das Wachstum.

Schädlinge im Frühbeet sind die Maulwurfsgrille, Mäuse, Wühlmäuse und der Maulwurf. Keiner dieser ungebetenen Gäste darf hier geduldet werden. Sie können an den kleinen Pflänzchen großen Schaden anrichten.

Kleingewächshausbau

Trotz umstrittener Rentabilität steht uns auf dem Markt ein großes Angebot an Gewächshäusern zur Verfügung. Aber dem Freizeitgärtner kommt es ja auf die Anzucht und Kultur wertvoller Pflanzen und auf die Beschäftigung mit der Natur an, und sie läßt sich nicht in Mark und Pfennig

304 Gemüsegarten

Wunsch vieler Gartenbesitzer ist ein Kleingewächshaus. Vielseitig sind seine Verwendungsmöglichkeiten bei der Anzucht und Kultur von Zier- und Nutzpflanzen. Leichtmetallgewächshäuser mit Doppelstegplatten aus Macrolon sind zwar teuer, doch nahezu wartungsfrei.

bewerten, schon gar nicht, wenn diese Beschäftigung ein guter Ausgleich gegen Alltagsstreß ist. Daher spielen die Kosten für Anschaffung und Unterhaltung eines Gewächshauses oft eine untergeordnete Rolle. Passionierte Jäger und Angler investieren in Ausrüstung und Pacht gleichfalls hohe Beträge, die sie auch nicht gegen den Wert der gefangenen Fische oder des erlegten Wildbrets aufrechnen können. Holz- und Eisenkonstruktionen sind anspruchsvoll in der Pflege. Sie sind zwar in der Anschaffung relativ billig, in der Unterhaltung aber am teuersten. Leichtmetallgewächshäuser sind nahezu wartungsfrei. Polyester und Plexiglas (Doppelstegplatten) sorgen dafür, daß man auch mit den Fenstern keine weiteren Probleme hat. Die Wärmeisolierung solcher Kunstverglasungen ist ausgezeichnet. Trotz hoher Anschaffungskosten sind diese Gewächshäuser eher zu empfehlen. Die Preise sind – je nach Bedarf – recht unterschiedlich. Beträchtliche Nebenkosten entstehen für Heizung, Bodenbeläge, Tische etc. Bei der Fülle der angebotenen Fabrikate ist es ratsam, sich von verschiedenen Firmen Vergleichsangebote zu beschaffen, ehe man sich für den Kauf eines bestimmten Fabrikats entscheidet.

Gewächshäuser können auch angelehnt an eine Mauer oder an ein Wohnhaus gebaut werden. Es ist sogar möglich, sie so aufzustellen, daß sie als Erweiterung des Wohnraumes in Form eines Wintergartens gute Dienste tun.

Wasser- und Stromanschluß sind für ein Gewächshaus notwendig, und eine automatische Bewässerungsanlage ist vorteilhaft, denn an heißen Tagen kann es vorkommen, daß zweimal täglich gegossen werden muß.

Ob ein Gewächshaus als Kalthaus oder Warmhaus genutzt wird, ist Sache des Betreibers. Bei einem Kalthaus braucht man wenig zusätzliche Technik, da die Bepflanzung erst im Frühjahr vorgenommen wird, wenn die kalten Nächte vorüber sind. Für die wenigen, noch zu erwartenden Frostnächte genügt dann ein Ölofen oder ein elektrisches Frostschutzgerät. Wer aber wertvolle Blumen das ganze Jahr hindurch kultivieren möchte, für den kommt natürlich nur ein Warmhaus oder ein temperier-

tes Haus in Betracht. Hier muß mit Öl, Gas oder Strom für die erforderliche Erwärmung gesorgt werden. Von besonderer Bedeutung ist die Lüftungsvorrichtung. Für manche Pflanzen (z. B. Tomaten) darf die Temperatur 30 °C nicht überschreiten. Um die für bestimmte exotische Pflanzen notwendigen, gleichbleibenden Temperaturen zu halten, ist ein relativ hoher technischer Aufwand erforderlich. Zwar werden bereits vollautomatische Gewächshäuser von verschiedenen Firmen angeboten, doch sind solche Häuser nur dann zweckmäßig, wenn eine genügend große Glasfläche vorhanden ist und größere Mengen an Pflanzen kultiviert werden sollen. Für den Hausgarten kommen solche Einrichtungen kaum in Betracht.

Die Tunnelkultur

Tunnelkultur ist sehr reizvoll, denn man kann auf diese Weise Frühgemüse wie in einem Kalthaus heranziehen. Eine windgeschützte Lage ist Voraussetzung für eine erfolgreiche Kultur. Die Herstellungskosten für einen Tunnel sind gering. Man läßt sich je nach gewünschter Höhe vom Schlosser 8/10 mm starke feuerverzinkte Eisendrähte zu 50–60 cm breiten Bügeln formen, die man in 150/200 cm weiten Abständen etwa 50 cm tief in den Boden steckt, nachdem die erforderliche Bodenbearbeitung vorgenommen wurde. Man kann solche vorgefertigten Bügel aber auch in einem Gartencenter erwerben. Dann spannt man ca. 2 mm dicke kunststoffummantelte Drähte in gleichen Abständen so in Längsrichtung, daß einer dieser Drähte genau im Scheitelpunkt des Bogens verläuft. Diesen mittleren Draht läßt man an den Enden etwa 200 cm überstehen und befestigt ihn mit Erdankern oder Pfählen so im Boden, daß die durch das Gewicht der Folie und durch den Winddruck auftretenden Zugkräfte ausgeglichen werden können.
Dann überzieht man die Bögen mit 2 Lagen transparenter Plastikfolie (ca. 0,1 mm dick) und läßt die Enden soweit überstehen, daß sie mit einer Klammer verschließbar sind. Es ist empfehlenswert, die Folie mit weiteren Bügeln, die über den fertigen Tunnel gesteckt werden, zu befestigen.

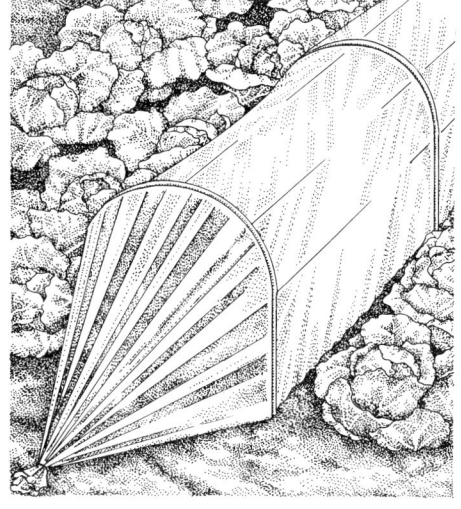

Tunnelkultur ist besonders bei der Anzucht von Gemüsearten zu empfehlen. Frühere Aussaat und das günstige Kleinklima im Tunnel ermöglichen frühe Ernten aus dem eigenen Garten.

Nun braucht man nur noch an den Seiten die beiden Tunnelenden aufzumachen oder bei zunehmender Außentemperatur die Folie von den Seiten her, zwischen den übereinandergesteckten Bügeln, hochzuschieben. Auf diese Weise lassen sich auch höhere Tunnel herstellen, in denen man sogar Tomaten kultivieren kann. Auf den Boden bringt man feinste Komposterde, die mit Sand vermischt wurde. Ist es noch früh im Jahr, kann man auch eine Lage Pferdemist als Unterpackung in 30 cm Stärke einbringen. Ein so geschütztes Beet erhält ein Lattengestell, das nachts oder bei sehr ungünstigem Wetter abgedeckt werden kann. In einem solchen Tunnel herrschen etwa die gleichen klimatischen Verhältnisse wie in einem Frühbeet, man braucht ihm allerdings nicht soviel Pflege angedeihen zu lassen.

Aussaat unter Glas und im Freien

»Wie die Saat, so die Ernte« heißt es im Sprichwort. Der Samen muß gleichmäßig, gut gewachsen, ausgereift und vollkörnig sein. Beim Reiben muß er den typischen Geruch der späteren Pflanze aufweisen. Gesundes Saatgut hat einen feinen Glanz. Es ist frei von Verunreinigungen durch Unkrautsamen. An der Keimfähigkeit erkennt man die Güte des Saatgutes. Durch Keimproben kann man feststellen, wie das Saatgut beschaffen ist. Man legt die Saat-

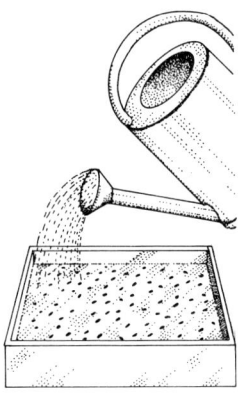

Im Saatgefäß wird das Saatgut dünn und gleichmäßig ausgesät, angedrückt, fein überbraust und leicht mit Sand abgestreut.

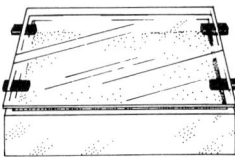

Zum Schluß deckt man das Gefäß mit einer Glasplatte oder einer Folie ab, die von Zeit zu Zeit gelüftet wird.

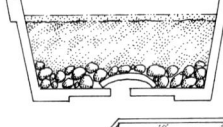

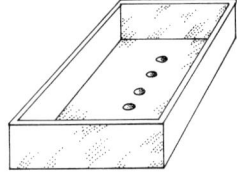

Pflanzgefäße müssen stets einen guten Wasserabzug besitzen.

körner zwischen Vliespapier, das mit einem Ende im Wasser hängt. An der Menge der aufgehenden Samen erkennt man dann die Keimfähigkeit. Solche Proben empfehlen sich vor allem bei älterem Saatgut, das man von früheren Aussaaten übrigbehalten hat. Es bedeutet keine Ersparnis, Saatgut selbst heranzuziehen. Oft kommt dabei nämlich etwas anderes heraus, als die Sorte, von der man den Samen genommen hat. Die geringeren Kosten bei Eigenzucht wiegen den Ernteausfall bei minderwertigen Nachzuchtsorten nicht auf. Übriggebliebenes Saatgut hebt man in dicht verschlossenen Behältern in kühlen, frostfreien Räumen auf, damit die Keimfähigkeit möglichst lange erhalten bleibt.

Saatgutbeizung

In den meisten Fällen ist das im Handel erworbene Saatgut bereits vorgebeizt, so daß das Hantieren mit Beizmitteln nicht erforderlich ist. Nur selten kommt es vor, daß man gezwungen ist, ungebeiztes Saatgut beizen zu müssen. Die Beizung dient dazu, die Sporen pilzlicher Schädlinge, die am Saatgut haften können, zu vernichten. Bei der Trockenbeize füllt man Beizmittel und Saatgut in eine fest verschließbare Flasche und schüttelt sie so lange, bis sich der Samen mit dem Beizmittel gut überzogen hat. Naßbeizen sind heute weniger üblich.

Die Aussaat

Die Saatgefäße müssen Abzugslöcher besitzen und im unteren Bereich mit Scherben von Töpfen oder grobem Kies durchlässig gemacht werden. Bei größeren Schalen legt man ein Vlies über die Dränschicht und deckt dann das Kultursubstrat (mit scharfem Sand vermischte Komposterde oder TKS-Erde) darüber. Die Aussaat erfolgt auf der geglätteten Fläche des Bodens breitwürfig (körnige Saat einzeln oder in flachen Rillen); die Saat wird angebraust und mit einer dünnen Schicht gesiebter Erde angedeckt. Zur besseren Keimung sollte man sie mit einer Glasscheibe oder Plastikfolie abdecken, die von Zeit zu Zeit geöffnet werden. In den ersten Tagen stellt man die Schalen im Dunkeln auf. Sobald sich erste Anzeichen der Keimung bemerkbar machen, kommen sie ans Licht. Die Pflanzen dürfen niemals unter Feuchtigkeitsmangel leiden. Es gibt viele Arten von Pflanzgefäßen, die man zur Aussaat verwenden kann. Tontöpfe, Kistchen, Multitöpfe, Jiffypots, Plastiktöpfe – wichtig ist bei allen Pflanzgefäßen ein guter Wasserabzug. Multitopfplatten aus Plastik sind wasser- und luftdurchlässig. Bei ihnen ist der Feuchtigkeitsverlust sehr gering. Trotzdem ist für ausreichende, regelmäßige Wassergaben zu sorgen, um eine gleichbleibende Feuchtigkeit zu erhalten. Als Kultursubstrat hat sich besonders die krankheitsfreie TKS 1 bewährt, die man in jeder Zierpflanzengärtnerei und in den Gartencentern erhalten kann. Töpfe aus Zellulose und Torf, die meist zu mehreren zusammenhängen und mitsamt den darin gezogenen Pflänzchen in den Boden gesetzt werden können, werden jeweils nur mit einem Saatkorn bestückt, oder man entfernt später überzählige Exemplare. Nur der beste Keimling bleibt stehen, denn er läßt auch den besten Ertrag erwarten.

Auf Saatbeeten im Freien sät man geeignete Pflanzen wie die Kohlarten, frühen Salat und dergleichen aus, die später auf ihren endgültigen Platz gesetzt werden. Aussaaten direkt auf das Standbeet nimmt man bei Pflanzen vor, die sich nicht verpflanzen lassen: Spinat, Möhren, Pflücksalat und andere. Sie bleiben von der Saat bis zur Ernte an Ort und Stelle. Die erforderlichen Abstände erhält man durch Ausziehen zu eng stehender Pflanzen.

Eine alte Bauernregel besagt, daß das Saatkorn nur so dick mit Erde angedeckt werden darf, wie es selbst dick ist. Bei ganz feinem Samen genügt bereits das Anbrausen und Anklopfen, bei dickeren Körnern kann die Erddecke doppelt so hoch sein wie das Saatkorn. Tief eingebrachte Saat keimt nur schlecht oder unregelmäßig, und für das Durchdringen größerer Erdschichten verbrauchen die Keime bereits viel Kraft.

Schutz der Saatbeete

Körnerfressende Vögel können in Saatbeeten Schäden anrichten. Daher sollte man Plastiknetze oder gelochte Folien zur Abdeckung der Flächen verwenden. Erbsen, Wicken, Bohnen kann man gegen Tauben und andere Vögel durch Reisig oder darübergespannte Netze schützen. Zwirnsfäden, Folienbänder und andere

Keimung – Pikieren – Pflanzung

käufliche Vogelschrecken aller Art können die »modern« gewordenen Gartenvögel nicht mehr erschüttern. Noch so abstoßend aufgebaute Vogelscheuchen dienen oft schon nach wenigen Stunden den Dieben als Sitzplatz.

Die Keimung

Frühjahrssaaten werden meist schon durch die vorhandene Bodenfeuchtigkeit zur Keimung angeregt. Bei späteren Aussaaten muß durch Wässern nachgeholfen werden, damit der Boden gleichmäßig feucht bleibt. Auch im Freiland dürfen beginnende Keimung und junges Wachstum niemals durch Trockenheit gestört werden.

Je später im Jahr man aussät, desto wichtiger ist es, das Saatkorn im Saatbeet fest einzubetten. Anklopfen mit einer Harke oder einer flachen Schaufel ist anzuraten. Auf schweren Böden ist Rillensaat empfehlenswert. Die Rillen werden mit guter Komposterde gefüllt, in die der Samen ausgesät wird. Dann können sich die Sämlinge erst kräftigen, bevor sie in den schlechteren Boden eindringen.

Hartschalige Samen wie Gurke, Kürbis, Erbsen, Bohnen keimen schneller, wenn man sie vor der Aussaat 12 Stunden in Wasser (Gurken in Milch) legt. Sie dürfen aber nicht solange in der Flüssigkeit liegenbleiben, bis sie ersticken oder zu gären anfangen.

Feinen Samen, etwa von Möhren oder Salat, kann man mit Sand vermischen, damit er beim Säen nicht zu dicht fällt. Das spätere Verdünnen oder Verziehen darf auf keinen Fall vergessen werden.

Wichtigster Grundsatz beim Säen: Lieber zu weit als zu dicht säen!

Engstehende, hochaufgeschossene Pflanzen werden leicht eine Beute von Schädlingen und Krankheiten.

Das Pikieren

Früher wurden junge Sämlingspflanzen durch vorübergehendes Umtopfen in besseren Boden, weitere Abstände und durch Einkürzen der Wurzeln zu besonders guter Wurzel- und Triebbildung gebracht. Dieses sogenannte Pikieren kann man sich jedoch bei den Gemüsejungpflanzen mehr oder weniger sparen, denn es erfordert relativ viel Zeitaufwand und durch die Wachstumsstörung wird die Pflanze etwa 14 Tage zurückgeworfen. Bei torfreicher Erde, z. B. der erwähnten TKS 1, ist die Bewurzelung der Sämlinge auch ohne Pikieren zufriedenstellend. Beim Umpflanzen ist darauf zu achten, daß jeweils nur so viele Pflanzen herausgenommen werden, wie man schnell auspflanzen kann. Die empfindlichen Wurzeln dürfen keinesfalls austrocknen und der Sonne oder dem Wind ausgesetzt werden.

Bei der Pflanzung ist darauf zu achten, daß die Wurzeln gut verteilt in den Boden kommen. Zu lange Wurzeln biegt man nicht um, sondern man kneift sie ab. Beim Kopfsalat dürfen die Wurzeln nicht beschädigt werden, weil sich sonst leicht Blüten bilden.

Die Pflanzung

Junge Pflänzchen setzt man bis an die Keimblätter in den Boden. So sind sie in der Lage, Beiwurzeln (Adventivwurzeln) zu bilden, die den Pflanzen gute Ernährungs- und feste Standmöglichkeiten bieten. Beim Pflanzen drückt man die Erde von den Seiten her fest an, um guten Bodenschluß zu erhalten. Wichtig ist auch das anschließende Angießen. Kopfsalat darf nur so tief gepflanzt werden, wie er im Saatbeet stand, sonst faulen die unteren Blättchen leicht, und der Salat bildet schlechte Köpfe. Junge Gemüsepflanzen setzt man am besten bei trübem, regnerischem Wetter, dann ist rasches Anwachsen am besten gewährleistet. Bei Schönwetterperioden verlegt man die Pflanzarbeiten auf den späten Nachmittag. Während der Nacht und der Morgenstunden haben sich dann die jungen Pflanzen soweit stabilisiert, daß sie im Sonnenschein nicht mehr welken. Nach der Pflanzung und dem Angießen wird der Boden mit Hacke oder Kultivator gründlich gelockert, um die Verdunstung einzuschränken.

Bei starker Sonneneinstrahlung ist während der ersten Tage eine Schattierung mit Folie oder Zeitungspapier zu empfehlen.

Gießen und Sprengen

Regen und Grundwasser reichen in den meisten Fällen nicht aus, um den Pflanzen die erforderliche Wassermenge zukommen zu lassen. Viele unserer empfindlichen Gemüsekulturen erleiden Wachs-

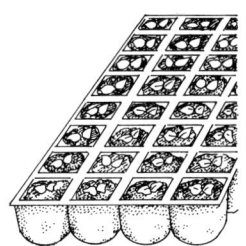

Groß ist das Angebot an Aussaatgefäßen. Sie ersparen teilweise das Pikieren, da man die Jungpflanzen mit den durchwurzelten Ballen direkt an Ort und Stelle auspflanzen kann.

Beim Pikieren werden die Pflanzenwurzeln leicht eingekürzt, damit sie besser Faserwurzeln ausbilden.

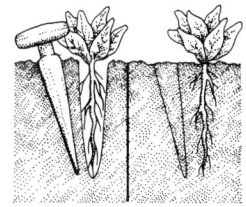

Pflanzen von Gemüsesetzlingen mit dem Pflanzholz.

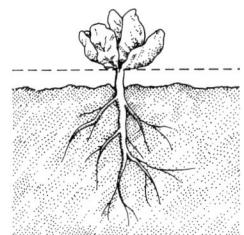

Bei jungen Salatpflanzen dürfen die Wurzeln nicht eingekürzt werden, sonst treiben die Pflanzen vorzeitig Blüten.

Gemüsegarten

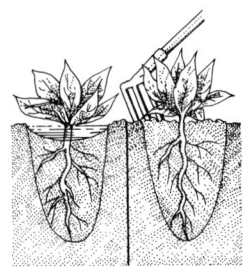

Nach dem Wässern muß der Boden sorgfältig gelockert werden.

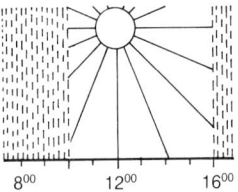

Gemüsekulturen sollten zwischen 10–16 Uhr nicht gegossen werden. Plötzliche Abkühlung an heißen Tagen bewirkt einen Kälteschock.

Die günstigste Wässerung erreicht man mit einem Regner. Ist man gezwungen, mit dem Schlauch zu wässern, darf man niemals mit hartem Strahl direkt auf die Pflanzen zielen.

tumsstockungen, wenn sie längeren Trockenzeiten ausgesetzt sind. Pflanzen mit saftigem Gewebe verholzen und werden so stark in ihrer Entwicklung gestört, daß sie sich nur schwer davon erholen. Gut kultivierter, durchlässiger Gartenboden kann das Wasser jederzeit vorteilhaft verteilen. Bei schweren, dichten Böden kommt es leicht zu Staunässe.

Gleichzeitig mit dem Wässern erfolgt stets eine Abkühlung des Bodens. Die Winterfeuchte hält meist bis in die zweite Maihälfte vor. So ist nachhaltiges Wässern erst nach diesem Zeitpunkt erforderlich. Gründliches Wässern ist wichtiger als häufiges, oberflächliches Besprengen. Es hat keinen Zweck, die Beetoberfläche nur anzufeuchten, da das Wasser bis an die Wurzeln gelangen muß. Es reicht, wenn einmal in der Woche gründlich gegossen wird (ca. 15/20 l/m^2). Ausgetrockneter Boden nimmt Wasser nicht leicht an. Der Boden ist dann mit einem Kultivator aufzureißen und in krümeligen Zustand zu versetzen, damit eine gründliche Wasseraufnahme erfolgen kann. Nach dem Gießen muß der Boden mit einer Hacke oder Harke wieder zerkrümelt werden, um die Kapillaren zu zerstören. Dadurch wird die Verdunstung aus dem Boden vermindert. Die Pflanzen können den Wasservorrat für sich verbrauchen.

Das Einschlämmen der Pflanzen sorgt für guten Bodenschluß. Der aufgelockerte Boden setzt sich. Hohlräume werden zugespült. Die Pflanze kann schnell anwachsen. Sobald das Wasser eingezogen ist, muß man den Boden um die Pflanze wieder lockern, damit Luft an die Wurzeln gelangen kann.

Richtige Gießzeit Beste Zeit für das Gießen ist der frühe Morgen. Die Pflanzen und die Erdoberfläche sind über Nacht ohnehin stark abgekühlt, und die Pflanzen erleiden durch das Wasser keinen Kälteschock. Muß an heißen Tagen gewässert werden, so sollte man die Zeit von 10.00–16.00 Uhr meiden. Die Pflanzen können durch die plötzliche Abkühlung in ihrem Wachstum geschädigt werden. Reichen die Morgenstunden zum Gießen nicht aus, so kann man es in den Abendstunden fortsetzen. Am besten wässert man während oder nach einem Regen. So paradox das klingt, das Wasser kann dann am tiefsten in den Boden eindringen.

Mit dem Schlauch sollte man nur dann spritzen, wenn ein entsprechender Brauseaufsatz montiert ist. Niemals mit hartem Strahl direkt auf die Pflanze zielen. Am besten führt man das Wasser in hohem Bogen feinverteilt durch die Luft, wo es sich erwärmen kann.

Regnersysteme Es gibt eine Reihe von Bewässerungssystemen für den Garten, die die Berieselung der Pflanzen erleichtern. Hier sind zunächst die Unterflurhydranten zu nennen. Sie werden fest installiert und die Deckel der Spritzköpfe schließen bündig mit dem angrenzenden Erdreich oder Rasen ab. Betätigt man den Wasserhahn, so heben sich die Sprengköpfe aus dem Boden und die Berieselung beginnt. Diese mühelose und einfache Form der Bewässerung ist in der Anschaffung relativ teuer. Das Verlegen der Wasserleitungen (Kunststoffrohre) kann bei einigem Geschick selbst bewerkstelligt werden. Die Sprengköpfe bringt man mit Klemmdichtungen an. Bei solchen Anlagen muß allerdings ein ausreichender Wasserdruck vorhanden sein. Reicht der Druck nicht aus, sind Zwischenaggregate einzuschalten.

Besonders bewährt haben sich verschiedene Regnerformen. Es gibt Kreis- und Viereckregner in verschiedener Ausführung und mit unterschiedlichen Wurfweiten. Man kann sich das für den eigenen Garten Passende heraussuchen. Viereckregner haben den Vorteil, daß man exakt rechtwinklige Flächen damit beregnen kann. Bei Kreisregnern kommt es beim Wässern zu Überschneidungen. Verschiedene Firmen bieten heute Stecksysteme an, die an die Hauswasserversorgung oder an einen Gartenbrunnen angeschlossen werden können. Sie sind praktisch, weil sie variabel, also an den jeweiligen Bedarfsstellen, aufgestellt werden.

Rieselschläuche und Regnerschläuche sind eine Alternative für die Bewässerung von Dachgärten, wo man mit Sprengern nicht arbeiten kann. Die zweizeilig gelochten Schläuche, die das Wasser unmittelbar auf die danebenliegenden Flächen auswerfen, haben allerdings meist nur eine kurze Lebensdauer.

Welches Wasser ist für den Garten geeignet? In vielen Fällen ist man auf Leitungswasser angewiesen. Es ist aber für die Pflanzen im Garten nicht besonders günstig, denn Stadtwasser ist meist sehr kalkhaltig oder gechlort. Das schadet empfindlichen Kulturen. Man kann durch Enthärtungs- oder Wasseraufbereitungsanlagen einen Teil des Kalziumgehaltes mit Hilfe eines Ionentauchers binden, so daß weiches Wasser zur Verfügung steht. Das beste Gießwasser aber ist – trotz des sauren Regens – immer noch Regenwasser, das man in einer Zisterne oder einem größeren Behälter auffängt. Es steht uns jedoch im allgemeinen nicht immer in ausreichender Menge zur Verfügung. Daher wird man es meist mit der Gießkanne ausbringen. Zum gründlichen Bewässern des Gartens bleibt man dann doch auf Leitungs- und Grundwasser angewiesen.

Unkrautbekämpfung

Die Bezeichnung Unkraut ist eigentlich falsch, aber jeder weiß, was damit gemeint ist. Man bezeichnet damit alle die Pflanzen, die in unserem Garten unerwünscht sind. Meist handelt es sich um gewöhnliche Wildpflanzen. Im Brachland und an Wegrändern sind sie willkommen, im Garten aber engen sie den Lebensraum unserer Kulturpflanzen empfindlich ein. Wegen ihrer standortbezogenen Wuchseigenschaften gedeihen sie allerdings viel besser als unsere Gartenpflanzen und stellen auch aus diesem Grund eine Gefahr für das Wachstum der Kulturen dar. Bei all diesen unliebsamen Eigenschaften haben sie jedoch auch ein Gutes. Wir können aus ihrem Vorhandensein auf den Zustand und die Beschaffenheit des Bodens schließen und die erforderlichen Verbesserungen durchführen. Einige Unkrautarten werden daher als typische Zeigerpflanzen bezeichnet. So bevorzugen beispielsweise der Kleine Sauerampfer, Ackerspark, Sandstiefmütterchen und Sauerklee mageren, kalkarmen bis sauren Boden. Akkerschachtelhalm, Gänsedistel und Nikkende Distel zeigen Tonböden an. Hahnenfuß und Breitwegerich weisen auf feuchten, verdichteten Boden hin und Akkerehrenpreis, Schwarzer Nachtschatten, Melde und Windender Knöterich zeigen Kali an. Vogelmiere, Gänsefuß, Schwarzer Nachtschatten sind aber auch Anzeiger für humus- und nährstoffreichen Boden.

Es gibt einjährige und ausdauernde sogenannte Wurzelunkräuter. Die einjährigen Unkräuter haben die fatale Eigenschaft, sich innerhalb kurzer Zeit durch unendliche Samenproduktion auszubreiten und zu vermehren. Hierzu gehören das Franzosenkraut, das Greiskraut, die Vogelmiere, die Melde, die Knöticharten und die Kamille. Zu den ausdauernden Unkräutern, die uns ganz besondere Probleme aufgeben, zählen vor allem die Zaunwinde, die Quecke, der Kriechende Hahnenfuß, die Brennessel und der Giersch. Was kann man gegen die Unkräuter tun? In jedem Boden wimmelt es von ihren Samen, der nach der Bodenbearbeitung zu keimen beginnt und sich ausbreitet. Da es nicht zu den beliebtesten Freizeitbeschäftigungen gehört, mit Hacke und Unkrautstecher durch den Garten zu wandern, gibt es verschiedene Möglichkeiten, das Aufkommen der Unkräuter zu verhindern. Auf keinen Fall darf man ihnen mit den gefährlichen Herbiziden zu Leibe rücken, schon gar nicht, wenn man biologisch gärtnern will. Hierdurch entstehen Schäden, die den Boden auf Jahre hinaus ruinieren können.

Natürliche Bekämpfungsformen

Eine Methode zur natürlichen Bekämpfung ist die Gründüngung, die man bereits bei der Herrichtung des Geländes – also vor der Bepflanzung – anwendet. Durch die Einsaat von schnellwüchsigen Gründüngungspflanzen wie Hederich, Senf, Lupine, Raps, Puffbohnen Phacelia oder Roggen werden bereits die meisten Wurzel- und Samenunkräuter erstickt und vernichtet. Der Anbau von Hackfrüchten, z. B. der Kartoffel, hat sich bei stark verqueckten Böden bewährt. Nach der Bepflanzung des Gartens hilft man sich gegen aufkommenden Unkrautbewuchs durch Hacken. Aus diesem Grunde ist es wichtig, die Pflanzen weit genug auseinander zu setzen, damit diese Arbeit nicht unnötig erschwert wird. Wer sich im Gemüsegarten

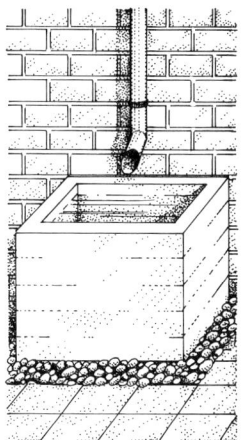

Regenwasser ist trotz saurem Regen auch heute noch das beste Gießwasser für Gartenpflanzen. Es lohnt sich daher, das Wasser aufzufangen und mit der Gießkanne in abgestandenem Zustand auf den Kulturen auszubringen.

das mühselige Jäten ersparen will, sollte auf jeden Fall die Kulturen in Reihen anlegen. So wird das Hacken erheblich erleichtert. Kulturen, die weite Pflanzabstände benötigen, wie z. B. Tomaten und Kohlarten oder Kartoffeln, lassen sich leicht mit einer Hacke sauberhalten. Ein gutes Mittel zur Unkrautbekämpfung ist auch das Mulchen. Der Boden wird dabei mit dem Mähgut des Rasens oder mit abgemähten Leguminosen abgedeckt. Auch nichtblühendes, gemähtes Unkraut kann man dazu verwenden. Mulchen hält nicht nur die Feuchtigkeit im Boden, es verhütet auch das Aufkommen von Unkräutern und erhöht durch Verrottung der Pflanzenteile die Fruchtbarkeit des Bodens. Stark wachsende Pflanzen, die viel Blattmasse entwickeln und baldigen Bodenschluß bewirken, sorgen durch die Beschattung dafür, daß Unkrautsamen nicht aufkommen können. Man kann daher Sorten, die weite Pflanzabstände benötigen, wie z. B. Tomaten, durch Zwischensaaten von Kresse und Radieschen vor Verkrautung schützen. Diese bedecken den Boden rasch, und verhindern so die Keimung von Unkrautsamen. Am schwierigsten gestaltet sich die Unkrautbekämpfung bei Wurzelunkräutern. Hier kann man mit Jäten oder Hacken nichts ausrichten. Man bekommt die Unkräuter nur aus dem Garten heraus, wenn man sie ausgabelt und mit den Wurzeln entfernt. Bei erfolgreicher Unkrautbekämpfung sind wir also im wesentlichen auf die folgenden Maßnahmen angewiesen:

1. Rechtzeitige Vernichtung aller Samenunkräuter; Pflanzen und Kräuter, die bereits Samen angesetzt haben, gehören nicht auf den Komposthaufen.
2. Häufiges Hacken, damit die Samen der Unkräuter nicht zur Blüte kommen und Dauerunkräuter bei der Bildung oberirdischer Sprosse so geschwächt werden, daß sie schließlich eingehen.
3. Ausgraben der Wurzeln von Quecken, Schachtelhalmen, Winden und Giersch. Hierbei hat sich die Grabegabel bewährt; durch sie werden nicht, wie beim Spaten, die Wurzeln benachbarter Pflanzen beschädigt.
4. Abdeckung des Bodens mit Torfmull oder lockerem Kompost ermöglicht leichtes Jäten.
5. Durch Mulchen wird der Unkrautsamen an der Keimung gehindert.
6. Geeignete Pflanzabstände und Reihensaat erleichtern die mechanische Unkrautbekämpfung durch Hacken und Ausstechen.

Obst- und Gemüseanzucht in Containern

Die Vorstellung, Obst und Gemüse in Containern und Gefäßen zu ziehen, ist zunächst merkwürdig. Aber warum sollte man darauf verzichten, wenn nur ein Minimum an Platz zur Verfügung steht oder anstelle des Gartens nur ein Atrium oder eine Loggia vorhanden sind. Verschiedene Gründe sprechen für die Anzucht von Gemüse in Containern: Die Qualität, die Bequemlichkeit, die Abwechslung auf dem Speisezettel und die Wirtschaftlichkeit. Letztere können wir beinahe außer acht lassen, denn es ist ja nicht möglich, größere Mengen Gemüse auf diese Weise heranzuziehen. Selbstgezogenes Gemüse kostet aber so gut wie nichts, weil die Kosten der Sämereien in keinem Verhältnis zum Ernteertrag stehen. Man kann auch die ungewöhnlichsten Arten und Kulturformen heranziehen, besonders solche, die normalerweise im Garten nicht oder nur schwer gedeihen. Selbstgezogene Gemüse und Früchte können bis zum letzten Augenblick vor dem Verzehr wachsen. Sie werden also wirklich frisch zubereitet.

Gemüse gedeiht eigentlich überall, es benötigt nur genügend Luft und Sonne. Die Feuchtigkeit kann man steuern. Zunächst muß man überlegen, wo man das Gemüse heranziehen will. Hat man einen kleinen Streifen Boden, so kann man mit Planken oder Kanthölzern ein erhabenes Beet errichten (15–20 cm hoch). Es wird mit TKS-Erde gefüllt, Gartenkompost ist ebenfalls ein geeignetes Substrat. In den meisten Stadtwohnungen kann man natürlich solche Beete nicht anlegen. Hier stehen oft nur Balkon oder Fensterbank zur Verfügung. Auf Fensterbänken stellt man Balkonkästen auf, in denen Tomaten, Buschbohnen, Zwiebeln und Küchenkräuter gedeihen können. Die Kästen sollten mindestens 15 cm tief und breit sein. Ist genü-

Auch auf Balkon und Dachgarten läßt sich selbstgezogenes Gemüse ernten. Die Anzucht ist einfach und macht viel Spaß.

gend Platz vorhanden, kann man die Kästen auch treppenförmig anordnen, man muß nur darauf achten, daß zwischen Kästen und Wand ein Zwischenraum bleibt, damit die Luft zirkulieren kann. So bleiben die Wände trocken. Auf einem Balkon kann man auch einen größeren Kübel aufstellen oder ein freistehendes Beet anlegen. Als Umrandung wählt man Vierkanthölzer, die auf der Innenseite miteinander verschraubt werden. Das so entstandene Beet wird mit einem Kunststoffvlies ausgekleidet, damit es später keine Probleme bei der Wasserführung gibt. Dann verfüllt man das Beet mit Kultursubstrat, und das Gärtnern kann beginnen.

Auch andere Behälter lassen sich für die Kultur verwenden: Holzkübel, halbierte Fässer, große Tontöpfe, Kunststoffgefäße und andere. Sie sind besonders für Würzpflanzen wie Schnittlauch, Petersilie, Thymian, Minze, Majoran und andere geeignet. In Fässern lassen sich sogar Melonen, Kürbisse oder Zucchinis, Stachel- und Johannisbeeren ziehen. Sämtliche Behälter müssen aber auf der Unterseite Dränagelöcher besitzen, damit das Wasser abziehen kann. Am besten bedeckt man den Boden mit wasserdurchlässigem Material wie Blähton, Kieselsteinen, Lava oder Tonscherben in 3–5 cm Höhe.

Darüber breitet man ein Vlies, so kann sich der Kulturboden nicht mit der Dränage mischen und die Abflußlöcher verstopfen.

Durch Zusammenstellen verschiedener Container bekommt man unterschiedlich hohe Beete, in denen man Gemüse heranzieht, das mit seinen verschiedenartigen Laubformen und -farben sogar zum Blickfang werden kann. Bei der Anzucht von Erdbeeren tut z. B. ein Faß (Bierfaß) mit einer Anzahl von Löchern von 15/20 cm Durchmesser gute Dienste. Man bohrt in das Grundbrett einige weitere Löcher von 2 cm und verfüllt das Faß mit Dränschicht und Blumenerde wie bei den Kübeln. In die Löcher setzt man mit dem Auffüllen des Bodens gleich die Erdbeerpflanzen ein, so daß sie das Faß von außen ringsum beranken können. Zur besseren Wasserführung kann man in die Faßmitte ein geschlitztes Plastikrohr zum Gießen miteinbauen. Mit einer Volldüngung von ca. 250 g/Jahr eines blauen Volldüngers, den man als Kopfdünger gibt, sorgt man für ausreichende Nährstoffe. Am besten arbeitet man den Dünger einige Zentimeter in den Boden ein. Krankheiten und Schädlinge werden durch Entfernen befallener Triebe oder Absammeln bekämpft. Besonders lohnend ist die Kultur von kurzwurzeligen Gemüsen wie Radieschen, Zwiebeln, Stielmus, Rote Rüben und grünem Salat. Die Kultur der einzelnen Gemüsearten ist im Kapitel über Gemüseanzucht beschrieben.

Rund um das Hügelbeet

Eine besondere Einrichtung im Garten, die in letzter Zeit stärker von sich reden macht, ist das Hügelbeet. Es bietet dem Gartenbesitzer eine Reihe von Vorteilen, die seine Anlage lohnenswert machen. Die günstigste Zeit zum Anlegen des Beetes ist der Herbst. Die dafür erforderliche Fläche richtet sich nach dem Bedarf und nach der zur Verfügung stehenden Zeit für Anlage und Pflege. Die Breite des Beetes sollte etwa bei 1,20 bis 1,50 m liegen, seine Länge kann nach Belieben bestimmt werden. Am besten richtet man es in Nord-Süd-Richtung aus, damit die Seitenflächen ausreichend Sonne erhalten und nicht etwa ein »Schattenhang« entsteht.

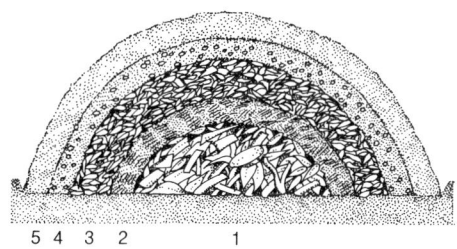

Schnitt durch ein Hügelbeet:
1 Grobe Pflanzenteile, Zweige, dünne Äste
2 Humusboden/Grassoden
3 Laub
4 Kompost/Grobkompost
5 Kompost/Torf/Mutterboden (Oberboden)

Der eigentliche Bau geht folgendermaßen vor sich: Man hebt zunächst eine etwa 25 cm tiefe Grube in Breite und Länge des späteren Hügelbeetes aus und setzt den Bodenaushub (Mutterboden) an die Seite. Dann bringt man in der Mitte dieser Auskofferung eine Lage aus kleingeschnittenen Ästen, Heckenschnittgut, trockenen Staudenresten, Zweigen vom Obstbaumschnitt usw. ein und schichtet dieses Material etwa 50 cm hoch auf. So entsteht ein lockerer Kern, der später als Dränung des Beetes dient. Darüber kommt eine Lage aus gemischten, organischen Gartenabfällen. Sie soll etwa 15 bis 20 cm dick und mit einigen Schaufeln Erde abgedeckt

Schnitt durch ein Hochbeet als Alternative zum Hügelbeet. Die Seiten des Beetes werden von Bohlen gehalten, die man mit in den Boden geschlagenen Holzpfählen auf der Gartenseite abstützt. Hügel- und Hochbeete trocknen leichter aus als ein herkömmliches Gartenbeet. Häufiges Wässern während der Trockenperioden ist besonders wichtig.

1 *Grobe Pflanzenteile, Zweige, dünne Äste*
2 *Humusboden/Grassoden*
3 *Laub*
4 *Kompost/Grobkompost*
5 *Kompost/Torf/Mutterboden (Oberboden)*

sein, die festgeklopft wird. Dann folgen weitere Schichten. Dabei muß man darauf achten, daß die abgerundete, wallartige Form deutlich herausgearbeitet wird. Auf eine ca. 25 cm starke Lage aus feuchtem, gemischtem Laub, das mit 10 cm Komposterde oder Mutterboden abgedeckt ist, und eine Schicht aus etwa 5 cm Mistkompost und 10 cm feuchtem Torf kommt die letzte Schicht, und zwar eine ca. 20 cm dicke Humusdecke – am besten eine Mischung aus Kompost, Torf und Gartenerde. Diese Auflage ist dann der eigentliche spätere Pflanzboden. Wer sich die Mühe des Bodenaushubs sparen will, kann auch einen Kasten aus 25 cm hohen Bohlen auf den Erdboden setzen und die einzelnen Schichten wie beschrieben übereinanderpacken. Voraussetzung ist allerdings, daß genügend Mutterboden zum Abdecken der Schichten und für den Pflanzboden vorhanden ist.

Im Winter kann man das Beet unter eine Mulchdecke aus Laub oder Rasenschnittgut packen, und im Frühjahr beginnt dann die Bepflanzung wie zu ebener Erde im Gemüsegarten.

Die Pflanzen werden in Reihen auf das Beet gesetzt. Für die Mitte eignen sich besonders gut Tomaten. Zur Vorbeugung gegen Schädlingsbefall pflanzt man das Gemüse auch auf dem Hügelbeet am besten als Mischkultur an. Der Ertrag eines solchen Beetes ist auffallend groß. Das hängt mit den optimalen Lebens- und Wachstumsbedingungen zusammen, die die Pflanzen hier vorfinden. Dazu kommt die freiwerdende Wärme durch den Verrottungsprozeß der organischen Bestandteile, der sich ähnlich wie in einem Komposthaufen abspielt. Sind die Zersetzungsvorgänge abgeschlossen, verwandelt sich das Innere des Hügelbeetes im Laufe der Jahre in eine reine Humusschicht, die man zur Verbesserung des Gartenbodens verwenden kann. Man kann das Hügelbeet aber auch mit Kompost und anderen organischen Stoffen an gleicher Stelle erneut aufschichten. Hügelbeete vergrößern die Anbaufläche in kleinen Gärten und sind auch besonders bei Nässestau zu empfehlen, weil sie einen guten Wasserabfluß besitzen und ausreichend dräniert sind. Allerdings können sie bei Feuchtigkeitsmangel sehr rasch austrocknen, weil die Reiserschicht im Inneren des Beetes das Aufsteigen der Bodenfeuchte verhindert. Bei trockener Witterung muß man daher nachhaltig und oft genug wässern und das Beet mit Mulche gegen zu starke Austrocknung schützen. Hügelbeete werden auch gerne von Wühlmäusen heimgesucht, die dort ideale Bedingungen vorfinden, und man sollte es in dieser Hinsicht ständig im Auge behalten.

Pflanztabelle für den Gemüsegarten

Bevor wir mit der Arbeit im Gemüsegarten beginnen, muß man sich darüber im klaren sein, wann welche Gemüseart zu pflanzen ist. Das hängt zum Teil von der Zeit ab, die eine Kultur im Garten beansprucht, zum Teil auch von der Jahreszeit, denn bestimmte Pflanzen gedeihen nicht zu jeder Jahreszeit gleich gut. Außerdem muß man darauf achten, daß stark zehrende Gemüsearten nicht mit empfindlichen Schwachzehrern zusammengepflanzt werden, die unterschiedliche Düngergaben benötigen. Den Zeitpunkt für das Ausbringen der verschiedenen Gemüsearten können wir in einer Tabelle nachschlagen, so haben wir eine gute Übersicht über Gemüseart, Saatmonat, Pflanzzeit, Reihenabstand, Abstand in der Reihe und die Saatmenge sowie den Erntemonat und die zu erwartende Erntemenge. Leicht kann man dort alle Daten ablesen, die für die Bestellung des Gemüsegartens von Bedeutung sind. Mit Ausnahme bei Wurzel- und Zwiebelgemüsen lassen sich die Aussaatzeiten bzw. Pflanzzeiten um 8–14 Tage vorverlegen, wenn man die Gemüsearten im Tunnel oder z. B. die Fruchtgemüse im Kalthaus heranzieht. Auf diese Weise wird auch die Erntezeit um 2–3 Wochen vorverlegt. Bei Tomaten und Paprika ist das besonders wichtig.

Gemüseanzucht

Gemüseart	Zeit der Aussaat	Pflanzzeit	Reihenabstand cm	Pflanzenabstand in der Reihe	Saatmenge g/m²	Pflanzen Stück/m²	Erntezeit	Erntemenge kg/m²
Kohlgemüse								
Weißkohl	III–V	IV–V	40–60	40–60	0,05	5–6	VI–IX	3–6
Rotkohl	III–V	IV–VI	40–60	40–60	0,05	5–6	VII–IX	2–5
Wirsing	III–VI	IV–VI	40–60	40–50	0,05	6	VI–IX	2–4
Blumenkohl	III–VI	IV–VI	40	50	3	6	VI–X	0,5–2
Rosenkohl	V	Anfang VII	60	50–60	2–3	4–5	IX–XII	0,5–1
Grünkohl	V–VI	VI–VII	40–50	50	2–3	6	IX–XII	0,5–2
Kohlrabi	III–VI	IV–VII	30	25–30	3	12	V–X	0,5–3
Chinakohl	VII	–	40–50	40–50	0,5	6	IX–XI	1,5–3,5
Broccoli	ab III – Anfang VI	IV	50	50–70	1	4	ab V ab VII	2–3 2–3
Salatgemüse								
Kopfsalat	III–V VIII–IX	IV–VII–IX	25	20–30	0,5	20	V–XI	1,5–2
Pflücksalat	ab IV	IV	25	15–20	0,5	25	ab Ende VI	2–3
Römischer Salat	ab Mitte VI	–	30	30	0,5	20	ab VII	1,5–2,5
Endivie	VI–VII	VII–VIII	30	25–30	0,5	15	ab VIII–IX	2–3
Chicorée	V	–	25	15	0,5	30	VII	1,5–2
Spinatgemüse								
Gartenspinat	III–V VIII	–	25–30	–	1,5	–	V–VI, X	0,5–1
Neuseeländer Spinat	IV	Ende V	60	35–40	–	3–4	Ende VI– Frost	3
Sauerampfer	IX, IV	–	20	–	1,5–2	–	ab VI, ab VIII	1
Mangold	IV	–	25–30	10–15	3	25–40	ab VI	2–3
Wurzelgemüse								
Möhren	II–VII	–	20	5–10	1	50–100	ab VI	3–5
Rote Rüben	III–IV, VI	–	25–30	10–15	2	40–60	bis X	2–3,5
Schwarzwurzel	VIII–IX III–IV	–	25–30	8–10	3	25–40	X bis Frost	1,5–2
Sellerie	II	V	35–40	40	–	7	ab IX	2–3
Rettich	III–IV	–	20–25	15–20	3	25	V–IX	1,5–2,5
Radieschen	III–VIII	–	15–20	3–5	5	–	IV–IX	0,5–1,5
Gurkengewächse								
Gurken	V	Ende V	60	20	1	4	VIII–IX	1,5–2,5
Kürbis	V	Ende V	einzeln	–	1	1	IX–X	5–50
Zucchini	V	–	100	100	1	1	ab VII	4–10
Zwiebelgemüse								
Saatzwiebel	III–IV	–	20	3	2	–	IX	1,5–4
Steckzwiebel		II–IV	20–25	8–10	100	50	VII–VIII	1,5–3
Porree	III–IV	ab V	20	15	2	–	ab VIII	3–5
Fruchtgemüse								
Tomate	III	Ende V	60–80	60–80	–	1,5	VII–X	2–4
Paprika	ab II	Ende V	50	50	–	4	VIII–X	1,5–3
Aubergine	ab II	Ende V	50	50	–	4	ab VIII	1–2

Gemüseart	Zeit der Aussaat	Pflanzzeit	Reihenabstand cm	Pflanzenabstand in der Reihe	Saatmenge g/m²	Pflanzen Stück/m²	Erntezeit	Erntemenge kg/m²
Blattstielgemüse								
Fenchel	ab VI	–	30	25	1,5	10–15	Ende VIII	2–3
Hülsenfrüchte								
Buschbohne	V–VII	Ende V	40	40	15–20	–	VII–IX	1–1,5
Stangenbohne	V–VII	–	60–70	60–70	10–20	–	VII–IX	1–2
Puffbohne	II–III	–	40	20	20–30	–	VI	1–2
Erbse	ab III	–	60	2–5	15	–	VI–X	1–1,5

Die wichtigsten Gemüsearten

Um eine Übersicht der für den Hausgarten geeigneten Gemüsearten zu erhalten, teilt man sie nach ihrer Verwendung in verschiedene Kategorien ein. Zu den wichtigsten Arten gehören die *Starkzehrer*, die Kohlgemüse, wie Weißkohl, Rotkohl, Blumenkohl, Wirsing, Grünkohl, Kohlrabi, Chinakohl und Broccolikohl. Kohlgemüse verlangt kräftigen, humusreichen Boden. Auch die Salatgemüse werden zu den Starkzehrern gerechnet. Hierzu gehören Kopfsalat, Pflücksalat, Römischer Salat, Feldsalat, Endiviensalat, die Gartenkresse, Chicoréesalat. Auch für Salatgemüse ist nährstoffreicher Boden notwendig, wenn es gute Erträge bringen soll. Für die gemüsearme Frühjahrszeit wird das Spinatgemüse empfohlen. Hierher gehören Gartenspinat, Neuseeländer Spinat, Mangold, Sauerampfer und die in einigen Gegenden noch angebaute Gartenmelde. Ihre Bodenansprüche sind denen der übrigen Salatgemüse gleichzusetzen.
In die Gruppe der Starkzehrer gehören ferner die Wurzelgemüse: Mohrrüben, Rote Bete (Rote Rübe), Schwarzwurzel, Sellerie, Radies, Rettich, Wurzelpetersilie. Aus der Familie der Gurkengewächse ziehen wir im Hausgarten Gurke, Speisekürbis, Melone und Zucchini. Sie gedeihen am üppigsten in windgeschützter Lage auf warmen Böden und verlangen hohe Nährstoffgaben und eine reichliche Wasserversorgung.
Weniger anspruchsvoll sind die Zwiebelgemüse, die am liebsten auf mildem Gartenboden wachsen, der nach Möglichkeit auch Kalk enthalten soll. Zu ihnen rechnet man die Speisezwiebel, die Perlzwiebel, die Schalotte, den Schnittlauch, den Porree, die Winterheckzwiebel und den Knoblauch.
Hochgeschätzt bei jung und alt sind die Fruchtgemüse. Diese Gemüsearten haben einen hohen Wärmebedarf. Hierher gehören Tomaten, Pfeffer, Auberginen und Zuckermais. Auch die Artischocke rechnet man zu den Fruchtgemüsen. Eine besondere Gruppe bilden die Blattstielgemüse. Hierzu zählen wir Rübstiel (Stielmus), den Bleichsellerie und den Fenchel. Zu den *Schwachzehrern* gehören die bekannten Hülsenfrüchte wie Erbsen, Stangenbohnen, Buschbohnen, Puffbohnen.
Die Dauergemüse Rhabarber, Spargel und Meerrettich bilden den Abschluß.
Wenn sie auch nicht unmittelbar zu den Gemüsearten gehören, so sollten die ein- und mehrjährigen Würzkräuter doch stets Bestandteil des Gemüsegartens sein. Hierher gehören die einjährigen Küchengewürze wie Borretsch (Gurkenkraut), Dill, Majoran, Pfeffer- und Bohnenkraut, Kerbel, Petersilie. Zu den ausdauernden Küchenkräutern rechnen wir Estragon, Liebstöckel, Pfefferminze, Thymian, ausdauernden Majoran, Salbei, Beifuß, Ysop, Eberraute, Weinraute und Rosmarin, der allerdings nur in geschützter Lage und mit Winterschutz zu kultivieren ist.

Tips für den Gemüseanbau

In der freien Natur gibt es keine Reinkulturen. Stets bildet eine Reihe von Arten eine Pflanzengesellschaft, die für den jeweiligen Standort typisch ist. Im Gegensatz dazu sind die künstlichen Pflanzenzusammenstellungen im Garten – und speziell im

Gemüsegarten – einseitig und künstlich. Hier pflanzt man nach anderen Gesichtspunkten, weil wir in erster Linie ernten wollen, und aus praktischen Erwägungen, um bestimmte Arten in bestimmter Form zu ziehen und zu pflegen. Würde man stets die gleichen Kulturen an gleicher Stelle ziehen, würden sie bald im Wachstum und Ertrag nachlassen. Wir bezeichnen dieses Verhalten als Bodenmüdigkeit. Die Gründe dafür sind, daß Kulturpflanzen bestimmte Wurzelausscheidungen an den Boden abgeben, die für die gleiche Pflanzenart sozusagen giftig sind. Auch bestimmte Krankheiten und Schädlinge, die arttypisch sind, können sich bei einseitigen Anbaumethoden am besten entwickeln und vermehren. Darum ist die wichtigste Maßnahme beim Gemüseanbau der Fruchtwechsel. Nach dem Anbau einer bestimmten Art wird wieder eine andere kultiviert. Hierdurch vermeidet man einseitigen Nährstoffabbau.

Fruchtfolge

Es gibt ein bestimmtes Prinzip im Gemüsegarten, zunächst starkzehrende Pflanzen, dann weniger anspruchsvolle und schließlich die schwachzehrenden Arten anzubauen. Dieser Kreislauf sollte sich stets wiederholen. Zu den Starkzehrern rechnen wir die meisten Gemüsepflanzen mit großen Blattmassen. Schwachzehrer sind Hülsenfrüchte. Sie mögen keine hohen Düngergaben und keine frischen Dünger während des Wachstums und sind am besten mit Kompost versorgt. Die Leguminosen sind gleichzeitig Stickstoffsammler und schon aus diesem Grunde für den Boden von großer Bedeutung, da ihre Wurzeln mit Knöllchenbakterien besiedelt sind, die einen beträchtlichen Stickstoffvorrat in der Erde zurücklassen. Es ist also ratsam, alle 3–4 Jahre Leguminosen im Garten anzubauen.

Mischkultur

Unter Mischkultur versteht man Gemüsearten, die durcheinander oder gemischt in Reihen auf einem Beet kultiviert werden. Mischkulturen haben sich seit Jahrhunderten bewährt, weil sie als Mittel der natürlichen Schädlingsbekämpfung gelten. Sie werden weniger oder gar nicht von bestimmten Schädlingsarten befallen, die auf Reinkulturen große Schäden anrichten können. Darüber hinaus hat sich gezeigt, daß bestimmte Pflanzen in Mischkulturen höhere Erträge bringen, als beim Anbau in Reinkultur. Kopfsalat, Radies und Möhren bilden eine besonders gute Gemeinschaft, weil der Salat die Erdflöhe von den Radieschen abhält. Die Mischung von Möhren und Zwiebeln schützt die letzteren vor der gefürchteten Zwiebelfliege.

Sellerie, Broccoli und Lauch oder Buschbohnen bringen ebenfalls zusammen angebaut gute Erträge. Das gleiche gilt für Möhren und Dill oder Kohlgewächse und Dill, für Erbsen, Möhren, Radieschen und Gurken, für Erdbeeren, Buschbohnen, Spinat und Salat sowie für Kohlgewächse und Sellerie oder Kohlgewächse und Küchenkräuter, wie Dill, Salbei, Thymian, Pfefferminze und Rosmarin. Kopfsalat läßt sich auch gut mit Erdbeeren oder Gurken zusammenpflanzen. Für Sellerie wird als Nachbarschaft Lauch, Zwiebeln, Tomaten, Buschbohnen und Kohl empfohlen. Tomaten stehen mit Petersilie, Zwiebeln, Schnittlauch und Möhren gut zusammen und bei Zwiebeln hat man die Erfahrung gemacht, daß sie mit Erdbeeren, Möhren, Salat, Tomaten und Bohnenkraut zusammen gut gedeihen.

Man sollte auch wissen, daß bestimmte Pflanzenarten sich nicht oder nur schlecht miteinander vertragen. Das gilt zum Beispiel für Zwiebeln, Erbsen und Bohnen oder Erdbeeren und Kohlgewächse, für Salbei und Gurken, für Spargel und Zwiebeln, für Tomaten und Kartoffeln oder auch für Tomaten und Erbsen. Auch bei Schnittlauch ist ein gleichzeitiger Anbau von Erbsen und Bohnen nicht zu empfehlen. Findige Gartenbesitzer werden bald feststellen, welche Kulturpflanzen am besten miteinander gedeihen. Ein Garten ist ja nicht nur zur Arbeit und zur Erholung da, er soll auch dem experimentierfreudigen Gartenbesitzer ein großes Betätigungsfeld darbieten, auf dem er zahlreiche eigene Erfahrungen und neue Erkenntnisse sammeln kann. Der Pflanzenabstand bei Mischkulturen hängt von der Größe der jeweiligen Art ab. Er sollte so weit sein, daß sich ausgewachsene Pflanzen mit den Blättern noch nicht berühren. Man sieht also, daß sich bereits in der Form der Mischkultur eine leicht praktikable Möglichkeit anbietet, Kulturen vor Schädlingsbefall zu bewahren und sie in Wachstum und Ertrag günstig zu beeinflussen.

Natürlich sind wir bei der Anzucht von Obst und Gemüse im Garten bestrebt, den Gebrauch mineralischer Dünger und chemischer Schädlingsbekämpfungsmittel einzuschränken. Der einseitige Gebrauch mineralischer Dünger laugt den Boden allmählich aus und verdrängt die organischen Nährstoffe, die als nachhaltige Fruchtbarkeit für den Boden anzusehen sind. Die Schädlingsbekämpfungsmittel sind vor allem in letzter Zeit in das Schußfeld der Kritik geraten. Der bedenkenlose Gebrauch der Gifte tötet ja nicht nur Schädlinge ab, sondern bewirkt verheerende Eingriffe in das ökologische Gefüge. Umweltbewußtes Gärtnern heißt auch hier, nur das Allernotwendigste anzuwenden und nicht gleich mit Kanonen auf Spatzen zu schießen.

Die mit chemischen Bekämpfungsmitteln behandelten Früchte sind für den Menschen auf Dauer gewiß nicht völlig gefahrlos, wir sollten also diese Mittel nur im äußersten Notfall anwenden, um die Umwelt nicht weiter mit diesen Produkten zu belasten. Viele Gartenbesitzer haben sich daher zu einer natürlichen Düngung und biologischen Schädlingsbekämpfung entschlossen. Sie sind bestrebt, im Garten wieder ein natürliches Gleichgewicht herzustellen und lehnen künstliche Mittel strikt ab. Alles was dem Boden entzogen wird, soll ihm auch in natürlicher Form wieder zurückgegeben werden. Diese Bewirtschaftungsform nennt man *biologisch-dynamisches System.* Das Prinzip des Kreislaufes, in dem man das, was man dem Boden entzogen hat, in anderer Form wieder auf natürliche Weise zurückgibt, läßt sich im kleinen Garten jedoch nicht ohne weiteres realisieren, denn größere Mengen an Kompost sind erforderlich, als man selbst produzieren kann, um die erforderlichen Nährstoffmengen aufzubringen, die für gesundes Pflanzenwachstum notwendig sind. Darüber hinaus müßten Anbauflächen für bestimmte Pflanzenkulturen geschaffen werden, die als Schädlingsbekämpfungsmittel Anwendung finden können (Brennessel, Pyrethrum etc.). Daher sind wir auf zusätzliche organische oder anorganische Düngemittel angewiesen. Geschäftstüchtige Firmen haben längst erkannt, daß man mit dem Begriff »BIO« gute Umsätze machen kann und bieten organische Düngemittel ohne Angaben der N-, P-, K-Mengen an. Bisweilen liegt der Preis für den Reinstickstoff solcher Präparate bis zum vierzigfachen über dem von mineralischen Düngern und höher. Hier sollte der Hobbygärtner mit gebotener Vorsicht prüfen und sich beraten lassen, ehe er sich von geschickt aufgemachten Werbeprospekten blenden läßt. Es ist sicher falsch, Pflanzenkulturen einseitig mit mineralischen Düngern zu ernähren, aber es ist sicher auch ebenso falsch, Pflanzenkulturen ausschließlich mit biologischen Mitteln zu ernähren und gleiche Erträge zu erwarten. Die Wahrheit dürfte, wie bei vielen Dingen, in der Mitte liegen: im »Sowohl-als-auch«. Es werden daher im folgenden bei den jeweiligen Kulturen auch die Bedarfsangaben für mineralische Dünger gemacht, damit sich der angehende Gärtner ein Bild über den Nährstoffbedarf der Pflanzen machen kann. Die angegebenen Düngermengen sind als Maximalwerte zu betrachten und können in jedem Falle durch entsprechende Mengen organischer Nährstoffe ersetzt werden.

Kohlgemüse Diese stark zehrenden Pflanzen verlangen einen humusreichen, tiefgründigen, nährstoffreichen Boden. In leichten und trockenen Böden gedeihen sie weniger gut und werden häufig von Schädlingen befallen. Wer auf solchen Flächen trotzdem Kohl anbaut, muß den Boden tiefgründig bearbeiten und ihm große Nährstoffmengen zuführen. Kohl benötigt außerdem viel Wasser. Reichen die Nährstoffe nicht aus, so hilft man am besten mit einem Naturdünger (Stalldünger) oder einem gehaltvollen Volldünger nach. Gute Bodenlockerung und reichliches Wässern fördern ein rasches Wachstum. Unsere Kohlarten besitzen hohe Anteile an Vitamin C. Bei der Verarbeitung zu Sauerkraut bleibt dieser Anteil voll erhalten. Kohlsalat, vor den Mahlzeiten gegessen, gilt als Appetitanreger.

Weißkohl: Die Pflanzenabstände bei Weißkohl betragen 40 × 40 cm. Bei späten Arten bis 60 × 60 cm. Das Auspflanzen erfolgt Anfang bis Mitte April mit getopften

Pflanzen. Überbaut man das Beet mit einem Folientunnel, kann man früher ernten. Hobbygärtner, die ihre Kohlarten gern selbst aussäen wollen, bringen den Samen in den ersten beiden Aprilwochen aus. Dabei handelt es sich um späte Sorten, frühe und späte Kohlrabi, Rosenkohl und Frühblumenkohl. Die Pflanzung erfolgt in den ersten Maiwochen ins Freiland. Auch im Frühbeet kann man Kohl kultivieren. Man sät dann etwa Ende Februar/Anfang März aus und wählt frühe Sorten von Kopfkohl und Kohlrabi. Späte Weiß- und Rotkohlsorten kann man etwa Mitte Mai direkt ins Freie säen. Die Pflanzung erfolgt dann in den letzten beiden Juniwochen bis Anfang Juli. Frühe Kohlarten halten sich nicht lange, daher soll man nur soviel anbauen, wie man direkt verbrauchen kann. Späte Sorten werden auch als Lagerkohl bezeichnet. Sie können etwa 8 bis 10 Wochen auf dem Beet stehen. Man sollte sie weniger düngen, damit sich feste, nicht zu große Köpfe bilden, die sich gut lagern lassen. Die Ernte erfolgt ab Ende Oktober.

Spitzensorten sind:'Langendijker Typen', 'Marne' und die F_1-Hybride 'Minicole'.

Die Kohlarten in unseren Gärten haben je nach Standort und Bodenbedingungen unter Umständen unter *Schädlingsbefall* zu leiden. Unter den tierischen Schädlingen sind es vor allem Erdflöhe und Raupen. Hier hilft es oft schon, den Boden feucht zu halten und das Gemüse in der bereits erwähnten Mischkultur anzubauen. Früher häufig verwendete Mittel wie Ruß und Sand brachten und bringen nicht immer den erhofften Erfolg.

Ein anderer lästiger Schädling ist die Kohlfliege. Ihre Maden schwächen die Wurzeln der Pflanzen so stark, daß sie eingehen. Die Pflanzen färben sich bleigrau und welken. Den Befall kann man mit Schmierseifenbrühe bekämpfen.

Zeigen sich am Wurzelhals der Jungpflanzen runde Gallen, so haben wir es mit dem Kohlgallenrüßler zu tun. Die Gallen erweitern sich später zu kropfartigen Gebilden, in denen die Larven des Käfers sitzen. Man entfernt sie mitsamt den Gallen per Hand und zerdrückt sie.

Zu den tierischen Schädlingen gehört auch der Kohlweißling, dessen Raupen in größeren Mengen auftreten können und

besonders bei Spätkohl die Pflanzen erheblich schädigen. Kohleule und andere Raupenarten können in kurzer Zeit die besten Köpfe zerfressen und mit ihrem Kot verschmutzen, so daß sie unappetitlich werden. Bei den ersten Anzeichen sammelt man die Raupen ab oder nimmt eine Behandlung mit biologischen Spritzmitteln vor. Feuchte, saure Böden begünstigen den Befall durch Kohlhernie (Kohlseuche). Es handelt sich um Schleimpilze, die sich als Schwärmsporen im Boden fortbewegen können. Sie verursachen krebsartige Geschwülste an den Wurzeln und können die Pflanzen so schädigen, daß sie im Wachstum stocken. Die Krankheit läßt sich nicht direkt bekämpfen. Hier lassen sich nur vorbeugende Maßnahmen ergreifen: Gesundes Pflanzgut und Aufkalkung von saurem Boden. In keinem Fall darf man die geschädigten Kohlstrünke dem Komposthaufen anvertrauen. Sie gehören in die Mülltonne. Die Pilzsporen würden sich im Komposthaufen weiter ausbreiten. Bei stärkerem Befall muß mehrere Jahre lang der Anbau von Kohl und Kohlgewächsen unterbleiben. Hierzu gehören Raps, Senf, Hederich, Radieschen, Rettiche und Blütenpflanzen wie die Schleifenblume oder Aubrietien.

Blumenkohl: Diese Kohlart zählt zu den beliebtesten und schmackhaftesten Kohlgewächsen, aber sie ist sehr anspruchsvoll und verlangt besten Boden, gute

Rotkohl gehört zu den starkzehrenden Gemüsearten. Späte Sorten kann man Mitte Mai ins Freie säen.

Nährstoffversorgung und reichlich Wasser. Frühblumenkohl pflanzt man Mitte April mit 40 × 50 cm Abstand aus. Zwischenanbau von Sellerie hat sich als sehr vorteilhaft erwiesen. Für spätere Pflanzungen kann Blumenkohl auch auf kleinen Anzuchtbeeten ausgesät werden. Späte Sorten pflanzt man von Mitte Juni bis Mitte Juli. Gute Erträge liefern unter anderem 'Delfter Markt-Typen' und Sorte 'Hormade'. Blumenkohl ist sehr empfindlich. Er reagiert sofort auf Anbaufehler. Wenn Wasser oder Nährstoffe fehlen, kann es schnell zu Wachstumsstockungen kommen. Die Blumen bilden sich schlecht aus und bleiben klein. Für Nährstoff- und Wasserversorgung gilt dasselbe wie bei Weißkohl. Wenn sich die Blumen bilden, sollte man einige Blätter zum Schutz gegen starke Sonnenbestrahlung umknicken.
Die Schädlinge des Blumenkohls sind dieselben wie bei den anderen Kohlarten.
Weißkohl, Rotkohl und Wirsingkohl haben auch die gleichen Kulturansprüche.

Blumenkohl ist anspruchsvoll in Bezug auf die Nährstoffversorgung. Er benötigt viel Feuchtigkeit.

Rosenkohl: Dieses auch als Sprossenkohl bezeichnete Kohlgemüse fällt etwas aus dem Rahmen des üblichen. Es besitzt einen hohen Vitamin-C-Gehalt und wird ähnlich wie der Grünkohl erst durch Frosteinwirkung richtig schmackhaft. Allerdings wird der Vitamingehalt durch Frost gemindert. Die Rosen sind Miniaturkohlköpfe. Die Kultur dieser Kohlart ist einfach. Sie entspricht mehr oder minder der anderer Arten, allerdings wird Rosenkohl erst in der ersten Junihälfte ausgepflanzt. Die Pflanzabstände sollten etwa 50 × 50 cm betragen. Setzt man Rosenkohl zu früh, kann es vorkommen, daß sich die Köpfchen nicht genügend festigen. Pflanzt man ihn zu spät, so unterbleibt unter Umständen die Ausbildung der Rosen. Als Zwischenkultur ist in der ersten Zeit Salat oder Radies anzubauen. Bei Selbstanzucht sät man Rosenkohl ab Mitte April direkt ins Freiland. Um den Ansatz der Röschen zu fördern, kann man ab Mitte September die Spitzenknospe ausbrechen. Die Seitenblätter müssen allerdings erhalten bleiben. Als gute Ertragssorten gelten 'Cavalier-F_1-Hybride', 'Hilds Ideal' und 'Willemsburger'. Man kann Rosenkohl den ganzen Winter hindurch ernten. In rauhen Lagen nimmt man die Pflanzen aus dem Boden, schlägt sie ein und deckt sie mit Tannenreisig ab.

Kohlrabi: Frühe Sorten können bereits nach 40–50 Tagen geerntet werden. Späte Sorten, die man Anfang April ins Freie sät und mit größerem Abstand auf Beete pflanzt, ergeben große Knollen. Die blauen verholzen nicht so schnell, aber auch verschiedene weiße Sorten sind zart und genießen wegen der kürzeren Entwicklungszeit einen gewissen Vorteil. Kohlrabi benötigen wenig Platz. Man pflanzt sie am besten im Abstand von 4–5 Wochen und kann so ständig welche ernten. Erste Pflänzchen kauft man am besten als Jungpflanzen beim Gärtner und zieht die anderen durch Aussaat selbst heran. Der Gehalt an Karotin, Vitamin C und Kohlenhydraten ist bei Kohlrabi sehr hoch. Man kann sie auch leicht zwischen anderen Kulturen, z. B. zwischen Tomaten oder am Rand eines Stangenbohnenbeetes, ziehen. Sie müssen so tief gesetzt werden, wie sie gestanden haben, wenn sie sich gut entwickeln sollen. Als empfehlenswerte weiße Sorte ist 'Lauro', als Riesenkohlrabi die Sorte 'Superschmelz' zu nennen. 'Blauer Speck' zählt derzeit zu den beliebtesten blauen Sorten. Kohlrabi platzen leicht und benötigen stets feuchten Boden. Frühernten sind bei Tunnelkultur, d. h. bei Anbau im Folienzelt, möglich. Bei schlecht mit Nährstoffen versorgten Gartenböden gibt man am besten einen Stickstoffdünger oder reichliche Kompostgaben als Kopfdünger.

Grünkohl: Er heißt auch Braunkohl, Krauskohl oder Winterkohl und ist als typisches Wintergemüse sehr beliebt. Unter Einwirkung von Frost wird er besonders schmackhaft. Er besitzt einen hohen Vitamin-C-Gehalt und viele Mineralstoffe, insbesondere Kalzium. Anbau und Kultur sind einfach. Die Pflanzen sind leicht selbst heranzuziehen. Die Aussaat erfolgt Anfang Juni auf ein Anzuchtbeet. Ab Ende Juli/Anfang August pflanzt man im Abstand von 40 × 50 cm an Ort und Stelle. Man kann Grünkohl auch Anfang August direkt ins Freie säen, der Ertrag ist dann allerdings geringer. In diesem Falle wird in Reihen mit 25 cm Abstand ausgesät. Bei nährstoffarmen Böden sollte man eine Startdüngung von 50 g/m² eines Volldüngers geben. Blutmehl oder Hornspäne und Ergänzungen mit Komposterde können den gleichen Zweck erfüllen. Während der Hauptwachstumszeit im August oder September kann nochmals eine Kopfdüngung mit einem organischen Stickstoffdünger verabreicht werden.

Schädlinge und deren Bekämpfung siehe unter Weißkohl. Höchsterträge bringen Sorten wie 'Fribor F₁-Hybride', 'Lerchenzungen' und 'Niedriger Grüner Krauser'.

Chinakohl: Diese Art eignet sich besonders für den Nachfruchtanbau. Sie kann an Ort und Stelle ausgesät werden. Der Pflanzabstand sollte 40 cm betragen. Die Ernte ist bereits nach zweieinhalb Monaten möglich. Chinakohl verträgt bis zu −5° Celsius. Er ist sehr bekömmlich und läßt sich auch zu schmackhaften Salaten zubereiten. Auf ausreichende Nährstoff- und Wasserversorgung ist bei dieser raschwüchsigen Kohlart zu achten. Nährstoffarmen Boden bessert man vor dem Pflanzen mit organischem Stickstoffdünger auf. Spitzensorten sind: 'Granat' und F₁-Hybride 'Monument'.

Broccoli: Diese auch Spargelkohl genannte Kohlsorte ist eine Verwandte des Blumenkohls und wird noch viel zu wenig im Garten angebaut. Broccoli läßt sich sowohl als Salat, als auch in gekochtem Zustand gut verwenden. Die Anzucht des Spargelkohls ist einfach. Wie alle Kohlarten liebt er humusreichen, mit Nährstoffen und Wasser gut versorgten Boden. Man kann ab Februar/März Jungpflanzen unter Glas heranziehen, die im April ins Freiland ausgesetzt werden. Für eine Herbsternte sät man die Pflanzen Anfang Juni an Ort und Stelle und verzieht sie dann auf etwa 50–70 cm Abstand. Die Grunddüngung vor der Pflanzung kann mit einem organischen Volldünger vorgenommen werden. Nach etwa 6–10 Wochen wird mit einem natürlichen Stickstoffdünger nachgedüngt. Die Ernte erstreckt sich über einen längeren Zeitraum. Broccoli läßt sich im Gegensatz zu Blumenkohl mindestens 2–3mal schneiden. Wenn man die Blütenknospen beim ersten Schnitt nicht zu tief abschneidet, entwickeln sich weitere kleinere Blütenstände. Die etwa 15 cm langen Stiele werden ähnlich wie Blumenkohl zubereitet. Broccoli hat dieselben Krankheiten und Schädlinge wie Weißkohl. Gute Sorten sind die F₁-Hybride 'Futura' und 'Atlantic'.

Salatgemüse Salat kann man das ganze Jahr hindurch ernten. Kopfsalat läßt sich monatelang immer wieder anbauen und in kalten Jahreszeiten durch Feldsalat ersetzen, so daß wir zu keiner Jahreszeit auf diese gesunde Rohkost verzichten müssen. Der hohe Gehalt an Vitamin A, B₁, C und E, sein geringer Kalorien (Joule)-Gehalt und sein erfrischender Geschmack aufgrund des hohen Gehaltes an Bitterstoffen und Vitaminen machen ihn im Haushalt unentbehrlich. Er regt die Produktion der Magensäfte an und ist daher als Vorspeise besonders appetitanregend. Höchster Vitamingehalt sitzt aber nicht in den zarten gelben, sondern in den ausgereiften grünen Blättern, die man daher samt und sonders verwenden sollte.

Kopfsalat: Er gehört zu den schnellwüchsigsten Gemüsen, denn seine Wachstumszeit beträgt nur etwa 5–7 Wochen. Da er nur sehr geringen Platz beansprucht, kann er als Lückenfüller zwischen Kohl,

Gemüsearten

Beim Kopfsalat unterscheidet man Sorten für Früh- und Spätkultur. Beim Pflanzen dürfen die Wurzeln nicht eingekürzt werden, sonst bildet er keine Köpfe.

Sellerie, Tomaten und anderen Gemüsearten untergebracht werden. Die Aussaat erfolgt ab Mitte März, und die Kultur in Multitöpfen oder Jiffypots ist angebracht. So können vorgetriebene Pflanzen mit entsprechendem Wurzelballen direkt ins Freiland gesetzt werden. Salate gehören zu den Tiefwurzlern. Die Pfahlwurzel darf nicht abgekniffen werden, sonst kümmern die Pflanzen oder sie beginnen vorzeitig zu blühen. Salatsamen ist sehr fein. 1 g enthält ca. 600/800 Korn. Er wird flach in den Boden gebracht. Zweckmäßigerweise sollte man immer nur Partien von 10–15 Pflanzen heranziehen und dies alle 14 Tage bis 3 Wochen wiederholen. So hat man genügend Vorrat im Garten. Salat verlangt nährstoffreichen, lockeren Boden. Frischer Dünger ist unbrauchbar. Böden mit guter Humusversorgung benötigen keine zusätzliche Düngung. Bei schlecht versorgten Böden gibt man etwa 14 Tage vor der Pflanzung 40 g/m^2 eines blauen Volldüngers oder eines entsprechenden organischen Volldüngers. Nach der Einwurzelung erfolgt eine Kopfdüngung mit natürlichem Stickstoffdünger in Verbindung mit Kompostgaben. Ausreichende Bodenfeuchtigkeit und lichter Standort sind für Salatgemüse lebensnotwendig. Alle Arten sind dankbar für Flüssigdüngung. Die Sortenwahl ist bei Kopfsalat von besonderer Bedeutung. Es gibt Sorten für Frühjahrskultur und späteren Anbau. Die Pflanzabstände betragen 25 × 30 cm. Die Pflanzen müssen hoch genug gesetzt werden, damit die unteren Blättchen nicht faulen. Im Freiland kann man Kopfsalat bereits Anfang/Mitte März im Folientunnel heranziehen. Die Pflanzen können wir auch am Zimmerfenster oder in einem Kasten vorkultivieren. Die letzte Aussaat sollte etwa Mitte August erfolgen. Nur in sehr milden Lagen kann noch später ausgesät werden. Für den Ganzjahresanbau haben sich Sorten wie 'Attraktion-Typen' und die Sorte 'Dolly' gut bewährt. Für den Sommeranbau werden die 'Kagraner Sommertypen' empfohlen.

Tierische Schädlinge der Salatgemüse sind Schnecken, die beträchtlichen Schaden an Jungpflanzen anrichten können.

Man bekämpft sie durch Absammeln oder durch Aufstellen von Schalen mit Bier und durch Ausbringen von Schneckenkorn. Älchen, Drahtwurm und Engerling können dem Salat ebenfalls zu schaffen machen. Die sicherste und einfachste Bekämpfungsmethode besteht im Herausnehmen welker Pflanzen und in der Vernichtung der Schädlinge. Vor Älchenbefall schützt eine Zwischenpflanzung von Tagetes. Eine gefährliche Krankheit ist die Salatfäule. Die Blätter welken und vergilben, die Köpfe faulen. Befallene Pflanzen müssen umgehend entfernt und vernichtet werden. Niemals auf den Komposthaufen damit, sondern stets in den Müll. Beim Gießen soll man gründlich wässern. Das ist besser als oberflächliches Spritzen. Durch letzteres kann die Ausbreitung der Salatfäule nur gefördert werden.

Pflücksalat: Diese Salatsorte hilft, die Zeit zwischen den Kopfsalaternten zu überbrücken. Er kann in Folgeaussaaten als Beeteinfassung gesät und durch Schnitt oder Auspflücken geerntet werden. Die Aussaat erfolgt ab Mitte April in Reihen mit 20 cm Reihenabstand. Als Pflanzabstand genügen 15–20 cm. Schon nach 7 Wochen sind die ersten Blätter erntereif. Sie werden von unten nach oben abgenommen, damit immer wieder neue nachwachsen und man von Mitte Juni bis zum Spätsommer ständig frischen Pflücksalat ernten kann. Bei dieser langanhaltenden Kultur empfiehlt es sich, gelegentlich mit einem Volldünger nachzuhelfen, um das Wachstum der Pflanzen aufrecht zu erhalten. Pflücksalat benötigt viel Feuchtigkeit und gedeiht auch noch im Halbschatten. Zu den bewährten Sorten gehört 'Amerikanischer brauner Pflücksalat' und 'Wagners gelber und brauner Eichblattsalat'. Die Schädlinge sind die gleichen wie beim Kopfsalat.

Römischer Salat: Diese anspruchsvolle, schmackhafte Salatsorte – auch Sommerendivie, Koch- oder Bindesalat genannt – läßt sich ab Mitte Mai aussäen. Die Kultur dauert 2,5–3 Monate. Der Römische Salat wird in Abständen von 30 × 30 cm gepflanzt. Wie alle Salatsorten liebt er reiche Humusgaben und Kopfdüngung mit einem Volldünger (50 g/m^2) nach dem Anwachsen oder einen natürlichen oder mineralischen Stickstoffdünger, den man im Abstand von 3–4 Wochen geben kann, um die hohen Nährstoffansprüche dieser Sorte zu befriedigen. Im Handel gibt es selbstschließende Sorten, so daß die Blätter vor der Ernte nicht zum Bleichen zusammengebunden werden müssen.

Endiviensalat: Zu den bekanntesten Salatsorten gehört die Endivie. Man unterscheidet ganzblättrige und krause Sorten. Der Geschmack ist leicht bitter. Die Köpfe können oben zusammengebunden werden, um den Salat zu bleichen und den bitteren Geschmack zu mildern. Wie beim Grünen Salat besitzen jedoch auch nur die grünen Blätter den höchsten Vitamin-C-Gehalt. Wenn die Pflanzen in Abständen von 25 × 30 cm gepflanzt werden, stehen sie zur Erntezeit so dicht, daß sie von selbst bleichen und nicht gebunden werden müssen. Bindet man sie, so muß man darauf achten, daß dies nur bei trockener Witterung erfolgt, sonst tritt leicht Fäulnis ein.

Endiviensalat pflanzt man ab der 2. Julihälfte bis August. Die Aussaat wird in der letzten Juniwoche oder Anfang Juli ausgeführt. Bei zu früher Aussaat treiben die Pflanzen Blüten, bei zu später Aussaat bleiben sie klein. Endiviensalat ist nicht frosthart. Vor dem Auftreten von Nachtfrösten kann man ihn mit Wurzelballen herausnehmen und in einem trockenen, luftigen Raum in Sand einschlagen. Man kann die Pflanzen auch mit Folien abdecken, um sie vor den ersten Frösten zu schützen.

Als Beispiel seien die bewährten Sorten 'Escorial', 'Frisée' und die Neuzüchtung 'Golda' genannt.

Gartenkresse: Die Kultur der Kresse beansprucht nur einen kurzen Zeitraum. Sie besitzt einen hohen Gehalt an Karotin, Vitamin C und Mineralstoffen wie Kalium, Kalzium. Man erntet sie bereits, sobald die ersten Blättchen zu sehen sind. Daher sät man sie im Frühjahr in Folgesaaten im 14tägigen Abstand aus. Man kann den Samen in warmem Wasser einweichen, dann keimt er schneller. Durch Kultur unter Folie oder im Plastiktunnel kann man auch früher ernten. Im Winter läßt sich Kresse im warmen Zimmer auf der Fensterbank in flachen, mit einem Torf-Sand-Gemisch gefüllten Schalen oder Kistchen heranziehen. Spezialkulturen in Keimwatte sind möglich, kosten jedoch mehr. Als schnell-

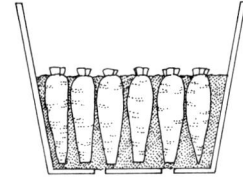
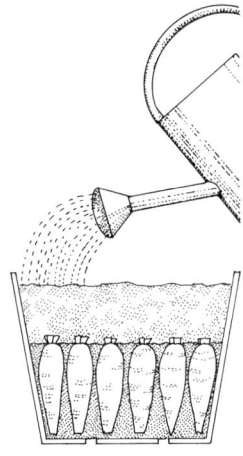
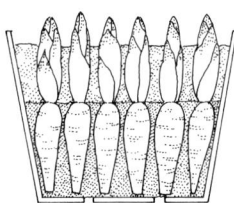

Chicorée-Treiberei: Untere Lage feuchter Sand, darüber 15–20 cm Torfmull oder TKS (Torfkultursubstrat).

wüchsig gilt die Sorte 'Sprint', 'Mega' ist großblättrig.

Feldsalat: Von Ende August bis Anfang September sät man Feldsalat als Nachfrucht aus. In milden Wintern kann er bis zum Frühjahr im Freiland verbleiben und benötigt nur leichten Winterschutz (Tannenreisig). Tunnelkultur bietet keine Probleme und ist empfehlenswert. Man sät Feldsalat in Reihen. Er liebt reiche Humusgaben. Der Reihenabstand sollte 15 cm betragen. Feldsalat ist nach 8–10 Wochen erntereif. Er enthält die Vitamine A und C. Die bekanntesten Sorten sind 'Holländischer Breitblättriger', 'Hild's Vit' und 'Dunkelgrüner Vollherziger' sowie 'Verté de Cambrai' (Stamm Cavallo).

Chicorée: Ein idealer Wintersalat ist Chicorée (Zichorie, Salatzichorie, Brüsseler Witlof). Er läßt sich leicht kultivieren oder treiben. Man genießt die dichten Blattschöpfe als Frischsalat. Sie gedeihen gut in jedem Gartenboden, der ausreichend mit Humus versorgt ist. Zichoriensalat sät man ab Mitte/Ende Mai in Reihen im Abstand von 25 cm. Früher gesäte Zichorien schießen leicht. Man sät an Ort und Stelle aus und dünnt die Pflanzen in den Reihen auf 15 cm Abstand aus. Bis zum Spätherbst haben sich die Wurzeln verdickt. Dann nimmt man die Pflanzen heraus, befreit sie von anhaftendem Laub, wobei darauf zu achten ist, daß die Herzblätter nicht beschädigt werden, und legt die Wurzeln in einem dunklen Keller in feuchten Sand oder deckt sie zusätzlich mit schwarzer Folie ab. Man kann die Wurzeln auch aus dem Garten ausgraben und in Plastikeimer einsetzen, die unterseits gelocht sein müssen. Man füllt die Eimer mit 15 cm Komposterde und setzt die Wurzeln dicht an dicht hinein. Sind sie zu lang, können sie bis auf 15–20 cm zurückgeschnitten werden. Dann füllt man den Rest des Eimers mit TKS oder Komposterde bis zum Rand. Auch ein Torf-Erde-Gemisch kann verwendet werden. Anschließend wird der Eimer kräftig gewässert. Dann stellt man ihn in einen warmen, dunklen Raum, wo die Pflanzen rasch treiben und etwa Anfang bis Mitte Dezember erntereif sind. Einen Teil der Pflanzen kann man zunächst noch kühl stellen und erst nach und nach im wärmeren Keller weiterkultivieren, um die Erntezeit zu strecken.

Die Tendenz bei den Salatgemüsen geht immer mehr zu festen, knackigen Blattsalaten, z. B. dem Eissalat, dem Krachsalat und dem Zichoriensalat, mit ihrem pikantbitteren Geschmack. Es gibt eine Reihe von Sorten mit verschieden gefärbten Blättern von weißgelb bis violettrot, die herzhaft schmecken.

Radicchio: Dieser Salat, der vor wenigen Jahren noch fast unbekannt war, ist über Italien und die Schweiz auch in die anderen mitteleuropäischen Länder vorgedrungen. Die einfache Kultur und vielseitige Verwendungsmöglichkeiten machen ihn zu einer beliebten Zukost, zumal die farbenprächtigen Blätter sehr dekorativ sind. Ab Mitte Juni kann man ihn aussäen. Ähnlich wie beim Kopfsalat wählt man Reihenabstände von 20–25 cm und verzieht die Pflanzen innerhalb der Reihe auf 15–20 cm. Da der 'Radicchio-rosso' keine festen Köpfe bildet, sondern nur aus Blattrosetten besteht, reichen diese Abstände aus. Die jungen Pflanzen sind zunächst grün und färben sich im Herbst, wenn die Nächte kälter werden, braun, rosa oder intensiv dunkel- oder violettrot. Die Blattrippen behalten ihre weiße Farbe. Die Widerstandsfähigkeit des Salates gegenüber den bekannten Salatkrankheiten ist sehr hoch. Bekämpfungsmaßnahmen sind meist nicht nötig.

Um den Blattschopf zusammenzuhalten, sollte man bei der Ernte ein Stück von der Wurzel mitschneiden. Zu Winterbeginn wird der Radicchio mit der Wurzel herausgenommen und im Keller in einer Kiste mit Sand oder einem Mistbeetkasten eingeschlagen. Den Salat zum Überwintern sät man zweckmäßigerweise erst im August aus. Im Spätherbst kürzt man zur Vorbeugung gegen Fäulnis die Blätter ein und schützt die Pflanzen mit Reisig oder Stroh vor Frösten und austrocknendem Wind. Im zeitigen Frühjahr, wenn der Frost aus dem Boden ist, treibt der Radicchio erneut. Man kann das Beet dann mit einem Folientunnel oder mit gelochten Flachfolien überdecken und die Ernte dadurch um 3–4 Wochen verfrühen. Spitzensorten sind 'Palla Rossa' (Stamm Roter Ballon) und 'Roter von Verona'.

Wurzelgemüse »In der Wurzel steckt die Kraft«, sagt ein altes Sprichwort. Das

Wurzelgemüse

läßt sich auf keine andere Gemüseart besser anwenden als auf die Möhre, die an der Spitze der Wurzelgemüse rangiert. Sie wird auch Mohrrübe, Wurzel, Karotte oder Gelbe Rübe genannt. Ihre Bodenansprüche sind gering. Sie gedeiht auf jedem durchlässigen, kalkhaltigen Boden, selbst auf feuchten Sandböden. Staunässe und saure, schwere Lehmböden sagen ihr nicht zu. Möhren sollte man auch nicht auf mit frischem Stallmist gedüngten Böden säen.

Möhren lieben einen hohen Gehalt an Kali und Phosphor. Daher sollte man vor dem Anbau den Nährstoffgehalt des Bodens prüfen und ggf. mit entsprechenden Gaben von Thomaskali nachhelfen. Frühe Möhrensorten kann man bereits im März/April oder bei offenem Boden sogar früher aussäen. Der Samen benötigt etwa 3–4 Wochen zur Keimung. Zur Markierung der Reihen kann man einige Korn Radieschen beimischen. Die Radieschenkultur ist sehr kurz und läßt die Reihen früher erkennen. Der Reihenabstand sollte ca. 20–25 cm betragen; der feine Samen darf nicht tiefer als 0,5 cm in den Boden gelangen. Der Abstand in der Reihe sollte bei 5 cm liegen. Dichter stehende Möhren ergeben schwache Pflanzen. Weiter Stand begünstigt die Entwicklung großer, schwerer Karotten. Sät man eine Frühsorte gegen Ende Juni ins Freiland, so erhält man bereits im Spätherbst zarte Karotten. Man kann sie mit Laub oder Torf abdecken und hat so den ganzen Winter hindurch frische Mohrrüben.

Möhren enthalten die Vitamine A, B und C und D und haben einen besonders hohen Karotingehalt, der als Vorstufe zu Vitamin A unter Einwirkung von Fett im Körper zu diesem wertvollen Vitamin umgewandelt werden kann. Vor der Reife können Möhren bei starkem Regen nach anhaltender Trockenheit aufplatzen. Eine gleichbleibende Feuchthaltung ist deshalb wichtig. Feinde der Möhre sind verschiedene tierische Schädlinge: Die Möhrenfliege, die die Eisenmadigkeit der Wurzeln erzeugt. Wir erkennen sie am welken, gelben Laub der Pflanzen. Möhren sollte man daher mit Zwiebeln zusammen anbauen oder durch frühe Aussaaten dem Befall vorbeugen. Pyrethrum-Präparate gelten als wirksame Bekämpfungsmittel. Auch die Raupe des

Möhren sind ein nahrhaftes Wurzelgemüse. Die Aussaat in Reihen erleichtert die Pflege (nicht zu dicht säen!).

Schwalbenschwanzes kann Schädigungen am Laub der Mohrrübe hervorrufen. Dieser Schmetterling gehört jedoch zu den wenigen noch in Europa vorkommenden Segelfaltern und sollte aus diesem Grunde unbedingt geschont werden, auch wenn dafür einige Möhren geopfert werden müßten. Sehr lästige Schädlinge sind Erdraupen, Engerlinge, Drahtwürmer und Ameisen. Sie fressen die Wurzeln von außen an. Doch sollte man nur bei stärkerem Befall zu chemischen Mitteln greifen. Empfehlenswerte Sorten sind u. a.: 'Buror', 'Juwarot', 'Lange Rote Stumpfe', (Pillensaat) und 'Nantaiser Typen'.

Rote Rübe: Interessant ist der Anbau von Roten Rüben oder Roten Beten. Sie stellen die gleichen Bodenansprüche wie die Möhren und sind für Humusgaben und eine im vorangegangenen Herbst verabreichte Stallmistdüngung dankbar. Bei Frühkultur kann man die Roten Rüben auch im Frühbeet aussäen. Die Jungpflanzen dürfen nicht vor den Eisheiligen ins Freiland gesetzt werden. Ende April/Anfang Mai kann Freilandaussaat erfolgen. Die Reihenabstände sollen ca. 20 cm betragen. Zwischenräume in der Reihe sollen bei ca. 15 cm liegen. Rote Rüben müssen vor Beginn der neuen Frostperiode (etwa Ende Oktober) geerntet werden. Man lagert sie frostfrei (im Keller in Sand einschlagen). Bei der Ernte ist zu beachten, daß Wurzeln bzw. die Rüben nicht verletzt werden, da sie sonst leicht verbluten. Auch das Kraut darf nicht abgeschnitten werden, sondern wird abgedreht. Rote Rüben enthalten die Vitamine B_1, B_2 und B. Sie gelten als blutbildend. Gute Erträge bringen Sorten wie 'Rote Kugel' und 'Lange Formanova'.

Die Schwarzwurzel oder der Winterspargel ist ein schmackhaftes Wintergemüse, das einen hohen Nährwert besitzt. Schwarzwurzeln lieben trockenen, tiefgründigen Boden, da die Wurzeln sehr lang werden. Man kann sie auf Beeten nach Kohl, Gurken und anderen Starkzehrern als sogenannte zweite Tracht anbauen. Die Herbstaussaat erfolgt im August/September. Die Beete sind bis zum Saatbeginn gleichmäßig feucht zu halten. Die Frühjahrsaussaat bringt man im zeitigen März bis April in den Boden. Der Reihenabstand beträgt ca. 25 cm. Um starke, kräftige Wurzeln zu erhalten, verzieht man sie auf 8–10 cm innerhalb der Reihen. Bei Trockenheit muß reichlich gewässert werden. Schwarzwurzeln sind winterhart und können im Freien überwintern. Die Ernte kann jederzeit bei offenem Boden erfolgen. Man kann die Wurzeln auch im Herbst ernten und im Keller in einer Kiste mit Sand einschlagen. Dabei ist zu beachten, daß der Saft der Wurzeln nicht eintrocknet. Wurzelgemüse benötigen reichlich Nährstoffe. Man kann vor der Aussaat eine Volldüngung als Vorratsdüngung (z. B. hohe Gaben von Hornspänen oder Knochenmehl, die mit ca. 20 g Patentkali ergänzt werden) geben. Zweimal im Sommer (Juni und August) ist eine nochmalige N-Düngung anzuraten.

Größter Feind der Schwarzwurzel ist die Wühlmaus. Ihre Bekämpfung ist außerordentlich schwierig. Das Aufstellen von Fallen und das Eingraben von Eimern, in denen Wasser steht, haben sich als zweckmäßig erwiesen.

Gute Sorten der Schwarzwurzel sind: 'Einjährige Riesen', 'Hoffmanns Schwarzer Pfahl'.

Wurzelsellerie gehört zu den beliebtesten Wurzelgemüsen. Er wird in verschiedener Form roh oder gekocht gegessen. Sein hoher Mineralstoff- und Vitamingehalt ist bemerkenswert. Den ganzen Sommer liefert Sellerie frisches Suppengrün.

In kalkarmen Böden versagt die Kultur. Höhere Kalkgaben sind für sein Gedeihen notwendig. Dazu kommt aber außerdem ein großer Bedarf an Nährstoffen. Verrotteter Stallmist sollte im Herbst in den Boden gebracht werden. Eine kräftige Vorratsdüngung von 100 g/m² eines Volldüngers (organisch oder mineralisch) sind anzuraten. Ende Juni ist diese Gabe gegebenenfalls zu wiederholen. Durch Feuchthalten des Bodens wird die Knollenbildung gefördert. Jungpflanzen setzt man Ende Mai ins Freiland. Will man die Pflanzen selbst heranziehen, sät man Ende März in einem Frühbeet oder im Kasten im Zimmer aus. Man darf Sellerie auf keinen Fall zu tief pflanzen, da er dann schlecht gedeiht und keine Knollen bildet. Jungpflanzen setzt man nur so tief, wie sie gestanden haben. Der Pflanzabstand ist mit 40 × 40 cm ausreichend. Selleriewurzeln verlaufen sehr flach. Daher muß bei der Bodenbearbeitung darauf geachtet werden, daß nicht zu tief gehackt wird. Entfernt man gesunde Sellerieblätter an den Knollen, wird der Ertrag geringer. Sellerie verlangt hohen Kali- und Phosphorsäuregehalt. Vor der Kultur ist eine Bodenuntersuchung anzuraten. Ggf. sind Grunddüngungen mit Hyperphos im Frühjahr oder Thomasmehl im Herbst erforderlich. Empfehlenswerte Sorte: 'Hild's Monarch'.

Bleichsellerie wurde in den letzten Jahren zunehmend beliebter. Man zieht ihn wie den Knollensellerie. Auch die Art der Düngung ist die gleiche. Bei Herbstpflanzung erntet man im folgenden August. Bei Auspflanzung im Juni kann man ab September ernten. Der Pflanzabstand soll 30 × 30 cm betragen. Es sind auch selbstbleichende Sorten im Handel, so daß Anhäufeln nicht erforderlich ist. Die Ernte vom Bleichsellerie läßt sich im Plastiktunnel bis in den Winter verlängern. Die Pflanzen dürfen nicht zu tief gesetzt werden. Sie müssen frei über der Erde stehen. Sellerie hat hauptsächlich unter zweierlei Krankheiten zu leiden: der Blattfleckenkrankheit und dem Sellerieschorf. Blattfleckenkrankheit erkennt man an braunen Flecken auf den Blättern, die zum Absterben des Laubes führen. Befallene Teile müssen sofort entfernt werden und gehören in die Mülltonne. Bei starkem Befall in nassen und kalten Sommern ist mit einem Fungizid zu spritzen, wenn man gesunden Bleichsellerie ernten will. Sellerie sollte spät abends nicht gegossen werden, da die Vermehrung und Ausbreitung der Pilzsporen durch die Feuchtigkeit gefördert wird. Sellerieschorf kommt relativ selten vor. Er befällt die Knolle und bildet dort Flecken, die leicht in Fäulnis übergehen. Bei Auftreten dieser Krankheit sollte ein dreijähriger Fruchtwechsel vorgenommen werden, damit eine Übertragung durch im Boden lebende Sporen nicht erfolgen kann.

Rettich gilt als bewährtes Gallenmittel, da er Gallensteine und Gallengriesbildung verhindern kann, harntreibend wirkt und die Nierentätigkeit anregt. Er beeinflußt den Stoffwechsel günstig, regt den Appetit an und fördert die Verdauung. Rettich ist auch ein gutes Mittel gegen Erkältungskrankheiten, da er schleimlösend wirkt. Zur Zubereitung eines Hausmittels setzt man den Rettich auf ein Glas, höhlt ihn zur Hälfte aus, sticht ihn von unten her durch und füllt den halb ausgehöhlten Rettich mit Kandiszucker. Der Zucker löst sich allmählich im Rettichsaft auf und fließt ins Glas. Dieser Saft wird für Katarrhe aller Art und als bewährtes Mittel bei starker Verschleimung angewendet.

Es gibt verschiedene Retticharten: Treibrettich, Sommerrettich und Herbst- oder Winterrettich. Die Aussaat erfolgt bei den früheren Sorten im Abstand von etwa 12 × 15 cm. Spätere Sorten, wie z. B. die Winterrettiche, werden auf 20 × 25 cm Abstand gesät. In Gegenden mit milderem Klima kann die Aussaat bereits im zeitigen Frühjahr erfolgen (Februar/März). Die Kultur im Plastiktunnel hat sich gut bewährt, weil die Ernte dadurch früher möglich ist. Für fortlaufende Rettichernten sät man in Abständen von 14 Tagen aus. Die Aussaaten der Sommerrettiche nimmt man ab Mitte April, die letzte Aussaat der Herbst- und Winterrettiche Ende Juni vor. Rettiche verlangen lockeren, humosen Boden, der nicht mit frischem Stalldung gedüngt sein darf. Sie lassen sich leicht als Zwischenkultur auf Beeten oder in Saatreihen zwischen langsam keimendem Gemüse ausbringen und sind als Markierungssaat, z. B. bei Möhren, angebracht.

Rettiche können auf der Fensterbank vorkultiviert werden. Junge Pflänzchen werden beim Pikieren senkrecht bis zu den Keimblättchen eingepflanzt, und zwar so, daß die Wurzel nicht beschädigt wird. Der Rettich bildet sich nicht aus den Wurzeln, sondern aus dem Stück zwischen Wurzeln und Keimblättern. Die Auspflanzung sollte möglichst bei bedecktem Himmel oder feuchtem Wetter erfolgen. Rettiche sind dankbar für gute Kompostgaben. Schwerer, schlecht durchlüfteter Boden kann mit Torf und Sand verbessert werden. Die Nährstoffansprüche sind relativ hoch. Eine Vorratsdüngung von 100 g/m^2 eines Volldüngers und ca. 30 g Stickstoffdünger sind nach gutem Anwachsen der Pflanzen anzuraten. Reichliches Gießen sorgt dafür, daß es keine Trockenheitsschäden gibt. Rettich braucht viel Wasser, daher ist für gleichmäßige Bodenfeuchte Sorge zu tragen. Bekannte Sorten sind: 'Ostergruß', 'Neckarruhm', 'Münchener Bier' und der 'Lange' oder 'Runde Schwarze Winterrettich'.

Feinde der Rettiche sind vor allem die Erdflöhe, die wie bei Radies bekämpft werden. Außerdem kann Kohlfliegenbefall erfolgen. Bekämpfung wie bei Kohlgemüsen.

Radies: Der Anbau von Radieschen ist sehr zu empfehlen. Sie brauchen von der Aussaat bis zur Ernte nur 25–30 Tage. Wenn sie frisch aus dem Garten auf den Tisch kommen, sind sie allein durch ihr schönes Aussehen schon appetitanregend. Ihr pikanter Geschmack beruht auf dem hohen Gehalt an Senfölen. Radies kann vom Frühjahr bis zum Herbst an Ort und Stelle ausgesät werden. Sie sind ideal als Zwischenkultur und Lückenfüller zwischen anderen Kulturen. Große runde Knollen erhält man, wenn sie nach der Keimung auf etwa 5 cm Seitenabstand ausgedünnt werden. Die Nährstoffansprüche sind nicht ganz so hoch wie beim Rettich. Sie lieben lockeren, humosen Boden. Je wärmer die Witterung, desto mehr Feuchtigkeit ist erforderlich. Erhalten sie zu wenig Wasser, werden sie von innen holzig.

Radieschen sind lichthungrig und lieben keine hohen Temperaturen. Bei Frühbeet und Folientunnelanbau müssen die Kulturen daher reichlich belüftet werden. Für

Ganzjahresanbau eignen sich Sorten wie 'Cherry Bella', 'Eterna' und 'Saxa'. Die kleinen roten Knollen sind vor allem durch Erdflöhe gefährdet. Man rückt Erdflöhen am besten mit Leimbrettern zu Leibe. Gutes Feuchthalten des Bodens ist wichtiges Vorbeugungsmittel gegen diesen Schädling.

Wurzelpetersilie rechnet man ebenfalls zu den Wurzelgemüsen. Sie hat ein interessantes, kräftiges Aroma und ist reich an Vitaminen. Besonders hoch ist der Vitamin-C-Gehalt. Außerdem enthalten sie Vitamin A und E. Petersilie ist aber auch reich an Mineralstoffen wie Eisen, Kalzium, Kalium, Phosphor. Sie ist nicht nur ein Appetitanregungsmittel, sondern wirkt auch als Blutreinigungsmittel und harntreibend. Die Kultur ist einfach. Wurzelpetersilie kann man als Einfassung oder Zwischensaat von Radieschen im zeitigen März aussäen. Der Reihenabstand soll 20 cm betragen. Man verzieht sie in der Reihe auf etwa 5 cm Zwischenabstand. Am besten gedeihen sie in der Sonne, vertragen aber auch Halbschatten. Schweren Boden können sie schlecht verkraften. Hier ist eine Verbesserung mit Torf und Kompost erforderlich. Wurzelpetersilie kann man auch leicht im Winter zum Treiben bringen. Zu diesem Zweck nimmt man im Herbst einige Wurzeln heraus, setzt sie in Töpfe und gräbt diese so tief ein, daß sie mit einer Lage Reisig oder Laub gut abgedeckt werden können. Nach Bedarf holt man im Winter die Töpfe auf die Fensterbank und kann sie dann antreiben. Krankheiten und Schädlinge treten selten auf. Mitunter können Schädigungen durch Wurzelläuse, Blattläuse, Älchen oder Maden der Möhrenfliege erfolgen. Die Parasiten sind am besten mit biologischen Insektenmitteln zu bekämpfen.

Spinatgemüse Wie Salatgemüse so verlangen auch die Spinatgemüse nahrhaften, feuchten Boden. Sie sollten in der gemüsearmen Frühjahrszeit bereits geerntet werden und müssen daher frühzeitig ausgesät werden. Während heißer Sommermonate ist der Anbau von Spinat nicht möglich, weil er dann schnell zum Blühen kommt.

Gartenspinat: Gartenspinat ist ein Gänsefußgewächs mit hohem Vitamingehalt (A, B_1, B_2 und C) und weist darüber hinaus einen gewissen Eisengehalt auf. Spinat gedeiht zwar auch auf leichteren, trockenen Böden, muß dann aber stark gedüngt und gewässert werden. Reihenabstände von ca. 20 cm ermöglichen leichtes Hakken. Die Aussaat für den Frühjahrsbedarf soll zwischen August und Oktober vorgenommen werden. Man sät etwa in Abständen von 3 Wochen. Bei gutem Herbstwetter gibt er bereits vor Wintereinbruch eine Ernte. In kalten Lagen ist Winterschutz durch Reisig ratsam. Spinat benötigt viel Stickstoff (N). Bei N-Mangel vergilben die Blätter leicht. Der Abstand innerhalb der Reihe sollte nicht zu dicht sein. Notfalls müssen die Pflanzen ausgedünnt werden. Spinat läßt sich nicht verpflanzen. Frühjahrsaussaat im Folientunnel ermöglicht eine besonders rasche Entwicklung. Bis Ende April können Aussaaten im Freien durchgeführt werden. Spinat gehört zu den Langtagspflanzen. Er setzt bei längerer Lichteinwirkung schnell Blüten an. Daher sind Frühjahrs- und Herbstkultur anzuraten.

Erntereifer Spinat muß schnell verwendet werden, da er sonst leicht bitter wird.

Als Bodenverbesserungsmittel wählt man am besten Kompost, Torf, niemals Stallmist. Unterversorgte Böden kann man vor der Aussaat mit Volldünger aufbereiten. Im Frühjahr gibt man zum besseren Austrieb von Winterspinat nochmals etwas natürlichen Stickstoffdünger. Sorte: 'Mazurka F_1', Bioselect.

Neuseeländer Spinat: Als guten Ersatz für den Gartenspinat während der Sommermonate gilt der Neuseeländer Spinat. Der in Australien beheimatete Spinat wird Anfang April in kleinen Torftöpfen vorkultiviert. Man pflanzt ihn nach den Eisheiligen aus. Diese Spinatsorte verlangt einen weiten Reihenabstand. Zwei Reihen je Beet mit Abständen von 80–90 cm reichen aus. Für einen dreiköpfigen Haushalt genügen 5 Pflanzen, von denen man wöchentlich einmal ernten kann.

Neuseeländer Spinat liebt einen sonnigen Standort, gedeiht aber auch noch im Halbschatten. Es können also auch noch weniger günstige Plätze im Garten damit ausgenutzt werden. Die Ernte erstreckt sich von Ende Juni bis zu den Herbstfrösten. Nur zarte, fleischige Blätter und Triebspitzen werden verwendet. Der Ertrag liegt etwa bei 3 kg/m². Wie Rote Beete, Mangold und Spinat sollte man ihn wegen der Bodenmüdigkeit niemals auf der gleichen Stelle nachbauen. Für Ernteerträge ist mindestens ein dreijähriger Fruchtwechsel erforderlich.

Mangold: Als guten Ersatz für Spinat während der Sommermonate kann man Mangold empfehlen. Man unterscheidet Blatt- und Rippenmangold. Die Pflanzen sind zwar winterhart, doch es ist ratsam, jährlich neu auszusäen. Die Aussaat erfolgt im April in Reihen von 25–30 cm Abstand und Pflanzabstand von 10–15 cm. Rippenmangold verlangt größere Abstände (Reihen 40 cm, Pflanzabstand 30 cm). Mangold benötigt viel Feuchtigkeit. Die Ernte beginnt ab Mitte Juni und kann den ganzen Sommer hindurch fortgesetzt werden. Es werden nur die äußeren, ausgereiften Blätter verwendet. Als Grunddüngung kann vor der Saat ein organischer oder mineralischer Volldünger (50 g/m²) gegeben werden. Nach mehrmaligem Ernten ist eine Nachdüngung mit Stickstoffdünger anzuraten.

Sauerampfer: Dieses Knöterichgewächs ist ein ausgesprochener Wildsalat, wird aber zum Spinatgemüse gerechnet. Er ist in Europa und Asien verbreitet und läßt sich wegen seines hohen Vitamingehaltes und seines feinsäuerlichen Geschmacks gut als Kräutersuppe und als Beimischung zu Spinat verwenden. Die Aussaat erfolgt im Herbst oder Frühjahr auf ein Anzuchtbeet. Der Reihenabstand sollte etwa 20 cm betragen. Die Saat geht rasch auf. Durchtreibende Blütenstiele müssen abgeschnitten werden. Sauerampfer wird als Heilpflanze zur Darmreinigung empfohlen. Er fördert die Blutbildung und kräftigt das Knochenmark. Empfindliche Menschen und Kranke sollten ihn wegen seines hohen Gehaltes an Oxalsäure jedoch meiden, da er Herz und Nieren angreifen könnte.

Gartenmelde: Sie ist gleichfalls ein Wildgemüse, das in verschiedenen Gegenden noch als Ersatz für Spinat angebaut wird. Die Kultur ist einfach. Melde wird bis ca. 1 m hoch. Sie ist vollkommen unempfindlich gegen winterliche Temperaturen und kann bereits ab Januar bei offenem Boden ausgesät werden. Der Reihenabstand beträgt ca. 25 cm. Ab einer Höhe von 20–25 cm kann man ernten. Zusatzdüngungen sind nicht erforderlich. Man muß allerdings darauf achten, daß sie nicht zur Samenreife kommt, weil sie sich im Garten leicht als lästiges Unkraut verbreitet.

Die Schädlinge der Spinatgemüse sind die gleichen wie bei den Salaten.

Gurkengewächse Gurken sind eigentlich in wärmeren Gebieten heimisch, daher benötigen sie viel Wärme und Feuchtigkeit. Nahrhafter, durchlässiger Humusboden, der gut mit Wasser versorgt ist, bietet beste Voraussetzung für gutes Gedeihen. Als Winterschutz ist eine Reihe Stangenbohnen, Straucherbsen oder Tomaten anzuraten, die heckenartig um die Beete gesetzt werden. So schafft man ein gleichmäßiges, warmes Klima über den Beeten.

Gurken keimen erst bei 10–12° Bodentemperatur. Daher kann man sie nicht vor Mitte/Ende Mai ins Freiland aussäen. Auf jeden Fall sollte man bis zu den Eisheiligen warten. Als Düngergabe hat sich Pferdemist besonders bewährt. Er ist jedoch nicht immer erhältlich. Pferdemist hat den Vorteil, daß er den Boden beträchtlich erwärmt. Man kann aber auch andere organische Dünger und reichliche Kompostgaben verwenden und sich mit Tunnelkultur helfen. 25 g N-Dünger und 50 g Thomaskali/m² sind ausreichend für eine günstige Entwicklung der Gurken. Wenn sie zu ranken beginnen, empfiehlt sich eine Kopfdüngung von 40 g/m² eines blauen Volldüngers oder eines entsprechenden organischen Volldüngers. Grundsätzlich werden Gurken niemals in zweiter Tracht angebaut. Sie wollen ausgeruhten Boden in erster Tracht. Beim Anpflanzen der Gurken ist zu beachten, daß genügend Platz auf den Beeten vorhanden ist. Auf einem 100/120 cm breiten Beet legt man die Gurken daher nur in einer Reihe und mit Zwischenräumen von 20 cm. Beim Stecken der Kerne werden immer 3–4 Samen etwa 3 cm tief in ein Loch gelegt. Gurkensaat kann in warmem Wasser oder in Milch vorgequollen werden; auf diese Weise geht die Keimung schneller vonstatten. Nach dem Erscheinen des dritten Blattes kneift man die Spitze aus, um bessere Tragranken zu erhalten. Die Beetflächen können für die Zwischenkultur von Salat oder Radieschen verwendet werden, da es sich dabei um kurzzeitige Kulturen handelt. Bei der Gurkenernte ist darauf zu achten, daß die Ranken nicht beschädigt werden, weil sonst der Ertrag verringert wird. Früchte an geknickten Ranken wachsen nicht mehr weiter. Gurken werden frühzeitig abgenommen. Kleine Exemplare sind kernlos. Je älter sie werden, desto ausgeprägter ist auch die Kernbildung. Durch Übertunnelung des Saatbeetes mit Folie läßt sich Gurkensaat mehrere Wochen früher in den Boden bringen. Man kann die Gewächse auch in Töpfen auf dem Fensterbrett vorkultivieren. Sobald sie 2–3 Laubblätter gebildet haben, kann man sie ins Freie oder in einen Folientunnel setzen. Gurken lassen sich auch gut im Frühbeet oder Kleingewächshaus (ab Ende April) pflanzen.

Wünscht man Massenerträge, kann man sie auch im Großtunnel ziehen. Dazu überspannt man ein etwa 120 cm hohes Drahtgeflecht mit Plastikfolie und läßt die Gurken daran emporklettern. Da sie von sich aus nicht ranken, muß man entsprechend nachhelfen. Bei Gurkenkultur ist auf gute Belüftung zu achten. Die Tunnelenden müssen etwa ab Mitte Juni offengehalten werden. Gute Einmachsorten sind die F_1-Hybride 'Mepram' und die Freilandsorte 'Vorgebirgstrauben' sowie die 'Delikateß'-Typen. Eine gute Freilandsalatgurke ist 'Highmark II' (F_1-Hybride).

Feind der Gurken ist die Rote Spinne, deren Saugtätigkeit zum Vergilben der Blätter führt. Von den Pilzkrankheiten ist vor allem der Gurkenmehltau zu nennen. Der Befall kann mit Mehltaumitteln bekämpft werden. Tritt der Befall erst ab Mitte August auf, so ist eine Spritzung nicht mehr erforderlich. Gurken leiden häufig unter Magnesium-Mangel. Dem kann man mit Steinmehl oder Algenkalk abhelfen. Der sogenannte Falsche Mehltau verursacht auf den Blattoberseiten gelbbraune größere Flecken und auf der Unterseite violettschmutzige Schimmelrasen. Die Blätter vertrocknen und sterben ab. Zur Bekämpfung gibt es verschiedene biologische und chemische Mittel. Stellt man bei warmer Witterung fest, daß Gurkenblätter plötzlich welken und daß ganze Pflanzen schlaff am Boden liegen und sich an den Wurzeln watteartige, weiße Pilzrasen zeigen, handelt es sich um die gefürchtete Gurkenwelke. Dieser Krankheit ist schwer beizukommen. Es empfiehlt sich, die befallenen Pflanzen mit der Wurzel zu entfernen und Fruchtwechsel vorzunehmen.

Kürbis: Die Früchte der Kürbisse sind stets eine besondere Attraktion im Garten – besonders für die Kinder. Kürbisse gedeihen im Garten ohne große Schwierigkeiten, wenn sie nährstoffreichen, lockeren Boden vorfinden. Man kann sie daher sogar auf einem Komposthaufen ziehen. Besser ist es aber, wenn man sie an den Rand des Komposthaufens in eine Grube von 40 × 40 cm pflanzt, die man mit Komposterde, frischem Stalldung oder anderen natürlichen Düngemitteln füllen kann. Auf diese Weise ist der Kürbis in der Lage, mit seinen großblättrigen Ranken den Komposthaufen zu überziehen und entsprechend zu beschatten. Die Aussaat erfolgt Anfang Mai ins Freie oder ab Mitte April in 10-cm-Töpfe im Zimmer. Die vorkultivierten Pflanzen setzt man nach den Maifrösten ins Freiland. Die Früchte können in wenigen Monaten zu riesigen Kugeln heranwachsen. Kürbisse von 40–50 kg sind keine Seltenheit. Da man im Haushalt nur sehr geringe Mengen verarbeiten kann, empfiehlt es sich nicht, mehr als 1 Pflanze zu kultivieren. Man läßt etwa 3–4 Früchte daran reifen, alles andere wird entfernt. Kürbis benötigt viel Feuchtigkeit, an heißen Sommertagen bis zu 40 l Wasser. Um das Faulen der Früchte zu verhindern, kann man sie, sobald sie etwas größer geworden sind, auf Styropor-, Hartfaserplatten oder dergleichen legen. Mit einigen größeren Blättern oder einem leichten Tuch wird die Frucht an heißen Tagen abgedeckt, damit sie nicht platzt oder rissig wird. Kürbis läßt sich auch in gewöhnlichem Gartenboden kultivieren. Hier benötigt man humushaltigen, durchlässigen Boden mit entsprechender Vorratsdüngung. Kürbis gehört zu den starkzehrenden Pflanzen. Die Vorratsdüngung beträgt ca. 100 g eines Volldüngers. Ein oder zwei Kopfdüngungen mit mineralischem Dünger Ende Juni oder Ende Juli sorgen für den nötigen Nährstoffnachschub. Krankheiten und Schädlingsbefall sind ähnlich wie bei der Gurke.

Melone: Diese schmackhafte Variante aus

der Familie der Gurkengewächse benötigt zu ihrem Gedeihen viel Wärme. Es gibt Freilandmelonen, die auch in unseren Breiten in sonniger Lage reifen. Es wird jedoch immer empfohlen, Melonen im Frühbeet oder Folientunnel zu ziehen, da die Früchte sonst meist nicht reif werden. Die Aussaat erfolgt wie bei den Kürbissen im April in 10-cm-Töpfen. Nach dem Erscheinen der ersten 3–4 Blätter pflanzt man sie an Ort und Stelle. Sie benötigen wie die Kürbisse viel Platz. Der Abstand von Pflanze zu Pflanze sollte mindestens 100 cm betragen. Der Feuchtigkeitsbedarf ist ebenfalls sehr hoch. Man sollte um die Pflanze am besten einen Gießrand anlegen. Nach dem Austreiben des 3. Blattes entfernt man den Haupttrieb, nach dem des 5. die Seitentriebe. Die Früchte der Melone kann man ebenfalls auf Styroporplatten, Bretter oder Lattenroste legen, damit sie nicht faulen. Jeder Melonentrieb sollte nur einen Fruchtansatz – und zwar den stärksten – behalten. Die Triebe können 2 oder 3 Blätter oberhalb der Früchte abgeschnitten werden, dann bekommt man dickere Früchte. An geschützten Südwänden lassen sich Melonen auch am Spalier ziehen. Das gleiche gilt für die Melonenkultur im Gewächshaus. Die Düngeransprüche entsprechen denen der Gurken.

Zucchini oder Zucchetti, eine Art Flaschenkürbis, gehören zur Gurkenfamilie. In den USA sind sie sehr beliebt. Auch bei uns nimmt der Anbau ständig zu. Sie sind nicht so wärmeliebend wie die Melonen und gedeihen auch in kühleren Witterungsperioden. Mitte Mai steckt man 2–3 Kerne zusammen 3 cm tief in den Boden. Der Pflanzenabstand zwischen den Pflanzen liegt bei 100 cm. Nach der Keimung verzieht man die Pflanzen auf je 1 Stück. Bei Tunnel- und Frühbeetkultur können Zucchini selbstverständlich früher ausgesät werden. Bei Vorkultur in Töpfen auf der Fensterbank ist die Anzucht ab Mitte April möglich. Die Auspflanzung erfolgt dann Anfang Mai, wobei zunächst ein Folienzelt, ein Tunnel oder eine Abdeckung mit Plastikfolie erforderlich ist. Haben sich die Pflanzen Ende Mai gut entwickelt, kann man die Folie entfernen. Diese Gemüseart benötigt hohe Düngergaben: eine Vorratsdüngung von 60–100 g eines Volldüngers sowie eine oder zwei Nachdüngungen im Juni oder Juli. Wie alle Gurken- und Kürbisgewächse benötigen Zucchini viel Wasser. Ab Mitte Juli sind die Früchte erntereif. Bei Längen von 15–25 cm sind sie besonders zart. Es ist darauf zu achten, daß bei der Ernte die Schale noch weich ist und sich mit dem Fingernagel einritzen läßt. Man rechnet mit 6–8 Früchten je Pflanze. Die Krankheiten sind dieselben wie bei den Gurken. Hervorragende grüne Sorten sind: 'Ambassador F_1' und 'Diamant'. Zu den besten gelben zählt 'Gold Rush F_1'.

Zwiebelgemüse Zwiebeln werden seit Jahrhunderten in unseren Gärten kultiviert. Sie enthalten viel Vitamin B_1 und C. Dank des typischen Zwiebelgeschmacks sind sie so beliebt. Er wird durch Zuckergehalt und schwefelhaltige ätherische Öle hervorgerufen, die uns beim Umgang mit diesem Gemüse so leicht das Wasser in die Augen treiben. Man kann sie als Gemüse und zum Würzen verwenden. Auch in der Heilkunde finden sie Anwendung. Bandwürmer, Spulwürmer lassen sich durch Zwiebelkuren vertreiben. Rohe Zwiebeln gelten als probates Hausmittel bei Verdauungsstörungen. Sie wirken darüber hinaus appetitanregend und sollen sich günstig auf das Nervensystem auswirken. Zwiebelsaft mit Honig oder Zucker ist bei hartnäckigem Husten oder Heiserkeit zu empfehlen. Abgekochter Zwiebelsaft und zerdrücktes Zwiebellaub verwendet man für Umschläge gegen Verbrennungen. Bei Insektenstichen reibt man die Stichwunde mit einer rohen Zwiebel ein, und gegen Schlaflosigkeit soll der Verzehr einer rohen Zwiebel vor dem Schlafengehen helfen. Man unterscheidet verschiedene Zwiebelarten, die ausgesät oder gesteckt werden können. Die Aussaat erfolgt bei offenem Boden im zeitigen Frühjahr. Zwiebelsaat liegt lange im Boden. Durch Beimischen von Spinat oder Salat können die Reihen gekennzeichnet werden. Die Reihenabstände sollten ca. 20 cm betragen. In der Reihe verzieht man die Zwiebeln auf 3–4 cm. Der Samen wird in 1 cm tiefe Furchen gesät. Wegen der günstigen Wirkung der Mischkultur sollten Zwiebeln abwechselnd in Reihen mit Karotten auf den Beeten ausgesät werden. So beugt man dem Befall durch die Zwiebelfliege vor. Zwiebeln lieben keinen feuchten Boden. Sie können als 2. Tracht am besten auf altgedüngtem, mildem Gartenboden kultiviert werden. Auf frisch gedüngtem Land kommen sie schlecht zur Reife, weil sie zu lange treiben. Außerdem geht die starke Laubentwicklung auf Kosten der eigentlichen Zwiebel.

Sandige Böden werfen meist bessere Erträge ab als Lehmböden. Zwiebelbeete werden im Herbst umgegraben und im Frühjahr nur mit dem Rechen gelockert, da die Pflanzen sonst in die Tiefe wachsen und keine festen Zwiebeln ausbilden. Für den Anbau ist außerdem eine freie, sonnige Lage wichtig. Ausgesäte Zwiebeln werden in der zweiten Augusthälfte erntereif.

Zwiebeln kommen auf frisch gedüngtem Boden nicht zur Reife. Sie stehen am besten in der 2. Tracht.

Zu zeitig herausgenommen, halten sie sich nicht lange. Ihre Reife erkennt man an der Festigkeit und am Vergilben der Außenhäute, der sogenannten Schlotten. Nach dem Herausnehmen trocknet man die Zwiebeln in der Sonne und bewahrt sie in einem luftigen, frostfreien Raum auf.

Für den Hobbygärtner ist auch die Kultur von Frühlingszwiebeln interessant. Die Sorte wird bereits Anfang August in ein Saatbeet oder ins Freiland ausgesät. Sobald sich kleine Pflänzchen entwickelt haben, setzt man sie mit 20 cm Reihenabstand auf Beete. Der Pflanzenzwischenraum sollte 5–7 cm betragen. Zwiebeln werden im Spätherbst mit Laub oder Tannenreisig abgedeckt. Bereits im Mai sind die ersten Frühlingszwiebeln erntereif.

Die Steckzwiebelkultur ist im Hausgarten besonders beliebt. Je größer die Zwiebel desto leichter neigt sie zum Schießen. Die beste Steckzwiebelgröße ist etwa die Größe einer Haselnuß, d. h. ein Durchmesser von 1 cm. Zwiebeln steckt man bei dieser Kultur im Abstand von 20–25 cm in Reihen. Die Zwischenräume in der Reihe liegen bei 8–10 cm. Bei der Bodenbearbeitung im Sommer muß man vorsichtig zu Werke gehen. Zwiebeln sind Flachwurzler. Die feinen Wurzeln können leicht beschädigt werden. Generell ist zu beachten, daß beim Zwiebelanbau die Beete jährlich gewechselt werden. Bekannte Sorten sind: 'Stuttgarter Riesen Lagerzwiebel', 'Zittauer Gelbe' und die milde 'Braunschweiger Rote'.

Perlzwiebel: Diese beliebten Einmachzwiebeln (Mixed Pickles) kann man im August in Gruppen von 6–10 Stück im Abstand von 10 cm ins Freiland stecken. Im Juli oder August des Folgejahres, wenn das Laub abstirbt, kann man sie ernten. Die kleinsten Zwiebeln verwendet man wieder zur Nachzucht. Auch bei der Porreekultur kann man Perlzwiebeln ernten. Man schneidet den zweijährigen stengeltreibenden Porreepflanzen den Schaft ab. Dadurch werden sie zur Bildung von Brutzwiebeln angeregt. Im August/September können sie herausgenommen und sofort gesteckt werden. Im nachfolgenden Jahr hat man dann ebenfalls Perlzwiebeln. Das Laub dieser Zwiebeln kann man den ganzen Winter hindurch wie Schnittlauch verwenden.

Schalotte: Eine der feinsten Zwiebelarten, deren Vermehrung aus Brutzwiebeln erfolgt, ist die Schalotte. Für den Anbau verwendet man große, gut ausgewachsene Steckzwiebeln, die eine reiche Ernte garantieren. Schalotten stammen aus wärmeren Klimazonen und kommen bei uns nicht zum Blühen. Sie benötigen einen sonnigen, warmen Standort und werden in Reihen im Abstand von 20 × 20 cm gesteckt. Man setzt sie so tief in den Boden, daß sie gerade darin verschwinden. Die Zwiebeln treiben bald mit mehreren Trieben und bilden Zwiebelnester aus, die bereits im Juli geerntet werden können. Nach dem Herausnehmen trocknet man sie einige Tage in einem trockenen Raum. Über Winter sind sie frostfrei und trocken zu lagern. Ihre Haltbarkeit ist gut. Sie können bequem bis zur nächsten Ernte gelagert werden.

Die Winterheckzwiebel, die vornehmlich zum Würzen Verwendung findet, kann man im März/April aussäen. Das Laub ist ähnlich wie Schnittlauch zu verwenden. Die kleine Zwiebel ist sehr würzig. Bei Winterheckzwiebeln handelt es sich um mehrjährige ausdauernde Gewächse, die nur eine unscheinbare Hauptzwiebel haben. Mit zunehmendem Alter bilden sich eine Reihe von Nebenzwiebeln, die ihrerseits wieder neu gesteckt oder in der Küche verwendet werden können. Eine Besonderheit unter den Winterheckzwiebeln ist die lebendgebärende Art, die an ihren Trieben mehrere kleine Zwiebeln ausbildet. Sie schmecken sehr aromatisch und können bis in den Herbst hinein geerntet werden. Die Vermehrung erfolgt über diese Luftzwiebeln, die man einfach in den Boden steckt.

Wie alle alten Kulturpflanzen haben auch die Zwiebeln einige tierische und pflanzliche Feinde. Zu ihnen gehört der Zwiebelbrand, der vor allem Saatzwiebeln befällt. Er äußert sich in hellstreifigem Laub, das beulenartig anschwillt. In den Beulen bilden sich die Sporen, die nach dem Aufplatzen den Boden verseuchen. Die Bekämpfung erfolgt durch Ausreißen befallener Zwiebeln und durch Bodenentseuchung. Nicht minder unangenehm ist Befall durch die Zwiebelfliege. Man erkennt ihn am Verkümmern des Laubes bzw. am Faulen der Blätter bei älteren Pflanzen. Zwiebelfliegen legen Ende April/Anfang Mai ihre Eier ab, aus denen die Maden schlüpfen, die das Innere der Zwiebel von unten her ausfressen. Zur Bekämpfung empfiehlt sich die mehrfach erwähnte Mischkultur als vorbeugende Maßnahme. Seltener ist das Auftreten von Falschem Mehltau, den man an bleichen, blaugrünen Flächen auf den Blättern erkennen kann. Dagegen ist ein organisches oder chemisches Fungizid zu verwenden.

Porree ist als Lauch oder Breitlauch bekannt und sollte in keinem Gemüsegarten fehlen. Er wird wegen seines Vitamingehaltes besonders in der Winterzeit geschätzt. Porree liebt tiefgründigen, nährstoffreichen Boden, der allerdings nicht frisch mit Mist gedüngt sein darf. Die An-

Porree liebt nährstoffreichen Boden, aber keinen frischen Mist. Er besitzt hohen Vitamingehalt.

zucht von Porreepflanzen ist einfach. Man streut den Samen im März/April auf ein Saatbeet und kann bereits ab Mai die jungen Pflänzchen an Ort und Stelle setzen. Es empfiehlt sich, Porree möglichst tief zu pflanzen, damit sich schöne, weiße Schäfte entwickeln. Der Reihenabstand soll ca. 20 cm, der Raum zwischen den Pflanzen ca. 15 cm betragen. Porree pflanzt man in etwa 15 cm tiefe Furchen, die später angehäufelt werden. So entstehen die gewünschten langen Piepen. Dieses sehr winterharte Zwiebelgewächs kann als Nachfrucht für alle abgeernteten Beete auch noch verhältnismäßig spät gesetzt werden. Die Anzucht im Frühbeet Anfang März lohnt ebenfalls. Gute Erträge liefern Spitzensorten wie 'Carentan', 'Elefant' oder 'Eskimo'.

Zur besseren Entwicklung kann man mit einem organischen oder mineralischen Volldünger nachhelfen. Was für die Zwiebelkultur gesagt wurde, gilt auch für den Porree. Um die Pflanzen gesund zu erhalten, sollte man abwechselnd eine Reihe Möhren dazwischen setzen. Auch bei der Porreekultur ist Zwischenfruchtanbau erforderlich. Porreepflanzen setzt man besser nicht in jedem Jahr auf dasselbe Beet. Schädlinge der Porreepflanzen sind Grauschimmel, Zwiebelfliege, die Papierfleckenkrankheit sowie Schädigungen durch Erdraupen, Drahtwürmer, Engerlinge und durch Falschen Mehltau. Bekämpft werden diese Krankheiten und Schädlinge wie bei den Zwiebeln.

Schnittlauch kann man zu den Gemüsen oder zu den Würzkräutern rechnen. Dieser Vertreter der Zwiebelfamilie ist reich an Vitaminen (A, B, C) und wird das ganze Jahr hindurch in der Küche gebraucht. Die Anzucht ist einfach. Man setzt Schnittlauch ab April auf ein Saatbeet und kann ihn später in Reihen von 20 cm Abstand auspflanzen. Je nach Bodenwärme dauert die Keimung 3–4 Wochen. Schnittlauch verlangt kräftigen, feuchten Gartenboden. Man kann die Pflanzen alle 2 Jahre teilen und neu pflanzen, oder man sorgt durch Neuaussaat für entsprechende Nachzucht.

Knoblauch: Gefürchtet im Geruch – geschätzt im Geschmack, könnte die Überschrift über ein Knoblauchkapitel lauten. Er gehört zu den bedeutendsten Vertretern der Zwiebelfamilie. Diese Heilpflanze, die bereits seit Jahrtausenden kultiviert wird, gilt als Reinigungsmittel der Atemwege und des Darms, als Vorbeugungsmittel gegen Infektionen, bei Grippekrankheiten, als Abtreibungsmittel für Würmer und Bandwürmer, als probates Mittel zur Stärkung des Kreislaufs und zur Senkung des Blutdrucks, aber auch als Gewürz zu Fleisch- und Bratenspeisen. Die Kultur ist einfach. Knoblauch wird mit jedem Gartenboden fertig, liebt aber eher einen etwas trockenen Standort und eine sonnige Lage. Die Kultur erfolgt durch Teilung der Zwiebeln in einzelne Zehen, die man ab Mitte März in 15 cm Reihenabstand mit etwa 5 cm Zwischenraum 4 cm tief in den Boden steckt. Da die Pflanzen nur wenig Platz benötigen, kann man sie auch gut als Randpflanzung anderer Beete verwenden. Die Ernte erfolgt im Juli, wenn das Grün abstirbt. Sobald das Kraut trocken ist, nimmt man die Zwiebeln aus dem Boden, läßt sie nachtrocknen und hängt sie dann auf.

Fruchtgemüse Besondere Freude bereiten im Gemüsegarten die Fruchtgemüse, die zwar wärmeliebend und darum in der Kultur nicht ganz einfach sind, andererseits aber sehr schmackhafte Früchte in leuchtenden Farben hervorbringen, wie Tomate, Paprika und Aubergine. Sie alle stellen eine willkommene Bereicherung des Küchenzettels dar.

Tomaten: Um die Jahrhundertwende wurden sie als Zierpflanzen aus Südamerika eingeführt. Lange Zeit galten ihre Früchte als giftig. Heute zählt dieses vitaminreiche (A, B_2, C und K) Fruchtgemüse zu den beliebtesten Volksnahrungsmitteln. Die Kultur der Tomate ist nicht einfach, denn sie liebt viel Wärme und einen sonnigen Standort. In unserem Klima beginnt die Ernte selbstgezogener Tomaten im Freien erst spät. Man sollte sich dadurch aber nicht von der Kultur abhalten lassen. Selbstgezogene Tomaten schmecken immer noch am besten, weil sie bis zur Vollreife an den Pflanzen belassen und frisch verzehrt werden können. Zur Selbstanzucht sollten sie ab Mitte März im Frühbeet oder am Zimmerfenster ausgesät werden. Nach dem Ausbilden der Keimblätter pikiert man sie in 10-cm-Töpfe oder Torftöpfe und setzt sie in ein Frühbeet. Die Auspflanzung ins Freiland erfolgt nach den Eisheiligen. Einfacher ist es, die Tomaten als Jungpflanzen von einem Gärtner zu beziehen. Beim Einkauf sollte man auf möglichst großen Wurzelballen achten. Die Pflanzen müssen kräftig und gedrungen aussehen. Als Standort wählt man die wärmste Stelle im Garten, etwa die Südwand eines Hauses, einer Mauer oder einer Holzwand, von der die Wärme reflektiert wird.

Tomaten zeigen keine Bodenmüdigkeit. Der Boden muß nur im Herbst tiefgründig bearbeitet werden, wobei viel Stallmist und Komposterde verwendet werden sollen. Auch Bodenverbesserungsmittel während des Pflanzens (Kompost, Torf) haben sich als vorteilhaft erwiesen. Bei großer Trockenheit ist stark zu gießen. Der Pflanzabstand sollte 80–100 cm betragen. Nach dem Setzen häufelt man die Pflanzen an und steckt einen Pfahl von ca. 180 cm Länge daneben in die Erde, so daß sie mit zunehmendem Wachstum nach und nach angebunden werden können. Beim Anbinden ist zu beachten, daß die Triebe dicker werden und sich nicht abschnüren dürfen. Es gibt auch Tomatenringe im Handel. Sie verbinden Pfosten und Pflanze lose miteinander. Nach der Ernte kann man sie aufheben und im nächsten Jahr erneut verwenden.

Tomaten darf man nicht zu früh ins Freie setzen, sonst können Wachstumsstockungen erfolgen, die den Pflanzen noch lange zu schaffen machen. Es ist günstiger, Tomaten im Tunnel oder in Plastikzelten anzubauen. Man zieht sie eintriebig. Alle in den Blattwinkeln entstehenden Nebentriebe werden ausgegeizt (ausgeknipst). Das Ausbrechen der Jungtriebe erfolgt im achttägigen Turnus. Bis zur Ausbildung des 4. Blütenstandes läßt man die Pflanze wachsen. Dann entfernt man den Spitzentrieb.

Tomaten lieben hohe Düngergaben und sind für Flüssigdüngung in Abständen von 14 Tagen sehr empfänglich. Viele Früchte reifen bis zum Einsetzen der ersten Nachtfröste (gegen Ende September) nicht aus. Dann nimmt man am besten die ganzen Pflanzen mit Wurzeln aus dem Boden und hängt sie an einem trockenen, frostfreien Ort zum Nachreifen auf. Man kann die Früchte auch ernten und in dunklen Räumen warm stellen. In kalten und nassen Sommern ist der Krankheitsbefall an Tomaten sehr stark. Auf bindigen, nassen Böden lassen sie sich in solchen Sommern kaum ziehen.

Besonders bewährt hat sich die Folienkultur. Die Tomaten werden über schwarzer Folie kultiviert, die man auf dem Boden ausbreitet, und in deren Schlitze man die Pflanzen setzt. Die Kultur ist auch für Buschtomaten hervorragend geeignet, weil den Gewächsen durch die schwarze Folie zusätzlich Wärme zugeführt wird. Die Folien haben darüber hinaus den Vorteil, daß die Früchte nicht faulen oder verschmutzen. Buschtomaten benötigen weder Pfähle noch müssen sie ausgegeizt werden. Man zieht sie aus Saatgut am Zimmerfenster oder im Frühbeet selbst heran. Jungpflanzen sind kaum im Handel. Bei der Düngung der Tomaten darf man nicht zuviel des Guten tun. Zu frühe Düngung kann zu starkem Blattwachstum führen. Ernte und Fruchtreife werden dadurch verzögert. Der größte Nährstoffbedarf fällt in die Zeit von Juli bis September. Ab Juli gibt man regelmäßig Kopfdüngungen von 20–30 g eines Volldüngers oder die gleiche Menge eines N-Düngers in 14tägigen Abständen. Als wirkungsvolle Flüssigdüngung kann man Guano in einer Gießkanne auflösen.

Im Folientunnel und unter Glas kann die Ernte im Vergleich zum Freilandanbau 3–4 Wochen vorverlegt werden und – je nach Witterung – bis zu 4 Wochen verlängert werden. Plastiktunnel sollten über den 100 bis 120 cm breiten Beeten so angelegt werden, daß die Bodenhöhe etwa 120 cm (über Beet) beträgt. Buschtomaten werden im Abstand von 40 cm auf die Beetmitte gesetzt und die Folie in der üblichen Weise eingegraben und an den Enden zugebunden. Bei sonnigem Wetter sollte der Tunnel Tag und Nacht geöffnet sein. Bei Einsetzen der wärmeren Jahreszeit kann der Tunnel auf der Ostseite ganz geöffnet bleiben. Bewässerung kann in diesem Falle mit perforierten Regenschläuchen am besten durchgeführt werden. Eintriebig gezogene Tomaten sind auch im Tunnel an Pfählen oder Stäben zu ziehen. Sorten mit gutem Geschmack sind: 'Frembgens Rheinlands Ruhm'. Gute F_1-Fleischtoma-

334 **Gemüsearten**

Die Kultur der Tomaten ist im Tunnel oder Kalthaus besonders lohnend.

ten sind 'Cantatos F_1', 'Estrella F_1', 'Rodeo' und die sogenannten 'Hellfrucht'-Typen.

Bei Tomaten gibt es eine Anzahl von Krankheiten und Schädlingen, hauptsächlich Pilze, die durch das Gießen begünstigt werden. Zur Vorbeugung sollte man den Boden mulchen, um ihn gut feucht zu halten und nicht so oft gießen zu müssen. Auch alle absterbenden Blätter sollte man entfernen. Fruchtfäule (wie bei den Kartoffeln) ist an braunen Flecken erkennbar, die sich an den Blattspitzen bilden. Auf der Blattunterseite entsteht ein grauweißer Schimmelrasen. Die Blätter vertrocknen, die Früchte bekommen braune Flecken und beginnen zu faulen. Hier helfen nur Spritzungen mit Fungiziden, die ab Mitte Juni in vierzehntägigen Abständen bei feuchter Witterung wiederholt werden müssen. Auch bei Verwendung von Pflanzenschutzmitteln auf biologischer Basis sollte man nicht unmittelbar vor der Ernte spritzen.

Die sogenannte Blattrollkrankheit ist eine Viruserkrankung, die sich nicht mit Pflanzenschutzmitteln bekämpfen läßt. Bei starkem Befall sind die Pflanzen sofort zu entfernen und zu vernichten. In solchen Fällen sollte man im darauffolgenden Jahr Fruchtwechsel vornehmen. Die Braunfleckigkeit ist eine gefürchtete Tomatenkrankheit. Man erkennt sie an den gelblichgrünen Flecken auf den Blattoberseiten und am grünlichbraunen Überzug auf den Unterseiten. Die Krankheit, bei der sich die Blätter zusammenrollen und absterben, beginnt an den unteren Pflanzenteilen und bringt die Pflanze allmählich zum Absterben. Sofortiges Entfernen befallener Blätter, notfalls ganzer Pflanzen, ist erforderlich. Bei Stengelfäule oder Tomatenkrebs, der sich in schwarzen Flecken an den Stengeln der Pflanze dicht über dem Boden zeigt, sollten die befallenen Pflanzen entfernt werden und Bodenentseuchung durchgeführt werden.

Gemüsepaprika: Die Kultur dieses Fruchtgemüses ähnelt der der Tomate, allerdings liebt Paprika höhere Temperaturen und wird am besten im Gewächshaus oder Frühbeet gezogen. Auch Tunnelkultur bringt gute Erträge. Die Pflanzen sind salzempfindlich, daher für mineralische Düngung nicht geeignet. Gute Ergebnisse erzielt man mit Hornspänen, Knochen- und Blutmehl. Auch der Humusgehalt des Bodens und die Wasserversorgung spielen eine große Rolle.

Man kann die Pflanzen ab Februar im Frühbeet oder Zimmer, am besten in 10-cm-Töpfen in TKS-Erde, aussäen. Zur Beschleunigung des Keimungsvorganges legt man die Körner 2 Tage vorher in lauwarmes Wasser. Die Keimungstemperatur liegt zwischen 20° und 25 °C. Jungpflanzen benötigen vollsonnigen Stand und Temperaturen, die nicht unter 18° liegen. Topfkulturen pflanzt man etwa Mitte Mai ins Frühbeet oder Ende Mai in den Tunnel. Pflanzweiten 50 × 50 cm. Nach 70–80 Tagen reifen die ersten Kapseln. Es gibt unterschiedliche Sorten, milden Gemüsepaprika oder scharfen Gewürzpaprika. Letzterer hat neben Petersilie den höchsten Vitamin-C-Gehalt aller Gemüsearten. Auch Karotin und andere gesundheitsfördernde Wirkstoffe sind im Paprika in beachtlichen Mengen enthalten. Paprikapflanzen bindet man wie Tomaten an. Das Entgeizen der Seitentriebe ist überflüssig. Man erntet die Früchte grün, d. h. sobald sie ausgewachsen sind.

Die bei Paprikapflanzen mögliche Viruskrankheit wird vor allem durch Blattläuse übertragen. Die Schädlinge sind daher sofort beim ersten Auftreten zu vernichten. Ihre Bekämpfung kann mit einem biologischen Insektenmittel erfolgen oder durch Absammeln der Läuse.

Freilandkultur ist möglich, sollte aber nicht vor Ende Mai erfolgen. Es ist darauf zu

Fruchtgemüse 335

Weißkohl gehört – wie alle Kohlgewächse – zu den starkzehrenden Gemüsearten. Es ist wichtig, die erforderlichen Pflanzabstände zu beachten, wenn sich große, feste Köpfe entwickeln sollen.

Möhren besitzen einen hohen Vitamingehalt. Gleichbleibende Bodenfeuchte ist für guten Ertrag wichtig. Zur Markierung der Saatreihen mischt man den feinen Samen am besten mit Radieschensaat.

achten, daß die Pflanzen gut durchwurzelte Ballen besitzen, da sie sonst schlecht anwachsen. Das Abdecken der Beete mit schwarzer Folie hat sich wegen der zusätzlichen Wärmereflektion als nützlich erwiesen. In der ersten Zeit sollten die Kulturen auf jeden Fall mit einem Folientunnel überspannt werden.

Auberginen gehören wie Kartoffel und Tomate zu den Nachtschattengewächsen. Sie benötigen viel Sonne und gedeihen am besten im Weinklima. In den übrigen Teilen unseres Landes kann man durch Abdecken mit Fenstern oder Folie (Tunnel) das erforderliche Klima schaffen. Auch schwarze Folie zur Abdeckung des Bodens bzw. zur Wärmespeicherung hat sich gut bewährt. Man beläßt 4–5 Früchte an jeder Pflanze, damit sie schön groß werden können. Alle übrigen Fruchtansätze werden ausgebrochen. Die Ernte erfolgt, wenn die Auberginen eine glänzendviolette Farbe angenommen haben, also etwa im August. Rechtzeitige Ernte ist wichtig, weil sonst die Samenkörner in den Früchten zu hart werden. Aus älteren Exemplaren muß bei der Zubereitung der Samenansatz entfernt werden. Krankheiten sind kaum bekannt. Auberginen können vom Kartoffelkäfer befallen werden. Man sammelt die Schädlinge und ihre Larven im Hausgarten zweckmäßigerweise ab, statt mit Bekämpfungsmitteln zu operieren.

Zuckermais: Auch dieses Gemüse hat bei uns seine Liebhaber gefunden. Die Kultur ist einfach. Man legt die Maiskörner vor der Aussaat etwa 12 Stunden in warmes Wasser und pflanzt sie dann im Abstand von 50 × 50 cm 5 cm tief in die Erde, jeweils 2–3 Körner in ein Loch. Nach der Keimung bleibt die kräftigste Pflanze stehen. Mais wird durch Wind bestäubt, daher sollte man ihn entweder in Reihen oder als geschlossenes Beet pflanzen. Bei Reihenpflanzung wird die Anlage von Doppelreihen empfohlen. Das Auspflanzen erfolgt Anfang Mai. Mais liebt Sonne und kräftigen Boden und eine Grunddüngung mit ca. 100 g Volldünger/m^2 vor der Aussaat. Dazu kommen noch eine oder zwei Nachdüngungen im Juni und Ende Juli. Geerntet wird, wenn die aus dem Kolben heraushängenden Haarbüschel noch grün sind, d. h. also vor der Vollreife, etwa im August. Die unreifen, milchigen Körner schmecken erbsenähnlich süß und sind sehr nahrhaft. Krankheiten beim Zuckermais sind nicht bekannt.

Artischocken: Die Kultur dieses Distelgewächses bereitet viel Spaß, man braucht aber Platz dazu. Sie können nämlich bis zu 2 m hoch werden. Man erntet die Blütenköpfe, die noch knospig sein müssen. Der fleischige Blütenboden gilt als Delikatesse. Auch untere Blütenblätter, die am Ende fleischige Verdickungen aufweisen, können gegessen werden. Der leicht bittere Geschmack kommt durch das Cynarin. Es wirkt anregend auf die Gallentätigkeit und beeinflußt den Cholesterinspiegel sowie den Lipoidgehalt des Blutes positiv. In den Artischockenböden ist auch das für Diabetiker sehr wertvolle Inulin enthalten. Es wird im menschlichen Körper in Fruchtzucker umgewandelt.

Artischocken kann man leicht im März/April in ein Frühbeet am Zimmerfenster aussäen. Die Sämlinge werden in 10-cm-Töpfe gesetzt. Auspflanzung erfolgt nach dem 20. Mai. Die stattlichen Stauden benötigen Pflanzabstände von 80 bis 100 cm. Sie können längere Zeit auf ein und demselben Beet verbleiben. Der Boden sollte vorher mit entsprechend starken Vorratsdüngergaben versorgt werden. Reichliche Kompostgaben und zusätzliche Düngerzufuhr von 100 g/m^2 eines Volldüngers sind für das gute Gedeihen dieser Distelart wichtig. Auch Kopfdüngergaben im Juni/Juli (30 g/m^2) eines Volldüngers sind empfehlenswert. In unseren Breiten ist die Artischocke nicht völlig winterhart, daher ist es ratsam, vor Anbruch des Winters die Pflanzen mit Fichtenreisig abzudecken. Laub- oder Strohschüttungen sind ebenfalls möglich. Falls erhältlich, kann man auch Stallmist verwenden. Auf diese Weise erspart man sich eine erste Düngung im April/Mai. Im ersten Jahr bilden Artischocken keine oder nur wenig Blüten aus. Daher erfolgt die Ernte erst im nächsten Jahr. Sie dauert von Juni bis zum Herbst. Man schneidet die Blütenknospen zeitig, und zwar dann, wenn die äußeren Schuppen der Knospen abstehen. Blühende Pflanzen sind nicht mehr genießbar, können aber zu dekorativen Blumensträußen verwendet werden. Die blauen oder violetten Blüten sind besonders hübsch in Trockensträußen und halten sich jahrelang. Die Pflanzen werden nach 4–5 Jahren durch neue ersetzt, oder man teilt und verpflanzt sie an andere Stellen.

Blattstielgemüse Sie bilden eine besondere Gruppe im Rahmen der Gemüsepflanzen. Auf Bleichsellerie und Rübstiel (Stielmus) wurde bereits hingewiesen. Lohnenswert für die Gartenkultur ist aber auch der Anbau einer anderen Art aus dieser Gruppe. Es handelt sich um den Fenchel.
Fenchel gehört in Italien zu den alltäglichen Gemüsearten, bei uns ist er noch wenig bekannt. Dieses Gemüse gewinnt gerade in den Herbst- und Wintermonaten zunehmend an Beliebtheit. Fenchel ist als Diätgemüse bekannt. Besonders bei Magenleiden. Man genießt ihn roh als Salat oder gedünstet oder gebacken als Gemüse.
Die Kultur ist einfach. Man baut ihn als Nachkultur nach Kohl, Kohlrabi, Kopfsalat und anderen Gemüsearten. Die Aussaat erfolgt ab Mitte Juni bis Mitte Juli an Ort und Stelle im Reihenabstand von ca. 30 cm. Die Jungpflanzen werden auf Zwischenräume von 25 cm verzogen. Bei Fenchel ist eine Grunddüngung von 100 g/m^2 eines Volldüngers anzuraten, wobei zuvor reichliche Kompostgaben zur Aufbereitung des Bodens verabreicht werden können. Fenchel liebt Stickstoff, daher ist eine Nachdüngung oder Kopfdüngung mit 30 g/m^2 eines Stickstoffdüngers oder Volldüngers im August sehr anzuraten. Er mag gelockerten Boden. Ab September häufelt man die Knollen nach und nach mit Erde an. Dadurch werden sie hell und zart. Die Ernte erfolgt Ende Oktober/Anfang November. Vor starken Nachtfrösten sollte man ihn durch Abdecken mit trockenem Laub, Folie oder Stroh schützen. Bei der Ernte kürzt man die Wurzeln und Außenblätter um die Hälfte ein. Die Knollen werden in einem trockenen, frostfreien Raum in feuchtem Sand oder feuchter Erde eingeschlagen. So halten sie sich mehrere Wochen frisch.
Schädlingsbefall an Fenchelknollen ist kaum zu verzeichnen. Größter Feind sind die Schnecken, die einer Kultur beträchtlichen Schaden zufügen können. Hier muß man sich durch Aufstellen von Schalen mit Bier oder Schneckenkorn helfen, um die Kulturen zu schützen.

Hülsenfrüchte sind für den Gemüsegarten unentbehrlich. Sie stellen die bescheidensten Ansprüche an Boden und Pflege und gedeihen selbst noch auf sandigen Böden gut, wenn sie einigermaßen feucht gehalten werden. Man rechnet sie zu den schwachzehrenden Pflanzen und baut sie in der dritten Tracht dann, wenn Starkzehrer wie z. B. Kohl und danach die schwächeren Zehrer der zweiten Tracht abgeerntet sind. Hülsenfrüchte sind dankbar für eine Aufbereitung des Bodens mit Kompost, dem man etwas Patentkali und Thomasmehl oder Thomaskali zugesetzt hat. Sie vertragen allerdings keine großen Stickstoffmengen. Fetter Boden oder Stallmistdüngung ist für die Kultur ungeeignet. Sie schießen dann ins Kraut und bleiben unfruchtbar, d. h. sie bilden kaum Früchte. Leguminosen haben die Eigenschaft, Stickstoff selbst zu produzieren, d. h. sie beziehen ihn über die Knöllchenbakterien an ihren Wurzeln aus der Luft. Fetter, mastiger Boden kann durch Kalkgaben neutralisiert werden, um den Anbau von Leguminosen zu ermöglichen.
Bohnen gehören zu den wichtigsten Gemüsesorten. Man unterscheidet zwischen Stangen- und Buschbohnen. Beide haben etwa die gleichen Kulturansprüche. Im Januar/Februar führt man bei offenem Boden eine Düngung von 70 g Thomaskali/m^2 für Bohnenbeete durch. Ist das aus Witterungsgründen nicht möglich, streut man Mitte April 80 g Patentkali und 60 g Hyperphos/m^2 und hackt diese Dünger flach unter.
Bei der Kultur von *Stangenbohnen* setzt man je Beet 2 Reihen Stangen schräg gegeneinander und verbindet sie oben durch eine Längsstange. Die Entfernung für Stangen in der Reihe soll etwa 60 cm betragen, der Reihenabstand ca. 70 cm. Dann legt man um jede Stange im Abstand von 10–15 cm jeweils 5–6 Bohnen etwa 3 cm tief in den Boden. Die Aussaat darf nie vor Mitte Mai erfolgen, da die Keimung erst bei +10° Bodentemperatur möglich ist. Die Tagestemperatur muß also bereits zwischen 12° und 18°C liegen. Bohnen, die zu früh gelegt worden sind, quellen auf, kommen aber nicht zur Keimung und fau-

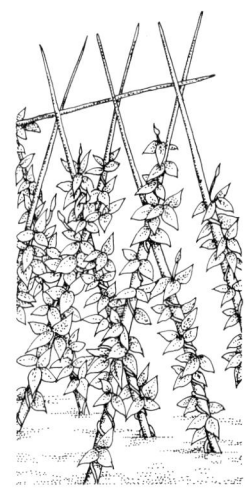

An Stangenbohnen »pflückt man sich reich«, sagt eine alte Bauernregel. Je früher man die Bohnen erntet, desto mehr neue Blüten und Früchte werden ausgebildet. Läßt man die Bohnen reifen, hört die Blütenbildung spontan auf.

Bohnen gehören zu den schwachzehrenden Gemüsearten. Sie können in der 3. Tracht angebaut werden.

In jedem Garten findet sich ein Plätzchen für den Anbau einiger Küchenkräuter. Die Anlage eines Kräutergärtchens macht viel Spaß. Es benötigt wenig Fläche, aber eine sonnige Lage.

len. Bei Stangenbohnen setzt man grundsätzlich zuerst die Stangen und sät dann die Bohnen. Statt der üblichen Setzstangen gibt es auch Aluminiumstangen mit Kunststoffüberzug. Nach dem Austrieb muß man gelegentlich den Ranken etwas nachhelfen, damit sie an den Stangen leicht emporklettern. Es ist zu beachten, daß sämtliche Bohnen Linkswinder sind, d. h. sie ranken im entgegengesetzten Uhrzeigersinn. Da Stangenbohnen für ihre Kultur 75 bis 100 Tage benötigen, darf man sie ab Anfang Juli nicht mehr aussäen. Sie benötigen keine große Pflege. Gelegentliches Hacken und reichliches Wässern bei Trockenheit sind die einzigen Maßnahmen für gutes Gedeihen.

Stangenbohnen können sehr nützlich sein, um einen Kompostplatz zu schattieren, damit der Kompost ohne große Verluste an bodenbürtiger Kohlensäure heranreifen kann. Im Gemüsegarten pflanzt man sie möglichst in den Nordteil, damit sie mit ihrem Schatten die übrigen Pflanzen nicht beeinträchtigen. Man kann sie auch als Laube oder Sichtschutzwand pflanzen. Sie klettern gern an einem Maschendraht oder Baustahlgewebe empor und können große Flächen mit Ranken und Laub bedecken. Sehr dekorativ sind die rotblühenden Feuerbohnen. Von Stangenbohnen kann man wochenlang ernten. Sie bringen im Vergleich mit Buschbohnen einen vielfachen Ertrag. Bohnen dürfen nicht in rohem Zustand gegessen werden, da sie eine giftige Stickstoffverbindung (Phasein) enthalten, die erst durch Erhitzen zerstört wird. »An Stangenbohnen pflückt man sich reich.« Je mehr man sie pflückt, desto mehr neue Früchte bilden sie aus. Die Ranken dürfen bei der Ernte allerdings nicht beschädigt werden.

Buschbohnen stellen nicht so hohe Ansprüche an den Boden wie Stangenbohnen. Sie benötigen wesentlich weniger Nährstoffe. Ihre Kultur ist kürzer. Sie vertragen sogar halbschattigen Standort. Bei der Anschaffung des Saatgutes sollte man fadenlose grüne oder gelbe Sorten wählen. Die Aussaat erfolgt ab Mitte Mai bis Anfang Juli direkt an Ort und Stelle. Späte Aussaaten bringen gute Herbsternten. Buschbohnen sät man im Abstand von 40 × 40 cm. Dabei legt man 4–6 Körner dicht bei dicht je Pflanzstelle und bringt sie etwa 3 cm tief in den Boden. Bohnen wollen die Glocken läuten hören, sagt eine alte Bauernregel. Man darf sie also nicht zu tief pflanzen, wenn sie gleichmäßig keimen sollen. Die Kulturzeit beträgt etwa 8–10 Wochen. Bei Tunnelkulturen sät man sie 2–3 Wochen früher. Die Ernte verfrüht sich entsprechend. Bei warmer Witterung muß reichlich gelüftet werden. Auch Buschbohnen sind gegenüber Stickstoffdüngung empfindlich. Gute Humusversorgung des Bodens und Thomaskali sind für ihr Gedeihen wichtig. Der Windschutz spielt gleichfalls eine große Rolle. Der Boden darf niemals austrocknen, daher ist bei trockenem Wetter reichlich zu wässern. Nach dem Gießen ist der Boden zu lockern, weil Buschbohnen einen gut durchlüfteten Boden verlangen.

Als gute Sorten sind zu nennen: 'Saxa' (Früh- und Spätsorte), 'Pergousa' (mittelfrüh) und die kleine 'Perl-Princess'. Besonders zarte Hüllen besitzen die Wachsbohnen 'Erato'. Bei den Stangenbohnen sind 'Mombacher Speck' (mit Fäden), 'Markant' (früh, ohne Fäden) und die Neuheit 'Toplong' (ohne Fäden) unter den besten Sorten zu nennen.

Bohnen sind für viele Pilzkrankheiten anfällig. Auch die Brennfleckenkrankheit tritt häufig bei Erbsen und Bohnen auf. An den Früchten entstehen rote bis rotbraune Flecken, die schnell größer werden. Der Befall kann auch an Stengeln und Blättern

Hülsenfrüchte 339

festgestellt werden. Er führt zum Vertrocknen der Blätter und Pflanzen. Am besten vernichtet man die befallenen Pflanzen und Pflanzenteile. Bei Mehltaubefall entfernt man befallene Pflanzen. Stickstoffdüngungen sind unbedingt zu vermeiden. Ernterückstände sind zu verbrennen. Gegen Falschen und Echten Mehltau werden entsprechende Fungizide eingesetzt.

Darüber hinaus gibt es eine Reihe tierischer Schädlinge, wie z. B. den Blattrandkäfer. Ein Befall zeigt sich durch bogenförmige Fraßbilder an den Blatträndern. Die Larven ernähren sich von den Knöllchenbakterien an den Wurzeln. Hier muß man mit einem biologischen Insektizid vorgehen. Gegen Vögel (Sperlinge, Tauben, Hühner) kann man die Beete mit Reisig oder Kunststoffnetzen abdecken. Bewährt hat sich auch das Anhäufeln bei der Keimung. Kommen die gehäufelten Keimlinge ans Licht, schmecken sie bereits bitter und bleiben verschont. Andere Abschreckungsmittel sind gegen Vögel völlig unwirksam.

Bohnen spielen auch in der Heilkunde eine gewisse Rolle. Aus Bohnenhülsen (40 g Bohnenhülsen getrocknet, in 3 l Wasser bis auf 1 l eingekocht) zubereiteter Tee gilt als Mittel gegen Rheuma, Gicht und Nierensteine. Auch bei Zuckerkrankheit kann man Tee aus Bohnenschalen als Hausmittel anwenden.

Puffbohnen, im Volksmund auch als Dicke Bohnen, Große Bohnen oder Gartenbohnen bezeichnet. Die unausgereiften Bohnen sind sehr schmackhaft und gelten in vielen Haushalten als Delikatesse. Sie beanspruchen im Gemüsegarten viel Platz (ca. 10 m^2 je Haushalt). Dicke Bohnen werden bis zu 100 cm hoch und tragen etwa ein Dutzend dicke, aufgeblähte Früchte, in denen sich die Kerne befinden. Die Pflanzen lieben sonnige Lage und luftigen Standort. In dichtem Bestand werden sie leicht von Blattläusen befallen. Sie können auch einreihig im Garten als Windschutz für andere Pflanzen verwendet werden (z. B. Gurken, Salat). Die Aussaat erfolgt sehr zeitig im Februar oder Anfang März. Zweckmäßigerweise legt man sie vor dem Ausbringen 12 Stunden in lauwarmes Wasser, um die Keimung zu beschleunigen. Bei mehreren Reihen sollte der Zwischenraum mindestens 40 cm betragen und der Pflanzabstand bei 20 cm liegen. Sie können auch jeweils zu 4 Stk. im Abstand von 40 × 40 cm gesetzt werden.

Zu den Erfolgssorten gehören 'Hangdown', 'Dreifach Weiße' und 'Zwijndrechter'. Bei späterer Aussaat werden sie leicht von Blattläusen befallen. Die Bekämpfung kann mit einem biologischen Präparat leicht durchgeführt werden. Die Kulturdauer beträgt 4–5 Monate von der Aussaat bis zur Ernte. Als Düngung eignet sich eine im Herbst zu verabreichende Gabe von Thomaskali (siehe Stangenbohnen). Puffbohnen sind eine ausgezeichnete Vorfrucht. Die frühe Ernte (Ende Mai/Ende Juni) ermöglicht eine Reihe von Kulturen auf demselben Beet (Salat, Rote Rüben etc.).

Erbsen sind genauso einfach zu kultivieren wie Bohnen. Sie können in der dritten Tracht angebaut werden, d. h. nach stark- und mittelzehrenden Gemüsearten. Man unterscheidet zwischen Pahl-, Mark- und Zuckererbsen. Unter den *Pahlerbsen* versteht man die glattkernigen Schalerbsen, die man »auspahlt« und jung verwendet (Prinzesserbsen). Markerbsen haben dagegen runzlige Körner und sind wesentlich größer und süßer als Pahlerbsen. Zukkererbsen werden nicht als Frucht geerntet. Man verbraucht sie mit der ganzen Schale.

Pahlerbsen können Kälte und Nässe vertragen und werden bereits Anfang April an Ort und Stelle ausgesät. Wenn es die Witterung zuläßt, können sie auch früher zur Aussaat gebracht werden. Man sät in Reihen, die man zweckmäßigerweise so über den Garten verteilt, daß die Erbsen gleichzeitig Windschutz für empfindliche Kulturgemüsearten übernehmen können. Der Abstand in der Reihe beträgt ca. 5 cm. Schutz gegen Vogelfraß siehe bei Bohnen. Bereits bei der Aussaat bringt man die Kletterhilfe für die Erbsen in Form von Reisig oder Drahtgeflecht an in den Boden geschlagenen Pfählen auf die Beete. Die Höhe eines Drahtgeflechtes sollte ca. 1,2 m betragen. Man errichtet es am besten in der Mitte zwischen 2 Reihen. Auf diese Weise dient es beiden als Rankgerüst. Als Sorten seien genannt: 'Kleine Rheinländerin' und 'Allerfrüheste Mai'.

Markerbsen sät man ab Mitte April ins

Freie. Sie benötigen etwas mehr Wärme, liefern aber auch höhere Erträge. Sie gelten als eigentlich anbauwürdige Erbsensorte. Sie werden nicht so schnell mehlig und behalten lange ihren Zuckergeschmack. Bei 14tägigen Folgesaaten ist Aussaat bis Juli möglich. So kann man die Ernte bis in den Herbst ausdehnen. Rankgerüst wie oben. Gute Sorten: 'Wunder von Kelvedon' (40 cm), 'Aldermann' (120 cm) und die Neuheit 'Lanzet' (70 cm).

Zuckererbsen können Mitte April ausgesät werden. Folgesaaten zu späterer Jahreszeit sind für diese Langtagspflanzen ungeeignet. Sie besitzen keine Pergamentschichten in den Hülsen. Daher kann man sie mitsamt den Körnern in jungem Zustand essen. Ihre Kulturansprüche sind die gleichen wie bei den Markerbsen. Sie sind genau wie Bohnen als Vorfruchtkultur geeignet. Gute Erträge liefern: 'Frühe Niedrige' (40 cm), 'Frühe Heinrich' (70 cm), 'Riesen Schnabel' (110 cm) und die mittelfrühe 'Edula' (80 cm).

Buscherbsen sind besonders dann zu empfehlen, wenn das Errichten von Drahtgeflechten oder das Aufstellen von Reisig schwierig ist. Sie benötigen keine Kletterhilfe. Man sät in 3 Reihen auf ein Gartenbeet und sorgt für Abstände in der Reihe von 3–5 cm. In frischen Erbsen sind die Vitamine A, B_1, B_2 und C enthalten. Trockene Erbsen enthalten die Vitamine A, B, C und E.

Für die Düngung gelten die gleichen Empfehlungen wie bei Buschbohnen. Erbsen lieben wie Bohnen lichten, luftigen Standort, müssen jedoch in ungeschützten Lagen mit starkem Wind parallel zur Hauptwindrichtung gepflanzt werden, sonst fallen sie leicht um. In eingeschlossenen Lagen sind sie anfällig für verschiedene Krankheiten, unter denen vor allem der Mehltau und der Erbsenrost zu nennen sind, letzterer ist eine wirtswechselnde Krankheit, die auch auf Wildpflanzen wie Wolfsmilch vorkommt. Sie muß bei den ersten Anzeichen sofort bekämpft werden. Befallene Pflanzen sind zu vernichten. Vorbeugende Spritzungen mit biologischen oder chemischen Präparaten von Mai bis Juni sind anzuraten. Die grüne Erbsenblattlaus, der Erbsenblasenfuß oder Thrips, der das gleiche Krankheitsbild erzeugt wie die Läuse und der Erbsenwickler, der für die Maden in den Erbsen verantwortlich ist, und dessen Eiablage von Mitte Mai bis Mitte Juni erfolgt, sind gleichfalls mit biologischen Pflanzenschutzmitteln bekämpfbar. Der Erbsenkäfer, der die Erbsen während der Blüte befällt und seine Eier in die jungen Fruchtknoten legt, ist schwieriger zu erkennen, da seine Larve in der Erbse lebt, wo sie sich auch verpuppt und überwintert. Bei Befall hängt man bereits im Februar Beutel mit Saatgut in einem warmen Raum auf. Schlüpfende Käfer kann man dann leicht vernichten.

Dauergemüse Rhabarber, Spargel und Meerrettich rechnet man zu den Dauergemüsen. Sie halten viele Jahre auf der gleichen Stelle im Garten aus und müssen auf sorgfältig vorbereitetem Boden gepflanzt werden. Auf die Grunddüngung ist größter Wert zu legen.

Rhabarber gehört in jeden Garten. Dieses schmackhafte Stengelgemüse besitzt einen hohen Gehalt an Oxalsäure und ist als Nach- und Süßspeise besonders beliebt. Man hört immer wieder den Einwand, daß Rhabarber wegen seines Oxalsäuregehaltes der Gesundheit nicht zuträglich sei. Das trifft jedoch nicht zu. Es liegt zwar ein hoher Gehalt vor, der sich im Laufe der Vegetationsperiode sogar noch erhöht. Ein großer Teil dieser Oxalsäure ist jedoch an Kalzium oder Magnesium gebunden und daher für den menschlichen Genuß völlig unschädlich. Nur etwa 60% der Oxalsäure kommen in löslicher Form vor und können sich erst beim Genuß größerer Mengen nachteilig auswirken. Man bezieht Rhabarber am besten als stattliche Pflanzen. Es gibt rotstengelige und grünstengelige Sorten. Kenner behaupten, daß der rotstengelige besser schmeckt, der grünstielige aber soll höhere Erträge liefern. Das ist kaum von Bedeutung, denn 2–3 Pflanzen genügen für die Versorgung eines Haushaltes.

Man pflanzt Rhabarber im Herbst. Er liebt lockeren, humosen, selbst anmoorigen Boden. Man sorgt vor der Pflanzung für eine ausreichende Humuszufuhr. Je mehr Komposterde auf das Beet gebracht wird, desto besser entwickeln sich die Pflanzen. Als Zusatzdüngung kann man größere Gaben kohlensauren Kalk, Thomaskali (ca.

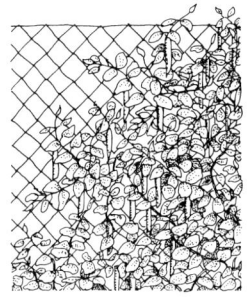

Maschendrahtgeflecht ist eine wirkungsvolle Kletterhilfe für rankende Erbsen. Der Draht kann an in den Boden geschlagenen Holzpfosten befestigt werden, die nach der Kultur leicht zu entfernen sind.

200–300 g/m²) verabreichen. Am besten pflanzt man Rhabarber wie einen Obstbaum, d. h. man hebt eine ca. 60 cm tiefe Grube mit einer Seitenlänge von 80 bis 100 cm aus und lockert den darunterliegenden Boden gründlich auf. Der Bodenaushub wird mit dem Dünger und Komposterde gründlich durchmischt und locker in die Grube eingefüllt. Dann pflanzt man den Rhabarber. Man muß ca. 10–15 cm Sackung dazurechnen. Der Abstand zwischen den Pflanzen sollte 1 bis 1,2 m betragen. Die Ernte erfolgt ab dem 2. Jahr nach der Pflanzung. Man muß darauf achten, daß die Knospen beim Pflanzen etwa 5 cm mit Erde bedeckt sind. Im Frühjahr kann man kurz vor dem Austrieb eine Kopfdüngung mit einem organischen oder mineralischen Volldünger geben. Je nach Qualität des Gartenbodens werden ca. 50–80 g/m² benötigt. Rhabarberblüten soll man sofort nach dem Erscheinen ausbrechen. Um die Pflanzen nicht zu stark zu schwächen, bricht man die Blütenstengel in Abständen von mehreren Tagen so aus, daß keine Stengel stehen bleiben.

Bei der Ernte werden möglichst nie mehr als 4–5 Stiele je Pflanze abgenommen. Man läßt dem Rhabarber dann wieder Zeit, sich zu erholen. So kann die Ernte bis Ende Juni fortgesetzt werden. Danach sind reiche Kompostgaben erforderlich, um die durch die Ernte entzogenen Nährstoffe wieder zu ergänzen. Geerntet werden nur Blattstiele. Die Blätter sind wegen des hohen Oxalsäuregehaltes giftig. Man beläßt die Pflanzen 8–10 Jahre an der gleichen Stelle. Dann werden sie aufgenommen, geteilt und erhalten einen neuen Standort. Durch Abdecken der Pflanzen mit Folie, Körben, Kisten und dergl. kann man die Stauden bereits im Februar zum Treiben anregen. So erntet man schon Ende März die ersten Stiele. Rhabarber benötigt viel Feuchtigkeit.

Spargel zu kultivieren ist nicht einfach, unter Umständen jedoch lohnend. Er verlangt leichten, möglichst sandigen Boden, der ausreichend mit Kalk versorgt ist. Schwere Böden sind nur dann für Spargel geeignet, wenn sie tiefgründig und wasserdurchlässig sind. Der Grundwasserbestand sollte mindestens 100 cm unter der Oberfläche liegen. Spargel benötigt viel Platz. Während der Erntezeit liefert eine Pflanze ca. 300–600 g Stangen. Die Ernte verteilt sich über einen Zeitraum von 6–8 Wochen, so daß etwa 40 bis 50 Pflanzen erforderlich sind, wenn für die Mahlzeiten die notwendigen Mengen gleichzeitig gestochen werden sollen.

Über die Anlage von Spargelbeeten gibt es viele unterschiedliche Meinungen und wohlgemeinte Ratschläge. Guten Erfolg hat man mit folgender Methode: Einjährige gesunde Pflanzen einkaufen und etwa ab Mitte April setzen, wenn der Spargel zu treiben beginnt. So kann man die Ernte um 1 Jahr vorverlegen. Man hebt möglichst schon im Herbst mit Abständen von 90 cm etwa 40 cm breite und tiefe Gräben aus. Die Grabensohle wird mit gut verrottetem Stallmist oder einer Lage von 10 cm Kompost umgegraben. Auch eine Vorratsdüngung von ca. 50 g eines Volldüngers/m² ist mit einzuarbeiten. Die Reihen werden zweckmäßigerweise mit Pfählen markiert. Dann setzt man im Abstand von 40–50 cm die Pflanzen auf kleine Erdhügel, über die man die Wurzeln nach allen Seiten gleichmäßig ausbreitet. Jetzt deckt man die seitlich lagernde Erde so auf die Pflanzen, daß sie mit Erde zugedeckt sind, drückt sie gut an und sorgt für das übliche Angießen. Im ersten Jahr verfüllt man die Gräben nicht bis oben. Die Pflege beschränkt sich auf Unkrautvernichtung. Die zwischen den Spargelreihen liegenden Flächen kann man durch Anbau anderer Gemüsesorten (Salat, Buschbohnen) nutzen. Das abgestorbene Kraut wird im Herbst sorgfältig abgeschnitten und entfernt, damit evtl. vorhandene Schädlinge und Krankheiten ebenfalls beseitigt werden. Im 2. Jahr füllt man die Gräben im Frühjahr (April/Mai) mit dem seitlich lagernden Boden so auf, daß eine ebene Fläche auf dem gesamten Beet entsteht. Es ist zweckmäßig, diesen Boden mit einem Volldünger (ca. 100 bis 150 g/m²) anzureichern. Darüber hinaus ist es angebracht, ihn mit reichen Kompostgaben zu mischen. Im Herbst werden die trockenen Stauden wieder entfernt. Im 3. Jahr häufelt man die Reihen zu einem 15–20 cm hohen Erdwall an. Man nimmt zu diesem Zweck den Boden zwischen den Reihen, häufelt damit die Beete an und klopft sie mit einer Schaufel fest. An Rissen im Boden erkennt man, wo der Spargel austreibt, und das Stechen kann beginnen. Die Spargelstangen werden mit einem langen Spargelmesser gestochen. Dabei ist darauf zu achten, daß andere nachwachsende Stangen nicht beschädigt werden, um sie nicht in ihrem Wachstum zu unterbrechen. Die erste Spargelernte soll Anfang bis Mitte Juni abgebrochen werden, damit sich die Pflanzen für das kommende Jahr wieder kräftigen können; in den Folgejahren kann bis Ende Juni gestochen werden. Letzter Stichtag ist Johanni, der 24. Juni. Man ebnet nach der Ernte die Wälle wieder ein, damit die Pflanzen leichter austreiben können und häufelt im nächsten Frühjahr wieder an. Kräftige, gut tragende Spargelpflanzen erhält man, wenn man sie in Abständen von 4–6 Wochen mit einem Volldünger düngt. Eine zusätzliche jährliche Bodenverbesserung mit kurzstrohigem, abgelagertem Stallmist oder Kompost ist unbedingt anzuraten. So können Spargelbeete 15–20 Jahre beerntet werden, ohne daß sie erneuert werden müssen.

Spargelbeete sollten wegen günstiger Belichtungsverhältnisse möglichst in Nord-Süd-Richtung angelegt werden. Die Industrie beschert uns ein wichtiges Hilfsmittel für die Spargelkultur: die schwarze Folie. Mit ihrer Hilfe kann man Spargelbeete übertunneln und sich auf diese Weise das jährliche Anhäufeln ersparen. Spargel werden dann im Tunnel gestochen, wenn sie 15–20 cm über den Erdboden gewachsen sind. Der Tunnel muß absolut licht-

Würzkräutergarten
1 Schöpfbecken
2 flachwachsende Kräuter (Petersilie, Brunnenkresse, Hauswurz, Tripmadam, Thymian, Dost, Bohnenkraut, Lavendel, Schnittlauch, Portulak)
3 höhere Kräuter (Basilikum, Beifuß, Estragon, Wermut, Engelwurz, Kümmel, Ysop)
4 hohe Kräuter (Anis, Dill, Kerbel, Koriander, Rosmarin, Salbei, Weinraute, Zitronenmelisse)
5 Randpflanzung (geeignet für Meerrettich, Rhabarber und Beerenobst)

dicht gehalten werden, sonst vergrünen sie rasch und werden holzig.

Krankheiten und Schädlinge: Hierzu gehört die gefürchtete Spargelfliege. Sie kann neue Anlagen bei starkem Befall vernichten. Die Spargelfliege legt im April/Mai ihre Eier auf die Spargelköpfe. Die Maden schlüpfen bereits nach 2 Wochen und fressen sich allmählich bis in den Wurzelstock hinein. Im Juli verpuppen sie sich etwa 5–10 cm unter der Erdoberfläche. Daher sollte man Spargelkraut im Herbst möglichst tief unter der Erdoberfläche abschneiden und verbrennen. Als relativ einfaches Bekämpfungsmittel für den Hausgarten haben sich Hölzer in Form von Spargelköpfen bewährt, die mit Leim bestrichen werden. Auf diese Weise lassen sich die Fliegen fangen und vernichten. Befallene Spargeltriebe zeigen gekrümmten Wuchs. Sie sind sofort abzuschneiden und zu verbrennen. Der Spargelkäfer oder das sogenannte Spargelhähnchen gehört ebenfalls zu den tierischen Schädlingen beim Spargel. Es handelt sich um einen roten Käfer, der Laub und Früchte heimsucht. Bei kleineren Kulturen kann man die befallenen Pflanzen absammeln oder man spritzt mit einem biologischen Insektizid. Der Spargelrost ist eine Pilzerkrankung, die die Pflanzen im Frühherbst rostgelb färbt. Man schneidet befallene Triebe sofort ab und vernichtet sie.

Man sollte auch einmal die Kultur des Grünspargels versuchen. Er braucht für den Anbau kein Anhäufeln und keine schwarzen Folien. Die Triebe färben sich beim Austrieb grün. Der Trieb setzt sehr früh ein. Daher ist die Art für spätfrostgefährdete Lagen ungeeignet. Sie liebt sonnigen Standort. Pflanzung und Düngeransprüche sind wie beim Bleichspargel. Man erntet etwa ab 15–20 cm Höhe. Die Stangen werden 5 cm unter dem Erdboden abgeschnitten. Der richtige Zeitpunkt ist gekommen, wenn sich noch keine Blätter gebildet haben. Das Stechen beginnt erst ab dem 3. Jahr.

Meerrettich oder Kren, Maressig oder Pfefferwurzel ist das Anspruchsloseste, was man sich im Garten vorstellen kann. Er gedeiht an jedem Platz ohne Pflege und kann dort sogar verwildern. Beste Ernteergebnisse liefern tiefgründiger, lehmiger Sand oder sandiger Lehmboden. Meerrettich liebt gut durchlüfteten Boden mit entsprechendem Feuchtigkeitsgehalt und ist natürlich auch für Humusstoffe und sonstige Düngergaben empfänglich. Auf schweren, trockenen oder leichten Böden gedeiht er zwar auch, doch die Resultate sind weniger zufriedenstellend, da die Wurzeln relativ dünn bleiben. Die Pflanze gilt als gutes Mittel bei Erkältungen und Erkrankungen der Atemwege und wird auch als Heilkraut bei Mittelohrentzündung empfohlen. Der Name Fleischkraut kommt daher, daß man ihn zum Würzen von Fleischsoßen verwendet. Er gehört mit seinem hohen Vitamingehalt und dem herzhaften Geschmack zu den gesündesten Gemüsen, die wir im Garten heranziehen können. Im Frühjahr pflanzt man etwa 30–40 cm lange Wurzelenden, sogenannte Fechser, die man vor dem Einsetzen mit einem Tuch kräftig abreibt, um die Wurzeln und Knospen an der Stange zu entfernen. Dadurch entwickeln sich kräftige Hauptwurzeln. Sie werden schräg in den Boden gesetzt. Dazu hebt man Gräben aus und legt die Wurzeln im Winkel von 30° bei einem Abstand von 25 bis 30 cm hinein. Damit sie schön dick werden, muß man sie Mitte Juni wieder freilegen, die neuen Wurzeln und Knospen abschneiden und die Erde wieder auffüllen. Im Oktober/November kann man dann ernten. Junge Wurzeln verwendet man wieder als Fechser für das nächste Jahr.

Der Kräutergarten

In jedem Hausgarten läßt sich ein kleiner Kräutergarten anlegen. Es gibt zwar eine Reihe von fertig zubereiteten, getrockneten und gemahlenen Gewürzen, die man in Lebensmittelgeschäften fix und fertig abgepackt in Tüten, Flaschen und Dosen kaufen kann, aber sie können die einheimischen Kräuter, die meist bekömmlicher sind und die man frisch im Garten ernten kann, niemals ersetzen. Küchenkräuter benötigen nicht viel Platz. Sie können als Überleitung zwischen Gehölzpflanzungen und Rasenflächen dienen. Selbst im Steingarten lassen sich viele Arten ziehen, weil sie sich mit den Steingartenpflanzen gut vertragen (die meisten stammen aus sonnigen Lagen, wo sie ihre Aromastoffe voll entwickeln).

Besonders reizvoll ist es, sich ein eigenes Kräutergärtchen anzulegen, d. h. auf bestimmter Fläche sämtliche benötigten Kräuter zusammenzupflanzen. Dazu teilt man den betreffenden Platz in mehrere quadratische Beete ein, die jeweils 1 × 1 m groß sein sollen. Dadurch wird die Einteilung der Flächen sehr erleichtert und die Sauberhaltung der Kräuter bleibt problemlos, da die Unkräuter zwischen den Gewürzstauden jederzeit leicht zu entfernen sind. Die Wege zwischen den Beeten sollten mindestens 25–30 cm breit sein. Sie können aus festgetretener Erde bestehen, oder man legt einfach Betonplatten in entsprechender Breite in Form von geschlossenen Bändern zwischen die Beete, damit die Flächen auch bei feuchtem und nassem Wetter begehbar sind und die Kräuter kurz vor Gebrauch geschnitten werden können, ohne daß man schmutzige Schuhe dabei bekommt. Steht weniger Platz zur Verfügung, kann man sich auch mit einem Gewürzbeet begnügen. Hierbei ist darauf zu achten, daß höher werdende Gewürzpflanzen an die Nord- und Ostseite des Beetes gesetzt werden, dann abgestuft die niedrigeren Arten bis zu den Bodendeckern nach West und Süd. So erhalten alle Pflanzen genügend Licht und Sonne, die gerade für die Entwicklung der Aromastoffe besonders wichtig sind.

Man unterscheidet ausdauernde, staudige und einjährige Gewürzkräuter. Um sich die Kultur zu erleichtern, sollte man staudige und einjährige Kräuter stets getrennt pflanzen, d. h. in Gruppen, die zusammenpassen. So wird die Kultur der Einjährigen, die ja stets wieder neu ausgesät und ausgepflanzt werden müssen, einfach. Grundsätzlich sollte man beim Anbau von Würzpflanzen niemals frischen Stalldung im Boden verwenden. Hoher Nährstoffgehalt, frischer Dünger regt zwar das Wachstum stark an, läßt die Pflanzen aber sehr spät ausreifen und beeinträchtigt die Entwicklung der Aromastoffe. Statt dessen werden hohe Gaben von Komposterde empfohlen, die den Pflanzen in gut verträglicher Form all die Nährstoffe liefern, die sie zur vollen Entfaltung ihrer Wirkstoffe benötigen. Die Anlage kleinerer Beete empfiehlt sich auch deswegen, weil einige Pflanzen nach ihrer Herkunft feuchtigkeitsliebend sind, andere mögen warmen, trockenen Standort und wieder andere bevorzugen schweren oder leichten, durchlüfteten Boden. Es ist leicht, auf kleinen Beeten die jeweiligen Standortansprüche zu berücksichtigen. Erforderliche Voraussetzung ist, daß durch Beimischung von Sand und hohen Kalkgaben oder durch Anreicherung des Bodens mit Humus diese Verhältnisse geschaffen werden können.

Die Zeit der Ernte spielt bei Gewürzen und Kräutern eine wichtige Rolle. Wurzelkräuter werden meist nach Abschluß des Wachstums im Herbst geerntet. Samengewürze, wie z. B. Kümmel, Dill, Anis erntet man unmittelbar nach dem Ausreifen der Saat. Bei Blattgewürzen erfolgt die Ernte kurz vor der Blüte. Hier gehen zwar die Meinungen vieler Fachleute auseinander, ob man sie in den frühen Morgenstunden, nach dem Abtrocknen des Taus oder am Abend eines sonnigen Tages ernten soll, es ist aber nicht erwiesen, ob die Tageszeit eine große Rolle spielt. Wichtig ist, daß die Ernte vor der Blüte erfolgt. Die Blattgewürze werden an einem schattigen, aber luftigen Platz getrocknet. Der Trocknungsprozeß soll relativ rasch verlaufen, damit die Pflanzen möglichst wenig von ihren ätherischen Ölen verlieren. Trocknung in der Sonne ist aus diesem Grunde nicht anzuraten, ebensowenig eine Trocknung im Backofen, wo durch eine starke Erhitzung viele wertvolle Aromastoffe verlorengehen können. Ein trockener, luftiger Dachboden oder ein schattiger Platz im Garten unter einem Baum bei trockener Wetterlage eignen sich für diesen Zweck am besten.

Bevor man mit der Anlage eines Kräuterbeetes oder -gärtchens beginnt, sollte man sich natürlich über die Kräuter im klaren sein, die man gern anbauen möchte. Nicht jedes Würz- oder Heilkraut findet in der Küche oder in der Hausapotheke gleich viel Verwendung. Manches wird man nur sparsam in Prisen benötigen, andere Kräuter braucht man in größeren Mengen zum Würzen von Speisen. Hochwüchsige Stauden oder einjährige mit großem Volumen werden in geringerem Maße benötigt als schwächer treibende, polsterartig wachsende. Nachfolgend einige Angaben über die Höhe von Kräutern und Würzpflanzen, die bei der Anlage von Kräuterbeeten und Gärten berücksichtigt werden müssen.

Ausdauernde Kräuter

Liebstöckel	1.50–2.20 m
Angelika	1.50–2.00 m
Alant	2.00–2.50 m
Beifuß	1.20–1.50 m
Beinwell	0.80–1.00 m
Estragon	0.80–1.30 m
Melisse	0.60–1.00 m
Salbei	0.40–0.70 m
Pimpinelle	0.40–0.60 m
Raute	0.40–0.70 m
Lavendel	0.30–0.50 m
Bohnenkraut	0.30–0.40 m
Pfefferminz	0.30–0.80 m
Thymian	0.30–0.40 m
Tripmadam	0.30–0.40 m
Waldmeister	0.20–0.30 m

Einjährige Kräuter

Dill	0.80–1.40 m
Fenchel	0.80–1.00 m
Koriander	0.40–0.70 m
Bohnenkraut	0.40–0.60 m
Borretsch	0.40–0.60 m
Kamille	0.40–0.50 m
Basilikum	0.40–0.50 m
Majoran	0.30–0.50 m
Portulak	0.30–0.50 m
Kresse	0.02–0.05 m

Einjährige Würzkräuter sollte man nicht immer an der gleichen Stelle aussäen. Das gilt auch für die ausdauernden Arten, die gelegentlich geteilt und umgepflanzt werden müssen.

Untersuchungs-, Prüf- und Beratungsstellen

Dachverband: Verband Deutscher Landw. Untersuchungs- und Forschungsanstalten
6100 Darmstadt, Bismarckstr. 41 A
☎ (06151) 21618

Staatl. Landw. Untersuchungs- und Forschungsanstalt Augustenberg
7500 Karlsruhe 41, Neßlerstr. 23
☎ (0721) 4 85 21

Landesanstalt für Landw. Chemie
7000 Stuttgart 70, Postf. 106

Bayer. Hauptversuchsanstalt für Landwirtschaft der Techn. Universität
8050 Freising-Weihenstephan, Vöttingerstr. 38
☎ (08161) 711

Pflanzenschutzamt Berlin
1000 Berlin-Dahlem, Altkircher Str. 1
☎ (030) 8313082

Pflanzenschutzamt Bremen
2800 Bremen 1, Slevogtstr. 48
☎ (0421) 3612575

Staatsinst. für angewandte Botanik – Pflanzenschutzamt Hamburg
2000 Hamburg 36, Marseiller Str. 7
☎ (040) 41232352

Hessische Landw. Versuchsanstalt
6100 Darmstadt, Rheinstr. 91
☎ (06151) 81091

Landw. Untersuchungs- und Forschungsanstalt
2900 Oldenburg, Postf. 669
☎ (0441) 8011

Landw. Untersuchungs- und Forschungsanstalt
5300 Bonn, Weberstr. 61
☎ (0228) 210021

Landw. Untersuchungs- und Forschungsanstalt, Joseph-König-Inst.
4400 Münster/Westf., Nevinghoff 44
☎ (0251) 2761

Landw. Untersuchungs- und Forschungsanstalt
6720 Speyer, Obere Langgasse 40
☎ (06232) 76026

Pflanzenschutzamt Saarbrücken
6600 Saarbrücken 3, Lessingstr. 12
☎ (0681) 65521

Landw. Untersuchungs- und Forschungsanstalt mit Inst. für Wirkstoffprüfung
2300 Kiel, Gutenbergstr. 75/77
☎ (0431) 15087

Österreich
Bundesanstalt für Pflanzenschutz
A-1020 Wien, Trunnerstr. 5
☎ (0043) (222) 241511

Schweiz
Eidgenössische Forschungsanstalt für Obst-, Wein- und Gartenbau
CH-8820 Wädenswil, Schloß
☎ (00411) 7801333

Register

Abies 170
- balsamea 170
- lasiocarpa 170
- nordmanniana 170
Abpflanzungen 300
Acaena 189
- buchananii 189
- glaucophylla 189
Acanthus longifolius 190
Acer 136, 142
- campestre 136
- capillipes 136
- ginnala 142
- griseum 136
- japonicum 142
- negundo 136
- palmatum 142
- pensylvanicum 136
- platanoides 136
- pseudoplatanus 136
- rufinerve 136
- saccharinum 136
Achillea 190
- ageratifolia 190
- conjuncta 190
- ptarmica 190
- taygetea 190
Aconitum 190
- bicolor 190
- napellus 190
- wilsonii 190
Acorus calamus 225
Adiantum pedatum 230
- venustum 230
Adlerfarn 232
Adonis 190
- aestivalis 246
- amurensis 190
- vernalis 190
Adonisröschen 190
ADR-Rosen 183
Aesculus 136
- hippocastanum 136
- parviflora 142
Afrikanische Goldblume 247
Ageratum mexicanum 252
Ahorn 136, 142
Ailanthus 136
- altissima 136
Aira cespitosa 234
Ajuga 190
- reptans 190
Akanthus 190
Akelei 191
Alant 204
Alchemilla 190
Alisma plantago 225
Allium 239
- albopilosum 239
- christophii 239
- giganteum 239
- karatabiense 239
- moly 239
- ursinum 239
Alnus 136
- glutinosa 136
- incana 137
Alpenmohn 245
Alpenveilchen 196, 240
Alstroemeria 239
- aurantiaca 239
Althaea 190
- ficifolia 190
- rosea 244
Alyssum 190
- benthami 252

- maritimum 252
- saxatile 190
Amaranthus 246
Amberbaum 138
Amelanchier 137, 142
- canadensis 137, 142
- laevis 142
- lamarckii 137, 142
Amiddünger 46
Ammoniakdünger 45
Anchusa 190
- italica 190
- myosotidiflora 190
Andenpolster 193
Andromeda 166
Androsace 190
- sempervivoides 190
Anemone 190
- blanda 190
- hupehensis 190
- japonica 190
- nemorosa 190
Antennaria 191
- dioica 191
- tomentosa 191
Anthemis 191
- biebersteiniana 191
Antirrhinum 252
Anzuchtkasten 302
Apfel 139, 269
Aponogeton distachyus 225
Aprikose 277, 278
Aquilegia 191
Arabis 191
- albida 191
- caucasica 191
Aralia 137
- chinensis 137
Arctostaphylos 165
- nevadensis 165
- uva-ursi 165
Aristolochia 160
- macrophylla 160
Armeria 191
- maritima 191
Arrhenaterum elatior 233
Artischocken 335
Aruncus sylvestris 191
Arundinaria 233
- japonica 236
- murielae 233
- nitida 233
Arundo donax 233
Asplenium 230
- adiantum 230
- ruta muraria 230
- septentrionale 230
- vinde 230
Aster 191, 252
- amellus 191
- dumosus 191
- ericoides 191
- novae-angliae 191
- novi-belgii 191
Astilbe 191
- arendsii 191
- chinensis pumila 191
- japonica 191
- thunbergii 191
Athyrium 230
- coryimbiferum 231
- filix-femina 230
- filix-regale 231
- multifidum 231
Atriumgarten 84
Auberginen 335
Aubrieta x cultorum 192
Aussaat unter Glas und im
  Freien 305

Austriebsdüngung 290
Avena 233
- glauca 233
- sempervirens 233
Azalee 21
Azorella 193

Bachbunge 229
Badebecken im Garten 65
Bahnschwellenzaun 117
Balkonpflanzenstecklinge
  189
Ballonglocke 212
Balsamine 254
Bambusa nigra 236
Bambusgras 233
Bärenklau 190
Bärentraube 165
Bartfaden 211
Bartnelke 245
Baumartige Sträucher 137
Bäume und Sträucher 223
Baumschulsendung, Pflan-
  zen einer 267
Baustahlgewebe 109
Baustoffe 85
Becherfarn 231
Beckenpflanzung 61
Beerenobst 281
Beerenobst in Heckenform
  283
Beerenobst, Pflanzung von
  266, 281
Beerenobst, Schädlingsbe-
  kämpfung bei 296
Beerenobstspalier 262
Beerenschmuck 134
Beete, Anlage der 300
Beete unter Glas 301
Beetrosen 174, 178
Begonia semperflorens 252
Begonie 252
Bellis perennis 244
Berankung 56, 112
Berberis 144
- buxifolia 144
- candidula 144
- gagnepainii 144
- hookeri 144
- hybr. Barbarossa 144
- julianae 144
- klugowskiana 144
- stenophylla 144
- thunbergii 144
- verruculosa 144
Berberitze 144
Bergenia 193
- cordifolia 193
- delavayi 193
Berufskraut 199
Besenheide 165
Betonbecken 64
Betonmauern 98
Betonpalisaden 101
Betonpflaster 96
Betonwerksteinplatte 96
Betula 137
- ermanii 137
- maximowicziana 137
- papyrifera 137
Bewurzelungspaste 189
Bienen 266
Bienenfreund 248
Bildwerke im Garten 113,
  114, 116
Binse 227
biologisches Gleichgewicht
  61
Birke 137

Birne 141, 271
Blasenfarn 231
Blasenspiere 154
Blasenstrauch 146
Blattgrün 35, 36
Blattläuse 338
Blattrandkäfer 337
Blattrollkrankheit 334
Blattspiere 213
Blattstielgemüse 336
Blaublättriger Strandhafer
  234
Blauglockenbaum 140
Blaukissen 192
Blauschotenbaum 149
Blaustern 242
Blaustrahlhafer 233
Blechnum 231
- spicant 231
Bleichsellerie 324
Bleiwurz 194
Blumenbinse 226
Blumenkohl 317
Blumenzwiebeln 71, 235
Blütenhecke 118
Blütenkalender für Garten-
  gehölze 220
Blutmehl 42
Blutströpfchen 246
Blutweiderich 208
Boden 19
Boden, leichter 20
Boden, undurchlässiger 32
Bodenanalyse 35
Bodenarbeiten, ständig wie-
  derkehrende 31
Bodenarten 19
Bodenbearbeitung 27, 55
Bodenbeläge 93, 96
Bodenbeschaffenheit 21
Bodendecker 53, 132
Bodenentseuchung 331
Bodengare 23, 24
Bodenlebewesen 19
Bodenlockerung 24, 32
Bodenmüdigkeit 187, 288
Bodenpflege und Düngung
  bei Obstgehölzen 290
Bodenproben 21
Bodenuntersuchung 23
Bodenvorarbeiten 55
Bodenvorbereitung 128
Bodenvorbereitung zur
  Pflanzung von Obstge-
  hölzen und Beerenobst
  267
Bodenwasser 33
Bohnen 336
Bor 35, 36
Brantkalk 42, 47
Braunelle 193
Braunfleckigkeit 334
Brennfleckenkrankheit 337
Brennender Busch 198
Broccoli 319
Brombeere, Kultur der 285
Brunella 193
- grandiflora 193
- webbiana 193
Brunnera 190
- macrophylla 190
Buche 137
Buchsbaum 144
Buddleia 144
- alternifolia 144
- davidii 144
Busch 261
Buschbohnen 337
Büschelschön 248

Buscherbsen 339
Butomus 226
- umbellatus 226
Buxus 144
- sempervirens 144

Calendula officinalis 246
Calla palustris 226
Callicarpa 144
- bodinieri 144
Calliopsis bicolor 246
Callistephus 252
Callitriche 226
- palustris 226
Calluna 149, 165
- vulgaris 165
Caltha palustris 226
Calycanthus floridus 144
Campanula 149, 193
- carpatica 193
- glomerata 193
- latifolia 193
- medium 244
- persicifolia 193
- portenschlagiana 193
- poscharskyana 193
- trachelium 193
Campsis 162
- radicans 162
Caragana arborescens 145
Cardamine 193
- pratensis 193
Cardiocrinum 239
Carex 226, 234
- baldensis 234
- grayi 226
- japonica 234
- morrowii 234
- pendula 234
- pseudocyperus 226
Carlina acaulis caulescens
  193
Carpinus 137
- betulus 137
Caryopteris incana 145
C-Assimilation 36
Castanea 137
- sativa 137
Celosia cristata 253
- plumosa 253
Centaurea 193
- cyanus azurea 246
- dealbata 193
- montana 193
Centranthus 193
- ruber 193
Cerastium 194
- biebersteinii 194
- tomentosum 194
Ceratophyllum demersum 226
Ceratostigma 194
- plumbaginoides 194
Cercidiphyllum 137
- japonicum 137
Cercis siliquastrum 145
Ceterach officinarum 231
Chaenomeles 145
- japonica 145
- lagenaria 145
Chamaecyparis 170
- lawsoniana 171
- obtusa 171
- pisifera filifera 171
Cheiranthus cheiri 245, 253
Chelone 194
- obliqua 194
Chicorré 322
Chinodoxa 239
- sardensis 239

Chlor 36
Chlorophyll 35, 36
Christrose 202
Christusdorn 138
Chrysanthemum 194
- arcticum 194
- azaleanum 194
- carinatum 246
- coccineum 194
- coronarium 246
- x hortorum 194
- indicum 194
- koreanum 194
- leucanthemum 149, 194
- maximum 194
- segetum 246
Cimicifuga 195
- cordifolia 195
- ramosa 195
- simplex 195
Clarkia 247
- elegans fl. pl. 247
Clematis 162
- alpina 162
- montana 162
- tangutica 162
- vitalba 162
Clethra alnifolia 145
Cobaea scandens 256
Colchicum 239
- autumnale 239
- bornmuelleri 239
Colutea 146
Containerpflanzen 134
Convallaria 195
- majalis 195
Coreopsis 195
- grandiflora 196
- verticillata 196
Cornus 146, 196
- alba 146
- canadensis 196
- controversa 146
- florida 146
- kousa 146
- mas 146
- nuttallii 146
Cortaderia selloana 234
Corydalis 196
- cava 196
- lutea 196
Corylopsis 146
- pauciflora 146
- spicata 146
Corylus avellana 147
- maxima 147
Cosmos bipinnatus 247
Cotinus coggygria 147
Cotoneaster 147
- acutifolius 148
- adpressus 148
- bullatus 148
- conspicuus decorus 148
- dammeri 148
- dielsianus 148
- franchetii 148
- horizontalis 148
- hybridus 148
- microphyllus 148
- praecox 148
- salicifolius 148
- watereri 148
Crambe cordifolia 196
Crataegus 137, 148
- carrierei 137
- coccinea 148
- crus-galli 137, 148
- monogyna 137, 148
- oxyacantha 148

- prunifolia 137, 148
Crinum 239
- powellii 239
Crocosmia 239
Crocus 239
- asturicus 240
- imperati 240
- sativus 240
- sieberi 240
- speciosus 240
- susianus 240
- tommasinianus 240
- vernus 240
Cyclamen 196, 240
- colchicum 240
- europaeum 196, 240
- ibericum 197
- neapolitanum 197, 240
Cystopteris 231
- fragilis 231
Cytisus 148, 165
- kewensis 148
- praecox 148
- purpureus 148
- scoparius 148

Dachgärten 68, 85
Dachgarten, Statik des 85
Dachgartenbewässerung 308
Dachwurz 215
Dahlia variabilis 240
Dahlien 238, 240
Daphne 149
- blagayana 149
- cneorum 149
- mezereum 149
Dauergemüse 339
Dauerhumus 24
Davidia involucrata 149
Decaisnea fargesii 149
Delphinium 197, 247
- x belladonna 197
- x cultorum-Züchtungen 197
- hyacinthiflorum fl. pl. 247
- ruysii 197
Deschampsia cespitosa 234
Deutzia 149
- gracilis 149
- lemoinei 149
- magnifica 149
- rosea 149
- scabra 149
Dianthus 197, 254
- barbatus 245
- caesius 198
- deltoides 198
- gratianopolitanus 198
- knappii 198
- plumarius 198
Dicentra 198
- eximia 198
- spectabilis 198
Dichtung mit Ziegeln oder Ton 64
Dickanthere 210
Dicke Bohnen 338
Dictamnus 198
- albiflorus 198
- albus 198
- fraxinella 198
Digitalis purpurea 198, 245
Dimorphotheca aurantiaca 247
Diptam 198
Dorn 137, 148
Doronicum 198
Dossierung 101

Draba 198
- aizoides 198
- bruniifolia 198
Drachenkopf 194
Drahtgitternetz 109
Drahtzaun 117, 122
Dränung 101
Dreimasterblume 216
Dryas 198
- octopetala 198
- x suendermannii 198
Dryopteris filix mas 231
Düngemittel 35
-, basisch wirkende 48
-, mineralische 19, 45
-, neutral wirkende 48
-, organische 19, 37
-, sauer wirkende 48
Dünger, andere organische 42
Düngezeit 290
Düngung 49, 88

Echinops niveus 198
- ritro 198
Edaphon 24
Edeldistel 199
Edelrosen 174, 179
Edelweiß 207
Edelwicke 250
Efeu 162
Ehrenpreis 217
Eibe 172
Eibisch 138
Eichenlaub 42
Einfamilienhausgarten 60
Einjahreskulturen 288
Einjährige Kokardenblume 254
Einjähriges Schleierkraut 247
Einjahrsblumen mit Freilandaussaat 246, 254
Einjahrsschlinger mit Vorkultur 251, 256
Eisenbahnschwellen 92, 100
Eisenhut 190
Eisenkraut 255
Elaeagnus 149
- angustifolia 149
- pungens 149
Eleocharis acicularis 226
Elfenblume 198
Elfenspiegel 248
Elodea 226
- canadensis 226
Elymus 234
- arenarius 234
- canadensis 234
Empetrum 166
- nigrum 166
Endiviensalat 321
Engelsüß 232
Enkianthus 150
- campanulatus 150
Enzian 200
Epimedium 198
Eranthis 240
- hyemalis 240
- tubergenii 240
Erbsen 338
Erbsenblasenfuß 339
Erbsenblattlaus 339
Erbsenkäfer 339
Erbsenwickler 339
Erdbeere 286, 288
Erdbeere, Krankheiten der 296

Erdbeere, Vorkultur der 287
Erdbeerstrauch 144
Eremurus 199
- bungei 199
- elwesii 199
- himalaicus 199
- robustus 199
Erica 149, 165
- carnea 166
- tetralix 166
- vagans 166
Erigeron 199
Erinus alpinus 199
Eriophorum 226
- angustifolium 226
- vaginatum 226
Eriophyllum 199
Erle 136
Eryngium 199
- planum 199
- zabelii 199
Erythronium 240
- dens-canis 240
Esche 137
Eschscholzia californica 247
Eselsohr 215
Essigbaum 156
Eßkastanie 137, 280
Etagenerika 212
Euonymus 150
- alatus 150
- europaeus 150
- fortunei 150
- planipes 150
Euphorbia 199
- epithymoides 199
- myrsinites 199
- polychroma 199

Fackellilie 206
Fagus 137
- silvatica 137
Falsche Akazie 141
Falscher Jasmin 154
Farben 57, 134, 257
Farne 230
Fechser 342
Federbuschstrauch 150
Federmohn 208
Feinstrahlaster 199
Feldsalat 322
Felsenbirne 137, 142
Felsenmispel 147
Fenchel 336
Festuca amethystina 234
- glauca 235
- ovina 235
- scoparia 235
Fetthenne 214
Feuchtgebiete 77
Feuerbohne 251
Feuerdorn 156
Fichte 170
Fichtenbepflanzungen 91
Fieberklee 227
Fiederberberitze 154
Fiederspiere 157
Filipendula 199
- digitata 200
- hexapetala fl. pl. 199
- rubra 200
- ulmaria 200
Fingerhut 198, 245
Fingerkraut 212
Fingerstrauch 156
Fischbesatz 61
Flächen, befestigte 94
Flächenbedarf 88
Flammenblume 211

Flaschenfrucht 249
Flechtmattenzaun 122
Flechtzaun 117
Fleißiges Lieschen 254
Flieder 159
Flockenblume 193, 246
Flüssigdüngung 290
Föhre 172
Folienbecken 61
Folienkultur 333
Forke 27
Forsythia 150
- intermedia 150
- ovata 150
- suspensa 150
Fothergilla 150
- gardenii 150
- major 150
- monticola 150
Frauenfarn 230
Frauenmantel 190
Fraxinus 137
- ornus 137
Freiwachsende Baumformen im Hausgarten 268
Fritillaria 240
- imperialis 240
- meleagris 240
Froschbiß 226
Froschlöffel 225
Frostsicherheit 100
Fruchtfolge 314
Fruchtgemüse 332
Frühbeet 302
-, Aussaat auf das 302
-, Gießen des 303
-, kalter Kasten als 303
- oder Mistbeet, Anlage eines 302
Frühlingsheide 165
Frühlingsknotenblume 241
Frühlingszwiebeln 330
Fuchsschwanz 246
Fuchsschwanzartige Federbuschcelosie 253
Fungizide 296
Funkie 204

Gaillardia 200
- x grandiflora 200
- picta 254
Galanthus 240
- elwesii 241
- nivalis 240
Gamander 216
Gänseblümchen 244
Gänsekresse 191
Garten, naturnah gestalteter 77
Gartenbeleuchtung 56
Gartenform 56
Gartengehölze 133, 220
Gartengeräte 27, 29
Gartengestaltung 51
Gartengrill 109
Gartengröße 13
Gartenhäuschen 56, 106
Gartenlaube 110
Gartenmelde 327
Gartennützlinge, Förderung der 292
Gartenplan 52
Gartenschere 29
Gartenschmuckstauden 183
Gartenschnur 29
Gartenteich 60
Gartentypen 58
Gauklerblume 208, 248
Gaultheria 166

Register

– procumbens 166
Gefälle 95
Gehölze 86, 220
– für Wasserbecken 229
– und Uferstauden 229
Geißbart 191
Geißblatt 163
Geißfußpfropfen 265
Gelenkblume 212
Gemeinschaften für Heidestandorte 223
Gemswurz 198
Gemüse 12, 299, 314
Gemüseanbau 314
Gemüseanzucht 313
Gemüsegarten, Pflanztabelle 312
Gemüsepaprika 334
Genista 150, 165
– hispanica 151
– lydia 151
– radiata 151
– sagittalis 151
– tinctoria 151
Gentiana 200
– acaulis 200
– asclepiadea 200
– lutea 200
– septemfida 200
Geranium 200
– dalmaticum 200
– macrorrhizum 200
– platypetalum 200
– sanguineum 200
Gerätepflege 30
Geröllflora 70
Gesetzliche Vorschriften 16
Geum 200
– chiloense 200
– coccineum 200
– montanum 201
– pyrenaicum 201
– rossii 201
Geweihbaum 138
Gewürzkräuter, ausdauernde 344
–, einjährige 344
–, staudige 344
Gewürzstrauch 144
Gießen und Sprengen 307
Gießkanne 30
Gießwasser 60
Gießzeit, richtige 308
Ginster 149
Gladiolus 238, 241
– byzantinus 241
– communis 241
– illyricus 241
Glanzmispel 140
Glechoma hederacea 201
Gleditsia 138
– triacanthos 138
Globularia 201
– cordifolia 201
– trichosantha 201
Glockenblume 193
Glockenrebe 256
Glockenwinde 256
Glyceria maxima 226
Glyzinie 164
Godetia 247
Goldbandleistengras 236
Goldglöckchen 150
Goldlack 245, 254
Goldregen 138
Goldrute 215
Götterbaum 136
Grabgabel 27, 32
Gräser 224, 230

Grasnelke 191
Greiskraut 207
Grenzabstand 17
Gretel im Busch 248
Grubber 28
Grundausstattung 27
Grundstück, Lage, Form und Größe 11, 14
Gründüngung 44, 47
Gründüngung und Mulchen 290
Grundwasserstand 11, 12
Grünkohl 319
Grünspargel 341
Gundelrebe 201
Gundermann 201
Günsel 190
Gurkengewächse 327
Gymnocladus 138
– dioicus 138
Gypsophila 201
– cerastioides 201
– elegans 247
– hybrida 201
– paniculata 201

Haarfarn 230
Habichtskraut 203
Hacke 28
Hacken 32
Hahnenfuß 228
Hahnenkamm 253
Hainbuche 137
Hakenlilie 239
Halbstamm 261
Hamamelis 152
– japonica 152
– mollis 152
– virginiana 152
Handrückenspritze 295
Handsäge 29
Hand-Särolle 29
Harke 27
Harnstoff 46
Hartriegel 146, 196
Hasel 147
Haselnüsse 279
Hauptfarben 58
Hauptnährstoffe 35, 36
Haus, Stellung des 55
Hausgarten 60
Hauswurz 215
Hechtkraut 228
Hecke 116
–, Pflanzung der 118
–, Pflege der 120
Heckenkirsche 153
Heckenschere 29
Heckentypen 117
Hedera 162
– colchica 162
– helix 162
– hibernica 162
Heidegarten 74
Heidepflanzen 165
Heidestandorte 223
Helenium 201
– autumnale 201
Helianthemum 201
– alpestre 201
– amabile 201
– chamaecistus 201
Helianthus 202
– annuus 247
– atrorubens 202
– decapetalus 202
– salicifolius 202
Helichrysum monstrosum 254

Heliopsis 202
– scabra 202
Heliotropium peruvianum 254
Helleborus 202
– niger 202
Hemerocallis 203
Hemlockstanne 173
Hepatica nobilis 203
Heracleum 203
– mantegazzianum 203
Herbstzeitlose 239
Herkulesstaude 203
Hesperis matronalis 245
Heuchera 203
– x brizoides 203
– sanguinea 203
Hexenhasel 152
Hexenring 188
Hibiscus 138
– syriacus 138
Hieracium 204
– aurantiacum 204
– x rubrum 204
– villosum 204
Himbeeren 284
–, Pflanzung und Vermehrung von 285
Himmelsleiter 212
Himmelsschlüssel 213
Hippe 29
Hippophaë rhamnoides 152
Hippuris 226
– vulgaris 226
Hirschkolbensumach 156
Hochstamm 261
Hochstammrosen 175
Holunder 157
Holzasche 42
Holzfarbe 106
Holzflechtmatten 120
Holzflechtzäune 92
Holzpflaster 98
Holzrechen 28
Holzzäune 120
Hornblatt 226
Hornkraut 194
Hornmehl 42
Hornspäne 42
Hornveilchen 217
Hortensia petiolaris 163
Hortensie 152, 163
Hosta 204
– fortunei 204
– glauca 204
– plantaginea 204
– sieboldii 204
– undulata 204
Hottonia 226
– palustris 226
Hufeisenfarn 230
Hügelbeet 36, 311
Hühnermist 42
Hülse 204
Hülsenfrüchte 336
Humulus japonicus 256
Humus 19, 24
Humusdünger 42
Hundszahn 240
Hungerblümchen 198
Hüse 153
Hyacinthus 241
– orientalis 241
Hydrangea 152, 163
– arborescens 152
– aspera Aspera 152
– paniculata 152
– sargentiana 152
Hydrocharis 226

– morsus-ranae 226
Hygromull 20
Hypericum 152, 204
– calycinum 152, 204
– moseranum 152
– olympicum 204
– patulum 152
– polyphyllum 204

Iberis 204, 247
– saxatilis 204
– sempervirens 204
Igelkolben 229
Ilex 138, 153
– aquifolium 138
– crenata 153
Immergrün 217
Immergrüne Hecke 118
Immergrüne Laubgehölze 164
Immissionsschutz 117, 120
Impatiens balsamina 254
Indianernessel 208
Inkalilie 239
Insekten 294
Inula 204
– ensifolia 204
– magnifica 204
Ipomoea coerulea 247
– purpurea 247
Iris 204, 227, 241
– barbata 205
– danfordiae 241
– elatior 205
– foetidissima 205
– germanica 205
– graminea 205
– hollandica 205
– kaempferi 205, 227
– laevigata 205, 227
– pseudacorus 205, 227
– pumila 205
– reticulata 241
– sibirica 205, 227
– versicolor 227
Islandmohn 245

Jakobsleiter 212
Japanischer Hopfen 256
Jasminum 163
– nudiflorum 163
Jäten 29
Jauche 46
Johannisbeere 157, 281
Johanniskraut 152, 204
Judenkirsche 212
Juglans 138
– cordiformis 138
– nigra 138
– regia 138
Juncus 227
– effusus 227
– ensifolius 227
– inflexus 227
Jungfer im Grünen 248
Juniperus 172
– chinensis 172
– communis 172
– horizontalis 172
– squamata 172

Kaiserkrone 240
Kaiser-Wilhelm-Kornblume 246
Kalebassenfrucht 249
Kali 37
Kalidünger 46
Kalifornischer Goldmohn 247

Kalimagnesia 46
Kalium 36
Kalk 21, 25, 35, 37, 38
–, kohlensaurer 47
Kalkammonsalpeter 46
Kalkboden 20
Kalkdünger 46
Kalkstickstoff 46
Kalmia 166
– angustifolia 166
– latifolia 166
Kalmie 166
Kalmus 225
Kalthaus 304
Kalzium 36, 37
Kamille 36
Kapringelblume 247
Kapuzinerkresse 249, 251
Katsurabaum 137
Katzenminze 210
Katzenpfötchen 191
Keimung 307
Kentranthus 193
Kernobst 269
Kerria japonica 153
Kiefer 172
Kirengeshoma 206
– x hybrida 206
– palmata 206
– uvaria 206
Kirsche 156, 275
Klarinettenrohr 233
Klarkie 247
Klärschlamm 42
Kleingarten 38, 88
Kleingewächshaus 303
Kleopatranadel 199
Klettergerät 112
Kletterpflanzen 86, 160
Knickhecke 118
Kniphofia 206
Knoblauch 332
Knochenmehl 42
Knöllchenbakterien 25
Knollengewächse 237
Knöterich 164, 212
Kobalt 36
Kochia trichophylla 254
Kohlarten 317
Kohlendioxid (CO_2) 25, 35
Kohlenhydrate 25
Kohlensäure 33
–, »bodenbürtige« 36, 117
Kohlenstoff 35, 36
––, Kreislauf 25
Kohlgemüse 316
Kohlrabi 318
Kokardenblume 200
Kolkwitzia amabilis 153
Kompost 19, 20, 40
Kompostdüngung 290
Komposterde 40
Komposthaufen 38
Kompostonne 38
Kompostwirtschaft 38
Königsfarn 231
Königskerze 216, 245
Kopfdünger 47
Kopfsalat 319
Kopulation 265
Kosmea 247
Krähenbeere 166
Krail 32
Krallenwinde 256
Kranzspiere 158
Kräutergärtchen, Anlegen 344
Kräutergarten 342
Krebsschere 229

Kren 341
Kriechtiere und Lurche 294
Krokus 239
Krötenlilie 216
Kugelblume 201
Kugeldistel 198
Kultivator 28, 32
Künstliche Bewässerung 12
Kupfer 35, 36
Kürbis 328

Laburnum 138
– anagyroides 138
– x watereri 138
Lagenaria 249
Laichkraut 228
Lampenputzergras 236
Lampionpflanze 212
Lathyrus 207
– odoratus 250
– vernus 207
Laubbäume 136
Laube 106
Lauberde 41
Laubgehölze, immergrüne 164
Laubkompost 41
Lauch 239
Lavendula 207
– angustifolia 207
Leberbalsam 199, 252
Leberblümchen 203
Leguminosen 44
Lehmboden 19, 35, 36
–, sandiger 20
Leimkraut 215, 249
Lein 207
Leinkraut 248
Lemna 227
– trisulca 227
Leontopodium 207
– alpinum 207
Lerchensporn 196
Leucanthemum 194
Leucojum 241
– aestivum 241
– vernum 241
Leucothoe catesbaei 166
Levkoje 254
Liatris 207
– pycnostachia 207
– spicata 207
Licht im Garten 109
Lichtnelke 208
Ligularia 207
– clivorum 207
– x hessei 207
– przewalskii 207
– wilsoniana 207
Ligustrum 153
– lodense 153
– vulgare 153
Lilien 238, 241
Lilium 241
– bulbiferum 241
– candidum 241
– hansonii 241
– regale 241
– speciosum 241
– tigrinum 241
Linaria bipartita 248
– cymbalaria 248
Linum 207
– flavum 207
– grandiflorum rubrum 248
– narbonense 207
– perenne 207
Liquidambar 138
– styraciflua 138

Liriodendron 138
– tulipifera 138
Lobelia erinus 254
Löffelblatt 193
Lonas inodora 254
Lonicera 153, 163
– caprifolium 163
– x heckrottii 163
– henryi 163
– ledebourii 153
– maackii 153
– pileata 153
– tatarica 153
– xylosteum 153
Lorbeerkrüglein 166
Lorbeerrose 166
Lößboden 20
Löwenmaul 252
Luftzwiebel 331
Lungenkraut 213
Lupinus 207, 248
– hartwegii 248
Luzula nivea 235
– sylvatica 235
Lychnis 208
– chalcedonica 208
Lysimachia 208
– nummularia 208
– punctata 208
Lythrum 208
– salicaria 208
– virgatum 208

Macleaya cordata 208
Mädchenauge 195
Mädesüß 199
Magnesia, schwefelsaurer 46
Magnesium 35, 36, 37
Magnesiumdünger 48
Magnolia 138
– kobus 139
– soulangiana 139
– stellata 153
Mäher 128
Mahonia 154
– aquifolium 154
– bealii 154
Maiblume 195
Maiglöckchen 195
Malus 139
– floribunda 139
– moerlandsii 139
– purpurea 139
Malve 244
Mangan 35, 36
Mangold 327
Männertreu 254
Mannsschild 190
Margerite 194
Marienblümchen 244
Marienglockenblume 244
Markerbsen 338
Märzbecher 241
Maschendrahtzaun 117, 122
Maßliebchen 244
Matteuccia struthiopteris 231
Matthiola annua 254
Mauern 98
Mauerpfeffer 214
Meerkohl 196
Meerrettich 341
Mehltaubefall 337
Mehrjahreskulturen 288
Melone 328
Menyanthes 227
– trifoliata 227

Mergelboden 20
Mikroorganismen 24
Mimulus 208
– cardinalis 208
– cupreus 208
– x tigrinus 208, 248
Miscanthus sinensis giganteus 236
Mischdünger 48
Mischkultur 315
Mispel 274
Mistarten 42
Mistbeet 36, 302
Mistgabel 27
Mohn 211
Molinia caerulea 236
Monarda 208
– didyma 208
Montbretie 239
Moorboden 20, 37
Moos 130
Motorhacke 30
Müllkompost 42
Mummel 227
Muscari 241
– botryoides 241
Muschelmehl 44
Mutterboden 12, 21, 55
Myosotis 210
– alpestris 245
– palustris 210
Myriophyllum 227
– verticillatum 227

Nachbargarten 16
Nachblütenspritzung 295
Nachpflanzung 120
Nachtkerze 210
Nachtviole 245
Nadelgehölze für den Hausgarten 169
Nadelholzhecke 117
Nadelsimse 226
Nährhumus 24
Nährstoffe 35
–, mineralische 20
Name, botanischer 127
Narcissus 241
– minor 242
– odorus 242
– poeticus 242
– pseudonarcissus 242
– triandrus 242
Natrium 36
Naturdünger 19, 20
Naturnah gestaltete Gärten 77
Natursteinpflaster 97
Nelke 197, 254
Nelkenwurz 200
Nemesia strumosa grandiflora 248
Nepeta faassenii 210
Neuseeländer Spinat 326
Nicotiana 254
Nigella 248
– damascena 248
Niststätte für Vögel 117
Nothofagus 140
– antarctica 140
Nuphar 227
– lutea 227
Nymphaea 227
– alba 228
– pygmaea 228
Nymphoides 228
– peltata 228

Oberboden 12, 21, 55

–, Versauerung des 21
Obst 259
Obstbaumspritzung 296
Obstgehölze 12, 261
–, Blütezeit 266
–, Bodenpflege und Düngung 290
–, Krankheiten und Schädlinge 295
–, Pflanzung 23, 266
–, Schnitt 268, 269
Obsthecke 118, 262, 273
Obstmadenspritzung 296
Obstsorten, Kulturansprüche der 269
Obstspalier 261
Obst- und Gemüseanzucht in Containern 310
Ochsenzunge 190
Oenothera 210
– linearis 210
– missouriensis 210
– speciosa 210
– tetragona 210
Okulation 264
Okuliermesser 29
Ölweide 149
Osmunda regalis 231
Osterluzei 160

Pacht 13
Pachysandra terminalis 210
Paeonia 210
– lactiflora 210
– officinalis 210
– suffruticosa 154, 210
– tenuifolia 210
Palerbsen 338
Palisadenzaun 122
Pallilie 217
Pampasgras 234
Panicum virgatum 236
Papaver 211, 245, 248
– alpinum 211, 245
– nudicaule 211, 245
– orientale 211
Parrotia 154
– persica 154
Parthenocissus 163
– engelmannii 163
– quinquefolia 163
– tricuspidata 163
Patentkali 46, 48
Paulownia 140
– tomentosa 140
Pechnelke 217
Peltiphyllum peltatum 211
Pennisetum 236
– compressum 236
– japonicum 236
Penstemon 211
– barbatus 211
– fruticosus 211
– x hybridus 211
– scouleri 211
Pergola 56, 92, 105
Perlzweikel 330
Perückenstrauch 147
Petunia hybrida 254
Pfaffenhütchen 150
Pfahlrohr 233
Pfauenblume 242
Pfauenradfarn 230
Pfeifengras 236
Pfeifenstrauch 154
Pfeifenwinde 160
Pfeilkraut 228
Pfennigkraut 208
Pferdemist 41, 42

Pfingstrose 154, 210
Pfirsich 277
Pflanzen, für trockenen Standort 133
–, Umgang mit 256
Pflanzenauswahl 53, 127, 134
– für Steingartenbeete 72
Pflanzengesellschaften, typische 74
Pflanzennährstoffe, Wirkungsweise 36
Pflanzkübel 93
Pflanztabelle 312
Pflanzung 307
– von Obstgehölzen und Beerenobst 266
Pflanzzeit 134
Pflasterklinker 97
Pflaume 276
Pflücksalat 321
Pfropfen 265
Phacelia campanularia 248
– tanacetifolia 248
Phaseolus multiflorus 251
Philadelphus 154
– coronarius 154
– inodorus 154
– x lemoinei 154
– x virginalis 154
Phlox 211
– drummondii 255
– paniculata 211
– subulata 211
Phosphat 35
Phosphor 36
Phosphordünger 46
Photinia 140
– villosa 140
Photosynthese 36
Phragmites 228
pH-Wert 21
Phyllostachys nigra 236
Physalis 212
– franchetii 212
Physocarpus opulifolius 154
Physostegia 212
Picea 170
– excelsa 170
– glauca 170
– omorica 170
– pungens 170
Pieris 166
Pikieren 307
Pimpernuß 158
Pinus 172
– aristata 172
– cembra 172
– montana 172
– nigra 172
– parviflora 172
– pumila 172
– strobus 172
– sylvestris 172
Planungsüberlegungen 51, 8?
Plastiken 114
Plastikfolien 63
Plattährengras 237
Platterbse 207
Platycodon 212
– grandiflora 212
Polemonium 212
– caeruleum 212
– richardsonii 212
Pollenspender 266
Polsterpflanzen 72
Polygonatum 212
– commutatum 212
– multiflorum 212
Polygonum 212

Register 351

- affine 212
- amphibium 228
- aubertii 164
- bistorta 212
- compactum 212
Polypodium vulgare 232
Polystichum setiferum 232
Pontederia 228
- cordata 228
Porree 331
Portulaca grandiflora 248
Potamogeton 228
- natans 228
Potentilla 156, 212
- atrosanguinea 212
- aurea 212
- fruticosa 156
- nepalensis 212
- nevadensis 212
- verna 212
Prachtglocke 150
Prachtscharte 207
Prachtspiere 191
Prachtstauden 49
Primula 213
- acaulis 213
- beesiana 213
- bullesiana 213
- denticulata 213
- elatior 213
- juliana 213
- pruhoniciana 213
- pubescens 213
- pulverulenta 213
- veris 213
Prunkbohne 251
Prunus 140, 156
- cerasifera 140
- cistena 156
- laurocerasus 156
- padus 140
- praecox 156
- sargentii 140
- serotina 140
- serrulata 140
- shidara 140
- spinosa 156
- subhirtella 140
- triloba 156
Pseudosasa japonica 236
Pteridium aquilinum 232
Pterocarya fraxinifolia 141
Puffbohnen 338
Pulmonaria 213
- angustifolia 213
- officinalis 213
- rubra 213
- saccharata 213
Pulsatilla vulgaris 190
Puppenmäulchen 248
Purpurglöckchen 203
Pyracantha 156
- coccinea 156
- crenatoserrata 156
- praecox 156
Pyramidenkrone 268
Pyrethrum 194
Pyrus 141
- calleryana 141

Quercus 141
Quitte 274

Radies 325
Rainweide 153
Rankgerüst 105
Ranunculus 228
- aquatilis 228
Ranunkelstrauch 153

Rasen 60, 127, 129
-, Anlage 128
-, Schädlinge und Krankheiten 129
Rasenpflege 129
Rauschbeere 166
Regenbogenschwingel 234
Regnersysteme 308
Reihenhausgarten 82
Reiherfedergras 236
Reseda 249
- odorata grandiflora 249
Rettich 325
Rhabarber 339
Rheum emodi 213
- palmatum 213
Rhododendron 21, 164, 168
- catawbiense 169
- ferrugineum 169
- hirsutum 168
- impeditum 169
- jacksonii 168
- luteum 169
- praecox 169
- Repens-Hybride 168
- vaseyi 169
- wardii 169
- williamsianum-Hybride 169
Rhus typhina 156
Ribes 157
- alpinum 157
- sanguineum 157
Riedgras 236
Riesen-Chinaschilf 236
Riesenlilie 239
Riesenschleierkraut 196
Rigolen 32
Rindenmulch 44
Rindermist 42
Rippenfarn 231
Rittersporn 197
Robinia neo-mexicana 141
- pseudoacacia 141
Rodgersia 213
- aesculifolia 213
- podophylla 213
- tabularis 213
Rohrkolben 229
Römischer Salat 321
Rosa canina 179
- centifolia 179
- moyesii 179
- omeiensis 179
- rubiginosa 179
- rugosa 179
- spinosissima 179
- sweginzowii 179
Rosen 173
- als Bodendecker oder für Flächenbepflanzung 180
-, Düngung 176
-, Krankheiten und Schädlinge 177
-, Pflanzung 175
-, Vermehrung 182
Rosenbogen 109
Rosenkohl 318
Rosenschnitt 178
Rosensorten 178
Roter Lein 248
Rote Spinne 328
Rubus odoratus 157
Rudbeckia 213
- laciniata 214
- newmanii 214
- nitida 214
- purpurea 214
- speciosa 214

- sullivantii 214
Ruhrkraut 254
Rutenhirse 236

Saatbeete, Schutz der 306
Saatgefäße 306
Saatgutbeizung 306
Sagittaria 228
- latifolia 228
Salatgemüse 319
Salbei 214, 255
Salix 141
- alba 141
- capremaas 141
Salomonssiegel 212
Salpeterdünger 45
Salpiglossis 249
Salvia 214, 255
- nemorosa 214
- officinalis 214
- pratensis 214
Sambucus 157
- nigra 157
- racemosa 157
Sandboden 20, 35
Sanddorn 152
Sanguisorba 214
- obtusa 214
Saponaria 214, 255
- calabrica 255
- cymoides 214
- x oliviana 214
Sauerampfer 327
Sauerdorn 144
Sauerkirschen 275
Sauzahn 28, 32
Saxifraga 214
- aizoon 214
- cespitosa 214
- hybrida 214
- rotundifolia 214
- salomonii 214
- trifurcata 214
- umbrosa 214
Scabiosa 214, 255
- caucasica 214
Schachbrettblume 240
Schädlinge 319
-, Bekämpfung 292
-, parasitäre 291
-, Schutz vor 291
-, tierische 291, 317, 320
Schädlingsbekämpfung 120, 296
Schafgarbe 190
Schalenobst 279
Schalotte 331
Schattenblume 215
Schaufel 27
Schaumkraut 193
Scheinbeere 166
Scheinbuche 140
Scheinhasel 146
Scheinzypresse 170
Schiefblatt 252
Schildblatt 211
Schildfarn 232
Schilf 228
Schizanthus 249
Schlangenkopf 194
Schlehe 279
Schleifenblume 204, 247
Schleierkraut 201
Schlingpflanzen 160
Schlitzblume 249
Schlüsselblume 213
Schmuckkörbchen 247
Schmuckstauden 183
Schneeball 159

Schneebeere 158
Schneeglanz 239
Schneeglöckchen 240
Schneemarbel 235
Schneerose 202
Schneestolz 239
Schnitt 280
Schnitthecke 117
Schnittlauch 332
Schriftfarn 231
Schubkarre 29
Schwachzehrer 49
Schwarzkümmel 248
Schwarzrohrbambus 236
Schwarzwurzel 324
Schwefel 36, 37
Schwertlilie 204, 227, 241
Scilla 242
- autumnalis 242
- bifolia 242
- bithynica 242
- campanulata 242
- hispanica 242
- non-scripta 242
Scirpus 229
- lacustris 229
Sedum 214
- acre 215
- middendorfianum 215
- rupestre 215
- spectabile 215
- spurium 215
Seekanne 228
Seerosen 227
Segge 226, 234
Seidelbast 149
Seifenkraut 214, 255
Sempervivum 215
- arachnoideum 215
- hybridum 215
- metallicum 215
Senecio 207
Sichtschutz 13, 117, 120
Siedlergarten 90
- Einrichtungen, Erschließung der 90
- Flächen, Aufteilung der 90
Silberdistel 193
Silberkerze 195
Silberminze 210
Silberwurz 198
Silene 215
- acaulis 215
- alpestris 215
- pendula 249
- schafta 215
Silicium 36
Simse 229
Singvogel 110
Sitzplatz im Garten 56, 82, 92, 106
Skabiose 214, 255
Skimmia 157
- foremanii 157
- japonica 157
Smilacina racemosa 215
Solidago 215
- x hybrida 215
Sommeradonis 246
Sommeraster 252
Sommerazalee 247
Sommerblumen 243
Sommerchrysanthemum 246
Sommerflieder 144
Sommermohn 248
Sommerrittersporn 247
Sommerskabiose 255
Sommerzypresse 254

Sonnenauge 202
Sonnenblume 202, 247
Sonnenbraut 201
Sonnenhut 213
Sonnenröschen 201
Sonnenwende 254
Sorbaria 157
- sorbifolia 157
Sorbus 141
- americana 141
- aria 141
- aucuparia 141
- vilmorinii 141
Spaltblume 249
Spargel 340
Sparganium 229
- erectum 229
- minimum 229
- simplex 229
Spartina aureomarginata 236
- pectinata 236
Spaten 27
Spieleinrichtungen 112
Spiere 199
Spierstrauch 157
Spinatgemüse 326
Spiraea 157
- arguta 157
- bumalda 158
- nipponica 158
- thunbergii 158
- x vanhouttei 158
Spornblume 193
Sprengen 307
Spriegelzaun 122
Springbrunnen 65, 68
Spritzkalender 295
Stabgitterzaun 124
Stachelbeeren 157, 283
Stachelnüßchen 189
Stachys 215
- citrina 215
- grandiflora 215
- lanata 215
- spicata 215
Staketenzaun 122
Stallmist 42
Stangenbohnen 336
Staphylea 158
- colchica 158
Starkzehrer 49
Statice 215
- latifolium 215
- limonium 215
- tataricum 215
Stauden 183, 221, 224
- als Hintergrund und Windschutz 185
- als Vordergrundbepflanzung 186
-, Gemeinschaften 218
-, Pflanzung der 184, 188
-, Stecklinge und Aussaat 189
-, teilen und umpflanzen 187
-, Vermehrung der 187
Staudenrabatten 185
Stechginster 159
Stechpalme 138, 153
Steckzwiebel 330
Steinbrech 214
Steine, Setzen der 70
Steingarten 69
Steingartenbeete, Pflanzenauswahl 72
Steingartengewächse 49
Steinkraut 190, 252
Steinobst 275

Stephanandra 158
– incisa 158
Steppenkerze 199
Steppenlilie 199
Sternmagnolie 153
Stickstoff 25, 35, 36, 45
Stickstoffdüngemittel 45
Stiefmütterchen 246
Stipa 236
– barbata 236
– capillata 237
– pennata 237
Stockrose 190, 244
Storchschnabel 200
Strandflieder 215
Stranvaesia 158
– davidiana 158
Stratiotes 229
– aloides 229
Sträucher, baumartige 136
Sträucher und Bäume 223
Strauchkastanie 142
Strauchpaeonie 154
Strauchrosen 175, 179
Straußfarn 231
Streifenfarn 230
Strohblume 254
Studentenblume 255
Studentennelke 245
Stufenhöhe 102
Sumpfbeet 64
Sumpfdotterblume 226
Sumpfkalla 226
Sumpfpflanzen 224
Symphoricarpos 158
– x chenaultii 158
– orbiculatus 159
– racemosus 158
Syringa 159
– chinensis 159
– josikaea 159
– microphylla 159
– reflexa 159
– swegiflexa 159
– sweginzowii 159
– vulgaris 159

Tafelblatt 213
Tagetes 255
Taglilie 203
Tamariske 159
Tamarix 159
– odessana 159
– parviflora 159
– pentandra 159
Tanne 170
Tannenwedel 226
Taschentuchbaum 149
Taubenbaum 149
Taubenmist 42
Tausendblatt 227
Tausendschön 244
Taxus 172

– baccata 173
– media 173
Technische Einrichtungen 94
Tecoma 162
Teich, naturnaher 61
Teichrose 227
Teichstauden 224
Telekia 215
– speciosa 215
Terrassenhausgarten 85
Teucrium chamaedrys 216
Thalictrum 216
– aquilegifolium 216
– glaucum 216
Thomasmehl 46
Thrips 339
Thuja 170
Thymian 216
Thymus 216
– x citriodorus 216
– coccineus 216
– serpyllum 216
Tiefenlockerung 29
Tiere, die schaden können 292
Tigerblume 242, 248
Tigridia 242
– pavonia 242
Tilia 141
Tomaten 332, 333
–, Krankheiten und Schädlinge von 334
Tonboden 19, 35, 36
Torf 40
Torfmull 40
Tradescantia virginiana 216
Tränendes Herz 198
Traubenhyazinthe 241
Treppenanlagen 102
Trichter 231
Trichterkronen 268
Trichterwinde 249
Tricyrtis 216
– hirta 216
– macropoda 216
Tritoma 206
Tritonia 242
– aurea 242
Trittplatten, Verlegen von 98
Trockenmauern 98, 101
Trollblume 216
Trollius 216
– chinensis 216
– x cultorum 216
– pumilus 216
Trompetenblume 162
Trompetenzunge 249
Tropaeolum 249
– majus 249, 251
– minus 249
– peltophorum 249
– peregrinum 249

Tsuga canadensis 173
– mertensiana 173
Tulipa 242
– clusiana 243
– eichleri 243
– fosteriana 243
– greigii 243
– kaufmanniana 243
– praestans 243
– pulchella 243
– sylvestris 243
Tulpenbaum 138
Tümpel 77
Tunnelkultur 305
Tüpfelfarn 232
Typha 229
– angustifolia 229
– minima 229

Ufer 229
Uferpartien, schattige 61
Uferstauden 224
– und Gehölze 229
Ulex 165
– europaeus 159
Ulmus 141
Umgraben 31
Umwälzpumpe 65
Uniola latifolia 237
Unkrautbekämpfung 309
Untergrund, Lockern des 12
–, verdichteter 32
Unkräuter 44

Verbascum 216, 245
– bombyciferum 217
– hybridum 217
– olympicum 217
– phoeniceum 217
Verbena hybrida 255
Veredlung der Obstgehölze 263
Vergißmeinnicht 210, 245
Veronica 217
– austriaca 217
– beccabunga 229
– filiformis 217
– incana 217
– latifolia 217
– longifolia 217
– prostrata 217
– spicata 217
– teucrium 217
Versauerung 55
Viburnum 159
– x bodnantense 160
– x burkwoodii 160
– x carlcephalum 160
– carlesii 160
– davidii 160
– fragrans 160
– lantana 160
– opulus 159, 160

– plicatum 160
– pragense 160
– rhytidophyllum 160
– tomentosum 160
Vinca 217
– major 217
– minor 217
Viola cornuta 217
– odorata 217
– tricolor 246
Viscaria viscosa 217
Vogelbeere 141
Volldünger mit Langzeitwirkung 120
Vorblütenspritzung 295
Vorgarten 52
Vorgartenbereich, Gestaltung des 84
Vorratsdüngung 281, 290

Wacholder 172
Wachsglocke 206
Waldrebe 162
Waldsteinia 217
– geoides 217
– ternata 217
Wallhecke 118
Walnuß 138, 279
Wandbrunnen 68, 69
Wärmedämmung 302
Warmhaus 304
Wasser 309
–, bewegtes 60
–, ruhiges 60
Wasserähre 225
Wasserbecken 60
Wasserfeder 226
Wassergarten 60
Wasserknöterich 228
Wasserlinse 227
Wasserpest 226
Wasserpflanzen 64
Wasserschwaden 226
Wasserstern 226
Wasserstoff 36
Wasserversorgung 11
Wasserzuleitung 63
Wau 249
Wege, Befestigung der 76
Wegebreiten 95
Weide 141
Weiderich 208
Weigela candida 160
Weinreben 289
Weißbuche 137
Weißbunter Knollenglatthafer 233
Weißkohl 316
Wetterdistel 193
Wiesenknopf 214
Wiesenraute 216
Wilder Wein 163

Wildpflanzen 77
Wildpflanzengarten 77
Wildstauden 80
Wildstaudenbeete, Anlage der 86
Windröschen 190
Windschutz 301
Winterheckzwiebel 331
Winterling 240
Winterspritzmittel 295
Wisteria 164
Witwenblume 214, 255
Wohlriechende Wicke 250
Wohnblockgarten 13
Wolfsbohne 207, 248
Wolfsmilch 199
Wollgras 226
Wucherblume 194, 246
Wurmfarn 231
Wurzelpetersilie 326
Wurzelschnitt 189
Wurzelsellerie 324
Wurzelunkräuter 27, 32
Wüstengoldaster 199

Ysander 210
Yucca filamentosa 217

Zaubernuß 152
Zaun 120
–, Berankung des 124
Zäune 91, 116
–, transparente 120
Ziergehölze 49
Ziergräser, ausdauernde 233
Zierkirsche 140
Zierkürbisse 251
Zierpflaume 140
Zierrhabarber 213
Zierstauden, Auswahl der wichtigsten 189
Ziersträucher 142
Ziertabak 254
Ziest 215
Zimthimbeere 157
Zink 36
Zinnia elegans 256
Zucchini 329
Zuckererbsen 339
Zuckermais 335
Zweige, überhängende 16
Zweijahreskulturen 288
Zweijahrsblumen 244
Zweijährige Glockenblume 244
Zwergrosen 175
Zwetschen 277
Zwiebelfliegen 331
Zwiebelgemüse 329
Zwiebelgewächse 237
Zwiebel- und Knollengewächse 237